Schönenberg-Wessel/Plottek (Hrsg.)

Praxishandbuch Nachlassinsolvenz

Praxishandbuch Nachlassinsolvenz

herausgegeben von

Ulf Schönenberg-Wessel
Rechtsanwalt und Notar, Fachanwalt für Erbrecht,
Fachanwalt für Sozialrecht
Kiel

Dr. Pierre Plottek
Rechtsanwalt und Notar, Fachanwalt für Erbrecht
Bochum

zerb verlag

Hinweis:
Die Formulierungsbeispiele in diesem Buch wurden mit Sorgfalt und nach bestem Wissen erstellt, sie stellen jedoch lediglich Anregungen für die Lösung typischer Fallgestaltungen dar. Autoren und Verlag übernehmen keine Haftung für die Richtigkeit und Vollständigkeit der in dem Buch enthaltenen Ausführungen und Formulierungsmuster.

Bibliografische Information der Deutschen Nationalbibliothek

Die Deutsche Nationalbibliothek verzeichnet diese Publikation in der Deutschen Nationalbibliografie; detaillierte bibliografische Daten sind im Internet über http://dnb.d-nb.de abrufbar.

Die Deutsche Bibliothek – CIP Einheitsaufnahme

Schönenberg-Wessel/Plottek
Praxishandbuch Nachlassinsolvenz, 2025
zerb verlag, Bonn

ISBN 978-3-95661-153-7

Juristische Fachmedien Bonn GmbH
Rochusstr. 2–4
53123 Bonn

Satz: Cicero Computer GmbH, Bonn
Druck: Hans Soldan Druck GmbH, Essen

Das Werk erscheint auch als Lizenzausgabe im
Deutschen Notarverlag, Bonn ISBN 978-3-95646-305-1

Vorwort

Die Nachlassinsolvenz stellt sowohl für Praktiker als auch für die wissenschaftliche Auseinandersetzung mit dem Insolvenzrecht eine besondere Herausforderung dar. Mit diesem Fachhandbuch möchten wir einen umfassenden Überblick über die relevanten rechtlichen Fragestellungen und praktische Lösungsvorschläge bieten, um die Komplexität dieses speziellen Rechtsgebiets zugänglich zu machen. Unser Ziel ist es, den Lesern eine fundierte und praxisorientierte Unterstützung an die Hand zu geben, die sich sowohl im anwaltlichen und notariellen Alltag als auch in der Rechtsprechung als wertvoll erweist.

Ein Werk wie dieses entsteht nicht im Alleingang. Unser besonderer Dank gilt daher allen Mitautoren, die mit ihrer Expertise und ihrem Engagement maßgeblich zur Qualität dieses Buches beigetragen haben. Ihre sorgfältige und tiefgehende Auseinandersetzung mit den einzelnen Themenbereichen macht dieses Handbuch zu einem wertvollen Nachschlagewerk für alle, die sich mit der Nachlassinsolvenz beschäftigen. Ebenso danken wir dem Verlag für die professionelle Unterstützung und das Vertrauen, das er diesem Projekt entgegengebracht hat. Hier sind von Seiten des Verlags insbesondere Frau Blaschko und Frau Albers zu erwähnen, ohne deren Unterstützung und Überzeugung dieses Buchprojekt nicht umsetzbar gewesen wäre.

Wir laden die Leser herzlich dazu ein, uns jederzeit ihre Anregungen, Kritik und Verbesserungsvorschläge mitzuteilen. Lob und Rückmeldungen jeder Art sind willkommen und helfen uns dabei, zukünftige Auflagen dieses Handbuchs weiterzuentwickeln und den Bedürfnissen der Fachwelt noch besser gerecht zu werden.

Wir wünschen Ihnen eine anregende Lektüre und hoffen, dass dieses Werk Ihnen bei der täglichen Arbeit eine nützliche Unterstützung sein wird.

Kiel, Bochum, im November 2024

Ulf Schönenberg-Wessel *Pierre Plottek*

Inhaltsübersicht

Autorenverzeichnis

Gabriela Hack
Rechtsanwältin, Fachanwältin für Erbrecht, Heidelberg

Stefan Lissner
Diplom-Rechtspfleger, Konstanz

Dr. Mario Nöll
Rechtsanwalt, Fachanwalt für Insolvenz- und Sanierungsrecht, Heidelberg

Dr. Christoph Pabst
Rechtsanwalt, Fachanwalt für Insolvenz- und Sanierungsrecht, Kiel

Dr. Pierre Plottek
Rechtsanwalt und Notar, Fachanwalt für Erbrecht, Bochum

Ulf Schönenberg-Wessel
Rechtsanwalt und Notar, Fachanwalt für Erbrecht, Fachanwalt für Sozialrecht, Kiel

Literaturverzeichnis

Kommentare

Ahrens/Gehrlein/Ringstmeier, Insolvenzrecht, 4. Auflage 2020

Andres/Leithaus (Hrsg.), Insolvenzordnung (InsO), 4. Auflage 2018

Arnold/Meyer-Stolte/Herrmann/Rellermeyer/Hintzen/Georg, Rechtspflegergesetz, 9. Auflage 2022

Beck'scher Online-Kommentar Bürgerliches Gesetzbuch, hrsg. v. Hau/Poseck (zit. BeckOK BGB/*Bearbeiter*)

Beck'scher Online Großkommentar zum Bürgerlichen Gesetzbuch (zit. BeckOGK/*Bearbeiter*)

Beck'scher Online-Kommentar Sozialrecht, hrsg. v. Rolfs/Giesen/Meßling/Udsching, (zit. BeckOK SozR/*Bearbeiter*)

Blersch/Goetsch/Haas, Berliner Kommentar Insolvenzrecht, Loseblatt, Stand 31.5.2024

Braun (Hrsg.), Insolvenzordnung (InsO), 10. Auflage 2024

Bumiller/Harders/Schwamb, FamFG, 13. Auflage 2022

Damrau/Tanck (Hrsg.), Praxiskommentar Erbrecht, 4. Auflage 2020

Erman (Hrsg.), BGB, 17. Auflage 2023

Gottwald/Mock (Hrsg.), Zwangsvollstreckung, Kommentar zu §§ 704–898 ZPO, 7. Auflage 2015

Grüneberg (Hrsg.), Bürgerliches Gesetzbuch, 83. Auflage 2024

Herberger/Martinek/Rüßmann u.a., juris Praxiskommentar BGB, 10. Auflage (zit. jurisPK-BGB/*Bearbeiter*)

Hess (Hrsg.), Kölner Kommentar zur Insolvenzordnung, Bd. 4a (§§ 217–334 InsO), 2023

Huber, Anfechtungsgesetz (AnfG), 12. Auflage 2024

Jaeger, Insolvenzordnung, 2. Auflage 2023

Jauernig, BGB, 19. Auflage 2023

Kayser/Thole (Hrsg.), Heidelberger Kommentar Insolvenzordnung, 11. Auflage 2023

Kroiß/Horn/Solomon (Hrsg.), Nachfolgerecht – Erbrechtliche Spezialgesetze, 3. Auflage 2023

Kübler/Prütting/Bork/Jacoby (Hrsg.), Kommentar zur Insolvenzordnung, Loseblatt

Leonhardt/Smid/Zeuner (Hrsg.), Insolvenzrechtliche Vergütungsverordnung (InsVV), 2014

Münchener Kommentar zum Bürgerlichen Gesetzbuch: BGB, Bd. 11: Erbrecht §§ 1922–2385, §§ 27–35 BeurkG, 9. Auflage 2022 (zit. MüKo-BGB/*Bearbeiter*)

Münchener Kommentar zur Insolvenzordnung: InsO, 4. Auflage 2020 (zit. MüKo-InsO/*Bearbeiter*)

Münchener Kommentar zur Zivilprozessordnung: ZPO, Bd. 1: §§ 1–354 ZPO, 6. Auflage 2020 (zit. MüKo-ZPO/*Bearbeiter*)

Musielak/Voit (Hrsg.), Zivilprozessordnung: ZPO mit Gerichtsverfassungsgesetz, 21. Auflage 2024

Nerlich/Römermann, Insolvenzordnung (InsO), Insolvenzrecht (InsR), 47. EL März 2023

Oetker (Hrsg.), Handelsgesetzbuch: HGB, 8. Auflage 2024

Prütting/Wegen/Weinreich, BGB, 18. Auflage 2023

Römermann (Hrsg.), Insolvenzordnung (InsO)/Insolvenzrecht (InsR), 48. Auflage 2024

A. Schmidt, Hamburger Kommentar zum Insolvenzrecht, 10. Auflage 2024 (zit. HambKomm-InsR/*Bearbeiter*)

K. Schmidt (Hrsg.), Insolvenzordnung: InsO, mit EulnsVO, 20. Auflage 2023

Soergel (Hrsg.), BGB Band 21: Erbrecht 1 – §§ 922–2063 BGB, 13. Auflage 2002

Staudinger (Hrsg.), Bürgerliches Gesetzbuch, Buch 5 (§§ 1967–2063 BGB), Neubearbeitung 2020

Uhlenbruck (Hrsg.), Insolvenzordnung: InsO, Bd. 1, 16. Auflage 2024

Weyland (Hrsg.), Bundesrechtsanwaltsordnung: BRAO, 11. Auflage 2024

Wimmer, Frankfurter Kommentar zur Insolvenzordnung, 9. Auflage 2018 (zit. FK-InsO/Bearbeiter)

Zöller (Hrsg.), Zivilprozessordnung: ZPO, 35. Auflage 2024

Handbücher/Monographien

Bieresborn/Schafhausen, Münchener Anwaltshandbuch Sozialrecht, 6. Auflage 2024 (zit.: MAH SozR/*Bearbeiter*)

Bork, Einführung in das Insolvenzrecht, 11. Auflage 2023

Brox/Walker, Erbrecht, 30. Auflage 2024

Buth/Hermanns (Hrsg.), Restrukturierung, Sanierung, Insolvenz, 5. Auflage 2022

Foerste, Insolvenzrecht, 8. Auflage 2022

Frege/Keller/Riedel, Handbuch Insolvenzrecht, 9. Auflage 2022

Gottwald/Haas, Insolvenzrechts-Handbuch, 6. Auflage 2022

Groll/Steiner, Praxishandbuch Erbrechtsberatung, 6. Auflage 2023

Gramlich, Das rückwirkend fingierte Verschulden im Rahmen der Erbenhaftung, 2019

Grube/Wahrendorf/Flint (Hrsg.), SGB XII – Sozialhilfe mit Eingliederungshilfe (SGB IX Teil 2) und Asylbewerberleistungsgesetz, 8. Auflage 2024

Haarmeyer/Frind, Insolvenzrecht, 6. Auflage 2023

Haarmeyer/Mock, Vergütung in Krise, Sanierung und Insolvenz, 7. Auflage 2024

Häsemeyer, Insolvenzrecht, 4. Auflage 2007

Herzog, Die Erbenhaftung, 2. Auflage 2024

Herzog/Pruns, Der digitale Nachlass in der Vorsorge- und Erbrechtspraxis, 2017

Jauernig/Berger/Thole, Insolvenzrecht, 24. Auflage 2022

Joachim, Die Haftung des Erben für Nachlassverbindlichkeiten, 3. Auflage 2011

Kaltwasser, Der überschuldete Nachlass, Diss. 2015

Krätzschel/Falkner/Döbereiner (Hrsg.), Nachlassrecht, 12. Auflage 2022

Leipold, Erbrecht, 23. Auflage 2022

Lissner/Bohlander, Handbuch Insolvenz, 2. Auflage 2023

Lissner/Knauft, Handbuch Insolvenzrecht, 2016

Michalski/Schmidt, BGB – Erbrecht, Lehrbuch, 5. Auflage 2019

Mohrbutter/Ringstmeier, Handbuch Insolvenzverwaltung, 10. Auflage 2021

Nöll, Der Tod des Schuldners in der Insolvenz, 2005

Reimann/Bengel/Dietz/Sammet, Testament und Erbvertrag, 8. Auflage 2023

Reischl, Insolvenzrecht, 6. Auflage 2022

Roth/Gerhardt, Praxishandbuch Erbenhaftungsbeschränkung, 2019

Roth/Pfeuffer, Praxishandbuch Nachlassinsolvenzverfahren, 2. Auflage

Scherer (Hrsg.), Münchener Anwaltshandbuch Erbrecht, 6. Auflage 2024 (zit.: MAH Erbrecht/*Bearbeiter*)

Schumann, Rechtsprobleme der Nachlassinsolvenz, 2020

Uricher (Hrsg.), Erbrecht – Testamentsgestaltung, Vertragsgestaltung, Prozessführung, 5. Auflage 2023

Vallender/Undritz, Praxis des Insolvenzrechts, 3. Auflage 2022

§ 1 Grundlagen

Übersicht:

A. Historie der Nachlassinsolvenz

Das Rechtsinstitut der Nachlassinsolvenz besteht in seiner derzeitigen Form seit dem Inkrafttreten der Insolvenzordnung am 1.1.1999. Es geht zurück auf das ähnliche, in der nunmehr durch die InsO abgelösten Konkursordnung (KO) normierte Nachlasskonkursverfahren. Die 1877 in Kraft getretene Konkursordnung, die sich in ihrer Geltung auf das gesamte Deutsche Reich erstreckte, war geprägt von dem französischen Code Civil, dem französischen Fallimentsgesetz und der Preußischen Konkursordnung von 1855.[1] Die §§ 214 ff. KO bildeten die rechtliche Grundlage für das Konkursverfahren. Als einziger Eröffnungsgrund des Konkursverfahrens über einen Nachlass war in Abweichung zum Regelkonkurs dessen Überschuldung anerkannt (§ 215 KO).[2] Dies war durch das gesetzgeberische Bild eines statischen 1

1 *Hahn*, Gesamte Materialien zur Konkursordnung, S. 399 ff.

2 Kroiß/Horn/Solomon/*Wilsch*, Nachfolgerecht, 1.14 (Nachlassinsolvenz) Rn 21.

und nicht mehr veränderlichen Nachlasses motiviert[3] („Vermögensinbegriff, dessen Schicksal abgeschlossen ist“[4]). 1935 trat neben den Nachlasskonkurs das konkursabwendende Nachlassvergleichsverfahren aufgrund der Vergleichsordnung. Dieses bewirkte wie das Nachlasskonkursverfahren die Beschränkung der persönlichen Haftung des Erben für die Verbindlichkeiten des Nachlasses, hatte aber den Unterschied, dass es dem Erben die Möglichkeit einer Selbstverwaltung über den Nachlass eröffnete und nicht zu einer Trennung des Nachlasses vom Erbeneigenvermögen (*separatio bonorum*) führte.[5]

2 In den neuen Bundesländern galt bis zum Inkrafttreten der InsO anstelle der KO und VerglO die Gesamtvollstreckungsordnung (GesO), die ein mit dem Nachlasskonkurs vergleichbares Nachlass-Gesamtvollstreckungsverfahren vorsah.[6]

3 Durch die Arbeit einer im Jahre 1978 etablierten Kommission zur Erneuerung des Konkursrechts wurden erstmals Neuerungen in Bezug auf das Konkursverfahren nach der KO diskutiert:[7] Zunächst entstand der Vorschlag, auch Zahlungsunfähigkeit und drohende Zahlungsunfähigkeit als Eröffnungsgründe aufzunehmen, um auf diese Weise zu vermeiden, dass Verfahren erst verzögert eröffnet werden konnten und um die früher hohe Zahl der Verfahren, die mangels ausreichender Masse abgelehnt werden mussten, zu reduzieren.[8] Auch diskutiert wurde der Vorschlag, künftige Nachlassinsolvenzverfahren nur noch zuzulassen, wenn der Nachlass unternehmenstragend sei; für andere Fälle sollte sich die bei diesen Nachlässen im Zentrum stehende Herbeiführung der Haftungsbeschränkung des Erben auf den Nachlass durch das einfachere und kostengünstigere Verfahren einer Nachlassverwaltung nach §§ 1975 ff. BGB richten.[9]

3 *Jaeger*, Erbenhaftung und Nachlaßkonkurs im neuen Reichsrecht, S. 36.
4 *Hahn*, Gesamte Materialien zur Konkursordnung, S. 399.
5 Staudinger/*Dobler* (2020), § 1975 Rn 2.
6 Staudinger/*Dobler* (2020), § 1975 Rn 3; *Jauernig/Berger/Thole*, Insolvenzrecht, Rn 31.
7 *Roth/Pfeuffer*, HdB NachlassInsVerf, S. 4.
8 Erster Bericht der Kommission für Insolvenzrecht, Leitsatz 1.2.7.
9 Zweiter Bericht der Kommission für Insolvenzrecht, Leitsatz 6.4.2.; *Roth/Pfeuffer*, HdB NachlassInsVerf, S. 5.

In Gestalt eines 1989 vom Bundesjustizministerium veröffentlichten Ergänzungsentwurfs einer neuen Insolvenzordnung wurden erstmals konkrete Formulierungsvorschläge für diejenigen Normen, die das heutige reformierte Nachlassinsolvenzverfahren regeln, dargelegt. Diese wurden unverändert in den Regierungsentwurf der Insolvenzordnung von 1992 übernommen. Im Verlauf des förmlichen Gesetzgebungsverfahrens kam es zu geringen Änderungen; etwa in Bezug auf die Regelungssystematik des Erbschaftskaufs.[10] Die neue Insolvenzordnung mit dem überarbeiteten Rechtsinstitut der Nachlassinsolvenz trat dann zum 1.1.1999 in Kraft und beseitigte die KO, VerglO wie auch die GesO. Grund für die Reform des Konkursrechts und die Einführung der neuen Insolvenzordnung war der zunehmende Funktionsverlust des Konkursverfahrens als Mittel zur partiellen Befriedigung der Gesamtgläubigerschaft, da mehr und mehr Konkursverfahren mangels Masse gar nicht erst eröffnet worden waren oder wegen im Laufe des Verfahrens offenbar werdender Massearmut eingestellt werden mussten. Lediglich 22 % aller Konkursanträge konnten ordnungsgemäß abgeschlossen werden, auch weil es an Möglichkeiten fehlte, um die Insolvenzmasse nachträglich anzureichern.[11] 4

Die heutigen §§ 315–331 InsO haben die vormals geltenden §§ 214–235 KO indes im Wesentlichen übernommen. Auch die Regelungssystematik wurde übernommen; die Vorschriften über das Nachlassinsolvenzverfahren normieren lediglich besondere Abweichungen vom Regelinsolvenzverfahren, abseits dessen gelten die allgemeinen Regelungen über das Regelinsolvenzverfahren.[12] Die schon in Zeiten der KO bestehende enge Verzahnung zwischen Nachlass- und Regelinsolvenz wurde übernommen.[13] Die wohl bedeutendste Neuerung besteht in der Aufnahme auch der Zahlungsunfähigkeit und der drohenden Zahlungsunfähigkeit des Nachlasses[14] als Nachlassinsolvenzeröffnungsgrund neben der Überschuldung (§ 320 InsO) und in einem 5

10 *Roth/Pfeuffer*, HdB NachlassInsVerf, S. 6.

11 Begr. RegE InsO, 1992, BT-Drs. 12/2443, 72, 82; *Madaus*, NZI 2024, 7, 8.

12 MüKo-InsO/*Siegmann/Scheuing*, Vor § 315 Rn 1.

13 MüKo-InsO/*Siegmann/Scheuing*, Vor § 315 Rn 1.

14 Im Nachlasskonkursverfahren bestand, anders im allgemeinen früheren Konkursverfahren, lediglich der Eröffnungsgrund der Überschuldung (§ 215 KO), nicht aber auch der Zahlungsunfähigkeit des Nachlasses (*Roth/Wozniak*, Handbuch Nachlassvermögensverwaltung, S. 187).

gelockerten Verständnis der Zahlungsunfähigkeit,[15] um eine möglichst frühzeitige Verfahrenseröffnung zu ermöglichen.

6 Neu eingeführt wurden durch die InsO mit der **Eigenverwaltung** und dem **Insolvenzplanverfahren**[16] Instrumente der **kooperativen Schuldenbereinigung.**[17] Die Möglichkeiten der Eigenverwaltung[18] und des Insolvenzplanverfahrens (vgl. § 1989 BGB) stehen zwar grundsätzlich auch im Nachlassinsolvenzverfahren offen. Der Anwendungsbereich der Eigenverwaltung ist insofern verengt, als sie dafür konzipiert ist, die erforderliche Sanierung eines Unternehmens nicht dem Insolvenzverwalter als fachfremdem Dritten, sondern dem besser in die betrieblichen Abläufe integrierten Eigenverwalter zu überlassen.[19] Der Erbe müsste in die Abläufe der selbstständigen Tätigkeit des Erblassers eingebunden gewesen sein. Praktisch sind beide der alternativen Verfahren bedeutungslos.[20]

7 Im Rahmen der Gesetzesreform war das Nachlassinsolvenzrecht im Vergleich zu anderen Regelungskomplexen der InsO weitgehend unumstritten. Der Gesetzgeber hat sich im Wesentlichen darauf beschränkt, das frühere Konkursrecht an die Strukturen des neuen heutigen Insolvenzrechts anzupassen.[21] Somit bleibt es dabei, dass das Nachlasskonkurs- und Insolvenzrecht schon seit Inkrafttreten der Konkursordnung ein spezielles und hochkomplexes Rechtsgebiet war und heute weiterhin ist, das keinesfalls anhand des bloßen Gesetzestextes zu erfassen ist.[22]

---

15 Vgl. Andres/Leithaus/*Leithaus*, InsO § 17 Rn 2.

16 Das Insolvenzplanverfahren ähnelt dem früheren Nachlassvergleichsverfahren (§ 113 VglO), bietet allerdings weitreichendere Möglichkeiten.

17 K. Schmidt/*K. Schmidt*, InsO, Vor § 315 Rn 7.

18 Vgl. § 270 Abs. 2 InsO; das Nachlassinsolvenzverfahren ist kein Verbraucherinsolvenzverfahren i.S.d. § 304 InsO.

19 *Schumann*, Rechtsprobleme der Nachlassinsolvenz, S. 12.

20 Vgl. Jaeger/*Windel*, InsO, § 315 Rn 177, 189.

21 Gottwald/Haas/*Döbereiner*, InsR-HdB, § 109 Rn 6.

22 Vgl. insgesamt Kayser/Thole/*Schmidt*, InsO, § 1 Rn 6.

B. Wesen und Zweck

Dem deutschen Erbrecht ist der Grundsatz des Vonselbsterwerbs immanent: Mit dem Tod einer Person geht deren Vermögen als Ganzes auf den oder die Erben im Wege der Universalsukzession über, es sei denn, dass der Erbe sich innerhalb der Ausschlagungsfrist hiervon befreit.[23] Gemäß § 1967 Abs. 1 BGB werden auch sämtliche mit dem Nachlass verbundenen Verbindlichkeiten auf den Erben übertragen, für die fortan der Erbe haftet. Durch die ihm freistehende fristgerechte Erbausschlagung verliert der Erbe allerdings auch alle mit dem Nachlass verbundenen Rechte. Auch hat der historische Gesetzgeber die Frist zur Erbausschlagung kurz ausgestaltet, um Schwebezustände andauernder Rechtsunsicherheit zu unterbinden.[24] Diese Entscheidung kann Erben dazu veranlassen, potenziell weitreichende und in der Kürze der Ausschlagungsfrist nicht zu überblickende (Haftungs-) Entscheidungen zu treffen.[25] Um die mit dem Erbfall automatisch einhergehende unmittelbare und unbeschränkte Erbenhaftung zu korrigieren, ist ein Verfahren der nachträglichen Haftungsbeschränkung geboten.[26] 8

I. Wesen der Nachlassinsolvenz

Die Nachlassinsolvenz ist ein Rechtsinstitut, das zur gerichtlich angeordneten treuhänderischen Verwaltung und Abwicklung eines Nachlasses dient. Das grundlegende Programm der treuhänderischen Nachlassabwicklung umfasst die Inbesitznahme, Sicherung, Inventarisierung, Bewertung, Verwertung und Verteilung des Nachlasses. Die Anordnung erfolgt unabhängig vom Willen des Erblassers nach dessen Ableben und dient als Reaktionsmittel für wirtschaftlich beteiligte Dritte. Im Gegensatz dazu ist etwa die Testamentsvollstreckung ein gestalterisches erbrechtliches Instrument des Erblassers. 9

23 Staudinger/*Kunz* (2017), § 1922 Rn 12; BeckOGK/*Heinemann*, 1.9.2024, BGB § 1942 Rn 16.

24 MAH Erbrecht/*Malitz*, § 22 Rn 26; *Baumann*, ErbR 2020, 300, 300 f.; NK-BGB/*Ivo*, § 1944 Rn 1; BeckOK BGB/*Siegmann/Höger*, 71. Ed. 1.8.2024, § 1944 vor Rn 1.

25 Vgl. *Roth/Gerhardt*, Praxishandbuch Erbenhaftungsbeschränkung, S. 2.

26 Vgl. Staudinger/*Kunz* (2020), Vor §§ 1967 ff. Rn 22.

10 Das Nachlassinsolvenzverfahren ist ein spezielles Insolvenzverfahren, das gemäß § 11 Abs. 2 Nr. 2 InsO über das **abgegrenzte Sondervermögen** Nachlass eröffnet und nach Maßgabe der §§ 315 ff. InsO durchgeführt wird.[27] Das Eigenvermögen des Erben bleibt unberührt. Soweit die §§ 315 ff. InsO keine Sondervorschriften vorsehen, gelten für das Verfahren die allgemeinen Vorschriften über das Regelinsolvenzverfahren.[28]

11 Infolge der mit dem Erbfall eintretenden Universalsukzession, nach der der Erbe mit dem Tod des Erblassers in jegliche Rechte und Pflichten eintritt, gehen das gesamte Vermögen, aber auch alle Verbindlichkeiten auf den Erben über (Gesamtrechtsnachfolge). Es kommt zur Vereinigung der Vermögensmasse „Nachlass" mit dem Eigenvermögen des Erben. Das Nachlassinsolvenzverfahren führt zu einer nachträglichen Trennung des Nachlasses vom Eigenvermögen des Erben, sodass die Nachlassgläubiger nur noch auf das Nachlassvermögen zugreifen können. Andererseits steht den Eigengläubigern des Erben, die im Falle der unbeschränkten Haftung auch auf das Nachlassvermögen Zugriff haben, nur noch das Eigenvermögen des Erben zur Befriedigung ihrer Forderungen zur Verfügung. Beide Vermögensmassen werden durch das Verfahren nachträglich wieder derart wirtschaftlich getrennt, als wäre der Erbfall nie eingetreten.

12 Soweit diese Trennung nicht schon von Gesetzes wegen erfolgt (z.B. §§ 1976 f. BGB), gehört ihre Durchführung zum maßgeblichen Aufgabenprogramm des Insolvenzverwalters. Die Vorschriften des Nachlassinsolvenzrechts sind von dem Prinzip geprägt, die sich nach dem Erbfall fortentwickelnden Verhältnisse wirtschaftlich in den Zustand zum Zeitpunkt des Todes des Erblassers zurückzuversetzen (vgl. etwa §§ 1976–1980 BGB). Dahinter steht der Gedanke, den wirtschaftlich Berechtigten, die keinen Einfluss auf das Ableben des Erblassers hatten, dessen gesamten Aktivnachlass unverändert als Haftungssubstrat zur Verfügung zu stellen.[29]

27 *Roth*, ZInsO 2010, 113.

28 Uricher/*Schönenberg-Wessel/Schultz*, Erbrecht, § 10 Rn 22; Kayser/Thole/*Böhm*, InsO, Vor §§ 315 ff. Rn 1.

29 *Lettmann*, RNotZ 2002, 538.

II. Zweck und Verfahrensziele der Nachlassinsolvenz

Das Nachlassinsolvenzverfahren dient hauptsächlich der Trennung und Zurverfügungstellung des Nachlasses zur **gleichmäßigen, quotalen Befriedigung der Nachlassgläubiger** im öffentlichen Interesse.[30] Zudem kann der Erbe sich das Verfahren zunutze machen, um seine Haftung für Nachlassverbindlichkeiten mit dem Eigenvermögen auf den Nachlass zu beschränken.[31] 13

1. Gleichmäßige Gläubigerbefriedigung

Grundprinzip und vordringlicher[32] Zweck von Insolvenzverfahren im Allgemeinen ist die bestmögliche Befriedigung aller vorhandenen Gläubiger unter Berücksichtigung ihrer gesetzlich vorgegebenen Rangfolge.[33] Für das Nachlassinsolvenzverfahren gilt insoweit nichts anderes. Die Nachlassinsolvenz ist daher zu beantragen, wenn der Nachlass zur Befriedigung aller Nachlassverbindlichkeiten nicht ausreicht (vgl. § 1980 BGB, Antragspflicht des Erben). Dies bringt auch mit sich, dass ein Nachlassinsolvenzverfahren nur über den gesamten Nachlass, nicht aber über einzelne Erbteile stattfindet (§ 316 Abs. 3 InsO). Durch die Nachlassinsolvenz wird dem Erben das Recht zur Verwaltung, Verfügung und Verwertung des Nachlasses entzogen und der Nachlass wird einer amtlichen Verwaltung unterstellt (vgl. § 80 Abs. 1 InsO). Somit wird der Nachlasswert zugunsten der Gesamtheit der Nachlassgläubiger erhalten und nicht von den Eigengläubigern des Erben entzogen.[34] 14

30 MüKo-InsO/*Siegmann/Scheuing*, Vor § 315 Rn 1.

31 BeckOGK/*Herzog*, 1.7.2024, BGB § 1975 Rn 41.

32 Burandt/Rojahn/*Joachim*, § 1975 Rn 5; vgl. auch BeckOK InsR/*Fridgen*, 36. Ed. 15.7.2024, InsO § 315 Rn 10.

33 Kayser/Thole/*Sternal*, InsO § 1 Rn 3; vgl. auch schon *Hahn*, Gesamte Materialien zur Konkursordnung, S. 399 und S. 401; *Michalski/Schmidt*, BGB – Erbrecht, 2. Nachlassinsolvenz, Rn 1166.

34 Uricher/*Schönenberg-Wessel/Schultz*, Erbrecht, § 10 Rn 10; BeckOK InsR/*Fridgen*, 36. Ed. 15.7.2024, InsO § 315 Rn 15; Gottwald/Haas/*Döbereiner*, InsR-HdB, § 109 Rn 4.

2. Haftungsbeschränkung des Erben

15 § 1967 BGB stellt klar, dass mit dem Erbfall auch die Schulden des Erblassers auf den Erben übergehen. Daneben definiert § 1967 Abs. 2 BGB auch Verbindlichkeiten aus Pflichtteilsrechten, Vermächtnissen und Auflagen als Nachlassverbindlichkeiten. Zu den Nachlassverbindlichkeiten, für die der Erbe haftet, zählen Erblasserschulden, Erbfallschulden sowie Nachlasserbenschulden. Der Begriff der Haftung ist substanziell zu verstehen und beschreibt den Vollstreckungszugriff auf das einer Person zugeordnete Vermögen. Offen bleibt in § 1967 BGB, mit welchem Vermögen der Erbe zu haften hat: Nur mit dem Nachlass oder auch mit seinem Eigenvermögen?

16 Aus der Systematik und dem telos der §§ 1967 ff. BGB ergibt sich, dass die Haftung des Erben sich im Grundsatz auch auf sein Eigenvermögen erstreckt.[35] Die Haftung aus § 1967 Abs. 1 BGB ist eine (nur) vorläufig unbeschränkte.[36] Das Gesetz ermöglicht dem Erben durch §§ 1975 ff. BGB, dass er seine mit der Nichtausschlagung der Erbschaft verbundene unbeschränkte, auch in sein Eigenvermögen zielende Haftung für die Nachlassverbindlichkeiten des Erblassers endgültig auf den Nachlass beschränken kann. Die Nachlassinsolvenz bedient damit das Interesse des Erben, bei einem überschuldeten Nachlass nicht aus dem eigenen Vermögen haften zu müssen.[37] Wenngleich nach der rechtlichen Konzeption die gleichmäßige Befriedigung der Nachlassgläubiger das primäre Ziel der Nachlassinsolvenz darstellt, rückt doch in der Praxis noch öfter die Funktion der erbrechtlichen Haftungsbeschränkung in den Vordergrund.[38]

3. Unternehmensfortführung

17 Dem Insolvenzverwalter ist des Weiteren die **Sanierung** etwaiger zum Nachlass gehöriger Unternehmen mit laufendem Geschäftsbetrieb aufgegeben, vgl. § 1 S. 1 Hs. 2 InsO.[39] Im Rahmen der Nachlassinsolvenz wird dieses Verfahrensziel zumeist zu vernachlässigen sein, da

35 *Leipold*, Erbrecht, Rn 697.
36 Uricher/*Schönenberg-Wessel/Schultz*, Erbrecht, § 10 Rn 10.
37 Uricher/*Schönenberg-Wessel/Schultz*, Erbrecht, § 10 Rn 10.
38 Vgl. auch *Vallender/Undritz*, Praxis des Insolvenzrechts, S. 2061.
39 Nach h.M. allerdings bloß als Sekundärziel; MüKo-InsO/*Ganter/Bruns*, § 1 Rn 8 (m.w.N.).

diejenigen Nachlässe, für die die Nachlassinsolvenz beantragt wird, in der Regel nicht unternehmenstragend sind.

III. Verhältnis zu anderen Haftungsbeschränkungsinstrumenten

Eine Haftungsbeschränkung ist überhaupt erst ab dem Zeitpunkt notwendig, ab welchem die Erbschaft angenommen wurde. Vor Ablauf der Ausschlagungsfrist oder vor einer vor diesem Zeitpunkt liegenden ausdrücklichen oder konkludenten Erbannahme durch den Erbberechtigten können Ansprüche gegen den Nachlass nicht gerichtlich durchgesetzt werden. Der Erbberechtigte kann Nachlassgläubigern vor Annahme der Erbschaft die Einwendung des § 1958 BGB entgegenhalten. Erst ab Annahme der Erbschaft erlangen Haftungsbeschränkungsmaßnahmen Bedeutung. 18

Um den Nachlass sichten und ordnen zu können, stellt das Gesetz dem Erben sogenannte **Schonungseinreden** zur Verfügung,[40] die ihn berechtigen, die Berichtigung von Nachlassverbindlichkeiten vorübergehend zu verweigern.[41] Hierzu zählen die **Dreimonatseinrede** (§ 2014 BGB) sowie die **Aufgebotseinrede** (§ 2015 BGB). Aufgrund der Dreimonatseinrede kann der Erbe innerhalb der ersten drei Monate ab der erklärten Annahme oder anderenfalls ab dem Ablauf der Ausschlagungsfrist gegenüber allen Nachlassgläubigern die Leistung verweigern. Innerhalb dieser Zeit kann er den Nachlass sichten und entscheiden, ob weitergehende Maßnahmen zur endgültigen Beschränkung der persönlichen Haftung angezeigt sind. In Anbetracht dieser *ratio legis* ist die Einrede nicht mehr zulässig, wenn der Erbe vor Ablauf der drei Monate bereits ein Inventar errichtet und somit bereits einen Überblick über den Nachlass gewonnen hat (§ 2014 BGB a.E.). 19

---

40 Ausführlich dazu siehe § 2 Rdn 40 ff.

41 Uricher/*Schönenberg-Wessel/Schultz*, Erbrecht, § 10 Rn 12; Mohrbutter/Ringstmeier/*Meyer*, Handbuch Insolvenzverwaltung, S. 4.

20 Der Erbe kann, um sich Kenntnis über die bestehenden Nachlassverbindlichkeiten zu verschaffen, Nachlassgläubiger gerichtlich zur Anmeldung von Ansprüchen und Rechten gegen den Nachlass auffordern lassen (Aufgebotsverfahren, §§ 1970 ff. BGB). Auf dieser Grundlage soll er ebenfalls entscheiden können, ob weitere Haftungsbeschränkungsmaßnahmen notwendig sind.[42] Hat der Erbe das Aufgebotsverfahren innerhalb eines Jahres nach Annahme der Erbschaft beantragt, kann er bis zur Beendigung des Aufgebotsverfahrens die Befriedigung der Nachlassgläubiger und seine Eigenhaftung durch Einrede verweigern (§ 2015 Abs. 1 BGB).

21 Um eine endgültige Haftungsbeschränkung zugunsten des Erben herbeizuführen, sieht das Haftungssystem des BGB neben der Nachlassinsolvenz weitere Instrumente vor. Während die Nachlasspflegschaft gemäß §§ 1960 ff. BGB nicht auf eine Beschränkung der Erbenhaftung zielt, kann eine Haftungsbeschränkung auch im Wege der Nachlassverwaltung, welche eine Spezialform der Nachlasspflegschaft zum Zweck der Befriedigung der Nachlassgläubiger ist (§ 1975 BGB), erreicht werden. Die Nachlassverwaltung ist angezeigt, wenn der Nachlass undurchsichtig oder komplex strukturiert ist, aber noch alle Nachlassverbindlichkeiten zu decken vermag. Anderenfalls ist die Eröffnung des Nachlassinsolvenzverfahrens zu beantragen (§ 1980 BGB).[43]

22 Das BGB folgt der Konzeption, dass der Erbe endgültige Haftungsbeschränkungen grundsätzlich nur durch die amtlichen Verfahren der Nachlassverwaltung und der Nachlassinsolvenz erreichen kann, da diese regelmäßig gewähren, dass die Nachlassgläubiger ihre Forderungen aus dem ungeschmälerten Nachlass zum Zeitpunkt des Erbfalls befriedigen können (Rückwirkung).[44] Neben den amtlichen Verfahren sehen die §§ 1990 ff. BGB hierfür in Form der **Dürftigkeits- und Überschwerungseinrede** weitere Instrumente vor.

---

42 OLG Düsseldorf, Beschl. v. 24.1.2012 – 3 Wx 301/11, NJW-RR 2012, 841; BeckOK BGB/*Lohmann*, 71. Ed. 1.8.2024, § 1970 Rn 1.

43 Streitig ist, ob § 1980 BGB auch für den Nachlassverwalter gilt und ob dieser dann den Erben in dessen Nachlassinsolvenzantragspflicht verdrängt. Hierzu MüKo-BGB/*Küpper*, § 1980 Rn 13 (m.w.N.).

44 MAH ErbR/*Siegmann/Scheuing*, § 23 Rn 52; vgl. auch *Schumann*, Rechtsprobleme der Nachlassinsolvenz, S. 13; *Nöll*, ZInsO, 812, 817.

Entgegen landläufiger Meinung bewirkt die Errichtung eines Inventars noch keine Haftungsbeschränkung für den Erben, sondern begründet lediglich eine Vollständigkeitsvermutung zugunsten des Erben.[45] Die Vollständigkeitsvermutung des Inventars kann im Verhältnis zu Nachlassgläubigern das Vorbringen des Erben stützen, dass zum Zeitpunkt des Erbfalls keine weiteren Gläubiger und Nachlassaktiva als die im Verzeichnis aufgeführten vorhanden waren (§ 2009 BGB). Auf diese Weise kann er die folgenden Erleichterungen belegen: 23

1. Reicht die Nachlassmasse nicht aus, um die Kosten eines Nachlassinsolvenzverfahrens oder einer Nachlassverwaltung zu decken, kann der Erbe seine **Haftung** dauerhaft auf den Nachlass **beschränken** (§ 1990 Abs. 1 S. 1 BGB), der herauszugeben ist. Hinter § 1990 BGB steht die Überlegung, dass der dürftige Nachlass nicht den Aufwand eines förmlichen Haftungsbeschränkungsverfahrens lohnt. Statt eines externen Verwalters, der nicht aus dem Nachlass bezahlt werden kann, wickelt der Erbe selbst als Quasi-Verwalter den unergiebigen Nachlass ab.[46] Das Stellen eines (vergeblichen) kostenpflichtigen Antrags auf Nachlassverwaltung oder Eröffnung des Nachlassinsolvenzverfahrens mit dem Ziel, dass dieser abgewiesen wird, um sich auf die Dürftigkeit des Nachlasses berufen zu können, ist dem Erben nicht zuzumuten; die Einrede greift bereits Platz bei materieller Dürftigkeit des Nachlasses. Ein abgewiesener Antrag bietet gleichwohl beweistechnische Vorteile, da er die Nachlassdürftigkeit feststellt.[47] 24

2. Weiterhin kann der Erbe, wenn der Nachlass überschuldet ist und diese Überschuldung allein auf erblasserisch angeordneten Vermächtnissen oder Auflagen beruht, deren Erfüllung auf den **Nachlass beschränken** (sog. Überschwerungseinrede, § 1992 BGB).[48] Die Einrede aus § 1992 S. 1 BGB besteht nur gegenüber den Gläubigern von Vermächtnisansprüchen und Auflagenberechtigungen; sie ist nicht auf Pflichtteilsansprüche analog anwendbar.[49] Die Überschwerungsein- 25

---

45 So auch *Roth/Gerhardt*, Praxishandbuch Erbenhaftungsbeschränkung, S. 210.

46 BeckOGK/*Herzog*, 1.7.2024, BGB § 1990 Rn 2, 3.

47 BeckOGK/*Herzog*, 1.7.2024, BGB § 1990 Rn 19, 20.

48 *Schumann*, Rechtsprobleme der Nachlassinsolvenz, S. 13.

49 OLG München v. 3.12.1996 – 5 U 2597/96, ZEV 1998, 100 (101); MüKo-BGB/*Küpper*, § 1992 Rn 4; Staudinger/*Dobler* (2020), § 1992 Rn 6; Burandt/Rojahn/*Joachim*, § 1992 Rn 4.

rede ermöglicht dem Erben, seine Eigenhaftung bei Überschuldung des Nachlasses durch Vermächtnisse und Auflagen auch ohne Nachlasssonderung gegenüber diesen Gläubigern zu beschränken, selbst wenn der Nachlass die Verfahrenskosten decken könnte. Die Vorschrift nimmt Rücksicht auf den mutmaßlichen Willen des Erblassers, der im Zweifel nur den Nettonachlass mit Vermächtnissen und Auflagen belasten wollte,[50] und ermöglicht dem Erben eine vereinfachte Haftungsbeschränkung.[51]

26 3. Gegenüber einzelnen Nachlassgläubigern kann der Erbe seine **Eigenhaftung** auf den Nachlass beschränken, wenn sie ihre gegen den Nachlass gerichteten Forderungen erst mehr als fünf Jahre nach dem Erbfall gegenüber dem Erben geltend machen, sofern die Forderung nicht im Aufgebotsverfahren angemeldet worden oder dem Erben sonst bekannt gewesen ist (Verschweigungseinrede, § 1974 Abs. 1 BGB).

C. Bedeutung der Nachlassinsolvenz in der Praxis

27 Bei insolventen Nachlässen handelt es sich überwiegend um kleinere Vermögensmassen.[52] Zwar wird für die letzten Jahre eine niedrige dreistellige Anzahl von Verfahren mit einer Masse zwischen 500.000 EUR und 25 Mio. EUR vermutet.[53] Doch vermag dies nichts daran zu ändern, dass es sich bei der Nachlassinsolvenz um ein gesamtwirtschaftlich betrachtet untergeordnetes Phänomen handelt.[54] Die nachstehende Abbildung verdeutlicht das wirtschaftliche Ausmaß der Nachlassinsolvenz, indem sie die voraussichtlichen Forderungen aus den beantragten Nachlassinsolvenzverfahren[55] betrachtet und in Rela-

50 MüKo-BGB/*Küpper*, § 1992 Rn 1.

51 Uricher/*Schönenberg-Wessel/Schultz*, Erbrecht, § 10 Rn 21.

52 Gottwald/Haas/*Döbereiner*, InsR-HdB, § 109 Rn 7.

53 *Busch*, DZWIR 2019, 348.

54 Gottwald/Haas/*Döbereiner*, InsR-HdB, § 109 Rn 7.

55 Die Statistik verzeichnet die Sonderinsolvenzverfahren Nachlassinsolvenzverfahren und Insolvenzverfahren über das Gesamtgut gemeinsam. Es existiert keine amtliche getrennte Statistik, sodass eine isolierte Betrachtung ausschließlich der Nachlassinsolvenzverfahren nicht möglich ist. Es ist allerdings davon auszugehen, dass die Zahl der Insolvenzverfahren über das Gesamtgut äußerst gering ist (Gottwald/Haas/*Döbereiner*, InsR-HdB, § 109 Fn 7).

tion zu allen beantragten Insolvenzverfahren über die Jahre seit der Einführung der InsO stellt:[56]

28

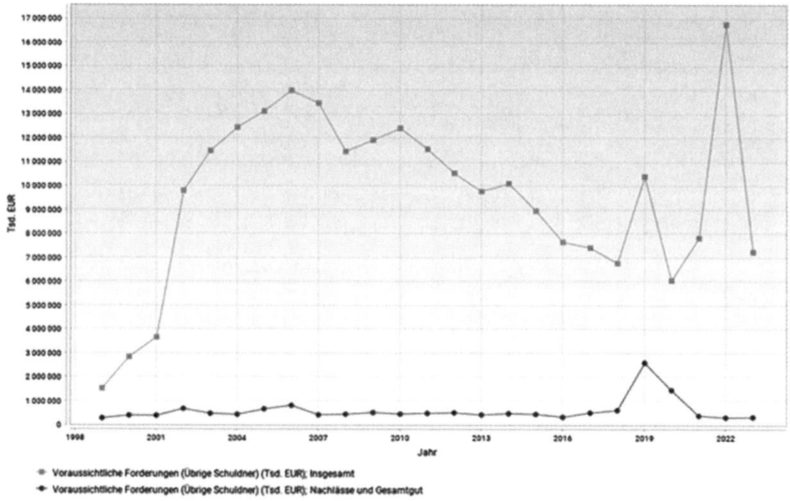

Auch die Verfahrenszahlen stehen *prima facie* deutlich hinter den übrigen Insolvenzverfahren zurück: Im Jahr 2023 wurden von insgesamt 92.364 beantragten Insolvenzverfahren bis zu 3.689 *Nachlass*insolvenzverfahren beantragt, von denen bis zu 1.967 Verfahren eröffnet (53,3 %) und bis zu 1.722 Verfahren mangels Masse abgewiesen wurden.[57] Bei Unternehmensinsolvenzen lag die Eröffnungsquote dagegen bei 63,7 %.[58] Eine näherungsweise Übersicht zu den insgesamt 29

56 Sonderinsolvenzverfahren über Nachlässe und Gesamtgüter, Abfrage beim Statistischen Bundesamt (Destatis), 2024, Stand: 24.9.2024.

57 Statistisches Bundesamt (Destatis), 2024, Stand: 24.9.2024.

58 Statistisches Bundesamt (Destatis), 2024, Stand: 24.9.2024.

beantragten, abgewiesenen und eröffneten Nachlassinsolvenzverfahren seit Geltung der InsO vermittelt nachstehende Statistik:[59]

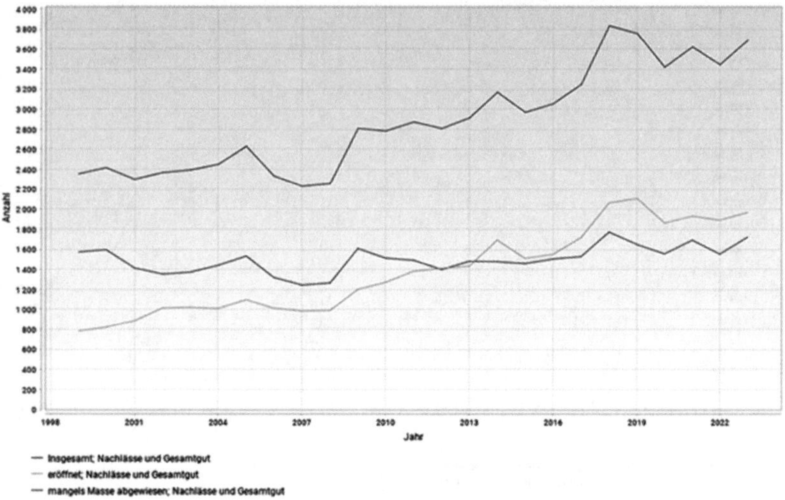

30 Es ist jedoch eine zunehmende Entwicklung zu verzeichnen. Die Statistiken sind zudem bei Lichte zu betrachten: 2023 waren etwa 5,65 Millionen volljährige Personen in Deutschland bereits zu Lebzeiten überschuldet, was einer Überschuldungsquote von ca. 8,15 % entspricht.[60] Bei einer Zahl von 1,02 Millionen Sterbefällen im selben Jahr[61] müssten rechnerisch etwa 83.000 Nachlässe überschuldet und damit insolvenzreif gewesen sein. Der Tod führt aufgrund der Entstehung weiterer Verbindlichkeiten, etwa Bestattungskosten oder Verbindlichkeiten aus Pflichtteilsrechten, Vermächtnissen sowie Aufla-

59 Sonderinsolvenzverfahren über Nachlässe und Gesamtgüter, Abfrage beim Statistischen Bundesamt (Destatis), 2024, Stand: 24.9.2024.

60 Schuldneratlas 2023, S. 13, abgerufen unter https://www.boniversum.de/fileadmin/user_upload/aktuelles/schuldner-atlas/2023/SchuldnerAtlas_Deutschland_2023.pdf, Stand: 24.9.2024.

61 Pressemitteilung des Statistischen Bundesamts (Destatis) vom 9.1.2024, abrufbar unter https://www.destatis.de/DE/Presse/Pressemitteilungen/2024/01/PD24_011_126.html#:~:text=WIESBADEN%20 %E2 %80 %93 %20Im%20Jahr%202023 %20sind,etwa%2045 %20000 %20F%C3 %A4lle%20gesunken, Stand: 24.9.2024.

gen, zumal oft zu einer weiteren Verschlechterung der Vermögenslage, sodass von einer noch höheren Anzahl materiell insolvenzreifer Nachlässe ausgegangen werden kann.[62] Zudem verfügen bei Betrachtung der Vermögensverteilung in Deutschland die drei untersten Zehntel der Bevölkerung über nahezu kein Vermögen.[63] Bisher wurde eine Zahl von etwa 100.000 bis 258.000 zahlungsunfähigen oder überschuldeten Nachlässen vermutet,[64] welche unter Zugrundelegung der heutigen Verhältnisse noch gestiegen sein dürfte. Übertragen auf die Sterbefallzahlen im Jahr 2023 müssten statistisch rund 300.000 Nachlässe insolvenzgefährdet sein. In Anbetracht der Statistik zur Anzahl der im Jahr 2023 beantragten Nachlassinsolvenzverfahren lässt sich folgern, dass in maximal 4,4 %[65] der Fälle überschuldeter Nachlässe ein Antrag auf Eröffnung des Nachlassinsolvenzverfahrens gestellt wird und die Mehrheit der eigentlich insolvenzreifen Nachlässe außerhalb des Nachlassinsolvenz abgewickelt werden dürfte.[66] Dies wird auch als „kalte Eigenverwaltung“ bezeichnet.[67] Sie bringt die Gefahr mit sich, dass Nachlässe vor Stellung eines Nachlassinsolvenzantrags vorsätzlich zulasten der Nachlassgläubigergemeinschaft „ausgeplündert“ werden.[68]

Hinzu kommt, dass von den beantragten Nachlassinsolvenzen eine 31
beträchtliche Zahl an Verfahren vorschnell mangels Masse abgewiesen wird, weil das Insolvenzgericht oder die vom Gericht eingesetzten Sachverständigen oder vorläufigen Insolvenzverwalter bei der Prüfung der Insolvenzeröffnungsvoraussetzungen Ansprüche gegen die Erben aus fehlerhafter Verwaltung des Erbes (§§ 1978 ff. BGB) und aus Insolvenzanfechtung (§§ 134 ff. InsO) unbeachtet lassen.[69] Generell man-

62 Vgl. *Kaltwasser*, Der überschuldete Nachlass, S. 19 f.; *Nöll*, ZInsO 2012, 814, 818.
63 Vgl. DIW Wochenbericht 40 / 2019, S. 735, 739, 742, abrufbar unter: https://www.diw.de/documents/publikationen/73/diw_01.c.679970.de/19–40.pdf, letzter Abruf: 24.09.2024.
64 Vgl. auch *Busch*, DZWIR 2019, 348; *Busch*, FS Vallender, 2015, 70; vgl. *Nöll*, ZInsO, 814, 818.
65 Bezogen auf bis zu 3.689 beantragte Nachlassinsolvenzverfahren und mindestens 83.000 materiell insolvenzreife Nachlässe.
66 Vgl. *Kaltwasser*, Der überschuldete Nachlass, S. 20.
67 *Nöll*, ZInsO 2012, 814.
68 *Nöll*, ZInsO 2012, 814; *Vallender/Undritz*, Praxis des Insolvenzrechts, S. 2063.
69 Vgl. *Busch*, DZWIR 2019, 348.

gelt es den Nachlassgerichten häufig an belastbaren und umfassenden Informationen über die Vermögenslage des Nachlasses und über dessen Veränderung zwischen Erbfall und Nachlassinsolvenzantragstellung; zu selten werden Informationen vom umfassend auskunftspflichtigen Erben verlangt und – von der InsO durchaus vorgesehene – Druckmittel zur Anwendung gebracht.[70] Häufig sind Erben von sich aus gar nicht daran interessiert, ein Verfahren tatsächlich zur Eröffnung zu bringen, sondern bevorzugen einen Abweisungsbeschluss, um ihre Beweisposition in einem späteren Prozess zur Haftungsbeschränkung zu erleichtern.[71]

32 Sowohl die kalte Eigenverwaltung als auch die bisweilen vorschnelle Abweisung von Eröffnungsanträgen mangels Masse wirken sich zulasten der Nachlassinsolvenzgläubiger aus, deren Schutz die Vorschriften der §§ 1975 ff. BGB und der §§ 315 ff. InsO gerade bezwecken. Die Nachlassgläubiger können im ersten Fall von ihrem Insolvenzantragsrecht Gebrauch machen (§ 317 Abs. 1 InsO) und im zweiten Fall den zur Deckung der Verfahrenskosten erforderlichen Betrag vorschießen (§ 207 Abs. 1 S. 2 Alt. 1 InsO) oder im Rahmen der erforderlichen Anhörung (§ 207 Abs. 2 InsO) gegen die Einstellung Bedenken darlegen, um ihre Befriedigungsaussichten zu verbessern.

33 Derzeit hängt der Nachlassinsolvenz in Fachkreisen noch der Ruf eines praktisch nur wenig oder kaum relevanten Verfahrens an,[72] wenngleich noch bedeutsamer als die Nachlassverwaltung.[73] Als Grund für das „Schattendasein“[74] der Nachlassinsolvenz in der Rechtspraxis mag neben dem außerordentlich geringen Umfang vieler Nachlässe, der häufig zur Abweisung mangels Verfahrenskostendeckung führt, die komplexe Ausgestaltung des Verfahrens und des Rechts der Erbenhaftungsbeschränkung herangezogen werden.[75] Insgesamt ist allerdings davon auszugehen, dass Nachlassinsolvenzverfahren in der Praxis zukünftig an einiger Bedeutung gewinnen werden.

70 *Vallender/Undritz*, Praxis des Insolvenzrechts, S. 2062 f.

71 *Busch*, Nachlasshaftung und Nachlassinsolvenz – Strategien für die anwaltliche Praxis (DAI), S. 7.

72 Vgl. *Schmidt/Zimmermann*, FamRZ 2023, 575, 583.

73 MüKo-InsO/*Siegmann/Scheuing*, Vor § 315 Rn 16.

74 *Nöll*, ZInsO 2010, 1866.

75 MüKo-InsO/*Siegmann/Scheuing*, Vor § 315 Rn 16 (m.w.N.).

D. Nachlassinsolvenz als „Dritter Weg" zur Auseinandersetzung von Erbengemeinschaften

Im Rahmen des Nachlassinsolvenzverfahrens kann eine Erbauseinandersetzung sehr effizient realisiert werden, ohne dass hierfür ein aufwändiges gerichtliches Verfahren beschritten werden muss. 34

I. Wesen der Erbengemeinschaft und reguläre Erbauseinandersetzung; Erbteilungsklage

Die Erbengemeinschaft ist eine rechtliche Konstellation, in der mehrere Erben gemeinschaftlich den Nachlass eines Verstorbenen verwalten und darüber verfügen (Gesamthandgesellschaft). Dieses Prinzip ist verschiedentlich im BGB verankert. Gemäß § 2032 Abs. 1 BGB wird der Nachlass, wenn der Erblasser mehrere Erben hinterlässt, zum gemeinschaftlichen Vermögen der Erben. Die Verwaltung des Nachlasses obliegt den Erben gemeinsam (§ 2038 Abs. 1 S. 1 BGB), und über Nachlassgegenstände können die Erben nur gemeinschaftlich verfügen (§ 2040 Abs. 1 BGB). Das Gesetz stellt somit sicher, dass der Nachlass bis zur Auseinandersetzung der Erbengemeinschaft in der gemeinsamen Hand aller Miterben bleibt und Verwaltungs- sowie Verfügungshandlungen grundsätzlich nur gemeinschaftlich im Zusammenwirken erfolgen können (**gesamthänderische Bindung**).[76] 35

Die Erbengemeinschaft ist auf Teilung (Auseinandersetzung) angelegt. Gemäß § 2042 Abs. 1 BGB kann grundsätzlich jeder Miterbe die Auseinandersetzung verlangen. Der Ablauf der Teilung beinhaltet die Berichtigung der bestehenden Nachlassverbindlichkeiten aus dem Nachlass, wobei erforderliche Beträge gegebenenfalls zurückzubehalten sind (§ 2046 Abs. 1 S. 1 BGB). Der verbleibende Überschuss wird sodann gemäß ihren Erbteilen auf die Miterben verteilt. 36

Die Auseinandersetzung kann auf verschiedene Weisen erfolgen. Der gesetzliche Grundsatz sieht die Teilung *in natura* oder die Teilung des Veräußerungserlöses vor (§§ 2042 Abs. 2, 752, 753 BGB). Der Erblasser kann im Rahmen der Testierfreiheit gemäß § 2048 BGB besondere 37

76 Erman/*Bayer*, Vor § 2032 Rn 3 f.; MüKo-BGB/*Gergen*, Vor § 2032 Rn 5.

Teilungsanordnungen treffen. In Ermangelung bindender Anordnungen des Erblassers können die Miterben durch Auseinandersetzungsvertrag auch eigene Vereinbarungen zu den Modalitäten der Erbauseinandersetzung treffen.[77]

38 Die Auseinandersetzung erfordert die **gemeinsame Mitwirkung** aller Miterben. Gemäß § 2038 Abs. 1 S. 2 Hs. 1 BGB sind die Erben zu dieser Mitwirkung auch verpflichtet. Der Anspruch jedes Miterben aus § 2042 Abs. 1 BGB auf Auseinandersetzung beinhaltet die Einwilligung in Verwertungshandlungen und in die Teilungsdurchführung sowie in weitere zu diesem Zwecke erforderliche Erklärungen.[78]

II. Erbteilungsklage

39 Scheitert die einvernehmliche Auseinandersetzung des Nachlasses unter den Erben, bietet sich einem Erben gegen untätige Miterben die prozessuale Möglichkeit der Erbauseinandersetzungs- bzw. Erbteilungsklage aus § 2042 Abs. 1 BGB, um die Nachlassteilung zu erzwingen.[79] Eine Erbteilungsklage hat allerdings nur dann Aussicht auf Erfolg, wenn ein dezidierter **Teilungsplan** vorgelegt wird.[80] Das Verfahren ist für den Kläger kostenintensiv, für den Berater haftungsträchtig und für alle zeitraubend.[81]

III. Nachlassinsolvenz in diffizilen Konstellationen als Mittel zur Erbauseinandersetzung

40 Möglich sind auch Konstellationen, in denen die Erben oder sogar weitere Erbeserben gar nicht bekannt sind, insbesondere bei großen oder seit mehreren Erbgängen ungeteilt bestehenden Erbengemeinschaften. Auch können Erben im Ausland ansässig oder unbekannt

77 Staudinger/*Löhnig* (2020), § 2042, Rn 9 f.
78 Burandt/Rojahn/*Flechtner*, § 2042 Rn 6; MüKo-BGB/*Fest*, § 2042 Rn 4.
79 Vgl. *Klinger/Maulbetsch*, NJW-Spezial 2007, 349; *Härer*, Testamentsvollstreckung und personal representative bei der Erbauseinandersetzung, S. 155.
80 OLG Düsseldorf, Beschl. v. 18.6.1999 – 7 W 39/99, FamRZ 2000, 1049; *Klinger/Maulbetsch*, NJW-Spezial 2007, 349.
81 Vgl. *Jünemann*, ZEV 2012, 65; *Klinger/Maulbetsch*, NJW-Spezial 2007, 349.

verzogen sein. Soll Erbteilungsklage seitens eines Miterben erhoben werden, ergeben sich Schwierigkeiten bereits daraus, dass die Angabe einer ladungsfähigen Adresse für alle Miterben notwendig ist. Häufig sind involvierte Erben auch derart emotional befangen, dass sie zu keinerlei Mitwirkung bereit sind.

Alle diese Fälle haben gemeinsam, dass eine Prozessführung mit dem Ziel, die Erbengemeinschaft auseinanderzusetzen, noch umständlicher, rechtlich komplizierter und zeitaufwendiger wird. Überdies ist fraglich, wieviel des ursprünglichen Nachlasssubstrats nach einer solchen, sich in die Länge ziehenden Schwebezeit und auch kostenintensiven Prozessführung letztlich noch übrigbleibt. 41

In solchen prekären und rechtlich umständlich handhabbaren Situationen, in denen die gemeinsame Mitwirkung aller Miterben – sei es aufgrund fehlender Erreichbarkeit aller Miterben oder schlicht aufgrund fehlender Bereitschaft einzelner Miterben – nicht möglich ist, kann das Nachlassinsolvenzverfahren als strategisches Mittel zur effizienten Auseinandersetzung von Erbengemeinschaften als Alternative dienen:[82] 42

1. Das Nachlassinsolvenzverfahren ist voraussetzungsarm. Damit das Insolvenzgericht ein Verfahren eröffnet, ist lediglich erforderlich, dass ein Nachlassinsolvenzeröffnungsgrund gegeben ist bzw. der Nachlass materiell insolvenzreif ist und dass er die Kosten des Verfahrens zu decken vermag. Der Notwendigkeit der Verfahrenskostendeckung kann aber sogar dadurch abgeholfen werden, dass der Antragsteller einen ausreichenden Geldbetrag vorschießt (§ 26 Abs. 1 S. 2 Alt. 1 InsO).
2. Ist die erbrechtlich erforderliche Gesamtvertretung der Erbengemeinschaft durch Zusammenwirken aller Miterben nicht möglich, so ist sie nicht in der Lage, fällige Nachlassverbindlichkeiten zu berichtigen.[83] Fast immer sind gegen den Nachlass gerichtete Verbindlichkeiten fällig.[84] Selbst wenn in dem Nachlass ausreichend liquide Mittel vorhanden sind, ist der Nachlass insolvenzrechtlich

---

82 Hierzu ausführlich *Roth*, ZEV 2023, 208 sowie *Roth/Wozniak*, ZEV 2021, 489. Siehe auch *Thien*, ErbR 2022, 771, 779.

83 BeckOK BGB/*Lohmann*, 71. Ed. 1.8.2024, § 2040 Rn 5.

84 Vgl. nur etwa die Grundsteuer als laufende Last, *Roth/Wozniak*, ZEV 2021, 489, 490.

zahlungsunfähig und erfüllt somit einen Nachlassinsolvenzeröffnungsgrund.[85]

3. Ein Miterbe hat das Antragsrecht auch allein und ist nicht auf das Zusammenwirken aller Miterben angewiesen, wenn er einen Eröffnungsgrund glaubhaft machen kann.[86] Die anderen Miterben sind, soweit bekannt, lediglich anzuhören (§ 317 Abs. 2 InsO). Auch Erbeserben und weitere Gesamtrechtsnachfolger des Erben kommt das Nachlassinsolvenzantragsrecht kraft ihres Eintritts in alle Rechte und Pflichten (insb. Nachlassinsolvenzantragspflicht des § 1980 Abs. 1 S. 1 BGB) zu.[87]

43 Die Erbauseinandersetzung über ein Nachlassinsolvenzverfahren zu betreiben, bietet vielerlei Vorzüge:

Der Nachlassinsolvenzverwalter erhält nach der Eröffnung des Nachlassinsolvenzverfahrens die **alleinige Verwaltungs- und Verfügungsbefugnis** über den Nachlass, unabhängig von den Eigentumsverhältnissen am Nachlass und emotionalen Konflikten. Er wird damit handlungsfähig für den andernfalls nur schwer oder gar nicht durch gemeinsame Verwaltung beherrschbaren Nachlass. Er kann dessen Wert durch seine Verwaltung vor Schmälerung aus sich selbst heraus oder durch andere Nachlassbeteiligte sichern und zusammenhalten.[88]

44 Nach Abschluss des Nachlassinsolvenzverfahrens und der Befriedigung der beteiligten Gläubiger aus dem Nachlasssubstrat wird der Überschuss gemäß ihren Erbquoten an die Miterben verteilt (§ 199 InsO). Der verantwortliche Insolvenzverwalter handelt hierbei als **außenstehender Dritter**, sodass Konflikte innerhalb der Erbengemeinschaft, die die reguläre Erbaufteilung nach §§ 2042 ff. BGB birgt, minimiert werden.[89] Der Miterbe kann in Verbindung mit seinem Antragsrecht auf diese Weise die Erbengemeinschaft zu Fall bringen. Andere Miterben werden nicht benachteiligt; wenn Miterben unbekannt sind, kann der ihnen zukommende Überschuss beim Amtsgericht hinterlegt werden (§§ 372 ff. BGB).

---

85 BeckOGK/*Herzog*, 1.7.2024, § 1980 Rn 9.

86 Kroiß/Horn/Solomon/*Wilsch*, Nachfolgerecht, 1.14 (Nachlassinsolvenz) Rn 12.

87 Vgl. AG Regensburg v. 1.3.2021 – 2 IN 258/20 = ZEV 2021, 511; *Roth/Wozniak*, ZEV 2021, 489, 490 f. (m.w.N.).

88 *Roth*, ZEV 2023, 208, 210.

89 *Roth/Wozniak*, ZEV 2021, 489, 491.

Zumal gewähren die Expertise des Nachlassinsolvenzverwalters mit Veräußerungsgeschäften sowie seine Verpflichtung zum Schutz der Nachlassinsolvenzmasse **optimale Veräußerungserlöse**. Der Nachlassinsolvenzverwalter kann auf ein Netzwerk aus Sachverständigen und Kaufinteressenten zurückgreifen und wird in der Regel einen höheren Erlös erzielen als der einzelne Miterbe. Der Einsatz eines Nachlassinsolvenzverwalters führt hierdurch im Vergleich zur regulären Erbauseinandersetzung unter Umständen zu einer höheren Restmasse, die nach Abschluss des Verfahrens an die Erben ausgekehrt werden kann.[90] Somit profitiert letztlich jeder einzelne Miterbe von dem Verfahren. 45

Durch das Nachlassinsolvenzverfahren müssen nicht notwendigerweise alle Nachlassgegenstände durch Veräußerung an Dritte aus der Erbengemeinschaft ausscheiden. Die einzelnen Nachlassbeteiligten können die sie interessierenden Gegenstände dem Nachlassinsolvenzverwalter abkaufen – unter Aufsicht der Gläubigerversammlung und des Insolvenzgerichts, sodass ein **angemessener Gegenwert in die Nachlassmasse** fließen wird und eine Benachteiligung der anderen auszukehrenden Miterben ausgeschlossen ist.[91] Die Miterben können gegenüber dem Nachlassinsolvenzverwalter anregen, das Verfahren abweichend von dem gesetzlichen Regelfall durch Insolvenzplan zu gestalten. Diesen kann der Nachlassinsolvenzverwalter dem Insolvenzgericht vorlegen (§ 218 Abs. 1 InsO) und so die konkreten Gegebenheiten des Nachlasses berücksichtigen, etwa wenn die Fortführung eines ererbten Unternehmens des Erblassers im Raum steht. Im Insolvenzplanverfahren erfordern Abstimmungen der Miterben untereinander bloß eine Mehrheit; nicht erforderlich ist die Mitwirkung bzw. Zustimmung jedes einzelnen Miterben wie bei der Regelauseinandersetzung nach §§ 2042 ff. BGB.[92] Widerstand einzelner Miterben kann somit gebrochen werden. Der Nachlassinsolvenzverwalter steht während seiner gesamten Tätigkeit unter der Aufsicht des Insolvenzgerichts, sodass eine Gleichbehandlung sichergestellt ist.[93] 46

90 *Roth*, ZEV 2023, 208, 209.

91 *Roth*, ZEV 2023, 208, 209.

92 Vgl. § 244 Abs. 3 InsO; Uhlenbruck/*Lüer/Streit*, InsO, § 244 Rn 1; *Roth*, ZEV 2023, 208, 210; *Thien*, ErbR 2022, 771, 778.

93 Uhlenbruck/*Vallender/Zipperer*, InsO, § 58 Rn 1.

47 Letztlich kommt das Nachlassinsolvenzverfahren auch **Pflichtteilsberechtigten** und **Vermächtnisnehmern** zugute. Der Insolvenzverwalter kann unentgeltliche Leistungen des Erblassers an Dritte bis zu vier Jahre vor dessen Tod nach § 134 InsO anfechten und der Insolvenzmasse zuführen. Er ist damit befähigt, Schenkungen rückgängig machen, die ansonsten Pflichtteilsergänzungsansprüche nach §§ 2325, 2329 BGB gegen die Erben ausgelöst hätten. Die Abwicklung durch den Nachlassinsolvenzverwalter kann diese Ansprüche und zugleich auch ihre aufwendige Durchsetzung im Wege der Stufenklage obsolet werden lassen.[94] Pflichtteilsansprüche sind zudem im Nachlassinsolvenzeröffnungsverfahren bei der Frage, ob der Nachlass alle Nachlassverbindlichkeiten zu decken vermag oder ob ein Insolvenzgrund vorliegt, in die Passivierung mit einzubeziehen; ihre Begleichbarkeit wird insofern ebenfalls berücksichtigt.[95]

E. Sozialrecht

48 Das Bürgerliche Recht kennt mit Ausnahme der handelsrechtlichen Haftung bei Fortführung des Erblasserunternehmens durch den Erben nach § 27 HGB keine Ausnahmen von der grundsätzlich unbeschränkten, aber beschränkbaren Haftung, durch welche für bestimmte Nachlassgläubiger Haftungsbeschränkungsmöglichkeiten ausgeschlossen werden.[96] Im Sozialrecht normiert § 102 SGB XII in Form der sog. selbstständigen Erbenhaftung eine solche Ausnahme und begründet ein Sonderhaftungsregime (*pro-viribus-hereditatis* – Haftung). Der Erbe kann wegen der sozialrechtlichen Sondernorm durch das dem Haftungssystem des BGB entspringende Nachlassinsolvenzverfahren keine Beschränkung seiner Haftung in Ansehung des Ersatzanspruchs aus § 102 SGB XII erreichen.[97]

---

94 *Roth*, ZEV 2023, 208, 210.

95 Uricher/*Schönenberg-Wessel/Schultz*, Erbrecht, § 10 Rn 46; *Krätzschel/Falkner/Döbereiner*, NachlassR, § 21 Rn 8.

96 MAH Erbrecht/*Siegmann/Scheuing*, § 23 Rn 5.

97 MAH Erbrecht/*Siegmann/Scheuing*, § 23 Rn 7; vgl. MAH SozR/*Ehmann*, § 35, SGB XII Rn 201; Kroiß/Horn/Solomon/*Bienert*, NachfolgeR, SGB XII § 102 Rn 37.

I. Art und Umfang des sozialrechtlichen Kostenersatzanspruchs aus § 102 SGB XII

Die selbstständige Erbenhaftung aus § 102 SGB XII begründet eine unmittelbare Verpflichtung der Erben des verstorbenen Sozialhilfeempfängers auf **Kostenersatz**. Sie ist nicht von einem originären Anspruch gegen den Verstorbenen selbst abhängig. In §§ 103, 104 SGB XII finden sich ebenfalls sozialrechtliche Regelungen zur Erbenhaftung, welche allerdings unselbstständigen Charakters sind, da die Ersatzpflicht hier bereits zu Lebzeiten des eigentlichen Kostenschuldners eingetreten ist. 49

Die **Ersatzpflicht** aus § 102 Abs. 1 SGB XII zielt auf Sozialhilfeleistungen, die der Erblasser zu seinen Lebzeiten innerhalb der letzten zehn Jahre vor dem Todestag tatsächlich erhalten – nicht nur bewilligt bekommen – hat.[98] Die Leistungen müssen dem Erblasser überdies – als ungeschriebenes Tatbestandsmerkmal der Rückerstattungspflicht – rechtmäßig gewährt worden sein.[99] Unrechtmäßig gewährte Leistungen hat der Sozialhilfeträger nach Maßgabe der §§ 45 ff. SGB X zurückzufordern. Nicht erforderlich ist, dass Sozialleistungen vollständig oder ununterbrochen in dem Zehnjahreszeitraum an den Erblasser erbracht worden sind (umfassende Refinanzierung der Sozialhilfe).[100] Auch wenn bspw. dem sozialhilfegeförderten Erblasser kurz vor seinem Ableben Vermögen zufiel und daher die Zuwendungen des Sozialhilfeträgers entfielen, besteht die Rückgewährpflicht.[101] 50

Verpflichtete Personen sind entweder die Erben der leistungsberechtigten Person, § 102 Abs. 1 S. 1 Alt. 1 SGB XII, oder ggf. die Erben ihres Ehegatten oder Lebenspartners – sofern der leistungsberechtigte (spätere) Erblasser den Partner überlebt hat – gem. § 102 Abs. 1 S. 1 Alt. 2 SGB XII. Letztere Regelung rechtfertigt sich durch die zwischen dem Hilfeempfänger und seinem Partner bestandene Einsatzgemeinschaft, wegen der auch Vermögensgegenstände des Partners als Schon- 51

98 Oestreicher/Decker/*Decker*, 96. EL März 2022, SGB XII, § 102 Rn 28.

99 Oestreicher/Decker/*Decker*, 96. EL März 2022, SGB XII, § 102 Rn 33.

100 OVG NRW, Urt. v. 20.2.2001 – 22 A 2695/99; SG Frankfurt a.M., Urt. v. 28.11.2008 – S 36 SO 212/05.

101 OVG Münster FEVS 53, 378, 380; BSG v. 23.8.2013 – B 8 SO 7/12 R; Oestreicher/*Decker*, 96. EL März 2022, SGB XII, § 102 Rn 30.

vermögen von der Verwertungspflicht im Rahmen der Einsatzgemeinschaft ausgenommen sein konnten. Diese aufgrund der Zuordnung zum Schonvermögen ausgesetzte Verwertung wird nach dem Tod des Partners – d.h. mit Wegfall der Schonvermögenseigenschaft – durch die Kostenersatzpflicht der Erben des Partners wiederhergestellt. Folgerichtig ordnet § 102 Abs. 1 S. 3 SGB XII an, dass Kosten, die während eines etwaigen Getrenntlebens[102] der Partner entstanden sind – währenddessen unterfiel der Partner nicht der Einsatzgemeinschaft – von der Verwertung ausgeschlossen sind. Auch wenn und soweit im Fall des § 102 Abs. 1 S. 1. Alt. 2 SGB XII der Hilfeempfänger selbst seinen Partner überlebt und beerbt hat, besteht gem. § 102 Abs. 1 S. 4 SGB XII keine Kostenersatzpflicht, da das geerbte Vermögen entweder dem Schonvermögen unterfällt und insoweit nach dem Ableben des Hilfeempfängers von dessen Erben nach § 102 Abs. 1 S. 1 Alt. 1 SGB XII zu verwerten ist oder andernfalls für die gewährten Leistungen einzusetzen ist.[103]

52 Mehrere Erben haften als Gesamtschuldner, § 2058 BGB.[104] Die Ansprüche aus § 102 Abs. 1 S. 1 Alt. 1 und Alt. 2 SGB XII können neben- und unabhängig voneinander geltend gemacht werden.[105] Hat der Sozialhilfeträger ein Wahlrecht, an welche Erben er sich wendet, hat er sein Ermessen ausschließlich pflichtgemäß nach Sinn und Zweck der Erbenhaftung und geleitet von dem öffentlichen Interesse an einer möglichst umfassenden und effektiven Realisierung des Kostenersatzes auszuüben.[106]

53 Die Ersatzpflicht aus § 102 Abs. 1 SGB XII entsteht allerdings erst, wenn der gewährte Betrag das **Dreifache des Grundbetrags** des Erben gem. § 85 Abs. 1 SGB XII übersteigt, § 102 Abs. 1 S. 2 SGB XII. Dem Erben kommt damit ein entsprechender Freibetrag zugute. Liegt der Nachlasswert unterhalb dieses Freibetrags, ist der Ersatzanspruch unzulässig, § 103 Abs. 3 Nr. 1 SGB XII. Ein solchermaßen erhöhter Freibetrag gilt zudem bei häuslicher Pflege des Erben durch den Leis-

102 I.S.v. § 1567 BGB, siehe BSG, Urt. v. 16.4.2013 – B 14 AS 71/72R, BSGE 105, 291.
103 *Vaupel*, RNotZ 2009, 497, 512 f.; *Jülicher*, FPR 2006, 148, 149; *Doering-Striening*, ErbR 2014, 358.
104 *Vaupel*, RNotZ 2009, 497, 512.
105 *Doering-Striening*, ErbR 2014, 358, 361.
106 BVerwG, Urt. v. 10.7.2003 – 5 C 17.02, BVerwGE 118, 313 ff. = NJW 2003, 3792.

tungsberechtigten, § 103 Abs. 3 Nr. 2 SGB XII. Auch ist die Geltendmachung des Ersatzanspruchs im Einzelfall unzulässig, wenn die Inanspruchnahme des Erben eine besondere Härte bedeuten würde, § 102 Abs. 3 Nr. 3 SGB XII.

II. Rechtssystematische Überlegungen zum sozialrechtlichen Erstattungsanspruch

§ 102 Abs. 2 S. 2 SGB XII ordnet an, dass der Erbe mit dem Wert 54
des im Zeitpunkt des Erbfalles vorhandenen Nachlasses haftet. Die Vorschrift begrenzt damit die Eigenhaftung des Erben für den sozialrechtlichen Erstattungsanspruch. Zweck dieser kraft Gesetzes eintretenden Sonderhaftungsbeschränkung ist die **Vereinfachung des Haftungsbeschränkungsverfahrens**, ohne den Schutz des Erben zu beeinträchtigen, sodass hierfür nicht erst eine Nachlassverwaltung oder ein Nachlassinsolvenzverfahren eröffnet werden muss.[107] Diese Haftungsbegrenzung ist aus verschiedenen Blickrichtungen, namentlich aus erbrechtlicher, sozialrechtlicher sowie insolvenzrechtlicher Sicht zu beleuchten.

1. Sozialrechtliche Aspekte

Im Sozialrecht gilt der Grundsatz des Nachrangs der Sozialhilfe. Dem- 55
nach sind Sozialhilfeleistungen von staatlicher Seite stets subsidiär und erst nach Ausschöpfung aller sonstigen Möglichkeiten statthaft (vgl. § 2 Abs. 1 SGB XII) und sie sollen letztlich nur dem Hilfsbedürftigen höchstselbst zuwachsen.[108] Die Vorschrift des § 102 SGB XII wurde geschaffen mit der Erwägung, es könne nicht gerechtfertigt sein, mittelbar den unter Umständen gar nicht hilfsbedürftigen Erben des Hilfeempfängers zulasten der Allgemeinheit zu begünstigen.[109] Würde der Erbe von ihm zufallendem Vermögen, das zu Lebzeiten des Erb-

107 MüKo-BGB/*Küpper*, Vor § 1967 Rn 4 mit Hinweis auf OLG Frankfurt, Beschl. v. 10.11.2003 – 20 W 269/03, NJW 2004, 373 sowie VGH München, Urt. v. 15.7.2003 – 12 B 99.1700, FamRZ 2004, 489, 490.

108 *Vaupel*, RNotZ 2009, 497, 499; vgl. BT-Drucks V/3495, S. 16; BVerwG, Urt. v. 21.10.1987 – 5 C 39/85 = BeckRS 1987, 4074.

109 BT-Drucks. V/3495, S. 5, 16; *Jülicher*, FPR 2006, 148.

lassers zum persönlichen Schutz dessen Lebensgrundlagen bei der Bemessung der Sozialleistungen geschont wurde i.S.v. § 90 Abs. 2 SGB XII, nach Wegfall dieses Schutzzwecks mit dem Tod des Erblassers profitieren, so würde diese Schonung ohne rechtfertigenden Grund als Erbenschutzvorschrift auf die Erben nachwirken und damit die *ratio* der Schonvermögensregeln des § 90 SGB XII überschießen.[110] Schonvermögen ist nur geschützt, solange die bedürftige Person bzw. Einsatzgemeinschaft lebt. Die Vorschrift in § 102 Abs. 2 S. 2 SGB XII konkretisiert mithin den Grundsatz des Nachrangs der Sozialhilfe[111] und ordnet zur Verwirklichung dessen ausnahmsweise an, dass der Sozialhilfeträger auf rechtmäßig gewährte Leistungen zurückgreifen kann.

56 Vor diesen Wertungen des Sozialrechts ergibt sich damit hinsichtlich des Rückanforderungsanspruchs des Sozialhilfeträgers eine Haftungssituation, die nicht mit dem gegenständlichen Rückgriff auf die Nachlassgegenstände ihr Bewenden haben soll. Bezogene Sozialhilfen sind zurückzugewähren; dies gilt unbeschadet etwaiger Versuche des Erben, die Nachlassgegenstände zu verwerten, um sie dadurch einer Haftung zu entziehen. Die Haftungsbeschränkung ist nicht gegenständlich, sondern wertmäßig zu verstehen.[112]

57 Der Erbenbegriff und die Wertberechnung des haftenden Nachlasses im Rahmen des § 102 Abs. 2 S. 2 SGB XII richtet sich nach bürgerlichen bzw. erbrechtlichen Vorschriften (§§ 1922 ff., 2311 BGB).[113] Es kann kein Anlass bestehen, den in § 102 SGB XII verwendeten Begriffen „Erbe“ und „Wert des Nachlasses“ eine andere, spezifisch sozialrechtliche Bedeutung beizulegen. Die wertmäßige Nachlasshaftung ist demnach begrenzt auf das dem Erben angefallene Aktivvermögen im Zeitpunkt des Erbfalls abzüglich der Passiva bzw. Nachlassverbind-

110 *Vaupel*, RNotZ 2009, 497, 512; *Doering-Striening*, ErbR 2014, 358.

111 *Schlegel/Voelzke*, jurisPK-SGB XII/Simon, 4. Aufl. 2024, § 102 SGB XII Rn 6.

112 B.-W. VGH v. 28.7.1988 – 6 S 2148/86 = FEVS 1989, 384; Grube/Wahrendorf/Flint/*Bieback*, SGB XII § 102 Rn 37 f.; BeckOK SozR/*Adams*, 73. Ed. 1.6.2024, SGB XII § 102 Rn 6; *Roth/Pfeuffer*, HdB NachlassInsVerf, S. 439; Oestreicher/*Decker*, 96. EL März 2022, SGB XII § 102 Rn 70.

113 BSG, Beschl. v. 31.1.2018 – B 8 SO 79/17 B = BeckRS 2018, 2017; Grube/Wahrendorf/Flint/*Bieback*, SGB XII § 102 Rn 37; BeckOK SozR/*Adams*, 73. Ed. 1.6.2024, SGB XII § 102 Rn 6.

lichkeiten,[114] wobei auch der o.g. Freibetrag nach § 102 Abs. 3 SGB XII abzuziehen ist.

Für die **Aktiva** anzusetzen ist nicht nur der sich aus einer ordnungsgemäßen Nutzung ergebende Wert, sondern der Verkehrswert.[115] Insbesondere sind anzusetzen bewegliches Vermögen, Grundstücke und Immobilien, Barvermögen und Wertpapiere, Forderungen sowie Beteiligungen. Zu den abzugsfähigen **Passiva** zählen Erblasserschulden sowie Erbfallschulden. Nicht in die Passiva einzubeziehen ist die Ersatzforderung aus § 102 SGB XII selbst, dient die Wertberechnung doch gerade der Ermittlung des Erbenhaftungsumfangs im Rahmen des § 102 SGB XII. Zwar gehört die Ersatzforderung ebenfalls zu den Nachlassverbindlichkeiten, vgl. § 102 Abs. 2 S. 1 SGB XII, allerdings darf sie erst und nur insoweit geltend gemacht werden, als ein die Freibeträge übersteigender Nachlasswert vorhanden ist.[116] 58

Hingegen als Passiva bei Berechnung des Nachlasswerts (zugunsten des Erben) abzugsfähig sind (titulierte) Verbindlichkeiten, die dem Sozialleistungsberechtigten oder einer nach § 19 Abs. 3 SGB einstandspflichtigen Person dadurch entstanden sind, dass diese/r seinen Zahlungsverpflichtungen nicht nachgekommen ist.[117] 59

Zwar mag erwogen werden, den Sozialleistungsberechtigten diese Kosten vom Nachlasswert abziehen zu lassen, sei bei Berücksichtigung des sozialhilferechtlichen Regelungszusammenhangs (Nachranggrundsatz) und der Wertung des § 102 SGB XII unbillig, da er dadurch faktisch gegenüber denjenigen, die ihren Zahlungsverpflichtungen nachgekommen sind, sowie mittelbar gegenüber der Allgemeinheit privilegiert werde. Der § 102 SGB XII diene gerade dazu, einen umfassenden Rückgriff des Sozialhilfeträgers in Situationen zu ermöglichen, in denen es unbillig wäre, die Solidargemeinschaft endgültig für Sozialhilfeleistungen aufkommen zu lassen; eine Nichtbe- 60

114 BVerwG, Urt. v. 23.9.1982 =BVerwGE 66, 161 ff.

115 BeckOK SozR/*Adams*, 63. Ed. 1.6.2024, SGB XII § 102 Rn 6.

116 LSG Nordrhein-Westfalen, Urt. v. 20.7.2017 – L 9 SO 240/16, Rn 39, BeckRS 2017, 121101.

117 LSG Nordrhein-Westfalen, Urt. v. 20.7.2017 – L 9 SO 240/16, Rn 43, BeckRS 2017, 121101

rücksichtigung bzw. Nachrang des Anspruchs aus § 102 SGB XII könne der Solidargemeinschaft nicht zugemutet werden.[118]

61 Dies verkennt jedoch die Bedeutung des Nachranggrundsatzes.[119] Die zur Wertbestimmung maßgeblichen bürgerlich-rechtlichen Vorschriften nehmen keinerlei Differenzierung nach dem Entstehungsgrund einzelner Vermögenspositionen vor, sodass grundsätzlich alle Nachlassverbindlichkeiten als abzugsfähige Passiva bei der Nachlasswertbestimmung Berücksichtigung finden müssen.[120] Ausweislich des § 1967 Abs. 2 BGB zählen zu diesen insbesondere (jegliche) vom Erblasser herrührende Schulden. Die Schaffung eines derartigen ungeschriebenen Tatbestandsmerkmals der Billigkeit in einer Eingriffsnorm wie § 102 SGB XII, aus dessen Wortlaut sich kein Vorrang des Kostenersatzanspruchs ableiten lässt, ist nicht nur vor dem Hintergrund des Gesetzesvorbehalts (§ 31 SGB I) und dem Rechtsstaatsprinzip (Art. 20 Abs. 3 GG)[121] problematisch.

62 Billigkeitserwägungen greifen bei § 102 SGB XII auch schon daher keinen Platz, weil das Rechtsinstitut der Billigkeitshaftung der Schadenskompensation in Ausnahmefällen dient, in denen eine Norm sozialwidriges Verhalten missbilligt und eine verschuldensabhängige Haftung normiert, eine Haftung des Schädigers allerdings mangels Verschuldens ausgeschlossen ist.[122] § 102 SGB XII normiert jedoch ohnehin eine verschuldensabhängige Haftung. Zudem dient die Norm nicht der Sanktionierung sozialwidrigen Verhaltens; hierfür sind vielmehr die eigenständigen Haftungstatbestände der §§ 103 f. SGB XII einschlägig. Auch handelt es sich nach der Rechtsprechung des BSG bei § 2 Abs. 1 SGB XII, aus dem der Nachranggrundsatz folgt, um keine eigenständige Ausschlussnorm für Leistungsansprüche; ein Anspruchsausschluss wegen Verstoßes gegen den Nachranggrundsatz (mangels Bedürftigkeit) kann immer nur aus speziellen und diesen

118 So SG Detmold, Urt. v. 22.3.2016 – S 8 SO 259/13, Rn 17, BeckRS 2016, 68992.

119 LSG Nordrhein-Westfalen, Urt. v. 20.7.2017 – L 9 SO 240/16, Rn 43, BeckRS 2017, 121101.

120 LSG Nordrhein-Westfalen, Urt. v. 20.7.2017 – L 9 SO 240/16, Rn 44, BeckRS 2017, 121101.

121 LSG Nordrhein-Westfalen, Urt. v. 20.7.2017 – L 9 SO 240/16, Rn 46, BeckRS 2017, 121101.

122 Vgl. zum Rechtsgedanken der Billigkeitshaftung BeckOK BGB/*Spindler*, 71. Ed. 1.8.2024, § 829 Rn 1.

Grundsatz konkretisierenden Ausschlussnormen folgen.[123] Nichts anderes kann daher – zumal aufgrund der Eingriffsnormqualität – für die Kostenersatzpflicht der Erben im Falle des § 102 SGB XII gelten, sodass sich eine „analoge" Hineindeutung des Nachranggrundsatzes als ungeschriebenes Tatbestandsmerkmal verbietet. § 102 SGB XII und dessen *ratio* stehen dem Abzug von zum Zeitpunkt des Erbfalls bereits titulierten Forderungen nicht entgegen.[124]

Hinweis

Der haftende Wert des Nachlasses ist nach alledem das vom Erblasser hinterlassene Vermögen zum Zeitpunkt des Erbfalls nach Abzug der Freibeträge sowie der Nachlassverbindlichkeiten mit Ausnahme der Pflichtteilsrechte, Vermächtnisse und Auflagen.

2. Erbrechtliche Aspekte

Nach bürgerlich-rechtlichen Gesichtspunkten werden alle Nachlassverbindlichkeiten im Grundsatz gleichberechtigt behandelt, sofern diese vom Nachlass vollständig befriedigt werden können, ohne dass eine Unterscheidung nach dem Entstehungsgrund der einzelnen Vermögenspositionen erfolgt.[125] Allerdings ist, wenn der Kostenersatzanspruch aus § 102 Abs. 1 S. 1 SGB XII im Raum steht, zu berücksichtigen, dass nicht alle in § 1967 Abs. 2 BGB genannten Nachlassverbindlichkeiten, namentlich nicht Pflichtteilsansprüche, Vermächtnisansprüche und Auflagen, bei der Nachlasswertermittlung im Rahmen des § 102 SGB XII vorgehen und als abzuziehende Passivposten zu berücksichtigen sind, sondern es ist ein Rangverhältnis zu beachten: Da Pflichtteilsrechte der Disposition des Erblassers durch Verfügungen von Todes wegen gerade entzogen sein sollen, darf der Pflichtteilsberechtigte Befriedigung erst und nur aus dem schuldenfreien Nach- 63

123 BSG, Urt. v. 3.12.2015 – B 4 AS 44/15 R, Rn 42, NJW 2016, 513; SG Kassel, Urt. v. 18.4.2018 – S 12 SO 53/17, Rn 84 = BeckRS 2018, 53282.

124 LSG Nordrhein-Westfalen, Urt. v. 20.7.2017 – L 9 SO 240/16, Rn 43, BeckRS 2017, 121101

125 LSG Nordrhein-Westfalen, Urt. v. 20.7.2017 – L 9 SO 240/16, Rn. 40, BeckRS 2017, 121101; *Roth/Pfeuffer*, HdB NachlassInsVerf, S. 470.

lass verlangen und geht anderen Gläubigern nach.[126] Selbiges gilt für Ansprüche aus Vermächtnissen und Auflagen.[127]

64 Der sozialrechtliche Erstattungsanspruch aus § 102 SGB XII als ebenfalls sonstige Nachlassverbindlichkeit i.S.v. § 1967 Abs. 2 BGB ist damit zwar grundsätzlich nachrangig gegenüber allgemeinen Nachlassverbindlichkeiten, allerdings vorrangig gegenüber Pflichtteilsansprüchen, Vermächtnisansprüchen und Auflagen. Denn andernfalls könnte der Erblasser den staatlichen Regress dadurch umgehen, dass er großzügige Vermächtnisse einrichtet und auf diese Weise das Aktivvermögen des Nachlasses durch Ausbringung senken würde.[128] Dies widerspräche den dargelegten Grundsätzen zu Sinn und Zweck der Sozialhilfe und ihrer Rückgewähr.

65 In der Zusammenschau mit der nicht nur gegenständlich, sondern wertmäßig beschränkten Haftung kann der Erbe damit unter Umständen trotz der Begrenzung seiner Haftung auf den Nachlasswert bei einem auf den ersten Blick nicht überschuldeten Nachlass dennoch mit seinem Privatvermögen einstehen müssen: Verkauft er beispielsweise sein geerbtes Haus, um von diesem Erlös einen Vermächtnisanspruch zu bedienen und macht der Sozialhilfeträger sodann den Ersatzanspruch aus § 102 Abs. 1 S. 1 SGB XII geltend, ist der Erbe gehalten, die Ersatzforderung anderweitig (aus seinem Eigenvermögen) aufzubringen.[129] Der Erbe kann sich in Ansehung dieser Forderung nunmehr nicht auf erbrechtliche Haftungsbeschränkungen nach §§ 1975 ff. BGB berufen, da die Haftungsbegrenzungsregelung in § 102 Abs. 2 S. 1 SGB XII diesbezüglich eigenständig und abschließend sein soll.[130] Sind neben Ansprüchen des Sozialhilfeträgers andere

---

126 VGH Baden-Württemberg, Urt. v. 14.3.1990 – 6 S 1913/89, FEVS 1991, 205; SG Karlsruhe, Urt. v. 31.8.2012 – S 1 SO 362/12, BeckRS 2012, 74008; vgl. NK-BGB/*Bock*, § 2311 Rn 11 f.; vgl. MüKoBGB/*Lange*, § 2311 Rn 22; vgl. dagegen jedoch *Löns/Herold-Tews/Cantzler*, SGB II, Grundsicherung für Arbeitsuchende, 3. Aufl. 2011, § 35 Rn 9.

127 BGH, Beschl. v. 27.8.2014 – XII ZB 133/12, FGPrax 2014, 254, 255; *Doering-Striening*, ErbR 2014, 358, 365.

128 Vgl. BGH, Beschl. v. 27.8.2014 – XII ZB 133/12, FGPrax 2014, 254, 255.

129 Beispiel nach *Vaupel*, RNotZ 2009, 497, 513.

130 Vgl. BVerwG, Urt. v. 25.6.1992 – 5 C 67/88, BVerwGE 90, 250; Grube/Wahrendorf/Flint/*Bieback*, SGB XII § 102 Rn 19; *Roth/Pfeuffer*, HdB NachlassInsVerf, S. 440.

Nachlassverbindlichkeiten vorhanden, bei denen keine Haftungsbeschränkung kraft Gesetzes besteht, die zusammengenommen den Wert des Nachlasses übersteigen, ist es daher tunlich, möglichst alsbald Maßnahmen zur erbrechtlichen Haftungsbeschränkung zu prüfen.[131] Ist eine Erbausschlagung noch möglich, so ist diese nicht sittenwidrig, wenn sie zur Vermeidung der Kostenersatzpflicht aus § 102 Abs. 1 S. 1 SGB XII dient.[132]

Vor der Dogmatik des Erbrechts ist die Haftungsbeschränkung in § 102 Abs. 2 S. 2 SGB XII für den sozialrechtlichen Erstattungsanspruch auf den Nachlasswert im Zeitpunkt des Erbfalls als Durchbrechung der im Grundsatz unbeschränkten, aber gegenständlich auf den Nachlass beschränkbaren Nachlasshaftung des Erben zu sehen.[133] Die eigenständige Haftungsbeschränkung in § 102 Abs. 2 S. 2 SGB XII stellt sich aus zivilrechtlicher Perspektive als sozialrechtliche Anomalie (*pro-hiribus-hereditatis*-Haftung) dar, die sich über zivilrechtliche Haftungsprinzipien hinwegsetzt. Die Einführung dieser Sonderhaftungsbeschränkung durch den SGB-Gesetzgeber ist nicht mit der Erwägung zu rechtfertigen, dem Erben eine vereinfachte Haftungsbeschränkung zu bieten, ohne dessen Schutz zu beeinträchtigen, denn sie bietet dem Erben in Fällen, in denen der Aktivbestand des Nachlasses zwischen dem Zeitpunkt des Erbfalls und der Durchführung der Haftungsbeschränkung abnimmt, gerade keinen Schutz. Während der Erbe nach zivilrechtlichen Haftungsprinzipien, die maßgebend sein müssen, für Nachlassverbindlichkeiten grundsätzlich (nur) mit der Haftungsmasse haftet, die der Nachlassinsolvenzverwalter durch die Verwertung der Nachlassgegenstände tatsächlich erzielt, hat der Erbe für die sozialrechtliche Kostenersatzforderung auch mit seinem Eigenvermögen einzustehen, wenn die Nachlassmasse seit dem Erbfall einen Wertverlust erfahren hat und der Anspruch aus § 102 SGB XII nicht mehr aus der verwerteten Masse zu decken ist, selbst wenn der Erbe noch beschränkbar haftet. Dadurch, dass die Haftung im Sonderhaftungsregime des § 102 SGB XII nicht gegenständlich, sondern rechnerisch-wertmäßig beschränkt ist, läuft der intendierte Schutz des Erben 66

131 *Jülicher*, FPR 2006, 148, 148 f.

132 BGH, Urt. v. 19.1.2011 – IV ZR 7/10, MDR 2011, 303.

133 BeckOGK/*Grüner*, 1.3.2024, BGB § 1967 Rn 6, 10; vgl. Staudinger/*Kunz* (2020), Vor §§ 1967 ff. Rn 39 f.

ins Leere;[134] der Erbe trägt die Unsicherheiten der Wertfeststellung auf den Zeitpunkt des Erbfalls.[135]

67 Wenngleich die Rechtsprechung § 102 SGB XII bisweilen auch als gegenständlich auf den Nachlass beschränkte Haftung auslegt,[136] so widerspricht dies doch dem Wortlaut der Norm („Wert im Zeitpunkt des Erbfalls") und lässt sich allenfalls aus dem gesetzgeberisch intendierten Zweck der Norm herleiten. Dass dem Erben im Fall des § 102 SGB XII im Gegensatz zum zivilrechtlichen Haftungskonzept (§§ 1989, 1973 BGB) aber die Möglichkeit genommen bleibt, sich auf den Wegfall der Bereicherung zu berufen, trägt nicht zu dem bezweckten Schutz des Erben bei. Auch führt die Sonderhaftung nach § 102 SGB XII zu Erschwerungen bei der Wertermittlung, wenn der Nachlass dürftig ist und weitere Nachlassgläubiger neben den Sozialhilfeträger treten, deren Haftung etwa infolge des ordnungsgemäßen Abschlusses eines Nachlassinsolvenzverfahrens gemäß §§ 1989, 1973 Abs. 2 S. 1 BGB oder infolge der Erhebung der **Dürftigkeitseinrede** (vgl. dazu § 2 Rdn 62 ff.) gemäß § 1990 Abs. 1 S. 2 BGB gegenständlich auf den unzureichenden Nachlass beschränkt ist.[137]

Hinweis

Dass der SGB-Gesetzgeber die Haftungsmodalitäten des Kostenerstattungsanspruchs durch öffentliches Recht völlig abweichend vom Privatrecht[138] in Form des Sonderhaftungsregimes des § 102 SGB XII ausgestaltet hat, lässt sich nicht überzeugend begründen[139]

---

134 So auch MüKo-BGB/*Küpper*, Vor § 1967 Rn 4; MAH Erbrecht/*Siegmann/Scheuing*, § 23 Rn 7, 123 und § 61 Rn 5.

135 MüKo-BGB/*Küpper*, Vor § 1967 Rn 4.

136 Etwa SG Gotha v. 28.9.2009 – S 14 SO 1150/09, BeckRS 2010, 65195; BayObLG, Beschl. v. 3.3.2005 – 3Z BR 192/04 = NJW-RR 2005, 1315, 1316; MüKo-BGB/*Küpper*, Vor § 1967 Rn 4 (m.w.N).

137 MüKo-BGB/*Küpper*, Vor § 1967 Rn 4 mit weiteren ausführlichen Nachweisen zu der Problematik. Der für die Kostenersatzforderung des § 102 SGB XII haftende Wert des Nachlasses ergibt sich in diesen Fällen aus dem Abzug aller anderen Nachlassverbindlichkeiten mit Ausnahme von solchen aus Pflichtteilsrechten, Vermächtnissen und Auflagen vom Wert des Aktivnachlasses. Siehe zu der Problematik schon oben Rdn 61.

138 Staudinger/*Kunz* (2017), § 1922 Rn 156.

139 So auch MüKo-BGB/*Küpper*, Vor § 1967 Rn 4.

und ist aus erbrechtlicher Sicht als handwerklicher Fehler des Gesetzgebers anzusehen.

3. Insolvenzrechtliche Aspekte

Im Nachlassinsolvenzverfahren fragt sich, welcher Rang dem Anspruch des Sozialhilfeträgers aus § 102 SGB XII zukommt. Die Frage des Vor- und Nachrangs von Ansprüchen von Nachlassgläubigern ist im eigentlichen Sinne keine Frage der Wertermittlung, sondern wird erst aktuell, wenn der Wert des Nachlasses ermittelt worden ist und dieser nicht ausreicht, um alle Nachlassverbindlichkeiten inklusive des sozialrechtlichen Erstattungsanspruchs aus § 102 SGB XII zu erfüllen. Erst dann stellt sich aus der Warte des Insolvenzrechts die Frage, wie der sozialrechtliche Erstattungsanspruch im Nachlassinsolvenzverfahren systemkonform in das insolvenzrechtliche Rangfolgensystem einzuordnen ist. Es fehlt an einer ausdrücklichen gesetzlichen Anordnung, an welcher Stelle dieser im Insolvenzverfahren zu befriedigen ist, vergleichbar mit den in § 327 InsO getroffenen Bestimmungen über erbrechtsspezifische Verbindlichkeiten. Es stellt sich demnach die Frage, ob er zu den nachrangigen Insolvenzgläubigern zu rechnen ist oder nicht. Von Bedeutung ist dies, weil die nachrangigen Insolvenzgläubiger nur dann aus der Insolvenzmasse befriedigt werden, wenn zuvor alle Massegläubiger und Insolvenzgläubiger im Rang des § 38 InsO vollständig befriedigt wurden und die nachrangigen Insolvenzgläubiger bei Mangel an Masse leer ausgehen. 68

Letztrangig zu erfüllen sind gemäß § 327 InsO nach Pflichtteilsverbindlichkeiten (§ 327 Abs. 1 Nr. 1 InsO) solche aus Vermächtnissen und Auflagen (§ 327 Abs. 1 Nr. 2). Dies, da sich diese Verbindlichkeiten gegen den Erben als solchen richten und daher aus systematischer Sicht im Nachlassinsolvenzverfahren – das sich auf den Nachlass bezieht – eigentlich gar nicht bedient werden dürften (vgl. § 325 InsO) und deren Berücksichtigung den Gläubigern des Erblassers jedenfalls nicht schaden darf.[140] Auch in dem allgemeinen Katalog der nachrangigen Verbindlichkeiten in § 39 InsO findet der Anspruch des Sozialhilfeträgers aus § 102 SGB XII keine ausdrückliche Erwähnung. Aufgrund der abschließend bestimmten Aufzählung aller nachrangigen 69

140 *Foerste*, Insolvenzrecht, § 39 Rn 738.

Verbindlichkeiten lässt sich der Anspruch aus § 102 SGB XII nur als reguläre, nicht nachrangige Insolvenzforderung im Rang des § 38 InsO einordnen.[141]

70 Zwar mag gegen die Einstufung als Insolvenzforderung (§ 38 InsO) streiten, dass sich der sozialrechtliche Erstattungsanspruch wie die nachrangigen Verbindlichkeiten ebenfalls gegen den Erben als solchen richtet und er daher im Einklang mit der *ratio* des § 327 InsO eigentlich letztrangig bedient werden müsste. Allerdings sind dem Sozialhilfeträger durch die nicht nachrangige Einstufung i.S.v. § 38 InsO höhere Chancen eingeräumt, jedenfalls anteilig aus der Insolvenzmasse befriedigt zu werden. Eine den Sozialhilfeträger benachteiligende Rückstufung des Kostenersatzanspruchs zur nachrangigen Forderung i.S.v. § 327 InsO kann damit nur dem Gesetzgeber obliegen, der diesbezügliche Intentionen jedoch nicht verfolgt hat.

III. Gestaltungsüberlegungen zu § 102 SGB XII

71 Die selbstständige Haftung der Erben (auch der Erben des vorverstorbenen Ehe- bzw. Lebenspartners) bietet Anlass für Gestaltungsüberlegungen, wie etwaiges Vermögen, das zu Lebzeiten des Hilfeempfängers als Schonvermögen galt – regelmäßig eine Immobilie –, der Einsatzgemeinschaft bestmöglich erhalten und einem Regress des Sozialhilfeträgers entzogen werden kann.

72 In einem ersten Schritt kann die **Verwertung von Schonvermögen** im Rahmen des Erbenregresses durch Verteilung des Vermögens auf den nicht leistungsberechtigten Partner effizient gestaltet werden. Überlebt der Partner den Hilfeempfänger (was etwa bei Pflegebedürftigkeit als Hauptanwendungsfall des § 102 SGB XII[142] wahrscheinlich ist), wird nur der Anteil des Hilfeempfängers am Schonvermögen für den Regressanspruch beansprucht, wohingegen der Partneranteil am Schonvermögen auch nach dem Ableben des Partners unbeansprucht und erhalten bleibt.[143] Es verbleiben damit 100 % der Anteile des

141 Vgl. *Roth/Pfeuffer*, HdB NachlassInsVerf, S. 471.
142 *Doering-Striening*, ErbR 2014, 358, 367.
143 *Vaupel*, RNotZ 2009, 497, 514.

Schonvermögens. Liegt das Vermögen bei dem Hilfeempfänger oder auf beide Partner verteilt, bleibt es nur anteilig bzw. nicht erhalten.

Für den ebenso möglichen Fall, dass der Partner vor dem Hilfe- 73
empfänger ablebt, wird zunächst nur der Anteil des Partners am Schonvermögen für den Regress beansprucht und nach dem Tod des Hilfeempfängers sodann auch dessen Anteil.[144] Verbleiben wird somit im Grundsatz in keiner Konstellation etwas. In der Bilanz ist die Aussicht auf den Erhalt aller Anteile des Schonvermögens damit bei der Übertragung des Schonvermögens auf den nicht leistungsberechtigten Partner am höchsten.

In einem zweiten Schritt lässt sich u.U. sodann das unabhängig von 74
der Vermögensverteilung bestehende Risiko der letztlich restlosen Aufzehrung des Schonvermögens bei Vorversterben des nicht leistungsberechtigten Partners und darauffolgendem Tod des Hilfeempfängers schmälern. Sofern es sich bei dem Schonvermögen um unteilbare Gegenstände handelt, kann es vorteilhaft sein, dieses aus der Einsatzgemeinschaft zu Lebzeiten durch Übertragung auf Dritte, z.B. Kinder, auszubringen, ohne ein vertragliches Rückforderungsrecht vorzubehalten.[145] Zwar kann der Sozialhilfeträger gem. § 93 SGB XII dann den schenkungsrechtlichen Rückforderungsanspruch aus § 528 Abs. 1 BGB auf sich überleiten und für den Schenker geltend machen, was den Beschenkten zur Herausgabe des Geschenkes nach Bereicherungsrecht zwingt.[146] Ausgeschlossen ist dies allerdings, wenn die Übertragung mindestens zehn Jahre vor der Hilfsbedürftigkeit vollzogen wurde, § 529 Abs. 1 BGB.

Geschah die Übertragung vor weniger als zehn Jahren vor der Hilfsbe- 75
dürftigkeit, kann der Beschenkte die Herausgabe allerdings nur verweigern, wenn er dadurch selbst bedürftig und unfähig wird, seinen standesgemäßen Unterhalt zu bestreiten und seinen sonstigen Verpflichtungen nachzukommen, § 529 Abs. 2 BGB. Nicht einwenden kann der Beschenkte, das übertragene Vermögen stelle Schonvermögen i.S.d. sozialrechtlichen Vorschriften dar.[147] Indes kann es trotz

144 *Vaupel*, RNotZ 2009, 497, 514.
145 *Vaupel*, RNotZ 2009, 497, 514; *Jülicher*, FPR 2006, 148, 150.
146 MüKo-BGB/*Koch*, § 528 Rn 10.
147 BGH, Urt. v. 19.10.2004 – X ZR 2/03 = DNotZ 2005, 281.

dann entstehendem Rückforderungsanspruch effizient sein, diesen zu riskieren und die Übertragung dennoch durchzuführen: Denn nach bereicherungsrechtlichen Grundsätzen ist bei unteilbaren Gegenständen statt der Herausgabe Wertersatz gem. § 818 Abs. 2 BGB zu leisten bis zur Grenze des Schenkungswerts.[148] Der Wertersatzanspruch aus §§ 528 Abs. 1, 818 Abs. 2 BGB ist jedoch im Gegensatz zum sozialrechtlichen Erbenregress aus § 102 Abs. 1 S. 1 SGB XII nicht gerichtet auf Ersatz der vollen vergangenheitsbezogen Kosten der letzten zehn Jahre, sondern auf die zukünftigen Bedarfslücken des Schenkers infolge der Schenkung für die Dauer des Bedarfs.[149] Im Ergebnis kann eine Übertragung des Schonvermögens zu Lebzeiten und kurz vor dem Tod des Hilfsbedürftigen und die Erfüllung des Bedarfsdeckungsanspruchs damit erbenhaftungsrechtlich günstiger sein als der vollständigen Beanspruchung des Schonvermögens i.R.d. § 102 SGB XII ausgesetzt zu sein.

76 Bei teilbaren Gegenständen oder vertraglich vorbehaltenem Rückforderungsrecht des Veräußerers ist diese Strategie indes dadurch verwehrt, dass der Gegenstand nach §§ 812 ff. BGB grundsätzlich in natura herauszugeben ist und die Überleitung auf den Sozialhilfeträger und Verwertung durch Geltendmachung des Rückforderungsanspruchs nach Beendigung der Schonvermögenseigenschaft möglich wird.[150]

Hinweis

Nach alledem ist zu beachten, dass das Übertragungsgeschäft nicht allein dazu dienen darf, dem Sozialhilfeträger verwertbares Vermögen zu entziehen, da es ihm anderenfalls mit Blick auf § 138 Abs. 1 BGB an Wirksamkeit mangelt.[151]

148 BGH, Urt. v. 29.3. 1985 – V ZR 107/84 = BGHZ 94, 141, 143 f. = DNotZ 1986, 138; MüKo-BGB/*Koch*, § 528 Rn 5.

149 *Vaupel*, RNotZ 2009, 49, 514.

150 *Krauß*, MittBayNot 2005, 349, 353; dagegen jedoch *Conradis*, ZEV 2005, 379, 381.

151 Vgl. OVG Münster, Beschl. v. 30.12.1996 – 8 A 3204/94, NJW 1997, 2901; OLG Frankfurt, Beschl. v. 22.6.2004 – 20 W 332/03, RPfleger 2004, 694.

§ 2 Haftung und Haftungsbeschränkung

Übersicht: Rdn

A. Haftung des Erben

I. Einführung

1 Beim Versterben des Erblassers geht dessen Vermögen als Ganzes auf den oder die Erben über. Diese Übertragung kann nicht nur positive Folgen mit sich führen, sondern auch eine erhebliche Beeinträchtigung für den Erben darstellen. Durch den Erbfall werden zwei bisher getrennte Vermögensmassen gebündelt, so § 1922 BGB; damit sind die jeweiligen Aktiva und Passiva des Erblassers gemeint. Dabei spricht man auch von der **Universalsukzession**. Demnach haftet der Erbe grundsätzlich auch mit seinem Eigenvermögen. Folglich sind Pflichtteilsberechtigte und Vermächtnisnehmer keine Schuldner und haben die Position eines Nachlassgläubigers. Haften kann sowohl der Alleinerbe als auch die Erbengemeinschaft.

2 Hierbei besteht auch die Möglichkeit, dass eine Vor- und Nacherbschaft besteht gem. §§ 2100 ff. BGB. Mit dem Tod des Erblassers tritt zunächst der Vorerbe die Rechtsnachfolge des Erblassers an. Der Vorerbe bekommt den vollständigen Nachlass und kann über ihn in den Grenzen der §§ 2113 BGB verfügen. Dies deshalb, weil er während seiner Zeit der Erbberechtigung, d.h. bis zum Eintritt des Nacherbfalls, Erbe des Erblassers ist. Somit haftet er für die Nachlassverbindlichkeiten wie ein Vollerbe. Der Nacherbe hat zunächst keinen Zugriff auf den Nachlass. Mit dem Eintritt des Nacherbfalls wird der Nacherbe Rechtsnachfolger des Erblassers und haftet erst dann für etwaige Nachlassverbindlichkeiten. Ab da endet die Haftung des Vorerben und dieser verliert seine Erbenstellung nach § 2139 BGB. Wenn jedoch

der Erblasser ausdrückliche Anordnungen dem Vorerben gestellt hat, haftet dieser nach wie vor gem. § 2145 Abs. 1 BGB.[1] Besteht für den Vorerben zuvor noch eine Möglichkeit, diese Haftung zu beschränken, welche beim Eintritt des Nacherbfalls noch bestand, hat er einen Verweigerungsanspruch gegen die Erfüllung der Nachlassverbindlichkeiten, siehe § 2145 Abs. 2 BGB. Die Haftungsbeschränkung des Nacherben bleibt von dieser Möglichkeit des Vorerben unberührt gem. §§ 2144, 2145 BGB, da der Erbende unbeschränkt, grundsätzlich aber beschränkbar für die Nachlassverbindlichkeiten des Erblassers nach § 1967 Abs. 1 BGB haftet.

Zu den Nachlassverbindlichkeiten gehören gem. § 1967 Abs. 2 BGB 3
u.a. die **Erblasserschulden** und die womöglich aus dem Anlass des Erbfalls entstehenden **Erbfallschulden**. Die seit dem Tod des Erblassers entstandenen Mietraten sind z.B. Nachlassverbindlichkeiten i.S.d. § 1967 BGB.[2] Auch eine Nachlasserbenschuld kann bestehen, sobald der Nachlassgläubiger gleichzeitig persönlicher Gläubiger des Erben ist. Erblasserschulden stammen vom Erblasser und bestanden auch ihm gegenüber (§ 1967 Abs. 2 1. Alt. BGB). Grundsätzlich wäre demnach der Erbe verpflichtet, die Erblasserschulden so zu erfüllen, wie sie auch vom Erblasser zu erfüllen gewesen wären.[3]

Bei Rechtsverhältnissen, bei denen nur eine höchstpersönliche Erfül- 4
lung möglich wäre, findet ein solcher Schuldenübergang nicht statt, sie erlöschen mit dem Tod des Erblassers. Auch nach dem AG Leipzig ist das Recht auf Erteilung der Restschuldbefreiung höchstpersönlich und somit nicht vererblich.[4] § 286 InsO untermauert diesen Aspekt, da die Möglichkeit eines Neustarts nicht mehr durch den Tod möglich ist. Dadurch erhalten die Gläubiger Rechtsklarheit und können ihre Forderungen gegen den Erben erwirken. Jedoch besteht für den Erben dadurch Ungewissheit, ob und in welchem Maße eigene Forderungen

1 Grüneberg/*Weidlich*, § 2145 Rn 1.

2 OLG Hamm ZErb 2010, 269.

3 Steht der Erbe unter Betreuung, Vormundschaft oder Pflegschaft, so sind betreuungsgerichtlich genehmigungsbedürftige Erfüllungsgeschäfte, die aus einer Erblasserschuld herrühren, grundsätzlich vom Betreuungsgericht zu genehmigen, vgl. BayObLG MittBayNot 2000,118.

4 AG Leipzig v. 11.1.2013 – 402 IK 204/06 (n.v.); *Jahnke/Kühn*, ZInsO 2007, 1202; AG Duisburg v. 25.5.2009 – 62 IK 59/00, ZInsO 2009, 2353.

in den Nachlass vollstreckt werden können.[5] Der Erbe hat wiederum zwei Möglichkeiten, der persönlichen Haftung zu entkommen. Zum einen ist es möglich, den Nachlass auszuschlagen gem. § 1942 ff. BGB, zum anderen eine sog. Haftungsbegrenzung durch Nachlassinsolvenz oder Nachlassverwaltung zu erwirken. Sollte ein Nachlassinsolvenzverfahren mangels Masse nicht eröffnet werden, steht trotzdem dem Erben die Einrede nach § 1990 BGB zu.[6]

5 Bei jener Möglichkeit, dass der Erbe eine entsprechende Haftung auf den Nachlass beschränken kann, ist zu beachten, dass vorher eine Trennung der beiden Vermögensmassen stattgefunden haben sollte. Diese Trennung wird durch die Nachlassverwaltung oder durch ein Nachlassinsolvenzverfahren gem. § 1975 BGB angestoßen.[7]

II. Erblasserschulden

6 Es gibt mehrere Arten von Erblasserschulden. Zu den Erblasserschulden können sogar etwaige Unterhaltsverpflichtungen des Erblassers zählen, die den Nachlassverbindlichkeiten zugeordnet werden können. Nachfolgend eine kurze Übersicht über die sog. Erblasserschulden.

1. Unterhaltsverpflichtungen

7 Ein Anspruch auf Verwandtenunterhalt erlischt nach § 1615 Abs. 1 S. 1 BGB mit dem Tod des Unterhaltspflichtigen. Hierbei sind jedoch Nachlassverbindlichkeiten von Unterhaltsansprüchen des Verwandten zu erfüllen, wenn dieser auf Erfüllung oder Schadensersatz wegen Nichterfüllung für die Vergangenheit gerichtet ist (§ 1613 Abs. 1 BGB). Dasselbe gilt für die Unterhaltspflicht gegenüber dem ungeschiedenen und überlebenden Ehegatten gem. §§ 1360a Abs. 3, 1361 Abs. 4 S. 4 BGB. Grundsätzlich stellt sich dies auch als interessenge-

---

5 ZVI 2018, 41.

6 Die Haftungsbeschränkung über dies Verfahren geht sogar so weit, dass sie z.B. auch für Geldstrafen greift, die von einer Rechtsschuldbefreiung nach § 302 Nr. 2 InsO ausgeschlossen sind.

7 Grüneberg/*Weidlich*, § 1967 Rn 2.

recht heraus, da den Berechtigten als Äquivalent häufig der Pflichtteilsanspruch gegen den Nachlass zusteht.

Ausnahme: Nachehelicher Ehegattenunterhalt 8

Für den geschiedenen Ehegatten sieht es aber anders aus. Bis zum Tod des Erblassers hat der geschiedene Ehegatte einen Anspruch auf Ehegattenunterhalt, aber ist nicht pflichtteilsberechtigt i.S.d. § 2303 BGB. Demnach droht ihm ein Anspruchs- und Ersatzverlust. Deshalb hat der Gesetzgeber beschlossen, dass die Unterhaltsverpflichtung des Erblassers gegenüber dem geschiedenen Ehegatten als Nachlassverbindlichkeit auf den Erben übertragen werden soll (§ 1586b Abs. 1 BGB).[8] Es ist auch anwendbar auf Ansprüche, welche auf sog. unselbstständige Unterhaltsvereinbarungen (vertragliche Abreden) beruhen, die den gesetzlichen Anspruch ausfüllen.[9] Aufgrund möglicher anfallender Unterhaltsforderungen kann vor oder nach der Erbteilung das Nachlassinsolvenzverfahren von den einzelnen Miterben beantragt werden, jedoch nur dann, wenn sich eine Überschuldung des Nachlasses ergeben könnte gem. §§ 316 f. InsO. Fraglich bleibt, ob der Tod des Unterhaltsschuldners ein wichtiger Grund i.S.d. § 1585 Abs. 2 BGB ist, aus dem der Unterhaltsgläubiger das Recht bekommt, eine Kapitalabfindung des Unterhalts zu erlangen.

Dabei ist zu beachten, dass der Erbe nur für den Betrag haftet, der 9
dem Pflichtteil des unterhaltsberechtigten Ehegatten entspricht, wenn die Ehe ohne Scheidung verblieben worden wäre (§ 1586b Abs. 1 S. 3 BGB). Man bezeichnet dies als **fiktiven Pflichtteil** und stellt den Höchstbetrag der Haftung des Erben dar.[10] Der BGH bezieht in die Berechnung der Haftungsgrenze des § 1586b Abs. 1 S. 3 BGB auch fiktive Pflichtteilsergänzungsansprüche des Berechtigten gegen den

---

8 Hierbei ist aber zu beachten: Hat der geschiedene Ehegatte in einem Ehevertrag auf nacheheliche Unterhaltsansprüche gem. § 1585c BGB verzichtet, so kann ein solcher Verzicht nach der Rechtsprechung des BVerfG und des BGH – Kernbereichslehre – nichtig sein (BVerfG FamRZ 2001, 343 & 733).

9 OLG Koblenz RNotZ 2003,52.

10 Nur der Gläubiger hat das Recht auf Abfindung, nicht der Erbe als Unterhaltsschuldner.

Erben mit ein, vor allem im Hinblick auf unbenannte Schenkungen.[11] Außerdem ist der § 1586b BGB nach § 1933 S. 3 BGB auf den Überlebenden-Unterhalt nach Rechtshängigkeit des Scheidungsantrags anwendbar.

2. Zulässigkeit der Abänderungsklage

a) Abänderungsklage der Erben wegen Erreichens der Haftungshöchstsumme

10 Der BGH lässt offen, ob das Erreichen des Haftungsbetrags i.H.d. fiktiven Pflichtteils von den Erben des Unterhaltsschuldners im Wege der Vollstreckungsgegenklage oder der Abänderungsklage geltend zu machen ist.[12] Bei einem Fall bejahte der BGH die Zulässigkeit der Abänderungsklage, wenn nämlich der Titel gegen den Erben umgeschrieben wurde und sich der Kläger auf typische Abänderungsgründe beruft.[13]

b) Zulässigkeit der Rechtsnachfolger-Umschreibung eines Unterhaltstitels auf Schuldnerseite

11 Bei dem nachehelichen Ehegatten-Unterhaltsanspruch nach §§ 1569 ff. BGB und dem gegen die Erben gerichteten Anspruch des geschiedenen Ehegatten gem. § 1586b BGB wurde lange in der Literatur gestritten, ob es sich um gleiche Ansprüche handelt. Demnach würde der Prozess sich um die gleichen Streitgegenstände drehen. Der BGH hat im Kern entschieden, dass es sich um identische Ansprüche handelt. Damit wurde der jahrelange Streit mit einer Entscheidung gelöst.[14]

---

11 BGH FamRZ 2001, 282. Die Vereinbarung der Gütergemeinschaft kann u.U. wie eine pflichtteilsergänzungsrelevante Schenkung behandelt werden (BGH NJW 1992, 598). Wiederum bedeutet dies aber auch, dass über ehevertragliche Vereinbarungen im Rahmen der Geltendmachung der Haftungssumme nach § 1586b Abs. 1 S. 3 BGB eine Offenbarungspflicht besteht.

12 Für Unterhaltssachen sind die §§ 231 ff. FamFG zu nennen und für die Abänderung von gerichtlichen Entscheidungen etc. die §§ 238 f. FamFG.

13 Aus Gründen der Prozessökonomie.

14 BGH NJW 2004, 2896 oder *Haußleiter*, NJW Spezial 2005, 535.

3. Zugewinnausgleichsforderung

Auch für die Zugewinnausgleichsforderung der Ehegatten besteht eine Besonderheit. Hat der überlebende Ehegatte die güterrechtliche Variante gewählt, die zu einer Zugewinnausgleichsforderung führt, wird diese eine Nachlassverbindlichkeit gem. § 1371 Abs. 2, 3 BGB.[15] Die entsprechende Wahl hat Vorrang vor Vermächtnissen und Pflichtteilsansprüchen.[16] 12

4. Forderungen des überlebenden Ehegatten aus einer „Innengesellschaft"

Auch Forderungen des überlebenden Ehegatten aus einer „Innengesellschaft" können den Nachlass mindern. Bei diesen Forderungen auf Abrechnung und Zahlung der Abfindungssumme handelt es sich auch um Erblasserschulden.[17] 13

a) Problemanschnitt

Mit der Frage, in welcher Weise bei Auflösung der Ehe ein angemessener Vermögensausgleich unter den Ehegatten erfolgen könnte, ohne eheliches Güterrecht, mussten sich die Rechtsprechung und die Literatur häufig auseinandersetzen. Dabei ist vor allem auf die eigentumsmäßige Zuordnung des Vermögens bei einem Ehegatten im Hinblick auf bedeutende finanzielle Beiträge und Arbeitsleistungen des anderen Ehegatten zu achten, die das übliche Maß einer Ehe übersteigen. Dabei müssen Ausgleichsmöglichkeiten geschaffen werden, die nicht unbillig erscheinen.[18] Bei solchen Fällen werden **zwei Ausgleichsmöglichkeiten** debattiert. 14

Hierzu gehören die Ansprüche nach den Grundsätzen über den Wegfall der Geschäftsgrundlage bei der Rückabwicklung unbenannter Zuwendungen und Ansprüche auf eine Auseinandersetzungssumme bei Beendigung einer zwischen den Ehegatten stillschweigend begründe-

15 Dies gilt auch für eingetragene Lebenspartner gem. § 6 LPartG; BFH FamRZ 2008, 2109.

16 BGHZ 37,64.

17 BGH NJW 1982, 99; NJW 1990, 573.

18 BGH FamRZ 1994, 295, 297; Gütergemeinschaft und Innengesellschaft.

ten Innengesellschaft nach §§ 722, 730 BGB.[19] Dem BGH zufolge haben die unbenannten Zuwendungen den Zweck, die eheliche Lebensgemeinschaft zu verwirklichen; die persönliche Bindung der Ehegatten steht damit im Vordergrund.[20]

b) Rechtsprechung des BGH

15 Anzunehmen ist eine **Innengesellschaft**, wenn in der Ehe planmäßige und zielorientierte Zusammenarbeit vorherrscht, die zu einer möglichen Vermögenswerterhöhung führt. Darüber schwebt ein eheübergreifender Zweck i.S.d. § 705 BGB.[21]

Für die Annahme einer Ehegatteninnengesellschaft kommt es darauf an, welche Vorstellungen die Eheleute mit der Vermögensmehrung verfolgen. Also auch, ob sie mit ihrer Arbeit einen über die eheliche Lebensgemeinschaft übergeordneten Zweck erreichen wollen. Außerdem müsste die Vorstellung darin zugrunde liegen, dass das gemeinsam erreichte Vermögen wirtschaftlich auch dem anderen gehören soll.[22] Demnach müsste zumindest schlüssig ein rechtsgeschäftlicher Vertrag zustande gekommen sein. Anhaltspunkte dafür sind z.B. Planung, Umfang, Dauer der Vermögensmehrung und Absprache über die Verwendung und Anlage des Vermögens. Eine Gütertrennung bedeutet nicht sofort, dass kein Gesellschaftsinnenverhältnis der Ehegatten besteht. Dies deshalb, weil man daraus noch nicht erkennt, ob die Ehegatten etwaige Mitwirkungen am gemeinsam erzeugten Vermögen ablehnen. Folglich kann der gesellschaftsrechtliche Ausgleichsanspruch neben dem Anspruch auf Zugewinn stehen.[23] Allgemein gilt dies auch für eheähnliche Lebensgemeinschaften.[24]

19 Die Grundsätze über den Wegfall der Geschäftsgrundlage verdrängen die Ehegatteninnengesellschaft und die daraus folgenden gesellschaftsrechtlichen Auseinandersetzungsregeln nicht: BGH FamRZ 1999, 1580, 1584 oder OLG Frankfurt/M. FamRZ 2004,877.

20 BGH FamRZ 1999,1580.

21 BGH NJW 1982, 99; NJW 1990, 573.

22 Dies gilt auch für das Alleineigentum; es muss auch die Vorstellung vorherrschen, dass die gemeinsam geschaffenen Gegenstände wirtschaftlich beiden gehören.

23 BGH FamRZ 2006, 607, OLG Frankfurt/M. FamRZ 2004, 877.

24 BGH FamRZ 2006, 607 und BGHZ 142, 137, 153.

Durch einvernehmliche Auflösung, Scheidung oder Tod des Erblassers (vgl. § 727 BGB) besteht keine Innengesellschaft mehr. Die Auseinandersetzungssumme kann aufgrund der Auflösung durch Tod entweder Nachlassforderung oder Nachlassverbindlichkeit sein. 16

5. Prozesskosten(hilfe)

Auch bei einem Rechtsstreit des Erblassers vor seinem Absterben gehören die Prozesskosten zu den Nachlassverbindlichkeiten. Der Erblasser kann aber auch für die Rechtsstreitkosten eine Beschränkung auf den Nachlass hinterlegen.[25] Bei einem vom Erben aufgenommenen Rechtsstreit hat dieser den Haftungsbeschränkungsvorbehalt gem. § 780 ZPO aufgrund der Kosten in den Urteilstenor aufnehmen zu lassen. Es kann später im Kostenfestsetzungsverfahren nicht mehr nachgeholt werden.[26] 17

Bei einem nicht abgeschlossenen Prozesskostenhilfeverfahren ist mit dem Tod der Antrag der Prozesspartei beendet. Dadurch kann der Rechtsnachfolger den Rechtsstreit nicht mehr fortführen. Auch wenn das Gericht das Verfahren pflichtwidrig verzögert hat, kommt eine spätere Bewilligung von Prozesskostenhilfe zugunsten der toten Person nicht mehr zustande. Der Rechtsnachfolger hat die Möglichkeit, bei der Aufnahme des Rechtsstreits einen diesbezüglich neuen Antrag zu stellen. Dieser Antrag hat nur Aussicht auf Erfolg, sofern noch keine Entscheidung über die Prozesskostenhilfe gefällt wurde und wenn die Person des Rechtsnachfolgers persönliche und wirtschaftliche Konditionen für die Gewährung einer Prozesskostenhilfe vorweisen kann.[27] 18

Wurde dem Erblasser bereits Prozesskostenhilfe bewilligt und die Rechtsnachfolger treten den Rechtsstreit nicht an, können diese nicht mehr von der Landeskasse wegen der Prozessführungskosten des Erblassers in Anspruch genommen werden.[28] 19

25 BGH ZEV 2009, 529; Wenn der Rechtsstreit Nachlasserbenschulden betrifft, bei dem der Erbe also sowohl mit dem Nachlass und mit Eigenvermögen haftet, ist ein Haftungsbeschränkungsvorbehalt nicht möglich, da der Erbe sowohl unbeschränkt als auch nicht beschränkbar haftet.

26 LG Leipzig ZEV 1999, 234.

27 OLG Stuttgart JurBüro 2011, 430.

28 OLG Düsseldorf NJW-RR 1999, 1086.

6. Betreuungskosten

20 Das Betreuungsgericht bemisst nach dem Tod des Betreuten, in welchem Maße und zu welchem Zeitpunkt Zahlungen aus dem Nachlass zu leisten sind. Diese Bestimmung findet aber nur dann statt, wenn noch zu Lebzeiten des Betreuten Vergütungsbeiträge aus der Staatskasse getilgt wurden (siehe § 292 FamFG). Zudem kann dazu das Betreuungsgericht von den Erben ein Nachlassverzeichnis verlangen. Eine gesetzliche Erbenhaftung besteht nur für diese staatlichen Rückforderungsansprüche. Wenn eine Befriedigung des Betreuers durch die Staatskasse besteht, geht dessen Anspruch gem. § 1881 BGB auf Aufwendungsersatz und Vergütung gegen den Betroffenen auf die Staatskasse über.[29]

21 Die Fortführung des Verfahrens von Amts wegen gegen den Rechtsnachfolger besteht, wenn der Betreute im Regressverfahren gem. § 1881 BGB stirbt. Gesetzliche Vertretung finden dabei die anderen unbenannten Erben bei dem Nachlasspfleger.

22 Des Weiteren ist eine Titelumschreibung auf die Erben ohne Vorbehalt möglich, sofern der Tod des Betreuten im Rechtsbeschwerdeverfahren eintritt. Für deren Haftungsbeschränkung ist eine Vollstreckungsabwehrklage gem. §§ 781, 785, 767 ZPO erforderlich. Eine Schmälerung des Aktivvermögens wird noch nicht durch dessen Anspruchsbestehen und Anspruchstitulierung erzeugt, sondern durch die Durchsetzung.[30]

7. Einkommensteuer

23 Die bis zum Tode erzielten Einkommensteuerforderungen gehören auch zu den Erblasserschulden.[31] Jedoch gehören die zu versteuernden Einkünfte, die nach dem Erbfall entstehen, zu den **Eigenverbindlichkeiten** des Erben und sind folglich keine Nachlassverbindlichkeiten. Hierbei hängt der Steuersatz von den steuerrechtlichen Befindlichkeiten des Erben ab. Bei einer Anordnung der Nachlassverwaltung

29 LG Koblenz FamRZ 2007, 2008.
30 OLG Stuttgart ZErb 2007, 313.
31 *Wachter*, ZErb 2007, 313.

müssen auch die Einkünfte des Erben zugerechnet werden.[32] Für Steuerschulden des Erblassers gilt für den Erben das Haftungsbeschränkungsrecht gem. § 265 AO.[33]

8. Erbscheinkosten

Es handelt sich bei den entstehenden Kosten der Erbscheinserteilung um keine Nachlassverbindlichkeiten. Nach überzeugender herrschender Meinung wird vertreten, dass der Erbschein zum subjektiven Interesse des Erben gehört und daher trägt dieser die entspringenden Kosten.[34] 24

III. Erbfallschulden

Erbfallschulden entstehen erst mit dem Erbfall und betrafen somit den Erblasser noch nicht zu seiner Lebzeit. Es gehören vor allem Verbindlichkeiten aus den Pflichtteilen, Vermächtnissen sowie Auflagen (§ 1967 Abs. 2 BGB) dazu. 25

1. Erbschaftsteuer

Disputabel bleibt die Frage, ob die Erbschaftsteuer zu den Nachlassverbindlichkeiten i.S.d. § 1967 BGB gehört.[35] Allgemein wird die Meinung vertreten, dass der Erbe für die Erbschaftsteuerschuld mit seinem persönlichen Vermögen haftet. Dabei stehen ihm keine Haftungsbeschränkungsmöglichkeiten gem. §§ 1975 ff. BGB zu.[36] In § 20 Abs. 1 ErbStG ist die Steuerschuldnerschaft von den Erben, Vermächtnisnehmern und Pflichtteilberechtigten enthalten. 26

---

32 BFH NJW 1993, 350.
33 FG BW KKZ 2007,158.
34 OLG München ErbR 2010, 59; Soergel/*Stein*, § 1967 Rn 17.
35 Bejahend: BFH NJW 1993, 350, OLG Naumburg ZEV 2007, 381; verneinend: FG Münster ZEV 2014, 508; OLG Hamm OLGZ 1990, 393, 395 und OLG Düsseldorf FamRZ 1999, 1465.
36 Staudinger/*Marotzke*, § 1967 Rn 33; *Meincke*, § 20 Rn 12.

2. Beerdigungskosten

27 Fraglich erscheint auch, in welchem Maße Beerdigungskosten als Erbfallschulden zu sehen sind.

Der Terminus „standesmäßig" aus § 1968 BGB wurde mit dem Inkrafttreten der Insolvenzordnung 1999 entfernt. Jedoch behält der ursprüngliche Begriff seine Bedeutung bis heute.[37] Unter den Kosten einer „standesmäßigen Beerdigung" versteht man solche, die über das Notwendige hinaus gehen und nach entsprechenden Ansichten und Gebräuchen im Umkreis des Erblassers einer würdigen Bestattung zu erfolgen haben. Entscheidend ist hierfür, welche Lebenssituation der Erblasser hatte und welche Leistungssubstanz der Nachlass und die Erben haben.[38] Der Erbe muss aber nicht alle Beerdigungskosten verpflichtend tragen, die nach den anderen Angehörigen erforderlich wären.[39] Mithin schmälern die Beerdigungskosten den Aktivnachlass und folglich auch Pflichtteilsansprüche nach § 2311 BGB.

28 Abgezogen werden die Beerdigungskosten als Nachlassverbindlichkeiten von den im Erbscheinsverfahren ermittelten Geschäftswerten.[40] Dies dient dem Schutz des Erben und der Nachlassgläubiger, es soll folglich nur ein begrenzter Teil einer standesmäßigen Beerdigung vom Erben getragen werden, vor allem dann, wenn der Erbe und der Totenfürsorgeberechtigte nicht deckungsgleich sind. Die Rechtsprechung ist deshalb bei der Annahme von Beerdigungskosten als Nachlassverbindlichkeit sehr streng.[41] Aus diesem Grund versteht die Rechtsprechung unter Beerdigungskosten i.S.d. § 1968 BGB nicht die Reisekosten der Angehörigen zur Beerdigung,[42] außer sie trifft eine rechtliche Pflicht,[43] und auch nicht die späteren Kosten der Grabpflege, da diese unter sittliche Pflichten fallen.[44] Sollte jedoch der Erblasser vor seinem

37 Staudinger/*Marotzke*, Rn 2; Soergel/*Stein*, § 1968 Rn 1.
38 BGHZ 32, 72, 73.
39 BGHZ NJW 1973, 2103; OLG Düsseldorf NJW-RR 1995, 1161.
40 KG Rpfleger 1980, 79.
41 AG Hamburg Urt. v. 9.1.2008 – 7c C 13/07 ErbR 2008, 202.
42 OLG München NJW 1974, 703, 704.
43 OLG Karlsruhe MDR 1970, 48.
44 BGHZ 61, 238; OLG Schleswig ZEV 2010, 196.

Ableben einen Grabpflegevertrag geschlossen haben, sind diese Kosten doch vom Erben zu tragen und Nachlassverbindlichkeiten. Zusätzlich können Grabpflegekosten als Vermächtnis, Auflage oder öffentlich-rechtliche Verpflichtung hinterlegt sein, die der Erbe auch zu tragen hat.[45] Für die entstehenden Bestattungskosten hat der Bestattungspflichtige zuerst den Nachlass einzusetzen, wenn nötig auch den gesamten Nachlass.[46]

Grundsätzlich trägt der Erbe gem. § 1968 BGB die Beerdigungskosten 29
des Erblassers; sollte es mehrere Erben geben, haften die Miterben als Gesamtschuldner gem. § 2058 i.V.m. § 421 BGB. Es ist in der Praxis sehr häufig der Fall, dass die Beerdigungskosten als vertragliche Nachlassverbindlichkeiten gegenüber einem Beerdigungsunternehmen entstehen. Hierbei findet eine Beauftragung statt, die zu Nachlasserbenschulden führt. Der Erbe und der Nachlass haften für die Erfüllung gegenüber dem Dritten.[47] Problematisch können hierbei aber auch Anspruchskonkurrenzen sein, wie solche des Auftragsrechts (Handeln mit oder ohne Auftrag) gem. §§ 670, 677, 679, 683 BGB oder solche aus §§ 812, 2022 Abs. 2 und 844 Abs. 1 BGB.

Wird eine Totenfürsorge durch einen Nichterben durchgeführt, haftet 30
dieser nach außen. Jedoch kann er vom Erben durch den § 1968 BGB bzw. durch die Geschäftsführung ohne Auftrag einen Anspruch auf Aufwendungsersatz erwirken. Die Höhe des Ersatzes ist auf den Begriff der standesmäßigen Beerdigung begrenzt. Bei einer Tätigkeit eines Bestatters ohne Auftrag ist die Rechtsprechung des BGH[48] zu beachten. Sobald der Testamentsvollstrecker ordnungsgemäße Verpflichtungen eingeht, entstehen auch da Nachlassverbindlichkeiten gem. § 2206 BGB.

45 LG Heidelberg NJW-Spezial 2011, 424.
46 SG Karlsruhe, Gerichtsbescheid v. 19.1.2010 – S 1 SO 5729/08.
47 *Reetz*, FamFR 2010, 79.
48 BGH NJW 2012, 1648, 1651.

IV. Nachlasserbenschulden

31 Nachlasserbenschulden entspringen aus Rechtshandlungen des Erben durch eine ordnungsgemäße Nachlassverwaltung.[49] Durch die Haftung des Erben und des Nachlasses kann der Gläubiger einer Nachlasserbenschuld auf den Nachlass und das Vermögen des Erben zugreifen. Somit haftet der Erbe unbeschränkt.

1. Rechtsstreitkosten

32 Zu den Nachlasserbenschulden gehören auch die Kosten eines Rechtsstreits, die der Erbe angesichts des Nachlasses führt. Dabei richtet sich der Vorbehalt der Erbenhaftung nur auf die Hauptsache und nicht auf die Kosten,[50] außer es liegt eine reine Erblasserschuld oder ein vom Erblasser begonnener Rechtsstreit vor.

Sollte der Erbe aufgrund der Rechtsstreitkosten die persönliche Haftung umgehen wollen, müsste er den Anspruch aus § 93 ZPO unter dem Vorbehalt der Haftungsbeschränkung anerkennen lassen.[51]

2. Wohngeldschulden

33 Auch nach dem Erbfall fällig werdende oder durch einen Beschluss einer Wohnungseigentümergemeinschaft herrührende Wohngeldschulden sind nach der Rechtsprechung des BGH Verbindlichkeiten des Erben. Hierfür muss ihm aber das Halten der Wohnung als ein Handeln bei der Nachlassverwaltung zugeordnet werden können. Anhaltspunkte dafür sind zum einen die Annahme der Erbschaft oder wenn die Ausschlagungsfrist abgelaufen ist gem. § 1944 BGB; daraus besteht folglich die Möglichkeit, die Wohnung zu nutzen.[52] Für den BGH ist hierbei ausschlaggebend, ob das Verhalten des Erben eine entsprechende Haftungsgrundlage entstehen lässt und er somit mit seinem eigenen Vermögen haftet, oder aufgrund der Nachlassverwaltung ohne sein Handeln Verbindlichkeiten entstehen, die der Nachlass tragen muss.

49 BGH NJW 2013, 933.
50 OLG Stuttgart JurBüro 1976, 675.
51 Stein/Jonas/*Bork*, ZPO § 93 Rn 4.
52 BGH FD-MietR 2013, 349193.

Entscheidend ist der **Zeitpunkt der Nachlassverwaltung** und was der Erbe mit der Wohnung vorhat. Dabei ist es unerheblich, ob er die Wohnung selbst nutzt, vermietet, verkauft etc. oder diese leerräumt. All diese Tätigkeiten des Erben untermauern eine Nachlassverwaltung der Wohnung des Erblassers, da bei diesen Tätigkeiten Willenselemente sowie eine Entscheidung des Erben enthalten sind.[53] Bei einem Mitwirken an Beschlüssen von Eigentümerversammlungen liegt auch ein Nachlassverwaltungshandeln des Erben vor.[54] Das OLG Schleswig erweiterte die Rechtsprechung dahingehend, dass Wohngeldschulden entweder Nachlasserbenschulden, welche Eigen- und Nachlassverbindlichkeiten entstehen lassen, oder reine Nachlassverbindlichkeiten sind. Dementsprechend ist die Wohnungseigentümergemeinschaft Nachlassgläubigerin i.S.d. § 1994 Abs. 1 S. 1 BGB und kann dem Erben durch ihren Antrag eine Inventarfrist setzen.[55] 34

B. Möglichkeiten der Haftungsbeschränkung

I. Einführung

Es besteht die Möglichkeit, die Haftung auf den Nachlass zu beschränken. Hierfür muss eine **Trennung der beiden Vermögensmassen** geschaffen werden. Dies geschieht durch die Nachlassverwaltung oder die Eröffnung des Nachlassinsolvenzverfahrens gem. § 1975 BGB (§ 317 Abs. 1 InsO). 35

Folgenreich für die Möglichkeiten der Haftungsbeschränkung ist der Haftungszeitraum des Erben. Bis zur Annahme der Erbschaft ist die Erbenstellung nur vorläufig. Bei einer Ausschlagung besteht kein Anfall an Verbindlichkeiten gem. §§ 1942 Abs. 1, 1953 Abs. 1 BGB. Haftungsmöglichkeiten haben sich durch die Ausschlagung erledigt, indes nicht für denjenigen, an den die Erbschaft danach anfällt, siehe § 1953 Abs. 2 BGB. Ein gegen den Nachlass gerichteter Anspruch gegen Erben vor der Annahme der Erbschaft kann gem. § 1958 BGB 36

53 BGH NJW-Spezial 2013, 515.
54 *Von Bub/von der Osten*, FD-MietR 2013, 349193; BGH NJW 2012, 316.
55 OLG Schleswig ZWE 2014, 38.

nicht geltend gemacht werden. Dabei handelt es sich um eine Prozessvoraussetzung, welche von Amts wegen berücksichtigt werden muss, siehe hierzu §§ 239 Abs. 5, 778, 779 ZPO. Aus diesem Grund ist eine Klage gegen den Erben vor Erbschaftsannahme unzulässig. Sollte der beklagte Erbe nach der Klagezustellung den Nachlass ausschlagen, muss der Kläger die Kosten des Rechtsstreits tragen.[56] In dieser Zeit besteht auch mit Mahnung kein Schuldnerverzug gem. § 286 Abs. 4 BGB.

37 Bei einer Anordnung der Nachlasspflegschaft gem. § 1960 Abs. 3 i.V.m. § 1961 BGB[57] oder wenn ein Testamentsvollstrecker einberufen wurde gem. § 2213 Abs. 2 BGB, gilt § 1958 BGB nicht. Im Erteilungsverfahren einer Vollstreckungsklausel umhüllt § 1958 BGB den Titel gegen den Erben, sodass vor der Annahme des Nachlasses der Titel nicht auf den Erben gem. § 727 Abs. 1 BGB angewendet werden kann.[58]

38 Die Nachlassverwaltung sowie die Nachlassinsolvenz werden nur auf Antrag eröffnet gem. §§ 1980 und 1981 BGB und § 317 Abs. 1 InsO.[59] Dabei sind aber auch z.B. die Dürftigkeitseinrede oder die Überschwerungseinrede ohne vorheriges förmliches Verfahren zu nennen. Bei diesen Möglichkeiten handelt es sich um Einreden der beschränkten Haftung.

39 Grundsätzlich haftet der Erbe unbeschränkt, demnach auch mit seinem Eigenvermögen. Diese unbeschränkte Haftung gilt, sobald die Voraussetzungen einer Haftungsbeschränkung nicht mehr greifbar sind. Folglich kann der Erbe seine Beschränkungsmöglichkeiten auch verlieren.

II. Schonungseinreden

40 Bei der Haftung direkt nach der Erbschaftsannahme sind vor allem die Schonungseinreden zu beachten. Zu diesen zählen die Dreimonatseinrede und die Aufgebotseinrede. Hierzu nun im Einzelnen:

56 LG Bonn ZEV 2009, 575.
57 Grüneberg/ *Weidlich* § 1958 Rn 3.
58 Vgl. *Ebenroth*, 1102.
59 BGH ZEV 2005, 109.

1. Dreimonatseinrede

Durch § 2014 BGB ist der Erbe berechtigt, die Erfüllung von Nachlassverbindlichkeiten innerhalb der ersten drei Monate nach der Erbschaftsannahme, also spätestens nach dem Ablauf der Ausschlagungsfrist[60] zu verweigern. Diese Verweigerung gilt jedoch nicht für die Errichtung des Inventars. Die Dreimonatseinrede räumt dem Erben eine **Schonungsfrist** ein, damit er sich einen Überblick über den Nachlass verschaffen kann. Innerhalb der drei Monate ist der Erbe dazu verpflichtet, die Erbschaft zu ordnen und die Verbindlichkeiten sowie die Berechtigungen der Gläubiger zu prüfen. Die Dreimonatseinrede ist in schriftlicher Form einzulegen. 41

Bei einer frühzeitigen Einreichung des Inventarverzeichnisses (§§ 1993 ff. BGB) beim Nachlassgericht, vor dem Ablauf der drei Monate, endet die Schonfrist, da aus diesem Handeln vermutet wird, dass der Erbe sich einen hinreichenden Überblick über den Nachlass verschaffen konnte.[61] Die Dreimonatseinrede ist bei einer ordnungsgemäßen Nachlassverwaltung zu empfehlen, weil der Erbe dadurch die Haftung nach § 1978 Abs. 1 BGB vorerst vermeiden kann. 42

Um die Einrede erheben zu können, darf der Erbe nicht bereits unbeschränkt haften gem. § 2016 Abs. 1 BGB. Außerdem hat die Dreimonatseinrede keine Wirkungskraft gegen den dinglich gesicherten Gläubigeranspruch gem. § 2016 Abs. 2 BGB. Eine Erhebung der Einrede ist auch nicht möglich, wenn die Ansprüche aus §§ 1963 und 1969 BGB geltend gemacht werden.[62] 43

2. Einrede der Durchführung des Aufgebotsverfahrens

Die Einrede der Durchführung des Aufgebotsverfahren ist eine weitere Schonungseinrede gem. § 2015 BGB. Hierbei kann der Erbe die Erfüllung der Nachlassverbindlichkeiten bis zur Beendigung des Aufgebotsverfahren verweigern. Dafür muss aber innerhalb eines Jahres nach der Erbschaftsannahme (§ 455 Abs. 1, 3 FamFG) das Aufgebot der Gläubiger beantragt und vom Gericht zugelassen sein, siehe § 2015 44

60 OLG Köln ZEV 2014, 497.
61 *Busch*, Die Haftung des Erben, Rn 110.
62 Grüneberg/*Weidlich*, § 2014 Rn 1.

Abs. 1 BGB und § 782 ZPO. Gibt es Grund zur Annahme, dass unbekannte Nachlassverbindlichkeiten bestehen, ist der Erbe verpflichtet, die Haftung nach § 1980 Abs. 2 S. 2 BGB zu vermeiden und das Aufgebotsverfahren geradewegs zu beantragen.[63] Zudem muss der Erbe seine Erbenstellung glaubhaft darlegen können. Es kann nicht vom Erben die Vorlage eines Erbscheins verlangt werden.[64] Vor der Erbschaftsannahme können auch der Nachlasspfleger und der Nachlassverwalter gem. § 455 Abs. 2 FamFG das Aufgebotsverfahren beantragen. Die Jahresfrist für die Bestellung des Aufgebotsverfahren durch den Nachlasspfleger oder den Nachlassverwalter ist in § 2017 BGB normiert. Der verwaltende Testamentsvollstrecker hat ein Antragsrecht nach der Erbschaftsannahme gem. § 455 Abs. 2 FamFG. Der Erbe hat auch hier die Möglichkeit, sich einen Überblick über die Nachlassverbindlichkeiten und dessen Umfang zu sichern.

45 Ein Miterbe ist berechtigt, das Aufgebotsverfahren zu beantragen, auch wenn dieser unbeschränkt haftet gem. § 460 Abs. 1 S. 1 FamFG. Neben dem Vorerben kann der Nacherbe auch das Aufgebotsverfahren gem. § 461 FamFG beantragen. Bei einem Erbschaftskauf sind der Erbe sowie der Käufer antragsberechtigt, siehe § 463 Abs. 1 S. 1 FamFG. Besteht eine Gütergemeinschaft mit dem Erben und der Nachlass gehört zum Gesamtgut, hat der Erbe auch die Möglichkeit, den Nachlass zu verwalten und ein entsprechendes Aufgebotsverfahren gem. § 462 Abs. 1 FamFG zu beantragen.

46 Der Antragssteller hat die **Kosten für das Aufgebotsverfahren** nach §§ 1970 ff. BGB i.V.m. § 22 Abs. 1 FamFG selbst zu zahlen. Dafür wird eine 0,5 Gebühr berechnet gem. Nr. 15212 Ziff. 3 KV-GNotKG.[65] Dabei stellen die Kosten des Aufgebotsverfahren Nachlassverbindlichkeiten dar.

Die Kosten in der Nachlassinsolvenz können gem. § 324 Abs. 1 Nr. 4 InsO geltend gemacht werden.

47 Das Nachlassgericht fordert die Nachlassgläubiger öffentlich auf, ihre Forderungen beim Nachlassgericht anzumelden. Davon sind auch Gläubiger betroffen, die noch nicht fällige oder bedingte Forderungen

63 Grüneberg/*Weidlich*, § 1980 Rn 6.
64 OLG Hamm ZErb 2012, 87.
65 *Osthold*, ErbR 2016, 670; ZEV 2013, 263.

geltend machen werden, wie z.B. der Rückgriffanspruch eines Bürgen.[66] Der Erbe, welcher das Aufgebotsverfahren beantragt hat, braucht eine ihm gegen den Nachlass zustehende Forderung nicht anzumelden.[67] Jedoch ist die Meldung bei einer Beantragung des Nachlassverwalters oder Nachlasspflegers erforderlich. Der Nachlass bleibt bei einer Erbengemeinschaft bis zur Teilung als Sondervermögen vom Eigenvermögen des einzelnen Erben getrennt. Ein Erlöschen durch Konfusion der Ansprüche der Erben gegen den Nachlass besteht nicht.[68] Daher sind Miterben, welche Nachlassgläubiger sind, auch vom Aufgebot betroffen. Dieses Prozedere gilt gleichermaßen für einen antragsstellenden Miterben.[69]

Von dem Aufgebot nicht betroffen sind die in §§ 1971 f. BGB nicht 48
erschöpfend[70] genannten Nachlassgläubiger.

Zudem haben die Nachlassgläubiger bei der Anmeldung der Forderung deren Gegenstand und Grund anzugeben. Ist die Frist des Aufgebotsverfahren für die Gläubiger abgelaufen, findet der Aufgebotstermin statt, bei welchem der Richter das Urteil erlässt, in dem die vorschriftsmäßig angemeldeten Forderungen vorbehalten und die anderen ausgeschlossen werden. Ziel des Aufgebotsverfahren ist der Ausschluss von Nachlassgläubigern, die ihre Forderungen nicht anmelden. Vorteilhaft ist, dass der Erbe nach dem Aufgebot den Nachlass abwickeln kann, ohne befürchten zu müssen, mit seinem eigenen Vermögen haften zu müssen.

Bei den Forderungen der Nachlassgläubiger, die ihre Forderung nicht 49
oder nicht vorschriftsgemäß beim Nachlassgericht angemeldet haben, haftet der Erbe nur beschränkt, ohne Einleitung der Nachlassverwaltung oder der Nachlassinsolvenz. Dabei verwandelt sich die Haftung von Miterben in eine gesamtschuldnerische Haftung gem. § 2058 BGB, bei Gläubigern, die im Aufgebotsverfahren ausgeschlossen wurden. Das bedeutet, dass Gläubiger, die von dem Aufgebotsverfahren betrof-

66 Staudinger/*Dutta*, § 1970, Rn 13.

67 *Muscheler*, Erbrecht, Rn 3702.

68 BVerwG v. 5.12.1968 – III C 93.67 – WM 1969, 673, 674; Staudinger/*Dutta*, § 1970 Rn 17.

69 Staudinger/*Dutta*/Kunz § 1970 Rn 18, OLG Düsseldorf, NJW-RR 12, 841; a.A.: MüKo-BGB/*Küpper*, § 1972 Rn 7.

70 Staudinger/*Dutta*, § 1971 Rn 14 ff.

fen, aber gem. § 1973 Abs. 1 S. 1 BGB ausgeschlossen sind oder falls § 1974 BGB entgegensteht, gegen den Erben nur nach **Bereicherungsgrundsätzen** vorgehen können (§ 1973 Abs. 2 BGB i.V.m. § 328 Abs. 2 InsO). Folglich kann es dazu kommen, dass ein Vermächtnisnehmer die Erfüllung seiner Ansprüche erhält und der durch das Aufgebotsverfahren ausgeschlossene Gläubiger seine Ansprüche ganz oder teilweise nicht geltend machen kann, weil der übersteigende Betrag der Bereicherung des Erben aufgrund von § 328 Abs. 2 InsO dem Vermächtnisnehmer zusteht.[71]

50 Für die in § 1972 BGB genannten Gläubiger könnte jedoch die Versäumniseinrede anwendbar sein gem. § 1974 Abs. 1, 3 BGB. Dabei werden sie nach fünfjähriger Versäumnis wie ausgeschlossene Gläubiger behandelt.[72]

51 Sollte nach Begleichung der festgestellten Forderungen noch ein Überschuss verbleiben, können daraus die ausgeschlossenen Nachlassgläubiger befriedigt werden. Zudem sind die Ansprüche der ausgeschlossenen Nachlassgläubiger vor den Ansprüchen der Pflichtteilsberechtigten, der Vermächtnisnehmer oder der durch Auflagen Begünstigten gem. § 1972 BGB zu prüfen. Diese sind nicht vom Aufgebot betroffen. Der Grund dafür ist, dass der Erbe von diesen Verbindlichkeiten i.d.R. durch die Verkündung der Verfügung von Todes wegen Kenntnis erlangt.[73] Es ist auch möglich, dass der Erbe die in § 1972 BGB genannten Verbindlichkeiten erfüllen kann. Hierfür muss er aber annehmen, dass der Nachlass für die Berechtigung der gesamten Nachlassverbindlichkeiten ausreicht (§ 1979 BGB).[74] Dabei kann jedoch die Zuwendung von den Nachlassgläubigern oder den Insolvenzverwaltern gegenüber dem Empfänger angefochten werden (§ 5 AnfG und § 322 InsO). Die nicht von dem Aufgebotsverfahren betroffenen Gläubiger können gegen den Erben Ansprüche wegen nicht ordnungsgemäßer Nachlassverwaltung durchsetzen gem. §§ 1978 Abs. 1, 1980 BGB.

---

71 Staudinger/*Dutta*, § 1972 Rn 4.
72 *Herzog*, Die Erbenhaftung, § 7 Rn 83.
73 Grüneberg/*Weidlich*, § 1972, Rn 2.
74 Staudinger/*Dutta*, § 1972, Rn 3.

Wenn ein Nachlassinsolvenzverfahren beantragt wurde, ist das Aufgebotsverfahren nicht mehr zu erlassen. Durch die Eröffnung des Nachlassinsolvenzverfahrens wird das Aufgebotsverfahren beendet, siehe hierzu § 457 Abs. 1, 2 FamFG. 52

3. Materielle und prozessuale Wirkung der Schonungseinreden gem. §§ 2014 f. BGB

Nach der herrschenden Auffassung hat die Erhebung der Schonungseinreden nach §§ 2014 und 2015 BGB keine materielle Wirkung.[75] Trotz der Einreden gerät der Erbe in den **Schuldnerverzug**. Dieser Verzug hat zur Folge, dass der Gläubiger Schadensersatz vom Erben verlangen kann oder ein Rücktrittsrecht gem. § 326 BGB erwirkt. Die beiden Ansprüche des Gläubigers werden nicht durch die Einreden gedämpft und behalten ihren grundsätzlichen Verjährungszeitpunkt.[76] 53

Im Prozess führt die Geltendmachung der Einreden zur Aufnahme des Vorbehalts der beschränkten Erbenhaftung gem. § 305 Abs. 1 ZPO. Für die Zwangsvollstreckung gilt dabei § 782 ZPO. Dabei ist die Vollstreckung eines Nachlassgläubigers in den Nachlass nur als Sicherungsvollstreckung möglich gem. §§ 782 f. ZPO. Die Durchsetzung des Vorbehalts wird durch die Vollstreckungsgegenklage erzeugt gem. § 767 BGB. 54

a) Erkenntnisverfahren: Aufnahme eines Vorbehalts in das Urteil gegen den Erben (§ 305 ZPO)

Die Einreden verhindern im Prozess nicht die Verurteilung des Erben, jedoch nur unter dem Vorbehalt der beschränkten Haftung gem. § 305 Abs. 1 ZPO. Dabei muss auch der umfängliche Antrag gem. § 780 Abs. 1 ZPO gestellt werden. 55

b) Prozessrechtliche Wirkung des Vorbehalts

Der Erbe kann in der Zwangsvollstreckung durch eine **Vollstreckungsgegenklage** gem. §§ 780 Abs. 1, 782, 785, 767 ZPO bewirken, dass der Gläubiger nur die bei einem Arrest zugelassenen Mittel nutzt 56

75 Soergel/*Stein*, § 2014 Rn 4.
76 Grüneberg/*Weidlich*, § 2014, Rn 3.

(§§ 930–932 ZPO). Dabei handelt es sich um eine blanke Sicherungsmaßnahme. Demzufolge schränken die aufschiebenden Einreden die Vollstreckung in das Eigenvermögen ein. Wurden für die Nachlassforderung dingliche Sicherheiten[77] bestellt, so wird trotz der Einrede ihre Verwertung nicht verhindert gem. § 2016 Abs. 2 BGB.

57 Das Aufgebotsverfahren betrifft nur das **obligatorische Recht**. Deswegen werden dingliche und ähnliche Rechte gem. § 1971 BGB aus dem Aufgebotsverfahren entnommen. Hierbei sind Pfandgläubiger gem. §§ 1204, 1273 BGB und Gläubiger, welche im Insolvenzverfahren den Pfandgläubigern gleichstehen, gem. §§ 50 f. InsO ausgenommen. Außerdem sind die bei der Zwangsvollstreckung in Grundstücke Realberechtigten ausgenommen gem. § 10 ZVG. Nicht inbegriffen sind auch die Ansprüche einer Vormerkung (§ 884 BGB) oder wenn die Gläubiger im Insolvenzverfahren ein Aussonderungsrecht gem. § 47 InsO haben. Für das Ersatzaussonderungsrecht aus § 48 InsO muss jedoch tatsächlich ein Insolvenzverfahren eröffnet sein.[78]

58 Einflusslos ist, ob das dingliche Recht vor oder nach dem Erbfall erlangt wurde.[79] Persönliche Forderungen, die hinter den dinglichen Rechten stehen, werden von der Ausschließung erfasst. Die Meldung solcher persönlichen Forderungen sollte wegen §§ 88, 321 InsO erfolgen, wenn man das Sicherungsrecht erst nach dem Erbfall erlangt hat.

59 Eine Ergänzung findet § 1971 BGB in § 175 ZVG. Dabei wird dem Erben ab der Erbschaftsannahme das Recht erteilt, die Zwangsversteigerung eines Nachlassgrundstücks zu beantragen. Diese Antragsmöglichkeit steht auch denjenigen zu, die das Aufgebotsverfahren beantragen können. Sie dient dazu, dass der Erbe gegenüber den Nachlassgläubigern, die für ihre Forderung ein dingliches Recht an einem Nachlassgrundstück haben, das Ausmaß der Haftung einsehen können. Dies kann durch die Zwangsversteigerung eingesehen werden, inwieweit der Gläubiger aus dem Grundstück ausgelastet werden kann.

77 *Muscheler*, Erbrecht, Rn 3702.
78 Staudinger/*Dutta*, § 1971, Rn 3.
79 Grüneberg/*Weidlich*, § 1971, Rn 2.

c) Verlust der Möglichkeiten einer Haftungsbeschränkung

Ein **Verlust der Haftungsbeschränkung** kann in fünf Fällen vorliegen: (1) Zum einen nach § 1994 Abs. 1 S. 2 BGB, wenn das Nachlassgericht dem Erben auf Antrag eine Inventarfrist gesetzt hat und diese versäumt wird, ohne dass ein Inventar errichtet wurde. (2) Zum anderen nach § 2005 Abs. 1 BGB bei einer Inventaruntreue. (3) Des Weiteren, wenn zwischen dem Erben und den Nachlassgläubigern ein Vertrag besteht bezüglich des Nachlasses etc. oder (4) auch nach § 2006 Abs. 3 BGB bei der Verweigerung der Abgabe der eidesstattlichen Versicherung. Dabei haftet jedoch der Erbe nur an denjenigen Gläubiger, welcher die Leistung der eidesstattlichen Versicherung verlangt hatte. (5) Zu guter Letzt besteht ein Verlust durch vorbehaltlose Verurteilung gem. § 780 Abs. 1 ZPO. 60

Sollte einer dieser Umstände gem. § 2013 BGB den Erben betreffen, kann dieser den Zugriff der Gläubiger auf sein Eigenvermögen nicht mehr mit Haftungsbeschränkungsmaßnahmen bremsen. Das Verfahren ist dann gem. § 455 Abs. 1 Hs. 2 FamFG einzustellen. Sollte das Gericht von dem Wegfall der Antragsberechtigung des Erben keine Kenntnis und einen Ausschließungsbeschluss erlassen haben, so hat dieser keine Ausschließungswirkung gem. § 1973 Abs. 1 S. 1 BGB i.V.m. § 2013 Abs. 1 BGB. Wird dieser Ausschließungsbeschluss nicht wirksam angefochten, ist er jedoch über § 327 Abs. 3 InsO im Insolvenzverfahren anwendbar.[80] Nachlassverwalter, Testamentsvollstrecker sowie Nachlasspfleger bleiben weiterhin berechtigt, trotz der unbeschränkten Erbenhaftung das Aufgebotsverfahren auszuführen. Hintergrund ist, dass die drei weiterhin ein berechtigtes Interesse daran haben, den Umfang der Nachlassverbindlichkeiten zu kennen und dadurch eine angemessene Nachlassabwicklung durchführen können.[81] 61

80 Staudinger/*Dutta*, § 1970, Rn 9.

81 *Krätzschel/Falkner/Döbereiner*, Nachlassrecht, 12. Auflage 2022 § 20 Rn. 73–75; MüKo-BGB/*Küpper*, § 1970 Rn 3.

III. Dürftigkeitseinrede

1. Einführung

62 Grundsätzlich sollte selbstverständlich nicht bei jedem Nachlass eine Nachlassverwaltung oder ein Nachlassinsolvenzverfahren beantragt werden. Dem Erben wird vom Gesetz eine weitere Chance gewährt, trotz einer sehr geringen Vermögensmasse, die die anfallenden Kosten deckt, eine Haftungsbeschränkung herbeizuführen. Diese Chance ist die **Dürftigkeitseinrede** gem. § 1990 BGB, welche außergerichtlich oder im Prozess erhoben werden kann. Durch die Einrede ist eine Vermögenstrennung mit entsprechender Fremdverwaltung ausgeschlossen. Wird die Einrede ordnungsgemäß geltend gemacht, kann der Nachlassgläubiger nur auf den Nachlass zugreifen und nicht noch zusätzlich auf das Eigenvermögen des Erben Ansprüche erheben. Auf der anderen Seite besteht für den Erben die Pflicht, eine ordnungsgemäße Nachlassverwaltung zu schaffen gem. §§ 1991 Abs. 1, 1978 Abs. 1 BGB. Dabei werden die Ansprüche aus § 1978 BGB nur von den jeweiligen Nachlassgläubigern geltend gemacht, gegen die die Dürftigkeitseinrede erhoben wurde.

63 Die Einrede kann ebenfalls von dem Nachlasspfleger oder dem Testamentsvollstrecker erhoben werden und richtet sich dabei auch gegen die Nachlassgläubiger. Eine Berechtigung zur Erhebung der Einrede für den Nachlassverwalter liegt jedoch nicht vor.[82] Eine Berufung auf § 1990 BGB durch Miterben ist erst nach der Teilung des Nachlasses möglich. Dabei dürfte auch zur Zeit der Nachlassteilung keine deckende Masse vorhanden sein, die das Nachlassinsolvenzverfahren finanzieren könnte.[83]

2. Arten der Dürftigkeit

64 Es ist zwischen zwei Arten der Dürftigkeit zu unterscheiden. Einerseits gibt es die Dürftigkeit kraft Tatbestandswirkung und andererseits die tatsächliche Dürftigkeit.

---

82 MüKo-BGB/*Küpper*, § 1990 Rn 10.

83 Staudinger/*Dobler*, § 1990 Rn 8.

a) Dürftigkeit kraft Tatbestandswirkung

Ist die Anordnung einer Nachlassverwaltung aufgrund der mangelnden Nachlassmasse abgelehnt (§ 1982 BGB) oder die Eröffnung des Nachlassinsolvenzverfahrens wegen fehlender Nachlassmasse zurückverwiesen worden (§ 26 InsO), hat man mit bestimmten Gerichtsbeschlüssen einen Nachweis für die Dürftigkeit vorzuweisen. Dies gilt auch, wenn die Verfahren aufgrund der fehlenden Masse vorher eingestellt worden sind gem. § 1988 Abs. 2 BGB und § 207 InsO. Eine Bindung des Prozessgerichts besteht an die Feststellung des Nachlassgerichts bzw. des Insolvenzgerichts. Sonstige Nachweise für die Dürftigkeit braucht es nicht.[84] 65

Wegen der bestehenden und dargelegten Dürftigkeit kann der Nachlassgläubiger (hier der Kläger) keine Zahlung mehr verlangen. Als Anspruch bleibt ihm nur noch die Duldung der Zwangsvollstreckung in den Nachlass gem. § 263 ZPO. Aus diesem Grund ist es dem Nachlassgläubiger zu empfehlen, den Zahlungsantrag im Wege der Klageänderung gem. § 263 ZPO auf den Duldungsantrag umzustellen. Besteht noch Unsicherheit, ob überhaupt die Dürftigkeit des Nachlasses nachgewiesen wurde, kann der Nachlassgläubiger auch den Antrag auf Duldung der Zwangsvollstreckung als Hilfsantrag stellen. 66

b) Tatsächliche Dürftigkeit

Liegt ein expliziter Gerichtsbeschluss nicht vor, welcher die Dürftigkeit eindeutig feststellt, hat der Erbe selbst das Bestehen der Einrede gerichtlich geltend zu machen. Dafür muss er den Umfang des Nachlasses bezüglich der Aktiva und Passiva darlegen, um die Dürftigkeit zu beweisen.[85] Hierbei ist der Zeitpunkt der Entscheidung über die Einrede entscheidend, also im Prozess die letzte mündliche Tatsachenverhandlung.[86] Ob der Nachlass schon im Zeitpunkt des Erbfalls dürftig ist, spielt keine Rolle. 67

Sollte der Nachlass nur durch das Handeln des Erben dürftig geworden sein, da dieser z.B. eine unsachgemäße Verwaltung herbeigeführt hat, bestehen für die Gläubiger Ersatzansprüche, die dem Nachlass 68

84 BGH NJW-RR 1989, 1227.
85 OLG Düsseldorf Rpfleger 2000, 115.
86 BGHZ 85, 280, BGH NJW 1983, 1485.

zugerechnet werden gem. § 1978 Abs. 2 BGB. Dadurch kann eine Dürftigkeit entfallen.[87]

69 Voraussetzung für die Dürftigkeitseinrede ist, dass eine die Kosten der Nachlassverwaltung oder des Nachlassinsolvenzverfahrens deckende Masse fehlt und aus diesem Grund die Anordnung der Nachlassverwaltung oder des Nachlassinsolvenzverfahrens nicht sinnvoll ist. Hierbei dient die Dürftigkeitseinrede zur Abwehr des Zugriffs der Nachlassgläubiger auf das Eigenvermögen des Erben. Eine Überschuldung des Nachlasses ist zudem nicht erforderlich für die Anwendung des § 1990 BGB. Vollkommen ausreichend ist es, wenn die Nachlassaktiva so gering sind, dass die Kosten der beiden Verfahren nicht gedeckt werden können.

3. Geltendmachung der Dürftigkeit

a) Allgemeines

70 Es muss für die Geltendmachung und der Beweisführung der Dürftigkeitseinrede keine gerichtliche Entscheidung über die Ablehnung der Anordnung des Nachlassverwaltungsverfahrens oder des Nachlassinsolvenzverfahrens vorliegen.[88] Der Erbe kann gem. § 2002 BGB auch ein Inventar errichten, um die Dürftigkeit zu untermauern. Vollkommen ausreichend ist aber auch eine Angabe über den ursprünglichen Stand des Nachlasses und die Gründe der Dürftigkeit. Zudem steht dem Erben die Möglichkeit zur Verfügung, die Dürftigkeit mit einer Eidesstattlichen Versicherung darzulegen.

71 Sollte eine **gerichtliche Entscheidung** vorliegen, dass die Nachlassverwaltung oder das Nachlassinsolvenzverfahren aufgrund der fehlenden deckenden Vermögensmasse aufgehoben bzw. abgelehnt worden ist, kann der Erbe dadurch einen Nachweis der Dürftigkeit vorweisen. Die gerichtliche Entscheidung ist auf allen Seiten bindend. Folglich sind weitere Beweismittel oder Vorträge des Erben nicht erforderlich.[89] Eine solche Bindungswirkung entfällt, wenn nach dem Urteil

87 FG BW KKZ 2007, 158.

88 BGH ZEV 2000, 155; Damrau/Tanck/*Gottwald*, § 1990 Rn 8.

89 BGH NJW-RR 1989, 1226; Erman/*Horn*, § 1990 Rn 3; a.A. BGH ZEV 2000, 155; OLG Karlsruhe ZEV 2016, 349 – danach führt die gerichtliche Entscheidung nur zu einer Beweiserleichterung.

des Nachlassgerichts doch etwaige Nachlassaktiva sichtbar werden. Dabei kann auch ein erneuter Antrag einer Nachlassverwaltung oder eines Nachlassinsolvenzverfahrens gestellt werden.[90]

Wird die Dürftigkeitseinrede vom Erben erhoben, so muss er die Aufnahme des Haftungsbeschränkungsvorbehalts gem. § 780 ZPO in das Urteil beantragen. Sonst könnte er die Haftungsbeschränkungsmöglichkeit auf den Nachlass verlieren.[91] Der Vorbehalt muss auch bei einem Prozessvergleich aufgenommen werden, sonst besteht auch hier ein Verlust der Haftungsbeschränkung. Wenn jedoch feststeht, dass der Erbe die Möglichkeiten einer Haftungsbeschränkung bereits vollumfänglich verloren hat, ist er ohne den § 780 ZPO zu verurteilen.[92] 72

Bei einem Urteil des Nachlassgerichts über den Vergütungsfestsetzungsantrag eines Nachlasspflegers kann der Vorbehalt aus § 780 ZPO nicht gezeichnet werden.[93]

b) Darlegungs- und Beweislast

Es besteht für den Erben die Pflicht, dass er sich in den Urteilstenor einen Haftungsbeschränkungsvorbehalt gem. § 780 ZPO zeichnen lässt.[94] Für das Gericht entsteht aus diesem Grund die Pflicht der Sachverhaltsaufklärung. Die Dürftigkeitseinrede ist grundsätzlich auch im Berufungsverfahren zulässig, sollte die Nachlassdürftigkeit streitig sein und das Berufungsgericht den Haftungsbeschränkungsvorbehalt des Erben ausrufen.[95] 73

Hinweis

Die Dürftigkeitseinrede ist auch ausnahmsweise im Revisionsverfahren möglich, wenn die Erhebung der Einrede in der Tatsacheninstanz nicht stattgefunden hat und nicht möglich war.[96]

---

90 MüKo-BGB/*Küpper*, § 1990 Rn 3.
91 BGH NJW 1991, 2839; BGH NJW 2002, 1414 f.
92 BGH NJW-RR 1989, 1226.
93 OLG Hamm ZEV 2017, 41.
94 MüKo-BGB/*Küpper* § 1990 Rn 14.
95 OLG Celle ZEV 2010, 314 und 409.
96 BAG v. 12.11.2013 – 9 AZR 646/12, ErbR 2014, 242.

74 Erhebt der beklagte Erbe die Dürftigkeitseinrede und liegt diese dem Gericht unstreitig vor, so muss das Gericht die Haftungsbeschränkung auf den Nachlass des Erben ausrufen.[97] Ist jedoch die Dürftigkeit streitig, so besteht die Verpflichtung des Gerichts, ein ordnungsgemäßes Urteil mit dem Vorbehalt aus § 780 Abs. 1 ZPO zu fällen.[98] Ist im Urteil der Vorbehalt aus § 780 Abs. 1 ZPO enthalten, steht die Haftungsbeschränkung nicht dem Erben wegen der Prozesskosten der Nachlassverbindlichkeiten zu, weil er hier auch sein Eigenvermögen schützt.[99] Der Erbe kann die Haftung für die Prozesskosten mit seinem Eigenvermögen umgehen, wenn er die Nachlassverbindlichkeiten direkt anerkennt gem. § 93 ZPO.

Es besteht auch die Möglichkeit, dass der Haftungsbeschränkungsvorbehalt in einem notariellen Vollstreckungstitel aufgenommen wird.[100]

c) Geltendmachung der Dürftigkeitseinrede in der Zwangsvollstreckung

75 Wird trotzdem durch den Gläubiger in das Eigenvermögen des Erben vollstreckt, ist die Geltendmachung der Dürftigkeitseinrede in der Zwangsvollstreckung mit der Vollstreckungsgegenklage analog gem. §§ 781, 784 und 785 ZPO vorzunehmen.[101]

76 Bestehen **Steuerforderungen der Finanzbehörden**, ist die Einrede nur im Zwangsvollstreckungsverfahren geltend zu machen.[102] Dadurch ist auch die Erhebung der Dürftigkeitseinrede gegenüber öffentlich-rechtlichen Abgabenschulden möglich, aber nur, wenn sich daraus für den Erben eine Eigentümerstellung aus einem Nachlassgrundstück ergibt.[103] Entsteht die Beitragspflicht bzw. Schuld erst nach dem Tod des Erblassers, so sind dies eigene Verbindlichkeiten des Grundstückseigentümer. Diese fallen somit auch nicht unter die §§ 1975 und 1990 BGB.[104]

---

97 Damrau/Tanck/*Gottwald*, § 1990 Rn 14.
98 BGH NJW 1983, 2378, BGH NJW 1993, 850.
99 Ermann/*Horn*, § 1990 Rn 7.
100 *Neukirchen*, RNotZ 2016, 228.
101 MüKo-BGB/*Küpper*, § 1990 Rn 14 f.
102 *Hartmann*, ZEV 2009, 324; BFH v. 30.6.1999 – II B 113/98, ZEV 1999, 451.
103 VG Köln v. 24.8.2010 – 14 K 1654/09, ZEV 2011, 93.
104 BeckRS 2010, 53125; Jurion RS 2017, 18829.

Liegen sonstige öffentlich-rechtliche Forderungen vor, so kann der Erbe die Dürftigkeitseinrede in einer Anfechtungsklage gegen einen solchen Leistungsbescheid erheben.[105] 77

IV. Überschwerungseinrede

1. Einführung

Sollte der Erblasser die Überschuldung des Nachlasses durch Anordnung von Vermächtnissen sowie Auflagen angeordnet haben, wird dem Erben die Haftungsbeschränkungsmöglichkeiten erleichtert. Dabei unterstellt das Gesetz, dass der Erblasser trotz seiner Verfügungen eine Nachlassinsolvenz oder eine Nachlassverwaltung hätte vermeiden wollen.[106] Aus diesem Grund trifft gem. § 1980 Abs. 1 S. 3 BGB den Erben nicht die Verpflichtung eines Insolvenzantrags. Das Gesetz lässt hierbei die Erhebung einer einfachen Einrede zu. Der Erbe hat durch die Einrede das Recht, Vermächtnisnehmer und Auflagenbegünstigte nach den §§ 1990 und 1991 BGB auf den bestehenden Rechtsnachlass hinzuweisen oder eine Herausgabe der Nachlassgegenstände durch Zahlung des Wertes zu blockieren (§ 1992 S. 2 BGB).[107] 78

Die Überschwerungseinrede kann nicht gegenüber Pflichtteilsberechtigten oder Ersatzberechtigten geltend gemacht werden.[108] Zusätzlich darf der Erbe sein Recht zur Haftungsbeschränkung durch die Überschwerungseinrede gem. § 1992 BGB nicht verloren haben gem. § 2013 Abs. 1S. 1 BGB.[109] Hierbei ist zu beachten, dass es unschädlich ist, wenn der Erbe nur einzelnen Nachlassgläubigern gegenüber unbeschränkt haftet. Dabei behält er die Einrede gegenüber den anderen Gläubigern. 79

105 BVerwG NJW 1963, 1075; Staudinger/*Dobler*, § 1990 Rn 15.

106 Staudinger/*Dobler*, § 1992 Rn 1.

107 MüKo-BGB/*Küpper*, § 1992 Rn 4.

108 OLG München v. 3.12.1996 – 5 U 2597/96, ZEV 1998.

109 Staudinger/*Dobler*, § 1992, Rn 7.

2. Vorrang der hypothetischen Testamentsauslegung

80 Im Falle einer Überschwerung des Nachlasses durch Vermächtnisse oder Auflagen ist auch an die hypothetische Auslegung des Testaments zu denken und vor der Überschwerungseinrede zu prüfen, da man durch die Auslegung zur Erkenntnis gelangen kann, dass eine Überschwerung des Nachlasses gar nicht vorliegt. Somit ist vorerst zu prüfen, ob der Erblasser die Anordnungen in diesem Ausmaß so hätte stehen lassen wollen, wenn er gewusst hätte, dass der Nachlass dafür nicht ausreicht.

Hinweis

Es kann zu einer Nachlassüberschwerung kommen, wenn der Erblasser im Zeitpunkt der Testamentserrichtung genug Vermögen hatte, um die von ihm bestimmten Vermächtnisse erfüllen zu können, sich zum Erbfall hin seine Vermögenssituation jedoch negativ verändert hat, sodass keine hinreichende vermögensrechtlichen Mittel zur Erfüllung bestehen.

3. Überschuldung des Nachlasses

81 Der § 1992 BGB setzt eine Überschuldung des Nachlasses voraus.[110] Nach der herrschenden Meinung[111] muss die Überschuldung auf Vermächtnissen und Auflagen beruhen. Aus diesem Grund ist der § 1992 BGB nicht anwendbar, wenn der Nachlass auch ohne Vermächtnisse und Auflagen überschuldet ist.[112] Dafür spricht auch schon der eindeutige und präzise Wortlaut des § 1992 BGB. Besteht aufgrund anderer Gläubigerforderungen eine Überschuldung des Nachlasses, so hat der Erbe entweder das Nachlassinsolvenzverfahren zu beantragen oder es steht ihm die Einrede aus § 1990 BGB zu. Die im Aufgebots-

110 Grüneberg/*Weidlich*, § 1992 Rn 1; a.A.: Staudinger/*Dobler*, § 1992 Rn 2: danach reicht es aus, wenn die ernsthafte Möglichkeit besteht, dass eine auf den Nachlass begrenzte Zwangsvollstreckung nicht zu einer vollständigen Befriedigung alle Gläubiger kommt.

111 MüKo-BGB/*Küpper*, § 1992 Rn 5.

112 Staudinger/*Dobler*, § 1992 Rn 3; Grüneberg/*Weidlich*, § 1992 Rn 1.

verfahren ausgeschlossenen Forderungen gem. §§ 1973 f. BGB[113] werden bei der Berechnung der Überschuldung nicht mitgerechnet.[114]

Den Erben trifft auch keine Insolvenzantragspflicht, wenn die Nachlassüberschuldung auf Verbindlichkeiten beruht, die in einem Aufgebotsverfahren ausgeschlossen sind (§§ 1973 f. BGB).[115] Der Erbe muss unverzüglich bei einer Nachlassüberschuldung ohne Vermächtnisse oder Auflagen das Nachlassinsolvenzverfahren beantragen, gem. § 1980 Abs. 1 S. 1 BGB. Im Falle der Überschwerung i.S.d. § 1992 BGB ist er zur Beantragung des Nachlassinsolvenzverfahrens nicht verpflichtet, aber gem. § 317 I InsO dazu berechtigt.[116] 82

Sollte der Erbe statt der Überschwerungseinrede den Insolvenzantrag stellen, kann das Insolvenzverfahren eröffnet werden, auch wenn nur eine Nachlassüberschuldung wegen Vermächtnissen oder Auflagen besteht.[117] Dabei ist die Antragsstellung nicht i.S.d. § 1978 Abs. 1 BGB pflichtwidrig. Die Gläubiger, die wegen den Nachlassinsolvenzverfahrenskosten nicht in voller Höhe befriedigt werden können, können auch keinen Schadensersatz gegen den Erben geltend machen. 83

Eine Berechtigung der Beantragung des Nachlassinsolvenzverfahrens steht auch den Vermächtnis- und Auflagengläubigern zu.[118] Die Überschwerungseinrede kann auch von einem Testamentsvollstrecker oder auch einem Nachlasspfleger erhoben werden.[119]

4. Betroffene Nachlassgläubiger

Die Erhebung der Überschwerungseinrede ist nur gegenüber Vermächtnisnehmern und Auflagenbegünstigten möglich. Entsteht eine Nachlassüberschuldung aufgrund von Pflichtteilsansprüchen oder Schenkungsversprechen, so ist entweder das Nachlassinsolvenzverfah- 84

113 BeckRS 2012, 03762.

114 *Holzer*, ZEV 2014, 583, Staudinger/*Marotzke*, § 1992 Rn 4.

115 Soergel/*Stein*, § 1992 Rn 2.

116 Groll/*Steiner*, Praxishandbuch Erbrechtsberatung, C V, Rn 129.

117 Kübler/Prütting/Bork/Jacoby/*Holzer*, InsO, § 320 Rn 4; *Uhlenbruck*, KTS 1994, 173; Nerlich/Römermann/*Mönning*, InsO, § 19 Rn 38.

118 Staudinger/*Dobler*, § 1975, Rn 36 ff.

119 Soergel/*Stein*, § 1992, Rn 3.

ren zu beantragen gem. § 1980 Abs. 1 BGB und § 320 S. 1 InsO oder der Erbe kann die Dürftigkeitseinrede gem. § 1990 BGB erheben.

5. Geltendmachung der Einrede

85 Wird die Überschwerungseinrede erhoben, richtet sich ihre Geltendmachung im Grundsatz nach den §§ 1990 f. BGB. Folglich ist der Zeitpunkt der Erhebung in der letzten mündlichen Verhandlung der Tatsacheninstanz entscheidend. Hierbei entsteht für den Erben eine Darlegungs- und Beweispflicht, sodass er klar und sachlich darstellen muss, dass der Nachlass wegen der Vermächtnisse und Auflagen überschuldet ist.[120]

86 Der Erbe hat im Prozess die Aufnahme eines Haftungsbeschränkungsvorbehalts gem. § 780 ZPO in das Urteil aufzunehmen und den Nachlass an die Berechtigten zur Duldung der Zwangsvollstreckung herauszugeben. Um dies zu vermeiden, kann er jedoch gem. § 1992 S. 2 BGB Wertersatz leisten. Gem. § 1991 Abs. 4 BGB und § 45 InsO ist der Wert eines Vermächtnisses oder einer Auflage, welche nicht aus einer Geldforderung bestehen, zu schätzen und in Geld umzuformen.

6. Haftungsbeschränkung auf den Nachlasssaldo

87 Ist die Überschwerungseinrede ordnungsgemäß geltend gemacht worden, so wird die Erbenhaftung gegenüber den Vermächtnisnehmern und Auflagengläubigern auf den Nachlasssaldo gem. §§ 1990 und 1991 BGB beschränkt. Gem. § 1992 S. 1 BGB gilt dies auch, wenn die Kosten einer Nachlassverwaltung oder eines Insolvenzverfahrens vom Nachlass gedeckt werden können.

7. Antragsstellung im Prozess

88 Bei einer Erhebung der Überschwerungseinrede hat der Erbe im Prozess die Aufnahme eines Haftungsbeschränkungsvorbehalts in den Urteilstenor zu beantragen und zu integrieren gem. § 780 ZPO.

---

120 Damrau/Tanck/*Gottwald*, § 1992 Rn 7.

8. Gläubigerrangfolge

Sollten Forderungen von Vermächtnisnehmern und Auflagenbegünstigten bestehen, sind diese nach dem Insolvenzrecht anteilig zu erfüllen gem. §§ 1992 S. 2, 1991 Abs. 4 BGB und § 327 Abs. 1 Nr. 1–2 InsO. Hierbei hat der Erbe bei der Befriedigung die vorgesehene Rangfolge einzuhalten. Wenn ein Pflichtteilsvermächtnis gem. § 2307 BGB vorliegt, steht dieses gem. § 327 Abs. 2 InsO rangtechnisch dem Pflichtteil gleich. 89

9. Aufrechnung des Vermächtnisnehmers oder des Auflagenbegünstigten bei Erhebung der Einrede gem. § 1992 BGB

Es besteht für den Vermächtnisnehmer und den Auflagenbegünstigten die Möglichkeit, gegen eine Nachlassforderung mit einem ihm zustehenden Anspruch diese aufrechnen zu lassen. Diese Möglichkeit besteht für beide auch im Insolvenzverfahren gem. §§ 94 ff. InsO. Dabei steht § 390 BGB nicht entgegen.[121] Sollte dafür der Nachlass zur Befriedigung der übrigen Gläubiger nicht mehr ausreichen, hat der Erbe die Einrede gem. § 1990 Abs. 1 S. 1 BGB zu nutzen oder das Nachlassinsolvenzverfahren zu beantragen.[122] Der Vermächtnisnehmer kann nicht mit dem Vermächtnisanspruch eine Aufrechnung erwirken, wenn eine Eigenforderung des Erben und die Einrede nach § 1992 BGB besteht.[123] 90

V. Nachlassverwaltung

Im § 1975 BGB wird die Nachlassverwaltung als **besondere Nachlasspflegschaft** definiert. Die Nachlassgläubiger werden vom Gesetz aufgrund der Verbindung des Nachlasses und dem Eigenvermögen des Erben als schutzwürdig erachtet. Deswegen wird der Nachlassverwalter nachlassgerichtlich eingeschaltet und beaufsichtigt das Geschehen im Interesse der Nachlassgläubiger. 91

121 Staudinger/*Dobler*, § 1990, Rn 42.
122 Soergel/*Stein*, § 1992, Rn 6; Grüneberg/*Weidlich*, § 1992 Rn 3.
123 Grüneberg/*Weidlich*, § 1992 Rn 3.

1. Trennung der Vermögensmassen

92 Grundsätzlich besteht bei einer Verbindung des Nachlasses und des Eigenvermögens des Erben immer die Gefahr, dass eine Überschuldung bzw. andere negative Folgen entstehen können. Die Einkünfte aus einem Nachlass sind dem Erben persönlich zuzuschreiben.[124] Aufgrund dieser bestehenden Gefahr räumt das Gesetz dem Erben eine Möglichkeit ein, die Vermögensverschmelzung durch ein amtliches Verfahren wieder zu trennen. Dadurch kann die Haftungsbeschränkung als eine Gütersonderung rechtlich und ordnungsgemäß geschehen. Diese Separierung wird dann auf den Zeitpunkt des Erbfalls umgewandelt.

93 Hat der Erbe keine Kenntnis über den Nachlass und dessen Verbindlichkeiten und sorgt sich um eine mögliche Überschuldung, besteht eines der Haftungsbeschränkungsmittel in der Nachlassverwaltung.

Hinweis

Bei einem Nachlassverwalter handelt es sich um einen Inhaber eines privaten Amtes und nicht um einen gesetzlichen Vertreter des Erben (das wäre ein Nachlasspfleger).

94 Bei einer **Testamentsvollstreckung** kann auch eine Nachlassverwaltung angeordnet werden.[125] Dieses Prozedere gilt gleichermaßen bei einer Nachlasspflegschaft.[126] Dadurch, dass die Nachlassverwaltung ihren Zweck der Ermittlung und Erfüllung der Nachlassverbindlichkeiten nachkommen muss, kann sich diese nur auf den gesamten Nachlass beziehen. Sonst wären bei einer Nachlassverwaltung eines Erbteils das Ziel und der Zweck vollkommen verfehlt.

2. Verfahren

95 Um eine ordnungsgemäße Nachlassverwaltung herzustellen, braucht es auch ein entsprechendes Verfahren.

124 BFH NJW 1993, 350.
125 KG OLGZ 1972, 39.
126 BayObLGZ 1976, 167.

a) Zuständigkeit

Die Nachlassverwaltung wird auf Antrag durch das Nachlassgericht angeordnet. Ein solcher Antrag liegt vor, sobald eine Vermögensmasse vorliegt, die die Kosten deckt gem. § 1982 BGB und wenn kein Nachlassinsolvenzverfahren eröffnet wurde gem. § 1988 BGB. Die Beschlussbekanntgabe ist in §§ 40 f. FamFG enthalten. 96

b) Antragsberechtigte

Den Antrag zur Nachlassverwaltung können nur bestimmte Berechtigte anordnen. 97

Zum einen kann der **Erbe** den Antrag zeitlich unbeschränkt anordnen gem. § 1981 Abs. 2 BGB. Sind Miterben involviert, können diese den Antrag nur gemeinsam stellen gem. § 2062 BGB. Geschieht eine gemeinsame Antragsstellung nicht, kann der Miterbe als Nachlassgläubiger den Antrag stellen und muss die Voraussetzungen eines Nachlassgläubigers erfüllen. Bei einem Nacherben liegt die Antragsberechtigung zeitlich nach dem Eintritt des Nacherbfalls gem. § 2144 Abs. 1 BGB.

Eine Antragsberechtigung haben auch die **Erbeserben** nach § 1981 Abs. 1 BGB.[127] 98

Nachlassgläubiger haben ein zeitlich und sachlich eingeschränktes Antragsrecht. Sie können innerhalb von zwei Jahren nach der Erbschaftsannahme den Antrag stellen, sofern die Gefahr einer Nichterfüllung der Nachlassverbindlichkeiten gem. § 1981 Abs. 2 BGB besteht. Bei der Antragstellung hat der Gläubiger die Nachlassforderung glaubhaft darzustellen gem. § 31 FamFG.[128] Eine bestrittene Forderung reicht dafür gem. § 1981 Abs. 2 BGB nicht aus. Zudem müssten einige Forderungen von Nachlassgläubigern gefährdet sein und der Grund sich entweder auf das Handeln des Erben oder seiner Vermögenslage beziehen, siehe § 1981 Abs. 2 BGB. 99

Auch der **Testamentsvollstrecker** kann den Antrag analog gem. § 317 Abs. 1 InsO stellen. Des Weiteren besteht auch für den Erbschaftserwerber die Möglichkeit einer Antragsstellung gem. § 2383 BGB. 100

127 OLG Jena ZEV 2009, 33.
128 KG ZEV 2005, 214 f.

Hinweis

Eine Antragsberechtigung für den **Nachlasspfleger** liegt **nicht** vor, da dieser nicht für die Erfüllung der Nachlassverbindlichkeiten und für die Ermöglichung der Haftungsbeschränkung zuständig ist.

c) Rechtswirkung der Anordnung der Nachlassverwaltung

101 Durch Eröffnung der Nachlassverwaltung kann der Erbe die Nachlassgläubiger auf den Nachlassverwalter verweisen und somit einen Eingriff in sein Eigenvermögen abwehren. Der Nachlassverwalter sichert dabei eine ordnungsgemäße Ausführung des Nachlasses. Der Eröffnungsantrag einer Nachlassverwaltung kann nicht mehr zurückgenommen werden gem. § 13 Abs. 2 InsO analog. Aufgrund der Eröffnung der Nachlassverwaltung verliert der Erbe etwaige Verwaltungs- und Verfügungsbefugnisse über den Nachlass, siehe dazu § 1984 Abs. 1 S. 1 BGB und § 80 InsO. Möchte ein Nachlassschuldner nach der Eröffnung mit schuldbefreiender Wirkung an den Erben zahlen, geht dies nun gem. § 1984 Abs. 1 S. 2 BGB nicht mehr. Allgemein bleibt jedoch der Erbe der Rechtsträger des Nachlasses.

d) Rechtsstellung des Nachlassverwalters

102 Der Nachlassverwalter ist eine mitwirkende Partei kraft Amtes und wird durch das Nachlassgericht beaufsichtigt gem. §§ 1975, 1961, 1962, 1915, 837 Abs. 1 BGB.[129] Er ist zudem im Prozess gesetzlicher Prozessstandschafter. Dadurch verliert der Erbe die aktive und auch passive Prozessführung gem. § 1984 Abs. 1 BGB. Unterbrochene Prozesse durch den Tod des Erblassers werden durch den Nachlassverwalter wieder aufgenommen gem. §§ 239 und 246 ZPO. Außerdem erhält er nun die Verwaltungs- und Verfügungsbefugnis über den Nachlass gem. §§ 1984 Abs. 1 S. 1, 1985 Abs. 1 BGB. Deswegen kann er sich mit Wirkung auf den Nachlass verpflichten und mögliche Nachlassverbindlichkeiten entstehen lassen gem. §§ 1975, 1915, 1793 BGB.

---

129 KG ZErb 2006, 98.

e) Aufgaben des Nachlassverwalters

103 Der Nachlassverwalter wird mit einer förmlichen Verpflichtung bestellt gem. §§ 1915, 1789 BGB und somit wirksamer Nachlassverwalter. Ab diesem Zeitpunkt beginnen und entstehen entsprechende Verpflichtungen und gesetzliche Rechte.[130] Folglich entsteht auch ein gesetzliches Schuldverhältnis zwischen dem Nachlassverwalter und dem Erben.[131]

104 Der Nachlassverwalter muss den Nachlass in Besitz nehmen, ihn verwalten und Nachlassverbindlichkeiten erfüllen gem. §§ 1985 f. BGB. Möchte der Erbe den Nachlass nicht herausgeben, hat der Nachlassverwalter die Verpflichtung, eine Herausgabeklage zu erheben. Der Beschluss über die Anordnung der Nachlassverwaltung ist kein Vollstreckungstitel nach § 794 Abs. 1 Nr. 3 ZPO, weshalb der Nachlassverwalter den Nachlass herausklagen muss.[132]

105 Grundsätzlich hat der Nachlassverwalter vollumfängliche Handlungsmöglichkeiten in tatsächlicher und rechtlicher Hinsicht, aber nur im Rahmen einer sachgemäßen Bewirtschaftung. Dazu gehört jedoch nicht die Auseinandersetzung des Nachlasses. Er hat nur nach Erfüllung der Nachlassverbindlichkeiten zu handeln und den Überschuss an die Erben herauszugeben, siehe § 1986 Abs. 1 BGB.

106 Zusätzlich muss er dem Nachlassgericht ein richtiges und vollständiges **Nachlassverzeichnis** vorlegen gem. §§ 1802 und 1915 BGB, welches er auch zu versichern hat. Ebenfalls hat er dem Nachlassgericht Auskunft zu erteilen über die jeweiligen Tätigkeiten und diese jährlich in Rechnung zu legen, §§ 1839 ff. BGB.

Hinweis

Hat der Erbe Rechtshandlungen nach der Anordnung der Nachlassverwaltung getätigt, so sind diese unwirksam gem. § 1984 Abs. 1 S. 2 BGB und § 81 InsO.

130 BVerfG NJW 1960, 811.
131 BGHZ 17, 108, 116.
132 MüKo-BGB/*Küpper*, § 1985 Rn 3.

f) Genehmigungserfordernisse

107 Nach §§ 1821 ff. BGB bestehen durch das Nachlassgericht Genehmigungserfordernisse für den Erben. Diese gelten allgemein, auch wenn der Erbe volljährig ist, gem. §§ 1975, 1962, 1915 BGB. Der Rechtspfleger ist grundsätzlich für die Erteilung der nachlassgerichtlichen Genehmigung zuständig.

g) Rechtsgeschäftliches Verhältnis zwischen Nachlassverwalter und Erben

108 Die herrschende Meinung vertritt die Auffassung, dass zwischen dem Erben und dem Nachlassverwalter ein rechtsgeschäftliches Verhältnis bestehen kann.[133]

3. Vermögensumfang der Nachlassverwaltung

109 Der gesamte Nachlass wird von der Nachlassverwaltung aufgenommen, wenn der Nachlass unter die Zwangsvollstreckung fällt gem. § 811 ZPO und §§ 35 f. InsO. Jedoch sind dabei die höchstpersönlichen Rechte des Erben nicht betroffen bzw. unterliegen nicht der Nachlassverwaltung.

4. Nachlassverwaltung und Grundstücke

110 Als Verfügungsbeschränkung in Abteilung 2 ist die Nachlassverwaltung zu vermerken. Diese Eintragung ist sehr vorteilhaft, da sonst Grundstücksverfügungen getroffen werden könnten, die dem Interesse des Nachlassverwalters nicht entsprechen. Es reicht ein schriftlicher Antrag an das Grundbuchamt für die Eintragung gem. § 13 GBO. Um den Antrag zu bekräftigen, ist eine Ausfertigung des Beschlusses der Nachlassverwaltung hinzuzufügen. Bei der Ausfertigung handelt es sich um eine öffentliche Urkunde i.S.d. § 29 GBO und § 47 BeurkG.

5. Abfindung des Nachlassverwalters

111 Aufgrund einer entsprechenden Nachlassverwaltung durch den Nachlassverwalter hat dieser auch einen Anspruch auf Ersatz seiner Aufwendungen und auf eine angemessene Entschädigung gem. § 1987

133 BGH NJW-RR 1991, 683.

BGB. Vom Nachlassgericht wird die Höhe der Vergütung bestimmt. Diese hängt von dem Wert und der Bedeutung des Nachlasses sowie Bürokosten und den Verwaltungserfolgen ab.[134] Gemäß §§ 1975, 1915, 1962 BGB und §§ 86 Abs. 1 Nr. 1 und 168 FamFG ist der Festsetzungsbeschluss der Vergütung ein Vollstreckungstitel.[135]

6. Nachlassverwaltungsbeendigung

Eine selbstständige Beendigung der Nachlassverwaltung liegt nach 112
§ 1918 Abs. 3 BGB nicht vor. Eine Aufhebung der Nachlassverwaltung wird durch das Nachlassgericht veranlasst, sobald der Grund der Anordnung der Nachlassverwaltung aufgelöst wurde gem. § 1919 BGB.

Auch durch die Eröffnung des Nachlassinsolvenzverfahrens gem. 113
§ 1988 Abs. 1 BGB wird die Nachlassverwaltung beendet. Sollte eine Vermögensmasse vorliegen, die die entstehenden Kosten nicht tragen kann, besteht die Möglichkeit, auch so die Nachlassverwaltung aufzuheben (siehe § 1988 Abs. 2 BGB). Eine Abnahme der Schlussrechnung der Erben wird durch das Nachlassgericht vorgenommen.[136]

7. Rechtsmittel

a) Nachlassverwaltungsanordnung durch Erben

Besteht ein übereinstimmender Nachlassverwaltungsbeschluss und 114
Antrag der Miterben bzw. des Erben, hat eine Beschwerde gegen diese Anordnung keine Wirkung gem. § 359 Abs. 1 FamFG. Sollten einzelne Miterben einen Antrag auf Anordnung der Nachlassverwaltung gestellt haben, so ist dieser nicht statthaft gem. § 2062 BGB.

Auch gegen den Nachlassverwalter als Person kann man ein Beschwerderecht nach §§ 58 ff. FamFG geltend machen.

134 BayObLG Rpfleger 1985, 402.
135 BayObLGZ 2000, 8.
136 OLG Frankfurt NJW 1963, 2278.

b) Nachlassverwaltungsanordnung auf Antrag eines Nachlassgläubigers

115 Bei einer Beantragung durch den Nachlassgläubiger ist die sofortige Beschwerde gegen den Anordnungsbeschluss gem. § 359 Abs. 2 FamFG statthaft. Hierbei sind Erben bzw. der Erbe, verwaltungsbefugte Testamentsvollstrecker gem. § 359 Abs. 2 FamFG und Nachlasspfleger beschwerdebefugt.

c) Zurückweisung des Nachlassverwaltungsantrags

116 Sollte eine Zurückweisung des Antrags auf Anordnung der Nachlassverwaltung vorliegen, so ist die sofortige Beschwerde gem. §§ 58 ff. FamFG statthaft. Dabei ist der Antragssteller nach § 59 Abs. 2 FamFG beschwerdebefugt.

117 Bei einer Zurückweisung des Antrags auf Aufhebung der Nachlassverwaltung ist befristete Beschwerde nach §§ 58 ff. und 63 FamFG ein geeignetes Rechtsmittel. Bei dem Beschluss zur Aufhebung der Nachlassverwaltung können sowohl der Nachlassgläubiger als auch der Erbe die befristete Beschwerde gem. § 58 ff. FamFG einlegen. Der Nachlassgläubiger ist auch dazu befugt, wenn er den Antrag auf die Nachlassverwaltung nicht selbst gestellt hat.[137]

8. Haftung des Nachlassverwalters

118 Die Tätigkeit als Nachlassverwalter verläuft unabhängig und eigenverantwortlich. Dabei untersteht er jedoch der Aufsicht des Nachlassgerichts gem. §§ 1960, 1962, 1915, 1837, 1886 BGB. Durch die Aufsicht und ein eventuelles pflichtwidriges Verhalten kann er vom Nachlassgericht entlassen werden.[138] Bei sonstigen Angelegenheiten unterliegt der Nachlassverwalter keinen gerichtlichen Anweisungen.[139] Bei persönlicher und schuldhafter Verletzung seiner Pflichten haftet der Nachlassverwalter gegenüber dem Erben und den Nachlassgläubigern gem. §§ 1915, 1833 BGB. Ein Fall der Eigenhaftung liegt vor, wenn z.B. der Nachlassverwalter das Aufgebotsverfahren zur Ermittlung von Nachlassgläubigern nicht durchführt. Auch bei einem Versäum-

137 OLG Hamm ZErb 2010, 271.
138 OLG Frankfurt FamRZ 1998, 636.
139 Grüneberg/*Weidlich* § 1985 Rn 2.

nis, das Nachlassinsolvenzverfahren zu beantragen, können Schadensersatzansprüche entstehen gem. §§ 1985 Abs. 2, 1980 BGB.

Die Erben haben einen erbrechtlichen Anspruch gegen den Nachlass- 119
verwalter auf Rechnungsvorlage gem. § 2218 BGB, dieser verjährt nach drei Jahren.

9. Erbenhaftung nach Beendigung der Nachlassverwaltung

Auch nach der Beendigung der Nachlassverwaltung haftet der Erbe 120
beschränkt (siehe hierzu die Dürftigkeitseinrede nach § 1990 Abs. 1 S. 1 BGB).[140] Die Haftung ist jedoch unbeschränkt, sobald der Erbe vor der Nachlassverwaltung etwaige Haftungsbeschränkungsmöglichkeiten verloren hat.

140 BGH NJW 1954, 635.

§ 3 Antragsvoraussetzungen und Beteiligte

Übersicht: Rdn

A. Antragsvoraussetzungen

I. Antragspflicht

1 Wie jedes Insolvenzverfahren wird auch das Nachlassinsolvenzverfahren **nur auf Antrag eingeleitet.** Obwohl nach dem Eintritt materieller Insolvenzreife ein öffentliches Interesse an einer umgehenden Einleitung des Insolvenzverfahrens besteht, ist dem deutschen Insolvenzrecht eine amtswegige Einleitung des Insolvenzverfahrens fremd. Besonders groß ist besagtes öffentliches Interesse, wenn es sich bei dem insolvenzreifen Schuldner um eine haftungsbeschränkte juristische Person oder Gesellschaften ohne natürliche Person als persönlich haftendem Gesellschafter handelt. Dem Schutzbedürfnis des Rechtsverkehrs vor materiell insolventen Schuldnern wird in den genannten Fällen dadurch Rechnung getragen, dass **für die Organe haftungsbeschränkter Schuldner eine (strafbewehrte) Insolvenzantragspflicht (§ 15a InsO) besteht, die durch ein haftungsträchtiges Auszah-**

lungsverbot (vgl. § 15b InsO) flankiert wird. Für natürliche Personen besteht weder das eine noch das andere. Hintergrund ist, dass natürliche Personen streng genommen nicht überschuldet sein können, da sie theoretisch jederzeit durch Neuerwerb – etwa aus dem Einsatz ihrer künftigen Arbeitskraft, Erbschaft, Schenkung etc. – ihre Kapitaldienstfähigkeit zurückerlangen können. Dementsprechend ist die Überschuldung bei natürlichen Personen kein Insolvenzeröffnungsgrund, vgl. § 19 InsO.

2 Durch den Erbfall und die grundsätzlich jederzeitige Möglichkeit des Erben, seine Haftung auf den Nachlass zu beschränken, wandelt sich die vormals unbeschränkte persönliche Haftung des Erblassers in eine auf den Nachlass beschränkbare Haftung um. Der Nachlass bekommt damit haftungsrechtlich gesehen den Charakter eines haftungsbeschränkten Sondervermögens, entsprechend demjenigen von juristischen Personen oder Gesellschaften ohne natürliche Person als persönlich haftendem Gesellschafter. Demgemäß statuiert das Gesetz **für den Erben in Bezug auf den Nachlass eine Insolvenzantragspflicht,** wohingegen für den Erblasser – auch wenn dieser lebzeitig schon seit Jahren im Rechtssinne zahlungsunfähig gewesen sein mag – keine entsprechende Verpflichtung bestand. Der Begriff des „Erben" in § 1980 BGB erfasst auch den einzelnen **Miterben,**[1] den **Vorerben** bis zum Eintritt des Nacherbfalls[2] und den **Erbeserben.**[3]

3 Zu beachten ist, dass die **Insolvenzantragspflicht des § 1980 Abs. 1 S. 1 BGB** keine echte einklagbare Verpflichtung begründet, sondern nur eine **Obliegenheit** darstellt, deren Verletzung eine Schadensersatzpflicht gegenüber den Nachlassgläubigern begründet. Anders als die Insolvenzantragspflicht des § 15a InsO ist eine **Verletzung der Antragspflicht für den Erben nicht strafbar,** was damit zusammenhängt, dass der Erbe im Unterschied zu den handelnden Organen der dort genannten Gesellschaften im Regelfall keine persönliche Schuld am Eintritt der Insolvenz trägt und der Gesetzgeber die Verletzung der Insolvenzantragspflicht nur dann als zwingend strafwürdig erachtet, wenn der Betreffende zusätzlich für den Eintritt der materiellen Insol-

1 BeckOK BGB/*Lohmann*, § 1980 Rn 1.
2 MüKo-BGB/*Küpper*, § 1980 Rn 2.
3 *Roth/Wozniak*, ZEV 2021, 489; AG Regensburg ZEV 2021, 511; OLG Jena ZEV 2009, 33 bezogen auf die Nachlassverwaltung.

venz eine vorwerfbare Verantwortung trägt, was bei dem Organ typischerweise und beim Erben nur ausnahmsweise der Fall ist.

Offensichtlich nicht bedacht hat der historische Gesetzgeber, dass Erbberufenen mit der Möglichkeit zur Erbausschlagung ein einfacherer Weg zur Abwendung einer persönlichen Eigenhaftung für die Nachlassverbindlichkeiten zur Verfügung steht und die Ausschlagung der nächstberufenen Angehörigen wegen (mutmaßlicher) Überschuldung in annähernd 100 % der Fälle sukzessive Ausschlagungen aller weiteren Erbberufenen fernerer Verwandtschaftsordnungen nach sich zieht. Diese **Kettenausschlagungen** führen dazu, dass in Fällen erkennbarer Nachlassinsolvenz nach dem Erbfall typischerweise über Monate kein insolvenzantragspflichtiger Nachlassrepräsentant vorhanden ist und die gesetzliche Insolvenzantragspflicht des § 1980 Abs. 1 BGB daher typischerweise leerläuft. Jedenfalls hat der historische Gesetzgeber nicht bedacht und auch keineswegs so vorgesehen, dass Nachlassgerichte auf Erbausschlagungen der nächsten Angehörigen typischerweise mit der Anordnung einer (Sicherungs-)Nachlasspflegschaft i.S.v. § 1960 BGB reagieren, für die der BGH im Jahr 2004 festgestellt hat, dass **Nachlasspfleger – anders als Nachlassverwalter i.S.d. § 1985 Abs. 2 S. 2 BGB – nicht nach § 1980 BGB insolvenzantragspflichtig sind**[4] (dazu und zur hier vertretenen Gegenansicht ausführlich § 4 Rdn 66 f.). 4

Nach h.M. greift die Insolvenzantragspflicht erst **ab Annahme der Erbschaft**, § 1943 BGB.[5] Freilich wird man in bestimmten Verwaltungsmaßnahmen, wie z.B. in der Befriedigung einzelner Nachlassgläubiger aus Nachlassmitteln oder der Einziehung von Nachlassforderungen auf eigene Konten, in der Regel eine konkludente Annahme zu sehen haben. 5

Hinweis

Die Antragspflicht des Erben erlischt mit der Anordnung einer **Nachlassverwaltung.** Die Antragspflicht trifft dann ausschließlich den Nachlassverwalter.

4 BGH NJW 2005, 756 (für den Nachlasspfleger); BeckOK BGB/*Lohmann*, § 1980 Rn 3; Staudinger/*Dobler*, § 1980 Rn 20; Uhlenbruck/*Lüer/Weidmüller*, InsO, § 317 Rn 7 f.; LG Göttingen NZI 2019, 761; OLG Hamburg ErbR 2020, 587.

5 MüKo-BGB/*Küpper* § 1980 Rn 13; Roth/Pfeuffer/*Roth*, S. 22.

6 Die Antragspflicht besteht, wenn der Erbe **Kenntnis von der Überschuldung (§ 19 InsO) oder der Zahlungsunfähigkeit (§ 17 InsO) des Nachlasses** hat (§ 1980 Abs. 1 BGB) oder ohne Fahrlässigkeit haben müsste (§ 1980 Abs. 2 BGB). In Bezug auf die fahrlässige Unkenntnis legt die Rechtsprechung einen strengen Sorgfaltsmaßstab an. Gemäß § 1980 Abs. 2 S. 2 BGB ist Fahrlässigkeit immer auch dann anzunehmen, wenn der Erbe von einer **Durchführung des Aufgebotsverfahrens nach § 1970 BGB** absieht, obwohl Grund zu der Annahme bestand, dass unbekannte Gläubiger vorhanden sein könnten. Bestehen allerdings keine objektiven Anhaltspunkte für eine mögliche Insolvenzreife, muss der Erbe keine aktiven Nachforschungen anstellen.

7 Stellt der Erbe nicht **unverzüglich** (vgl. § 121 Abs. 1 S. 1 BGB) Insolvenzantrag, nachdem er die Überschuldung oder Zahlungsunfähigkeit des Nachlasses erkannte oder hätte erkennen können, **ist er den Gläubigern gemäß § 1980 Abs. 1 S. 2 BGB zum Ersatz des daraus entstehenden Schadens verpflichtet** (zum ersatzfähigen Schaden siehe § 4 Rdn 69).

8 Keine Insolvenzantragpflicht besteht **bei Dürftigkeit des Nachlasses i.S.d. § 1990 BGB.**[6] Dürftigkeit ist gegeben, wenn die Eröffnung des Insolvenzverfahrens „wegen Mangels einer den Kosten entsprechenden Masse nicht tunlich ist." Die Insolvenzantragspflicht entfällt nicht schon dadurch, dass der Erbe den Nachlass für dürftig hält, sondern nur dann, wenn dieser nachweislich dürftig ist. Zuverlässigen Beweis hierüber kann regelmäßig nur ein **Beschluss über die Abweisung mangels Masse gemäß § 26 InsO** liefern, da in diesem Fall eine sachverständige Prüfung zu dem Ergebnis der Dürftigkeit gekommen ist. Insolvenzrechtliche Laien können die Dürftigkeit erfahrungsgemäß nicht zuverlässig prüfen. Auch (anwaltliche) Nachlasspfleger oder Mitarbeiter staatlicher Vermögensämter oder Finanzämter, die permanent mit Fiskalerbschaften betraut sind, haben in der Regel nicht das nötige insolvenzrechtliche Fachwissen, um die Frage der Dürftigkeit zuverlässig beurteilen zu können. Schließlich kann auch bei völliger Mittellosigkeit des Nachlasses eine kostendeckende Insolvenzmasse in Form von Anfechtungsansprüchen oder anderen insolvenzspezifischen Sonderaktiva vorhanden sein.

---

6 OLG Celle ZEV 2021, 750; AG Hannover NZI 2021, 350.

Die Antragspflicht entfällt auch dann, wenn der Erbe – als Folge einer absichtlich falschen Inventarerrichtung gemäß § 2005 BGB – sowieso allen Gläubigern gegenüber unbeschränkt mit seinem Eigenvermögen haftet, vgl. § 2013 Abs. 1 S. 1 BGB. 9

In den eingangs angesprochenen Fällen kollektiver Erbausschlagungen kommt es je nach den regional unterschiedlichen nachlassgerichtlichen Gepflogenheiten früher oder später zur **Feststellung des Fiskuserbrechtes gemäß § 1936 BGB**. Dies gilt jedenfalls in denjenigen Gerichtsbezirken, in denen Nachlassgerichte auf Erbausschlagungen naher Angehöriger wegen Überschuldung – zu Recht – nicht mit der Anordnung einer Nachlasspflegschaft reagieren. In Bezug auf die **Insolvenzantragspflicht** ist zu beachten, dass sich die **Rechtsstellung des erbenden Fiskus** nicht von derjenigen eines **gewöhnlichen Erben** unterscheidet. Das heißt, dass in diesen Fällen der jeweilige organschaftliche Vertreter der zuständigen Landes- oder Bundesbehörde verpflichtet ist, umgehend einen Insolvenzantrag zu stellen, zumal die Nachlassüberschuldung in den genannten Fällen in aller Regel offensichtlich ist. Tatsächlich ziehen es jedoch viele Vertreter staatlicher Vermögensämter bzw. Fiskalerben vor, ihnen angefallene Nachlässe in Eigenregie abzuwickeln. Hierzu wird oftmals vorschnell die sog. Dürftigkeitseinrede erhoben. 10

Wird auf Antrag des Erben oder eines Gläubigers die **Nachlassverwaltung** angeordnet, geht die **Insolvenzantragspflicht gemäß § 1985 Abs. 2 S. 2** BGB in einer den Erben befreienden Weise **auf den Nachlassverwalter** über. Ein bloßer **Nachlasspfleger** ist hingegen nach h.M. **nicht insolvenzantragspflichtig**; dennoch kann eine verspätete Antragstellung Schadensersatzansprüche auslösen (dazu und zur hier vertretenen Gegenansicht ausführlich § 4 Rdn 66 f.). 11

Ein Erbe, dessen Erbrecht bestritten wird und daher auch vom Nachlassgericht b.a.w. nicht anerkannt wird, bleibt indessen insolvenzantragspflichtig, auch wenn mit Rücksicht auf einen anhängigen **Erbprätendentenstreit** eine Nachlasspflegschaft angeordnet wurde. In einem solchen Fall ist grundsätzlich **jeder Erbprätendent potentiell** 12

insolvenzantragspflichtig und damit logischerweise auch **antragsberechtigt.**[7]

13 Für **Testamentsvollstrecker** gelten die §§ 1980, 1985 BGB nach h.M. nicht entsprechend.[8] Das heißt, dass **bei Testamentsvollstreckung jeder (Mit-)Erbe insolvenzantragspflichtig** bleibt.

14 Einige versuchen, für Nachlasspfleger und Testamentsvollstrecker eine indirekte Insolvenzantragspflicht zu konstruieren, indem sie die Betreffenden für dem Erben gegenüber potentiell schadensersatzpflichtig erklären, wenn sie es schuldhaft unterlassen, von ihrem Antragsrecht nach § 317 Abs. 1 InsO Gebrauch zu machen.[9]

Solche Versuche sind indes untauglich, da Fälle, in denen einem Erben wegen unterlassener Nachlassinsolvenzantragstellung ein Schaden entstehen kann, logisch nicht vorstellbar sind. Leidtragende einer Insolvenzverschleppung sind immer und ausnahmslos die Gläubiger; diesen gegenüber soll aufgrund der Nichtanwendbarkeit des § 1980 BGB gerade keine Verantwortlichkeit des Nachlasspflegers oder Testamentsvollstreckers bestehen. Theoretisch denkbar wäre ein Schaden auf Erbenseite allenfalls in dem seltenen Ausnahmefall, dass dieser sein Haftungsbeschränkungsrecht bereits verloren hat und allen Gläubigern unbeschränkbar haftet. Für solche Fälle erklärt § 2013 BGB den § 1980 BGB jedoch von vornherein für unanwendbar, so dass es abwegig erscheint, ausgerechnet in einem solchen Fall, in dem nicht einmal der Erbe antragspflichtig ist, dem Testamentsvollstrecker oder Nachlasspfleger faktisch eine Antragspflicht aufzubürden.

II. Antragsberechtigung

15 Formal berechtigt, einen Insolvenzantrag zu stellen, ist gemäß **§ 317 Abs. 1 InsO** jeder **Erbe, Miterbe, Nachlasspfleger, Nachlassverwalter, ein Testamentsvollstrecker und jeder Nachlassgläubiger**. Wird der Antrag nicht von allen Erben gestellt, ist der **Eröffnungsgrund**

7 BGH NJW 2005, 756; a.A. MüKo-InsO/*Siegmann/Scheuing*, § 317 Rn 2, allerdings unter Berufung auf die tatsächlich Gegenteiliges postulierende BGH-Entscheidung.

8 BeckOK BGB/*Lohmann*, § 1980 Rn 3.

9 Roth/Pfeuffer/*Roth*, HdB NachlassInsVerf, S. 24.

vom Antragsteller **glaubhaft zu machen**, § 317 Abs. 2 InsO. Den nicht antragstellenden Erben ist Gelegenheit zur Stellungnahme zu geben.

Testamentsvollstrecker sind nur dann antragsberechtigt, wenn ih- 16
nen – wie regelmäßig der Fall (§ 2205 BGB) – ein umfassendes Verwaltungsrecht zusteht. Zum Antrag eines Erben bei bestehender Testamentsvollstreckung ist der Testamentsvollstrecker zu hören, § 317 Abs. 3 InsO.

Nachlassverwalter, Nachlasspfleger und Testamentsvollstrecker haben 17
ihre Antragsberechtigung durch Vorlage der Bestallungsurkunde bzw. des Testamentsvollstreckerzeugnisses nachzuweisen. Bei Erben, Erbprätendenten oder Miterben genügt grundsätzlich die schlüssige Darlegung von Umständen, aus denen sich eine nicht unerhebliche Wahrscheinlichkeit eines Erbrechts des Antragstellers ergibt, z.B. die Vorlage eines entsprechenden Testamentes. Die **Vorlage eines Erbscheins ist nicht zwingend erforderlich**.[10]

Würde man dies anders sehen, widerspräche dies zum einen der Recht- 18
sprechung des BGH zur Insolvenzantragspflicht von Erbprätendenten.[11] Zum anderen stünde dies in Konflikt zur Wertung des § 316 Abs. 1 InsO, wonach die Eröffnung des Insolvenzverfahrens nicht dadurch ausgeschlossen wird, dass der Erbe die Erbschaft noch nicht angenommen hat. Schließlich kann – mit Blick auf die Eilbedürftigkeit des Insolvenzantragsverfahrens – auch sinnvollerweise nicht verlangt werden, dass das Insolvenzgericht wie ein Prozessgericht in mitunter komplexe materielle Rechts- und Tatsachenprüfungen zur Frage der Erbfolge einsteigt.

Dem Erben kann ausnahmsweise das erforderliche **Rechtsschutzinte-** 19
resse an der Durchführung eines Nachlassinsolvenzverfahrens fehlen. Zum einen ist an Fälle zu denken, in denen der Erbe sein Recht, die Haftung auf den Nachlass zu beschränken, bereits – etwa aufgrund Errichtung eines vorsätzlich falschen Inventars – verloren hat, vgl.

10 Vgl. BGH NJW-RR 2005, 599; offengelassen in BGH NZI 2011, 653. So auch MüKo-InsO/*Siegmann/Scheuing*, § 317 Rn 2; a.A. LG Frankenthal BeckRS 2014, 125945; LG Köln NZI 2003, 501; Andres/Leithaus/*Andres*, InsO, § 317 Rn 2; Uhlenbruck/*Lüer/Weidmüller*, InsO, § 317 Rn 2.

11 BGH NJW 2005, 756.

§ 2013 BGB. Solche Fälle stehen der Eröffnung des Nachlassinsolvenzverfahrens zwar nicht entgegen, vgl. § 316 Abs. 1 InsO. Wird der Antrag nicht von einem Gläubiger, sondern vom unbeschränkt haftenden Erben selbst gestellt, ist das Rechtsschutzinteresse des Antragstellers aber besonders festzustellen. Aufgrund der Unanwendbarkeit der §§ 1978 ff. BGB kann es sich in einem solchen Fall allein aus §§ 1976, 1977 BGB ergeben. Außerhalb von § 2013 BGB kann es an einem Rechtsschutzinteresse des Erben dann fehlen, wenn erkennbar nur eine einzige Verbindlichkeit existiert, derentwegen der Erbe die Durchführung des Nachlassinsolvenzverfahrens zum Zwecke der Haftungsbegrenzung begehrt, und es sich hierbei um eine Nachlasserbenschuld handelt, für die der Erbe so oder so auch mit seinem Eigenvermögen haftet.

20 Gemäß § 316 Abs. 2 InsO besteht das Antragsrecht in Fällen von **Erbengemeinschaft** unabhängig davon, ob der Nachlass bereits i.S.v. §§ 2042 ff. BGB auseinandergesetzt ist oder nicht.

21 **§ 319 InsO** statuiert für **Nachlassgläubiger** eine (Antrags-)**Ausschlussfrist von zwei Jahren ab Annahme der Erbschaft**. Mit Eintritt des Nacherbfalls beginnt ggf. eine neue Frist zu laufen. Für alle anderen Antragsberechtigten besteht keine zeitliche Befristung des Antragsrechtes.

22 Nachlassgläubiger müssen nach allgemeinen Grundsätzen neben dem **Insolvenzgrund** auch das Bestehen ihrer **Forderung glaubhaft machen**[12] sowie ein **rechtliches Interesse** an der Durchführung des Insolvenzverfahrens haben (vgl. § 14 InsO). Die Anforderungen an die Glaubhaftmachung ergeben sich aus § 4 InsO i.V.m. § 294 ZPO.

23 Dem Schuldner kommt im Rahmen der gem. § 14 Abs. 2 InsO zwingend vorgeschriebenen Anhörung das **Recht zur Gegenglaubhaftmachung** zu. In diesem Verfahrensstadium kann es zu einer dem Erkenntnisverfahren angenäherten **quasi-streitigen Auseinandersetzung** über den einwendungs- und einredefreien Bestand der Forderung kommen. Insoweit gilt der **Beibringungsgrundsatz.** Die Forderung des Gläubigers muss unverjährt und fällig sein. Bei **nicht titulierten Forderungen** ist eine geordnete und vollständige Darstellung des gesamten forderungsbegründenden Sachverhaltes erforderlich.

12 BGH NZI 2011, 653.

Das **rechtliche Interesse** entfällt insbesondere, wenn dem Gläubiger mit hinreichender Gewissheit ein anderer, schnellerer und billigerer Weg zur Befriedigung zur Verfügung steht. Dies ist z.B. der Fall, wenn er in ausreichender Form an Vermögensgegenständen des Schuldners oder eines Dritten gesichert ist. Im Übrigen entfällt das rechtliche Interesse nicht notwendig dadurch, dass der Erbe für die Nachlassverbindlichkeiten unbeschränkbar haftet. In diesem Fall kann es unter Umständen zweckmäßig sein, durch die Eröffnung des Nachlassinsolvenzverfahrens, an dem gemäß § 325 InsO nur die Nachlassgläubiger teilnehmen dürfen, die Erbeneigengläubiger von einer Partizipation am Nachlass auszuschließen. 24

Pflichtteilsberechtigte, Vermächtnisnehmer und Auflagenberechtigte sind ebenfalls antragsberechtigt. Ihnen kann jedoch aufgrund der **Nachrangigkeit ihrer Forderungen gemäß § 327 InsO** das **rechtliche Interesse** fehlen, wenn sie offensichtlich unter keinen Umständen mit einer auch nur teilweisen Befriedigung rechnen können. 25

III. Insolvenzgründe

Gemäß **§ 320 Abs. 1 InsO** sind im Nachlassinsolvenzverfahren sowohl die **Zahlungsunfähigkeit** als auch die **Überschuldung** sowie gemäß **§ 320 Abs. 2 InsO** bei **Eigenantrag** eines Erben, Nachlassverwalters, Nachlasspflegers oder Testamentsvollstreckers auch die nur **drohende Zahlungsunfähigkeit** taugliche Insolvenzgründe. 26

Unter Geltung der Konkursordnung (KO) war demgegenüber einzig die Überschuldung materielle Eröffnungsvoraussetzung. Hieraus ergaben sich Probleme, wenn ein Schuldner im Antragsverfahren oder im Zeitraum zwischen Eröffnungsentscheidung und Rechtskraft des Eröffnungsbeschlusses verstarb, da der Eröffnungsantrag ausschließlich auf Zahlungsunfähigkeit als dem einzig zulässigen Konkursgrund in der Insolvenz natürlicher Personen gestützt war. Die Harmonisierung der Eröffnungsgründe sollte in den betreffenden Fällen einen problemlosen Übergang von der Regel- in die Nachlassinsolvenz ermöglichen.

27 **Hinweis**

In Nachlassinsolvenzverfahren bereitet die Prüfung der Insolvenzgründe in Fällen, in denen der Insolvenzantrag von einem Nachlasspfleger oder einem Fiskalerben gestellt wurde, nachdem bereits alle sonstigen Erben die Erbschaft ausgeschlagen hatten (sog. **Kettenausschlagung**), in aller Regel keine Probleme, da der Nachlass in solchen Fällen fast immer offensichtlich zahlungsunfähig und überschuldet ist. Der Schwerpunkt der Tätigkeit des Gutachters/Sachverständigen liegt in solchen Standardfällen regelmäßig auf der Feststellung, ob in dem zu eröffnenden Verfahren voraussichtlich eine kostendeckende Insolvenzmasse gebildet werden kann. Besondere Bedeutung kommt der sachverständigen Prüfung des Vorliegens von Insolvenzgründen vor allem in solchen Fällen zu, in denen der Insolvenzantrag von einem Nachlassgläubiger gestellt wurde und der Erbe oder ein für diesen handelnder Testamentsvollstrecker oder Nachlasspfleger das Vorliegen der vom Antragsteller behaupteten Zahlungsunfähigkeit oder Überschuldung bestreitet oder aber, wenn der Antrag gemäß § 317 Abs. 2 S. 1 InsO nur von einem einzelnen Miterben gestellt wird und ein anderer Miterbe das Vorliegen eines Insolvenzgrundes bestreitet.

1. Zahlungsunfähigkeit

28 Die Zahlungsunfähigkeit ist in **§ 17 Abs. 2 S. 1 InsO** legal definiert:

§ 17 Zahlungsunfähigkeit

(1) (…)

(2) [1]Der Schuldner ist zahlungsunfähig, wenn er nicht in der Lage ist, die fälligen Zahlungspflichten zu erfüllen. [2]Zahlungsunfähigkeit ist in der Regel anzunehmen, wenn der Schuldner seine Zahlungen eingestellt hat.

29 Grundsätzlich ist von einer **Zahlungseinstellung** auszugehen, wenn der Schuldner seine Zahlungen im Allgemeinen eingestellt hat. Dem

BGH[13] zufolge genügt hierzu bereits die Nichtzahlung eines erheblichen bzw. wesentlichen Teils der fälligen Verbindlichkeiten:

> „*Die tatsächliche Nichtzahlung eines erheblichen Teils der fälligen Verbindlichkeiten reicht für eine Zahlungseinstellung aus. Das gilt selbst dann, wenn tatsächlich noch geleistete Zahlungen beträchtlich sind, aber im Verhältnis zu den fälligen Gesamtschulden nicht den wesentlichen Teil ausmachen. Die Nichtzahlung einer einzigen Verbindlichkeit kann eine Zahlungseinstellung begründen, wenn die Forderung von insgesamt nicht unbeträchtlicher Höhe ist.* ***Eigene Erklärungen des Schuldners, fällige Verbindlichkeiten nicht begleichen zu können****, deuten auf eine Zahlungseinstellung hin, auch wenn sie mit einer Stundungsbitte versehen sind. Gleiches gilt, wenn der Schuldner infolge der* ***ständigen verspäteten Begleichung seiner Verbindlichkeiten*** *einen Forderungsrückstand vor sich hergeschoben hat und demzufolge ersichtlich am Rande des finanzwirtschaftlichen Abgrunds operierte. Aus Rechtsgründen genügt es, wenn die Zahlungseinstellung aufgrund der* ***Nichtbezahlung nur einer – nicht unwesentlichen – Forderung gegenüber einer einzigen Person erkennbar wird****. Für eine erfolgreiche Anfechtung muss das dann allerdings gerade der Anfechtungsgegner sein.*“

Wann der Schuldner seine Zahlungen in vorstehendem Sinne eingestellt hat, ist für Außenstehende oftmals schwer erkennbar, es sei denn, der Schuldner hat gegenüber seinen Gläubigern ausdrücklich erklärt, generell keine weiteren Zahlungen erbringen zu können. Während derart eindeutige Erklärungen in Regelinsolvenzen die Ausnahme sein dürften, kommt es in Nachlassinsolvenzen häufig vor, dass Erben oder für diese bestellte Nachlasspfleger den Gläubigern mitteilen, sie könnten angesichts **unklarer Vermögensverhältnisse** oder aufgrund **mutmaßlicher Überschuldung** bis auf weiteres keine Nachlassverbindlichkeiten befriedigen. Soweit solche Erklärungen **innerhalb der ersten drei Monate** nach dem Erbfall abgegeben werden, ist zu beachten, dass Erben bzw. an ihrer Stelle handelnde Nachlasspfleger, Testamentsvollstrecker oder Nachlassverwalter gemäß **§ 2014 BGB** die sog. **Dreimonatseinrede** haben. Danach können die Genannten die Befrie- 30

13 BGH NZI 2013, 140, vgl. auch BGH NZI 2020, 520; 2017, 850; 2016, 837; ZInsO 2019, 192.

digung einer Nachlassverbindlichkeit in den ersten drei Monaten nach Erbschaftsannahme bzw. Bestallung ohne weiteres verweigern. Diese Vorschrift soll den Betreffenden – mit Rücksicht auf § 1979 BGB – die Möglichkeit geben, sich zunächst einen verlässlichen Überblick über die tatsächlichen Verhältnisse und insbesondere über die Frage der Zulänglichkeit des Nachlasses zu verschaffen. Daraus, dass Erben oder Nachlasspfleger von dieser Möglichkeit Gebrauch machen, können Gläubiger daher **nicht automatisch** auf eine **Zahlungseinstellung i.S.v. § 17 Abs. 2 InsO** schließen. Allerdings ist zu beachten, dass § 2014 BGB nach h.M. keine materiell-rechtliche, sondern ausschließlich prozessuale Wirkung entfaltet. Die Erhebung der Einrede beseitigt daher nicht die Fälligkeit der betreffenden Forderungen oder den Eintritt bzw. das Vorliegen von Schuldnerverzug i.S.v. § 286 BGB. Aus einer Zahlungsverweigerung durch einen Erben oder Nachlasspfleger kann aber jedenfalls auch schon innerhalb der Frist des § 2014 BGB auf eine Zahlungseinstellung geschlossen werden, wenn der Nachlass **offensichtlich überschuldet** ist und der Nachlasspfleger oder ein vorläufiger Erbe erkennbar aus diesem Grund keine Zahlungen erbringt.

31 Soweit keine tatbestandsmäßige Zahlungseinstellung vorliegt, muss die **Zahlungsunfähigkeit anhand objektiver Kriterien ermittelt** werden. Zahlungsunfähigkeit i.S.d. § 17 Abs. 1 InsO ist nach der jüngsten Grundsatzentscheidung des BGH[14] grundsätzlich gegeben, **wenn der Schuldner am Prüfungsstichtag nicht mindestens 90 % seiner fälligen Verbindlichkeiten bedienen kann und diese Liquiditätslücke nicht innerhalb von drei Wochen geschlossen werden kann,** wobei auch alle in dem Dreiwochenzeitraum neu fällig werdenden Verbindlichkeiten mit in die dynamische Liquiditätsbetrachtung einzubeziehen sind.

Dagegen ist von Zahlungsfähigkeit auszugehen, wenn eine innerhalb von drei Wochen nicht zu beseitigende Liquiditätslücke des Schuldners weniger als 10 % seiner fälligen Gesamtverbindlichkeiten beträgt, es sei denn, es ist bereits absehbar, dass die Lücke demnächst mehr als 10 % erreichen wird.

---

14 BGH NZI 2018, 204.

Praxistipp 32

Durch die Festlegung des Grenzkriteriums bei 10 % Liquiditätsunterdeckung ist auch ein gemäß § 1980 BGB antragspflichtiger Erbe mittelbar verpflichtet, sich zu jedem Zeitpunkt darüber im Klaren zu sein, ob diese Grenze unter- oder schon überschritten ist. Bereits zur eigenen Absicherung ist daher zu empfehlen, täglich eine entsprechende Liquiditätsberechnung vorzunehmen bzw. im Unternehmen zu veranlassen. Bei Vorhandensein eines laufenden Geschäftsbetriebes stellen sich im Rahmen einer solchen Liquiditätsberechnung diverse praktische Probleme. So muss beispielsweise durch geeignete Maßnahmen sichergestellt werden, dass die Liquiditätsberechnung von einer belastbaren Datengrundlage ausgeht, das heißt, dass alle fälligen Rechnungen in der Unternehmensbuchhaltung sofort überprüft und entsprechend taggleich gebucht werden müssen.

Die Zahlungsunfähigkeit ist nach allgemeiner Auffassung **von einer bloßen Zahlungsstockung** abzugrenzen. Von einer solchen ist auszugehen, **wenn der beschriebene Zustand voraussichtlich innerhalb von drei Wochen beseitigt wird**, da dies dem Zeitraum entspricht, den eine kreditwürdige Person benötigt, um sich die benötigten Mittel zu leihen.[15] **In der Nachlassinsolvenz erscheint eine solche starre Dreiwochenfrist unangemessen**. Jedenfalls, wenn der Nachlass nicht offensichtlich überschuldet ist, muss dem Erben mit Blick auf § 1979 BGB ausreichend Zeit zur Prüfung der Zulänglichkeit des Nachlasses zugestanden werden.[16] 33

In solchen Zweifelsfällen erscheint es daher angebracht, die Frist auf **bis zu sechs Wochen** auszudehnen. Dieser Zeitraum entspricht der auf ähnlichen Überlegungen basierenden Ausschlagungsfrist des § 1944 Abs. 1 BGB. Bei für den Erben ohne weiteres erkennbarer Nachlassüberschuldung ist für eine Ausdehnung der Dreiwochenfrist aber mit Blick auf schutzwürdige Belange der Gläubiger kein Raum. 34

Die Zahlungsunfähigkeit ist unter Umständen von einer bloßen **Zahlungsunwilligkeit** abzugrenzen.[17] Nach wohl h.M. muss sich der

15 BGH NZI 2005, 547; 2007, 517.
16 So auch MüKo-InsO/*Siegmann/Scheuing*, § 320 Rn 2.
17 BGH NZI 2018, 34; ZInsO 2014, 1661.

Gläubiger in diesem Fall auf die Einzelzwangsvollstreckung verweisen lassen.[18]

35 Eine einmal **eingetretene Zahlungsunfähigkeit** gilt erst dann als **beseitigt**, wenn der Schuldner die geschuldeten Zahlungen an die Gesamtheit der Gläubiger im Allgemeinen wieder aufgenommen hat.[19] Dies hat grundsätzlich derjenige zu **beweisen**, der sich auf den nachträglichen **Wegfall der Zahlungsunfähigkeit** beruft.

Werden Zahlungsrückstände durch den Schuldner nur vor sich hergeschoben, welche er nur allmählich abträgt, verwirklicht sich dadurch ein typisches Merkmal der Zahlungsunfähigkeit. Von einer Beseitigung der Zahlungsunfähigkeit kann auch nicht ausgegangen werden, wenn sich der Schuldner durch Befriedigung seiner gegenwärtigen Gläubiger der Mittel entzieht, welche er zur Begleichung seiner künftigen, alsbald fällig werdenden Verbindlichkeiten benötigt.

36 Die Zahlungsunfähigkeit muss im **Zeitpunkt der Eröffnungsentscheidung** vorliegen. Insoweit ist auf den Eröffnungsbeschluss abzustellen. Dies gilt auch in einem ggf. anschließenden Beschwerdeverfahren.

2. Drohende Zahlungsunfähigkeit

37 Die drohende Zahlungsunfähigkeit wurde als neuer Insolvenzgrund in die InsO aufgenommen. Sie ist im Gesetz definiert als ein Zustand, in dem **der Schuldner voraussichtlich nicht in der Lage sein wird, die bestehenden Zahlungspflichten im Zeitpunkt der Fälligkeit zu erfüllen, § 18 Abs. 2 S. 1 InsO**. Die Voraussetzung ist nach h.M erfüllt, wenn mit überwiegender Wahrscheinlichkeit davon auszugehen ist, dass zu einem künftigen (absehbaren) Zeitpunkt Zahlungsunfähigkeit im vorbezeichneten Sinne eintreten wird.

38 Im Gegensatz zur Zahlungsunfähigkeit nach § 17 InsO, die sich immer auf einen bestimmten Zeitpunkt bezieht, wird hier auf das Prinzip der **Zeitraumilliquidität** abgestellt. Die Prognose kann sehr weit reichend sein und sich theoretisch bis zum letztmöglichen Fälligkeitstermin

---

18 Nerlich/Römermann/*Mönning*, InsO, § 17 Rn 24; Braun/*Salm-Hoogstraeten*, InsO, § 17 Rn 35.

19 BGH NZI 2017, 64; 2008, 231; ZInsO 2006, 1210.

aller zu Beginn des Prognosezeitraums begründeter Verbindlichkeiten erstrecken.[20] Nach **§ 18 Abs. 2 S. 2 InsO**[21] ist in aller Regel ein **Prognosezeitraum von maximal 24 Monaten** zugrunde zu legen. Dies entspricht der Erfahrung, dass Prognosen aufgrund einer Finanzplanung, die über einen Zeitraum von zwei Jahren hinausgeht, kaum zuverlässig sein dürften.

Ob auch ein einzelner **Miterbe** einen auf lediglich drohende Zahlungs- 39
unfähigkeit gestützten Insolvenzantrag stellen kann, ist umstritten.[22]

In Regelinsolvenzen gewährt § 18 Abs. 3 InsO dieses Recht nur solchen organschaftlichen Vertretern, die einzelvertretungsberechtigt sind. Letzteres trifft auf Miterben in Bezug auf die Verwaltungsbefugnis des Nachlasses im Allgemeinen nicht zu, vgl. § 2038 BGB. Dies scheint dafür zu sprechen, einem einzelnen Miterben eine entsprechende Befugnis zu versagen. Fraglich ist jedoch, ob § 18 Abs. 3 InsO auf eine Miterbengemeinschaft überhaupt entsprechend anwendbar ist. Dies erscheint schon deshalb zweifelhaft, weil die Miterbengemeinschaft als solche gar nicht rechtsfähig ist und daher auch als solche gar nicht vertreten werden kann. Ferner muss beachtet werden, dass jedem Miterben anders als organschaftlichen Vertretern haftungsbeschränkter Gesellschaften für die fraglichen Verbindlichkeiten eine unmittelbare persönliche Haftung droht. Daher **muss es jedem Miterben bei drohender Nachlassinsolvenz richtigerweise auch alleine möglich sein, durch einen Insolvenzantrag die durch §§ 1975 ff. BGB vermittelte Haftungsbeschränkung herbeizuführen**, zumal die Übergänge von der drohenden in eine bereits eingetretene Zahlungsunfähigkeit oftmals fließend sind und einem einzelnen Miterben eine umfassende Darlegung sämtlicher Details oftmals gar nicht möglich ist, insbesondere wenn innerhalb der Erbengemeinschaft Konflikte oder Meinungsverschiedenheiten vorherrschen und eine Seite Informationen zurückhält. Schließlich muss beachtet werden, dass es

20 Nach Roth/Pfeuffer/*Roth*, HdB NachlassInsVerf, S. 65 kann sich der Prognosezeitraum bei Dauerschuldverhältnissen u.U. auf Jahrzehnte hinaus erstrecken.

21 Neu eingefügt m.W.v. 1.1.2021.

22 Dafür: Roth/Pfeuffer/*Roth*, HdB NachlassInsVerf, S. 64; MüKo-InsO/*Siegmann/Scheuing*, § 317 Rn 3; Gottwald/Haas/*Döbereiner*, InsR-HdB, § 111 Rn 5; a.A. Kayser/Thole/*Reintz*, InsO, § 18 Rn 17; Jaeger/*Windel*, InsO § 317 InsO Rn 3; *Haarmeyer/Wutzke/Förster*, Kap. 10 Rn 99.

ein wesentliches Anliegen des Reformgesetzgebers war, mit den §§ 18, 320 S. 2 InsO frühzeitigere Antragstellungen zu bewirken und den im Rechtsverkehr verbreiteten Tendenzen verspäteter Antragstellung entgegenzuwirken. Diesem übergeordneten rechtspolitischen Anliegen wäre eine restriktive Handhabe der hier interessierenden Zweifelsfälle abträglich. Vorschriften, die die Möglichkeit zur Insolvenzantragstellung bei drohender Zahlungsunfähigkeit vorsehen, sind daher eher **weit auszulegen.**

40 **Hinweis**

Anträge von **Nachlassgläubigern** können nie auf eine nur drohende Zahlungsunfähigkeit gestützt werden.

Eine nur drohende Zahlungsunfähigkeit löst auch keine Insolvenzantragpflicht aus, vgl. § 1980 BGB.

3. Überschuldung

a) Begriff

41 Der Überschuldungsbegriff des **§ 320 InsO** entspricht demjenigen des **§ 19 Abs. 2 InsO**. Danach liegt Überschuldung vor, wenn das Vermögen des Schuldners die bestehenden Verbindlichkeiten nicht mehr deckt, es sei denn die Fortführung des Unternehmens in den nächsten 12 Monaten ist nach den Umständen wahrscheinlich. Auch wenn zum Nachlass ein Unternehmen gehört, kann die positive Fortführungsprognose in diesem Bereich keine entscheidende Rolle spielen, da das Unternehmen ggf. immer nur ein Teilbereich der Nachlassaktivmasse ist. Eine positive Fortführungsprognose hat daher in Nachlassinsolvenzen lediglich Bedeutung für die Bewertung des nachlasszugehörigen Unternehmens. Für die Frage, ob der Nachlass im Ganzen überschuldet ist, kommt es alleinentscheidend darauf an, ob die **Nachlassaktiva die bestehenden Nachlassverbindlichkeiten (§ 325 InsO) decken oder nicht, sog. rechnerische Überschuldung** (zu den zu berücksichtigenden Vermögensgegenständen und Verbindlichkeiten siehe § 4 Rdn 1 ff. und Rdn 112 ff.).

Im Rahmen der Bewertung der **Aktiva** sind in Nachlassinsolvenzen grundsätzlich **Liquidationswerte** zugrunde zu legen.[23] 42

b) Sonderfall: Unternehmen im Nachlass

Gehört ausnahmsweise ein **Unternehmen** zum Nachlass, so ist für dessen Bewertung der **Fortführungswert** maßgeblich, soweit eine **positive Fortführungsprognose** besteht, d.h. gemäß § 19 Abs. 2 S. 1 Hs. 2 InsO, wenn seine Fortführung in den nächsten 12 Monaten überwiegend wahrscheinlich ist. 43

Hinweis 44

War das nachlasszugehörige Unternehmen bis zuletzt inhabergeführt, bringt der Erbfall das Unternehmen häufig selbst in eine existenzbedrohliche Lage. Dies gilt jedenfalls dann, wenn der Tod überraschend kam und das Unternehmen unvorbereitet traf. Schließlich bringt der Tod des Inhabers nicht nur regelmäßig den Verlust von viel Know-how und Erfahrung mit sich. Typischerweise hängen auch wichtige Beziehungen zu Mitarbeitern, Kunden und Lieferanten unmittelbar von der Person des Inhabers ab. In solchen Fällen kann eine positive Fortführungsprognose nicht ohne weiteres unterstellt werden, auch dann nicht, wenn das Unternehmen als solches bis dato gesund und insbesondere nicht ursächlich für die betreffende Nachlassinsolvenz ist.

In dem Zusammenhang ist auch zu beachten, dass **Nachlasspfleger** bei möglicher Nachlassüberschuldung **nicht befugt sind, ein zum Nachlass gehörendes Unternehmen fortzuführen**. Dies folgt daraus, dass Nachlasspfleger – anders als Nachlassverwalter oder (vorläufige) Nachlassinsolvenzverwalter – Gläubigern gegenüber nicht verantwortlich sind und diesen daher auch für schuldhaft verursachte Vermögensschäden nicht persönlich haften. Ferner trifft Nachlasspfleger, anders als Erben und Nachlassverwalter, zufolge des BGH auch keine Insolvenzantragspflicht. Würde man den Betreffenden gleichwohl gestatten, trotz (möglicher) Insolvenzreife ein Unternehmen fortzuführen, bedeutete dies, den Betreffenden ein Wirtschaften in de facto haftungsbeschränkter Rechtsform ohne Haftung und ohne 45

23 MüKo-InsO/*Siegmann/Scheuing*, § 320 Rn 4; Uhlenbruck/*Lüer/Weidmüller*, InsO, § 320 Rn 3.

Insolvenzantragspflicht des geschäftsführenden Organs zu ermöglichen. Derartiges verstieße jedoch offensichtlich gegen grundlegende Prinzipien unserer Rechts- und Wirtschaftsordnung. Aus diesem Grund ist die Fortführungsprognose – jedenfalls soweit es um die Frage des Vorliegens von Insolvenzgründen geht – in den genannten Fällen immer negativ. Für Zwecke dieser Prüfung sind daher in den genannten Fällen stets Zerschlagungswerte zugrunde zu legen. Letzteres gilt auch dann, wenn das Unternehmen durch einen Nachlassverwalter oder vorläufigen Insolvenzverwalter problemlos fortgeführt und saniert werden könnte, da für die Beurteilung der Frage, ob eine positive Fortführungsprognose besteht, im Kontext des § 19 InsO stets eine „Stand-alone"-Hypothese anzustellen ist.

c) Überschuldungsbilanz

46 In der Überschuldungsbilanz **zu passivieren** sind gemäß § 325 InsO **nur die Nachlassverbindlichkeiten**, nicht also (reine) Eigenverbindlichkeiten des Erben.

Nachlassverbindlichkeiten, die bereits befriedigt wurden, bleiben ebenfalls unberücksichtigt. Dies gilt auch dann, wenn die Befriedigung von dem Erben aus Eigenmitteln getätigt wurde, und zwar unabhängig davon, ob die Insolvenzgläubiger solche Befriedigungen gemäß § 1979 BGB als für Rechnung des Nachlasses erfolgt gelten lassen müssen.

47 Verbindlichkeiten, die durch die Eröffnung des Insolvenzverfahrens selbst bedingt sind, sind einem allgemeinen insolvenzrechtlichen Grundsatz entsprechend nicht in der notwendig vorgelagerten Prüfung von Insolvenzgründen zu passivieren. Dies gilt nicht nur für Anfechtungsansprüche, sondern auch für solche Ansprüche, die infolge des Erbfalles durch Vereinigung von Recht und Verbindlichkeit oder nach dem Erbfall durch Aufrechnung eines Nachlassgläubigers mit Forderungen gegen den Erben erloschen sind, vgl. §§ 1976 f. BGB.

48 Nicht im Rahmen der anfänglichen Überschuldungsprüfung zu passivieren sind auch Aufwendungsersatzansprüche des Erben gemäß § 1978 f. BGB, da auch diese i.d.R. die Eröffnung des Nachlassinsolvenzverfahrens voraussetzen. Etwas anderes gilt selbstverständlich dann, wenn im konkreten Fall bereits Nachlassverwaltung angeordnet war.

Grundsätzlich zu passivieren sind die sog. **Nachlasserbenschulden.** Das sind Verbindlichkeiten, die der (vorläufige) Erbe im Rahmen ordnungsgemäßer Verwaltung des Nachlasses im Zeitraum zwischen Erbfall und Verfahrenseröffnung begründet hat und für die daher nach allgemeinen Grundsätzen auch der Erbe persönlich mit seinem Eigenvermögen haftet, soweit er die Haftung nicht individualvertraglich auf den Nachlass beschränkt hat. Der Gläubiger kann sich in einem solchen Fall aussuchen, gegen welchen Schuldner bzw. welche Vermögensmasse er vorgeht, vgl. auch § 43 InsO. 49

Zu passivieren sind auch sonstige **Erbfallschulden,** wie insbesondere die Beerdigungskosten (vgl. § 324 Abs. 1 Nr. 2 InsO), die Kosten des Nachlassgerichtsverfahrens einschließlich der Sicherung des Nachlasses, der Vergütungsanspruch eines Nachlasspflegers (vgl. § 324 Abs. 1 Nr. 4 InsO) sowie die Geschäftsführungskosten der in § 324 Abs. 1 Nr. 6 InsO genannten Personen. 50

Verbindlichkeiten, die im Rahmen der bisherigen Nachlassverwaltung rechtsgeschäftlich gegenüber Dritten begründet wurden, sind zu passivieren, soweit die betreffenden Ansprüche bereits (vor Verfahrenseröffnung) begründet wurden, aber unbefriedigt geblieben sind. Unerheblich ist, ob die Verbindlichkeiten von einem vorläufigen oder endgültigen Erben oder einem der in § 324 Abs. 1 Nr. 5 InsO bezeichneten Fremdverwalter begründet worden sind. Diese Frage ist allerdings relevant für die spätere rechtliche Einordnung als Masse- oder Insolvenzforderung. 51

Fraglich ist, ob in der Überschuldungsbilanz auch die gemäß § 327 InsO absolut nachrangigen **Ansprüche der Pflichtteilsberechtigten, Vermächtnisnehmer und Auflagenberechtigten** zu passivieren sind. Dies wird unter Verweis darauf, dass die betreffenden Ansprüche von § 1967 Abs. 2 BGB ausdrücklich zu Nachlassverbindlichkeiten erklärt werden und die betreffenden Anspruchsinhaber daher unstreitig zu dem gemäß § 317 Abs. 2 InsO zur Insolvenzantragstellung berechtigten Kreis der Nachlassgläubiger zu zählen sind, überwiegend bejaht.[24] 52

§ 1980 Abs. 1 S. 3 BGB, wonach bei der Bemessung der Zulänglichkeit des Nachlasses die Verbindlichkeiten aus Vermächtnissen und Aufla- 53

24 MüKo-BGB/*Küpper*, § 1980 Rn 7; Uhlenbruck/*Lüer*/*Weidmüller*, § 320 Rn 3; Roth/Pfeuffer/*Roth*, HdB NachlassInsVerf, S. 67 f.

gen außer Betracht bleiben, steht dieser Ansicht nicht entgegen, da diese Norm so zu verstehen ist, dass lediglich die Insolvenzantragspflicht entfällt, wenn sich eine Überschuldung nur im Falle einer Passivierung von Auflagen und Vermächtnissen einstellt, nicht aber der Tatbestand der Überschuldung als solcher. Dies ergibt sich zwingend aus § 1992 BGB, demzufolge der Erbe in den genannten Fällen ein Wahlrecht hat, ob er von seinem Insolvenzantragsrecht Gebrauch macht oder die Befriedigung der Vermächtnisnehmer und Auflagenberechtigten analog der §§ 1991 f. BGB (Dürftigkeitseinrede) vollzieht. Daraus, dass Pflichtteilsansprüche in den §§ 1980 Abs. 1 S. 3, 1992 BGB nicht genannt werden, folgt nicht, dass solche Ansprüche nicht zu passivieren sind. Stattdessen ist daraus – im Gegenteil – der Schluss zu ziehen, dass solche Verbindlichkeiten erst recht in der Überschuldungsbilanz zu passivieren sind und ggf. nicht nur eine Insolvenzreife (Zahlungsunfähigkeit oder Überschuldung) begründen, sondern auch eine Insolvenzantragspflicht auslösen können. Gleiches gilt für Pflichtteilsergänzungsansprüche gemäß § 2325 BGB, bei denen es sich nach allgemeiner Auffassung ebenfalls um Nachlassverbindlichkeiten handelt.[25]

54 Ebenfalls zu passivieren sind die Verbindlichkeiten gegenüber Gläubigern, die im Aufgebotsverfahren ausgeschlossen wurden (§ 1973 BGB) oder diesen durch § 1974 BGB gleichgestellten Gläubiger.

55 **Verbindlichkeiten**, die – wie z.B. die Verfahrenskosten i.S.d. § 54 InsO – erst durch die **Eröffnung des Nachlassinsolvenzverfahrens** entstehen, sind grundsätzlich **nicht zu passivieren**. Anderes gilt aber für die bereits angefallenen Kosten des Insolvenzantragsverfahrens. Hierzu gehören auch die Kosten eines gemäß § 5 InsO eingesetzten Gutachters. Diese Verbindlichkeiten sind im maßgeblichen Zeitpunkt der Eröffnungsentscheidung schließlich bereits entstanden und belasten nach allgemeinen Grundsätzen in jedem Fall, d.h. auch bei Fremdantrag durch einen Gläubiger, (auch) den Antragsgegner, vgl. § 23 Abs. 3 GKG, in diesem Fall also den Erben als solchen. Erst recht gilt dies für die Kosten einer ggf. bereits angeordneten vorläufigen Insolvenzverwaltung, da diese nach § 23 Abs. 1 S. 3 GKG in jedem Fall vom Schuldner und damit von dem Nachlass zu tragen sind.

25 MüKo-InsO/*Siegmann/Scheuing*, § 327 Rn 5.

IV. Gerichtskosten

Für das Eröffnungsverfahren fällt gemäß Nr. 2310, 2311 KV GKG eine – wertabhängige – 0,5 Gerichtsgebühr, für das eröffnete Verfahren eine 2,5 Gerichtsgebühr gemäß Nr. 2320 KV GKG an, wenn die Eröffnung auf einen Eigenantrag des Erben, Nachlasspflegers oder Testamentsvollstreckers zurückgeht. Bei Fremdantrag eines Nachlassgläubigers fällt gemäß Nr. 2330 KV GKG eine 3,0 Gebühr an. Gemäß § 58 GKG richten sich sämtliche Gebühren nach dem **Wert der Insolvenzmasse zur Zeit der Beendigung des Verfahrens**. Zu den Gerichtsgebühren kommen als weitere Gerichtskosten ggf. die tatsächlich entstandenen **Auslagen**, etwa für Zustellungen und amtliche Bekanntmachungen hinzu (vgl. Nr. 9002, 9004 KV GKG). Hierzu gehört auch die (Brutto-)Vergütung bzw. **„Entschädigung" des Sachverständigen** gemäß § 9 JVEG, die damit (indirekt) Bestandteil der Gerichtskosten i.S.d. § 54 InsO ist (zu den Gerichtskosten ausführlich § 4 Rdn 210 ff.). 56

Wird das Vermögen des Schuldners voraussichtlich nicht ausreichen, um die Kosten des Verfahrens zu decken, weist das Gericht den Antrag auf Eröffnung des Insolvenzverfahrens nach **§ 26 Abs. 1 S. 1 InsO** ab (zur Abweisung mangels Masse siehe § 4 Rdn 202 ff.). Das Insolvenzgericht ermittelt **von Amts wegen**, ob die voraussichtliche Insolvenzmasse zur Deckung der Verfahrenskosten ausreichen wird.[26] Zu diesem Zweck kann das Gericht die notwendigen Ermittlungen selbst durchführen oder aber nach § 5 Abs. 1 InsO einen Sachverständigen mit der Prüfung beauftragen. In der Praxis wird zumeist von letzterer Möglichkeit Gebrauch gemacht. 57

Die Abweisung mangels Masse unterbleibt, wenn der Antragsteller einen ausreichenden **Vorschuss** für die Durchführung des Verfahrens leistet, § 26 Abs. 1 S. 2 Hs. 1 InsO (hierzu siehe § 4 Rdn 216 ff.).

Die Regelung der **Verfahrenskostenstundung nach §§ 26 Abs. 1 S. 2 Hs. 2, 4a InsO** findet in Nachlassinsolvenzverfahren grundsätzlich **keine Anwendung**, weil in diesen Verfahren eine Restschuldbefreiung 58

26 BGH ZInsO 2006, 597; ZInsO 2009, 433; AG Göttingen ZInsO 2003, 1156; LG Arnsberg ZInsO 2002, 680.

nicht in Betracht kommt[27] und weil der Erbe seine Haftung nach den allgemeinen Vorschriften beschränken kann.[28] Eine weitere Begründung hierfür ist, dass die Verfahrenskostenstundung eine separierte Haftungsmasse betrifft und eine Bereitstellung der zur Durchführung eines solchen Verfahrens notwendigen Massekosten aus öffentlichen Mitteln aufgrund der Wertung des § 26 Abs. 1 InsO generell nicht stattfindet.[29]

59 Auch ein Rückgriff auf die Bestimmungen der **§§ 114 ff. ZPO** scheidet aus den vorgenannten Gründen aus, so dass der Antragsteller **keinen Anspruch auf Prozesskostenhilfe oder Verfahrenskostenhilfe hat,** um die Eröffnung des Nachlassinsolvenzverfahrens zu beantragen oder um einen Beschluss über die Abweisung mangels Masse zu erlangen.[30]

V. Örtliche Zuständigkeit

60 Gemäß **§ 315 InsO** richtet sich die örtliche Zuständigkeit für Nachlassinsolvenzverfahren in der Regel nach dem **letzten Wohnsitz des Erblassers. § 315 S. 1 InsO** normiert eine **ausschließliche örtliche Zuständigkeit** des Insolvenzgerichts, in dessen Bezirk der Erblasser zur Zeit seines Todes seinen allgemeinen Gerichtsstand hatte, welcher durch den Wohnsitz bestimmt wird (§§ 3, 13 ZPO). Für exterritoriale Deutsche gilt § 15 ZPO, wonach das Gericht am letzten inländischen Wohnsitz der Person örtlich zuständig ist, bzw. das Amtsgericht Berlin-Schöneberg. Für wohnsitzlose Personen ist der letzte Aufenthaltsort im Inland maßgeblich oder, wenn ein solcher nicht bekannt ist, der letzte Wohnsitz, § 16 ZPO.

61 Hatte der Erblasser seinen **letzten Wohnsitz im Ausland**, ist § 16 ZPO nicht anwendbar. In diesem Fall besteht **keine inländische Zu-**

---

27 LG Coburg NZI 2016, 1001; LG Kassel NZI 2014, 697; LG Berlin BeckRS 2004, 17807; AG Göttingen NZI 2017, 575.

28 BeckOK BGB/*Lohmann*, § 1980 Rn 3.

29 AG Hannover NZI 2021, 350.

30 Braun/*Bauch*, InsO, § 315 Rn 16; LG Kassel NZI 2014, 697; LG Coburg NZI 2016, 1001; AG Hannover NZI 2021, 350; AG Göttingen ZInsO 2017, 1235.

ständigkeit für die Eröffnung eines Nachlassinsolvenzverfahrens als Hauptinsolvenzverfahren.[31]

62 Der Wohnsitz wird gemäß § 7 Abs. 1 BGB dort begründet, wo sich eine Person ständig niederlässt. Erforderlich ist eine tatsächliche Niederlassung mit dem Willen, den Ort zum ständigen Schwerpunkt der Lebensverhältnisse zu machen.[32] Eine polizeiliche Anmeldung reicht für die Begründung eines Wohnsitzes nicht aus, sondern stellt ein bloßes Indiz dar; es muss positiv festgestellt werden, dass am Meldeort ein dauernder Lebensmittelpunkt besteht.[33]

War der Erblasser zuletzt in einem **Pflegeheim** untergebracht, so kann dies seinen letzten Wohnsitz darstellen, wenn nicht mit einer Rückkehr in seine Wohnung zu rechnen war.[34] Daher ist auch ein Zeitraum von nur einigen Wochen im Heim ausreichend.[35]

63 § 315 InsO ist gegenüber § 3 ZPO lex specialis, so dass es auf den Wohnsitz des oder der Erben als Schuldner nicht ankommt (zum Schuldnerbegriff siehe Rdn 67 ff.).

Hat der Erblasser an einem anderen Ort als an seinem Wohnsitz eine **selbstständige wirtschaftliche Tätigkeit** ausgeübt, so ist nach **§ 315 S. 2 InsO** ausschließlich das Insolvenzgericht zuständig, in dessen Bezirk dieser Ort liegt.

VI. Rücknahme des Insolvenzantrages und Erledigungserklärung

64 Gemäß **§ 13 Abs. 2 InsO** kann der Antragsteller seinen Antrag **bis zum Erlass der Eröffnungsentscheidung jederzeit ohne Angaben von Gründen zurücknehmen**. Er trägt dann gemäß § 4 InsO i.V.m. § 269 Abs. 3 S. 2 ZPO die bis dahin angefallenen Kosten. Mit der Rücknahme des Antrages entfällt die Amtsermittlungspflicht des § 5 Abs. 1 S. 1 InsO und damit die Grundlage für die Tätigkeit eines

31 BGH ZEV 2010, 528; AG Niebüll ZInsO 2015, 1703.

32 BGH ZEV 2010, 528; AG Niebüll ZInsO 2015, 1703.

33 BGH NJW-RR 1995, 507.

34 OLG Düsseldorf ZEV 2016, 709; NJW-RR 2013, 520; vgl. auch AG Günzburg, wonach es auf die Geschäftsfähigkeit des Erblassers nicht ankommt, BeckRS 2023, 6093.

35 OLG Celle FGPrax 2019, 271; OLG München RNotZ 2017, 455.

ggf. eingesetzten Sachverständigen und bereits angeordnete vorläufige Sicherungsmaßnahmen nach §§ 21 ff. InsO.

65 Entfallen **im Laufe des Antragsverfahrens** die materiellen Eröffnungsvoraussetzungen, kann der Insolvenzantrag auch nach allgemeinen zivilprozessualen Grundsätzen **für erledigt erklärt** werden.

Rücknahme und Erledigung führen allerdings nicht automatisch zur Unwirksamkeit vorläufiger Maßnahmen gem. §§ 21 ff. InsO. Diese müssen vielmehr durch gesonderten Beschluss aufgehoben werden. War ein vorläufiger Insolvenzverwalter bestellt, ist diesem gemäß **§ 25 Abs. 2 InsO** zuvor Gelegenheit zu geben, die bereits entstandenen Verfahrenskosten sowie ggf. von ihm begründete Masseverbindlichkeiten aus dem schuldnerischen Vermögen zu befriedigen. Die Norm gilt über ihren Wortlaut hinaus nicht nur für einen starken, sondern nach h.M. auch für einen schwachen vorläufigen Verwalter (zum Unterschied siehe § 5 Rdn 25).

VII. Insolvenzantrag

▼

66 **Muster 3.1: Insolvenzantrag**

Amtsgericht

Insolvenzgericht

Az.: neu

Betreff: Nachlass des Herrn/der Frau , geboren am , verstorben am , zuletzt wohnhaft ,

Antrag auf Eröffnung des Nachlassinsolvenzverfahrens

Sehr geehrte Damen und Herren,

gemäß dem beiliegend abgelichteten Erbschein des Amtsgerichts habe ich den o.g. Erblasser alleine/zusammen mit folgenden Personen beerbt: **(Antrag des Erben**, evtl. mit anwaltlicher Vertretungsanzeige).

oder

gemäß dem beiliegend abgelichteten Beschluss des Amtsgerichts wurde über den Nachlass des o.g. Erblassers Nachlasspflegschaft angeordnet und der Unterzeichner/die Unterzeichnerin zum Nachlasspfleger/zur Nachlasspflegerin für die unbekannten Erben bestellt (**Antrag des Nachlasspflegers**, evtl. mit anwaltlicher Vertretungsanzeige).

oder

gemäß dem beiliegend abgelichteten Beschluss des Amtsgerichts wurde festgestellt, dass nach dem o.g. Erblasser ein anderer Erbe als das Land nicht vorhanden ist (**Antrag des Fiskus**).

In der Eigenschaft als Alleinerbe/Miterbe/Nachlasspfleger stelle ich den **Antrag gemäß § 1980 Abs. 1 S. 1 BGB,**

das Insolvenzverfahren über den o.g. Nachlass zu eröffnen.

Beim Nachlass bestehen die Eröffnungsgründe der Zahlungsunfähigkeit und/oder Überschuldung. Das Vorliegen der Eröffnungsgründe wird durch das beigefügte Nachlassverzeichnis glaubhaft gemacht.

Mit weiterem verwertbarem Nachlass kann nach derzeitigem Kenntnisstand nicht gerechnet werden.

Die Nachlassakten werden geführt beim Amtsgericht – Nachlassgericht , Aktenzeichen .

Zur Zahlung eines Massekostenvorschusses sind wir ggf. nach Rücksprache/nicht bereit.

Unterschrift Alleinerbe/Miterbe/Nachlasspfleger/Vertreter des Fiskus

▲

B. Beteiligte des Verfahrens

I. Schuldner

Während in Insolvenzverfahren über das Vermögen einer (lebenden) 67
natürlichen oder juristischen Person bzw. einer rechtsfähigen Personengesellschaft in der Regel eindeutig ist, wer der Schuldner des Insolvenzverfahrens ist (vgl. §§ 1, 11 InsO), stellt sich im Nachlassinsolvenzverfahren die Frage, ob der Erbe oder der Nachlass als Schuldner anzusehen ist. In den §§ 315 ff. BGB finden sich beide Begriffe. § 11 Abs. 2 Nr. 2 InsO bestimmt, dass über das Sondervermögen „Nachlass" ein Insolvenzverfahren durchgeführt werden kann. Da der Nachlass als solcher jedoch nicht Träger von Rechten und Pflichten sein

kann, ist **Schuldner im Nachlassinsolvenzverfahren** nach herrschender Ansicht **der Erbe.**[36]

68 Demgemäß ist auch eine **Erbengemeinschaft** als solche nicht insolvenzfähig; Schuldner in der Nachlassinsolvenz sind die einzelnen Miterben.[37] § 2038 BGB, wonach die Verwaltung des Nachlasses den Erben gemeinschaftlich zusteht, ist zu beachten. Nach Maßgabe des § 317 Abs. 1 und 2 InsO ist jedoch auch der einzelne Miterbe zur Stellung eines Insolvenzantrags berechtigt.

69 Hinsichtlich der Vorgänge bis zum Eintritt des Erbfalls, also insbesondere bezüglich Handlungen, die Anfechtungsansprüche nach §§ 129 ff. InsO auslösen, ist auf den **Erblasser** abzustellen.[38] Der **Nachlass** stellt lediglich das zu verwertende Vermögen und somit die Haftungsmasse dar.[39]

70 Weitere Beteiligte auf Schuldnerseite sind etwaige **Testamentsvollstrecker, Nachlasspfleger oder Nachlassverwalter**. Diese werden jedoch nicht selbst Schuldner im Nachlassinsolvenzverfahren, sondern es verbleibt bei der Schuldnerstellung des oder der Erben.[40] Eine Ausnahme bildet der **Erbschaftskäufer**, der nach § 330 InsO für das Insolvenzverfahren an die Stelle des Erben tritt.

71 Eine angeordnete Nachlasspflegschaft oder Testamentsvollstreckung bleibt auch nach Eröffnung des Nachlassinsolvenzverfahrens bestehen. Die Verfügungsbefugnis über den Nachlass geht jedoch gemäß § 80 Abs. 1 InsO auf den Insolvenzverwalter über.

72 Sofern im Laufe des Insolvenzverfahrens absehbar wird, dass für die Aufrechterhaltung der Nachlasspflegschaft kein Bedürfnis mehr besteht, weil z.B. kein Übererlös für die unbekannten Erben verbleiben

---

36 BGH NZI 2005, 108; Uhlenbruck/*Lüer/Weidmüller*, InsO, § 315 Rn 11; MüKo-InsO/*Siegmann/Scheuing*, Anh. zu § 315 Rn 1; Andres/Leithaus/*Andres*, InsO, Vor §§ 315–331 Rn 3; Braun/*Bauch*, InsO, § 315 Rn 3; *Lissner*, ZInsO 2017, 2253; a.A. BGH NZI 2020, 470; OLG Köln ZInsO 2005, 825; LG Göttingen RPfleger 2001, 95; für ein schuldnerloses Verfahren Roth/Pfeuffer/*Roth*, HdB NachlassInsVerf, S. 49 ff.

37 BAG NZI 2022, 283; AG Duisburg NZI 2004, 97; Braun/*Bauch*, InsO § 315 Rn 4.

38 OLG Schleswig ZRI 2023, 28.

39 *Bork*, Einführung in das Insolvenzrecht, Rn 42; MüKo-InsO/*Siegmann/Scheuing*, Anh. zu § 315 Rn 7.

40 MüKo-InsO/*Siegmann/Scheuing*, Anh. zu § 315 Rn 6.

wird und deshalb keine Erben ermittelt werden müssen, kann die Nachlasspflegschaft aufgehoben werden. Dadurch wird die Masse nicht weiter mit den fortlaufenden Kosten der Nachlasspflegschaft belastet. Zuweilen lassen Nachlassgerichte jedoch die Nachlasspflegschaft bestehen, damit der Pfleger die Rechte der unbekannten Erben im Nachlassinsolvenzverfahren wahrnimmt.[41] Zudem besteht auch nach Eröffnung des Insolvenzverfahrens ein Fürsorgebedürfnis, wenn insolvenzfreies Vermögen vorhanden ist oder der Insolvenzverwalter Gegenstände aus der Masse freigegeben hat. In diesem Fall muss der Nachlasspfleger die freigegenebenen Gegenstände in Empfang nehmen, um diese für die unbekannten Erben zu sichern und zu verwalten.

II. Nachlassverwalter

Nach § 1975 BGB stellt die Nachlassverwaltung eine Nachlasspfleg- 73
schaft zum Zwecke der Befriedigung der Nachlassgläubiger dar. Anders jedoch als eine Nachlasspflegschaft, die theoretisch – in auf das insolvenzfreie Vermögen begrenztem Umfang – während eines Nachlassinsolvenzverfahrens fortbestehen kann, endet eine Nachlassverwaltung gemäß § 1988 BGB zwingend mit der Eröffnung des Nachlassinsolvenzverfahrens.

Stellt der Nachlassverwalter im Verlauf der Nachlassverwaltung die 74
materielle Insolvenzreife des Nachlasses fest und beantragt daraufhin unter Beachtung der §§ 1985 Abs. 2 S. 2, 1980 BGB die Eröffnung eines Insolvenzverfahrens, besteht nach dem Willen des historischen Gesetzgebers die **Möglichkeit eines nahtlosen Übergangs der Nachlassverwaltung in ein eröffnetes Nachlassinsolvenzverfahren unter Beibehaltung der Person des bisherigen Verwalters als Insolvenzverwalter.**[42] Dadurch wird insbesondere die Einschaltung eines Sachverständigen oder eines vorläufigen Insolvenzverwalters obsolet.

Der unmittelbare Übergang von der Nachlassverwaltung in ein eröff- 75
netes Nachlassinsolvenzverfahren unter Beibehaltung des bisherigen Verwalters entspricht nicht nur der Gesetzessystematik sowie Effizi-

41 OLG Stuttgart ZEV 2012, 549.
42 Hahn/*Mugdan*, Motive zum BGB § 1988 Abs. 1.

enz- und Kostengesichtspunkten, sondern trägt auch dem Eilcharakter des Insolvenzantragsverfahrens bestmöglich Rechnung. Jedenfalls in Fällen, in denen es sich bei dem antragstellenden Nachlassverwalter um einen bei dem betreffenden Insolvenzgericht gelisteten oder bekannten Insolvenzverwalter handelt, sollte regelmäßig so vorgegangen werden. Hierbei ist auch zu beachten, dass es sich bei der Nachlassverwaltung rechtshistorisch betrachtet um eine Sonderform der (vorläufigen) Nachlassinsolvenzverwaltung handelt und die dogmatische Stellung des Nachlassverwalters viel mehr derjenigen eines „starken" vorläufigen Insolvenzverwalters entspricht als derjenigen eines Nachlasspflegers. Denn der Nachlassverwalter ist wie ein („starker" vorläufiger) Insolvenzverwalter eine allen Beteiligten, somit auch den Nachlassgläubigern gegenüber verantwortliche Partei kraft Amtes und nicht wie der Nachlasspfleger bloßer gesetzlicher Vertreter der unbekannten Erben.

76 **Praxistipp**

Bei einem Übergang von der Nachlassverwaltung in ein Nachlassinsolvenzverfahren sollten die Nachlass- und Insolvenzgerichte auf die Möglichkeit der Beibehaltung des Nachlassverwalters als Insolvenzverwalter hingewiesen werden, weil dies in der Praxis bislang wenig bekannt, aber unter Effizienz- und Kostengesichtspunkten richtig und daher letztlich auch geboten ist. Der Nachlassverwalter sollte die Frage, ob ein Insolvenzgrund vorliegt und ggf. eine kostendeckende Insolvenzmasse gebildet werden kann, in seinem Insolvenzantrag genauso ausführlich und in der gleichen gutachterlichen Form darlegen, wie er dies als speziell vom Insolvenzgericht beauftragter Gutachter auch zu tun hätte. Dann besteht für das Insolvenzgericht in aller Regel kein Grund, zur Klärung dieser für die Eröffnungsentscheidung relevanten Fragen ein gesondertes Sachverständigengutachten bei einem Dritten in Auftrag zu geben. Entsprechend sollten Insolvenzgerichte nur dann verfahren, wenn ausnahmsweise konkrete Anhaltspunkte vorliegen, die an der Richtigkeit der Angaben des Nachlassverwalters oder an seiner Eignung bzw. Zuverlässigkeit für das Amt des Insolvenzverwalters im konkreten Fall zweifeln lassen.

III. Sachverständiger und (vorläufiger) Insolvenzverwalter

1. Sachverständiger

Der Gutachter, der vom Insolvenzgericht ausgewählt wird, um als Sachverständiger oder als vorläufiger Insolvenzverwalter das Vorliegen von Insolvenzgründen zu untersuchen, ist nach allgemeinen insolvenzrechtlichen Gepflogenheiten in aller Regel auch derjenige, der ggf. nachfolgend zum Insolvenzverwalter bestellt wird. Bei der Auswahl des Sachverständigen hat das Insolvenzgericht bereits **§ 56 InsO** zu beachten. Zum Gutachter bzw. vorläufigen Insolvenzverwalter ist demgemäß eine für den jeweiligen Einzelfall **geeignete, insbesondere geschäftskundige und von den Gläubigern und vom Schuldner unabhängige**[43] **natürliche Person** zu bestellen. Sofern zum Nachlass ausnahmsweise ein lebendes Unternehmen mit laufendem Geschäftsbetrieb gehört, gelten hinsichtlich der Geeignetheit und Geschäftskundigkeit dieselben Kriterien wie in einer Unternehmensinsolvenz. Erforderlich ist danach neben juristischem, insolvenzrechtlichem und betriebswirtschaftlichem Know-how auch praktische Erfahrung mit operativen Betriebsfortführungen. Hinzukommen muss die in jeder Nachlassinsolvenz unerlässliche, spezifisch nachlassinsolvenzrechtliche und allgemein erbrechtliche Expertise. 77

Hinweis 78

Es kommt besonders auf die Systematik des Haftungsregimes der §§ 1978 ff. BGB an. Die wirtschaftliche Bedeutung dieser Regelungen für Erfolg oder Misserfolg des Nachlassinsolvenzverfahrens ist erfahrungsgemäß umso größer, je größer der Zeitraum zwischen Erbfall und Insolvenzantragstellung ist und je umfangreicher und zahlreicher in diesem Zeitraum bereits erbschaftliche Geschäfte vorgenommen wurden. Besonders anspruchsvoll wird es, wenn ein komplex strukturierter, umfangreicher Nachlass im Moment der Antragstellung bereits weitgehend unter Miterben auseinandergesetzt oder von einem Nachlasspfleger an einen Teil der Gläubiger ausgekehrt wurde.

43 Zur Unabhängigkeit des Insolvenzverwalters *Spiekermann*, NZI 2020, 977.

79 Unabhängig von der fachlichen Eignung sind nach allgemeinen Grundsätzen all jene Personen im konkreten Fall ungeeignet, die bereits in einer persönlichen oder beruflichen Verbindung zum Erblasser, den Erben oder einem beteiligten Nachlassgläubiger stehen oder unlängst standen. Auch (Mit-)Erben selbst, Nachlasspfleger oder Testamentsvollstrecker sind von vornherein nicht geeignet, in dem betreffenden Fall zum Sachverständigen bzw. nachfolgend zum Insolvenzverwalter bestellt zu werden. Zur Auswahl des geeigneten Sachverständigen bzw. (vorläufigen) Insolvenzverwalters siehe auch § 5 Rdn 5 ff.

2. Insolvenzverwalter

80 Der Insolvenzverwalter übt ein privates, kein hoheitliches Amt aus.[44] Nach ständiger Rechtsprechung des RG und des BGH[45] ist der Insolvenzverwalter nicht Vertreter des Schuldners, sondern **Partei kraft Amtes** und als solcher in Bezug auf die Insolvenzmasse aktiv- und passivlegitimiert.

81 Der Insolvenzverwalter ist **nicht weisungsgebunden**. Er unterliegt jedoch der **Aufsicht des Insolvenzgerichts, § 58 Abs. 1 InsO**. Das Insolvenzgericht kann jederzeit Auskunft über den Sachstand und die Geschäftsführung durch den Verwalter verlangen. Kommt dieser seinen Pflichten nicht nach, kann das Gericht gemäß § 58 Abs. 2 InsO nach vorheriger Androhung ein Zwangsgeld festsetzen.

82 Sofern ein Gläubigerausschuss gebildet wurde, haben dessen Mitglieder gemäß § 69 S. 1 InsO den Insolvenzverwalter bei seiner Geschäftsführung zu unterstützen und zu überwachen. § 69 S. 2 InsO konkretisiert diese Rechte und Pflichten, die nur dem Gläubigerausschuss, nicht jedoch den einzelnen Gläubigern zustehen. Eine Weisungsbefugnis gegenüber dem Verwalter steht jedoch auch dem Gläubigerausschuss nicht zu.

---

44 BVerfG NZI 2006, 451; *Bork*, Einführung in das Insolvenzrecht, Rn 65, 78; zur insolvenzrechtlichen Amtstheorie vertiefend *Jungmann*, NZI 2022, 801.

45 BGH ZInsO 2006, 260 m.w.N.; so auch BAG NJOZ 2003, 1200 und BFH ZIP 1997, 797.

Bei der Ausübung seiner Tätigkeit steht dem Insolvenzverwalter grundsätzlich ein **weiter Ermessensspielraum** zu.[46] Seine Rechtsmacht ist allerdings durch den **Insolvenzzweck des § 1 InsO** beschränkt, so dass das Ziel der gleichmäßigen Befriedigung aller Insolvenzgläubiger stets im Vordergrund steht. Rechtshandlungen des Insolvenzverwalters, die diesem Zweck klar und eindeutig zuwiderlaufen, können im Einzelfall unwirksam sein.[47] 83

3. Haftung des Insolvenzverwalters

Die **Haftung des Insolvenzverwalters** richtet sich nach **§§ 60, 61 InsO**.[48] Nach dem Sorgfaltsmaßstab des § 60 Abs. 1 S. 2 InsO hat der Insolvenzverwalter seine Aufgaben ordentlich und gewissenhaft auszuführen. Verletzt er diese Pflichten schuldhaft, ist er gemäß **§ 60 Abs. 1 S. 1 InsO** allen Beteiligten zum **Schadensersatz** verpflichtet. Dies gilt über § 21 Abs. 2 S. 1 Nr. 1 InsO auch für den vorläufigen Insolvenzverwalter. 84

Setzt der Verwalter zur Erfüllung seiner Pflichten Angestellte des Schuldners im Rahmen von deren bisheriger Tätigkeit ein, hat er deren Verschulden nicht nach § 278 BGB zu vertreten, wenn er seiner Überwachungspflicht nachgekommen ist, vgl. § 60 Abs. 2 InsO.[49] 85

§ 61 InsO erfasst **Masseverbindlichkeiten, die der Insolvenzverwalter pflichtwidrig begründet** hat. Können diese aus der Insolvenzmasse nicht voll erfüllt werden, haftet der Insolvenzverwalter dem Massegläubiger gegenüber, es sei denn, er konnte bei Begründung der Verbindlichkeit nicht erkennen, dass die Masse voraussichtlich unzureichend sein wird. 86

Der Verwalter hat den von ihm gemäß § 61 S. 2 InsO zu führenden Entlastungsbeweis nur dahin zu führen, dass er zum Zeitpunkt der 87

46 BGH NZI 2013, 347.

47 BGH NZI 2013, 347; 2008, 365; 2002, 375.

48 Hierzu *Pape*, ZInsO 2019, 2033; *Schultz*, ZInsO 2015, 529; *Adam*, VersR 2012, 1226. Zur unterlassenen Anzeige der Masseunzulänglichkeit *Jahn/Gundlach/Frenzel*, DZWir 2011, 177 und *Büchler*, ZInsO 2011, 1240. Zur Haftung im Rahmen der Prüfung von Tabellenanmeldungen und zu erfolgendem Widerspruch BGH NZI 2023, 624 und *König*, ZINsO 2022, 343. Zur Haftung in Bezug auf Steuerbescheide für Zeiträume vor Insolvenzeröffnung *Bächer*, ZInsO 2022, 2335.

49 Hierzu siehe OLG Hamm ZInsO 2007, 216.

Begründung der Masseverbindlichkeit einen aus seiner damaligen Sicht auf zutreffenden Anknüpfungstatsachen beruhenden und sorgfältig erwogenen Liquiditätsplan erstellt hat, der eine Erfüllung der fälligen Masseverbindlichkeit erwarten ließ; die Darlegung und der Beweis für eine davon abweichende Entwicklung obliegt ihm nicht.[50]

88 Räumt das Gesetz der Gläubigerversammlung keine Entscheidungs- oder Zustimmungskompetenz ein, haben ihre Beschlüsse grundsätzlich keine Auswirkungen darauf, ob der Insolvenzverwalter einen Masseschaden pflichtwidrig und schuldhaft herbeigeführt hat.[51]

Sekundäransprüche des Vertragspartners, deren Ursache nicht in der Unzulänglichkeit der Insolvenzmasse begründet ist, werden nicht von § 61 InsO erfasst.[52]

89 **Im Rahmen einer Betriebsfortführung** ist Maßstab aller unternehmerischen Entscheidungen des Insolvenzverwalters der Insolvenzzweck der bestmöglichen gemeinschaftlichen Befriedigung der Insolvenzgläubiger sowie das von den Gläubigern gemeinschaftlich beschlossene Verfahrensziel – Abwicklung des Unternehmens, Veräußerung oder Insolvenzplan – als Mittel der Zweckerreichung.[53] Maßgeblich ist, ob aus **ex ante-Sicht** die zu erwartenden mittelbaren oder unmittelbaren Vorteile für die Masse die damit verbundenen Kosten, Aufwendungen und Risiken zu rechtfertigen vermögen.[54] Bei solchen unternehmerischen Entscheidungen kommt dem Insolvenzverwalter ein weiter, mit der Vielschichtigkeit des Verfahrens zunehmender Ermessensspielraum zu.[55]

Eine Erfolgshaftung für die unternehmerischen Entscheidungen des Insolvenzverwalters – wie dies in § 93 Abs. 1 S. 2 AktG geregelt ist, die sog. Business Judgment Rule – kommt nicht in Betracht.[56]

---

50 BGH NZI 2018, 258; 2005, 222.
51 BGH NZI 2020, 671.
52 BGH NZI 2018, 258; 2008, 735; *Thole/Pogoda,* NZI 2018, 377.
53 BGH NZI 2020, 671; 2017, 442.
54 BGH NZI 2020, 671; 2014, 757.
55 BGH NZI 2020, 671; 2017, 442; 2014, 757.
56 BGH NZI 2020, 671. Siehe hierzu auch *Bauer,* ZIP 2020, 2272; *Gehrlein,* NZG 2020, 801; *Jungmann,* NZI 2020, 651.

Praxistipp 90

Will der Insolvenzverwalter Haftungsrisiken reduzieren, hat er jederzeit die Möglichkeit, vor einer anstehenden gewichtigen Rechtshandlung – auch über andere als die in § 160 Abs. 2 InsO genannten Maßnahmen hinaus – die Einberufung des Gläubigerausschusses bzw. der Gläubigerversammlung zu beantragen und eine Entscheidung über die Rechtshandlung herbeizuführen. Dies führt zwar nicht zwingend zu einer Entlastung des Verwalters, erweitert aber jedenfalls den Kreis der Haftenden.[57]

4. Vergütung des Insolvenzverwalters

Die **Vergütung des Insolvenzverwalters** richtet sich nach § 63 InsO i.V.m. den Vorschriften der InsVV. Die Festsetzung der Vergütung erfolgt auf Antrag des Verwalters durch das Insolvenzgericht, § 64 InsO (im Einzelnen siehe § 11). 91

Die **Vergütung des Sachverständigen** im Insolvenzantragsverfahren erfolgt auf Grundlage der Abrechnung der tatsächlich geleisteten Zeitstunden nach einem vom jeweiligen Insolvenzgericht festgelegten Stundensatz zzgl. der Auslagen des Sachverständigen, wie etwa der Kosten der Einholung von Kontoauszügen, Kopier- oder Fahrtkosten.

5. Beendigung des Amtes des Insolvenzverwalters

Das **Amt des Insolvenzverwalters** endet in der Regel mit der Aufhebung des Verfahrens (§ 200 InsO) oder mit einer Verfahrenseinstellung nach §§ 207, 211, 212 oder 213 InsO (§ 215 InsO). In seltenen Fällen wird ein neuer Insolvenzverwalter ernannt, wenn die Gläubiger in der ersten Gläubigerversammlung einen neuen Verwalter gewählt haben (§ 57 InsO). Selbstredend führen auch die Geschäftsunfähigkeit oder der Tod des Insolvenzverwalters zur Beendigung des Amtes.[58] 92

57 Braun/*Baumert*, InsO, § 60 Rn 28 f. unter Verweis auf BGH ZIP 1985, 423, wo jedoch für eine Haftung des Konkursverwalters das Vorliegen „besonderer Umstände“ gefordert wurde.

58 Zu Letzterem *Wozniak*, ZInsO 2019, 2300.

93 Zudem kann der Insolvenzverwalter **bei Vorliegen eines wichtigen Grundes nach Maßgabe des § 59 InsO aus dem Amt entlassen** werden. Hierzu führt der BGH in einem Beschluss vom 25.9.2014[59] aus:

„Ein Insolvenzverwalter ist nach § 59 Abs. 1 InsO zu entlassen, wenn sein Verbleiben im Amt unter Berücksichtigung der schutzwürdigen Interessen des Verwalters die Belange der Gläubiger und die Rechtmäßigkeit der Verfahrensabwicklung objektiv nachhaltig beeinträchtigen würde. Diese Beeinträchtigung muss feststehen. Die Ausübung des Insolvenzverwalteramtes ist durch Art. 12 GG geschützt. Eingriffe sind nur zulässig, soweit sie durch höherwertige Interessen des gemeinen Wohls gerechtfertigt sind, nicht weitergehen als es erforderlich ist und den Grundsatz der Verhältnismäßigkeit wahren. … Die Störung des Vertrauensverhältnisses zwischen Insolvenzverwalter und Insolvenzgericht reicht niemals für die Entlassung des Ersteren aus, wenn sie lediglich auf persönlichem Zwist beruht. Hat die Störung ihren Grund in dem Verwalter vorgeworfenen Pflichtverletzungen, müssen diese grundsätzlich feststehen.[60]

Liegt eine Pflichtverletzung vor, die einen wichtigen Grund zur Entlassung des Insolvenzverwalters darstellt, darf das Insolvenzgericht von dieser zwar nicht lediglich deshalb absehen, weil die Gläubiger wegen der Pflichtverletzung den Verwalter nach §§ 60, 61 InsO auf Schadensersatz in Anspruch nehmen können. Umgekehrt ist jedoch nicht jede Pflichtverletzung, die einen Schadensersatzanspruch auslöst, zugleich ein wichtiger Grund zur Entlassung. Diese setzt grundsätzlich voraus, dass es in Anbetracht der Erheblichkeit der Pflichtverletzungen, insbesondere ihrer Auswirkungen auf den Verfahrensablauf und die berechtigten Belange der Beteiligten, sachlich nicht mehr vertretbar erscheint, den Verwalter im Amt zu belassen. Diese Beurteilung, die auf einer Abwägung aller jeweils bedeutsamen Umstände beruht, obliegt dem Tatrichter."

94 Schließlich kann der Insolvenzverwalter auch auf eigenen Wunsch aus dem Amt entlassen werden.

---

59 BGH NZI 2015, 20.

60 Unter Verweis auf BGH NZI 2012, 247; 2006, 158.

Nach der Bestellung des Insolvenzverwalters stellt das Insolvenzgericht eine **Bestellungsurkunde** aus, die als Ausweis dient und in den Fällen, in denen es eines Ausweises bedarf (etwa im Verkehr mit Behörden oder bei der Beurkundung von Verträgen) vorzulegen ist. Nach Beendigung des Amtes hat der Insolvenzverwalter die Bestellungsurkunde an das Insolvenzgericht zurückzugeben. 95

IV. Gläubiger

1. Gläubigergruppen

Wie in jedem Insolvenzverfahren ist in Bezug auf die Passiva zu differenzieren zwischen 96
- **gewöhnlichen Insolvenzforderungen** im Rang des § 38 InsO
- **nachrangigen Insolvenzforderungen** (vgl. §§ 39, 327 InsO)
- **privilegierten Masseverbindlichkeiten** gem. §§ 55, 324 Abs. 1 InsO sowie
- **absolut vorrangigen Verfahrenskosten** i.S.d. § 54 InsO.

a) Insolvenzgläubiger

Insolvenzgläubiger sind gemäß **§ 38 InsO** alle persönlichen Gläubiger, die im Zeitpunkt der Verfahrenseröffnung begründete Vermögensansprüche gegen den Schuldner haben. In Nachlassinsolvenzverfahren können nach § 325 InsO nur **Nachlassverbindlichkeiten** geltend gemacht werden, so dass hier alle Insolvenzgläubiger zugleich Nachlassgläubiger sind. Keine Insolvenzgläubiger sind demgemäß rein dinglich berechtigte Gläubiger sowie solche Gläubiger, die ihre (persönlichen) Forderungen erst nach dem Eröffnungsstichtag erwerben (sog. „Neugläubiger“). 97

In gewöhnlichen Nachlassinsolvenzverfahren sind (Nachlass-)Neugläubiger in diesem Sinne nicht vorstellbar, da sämtliche Verbindlichkeiten, die im Zusammenhang mit der Verwaltung des Nachlasses nach Verfahrenseröffnung entstehen, entweder automatisch **Masseverbindlichkeiten** sind (§ 324 Abs. 1 Nr. 1–6 InsO) oder aber als reine Eigenverbindlichkeiten des Erben zu qualifizieren sind. 98

(Nachlass-)Neugläubiger, also solche Inhaber persönlicher Forderungen, die erst nach Verfahrenseröffnung entstanden sind, und die daher 99 nicht an dem Nachlassinsolvenzverfahren als Insolvenzgläubiger teilnahmeberechtigt sind, kann es nur in einem sog. fortgesetzten Nachlassinsolvenzverfahren geben, wenn der Schuldner im Laufe eines als Regelinsolvenzverfahren eröffneten Verfahrens stirbt, mit der Folge, dass dieses in ein Nachlassinsolvenzverfahren überzuleiten ist. Nach h.M. bleiben Neugläubiger ggf. aufgrund § 38 InsO außen vor, obwohl das Verfahren im Übrigen mit allen Konsequenzen zu einem Nachlassinsolvenzverfahren wird.[61]

100 **Hinweis**

Aufgrund von § 324 Abs. 1 Nr. 1, 5 und 6 InsO sind auch Verbindlichkeiten, die von einem (schwachen) vorläufigen Insolvenzverwalter, z.B. im Rahmen von Betriebsfortführungen, vor Verfahrenseröffnung begründet werden, unabhängig von § 55 Abs. 2 InsO ausnahmslos und immer als Masseverbindlichkeiten zu qualifizieren.

101 Die Insolvenzforderungen im Rang des § 38 InsO bilden daher in Nachlassinsolvenzverfahren fast immer ausschließlich die **Verbindlichkeiten, die noch von dem Erblasser selbst** herrühren. Per definitionem gehören aber auch die sog. Erbfallschulden zu den (potentiellen) Insolvenzforderungen.

102 Zu den **Erbfallschulden** zählen insbesondere die in § 1967 Abs. 2 BGB genannten **Ansprüche der Pflichtteilsberechtigten und Vermächtnisnehmer**, einschließlich der des **Voraus des Ehegatten nach § 1932 BGB** und des Dreißigsten nach § 1969 BGB, auf die die Vorschriften über Vermächtnisse entsprechend anzuwenden sind, sowie die Ansprüche der **Auflagenberechtigten**. Diese verweist § 327 Abs. 1 InsO jedoch in den absoluten Nachrang, d.h. noch hinter die in § 39 Abs. 1 und 2 InsO bezeichneten nachrangigen Insolvenzforderungen.

Zu den Erbfallschulden gehören ferner der **Unterhaltsanspruch gegen die werdende Mutter eines erbberechtigten Nasciturus** gem. § 1963 BGB sowie **Zugewinnausgleichsansprüche** gemäß § 1371

61 Vgl. *Nöll*, Der Tod des Schuldners in der Insolvenz, mit ausführlicher Begründung, weshalb diese h.M. abzulehnen ist und wie in einem solchen Fall aufgrund von § 325 InsO alle bisherigen Neugläubiger in das laufende Verfahren einzubeziehen sind.

BGB. Sofern solche Ansprüche ausnahmsweise existieren, handelt es sich um Insolvenzforderungen im Rang des § 38 InsO.

Zu den Insolvenzforderungen im Rang des § 38 InsO gehören auch Ansprüche auf Schadensersatz wegen Nichterfüllung aus bei Verfahrenseröffnung beiderseits nicht vollständig erfüllten Verträgen, die von dem Insolvenzverwalter nach Maßgabe der §§ 103 ff. InsO nicht erfüllt werden, vgl. § 103 Abs. 2 InsO. Hat der Insolvenzverwalter dagegen die Erfüllung des Vertrags gewählt, sind die Rechte und Pflichten aus dem Vertrag als Masseverbindlichkeiten und Masseforderungen zu behandeln.[62] 103

Auch **der Erbe selbst** kann **Insolvenzgläubiger** sein. Die infolge des Erbfalls durch Konfusion oder Konsolidation erloschenen Rechtsverhältnisse gelten nach § 1976 BGB im Nachlassinsolvenzverfahren als nicht erloschen. Soweit der Erblasser dem Erben etwas schuldig war, lebt auch die Forderung des Erben wieder auf und kann von diesem geltend gemacht werden. Der Erbe hat in diesem Fall sowohl die Rechte und Pflichten des Schuldners als auch die Rechte aus seiner Beteiligtenstellung als Insolvenzgläubiger. 104

Soweit Ansprüche persönlicher Gläubiger i.S.d. § 38 InsO nicht auf Geldleistung gerichtet sind, ist der Geldwert nach Maßgabe des § 45 InsO zu schätzen. Nicht fällige Forderungen gelten gemäß § 41 InsO als fällig. Gemäß § 42 InsO werden auflösend bedingte Forderungen wie unbedingte Forderungen behandelt. 105

b) Massegläubiger

Massegläubiger haben Ansprüche, die erst nach Eröffnung des Insolvenzverfahrens begründet wurden. **Masseverbindlichkeiten** sind die Verfahrenskosten i.S.d. § 54 InsO und die sonstigen Masseverbindlichkeiten nach § 55 InsO sowie in Nachlassinsolvenzverfahren die durch die vorherige Verwaltung des Nachlasses entstandenen Kosten, § 324 InsO (zu den Masseverbindlichkeiten siehe ausführlich § 4 Rdn 112 ff.). 106

62 Braun/*Fehl-Weileder*, InsO § 103 Rn 44.

c) Nachrangige Insolvenzgläubiger

107 **Gläubiger nachrangiger Insolvenzforderungen** sind die in **§ 39 InsO** bezeichneten Verbindlichkeiten. Zu diesen zählen insbesondere die seit der Verfahrenseröffnung laufenden **Zinsansprüche** und verfahrensbedingten **Rechtsverfolgungskosten** der Insolvenzgläubiger, Forderungen mit vorinsolvenzlich vereinbartem Nachrang sowie **Ansprüche auf unentgeltliche Leistungen.**

Nachrangige Insolvenzgläubiger sind nur und erst dann in das Insolvenzverfahren einzubeziehen, wenn sichergestellt ist, dass die normalrangigen Insolvenzgläubiger zu 100 % befriedigt werden.

§ 327 InsO verweist die dort genannten **Gläubiger von Pflichtteils-, Vermächtnis- und Auflagenansprüchen** in den **absoluten Nachrang** mit der Folge, dass diese erst nach den in § 39 InsO genannten Verbindlichkeiten zu befriedigen sind. Pflichtteilsergänzungsansprüche gemäß § 2325 BGB teilen das Schicksal von Pflichtteilsansprüchen.

108 **Hinweis**

In Nachlassinsolvenzen kommt es nicht selten zur Schenkungsanfechtung von Bezugsrechten aus Lebensversicherungen. Gewährt der Begünstigte die erhaltene Todesfallleistung daraufhin zurück, lebt in entsprechender Höhe ein Schenkungsanspruch als nachrangige Insolvenzforderung auf, und zwar unabhängig davon, ob das Schenkungsversprechen formwirksam erteilt wurde oder nicht.

d) Aus- und absonderungsberechtige Gläubiger

109 Aus- und absonderungsberechtigte Gläubiger nehmen an der Schlussverteilung, d.h. an der Verteilung der freien Insolvenzmasse am Ende des Verfahrens, nicht teil.

110 Gegenstände, die einem **Aussonderungsrecht gemäß § 47 InsO** unterliegen, gehören nicht zur Insolvenzmasse (zur Aussonderung siehe § 4 Rdn 15 ff. und § 6 Rdn 118). Gläubiger, denen aufgrund eines dinglichen oder persönlichen Rechts ein Aussonderungsrecht zusteht, können dieses Recht außerhalb des Insolvenzverfahrens geltend machen.

Absonderungsberechtigte Gläubiger sind persönliche Gläubiger des Schuldners oder eines Dritten, die an Gegenständen der Insolvenzmasse dinglich gesichert bzw. berechtigt sind, §§ 49–52 InsO. Diese Gläubiger haben das Recht, aus dem Verwertungserlös eines bestimmten massezugehörigen Gegenstandes vorab befriedigt zu werden (zur Absonderung siehe § 4 Rdn 18 ff. und § 6 Rdn 119).

e) Rangfolge

Somit werden die verschiedenen Gläubigergruppen in folgender Reihenfolge – nach Deckung der Verfahrenskosten (§ 54 InsO) – befriedigt: 111

1. Massegläubiger (§§ 55, 324 InsO)
2. Insolvenzgläubiger (§ 38 InsO)
3. Nachrangige Insolvenzgläubiger i.S.d. § 39 InsO
4. Nachrangige Insolvenzgläubiger i.S.d. § 327 InsO, innerhalb dieser Gruppe zunächst die Pflichtteilsberechtigten, danach die Vermächtnisnehmer und die Auflagenbegünstigten.

2. Gläubigerorganisationen

a) Allgemeines

Die **Gläubigerversammlung** bzw. der **Gläubigerausschuss,** wenn ein solcher bestellt ist, beschließt über zentrale Verfahrensfragen, insbesondere darüber, ob und auf welche Weise bestimmte Massegegenstände wie etwa ein zur Masse gehöriges Unternehmen verwertet werden sollen und ob der gerichtlich eingesetzte Insolvenzverwalter im Amt bleibt oder nach Maßgabe des § 57 InsO ein neuer Verwalter ins Amt gewählt wird. 112

Will der Insolvenzverwalter vor dem Berichtstermin das Unternehmen des Schuldners stilllegen oder veräußern, so hat er nach § 158 Abs. 1 InsO die Zustimmung des Gläubigerausschusses einzuholen, wenn ein solcher bestellt ist. Nach dem Berichtstermin verwertet der Insolvenzverwalter das zur Insolvenzmasse gehörende Vermögen, soweit keine Beschlüsse der Gläubigerversammlung entgegenstehen, § 159 InsO. Dies ist Ausfluss der Gläubigerautonomie. 113

Nach § 160 InsO hat der Insolvenzverwalter **bei besonders bedeutsamen Rechtshandlungen die Zustimmung des Gläubigerausschusses** 114

bzw. der Gläubigerversammlung einzuholen. Dies ist insbesondere erforderlich,
- wenn das Unternehmen oder ein Betrieb, das Warenlager im Ganzen, ein unbeweglicher Gegenstand aus freier Hand, die Beteiligung des Schuldners an einem anderen Unternehmen, die der Herstellung einer dauernden Verbindung zu diesem Unternehmen dienen soll, oder das Recht auf den Bezug wiederkehrender Einkünfte veräußert werden soll;
- wenn ein Darlehen aufgenommen werden soll, das die Insolvenzmasse erheblich belasten würde;
- wenn ein Rechtsstreit mit erheblichem Streitwert anhängig gemacht oder aufgenommen, die Aufnahme eines solchen Rechtsstreits abgelehnt oder zur Beilegung oder zur Vermeidung eines solchen Rechtsstreits ein Vergleich oder ein Schiedsvertrag geschlossen werden soll.

Im Außenverhältnis ist der Insolvenzverwalter jedoch in jedem Fall handlungsbefugt, so dass seine Handlungen auch bei einer fehlenden Zustimmung des Gläubigerausschusses bzw. der Gläubigerversammlung wirksam bleiben, § 164 InsO.

b) Gläubigerversammlung

115 Die **Gläubigerversammlung** wird gemäß § 74 InsO vom Insolvenzgericht einberufen; Zeit, Ort und Tagesordnung werden auch öffentlich bekanntgemacht. Zur Teilnahme an der Versammlung sind alle absonderungsberechtigten Gläubiger, alle Insolvenzgläubiger, der Insolvenzverwalter, die Mitglieder des Gläubigerausschusses und der Schuldner berechtigt, in Nachlassinsolvenzverfahren anstelle des Schuldners die Erben. Zur Gläubigerversammlung siehe ausführlich § 6 Rdn 71 ff.

116 Neben den gesetzlich vorgesehenen Fällen der §§ 158 ff. InsO ist die Gläubigerversammlung auch einzuberufen, wenn dies von einem der Beteiligten gemäß § 75 InsO beantragt wird.

117 Die Gläubigerversammlung wird vom Insolvenzgericht geleitet, § 76 Abs. 1 InsO. Die Feststellung des Stimmrechts ist in § 77 InsO geregelt. Danach sind zur Stimmabgabe grundsätzlich diejenigen Insolvenzgläubiger berechtigt, die ihre Forderung angemeldet haben und deren Forderung weder vom Insolvenzverwalter noch von einem

stimmberechtigten Gläubiger bestritten worden ist. Unter Umständen können auch Gläubiger, deren Forderung bestritten wurde, ein Stimmrecht ausüben, vgl. § 77 Abs. 2 InsO. Nachrangige Gläubiger haben kein Stimmrecht. Die Beschlussfassung richtet sich nach § 76 Abs. 2 InsO: Ein Beschluss kommt zu Stande, wenn die Summe der Forderungsbeträge der zustimmenden Gläubiger mehr als die Hälfte der Summe der Forderungsbeträge der abstimmenden Gläubiger beträgt.

c) Gläubigerausschuss

Das Insolvenzgericht kann vor der ersten Gläubigerversammlung einen **Gläubigerausschuss** einsetzen, § 67 Abs. 1 InsO; im Übrigen beschließt die Gläubigerversammlung, ob ein Gläubigerausschuss eingesetzt und wie dieser besetzt wird, § 68 InsO. Gemäß § 67 Abs. 2 InsO sollen im Ausschuss die absonderungsberechtigten Gläubiger, die Insolvenzgläubiger mit den höchsten Forderungen und die Kleingläubiger vertreten sein. Zu Mitgliedern können auch Personen bestellt werden, die keine Gläubiger sind, § 67 Abs. 3 InsO. Der Gläubigerausschuss muss mit mindestens zwei Mitgliedern besetzt sein.[63] Zum Gläubigerausschuss siehe ausführlich § 6 Rdn 57 ff. 118

Das Insolvenzgericht kann ein Mitglied des Gläubigerausschusses aus wichtigem Grund aus dem Amt entlassen, § 70 InsO. Die Entlassung kann von Amts wegen, auf Antrag eines Mitglieds des Gläubigerausschusses oder auf Antrag der Gläubigerversammlung erfolgen. 119

Die **Aufgaben des Gläubigerausschusses** ergeben sich aus § 69 InsO. Demnach haben seine Mitglieder den **Insolvenzverwalter bei seiner Geschäftsführung zu unterstützen und zu überwachen**. Dennoch ist die Gläubigerversammlung gegenüber dem Insolvenzverwalter nicht weisungsbefugt. Dies ergibt sich aus § 164 InsO, wonach die Handlungen des Verwalters im Außenverhältnis auch ohne die nach den §§ 160–163 InsO erforderliche Zustimmung der Gläubigerversammlung wirksam bleiben. 120

Die Beschlussfassung erfolgt mehrheitlich durch die Mitglieder des Ausschusses mit der Mehrheit der abgegebenen Stimmen, § 72 InsO. 121

63 BGH NZI 2009, 386.

Bei einer schuldhaften Pflichtverletzung haften die Mitglieder des Gläubigerausschusses nach § 71 InsO den absonderungsberechtigten Gläubigern und den Insolvenzgläubigern gegenüber.

122 Die Mitglieder des Gläubigerausschusses haben gemäß § 73 InsO einen **Anspruch auf Vergütung** ihrer Tätigkeit und Erstattung notwendiger Auslagen. Dies gilt auch für den vom Insolvenzgericht vor der Eröffnung des Verfahrens eingesetzten vorläufigen Gläubigerausschuss (§ 21 Abs. 2 S. 1 Nr. 1a InsO) sowie für den bis zur ersten Gläubigerversammlung eingesetzten Gläubigerausschuss (§ 67 Abs. 1 InsO). Eine vergleichbare Vorschrift existiert nicht für die Teilnehmer an einer Gläubigerversammlung; diese erhalten für ihre Mitwirkung keine Vergütung. Auch ein (vorläufiges) Gläubigerausschussmitglied erhält für die Teilnahme an einer Gläubigerversammlung grundsätzlich keine Vergütung.[64]

64 LG Münster NZI 2024, 516.

§ 4 Insolvenzmasse

Übersicht:

A. Grundlagen

I. Der Nachlass als Ausgangspunkt

1 Gemäß § 1975 BGB beschränkt sich durch die Eröffnung des Nachlassinsolvenzverfahrens die Haftung des oder der Erben für die Nachlassverbindlichkeiten automatisch auf den Nachlass, genauer gesagt auf die – hiermit nicht notwendigerweise deckungsgleiche – Nachlassinsolvenzmasse.

Etwas anderes gilt gemäß § 2013 BGB, wenn der Erbe für die Nachlassverbindlichkeiten nach Maßgabe der §§ 1993 ff. BGB unbeschränkt haftet. Letzteres ist zum einen der Fall, wenn der Erbe eine ihm nach Maßgabe des § 1995 BGB nachlassgerichtlich gesetzte Frist zur Inventarerrichtung schuldhaft ungenutzt verstreichen lässt, vgl. § 1994 Abs. 1 BGB, und eine Exkulpation gem. § 1996 Abs. 1 BGB ausbleibt. Darüber hinaus haftet der Erbe auch dann unbeschränkt, wenn er absichtlich ein unrichtiges Inventar errichtet oder einer amtlichen Inventarerrichtung die Mitwirkung verweigert bzw. verzögert, vgl. §§ 2003, 2005 BGB.

2 Objekt des Nachlassinsolvenzverfahrens und damit auch Bezugsobjekt der der Verfahrenseröffnung vorgelagerten Prüfung des Vorliegens von Insolvenzgründen ist gemäß **§ 11 Abs. 2 Nr. 2 Var. 1 InsO** der **Nachlass.** Dieser Begriff wird nirgendwo exakt definiert. Gemeinhin versteht man unter dem Nachlass die Summe der vom Erblasser nach Maßgabe der **§§ 1922, 1967 BGB hinterlassenen Aktiva und Passiva.**[1] Nach dem dort verankerten Prinzip der Universalsukzession gehen Vermögen und Schulden des Erblassers in der juristischen Sekunde des Todes auf den Rechtsnachfolger über und vermischen bzw. verbinden sich dort mit dem Eigenvermögen des Betreffenden. Soll später über den Nachlass ein Insolvenzverfahren eröffnet werden, müssen die Vermögensmassen – gedanklich – und, soweit das Verfahren tatsächlich eröffnet wird, auch faktisch wieder voneinander getrennt werden. Im Zuge dieser „separatio bonorum“ verliert der Erbe zwar einerseits nachträglich die Verwaltungs- und Verfügungsbefug-

1 Zum Begriff des Nachlasses in der Insolvenzpraxis *Schmidt-Kessel*, WM 2003, 43.

nis, erhält dafür aber – vorbehaltlich der Fälle des § 2013 BGB – auch nachträgliche Befreiung von der in § 1967 BGB angeordneten grundsätzlich unbeschränkten Haftung für die Nachlassverbindlichkeiten.

Die Abgrenzung von Nachlass und Erbeneigenvermögen ist zuweilen schwierig, vor allem dann, wenn der Nachlass zur fraglichen Zeit der Eröffnungsentscheidung bereits vollständig unter mehreren Miterben auseinandergesetzt oder aber von einem Alleinerben untrennbar mit seinem Eigenvermögen vermischt bzw. diesem einverleibt wurde. Probleme bereitet die Sonderung des Nachlasses auch dann, wenn zum Nachlass ein Unternehmen mit laufendem Geschäftsbetrieb gehört oder das im Erbgang befindliche Vermögen vergleichbar dynamische Strukturen aufweist und seit dem Erbfall bereits in erheblichem Umfang gegenständlich verändert wurde. Im Allgemeinen gestaltet sich die zunächst nur gedanklich und im Fall der späteren Verfahrenseröffnung dann auch faktisch durchzuführende nachträgliche Sonderung von Nachlass und Erbeneigenvermögen umso schwieriger, je mehr Zeit zwischen Erbfall und Eröffnungsentscheidung bereits vergangen ist und je dynamischer die im Erbgang befindliche Vermögensstruktur ist. 3

Die Begriffe **Nachlass** und **Nachlassinsolvenzmasse** sind nicht deckungsgleich. Denn die Insolvenzmasse erschöpft sich typischerweise nicht in der Gesamtheit der Nachlassaktiva, die bei Verfahrenseröffnung noch vorhanden sind. Hinzu kommen regelmäßig **Sonderaktiva**. Darunter sind insolvenzspezifische Ansprüche zu verstehen, die ihren Rechtsgrund in der Eröffnung des Insolvenzverfahrens selbst haben. Zu diesen Sonderaktiva zählen zum einen **Anfechtungsansprüche gemäß §§ 129 ff. InsO** sowie zum anderen die **nachlassinsolvenzspezifischen Sonderaktiva der §§ 1976 ff. BGB**, insbesondere die massezugehörigen Ansprüche der Nachlassgläubiger gemäß §§ 1978 ff. BGB. 4

Zur Nachlassinsolvenzmasse gehört schließlich auch etwaiger **Neuerwerb**, § 35 Abs. 1 Alt. 2 InsO, also solche Vermögensgegenstände, die dem Nachlass erst im Laufe des Verfahrens zufallen, wie insbesondere Nutzungen, Früchte und Erzeugnisse aus der Verwendung von Nachlassgegenständen. Echter Neuerwerb im eigentlichen Sinne der durch Erwerbstätigkeit des Schuldners erzielten laufenden Einkünfte sind 5 im Nachlassinsolvenzverfahren praktisch kaum denkbar, da der Erblasser als Arbeitskraft ausfällt und die Arbeitskraft des Erben regelmäßig dessen Eigenvermögen zuzuordnen sein wird.

Ebenfalls kein Neuerwerb, aber gleichwohl Bestandteil der Insolvenzmasse sind Gegenstände, die dem Nachlass kraft **dinglicher Surrogation** zufallen, wobei die betreffenden Fälle abschließend im BGB geregelt sind. Von praktischer Relevanz ist in dem Zusammenhang insbesondere § 2041 BGB, der die unmittelbare Ersetzung bei Veräußerungsgeschäften im Rahmen der Nachlassverwaltung durch Erbengemeinschaften vorsieht.

Außerdem fällt in die Insolvenzmasse nach **§ 36 InsO** nur der **pfändbare** Teil des Nachlasses, wobei die Bestimmung desselben nach dem Tod oftmals Probleme bereitet, da durch den Tod diverse Pfändungsschutzvorschriften ihrem Sinn und Zweck nach unanwendbar werden.

6 In Ermangelung besonderer nachlassinsolvenzspezifischer Vorschriften bestimmt sich die Insolvenzmasse auch in der Nachlassinsolvenz nach den allgemeinen Vorschriften der **§§ 35 f. InsO**. Insolvenzmasse ist nach **§ 35 Abs. 1 InsO das gesamte Vermögen, das dem Schuldner im Moment der Verfahrenseröffnung gehört und das er während des Verfahrens erlangt**. Aufgrund des **Universalitätsprinzips**[2] wird vom Insolvenzbeschlag auch das im Ausland belegene Nachlassvermögen erfasst, sofern für die deutschen Insolvenzgerichte eine internationale Zuständigkeit gegeben ist.[3]

In der Nachlassinsolvenz ist der Erbe als solcher, d.h. in seiner Eigenschaft als Erbe (und nicht in seiner Eigenschaft als Träger seines Eigenvermögens), Schuldner. In die Nachlassinsolvenzmasse fällt daher nicht das gesamte Vermögen des Erben, sondern nur dasjenige, das ihm als solchem, also gerade in seiner Eigenschaft als Erbe, gehört.

7 Die **Beschlagnahmewirkung des Eröffnungsbeschlusses nach § 148 InsO** umfasst die Insolvenzmasse, ohne dass die einzelnen Vermögensgegenstände genannt werden müssten.[4]

---

2 BGHZ 88, 147; BGHZ 95, 256; BGHZ 118, 151.
3 Gottwald/Haas/*Döbereiner*, InsR-HdB, § 112 Rn 14.
4 OLG Karlsruhe BeckRS 2014, 20846.

Massezugehörig ist folglich **im Ausgangspunkt der gesamte Nachlass** als dasjenige Aktivvermögen, das im Wege der Universalsukzession gemäß § 1922 Abs. 1 BGB auf den Erben übergegangen ist oder im Zeitraum zwischen Erbfall und Verfahrenseröffnung dem Nachlass zugefallen ist und im Zeitpunkt der Eröffnungsentscheidung noch vorhanden ist. **Nicht massezugehörig** ist demgemäß das **Eigenvermögen des Erben**, also dasjenige, das ihm bereits im Todeszeitpunkt in seiner Eigenschaft als Träger seines persönlichen Vermögens gehörte oder nachfolgend von ihm erworben wurde.

War der Erblasser Miteigentümer einer Sache, so wird nur der **Miteigentumsanteil** Teil der Insolvenzmasse.[5] Die **Auseinandersetzung einer Bruchteilsgemeinschaft, einer Erben- oder Eigentümergemeinschaft, einer Gesellschaft bürgerlichen Rechts** und sonstiger Gesellschaften erfolgt gemäß § 84 Abs. 1 InsO nach den allgemeinen Regeln. Dabei legt § 84 Abs. 2 InsO fest, dass eine Vereinbarung, durch die das Recht zur Auseinandersetzung einer Bruchteils- oder Erbengemeinschaft ausgeschlossen oder beschränkt wird, im Insolvenzverfahren keine Wirkung entfaltet. 8

Der Anteil des/der Miteigentümer an dem gemeinschaftlichen Gegenstand unterliegt der Aussonderung nach § 47 InsO.[6] Nach erfolgter Teilung können die Mitinhaber aus dem Anteil des Schuldners für Ansprüche aus dem gemeinschaftlichen Rechtsverhältnis abgesonderte Befriedigung verlangen; § 84 Abs. 1 S. 2 InsO.

Höchstpersönliche Rechte des Erblassers wie ein Nießbrauchsrecht (§§ 1030, 1061 BGB), ein Wohnungsrecht (§ 1093 BGB) und beschränkte persönliche Dienstbarkeiten (§§ 1090 Abs. 2, 1061 BGB) fallen nicht in die Insolvenzmasse. Das Recht des Erblassers zur **Ausschlagung einer Erbschaft** geht wegen seiner höchstpersönlichen Natur nicht auf den Insolvenzverwalter über, vgl. **§ 83 Abs. 1 S. 1 InsO**.[7] 9

Die Ausschlagung einer Erbschaft ist damit auch der Insolvenzanfechtung entzogen, und zwar sogar dann, wenn der Ausschlagende im

5 BGH NZI 2017, 770.
6 BGH NZI 2012, 575.
7 BGH NJW 2011, 2291; vertiefend *Holzer*, NZI 2019, 441.

Einvernehmen mit dem an seine Stelle tretenden Erben mit Gläubigerbenachteiligungsvorsatz gehandelt hat.[8]

Demgegenüber kann der Insolvenzverwalter im Nachlassinsolvenzverfahren **Pflichtteilsansprüche** und **Zugewinnausgleichsansprüche** des Erblassers geltend machen, auch wenn der Erblasser diese zu Lebzeiten noch nicht eingefordert hatte (hierzu siehe Rdn 75 f.).

10 **§ 35 Abs. 1 Var. 2 InsO** regelt die grundsätzliche Massezugehörigkeit des **Neuerwerbs** des Schuldners (ausführlich hierzu § 8). Dieses Prinzip wurde erst anlässlich der Einführung des Institutes der Restschuldbefreiung (§ 286 InsO) in das Insolvenzrecht aufgenommen.[9] Hintergrund ist die Überlegung, dass sich natürliche Personen eine nunmehr mögliche Restschuldbefreiung zunächst verdienen bzw. „erkaufen" müssen, indem sie sich und ihre Arbeitskraft auch noch nach Verfahrenseröffnung für einen gewissen Zeitraum in den Dienst der Befriedigung ihrer Altgläubiger (Insolvenzgläubiger gemäß § 38 InsO) stellen, sog. Wohlverhaltensperiode.

11 In der Nachlassinsolvenz **finden die Vorschriften über die Restschuldbefreiung keine Anwendung**. Die materielle Wirkung des Nachlassinsolvenzverfahrens, die Haftung des Erben auf den Nachlass zu beschränken, muss sich der Erbe nicht erkaufen. Diese tritt vielmehr – vorbehaltlich des § 2013 BGB – mit der Verfahrenseröffnung automatisch ein. Die **Arbeitskraft des Erben** fällt keinesfalls in die Insolvenzmasse, da diese stets dem **Eigenvermögen** zuzuordnen ist. Ansprüche auf Vergütung einer Arbeitsleistung des Erben fallen demgemäß nie unter § 35 Abs. 1 Var. 2 InsO. Führt der Insolvenzverwalter ein zum Nachlass gehörendes Unternehmen weiter und bedient er sich hierzu der Arbeitskraft des Schuldners, muss er diesen wie einen normalen Angestellten oder Arbeitnehmer vertraglich vergüten. Aus der Mitwirkungspflicht des § 98 InsO folgt nicht die Pflicht, seine persönliche Arbeitskraft – unentgeltlich – in den Dienst der Insolvenzmasse zu stellen.

8 BGH NJW 2013, 692.

9 Nach § 1 Abs. 1 KO umfasste die Konkursmasse nur das Vermögen des Schuldners zur Zeit der Verfahrenseröffnung; der Neuerwerb des Schuldners war nicht genannt. Die KO galt bis zum 31.12.1998, seit dem 1.1.1999 gilt die InsO.

Eigenständige Bedeutung hat § 35 Abs. 1 Var. 2 InsO in der Nachlassinsolvenz allenfalls insoweit, als sich Erwerbsvorgänge ohne Zutun des Erben nach Verfahrenseröffnung vollziehen (siehe Rdn 39 ff.). 12

Dies gilt namentlich für die nach Verfahrenseröffnung von dem Insolvenzverwalter zu ziehenden Nutzungen von Massegegenständen wie laufende Miet- oder Pachtzinsen oder Lizenzgebühren, soweit der Insolvenzverwalter die betreffenden Vertragsverhältnisse für Rechnung der Insolvenzmasse fortführt, für Früchte und Erzeugnisse sowie für ggf. nachträglich entstehende Ersatzansprüche des Erben als solchen gegen deliktische Schädiger oder Versicherungen infolge Zerstörung oder Beschädigung von Nachlassgegenständen oder für nachträglich verwirklichte Haftungsansprüche gegen einen Nachlasspfleger gemäß § 1813 Abs. 1 BGB i.V.m. § 1794 BGB (bis zum 31.12.2022 § 1915 Abs. 1 S. 1 BGB i.V.m. § 1833 BGB).

Eine **Massezugehörigkeit** kann sich **infolge Wegfalls von Konfusion oder Konsolidation oder infolge Unwirksamkeit einer Aufrechnung gemäß §§ 1976 f. BGB** ergeben. Im Moment des Todes kommt es gemäß §§ 1922 Abs. 1, 1967 BGB zu einer Vereinheitlichung sämtlicher Aktiva und Passiva des Erblassers und des Erben in einer Hand mit der Folge, dass Forderungen und Rechtsverhältnisse, an denen Erbe und Erblasser dilatorisch beteiligt waren, nach allgemeinen Grundsätzen erlöschen. §§ 1976 f. BGB bewirken, dass im Falle einer späteren Eröffnung des Insolvenzverfahrens – wie auch des Nachlassverwaltungsverfahrens – so getan wird, als seien Nachlass- und Erbeneigenvermögen niemals miteinander verschmolzen, sondern durchgängig separaten Rechtsträgern zugewiesen gewesen mit der Folge, dass die betreffenden Forderungen und Rechte wechselbezüglich wieder aufleben. Soweit es sich um Rechte bzw. Forderungen des Erblassers handelt, werden diese folglich **rückwirkend wieder nachlasszugehörig** und damit Massebestandteil. 13

Soweit der Erblasser dem Erben etwas schuldig war, lebt auch die Forderung des Erben wieder auf und kann von diesem im Nachlassinsolvenzverfahren geltend gemacht werden. Der Erbe hat in diesem Fall sowohl die Rechte und Pflichten des Schuldners als auch die Rechte aus seiner Beteiligtenstellung als Insolvenzgläubiger.

In Umsetzung des Grundsatzes der *separatio bonorum* versagt **§ 1977 BGB** bestimmten, nach dem Erbfall erfolgten **Aufrechnungen** die 14

Wirksamkeit. Die Regelung betrifft ursprüngliche Dreipersonenverhältnisse, an denen zu Lebzeiten des Erblassers neben diesem und dem Erben noch ein Dritter als Gläubiger beteiligt war. § 1977 Abs. 1 BGB regelt Fälle, in denen es sich bei dem Drittbeteiligten um einen Gläubiger des Erblassers handelt, der zugleich dem Erben etwas schuldig war. § 1977 Abs. 2 BGB betrifft Fälle, in denen es sich um einen Gläubiger des Erben handelte, der dem Nachlass etwas schuldig war. In den betreffenden Rechtsverhältnissen im Zeitraum zwischen Erbfall und Verfahrenseröffnung erfolgte Aufrechnungen **gelten als nicht erfolgt**.

15 Gegenstände, die einem **Aussonderungsrecht gemäß § 47 InsO** unterliegen, sind nicht Teil der Insolvenzmasse (hierzu siehe auch § 6 Rdn 118). Maßgeblich dafür, ob ein Aussonderungsrecht besteht, ist jeweils die Vermögenszuordnung im haftungsrechtlichen Sinne. Typische Aussonderungsrechte sind das (Dritt-) Eigentum, einschließlich des Vorbehaltseigentums, die (Dritt-) Inhaberschaft an Forderungen wie beim Forderungskauf bzw. in Fällen von echtem Factoring, der Nießbrauch (§§ 1030 ff. BGB), Grunddienstbarkeiten (§§ 1018 ff. BGB), beschränkt persönliche Dienstbarkeiten (§§ 1090 ff. BGB) sowie das Wohnungsrecht (§ 1093 BGB), ferner der Anspruch des Erben gegen den Erbschaftsbesitzer gemäß §§ 2018 f. BGB sowie der Anspruch des Nacherben gegen den Vorerben gemäß §§ 2130, 2111 BGB. Auch Besitzschutzansprüche gemäß § 861 BGB oder § 1007 BGB, gewerbliche Schutzrechte, Marken, Internet-Domains sowie Urheberrechte berechtigen zur Aussonderung. Hinzu kommen bestimmte schuldrechtliche Herausgabeansprüche wie der Rückgabeanspruch des Vermieters nach Beendigung des Mietverhältnisses gemäß § 546 BGB oder der Anspruch des Auftraggebers auf Rückgabe von zur Auftragsdurchführung an den Auftragnehmer übergebenen Gegenständen nach § 667 Var. 1 BGB, nicht aber Rechtsverschaffungsansprüche wie solche aus § 433 Abs. 1 BGB oder solche des Geschäftsherrn auf Herausgabe des aus der Geschäftsführung Erlangten gemäß § 667 Var. 2 BGB oder vertragliche Rückgewähr- oder Rückauflassungsansprüche, es sei denn, diese sind durch Vormerkung dinglich gesichert.

16 Aussonderungsfähig ist des Weiteren Treugut in der Insolvenz des Treuhänders, soweit dort unterscheidbar von dessen sonstigem Vermögen vorhanden.

Auch Insolvenzanfechtungen bewirken eine Änderung der Vermögenszuordnung im haftungsrechtlichen Sinne mit der Folge, dass Anfechtungsansprüche gemäß §§ 129 ff. InsO in der Insolvenz des Anfechtungsgegners zur Aussonderung berechtigen, allerdings nur, soweit diese dort noch unterscheidbar von dem sonstigen Vermögen vorhanden sind.

Ist ein Gegenstand, dessen Aussonderung hätte verlangt werden können, vor Verfahrenseröffnung vom Schuldner oder nach der Eröffnung vom Insolvenzverwalter unberechtigt veräußert worden, so kann der Aussonderungsberechtigte im Wege der **Ersatzaussonderung nach § 48 InsO** die Abtretung des Rechts auf die Gegenleistung verlangen, soweit diese noch aussteht, bzw. die Gegenleistung aus der Insolvenzmasse verlangen, soweit sie in der Masse unterscheidbar vorhanden ist. 17

Gegenstände, an denen ein **Absonderungsrecht** eines Gläubigers besteht, fallen zunächst in die Insolvenzmasse, sind aber im Ergebnis aus der freien Masse herauszurechnen, soweit sie nach der Verwertung durch den Insolvenzverwalter dem Gläubiger zufließen. Als absonderungsberechtigt bezeichnet die InsO in den **§§ 49–52 InsO** persönliche Gläubiger des Schuldners oder eines Dritten, die an Gegenständen der Insolvenzmasse dinglich gesichert bzw. berechtigt sind. Das Recht auf abgesonderte Befriedigung ist das Recht, mit einer Forderung aus dem Verwertungserlös eines bestimmten massezugehörigen Gegenstandes **vorab befriedigt zu werden**. Die Regelungen unterscheiden zwischen Absonderungsrechten an Immobilien und solchen an sonstigem Vermögen (zur Absonderung siehe auch § 6 Rdn 119). 18

Zur abgesonderten Befriedigung aus unbeweglichem Vermögen berechtigen Grundschulden und Hypotheken, einschließlich Zwangssicherungshypotheken. Insoweit gilt § 49 InsO, der die Inhaber entsprechender Grundpfandrechte zur Realisierung der abgesonderten Befriedigung auf das ZVG verweist. Die betreffenden Grundpfandgläubiger können ungeachtet eines beantragten oder bereits eröffneten Insolvenzverfahrens die Zwangsverwaltung oder Zwangsversteigerung beantragen. 19

Zur abgesonderten Befriedigung an sonstigem Vermögen berechtigen gemäß §§ 50 f. InsO gesetzliche oder vertragliche Pfandrechte sowie Pfändungspfandrechte, Sicherungseigentum, Sicherungszessionen, 20 einschließlich der Rechte aus einem verlängerten oder erweiterten Eigentumsvorbehalt[10] sowie Zurückbehaltungsrechte wegen getätigter Verwendungen oder solche nach dem HGB.

Die Verwertung beweglicher Sachen, Forderungen und Rechte, die mit Absonderungsrechten der in §§ 50 f. InsO genannten Arten belastet sind, richtet sich nach §§ 166–173 InsO. Danach ist grundsätzlich der Insolvenzverwalter zur Verwertung berechtigt, bei beweglichen Sachen allerdings nur, soweit er sich im Besitz der Gegenstände befindet (zu der Verwertung von mit Absonderungsrechten belasteten Gegenständen siehe § 7 Rdn 123 ff.).

21 Ein besonderes gesetzliches Absonderungsrecht begründet **§ 110 VVG**, soweit **Haftpflichtversicherungsansprüche** bestehen. Danach besteht zugunsten des Geschädigten ein Absonderungsrecht an dem Freistellungsanspruch des insolventen Versicherungsnehmers gegen die Versicherung. Handelt es sich um eine Pflichtversicherung, besteht gemäß § 115 Abs. 1 S. 1 Nr. 2 VVG sogar ein Direktanspruch, den der Geschädigte selbstständig außerhalb des Insolvenzverfahrens gegen die Versicherung verfolgen kann. Auf Krankenversicherungen sind diese Vorschriften aber nicht anwendbar, da es sich hierbei nicht um Haftpflichtversicherungen handelt und § 110 VVG von der Verweisung in § 194 VVG nicht enthalten ist.

22 **Hinweis**

Gemäß **§ 321 InsO** gewähren **Maßnahmen der Zwangsvollstreckung in den Nachlass**, die **nach dem Erbfall** erwirkt wurden, kein Recht zur abgesonderten Befriedigung. Dies ist vor allem für Zwangssicherungshypotheken und Pfändungspfandrechte relevant. Hierdurch wird die allgemeine „Rückschlagsperre" des § 88 InsO, der zufolge Zwangsvollstreckungen, die im letzten Monat vor Insolvenzantragstellung oder danach ausgebracht wurden, mit Verfahrenseröffnung unwirksam werden, für den Bereich der Nachlassinsolvenzen auf den gesamten, oftmals deutlich längeren, Zeitraum zwischen Erbfall und Verfahrenseröffnung ausgeweitet.

10 Zum Eigentumsvorbehalt in der Insolvenz *Saenger/Scholz*, NZI 2021, 561.

II. Maßgeblicher Zeitpunkt des Insolvenzbeschlags

Der **insolvenzrechtlich relevante Nachlass** ist typischerweise nicht deckungsgleich mit der Erbschaft als demjenigen Vermögen, das gemäß § 1922 Abs. 1 BGB im Moment des Todes vom Erblasser als Ganzes auf den Erben übergegangen ist, und er ist auch nicht deckungsgleich mit der späteren Nachlassinsolvenzmasse.[11] Umfang und Wert des Nachlasses unterliegen im Zeitraum zwischen Erbfall und Eröffnung des Insolvenzverfahrens typischerweise Veränderungen. Für die Prüfung des Vorliegens von Insolvenzgründen und für die Insolvenzmasse nach Verfahrenseröffnung kommt es nicht darauf an, welche gemäß § 1922 Abs. 1 BGB vererblichen Aktiva im Moment des Erbfalls vorhanden waren. Maßgeblich sind nach herrschender Meinung nur diejenigen Vermögensgegenstände, die zum **Stichtag der Verfahrenseröffnung** (noch) als solche erkennbar und **von dem Eigenvermögen des Erben unterscheidbar bei diesem vorhanden** sind.[12] 23

Nach einer Mindermeinung kommt es für den Insolvenzbeschlag auf den Zeitpunkt des Erbfalls an[13] bzw. soll unter der Prämisse einer „Rückorientierung auf den Erbfall" möglichst der Zustand zur Zeit des Erbfalls wiederhergestellt werden.[14] Die unterschiedlichen Meinungen haben keine praktische Relevanz; in jedem Fall wird zum Nachlass hinzugerechnet, was zwischen Erbfall und Verfahrenseröffnung in den Nachlass gelangt ist.[15]

Zum Nachlass in diesem Sinne können auch Gegenstände gehören, die im Todeszeitpunkt noch gar nicht zur Erbschaft i.e.S., als demjenigen Vermögen, das nach § 1922 BGB überging, gehörten, also insbesondere **Surrogate**, dic dem Nachlass etwa als Gegenleistung im Rahmen von Veräußerungsgeschäften oder als Ersatz für die Zerstörung oder Beschädigung nachträglich zugefallen sind (hierzu siehe Rdn 30 ff.). 24

11 Siehe auch *Bork*, ZRI 2022, 845.

12 *Bork*, Einführung in das Insolvenzrecht, Rn 142; MüKo-InsO/*Siegmann*/*Scheuing*, Anh. § 315 Rn 9.

13 *Hess*, InsO, § 315 Rn 14.

14 *Häsemeyer*, Insolvenzrecht, Rn 33.05a; *Bork*, Einführung in das Insolvenzrecht, Rn 496.

15 Braun/*Bauch*, InsO, § 315 Rn 5.

Unter **Nachlass** ist nach alldem die Gesamtheit der im Wege der Universalsukzession gemäß § 1922 Abs. 1 BGB auf den Erben übergegangen Aktiva, einschließlich etwaiger Surrogate, Nutzungen, Früchte, Erzeugnisse oder Erträge aus der Verwendung derselben im Zeitraum zwischen Erbfall und Eröffnungsentscheidung, zu verstehen, allerdings nur, soweit diese Gegenstände im Zeitpunkt der Eröffnungsentscheidung noch unterscheidbar von dem Eigenvermögen des Erben vorhanden sind.

25 Mit Verfahrenseröffnung entstehen die **Anfechtungsansprüche gemäß §§ 129 ff. InsO**, deren objektive Tatbestände jeweils die Eröffnung des Verfahrens voraussetzen. Wird der Insolvenzantrag mangels Masse abgewiesen, bleibt es bei den allgemeinen Vorschriften. Zu diesen gehören auch die Vorschriften des AnfG, die den §§ 129 ff. InsO funktional entsprechen. Im Unterschied zu den §§ 129 ff. InsO handelt es sich bei den Ansprüchen gemäß § 1 ff. AnfG jedoch nicht um Ansprüche, die ggf. zum Nachlass gehören. Inhaber solcher Ansprüche sind allein die Nachlassgläubiger.

26 Eine andere spannende Frage, die soweit ersichtlich bislang nicht abschließend von der Rechtsprechung entschieden ist, ob in Fällen von Nachlassverwaltung der Nachlassverwalter befugt ist, diese Ansprüche stellvertretend für die Nachlassgläubiger geltend zu machen. Da der Nachlassverwalter wie der Insolvenzverwalter als Partei kraft Amtes sowohl die Rechte des Schuldners als auch jene der Nachlassgläubiger im Interesse der Befriedigung der Gläubiger wahrzunehmen hat, ist diese Frage richtigerweise zu bejahen. Hierfür spricht letztlich auch § 1978 Abs. 2 S. 1 BGB, der die Ansprüche der Nachlassgläubiger gem. § 1978 Abs. 1 BGB als zum Nachlass gehörig erklärt und auf diese Weise sowohl dem Nachlassinsolvenzverwalter als auch dem Nachlassverwalter die Geltendmachung der Ansprüche im eigenen Namen ermöglicht.

27 Zu den **nachlassinsolvenzspezifischen Sonderaktiva**, die grundsätzlich **erst durch die Eröffnung des Nachlassinsolvenzverfahrens begründet** werden, gehören ferner die Ansprüche gemäß § 1978 ff. BGB i.V.m. §§ 662 ff. BGB (siehe Rdn 43 ff.).

Der Insolvenzbeschlag endet mit der Aufhebung oder Einstellung des Insolvenzverfahrens (§ 200 bzw. § 215 InsO, im Insolvenzplanverfahren § 258 InsO). Sofern ein restlicher Nachlass vorhanden ist, erlangt der Erbe ab diesem Zeitpunkt wieder die Verfügungsbefugnis hieran. 28

Im Falle der Anordnung der **Nachtragsverteilung nach § 203 InsO** lebt der Insolvenzbeschlag mit dem anordnenden Beschluss wieder auf.[16] Wurde die Nachtragsverteilung im Aufhebungsbeschluss vorbehalten, so bleibt der Insolvenzbeschlag kontinuierlich bestehen.[17] Der Insolvenzbeschlag endet hier entweder mit der Beendigung der Nachtragsverteilung oder mit der förmlichen Aufhebung ihrer Anordnung (analog § 200 Abs. 2 S. 2, § 215 Abs. 1 S. 3 InsO).[18]

III. Veränderungen der Nachlassinsolvenzmasse

Zwischen dem Zeitpunkt des Erbfalls und der Eröffnung des Nachlassinsolvenzverfahrens liegen zumeist mehrere Monate, häufig sogar Jahre. In dieser Zeit eintretende Veränderungen des Nachlassbestandes oder Schwankungen des Nachlasswertes haben die Gläubiger hinzunehmen, weil – wie oben gezeigt – der Insolvenzbeschlag zum Stichtag der Verfahrenseröffnung wirkt und die **Nachlassgegenstände in ihrer aktuellen Beschaffenheit und mit ihrem aktuellen Wert Teil der Insolvenzmasse werden.** Insbesondere bei Aktien oder Immobilien können erhebliche Wertveränderungen nach oben oder nach unten eintreten. 29

1. Wertverlust durch aktives Handeln

Wurde die Veränderung des Nachlassbestandes durch eine aktive Handlung des Erben herbeigeführt, sieht das BGB einige Fälle vor, in denen die erbrechtliche Besonderheit einer **dinglichen Surrogation** bewirkt, dass der Wert des Sondervermögens „Nachlass" im Interesse 30

16 BFH NZI 2021, 239; BGH NZI 2015, 807; OLG Karlsruhe BeckRS 2014, 20846.

17 BFH DStRE 2012, 829 für nach Aufhebung des Insolvenzverfahrens entstandene, aber bereits während seiner Dauer begründete Steuererstattungsansprüche.

18 MüKo-InsO/*Busch*, § 32 Rn 79.

der Nachlassgläubiger erhalten bleibt.[19] Dies gilt namentlich für den **Erwerb des Erbschafts(fremd)besitzers** mit Mitteln des Nachlasses gemäß **§ 2019 BGB** sowie bei der **Erbengemeinschaft** und bei der **Vor- und Nacherbschaft** als Gegenleistung im Rahmen von Veräußerungsgeschäften oder als Ersatz für die Zerstörung oder Beschädigung gemäß **§ 2041 BGB bzw. § 2111 BGB.** Nach diesen Vorschriften tritt eine **unmittelbare Ersetzung** des weggegebenen bzw. zerstörten Nachlassgegenstandes ein, wodurch die Surrogate, die dem Nachlass nachträglich zugefallen sind, unmittelbar in den Nachlass fallen und im Insolvenzverfahren Teil der Insolvenzmasse werden.

31 Die vorgenannten Regelungen sind abschließend und nicht auf andere Konstellationen übertragbar.[20] Lediglich im Bereich der **Testamentsvollstreckung** nahm der BGH eine „Mittelsurrogation" bzw. „Ersatzsurrogation" an und wandte die §§ 2019, 2041 BGB analog an.[21] Dagegen scheiden Gegenstände, die der Erbe im Zeitraum zwischen Erbfall und Eröffnung des Insolvenzverfahrens veräußert oder anderweitig aus dem Nachlass abverfügt hat, endgültig aus dem Nachlass aus und gelangen nicht in die Insolvenzmasse.[22] Eine **dingliche Surrogation findet im Insolvenzverfahren nicht statt.**[23]

32 In Fällen von **Alleinerbschaft** (ohne Testamentsvollstreckung) findet nach ganz h.M. **keine dingliche Surrogation** statt,[24] außer für solche Surrogate, die zufällig, d.h. ohne Zutun des Erben, in den Nachlass gefallen sind (siehe Rdn 39 ff.).

Zieht der Erbe zum Nachlass gehörende **Forderungen ein,** wird die empfangene Leistung aber – außerhalb des Anwendungsbereiches der §§ 2019, 2041, 2111 BGB – nur dann Nachlassbestandteil, wenn der Alleinerbe diese erkennbar dem Nachlassvermögen zufügt, etwa indem er Forderungen auf ein nach wie vor auf den Erblasser lautendes

19 Grüneberg/*Weidlich*, § 2019 Rn 1.
20 Roth/Pfeuffer/*Roth*, HdB NachlassInsVerf, S. 36 f.
21 BGH NJW 1991, 842.
22 Braun/*Bauch*, InsO, § 315 Rn 5.
23 LG Ansbach VIA 2015, 94; Uhlenbruck/*Hirte*, InsO, § 36 Rn 14, 54; MüKo-InsO/*Siegmann/Scheuing*, Anh § 315 Rn 30.
24 OLG Bamberg NZI 2023, 917; Grüneberg/*Weidlich*, § 1978 Rn 3; Gottwald/Haas/*Döbereiner*, InsR-HdB, § 112 Rn 5; Uhlenbruck/*Lüer/Weidmüller*, InsO, § 315 Rn 8; *Roth*, ZInsO 2010, 119.

Nachlasskonto einzieht. Soweit er dem Nachlass als solchem zustehende Ansprüche auf ein auf sich selbst lautendes Eigenkonto ohne Nachlasszusatz einzieht, werden die betreffenden Mittel dort regelmäßig Eigenvermögen des Erben.

Gegenstände bzw. Ansprüche (auch Forderungen), die ein Alleinerbe durch Rechtsgeschäft erwirbt bzw. begründet, werden grundsätzlich nicht Nachlassbestandteil, auch wenn sie mit Nachlassmitteln erworben werden bzw. aus Nachlassmitteln zu erfüllen sind, da in diesen Fällen eine dingliche Surrogation gerade nicht stattfindet, es sei denn der Erbe erwirbt ausdrücklich und für den anderen Teil erkennbar ausschließlich für den Nachlass und separiert die solchermaßen erworbenen Gegenstände durchgängig und für Außenstehende erkennbar von seinem Eigenvermögen. Abgesehen von diesen Ausnahmefällen werden somit Anschaffungen, die der Alleinerbe mit Mitteln des Nachlasses getätigt hat, nicht Teil des Nachlasses. Ebenso fällt der Anspruch auf die Gegenleistung nicht in den Nachlass. Erfolgte die Veräußerung eines Nachlassgegenstandes unter Wert, muss der Erbe jedoch den Mindererlös an die Insolvenzmasse ausgleichen.[25] 33

Nutzungen und Früchte, die aus einzelnen Nachlassgegenständen gezogen werden, werden – vorbehaltlich §§ 2019, 2041, 2111 BGB – ebenfalls nur dann Nachlassbestandteile, wenn sie für Außenstehende erkennbar dem Nachlass zugefügt werden.

Nach alldem steht es weitgehend in dem Belieben des (Allein-)Erben, den relevanten Aktivnachlass durch bewusste Umschichtung von Nachlassgegenständen in sein Eigenvermögen bzw. Vermischungen beider Vermögenssphären zu dezimieren. Es ist daher verschiedentlich versucht worden, die in den §§ 2019, 2041, 2111 BGB angeordnete dingliche Surrogation zu einem allgemeinen Prinzip zu erheben und auf Fälle von Alleinerbschaft zu erweitern. Solche Versuche waren jedoch mangels methodologisch relevanter Regelungslücke von vornherein untauglich. Denn der Gesetzgeber hat die Problematik wohl gesehen und mit **§ 1978 Abs. 1 BGB i.V.m. § 677 BGB** taugliche Instrumente für einen angemessenen wirtschaftlichen Ausgleich für solche Masseschmälerungen geschaffen.[26] Danach **muss der Erbe alles,** 34

25 Gottwald/Haas/*Döbereiner*, InsR-HdB, § 112 Rn 5.
26 So auch *Roth* in Anm. zu OLG Bamberg NZI 2023, 917.

was er selbst – in welcher Form auch immer – **aus der Erbschaft erlangt hat, einschließlich gezogener Nutzungen, an den Insolvenzverwalter herausgeben.**

35 Entgegen der bisher herrschenden Meinung wird in einer aktuellen Entscheidung des OLG Bamberg[27] eine analoge Anwendung des § 2041 BGB auf die Fälle der Alleinerbschaft befürwortet. Danach gebe es keinen sachlichen Grund, Nachlassgläubiger im Falle der Alleinerbschaft schlechter zu stellen als bei einer Erbengemeinschaft. Die Sachlage einer Nachlassinsolvenz sei mit der Testamentsvollstreckung vergleichbar; beide bewirken eine Absonderung des Nachlassvermögens von dem persönlichen Vermögen des Erben (*separatio bonorum*). Zudem erfordere der Schutz der Nachlassgläubiger eine dingliche Surrogation über die analoge Anwendung der Vorschrift des § 2041 Abs. 1 BGB. Unter Berücksichtigung der Interessen der Nachlassgläubiger sei der Begriff des „Nachlasses" nicht statisch auf das Vermögen des Erblassers im Augenblick des Erbfalls zu verstehen. Vielmehr seien insbesondere die rechtsgeschäftlichen Äquivalente, die der Alleinerbe für die veräußerten Nachlassbestandteile erlangt habe, als zum Nachlass gehörig zu betrachten. Für die Nachlassgläubiger sei nicht die Zusammensetzung des Nachlassvermögens entscheidend, sondern deren Wert.

Mit dieser Begründung nahm das OLG Bamberg an, dass der Erlös aus dem Verkauf einer nachlasszugehörigen Immobilie im Wege der dinglichen Surrogation Bestandteil des Nachlasses geworden ist und so die Möglichkeit eröffnet war, Verfügungen aus dem Surrogat anzufechten.[28]

36 **Hinweis**

Zu beachten ist, dass die sich aus §§ 1978 ff. BGB ergebenden Sonderaktiva zwar Teil der späteren Insolvenzmasse sind, als solche aber nicht zum Nachlass i.e.S. gehören. Da diese Ansprüche erst mit der Eröffnung des Nachlassinsolvenzverfahrens entstehen, sind sie bei der notwendig vorgelagerten Prüfung des Vorliegens von Insolvenzgründen nicht zu berücksichtigen.

27 OLG Bamberg NZI 2023, 917.
28 OLG Bamberg NZI 2023, 917.

Anders als der wahre Erbe, ein Nacherbe bei Vorerbschaft oder auch jeder Miterbe haben die Nachlassgläubiger – über diese genannten Ansprüche hinaus – keinen Anspruch und regelmäßig auch kein schutzwürdiges Interesse an einer bestimmten dinglichen Zusammensetzung des Nachlasses, sondern allein ein Interesse an einem **wertmäßigen Erhalt des Haftungssubstrates.**[29] Diesem Interesse tragen die §§ 1978 ff. BGB hinreichend Rechnung. 37

Praxistipp 38

Bei im Nachlass nicht auffindbaren Wertgegenständen, wie etwa Bargeld, Schmuck oder wertvollen Uhren, besteht in der Praxis häufig die Schwierigkeit für den Insolvenzverwalter zu beweisen, dass der entsprechende Gegenstand im Nachlass vorhanden sein müsste, vor allem bezüglich der „Tathandlung". Die Stellung einer Strafanzeige kann in diesen Fällen eine – wenn auch wenig erfolgversprechende – Option darstellen.

2. Wertverlust ohne aktives Handeln

Wie oben (Rdn 32) gezeigt, findet in Fällen von **Alleinerbschaft** (ohne Testamentsvollstreckung) nach der h.M. **keine dingliche Surrogation** statt, gleichwohl kann es auch in solchen Fällen zu einer unmittelbaren, faktischen Ersetzung einzelner Nachlassbestandteile kommen. Dies gilt allerdings nur für solche **Surrogate, die zufällig, d.h. ohne Zutun des Erben, in den Nachlass gefallen sind**, insbesondere für **Schadensersatzansprüche** aufgrund von Beschädigung oder Zerstörung eines Nachlassgegenstandes oder **Ansprüche auf Versicherungsleistungen** aufgrund einer nach dem Erbfall erfolgten Beschädigung oder Zerstörung von Nachlassgegenständen.[30] 39

Gleiches gilt für **Sekundäransprüche** infolge einer Leistungsstörung in Bezug auf eine noch vom Erblasser begründete Nachlassforderung, z.B. wenn der Erblasser vor dem Erbfall noch einen Pkw gekauft hatte, der nach dem Erbfall nicht oder nur mangelhaft ausgeliefert wird. Zu denken ist ferner an **Haftungsansprüche** des (ggf. unbekannten) Erben gegen einen Nachlasspfleger gemäß § 1813 Abs. 1 40

29 Roth/Pfeuffer/*Roth*, HdB NachlassInsVerf, S. 36 ff.
30 MüKo-InsO/*Siegmann/Scheuing*, Anh. § 315 Rn 30.

BGB i.V.m. § 1794 BGB (bis zum 31.12.2022 § 1915 Abs. 1 S. 1 BGB i.V.m. § 1833 BGB) oder solche der Erben gegen einen pflichtwidrig agierenden Testamentsvollstrecker nach § 2219 BGB.

Bei der **Erbengemeinschaft** findet ohnehin die dingliche Surrogation gemäß § 2041 BGB statt.

41 Ein Wertverlust des Nachlassbestandes kann sich auch dadurch ergeben, dass nach dem Erbfall Daueraufträge weiterlaufen und das Konto des Erblassers belasten, auch wenn ggf. keine Rechtsgrundlage mehr für die Zahlungen besteht, wie etwa bei der Zahlung von personenbezogenen Versicherungsbeiträgen (wie eine Lebens-, Unfall- oder Rentenversicherung). Dann bestehen gegen die jeweiligen Vertragspartner des Erblassers **Erstattungsansprüche**.

42 **Praxistipp**

Um solche Ansprüche der Insolvenzmasse feststellen zu können, muss der Insolvenzverwalter standardmäßig die Umsätze aller Konten des Erblassers für die Zeit ab dem Erbfall sorgfältig auswerten. Dabei ergeben sich häufig Abbuchungen, die zu Unrecht erfolgt sind, sei es durch Weiterlaufen von Daueraufträgen, Einzug aufgrund von Lastschriftermächtigungen oder eigenmächtige Bargeldabhebungen bzw. Belastungen der Konten durch bevollmächtigte Personen. Wenn der Erblasser zusammen mit seinem Ehegatten Inhaber eines Oder-Kontos war, sind auch Verfügungen des anderen Kontoinhabers genau auf mögliche Erstattungsansprüche zu untersuchen.

Um sich ein umfassendes Bild von den finanziellen Verhältnissen des Erblassers, zu dessen Zahlungsflüssen und möglichen unentgeltlichen Leistungen zu verschaffen, müssen auch die Kontoauszüge bzw. Umsatzlisten der letzten ein bis zwei Jahre vor dem Erbfall bei den Banken angefordert und ausgewertet werden. Oftmals ergeben sich erst hierdurch Anhaltspunkte für Ansprüche, die der Verwalter verfolgen kann, etwa Anfechtungs- oder Schadensersatzansprüche.

3. Ersatzansprüche gegen den Erben

a) Einleitung

§ 1978 Abs. 1 S. 1 BGB normiert, dass der Erbe im Falle der Eröffnung des Nachlassinsolvenzverfahrens den Nachlassgläubigern für die bisherige Verwaltung des Nachlasses so verantwortlich ist, wie wenn er von der Annahme der Erbschaft an die Verwaltung für die Gläubiger als deren **Beauftragter** zu führen gehabt hätte.[31] **§ 1978 Abs. 1 S. 2 BGB** verweist für die erbschaftlichen Geschäfte des Erben, die dieser vor der Erbschaftsannahme getätigt hatte, auf die Vorschriften über die **Geschäftsführung ohne Auftrag**. Somit ist der Erbe den Gläubigern in jedem Fall für seine nachlassbezogenen Handlungen verantwortlich, und zwar je nach dem, ob die Handlung **vor oder nach dem Zeitpunkt der Annahme der Erbschaft** (§ 1943 BGB) erfolgt war: Bis zur Erbschaftsannahme haftet der Erbe nach den Vorschriften über die Geschäftsführung ohne Auftrag gemäß §§ 677 ff. BGB, ab Erbschaftsannahme nach Auftragsrecht gemäß §§ 662 ff. BGB. Für die Verbindlichkeiten nach § 1978 Abs. 1 BGB hat der Erbe mit seinem persönlichen Vermögen einzustehen.[32] 43

Die Ansprüche der Nachlassgläubiger nach § 1978 Abs. 1 BGB erklärt **§ 1978 Abs. 2 BGB** ausdrücklich als **zum Nachlass gehörig**, mit der Folge, dass diese in einem Nachlassinsolvenzverfahren in die Insolvenzmasse fallen und vom Insolvenzverwalter geltend zu machen sind. In einem **Prozess** über Ansprüche nach § 1978 Abs. 1 BGB wird nicht inzident geprüft, ob das Nachlassinsolvenzverfahren zu Recht eröffnet wurde, da das Prozessgericht an den rechtskräftigen Beschluss des Insolvenzgerichts gebunden ist.[33] Ebenso hat die Feststellung von Forderungen zur Insolvenztabelle durch den Insolvenzverwalter eine verbindliche Wirkung, die nicht vom Prozessgericht überprüft werden kann.[34] 44

§ 1978 BGB erfasst nur Ersatzansprüche gegen den Erben. Hat ein **vorläufiger Erbe** erbschaftliche Geschäfte getätigt und danach die Erbschaft ausgeschlagen, so haftet dieser nach **§ 1959 Abs. 1 BGB** 45

31 Vertiefend *Osthold*, ZEV 2015, 444.
32 Gottwald/Haas/*Döbereiner*, InsR-HdB, § 112 Rn 5.
33 BGH NJW 2014, 391; BeckOK BGB/*Lohmann*, § 1978 Rn 6.
34 BGH NJW 2014, 391.

gegenüber demjenigen, der Erbe wird, wie ein Geschäftsführer ohne Auftrag. Entsprechende Ansprüche fallen somit ohne weiteres, d.h. ohne dass es einer Analogie zu § 1978 Abs. 2 BGB bedürfte, in den Nachlass und können vom Insolvenzverwalter geltend gemacht werden. Gleiches gilt auch für mögliche Schadensersatzansprüche gegen frühere Betreuer des Erblassers oder einen Nachlasspfleger.

46 Die Haftung nach den §§ 1978 ff. BGB gilt auch nicht für den **unbeschränkbar haftenden Erben**. Dieser haftet gemäß **§ 2013 Abs. 1 S. 1 BGB** ohnehin trotz eröffnetem Nachlassinsolvenzverfahren mit seinem gesamten Vermögen. Dies ist zum einen der Fall, wenn der Erbe eine ihm nach Maßgabe des § 1995 BGB nachlassgerichtlich gesetzte Frist zur Inventarerrichtung schuldhaft ungenutzt verstreichen lässt, vgl. § 1994 Abs. 1 BGB, und eine Exkulpation gemäß § 1996 Abs. 1 BGB ausbleibt. Darüber hinaus haftet der Erbe auch dann unbeschränkt, wenn er absichtlich ein unrichtiges Inventar errichtet oder einer amtlichen Inventarerrichtung die Mitwirkung verweigert bzw. verzögert, vgl. §§ 2003, 2005 BGB.

47 Zur Durchsetzung der Ansprüche nach § 1978 Abs. 1 BGB hat der Erbe dem Insolvenzverwalter und ggf. den Gläubigern **Auskunft** über die von ihm getätigten Geschäfte und den Stand des Nachlasses **zu erteilen**[35] sowie **Rechenschaft abzulegen,**[36] **§ 1978 Abs. 1 BGB i.V.m. §§ 666, 259, 260 BGB**. Die zentrale Vorschrift des § 666 BGB gilt nicht nur im Auftragsrecht, sondern entsprechend auch bei der Geschäftsführung ohne Auftrag, § 681 S. 2 BGB.

Die Ansprüche nach § 1978 Abs. 1 BGB werden nachfolgend im Einzelnen dargestellt:

b) Ansprüche gegen den Erben auf Herausgabe des aus der Erbschaft Erlangten gemäß § 1978 Abs. 1 i.V.m. §§ 677, 681, 667 BGB

48 Gemäß § 1978 Abs. 1 i.V.m. §§ 677, 681, 667 BGB muss der Erbe den Nachlassgläubigern alles, was er dem Nachlass zuvor **bereits entnommen** oder anderweit ohne eigenes Zutun aus dem Nachlass **erlangt** hat, vollständig **herausgeben**. Hierzu gehören z.B. Gelder aus offenen Nachlassforderungen, die der Erbe nach dem Erbfall auf eigene Kon-

35 BeckOK BGB/*Lohmann*, § 1978 Rn 4.
36 *Sarres*, ZEV 2008, 512.

ten eingezogen hat, Erlöse aus dem Verkauf von Nachlassgegenständen, soweit der Erbe diese auf eigene Konten eingezogen hat und Gegenstände, die durch Verbindung oder Vermischung untrennbar seinem Eigenvermögen angewachsen sind.

Ferner gehören hierzu auch alle tatsächlich gezogenen **Nutzungen**, etwa wenn der Erbe Nachlassgegenstände seit dem Erbfall unentgeltlich in Gebrauch hatte, sowie **ersparte eigene Aufwendungen**.

Herauszugeben sind die Gegenstände grundsätzlich in der Art und in 49
dem Umfang und dem Zustand wie sie der Erbe erhalten hat.[37] Ist die **Herausgabe des Erlangten unmöglich**, bestimmen sich die Rechte der Gläubiger nach allgemeinen Grundsätzen, d.h. gemäß § 275 Abs. 4 BGB nach § 280 BGB. Danach hat der Erbe grundsätzlich **Wertersatz** zu leisten, soweit er die Unmöglichkeit gemäß § 276 BGB zu vertreten hat. Das **Verschulden** eines Erfüllungsgehilfen oder eines gesetzlichen Vertreters muss sich der Erbe gemäß **§ 278 BGB** zurechnen lassen. Gesetzlicher Vertreter in diesem Sinne kann auch ein Nachlasspfleger und ein Testamentsvollstrecker sein.

Zu vertreten sind gemäß **§ 276 BGB** grundsätzlich **Vorsatz und Fahr-** 50
lässigkeit.[38] War die Überschuldung des Nachlasses für den Erben zur fraglichen Zeit der Pflichtverletzung (etwa bei Verlust oder bei der Beschädigung einer Sache) nicht erkennbar, dürfte jedoch der Sorgfaltsmaßstab des **§ 277 BGB** (*diligentia quam in suis*) gelten,[39] da der Erbe dann objektiv nicht damit rechnen konnte, die Gegenstände eines Tages an Dritte herausgeben zu müssen. Anderes gilt freilich, wenn durch den Verlust bzw. die Beschädigung oder Zerstörung des fraglichen Gegenstandes die Unzulänglichkeit des Nachlasses eintritt und dies dem Erben hätte klar sein müssen.

---

37 Grüneberg/*Sprau*, § 667 Rn 7.

38 *Osthold*, ZEV 2015, 444; BeckOGK/*Herzog*, § 1978 Rn 47; MüKo-BGB/*Küpper*, § 1978 Rn 11; a.A. OLG Brandenburg BeckRS 2007, 302, wonach der Erbe verschuldensunabhängig haftet unter Verweis auf BGH FamRZ 1992, 1409. Nach BGH ZEV 2008, 237 muss der Erbe Gelder, die er dem Nachlass zu persönlichen Zwecken entnommen hat, gemäß § 667 BGB ohne Rücksicht auf Verschulden ersetzen und herausgeben.

39 *Gramlich*, Das rückwirkend fingierte Verschulden im Rahmen der Erbenhaftung, 2019, 143 f.

c) Ansprüche gegen den Erben auf Herausgabe fiktiver Zinsen gemäß § 1978 Abs. 1 i.V.m. §§ 677, 681, 668 BGB

51 Hat der Erbe nachlasszugehörige Zahlungsmittel für sich, also zu Privatzwecken, verwendet – d.h. verschenkt, verbraucht oder anderweitig ausgegeben –, schuldet er neben der Herausgabe bzw. des Wertersatzes für die entzogenen Mittel auch **Zinsen**, und zwar **seit dem Zeitpunkt der Verwendung in Höhe des gesetzlichen Zinssatzes** (§ 246 BGB bzw. § 352 HGB).

Bis zur Verwendung tatsächlich gezogene Nutzungen, also Zinserträge, sind bereits nach § 1978 Abs. 1 i.V.m. §§ 677, 681, 667 BGB herauszugeben.

d) Schadensersatzanspruch gegen den Erben wegen Verstoßes gegen das Auszahlungsverbot des § 1979 BGB gemäß § 1978 Abs. 1 i.V.m. §§ 677, 280 BGB

52 Von besonderer praktischer Relevanz ist der **Schadensersatzanspruch** der Nachlassgläubiger gegen den Erben **wegen fehlerhafter Verwaltung, wenn der Erbe entgegen § 1979 BGB einzelne Nachlassgläubiger aus den unzulänglichen Nachlassmitteln befriedigt hat**. Die Norm, die auch von einem Nachlasspfleger oder Testamentsvollstrecker zu beachten ist, statuiert ab dem frühen Zeitpunkt der erstmaligen Erkennbarkeit der Nachlassüberschuldung ein äußerst haftungsträchtiges Auszahlungsverbot, das funktional § 15b InsO entspricht. Die persönliche Haftung des Organs für Auszahlungen trotz Insolvenzreife entspricht einem allgemeinen Rechtsprinzip, das für alle Rechtssubjekte ohne natürliche Person als persönlich haftendem Gesellschafter und damit auch für verselbstständigte Sondervermögen wie Nachlässe Gültigkeit besitzt.

53 Verwendet der Erbe Nachlassmittel zur Befriedigung einzelner Nachlassgläubiger trotz zu diesem Zeitpunkt bereits erkennbarer Unzulänglichkeit des Nachlasses, müssen die Nachlassgläubiger solche Zahlungen gemäß § 1979 BGB nicht als für Rechnung des Nachlasses erfolgt gelten lassen, d.h. sie haben gegen den Erben oder gegen den an seiner Stelle handelnden Nachlasspfleger/Testamentsvollstrecker einen Schadensersatzanspruch gemäß § 1978 Abs. 1 BGB i.V.m. §§ 677,

662 ff., 280 Abs. 1 BGB, wobei **§ 1979 BGB** den **Haftungsmaßstab** vorgibt.[40]

Bei der Frage, ob der Erbe annehmen durfte, der Nachlass werde zur Befriedigung sämtlicher Nachlassverbindlichkeiten hinreichen, ist nach allgemeiner Auffassung ein **strenger Maßstab** anzulegen, d.h. der Erbe hat sämtliche Nachlassunterlagen und sonstigen verfügbaren Informationsquellen sorgfältig im Hinblick auf bestehende Verbindlichkeiten zu prüfen und ggf. ergänzende Auskünfte einzuholen, soweit sich daraus auch nur entfernte Anhaltspunkte für bislang unbekannte Verbindlichkeiten ergeben. Im Zweifel hat der Erbe vor einer Befriedigung irgendeines Gläubigers die **Durchführung des Aufgebotes gemäß § 1970 BGB zu beantragen**, vgl. § 1980 Abs. 2 S. 2 BGB. Die Beweislast dafür, dass der Erbe ohne Fahrlässigkeit von der Zulänglichkeit des Nachlasses ausgehen durfte, hat der Erbe,[41] d.h. es besteht zunächst einmal eine gesetzliche Vermutung dafür, dass die betreffende Zahlung gegen das Auszahlungsverbot verstoßen hat. 54

Die Behauptung, der Erbe habe keine Kenntnis von weiteren Verbindlichkeiten gehabt, genügt nicht zu seiner Entlastung, weil § 1980 Abs. 2 S. 1 BGB die auf Fahrlässigkeit beruhende Unkenntnis der positiven Kenntnis der Zahlungsunfähigkeit bzw. der Überschuldung gleichstellt.

§ 1979 BGB ist gemäß § 1985 BGB auch von einem **Nachlassverwalter** zu beachten und führt bei Verstoß zu einer persönlichen Haftung, die ggf. von einem späteren Insolvenzverwalter gegen den Nachlassverwalter geltend zu machen ist. 55

§ 1979 BGB ist nach richtiger Ansicht auch von einem einfachen (Sicherungs-) **Nachlasspfleger** zu beachten. Schließlich können diesem als gesetzlichem Vertreter des Erben nicht umfangreichere Befugnisse zustehen als dem Erben. Ein **schuldhafter Verstoß gegen § 1979 BGB durch den Nachlasspfleger wird dem unbekannten Erben** daher auf jeden Fall **gemäß § 278 BGB zugerechnet** und führt dementsprechend zu einem Schadensersatzanspruch gegen den Nachlass.

40 Grüneberg/*Weidlich*, BGB § 1979 Rn 3.
41 BGH NJW 1985, 140.

56 Damit ist dem geschädigten Gläubiger in den praktisch bedeutsamen Fällen von Nachlassinsolvenz allerdings nicht wirklich gedient, da er ja sowieso offene Forderungen gegen den Nachlass hat und sich seine Lage durch einen weiteren maximal wertäquivalenten Anspruch gegen das gleiche Insolvenzsubjekt nicht nennenswert verbessert. Einzig sachgerecht ist daher eine **persönliche Haftung des Nachlasspflegers**, die entweder auf eine Analogie zu § 1985 BGB oder nach den Grundsätzen der Drittschadensliquidation begründet werden kann. Pflichtwidriges Handeln des Nachlasspflegers führt in der Regel nur zu Schadensersatzansprüchen des Erben, da nach der Rechtsprechung des BGH[42] der Nachlasspfleger grundsätzlich nur im Pflichtenkreis des Erben tätig wird und anders als ein Nachlassverwalter oder Nachlassinsolvenzverwalter, der auch Gläubigern gegenüber haftet, nicht im Interesse der Nachlassgläubiger tätig wird.

57 Das Problem besteht konkret darin, dass dem unbekannten Erben in der Situation einer Nachlassinsolvenz aus den gegen § 1979 BGB verstoßenden und damit objektiv pflichtwidrigen Einzelbefriedigungen des Nachlasspflegers denklogisch kein wirtschaftlicher Schaden entstehen kann, da es dem Erben wirtschaftlich betrachtet schlicht egal sein kann, wenn bei rechnerischer Überschuldung mit auch nur einem EUR-Cent, das Haftungssubstrat der Nachlassgläubiger geschmälert wird. Als Erben steht ihm so oder so nichts davon zu, ganz egal, ob die Nachlassgläubiger zu 99,9 % oder zu 0 % aus dem unzulänglichen Nachlass befriedigt werden können. Der Schaden verlagert sich folglich zufällig vom Erben auf die **Nachlassgläubiger** mit der Folge, dass diese **den Schadensersatzanspruch des Erben im Wege der Drittschadensliquidation gegen den Nachlasspfleger persönlich geltend machen können.**[43]

58 § 1979 BGB gilt nicht in den Fällen des § 2013 BGB, d.h. wenn der Erbe bereits allen Nachlassgläubigern gegenüber unbeschränkbar haftet, etwa, weil er ein vorsätzlich falsches Inventar errichtet hat.

Verstöße gegen § 1979 BGB begründen Gesamtschadensansprüche derjenigen Gläubiger, die nicht befriedigt wurden. Die Ersatzpflicht bezieht sich dabei auf den **Quotenschaden** und ist daher der Höhe

42 BGH NJW 2007, 756; BGH NJW 2005, 756; BGH NJW 1981, 2299.
43 So auch *Kaltwasser*, Der überschuldete Nachlass, S. 130 (Diss.)

nach nicht notwendig identisch mit dem zur Befriedigung weggebenden Betrag.

Beispiel 59

Der Nachlass hat einen Wert von 50.000 EUR. Demgegenüber stehen zehn Gläubiger mit Forderungen in Höhe von je 10.000 EUR. Wird nun ein Gläubiger von dem Erben voll befriedigt und danach das Insolvenzverfahren eröffnet, haben die neun noch vorhandenen Gläubiger – wenn man die Verfahrenskosten einmal unberücksichtigt lässt – eine Quote von 40.000 EUR / 90.000 EUR = 0,44 in Aussicht. Ohne die Einzelbefriedigung wären es 50.000 EUR / 100.000 EUR = 0,5. Jeder Gläubiger erleidet folglich einen Schaden i.H.v. 0,06 x 10.000 EUR = 600 EUR. Ersatzfähig gemäß § 1979 BGB ist dann nur der (Quoten-) Gesamtschaden i.H.v. 600 EUR x 9 = 5.400 EUR und nicht die weggegebenen 10.000 EUR.

e) Schadensersatzanspruch gegen den Erben wegen anderweit fehlerhafter Verwaltung des Nachlasses gemäß § 1978 Abs. 1 i.V.m. §§ 677, 280 BGB

Schadensersatzansprüche der Gläubiger kommen ferner in Betracht, 60
wenn der Erbe notwendige Erhaltungsmaßnahmen unterlässt, Nachlassgegenstände nicht ordnungsgemäß versichert, Nachlassgegenstände unter Wert verkauft, Nachlassvermögen durch riskante Spekulationsgeschäfte vernichtet oder Ähnliches.

Solange Unklarheit über die Zulänglichkeit des Nachlasses besteht, ist 61
der Erbe ferner verpflichtet, gegenüber den Nachlassgläubigern die **Dreimonatseinrede des § 2014 BGB sowie ggf. auch diejenige des Aufgebotsverfahrens gemäß § 2015 BGB zu erheben**, notfalls im Wege einer Vollstreckungsgegenklage (vgl. § 782 ZPO), soweit Nachlassgläubiger oder auch Eigengläubiger des Erben (vgl. § 783 ZPO) bereits in den Nachlass vollstrecken.

Schadensersatzansprüche gegen den Erben kommen auch in Betracht, 62
wenn der Erbe nachlasszugehörige **Ansprüche verjähren lässt** oder nicht innerhalb bestehender Ausschlussfristen geltend macht, vgl. etwa § 89b Abs. 4 HGB, § 2 VBVG.

Ferner sind Schadensersatzansprüche gegen den Erben denkbar, wenn er einen dem Nachlass nach § 2219 BGB zustehenden Haftungsanspruch gegen den Testamentsvollstrecker vereitelt, etwa durch Erteilung seiner Zustimmung zu fehlerhaften Verwaltungsmaßnahmen des Testamentsvollstreckers, durch Entlastung des Testamentsvollstreckers oder Abschluss eines Vergleichs mit diesem.[44]

f) Ansprüche der Nachlassgläubiger gegen den Erben wegen Insolvenzverschleppung gemäß § 1980 BGB

63 Stellt der Erbe nicht unverzüglich (vgl. § 121 Abs. 1 S. 1 BGB) Insolvenzantrag, nachdem er die Überschuldung oder Zahlungsunfähigkeit des Nachlasses erkannte oder hätte erkennen können, ist er den Gläubigern gem. § 1980 Abs. 1 S. 2 BGB zum Ersatz des daraus entstehenden Schadens verpflichtet. Nach § 1980 Abs. 2 S. 1 BGB steht der Kenntnis der Zahlungsunfähigkeit oder der Überschuldung die auf Fahrlässigkeit beruhende Unkenntnis gleich.

64 Als Fahrlässigkeit gilt es insbesondere, wenn der Erbe Grund hatte, das Vorhandensein unbekannter Nachlassverbindlichkeiten zu vermuten, aber gleichwohl nichts unternimmt, um die bestehenden Zweifel auszuräumen, insbesondere kein **Aufgebotsverfahren gemäß § 1970 BGB** durchführt, vgl. § 1980 Abs. 2 S. 2 BGB. Bestehen keine objektiven Anhaltspunkte für eine mögliche Insolvenzreife, besteht grundsätzlich auch keine Pflicht, aktiv Nachforschungen anzustellen.

65 Nach h.M. greift die Insolvenzantragspflicht erst ab Annahme der Erbschaft, § 1943 BGB (im Einzelnen zu der Insolvenzantragspflicht siehe § 3 Rdn 1 ff.).[45] Freilich wird man in bestimmten Verwaltungsmaßnahmen, wie z.B. in der Befriedigung einzelner Nachlassgläubiger aus Nachlassmitteln oder der Einziehung von Nachlassforderungen auf eigene Konten, in der Regel eine konkludente Annahme zu sehen haben.

Ein Erbe, dessen Erbrecht in Zweifel gezogen wird und der daher um sein Erbrecht prozessieren muss (**Erbprätendent**), bleibt durchgängig insolvenzantragspflichtig, auch, wenn im Hinblick auf den Erbprätendentenstreit die Nachlasspflegschaft angeordnet wurde.[46] Keine Insol-

44 Anm. *Floeth* zu LG Stuttgart NZI 2014, 726.
45 MüKo-BGB/*Küpper*, § 1980 Rn 13; Roth/Pfeuffer/*Roth*, HdB NachlassInsVerf, S. 22.
46 BGH NJW 2005, 756.

venzantragspflicht besteht, wenn der Erbe gemäß § 2013 BGB allen Nachlassgläubigern gegenüber unbeschränkbar haftet.

Die Antragspflicht des Erben erlischt mit der Anordnung einer **Nachlassverwaltung.** Die Antragspflicht trifft dann ausschließlich den Nachlassverwalter.

Auf einen **Nachlasspfleger** oder einen **Testamentsvollstrecker** ist 66
§ 1980 BGB nach h.M. weder direkt noch entsprechend anwendbar.[47] In Bezug auf den **Nachlasspfleger** ist dem allerdings nicht uneingeschränkt zuzustimmen. Der insbesondere in der erbrechtlichen Literatur vielbeachteten und vielzitierten BGH-Entscheidung aus dem Jahr 2004,[48] aus der grundsätzlich abgeleitet wurde, dass Nachlasspfleger generell nicht insolvenzantragspflichtig sind, lag bei Lichte besehen ein Sonderfall zugrunde, und zwar derjenige eines Erbprätendentenstreites. In solchen Fällen ist bereits zweifelhaft, ob überhaupt ein Sicherungsbedürfnis gemäß § 1960 BGB als materiell-rechtliche Voraussetzung für die Anordnung einer Nachlasspflegschaft besteht, da in den typischen Fällen de facto ja sogar mehrere Parteien vorhanden sind, die sich in der Regel mit hohem Engagement um die Sicherung des Nachlasses kümmern, soweit ihre faktische Einwirkungsmöglichkeit reicht.

Unabhängig davon ist zu beachten, dass der BGH es sich in dem Fall 67
einfach machen konnte, die Insolvenzantragspflicht des Nachlasspflegers zu verneinen. Denn anders als in den praktisch bedeutsameren Fällen, in denen die Anordnung der Nachlasspflegschaft eine Folge von Erbausschlagungen ist, steht den Gläubigern in den Fällen von Erbprätendentenstreit spätestens dann, wenn dieser eines Tages rechtskräftig entschieden ist, mit dem dann festgestellten Erben ein taugliches Haftungssubjekt zur Geltendmachung etwaiger Insolvenzverschleppungsschäden zur Verfügung, dem gegenüber er seinen Insolvenzverschleppungsschaden geltend machen kann. Dabei kommt eine Wissenszurechnung der Erkenntnisse des Nachlasspflegers zum Erben in Betracht, was es dem Gläubiger regelmäßig ermöglicht, sich bei

47 BGH NJW 2005, 756 (für den Nachlasspfleger); OLG Hamburg ErbR 2020, 587; Staudinger/*Dobler*, § 1980 Rn 20; Uhlenbruck/*Lüer/Weidmüller*, InsO, § 317 Rn 7 f.

48 BGH NJW 2005, 756.

dem Erben schadlos zu halten. Dementsprechend judizierte der BGH, dass die Insolvenzantragspflicht in dem von ihm zu entscheidenden Fall durchgängig ausschließlich bei den Erben bzw. Erbprätendenten liegt. Hierbei konnte der BGH offenlassen, wie sich diese Rechtsprechung in den klassischen Fällen von Nachlasspflegschaft auswirkt, die dadurch gekennzeichnet sind, dass abgesehen vom Nachlasspfleger keine weiteren natürlichen Personen vorhanden sind, die als Subjekt einer persönlichen Schadensersatzpflicht zur Verfügung stehen. Vor diesem Hintergrund darf bezweifelt werden, dass der BGH auch in einem Fall von Erbausschlagungen und daraufhin angeordneter Nachlasspflegschaft zum Ergebnis gekommen wäre, Nachlasspfleger seien generell nicht insolvenzantragspflichtig.[49]

68 Keine Insolvenzantragpflicht besteht bei **Dürftigkeit i.S.d. § 1990 BGB**. Dürftigkeit ist gegeben, wenn die Eröffnung des Insolvenzverfahrens „wegen Mangels einer den Kosten entsprechenden Masse nicht tunlich ist." Die Insolvenzantragspflicht entfällt nicht schon dadurch, dass der Erbe den Nachlass für dürftig hält, sondern nur dann, wenn dieser nachweislich dürftig ist. Zuverlässigen Beweis hierüber kann regelmäßig nur ein Beschluss gemäß § 26 InsO liefern, da in diesem Fall eine sachverständige Prüfung zu dem Ergebnis der Dürftigkeit gekommen ist. Insolvenzrechtliche Laien können die Dürftigkeit erfahrungsgemäß nicht zuverlässig prüfen, auch nicht berufsmäßig tätige Nachlasspfleger oder Mitarbeiter staatlicher Vermögensämter oder Finanzämter, die permanent mit Fiskalerbschaften betraut sind.

69 Der **ersatzfähige Schaden** besteht grundsätzlich in der Differenz des Betrages, den die Nachlassgläubiger bei rechtzeitiger Antragstellung erhalten hätten und dem tatsächlich zu ihrer Befriedigung zur Verfügung stehenden Betrag. Bei den durch § 1980 BGB (potentiell) Geschädigten ist zwischen den bei Beginn des Verschleppungszeitraums bereits vorhandenen Gläubigern (Altgläubiger) und später hinzukommenden Gläubigern (Neugläubigern) zu unterscheiden. **Altgläubigern** ist nur der sog. **Quotenschaden** zu ersetzen. Der Schaden der Altgläubiger ist ein **Gesamtschaden** i.S.d. § 92 InsO und damit in

49 Vgl. zum Ganzen *Nöll*, ZInsO 2012, 814; *Kaltwasser*, Der überschuldete Nachlass, S. 113 ff. (Diss.); LG Hamburg NZI 2022, 401.

einem eröffneten Insolvenzverfahren ausschließlich von dem Insolvenzverwalter geltend zu machen (siehe Rdn 58 f.).

Hiervon zu unterscheiden sind individuelle **Schäden von Neugläubigern**, die darin bestehen, durch die unterlassene rechtzeitige Antragstellung überhaupt noch mit dem materiell insolventen Schuldner kontrahiert zu haben. Zu ersetzen ist dann regelmäßig das **negative Interesse**, d.h. der Gläubiger ist so zu stellen, wie er stünde, wenn er nicht mit dem Schuldner kontrahiert hätte. Solche Individualansprüche können ggf. nur von dem betreffenden Gläubiger selbst geltend gemacht werden. 70

4. Anfechtungsansprüche

Der Insolvenzverwalter kann bestimmte lebzeitige Leistungen des Erblassers nach den **§§ 129 ff. InsO** anfechten und auf dieser Grundlage bereits aus dem Nachlass ausgeschiedene Gegenstände, Geldbeträge und Forderungen zur Insolvenzmasse ziehen (im Einzelnen siehe § 7 Rdn 4 ff.). 71

Im Nachlassinsolvenzverfahren ist außerdem **§ 322 InsO** zu beachten, wonach der Insolvenzverwalter die Erfüllung von Pflichtteilsansprüchen, Vermächtnissen und Auflagen durch den Erben anfechten kann. Sofern solche Anfechtungsansprüche realisiert werden können, erhöht sich dadurch der Massebestand.

IV. Unpfändbare Gegenstände

Gemäß **§ 36 InsO** fallen Gegenstände, die nicht der Pfändung unterliegen, grundsätzlich auch nicht in die Insolvenzmasse. Soweit die danach entsprechend beachtlichen **Pfändungsschutzvorschriften der ZPO laufende Arbeits-, Renten- oder Lohnersatzeinkommen des Schuldners betreffen (wie §§ 850 ff. ZPO), spielen diese in der Nachlassinsolvenz keine Rolle**, da laufende Arbeits-, Renten- oder sonstige Lohnersatzeinkommen des Erblassers nach dessen Tod nicht mehr denkbar sind und die Arbeitskraft des Erben grundsätzlich seinem Eigenvermögen zuzurechnen ist. 72

Praktische Bedeutung haben in der Nachlassinsolvenz aber **§ 850b Abs. 1 Nr. 4 ZPO**, soweit dort die **Unpfändbarkeit von geringfügi-**

gen Ansprüchen aus einer Sterbegeldversicherung geregelt ist, **§ 850b Abs. 2 ZPO** sowie **§ 811 ZPO**, soweit dort die **Unpfändbarkeit bestimmter zum persönlichen Ge- und Verbrauch bzw. zum Haushalt bestimmter Gegenstände** geregelt ist.

73 Nach § 36 Abs. 2 Nr. 2 InsO sind § 811 Abs. 1 Nr. 1 lit. b und Nr. 8 lit. b ZPO, welche die für die Ausübung einer Erwerbstätigkeit des Schuldners erforderlichen Sachen bzw. Tiere für unpfändbar erklären, in der Insolvenz von vornherein unanwendbar. Die Vorschrift stellt die Möglichkeit einer Fortführung des betreffenden Betriebes durch den Insolvenzverwalter sicher. Sofern der Verwalter eine durch ihn selbst gemanagte Fortführung nicht für zweckmäßig erachtet, er aber eine Betriebsfortführung durch den Schuldner für sinnvoll hält, kann er die betreffenden Gegenstände nach Maßgabe des § 35 Abs. 2 InsO zugunsten des Schuldners aus der Masse freigeben. Diese Möglichkeit besteht theoretisch auch in der Nachlassinsolvenz, wenn die Erben ein nachlasszugehöriges Unternehmen fortführen wollen. Da die Arbeitskraft des Erben haftungsrechtlich nicht dem Nachlass zurechenbar ist, empfiehlt sich in solchen Fällen, alternativ zu dem Verfahren, das § 35 Abs. 2 InsO i.V.m. § 295a InsO vorsieht, allerdings regelmäßig ein Verkauf der fraglichen Betriebsmittel im Rahmen eines *asset deals*.

74 Gem. **§ 36 Abs. 3 InsO** gehören Sachen, die zum gewöhnlichen Hausrat gehören und im Haushalt des Schuldners gebraucht werden, nicht zur Insolvenzmasse, wenn ohne weiteres ersichtlich ist, dass durch ihre Verwertung nur ein Erlös erzielt werden würde, der zu dem Wert außer allem Verhältnis steht.

Sowohl § 811 Nr. 1–3 ZPO als auch § 36 Abs. 3 InsO stellt auf existenzielle Bedürfnisse des Schuldners ab, so dass sich in der Nachlassinsolvenz die Frage stellt, ob es insoweit auf die Perspektive des Erblassers oder jene der Erben ankommt. Richtigerweise ist nach dem Erbfall allein die **Perspektive des Erben** maßgeblich.[50] Gemäß §§ 36 InsO, 811 ZPO ist massefreies Vermögen daher in all jenen Fällen praktisch kaum denkbar, in denen der Erbe einen eigenen Hausstand hat. Die Insolvenzmasse erstreckt sich in solchen Fällen typischerweise auch auf jene Gegenstände, die lebzeitig nach § 811 ZPO Nr. 1–3 ZPO

---

50 Grüneberg/*Weidlich*, § 1985 Rn 4; MüKo-InsO/*Siegmann/Scheuing*, Anh. § 315 Rn 10; *Schmidt-Kessel*, WM 2003, 2086.

unpfändbar waren. Denkbar ist massefreies Vermögen in der Nachlassinsolvenz – vorbehaltlich einer Freigabe durch den Insolvenzverwalter – nur dann, wenn ausnahmsweise (auch) aus der Sicht des Erben ein existenzielles Bedürfnis für die (weitere) Nutzung des betreffenden Gegenstandes besteht.

Der **Pflichtteilsanspruch** entsteht zwar mit dem Erbfall, seine zwangsweise Verwertbarkeit ist jedoch aufschiebend bedingt (§ 158 Abs. 1 BGB). Diese Wirkung tritt erst mit der vertraglichen Anerkennung des Anspruchs oder mit Rechtshängigkeit ein.[51] Die beschränkte Pfändbarkeit des Pflichtteilsanspruchs nach § 852 Abs. 1 ZPO soll vermeiden, dass der Anspruch gegen den Willen des Berechtigten geltend gemacht wird; die Entscheidung über die Geltendmachung gegenüber dem Erben soll mit Rücksicht auf die familiäre Verbundenheit von Erblasser und Pflichtteilsberechtigtem allein diesem überlassen bleiben.[52] 75

Daher können Insolvenzverwalter in der Regelinsolvenz des Schuldners Pflichtteilsansprüche, die diesem während des Verfahrens zufallen, nicht zur Masse geltend machen. Gleiches gilt für Pflichtteilsansprüche, die zwar bereits vor Verfahrenseröffnung dem Grunde nach angefallen, jedoch vom Berechtigten bislang noch nicht geltend gemacht wurden.

Diese Grundsätze gelten nach Sinn und Zweck der betreffenden Pfändungsschutznorm allerdings **nicht im Nachlassinsolvenzverfahren** über das Vermögen des Berechtigten. Denn richtigerweise **erlischt der Pfändungsschutz nach § 852 ZPO mit dem Tod des Berechtigten.**[53] Nach dem Tod gibt es schon begrifflich keine schützenswerten persönlichen Beziehungen mehr zwischen diesem und den erbenden Familienangehörigen. Auch ein Handeln gegen den Willen des Berechtigten ist nicht mehr vorstellbar, da Tote de facto keinen Willen mehr bilden können. Dann aber besteht objektiv kein Grund mehr, den Gläubigern den Zugriff auf die betreffenden Ansprüche zu verweigern. Hierbei ist zu beachten, dass Pfändungsschutzvorschriften regel- 76

51 BGH NJW 2011, 1448.
52 BGH NJW 2011, 1448.
53 BGH NJW 2015, 59; OLG Frankfurt a.M. BeckRS 2015, 00443; Prütting/Gehrlein/*Ahrens*, ZPO § 852 Rn 11; a.A. Gottwald/Haas/*Döbereiner*, InsR-HdB, § 112 Rn 2.

mäßig einen erheblichen Eingriff in die von Art. 14 GG geschützten Forderungsrechte der Gläubiger darstellen und die Pfändungsschutzvorschriften daher verfassungskonform restriktiv auszulegen sind.

Gleiches gilt für einen **Zugewinnausgleichsanspruch** des Erblassers sowie für einen **Anspruch auf Herausgabe des Geschenks wegen Verarmung des Schenkers** (§ 528 BGB), vgl. § 852 Abs. 2 ZPO.

77 Wegen Wegfalls des schutzwürdigen Interesses des Schuldners mit dessen Ableben fällt u.E. das **Guthaben eines Pfändungsschutzkontos** i.S.d. § 850k ZPO in voller Höhe in die Insolvenzmasse.[54] Gleiches gilt für den Pfändungsschutz des **§ 850b Abs. 1 Nr. 4 ZPO** für die dort bezeichneten **Sterbegeldversicherungen**[55] sowie des **§ 850b Abs. 2 ZPO** da auch **diese Normen nach ihrem Sinn und Zweck einen lebenden Schuldner voraussetzen.** Zu beachten ist, dass diese Normen in die durch Art. 14 GG geschützten Forderungsrechte der Gläubiger eingreifen und daher verfassungskonform restriktiv anzuwenden und auszulegen sind.

78 Die Unpfändbarkeit einer Sache erstreckt sich nicht auf den durch die Veräußerung einer unpfändbaren Sache erzielten Erlös. Gleiches gilt für andere mit unpfändbaren Mitteln erworbene Gegenstände des Schuldners.[56]

79 Im Gegensatz zum eröffneten Verfahren, in dem unpfändbare Gegenstände gemäß § 36 InsO grundsätzlich nicht in die Insolvenzmasse fallen, muss der Erbe im Falle der Abweisung des Insolvenzantrags mangels Masse (§ 26 InsO), der Einstellung des Verfahrens mangels Masse (§ 207 InsO) oder nach Erhebung der Dürftigkeitseinrede (§ 1990 BGB) den Nachlassgläubigern auch alle unpfändbaren Gegenstände herausgeben.[57]

---

54 A.A. LG Frankfurt a.M. NZI 2021, 152: danach gebührt das pfändungsfreie Vermögen dem Erben.

55 Nach BGH ZInsO 2009, 915 sind Sterbegeldversicherungen unpfändbar bis zu dem in § 850b Abs. 1 Nr. 4 ZPO genannten Freibetrag (aktuell 5.400 EUR), allerdings ging es dort um das Insolvenzverfahren über das Vermögen einer lebenden Schuldnerin und nicht um ein Nachlassinsolvenzverfahren.

56 LG Ansbach NZI 2015, 980.

57 MüKo-InsO/*Siegmann/Scheuing*, Anh. § 315 Rn 10; MüKo-BGB/*Küpper*, § 1990 Rn 13.

V. Atypische Vermögenswerte

1. Ansprüche aus Arbeitsverhältnis

Sofern der Erblasser noch aktiv im Arbeitsleben stand und als Arbeitnehmer beschäftigt war, fallen **Ansprüche aus dem Arbeitsverhältnis** in die Insolvenzmasse. Hierbei kann es sich etwa um Lohn- oder Gehaltsansprüche handeln, um noch ausstehende Lohnnebenleistungen, Prämien und sonstige Ansprüche oder um den **Urlaubsabgeltungsanspruch**. 80

Kann der Urlaub wegen Beendigung des Arbeitsverhältnisses ganz oder teilweise nicht mehr gewährt werden, so ist er nach § 7 Abs. 4 BUrlG abzugelten. Dies gilt auch, wenn das Arbeitsverhältnis durch den Tod des Arbeitnehmers endet. Bei dem Abgeltungsanspruch handelt es sich um einen reinen Geldanspruch.[58] Aus dieser Einordnung folgert das BAG, dass der Urlaubsabgeltungsanspruch – entgegen seiner früheren Rechtsprechung, nach der der Urlaubsanspruch als höchstpersönlicher Anspruch des Arbeitnehmers angesehen wurde – mit dem Tod des Arbeitnehmers nicht untergeht, sondern nach § 1922 Abs. 1 BGB dessen Erben zusteht.[59] Somit ist der Abgeltungsanspruch für nicht genommenen Urlaub des Erblassers massezugehörig.

2. Ansprüche auf Lohnersatzleistungen

Weitere Ansprüche können sich ergeben aus **Lohnersatzleistungen**, wie etwa der Anspruch auf Zahlung von Krankengeld gegenüber der Krankenversicherung oder Erstattungsansprüche für Eigenleistung oder Zuzahlungen. 81

Insbesondere wenn der Erblasser **privat krankenversichert** war, ist zu prüfen, ob noch Rechnungen für eine ärztliche Behandlung oder medizinische Hilfsmittel und Arzneimittel bei der Krankenkasse eingereicht werden können. Da an den **Erstattungsansprüchen in der Regel kein Absonderungsrecht** – etwas anderes kann sich zuweilen aus individuellen Vereinbarungen (z.B. Krankenhaus-AGB) ergeben –

58 BAG NJW 2016, 1837; BAG NZA 2010, 1011.
59 BAG NZA 2019, 829; BAG NJW 2016, 1837; so auch EuGH NZA 2018, 1467; EuGH NZA 2014, 651.

der Erbringer der betreffenden medizinischen Leistungen besteht, können diese in aller Regel zugunsten der freien Insolvenzmasse geltend gemacht werden, und zwar unabhängig davon, ob die betreffenden Rechnungen vom Schuldner bereits bezahlt wurden oder nicht.

3. Rentenansprüche

82 Aus **Rentenansprüchen** ergibt sich i.d.R. keine Massemehrung, weil diese bis zum Todestag gezahlt werden; eine eventuelle Überzahlung wird taggenau vom Konto des Erblassers zurückgebucht. Dies geschieht in den Wochen nach dem Erbfall und somit (lange) vor Verfahrenseröffnung. Allerdings können evtl. bestehende Beitragserstattungsansprüche bezüglich der Rentenversicherung der Masse zustehen.[60]

4. Ansprüche auf Versicherungsleistungen

83 **Ansprüche des Erblassers auf Versicherungsleistungen** gehören ebenfalls in die Insolvenzmasse. Solche können sich vor allem aus einer Lebens- oder Unfallversicherung ergeben. Bei einer **Lebensversicherung** gehören Ansprüche auf die Versicherungsleistung im Versicherungsfall, die dem Schuldner als Versicherungsnehmer oder aufgrund eines unwiderruflichen Bezugsrechts zustehen, bereits vor Eintritt des Versicherungsfalls zur Insolvenzmasse.[61] Denn der Anspruch des Versicherungsnehmers auf die Versicherungsleistung wurde bereits mit Abschluss des Versicherungsvertrags begründet, jedoch aufschiebend bedingt durch den Eintritt des Versicherungsfalls.[62] Darin ist ein Anwartschaftsrecht zu sehen, das der Insolvenzmasse zufällt. Dies gilt auch für eine gemischte Lebensversicherung, bei der zwei unterschiedliche Versicherungsfälle abgedeckt sind, nämlich der Todesfall bzw. das Erleben eines vereinbarten Endalters. Der jeweilige Anspruch – also die Todesfallleistung oder die Erlebensfallleistung – ist massezugehörig und zwar auch dann, wenn der Versicherungsfall erst nach

60 BGH NJW-RR 2012, 736; BGH NJW-RR 2011, 1617.
61 BGH NZI 2019, 419.
62 BGH NZI 2019, 419; BGH NZI 2015, 180; BGH NZI 2014, 1064.

Beendigung des Insolvenzverfahrens eintritt.[63] Im letzteren Fall ist eine Nachtragsverteilung gemäß § 203 InsO vorzunehmen.

Sofern im Versicherungsvertrag eine **bezugsberechtigte Person** benannt war und die Versicherung die Leistung bereits an diese ausgezahlt hat, hat die Versicherung schuldbefreiend geleistet; der Anspruch ist dadurch erloschen. In diesem Fall kommt eine Anfechtung der erhaltenen Leistung gegenüber der bezugsberechtigten Person gemäß §§ 133, 134 InsO in Betracht. 84

5. Steuererstattungsansprüche

Steuererstattungsansprüche, die sich etwa aus dem Erlass oder der Änderung eines Steuerbescheides ergeben und die vor oder während des laufenden Insolvenzverfahrens entstehen, fallen grundsätzlich in die Insolvenzmasse.[64] 85

Der Anspruch auf Erstattung von **Einkommensteuerzahlungen** gehört zur Insolvenzmasse, wenn der die Erstattungsforderung begründende Sachverhalt vor oder während des Insolvenzverfahrens verwirklicht worden ist.[65] Der Anspruch auf Erstattung von Einkommensteuer ist nach § 46 Abs. 1 AO pfändbar und fällt somit nicht unter die Ausnahmevorschrift des § 36 Abs. 1 InsO.

Bei zusammen veranlagten Ehegatten besteht bei einer Einkommensteuererstattung keine Gesamtgläubigerschaft, so dass die Erstattung zwingend aufzuteilen ist.[66] Im Zweifel ist eine hälftige Aufteilung vorzunehmen. Dagegen ist die Erstattung von Lohnsteuer demjenigen Ehegatten zuzurechnen, von dessen Arbeitslohn die an das Finanzamt geleistete Lohnsteuer stammt.[67] 86

Steuererstattungsansprüche, die im Zusammenhang mit insolvenzfreiem Vermögen entstehen, stehen nicht der Insolvenzmasse zu.[68] 87

---

63 BGH NZI 2019, 419.

64 Buth/Hermanns/*König*, RSI, § 47 Rn 43; *v. Gleichenstein*, NZI 2006, 624.

65 BGH NJW 2006, 1127; LG Aachen ZInsO 2010, 383; so auch BGH NZI 2022, 226 im Zusammenhang mit der Restschuldbefreiung, die es im Nachlassinsolvenzverfahren jedoch nicht gibt.

66 *Scheiper/Farr*, NZI 2009, 761.

67 *Scheiper/Farr*, NZI 2009, 761 m.w.N.

68 FG Münster NZI 2013, 1038.

Insolvenzfreies Vermögen entsteht dann, wenn der Insolvenzverwalter einen zur Masse gehörenden bzw. künftig in diese fallenden Vermögensgegenstand freigibt. Dies ist vor allem bei Ausübung einer selbstständigen Tätigkeit durch den Insolvenzschuldner relevant, vgl. § 35 Abs. 2 S. 1 InsO, nicht jedoch in Nachlassinsolvenzverfahren.

88 Die durch einen Fahrzeughalter entrichtete **Kraftfahrzeugsteuer** eines Entrichtungszeitraums, in den die Insolvenzeröffnung fällt, ist auf die Tage vor und die Tage nach Eröffnung des Insolvenzverfahrens aufzuteilen. Die nach Verfahrenseröffnung entstandene Kraftfahrzeugsteuer ist durch Steuerbescheid gegen den Insolvenzverwalter festzusetzen, während der entsprechende vor Verfahrenseröffnung bereits im Voraus entrichtete Betrag der Insolvenzmasse zu erstatten ist.[69] Allerdings ist gegen den Erstattungsanspruch die Aufrechnung mit Insolvenzforderungen zulässig, sofern keine insolvenzrechtlichen Aufrechnungsverbote bestehen.[70]

89 Ein während der vorläufigen Insolvenzverwaltung begründeter **Vorsteuererstattungsanspruch** ist ein Anspruch der Insolvenzmasse.[71]

6. Immaterialgüterrechte

90 **Immaterialgüterrechte**, etwa **Gebrauchsmuster, Patent- und Markenrechte**, sind als Teil des Nachlasses grundsätzlich vom Insolvenzbeschlag umfasst, ebenso **patentfähige Erfindungen**. Nach § 15 Abs. 1 PatG gehen das Recht auf das Patent, der Anspruch auf Erteilung des Patents und die Rechte aus dem Patent auf die Erben über und sind übertragbar. Patente fallen aber nur dann in die Masse, wenn der Erfinder den Willen zur wirtschaftlichen Nutzung kundgetan hat.[72]

91 **Hinweis**

In der Praxis ist relevant, inwieweit diese Rechte verwertbar sind. Befinden sich solche Rechte noch im Anmeldungs- bzw. Zulas-

69 BFH ZIP 2014, 979.

70 BFH ZIP 2014, 979: im entschiedenen Fall ging es um die Aufrechnung mit einer Umsatzsteuerforderung aus der Zeit vor Eröffnung des Insolvenzverfahrens; vgl. auch FG Münster NZI 2023, 342.

71 FG Niedersachsen ZIP 2018, 740.

72 *Bork*, Einführung in das Insolvenzrecht, Rn 147.

sungsverfahren, stellt sich die Frage, ob es wirtschaftlich sinnvoll ist, das Verfahren zu Ende zu führen, wenn dadurch zunächst Kosten aus der Masse zu verauslagen sind. Dies können Kosten von Patent- und Markenrechtsanwälten sein, deren Hilfe sich der Insolvenzverwalter bedienen muss, sowie die behördlichen Kosten für die Erteilung der Patent- bzw. Markenrechte.

Im **Urheberrecht** ist eine Zwangsvollstreckung wegen Geldforderun- 92
gen in das Urheberrecht nach Maßgabe des § 113 S. 1 UrhG nur mit Einwilligung des Urhebers und nur insoweit zulässig, als dieser Nutzungsrechte einräumen kann (§ 31 UrhG). Eine entsprechende Regelung findet sich in § 115 S. 1 UrhG für den Rechtsnachfolger des Urhebers (§ 30 UrhG). Nach § 115 S. 2 UrhG bedarf es allerdings nicht der Einwilligung des Erben, wenn das Werk erschienen ist; in diesem Fall fallen die Urheberrechte auch ohne Einwilligung des Erben in die Nachlassinsolvenzmasse.

Nutzungsrechte i.S.d. §§ 31 ff. UrhG sind demgegenüber grundsätzlich massezugehörig, ohne dass § 34 UrhG „im Wege steht"; ihre Übertragung durch den Insolvenzverwalter unterliegt allerdings § 34 UrhG.[73]

Die einfache **Lizenz**[74] fällt nicht in die Insolvenzmasse, nur die schuld- 93
rechtlichen Ansprüche aus dem Lizenzvertrag.[75] Dagegen ist die ausschließliche Lizenz Teil der Insolvenzmasse. Ist diese betriebsbezogen, kann sie allerdings nur zusammen mit dem Betrieb veräußert werden.[76]

Ansprüche wegen immaterieller Schäden – wie etwa ein zu Lebzei- 94
ten des Erblassers entstandener Schmerzensgeldanspruch – sind uneingeschränkt übertragbar und pfändbar, so dass sie Bestandteil der Insolvenzmasse werden.[77]

73 Gottwald/Haas/*Döbereiner*, InsR-HdB, § 112 Rn 13; MüKo-InsO/*Siegmann/Scheuing*, Anh § 315 Rn 14.

74 Vertiefend zur Lizenz BGH NZI 2016, 97; *Weber/Hötzel*, NZI 2011, 432; *Ganter*, NZI 2011, 833; *Berger*, GRUR 2013, 321.

75 Gottwald/Haas/*Wimmer*, InsR-HdB, § 25 Rn 57.

76 Gottwald/Haas/*Wimmer*, InsR-HdB, § 25 Rn 57; Nerlich/Römermann/*Andres*, § 35 Rn 70.

77 BGH NZI 2020, 839; BGH NZI 2014, 656; BGH NZI 2011, 341; BGH NZI 2011, 979: Entschädigung wegen Strafhaft.

Dagegen ist der **Anspruch auf Geldentschädigung wegen einer Persönlichkeitsverletzung** grundsätzlich nicht vererblich, weil hier der Genugtuungsgedanke im Vordergrund steht.[78] Da einem Verstorbenen keine Genugtuung mehr für die Verletzung seiner Persönlichkeit verschafft werden kann, scheidet die Zuerkennung einer Geldentschädigung nach dem Todesfall aus.[79] Dies gilt sowohl für eine Verletzung des Persönlichkeitsrechtes zu Lebzeiten des Erblassers als auch post mortem.[80] Gründe, vom Fortbestehen des Geldentschädigungsanspruchs über den Tod des Verletzten hinaus auszugehen, bestehen nach Ansicht des BGH unter diesem Gesichtspunkt im Allgemeinen nicht.[81]

7. Ansprüche aus (fortgesetzter) Gütergemeinschaft

95 Eine Besonderheit bei der Zuordnung von Vermögenswerten zu der Insolvenzmasse ergibt sich, wenn der **Erblasser verheiratet** war und im **Güterstand der Gütergemeinschaft (§§ 1415 ff. BGB) oder der fortgesetzten Gütergemeinschaft (§§ 1483 ff. BGB)** lebte. Bei dem gesetzlichen Güterstand der Zugewinngemeinschaft wie auch bei der Gütertrennung bleiben die Vermögen der Ehegatten getrennt, so dass die vermögensrechtliche Zuordnung in der Regel unproblematisch ist. Endete der Güterstand der Gütergemeinschaft schon zu Lebzeiten des Erblassers, etwa durch Vorversterben des Ehepartners oder Wechsel in einen anderen Güterstand, beurteilt sich die Zuordnung zum Nachlass ebenfalls nach den allgemeinen Vorschriften.

96 Inwieweit das **Gesamtgut** (§ 1416 BGB) bei der Gütergemeinschaft zur Insolvenzmasse gehört, regelt **§ 37 InsO**. Danach ist entscheidend, ob einer der Ehegatten das Gesamtgut verwaltet hat oder beide gemeinschaftlich. Die alleinige Verwaltung durch einen Ehegatten muss gemäß § 1421 S. 1 BGB ehevertraglich vereinbart worden sein. Enthält der Ehevertrag keine Bestimmung hierüber, ist von der gemeinschaftlichen Verwaltung des Gesamtgutes auszugehen, § 1421 S. 2 BGB.

78 BGH NZI 2020, 839; BGH NJW 2017, 3004; BGH NJW 2014, 2871.
79 BGH NJW 2014, 2871.
80 BGH NJW 2014, 2871.
81 BGH NJW 2014, 2871.

Nach § 37 Abs. 1 InsO gehört das Gesamtgut nur zur Masse im Insolvenzverfahren über das Vermögen des verwaltenden Ehegatten.[82] In der Insolvenz des nicht verwaltenden Ehegatten ist das Gesamtgut kein Bestandteil der Insolvenzmasse.[83] Der verwaltende Ehegatte hat hier ein Aussonderungsrecht an den Gegenständen des Gesamtgutes. Verwalten die Ehegatten das Gesamtgut gemeinschaftlich, so wird das Gesamtgut durch die Eröffnung des Insolvenzverfahrens über das Vermögen eines von ihnen nicht berührt, § 37 Abs. 2 InsO. 97

Wird die Ehe durch den Tod eines der Ehegatten aufgelöst, endet damit die Gütergemeinschaft und der Anteil des Verstorbenen am Gesamtgut gehört nach § 1482 BGB zu dessen Nachlass.

Bei der **fortgesetzten Gütergemeinschaft** wird die Gütergemeinschaft nach dem Ableben eines der Ehegatten zwischen dem überlebenden Ehegatten und den gemeinschaftlichen Abkömmlingen fortgesetzt, § 1483. Nach Abs. 1 S. 3 der Vorschrift gehört der Anteil des verstorbenen Ehegatten am Gesamtgut nicht zu dessen Nachlass. In diesen Fällen findet die Auseinandersetzung der Gemeinschaft nach Maßgabe des § 84 InsO außerhalb des Insolvenzverfahrens statt. 98

Über das Sondervermögen Gesamtgut in der fortgesetzten Gütergemeinschaft kann ein eigenes Insolvenzverfahren eröffnet werden. **§ 332 InsO** verweist hierzu auf die Vorschriften des Nachlassinsolvenzverfahrens.

Neben dem Gesamtgut haben die Ehegatten in der Gütergemeinschaft Eigenvermögen in Form von Sondergut (§ 1417 BGB) und Vorbehaltsgut (§ 1418 BGB).[84] **Sondergut** sind Gegenstände, die nicht übertragbar sind, wie etwa ein Wohnungs- oder Nießbrauchsrecht. Als unpfändbare Rechte (§ 851 Abs. 1 ZPO) unterfallen diese nicht dem Insolvenzbeschlag. Demgegenüber handelt es sich bei dem **Vorbehaltsgut** eines Ehegatten um dessen verwertbares Eigenvermögen, das im Insolvenzverfahren über dessen Nachlass in die Insolvenzmasse fällt. Vorbehaltsgut entsteht durch eine Erklärung im Ehevertrag oder durch Erwerb von Todes wegen bzw. durch Schenkung mit der Be- 99

82 Vertiefend *Thiele/Salmen*, ZInsO 2014, 2259; *Lutz*, RNotZ 2023, 129.
83 BGH NZI 2006, 402.
84 Hierzu ausführlich *Lutz*, RNotZ 2023, 129.

stimmung des Erblassers bzw. des Schenkers, dass der jeweilige Gegenstand Vorbehaltsgut sein soll.

Die Begründung von Vorbehaltsgut kann im Insolvenzverfahren unter Umständen Anfechtungsansprüche auslösen, wenn die entsprechende Vereinbarung in Erwartung von Vollstreckungsmaßnahmen oder einer Insolvenz beurkundet worden war.[85]

8. Digitaler Nachlass

100 Als Teil des vom Erblasser hinterlassenen materiellen und immateriellen Vermögens ist auch der **digitale Nachlass** massezugehörig. Der Begriff des „digitalen Nachlasses“ ist nicht einheitlich definiert;[86] vielmehr umfasst er eine Vielzahl unterschiedlicher Rechtspositionen, wie dingliche Rechte an Hardware, Vertragsbeziehungen zu Anbietern (etwa von E-Mail-Diensten, Streamingdiensten, Verkaufsplattformen oder von sozialen Netzwerken) bis hin zu Urheber- und sonstigen (Immaterialgüter-) Rechten.[87] Der DAV definiert den digitalen Nachlass als „die Gesamtheit des digitalen Vermögens, also Urheberrechte, Rechte an Websites, Domains sowie sämtliche Vertragsbeziehungen zwischen Providern und dem Erblasser hinsichtlich der Nutzung des Internets selbst, aber auch hinsichtlich diverser Internetangebote (...) und damit auch die Gesamtheit aller Accounts und Daten des Erblassers im Internet.“[88]

101 Im Jahr 2018 urteilte der BGH in seiner sog. Facebook-Entscheidung,[89] dass der Nutzungsvertrag eines Erblassers an einem sozialen Netzwerk nach § 1922 BGB auf dessen Erben übergeht. Dem Zugang zu dem Benutzerkonto und den darin vorgehaltenen Kommunikationsinhalten stehen weder das postmortale Persönlichkeitsrecht des Erblassers noch das Fernmeldegeheimnis oder das Datenschutzrecht entgegen.[90] Somit ist keine Unterscheidung zu treffen zwischen dem

85 *Lutz*, RNotZ 2023, 129; DNotI Gutachten-Nr. 102908.
86 Vertiefend *Ludyga*, ZEV 2018, 1; *Raude*, ZEV 2017, 433.
87 *Herzog/Pruns*, Digitaler Nachlass, § 1 Rn 19 m.w.N.
88 *Bräutigam*, in: DAV-Stellungnahme Nr. 34/2013, S. 93; *Herzog/Pruns*, Digitaler Nachlass, § 1 Rn 15.
89 BGH NJW 2018, 3178.
90 BGH NJW 2018, 3178.

analogen und dem digitalen Nachlass des Erblassers; beides geht vollumfänglich im Rahmen der Gesamtrechtsnachfolge auf den oder die Erben über.

Daraus folgt, dass in einem Nachlassinsolvenzverfahren auch der digitale Nachlass der Verfügungsbefugnis des Verwalters unterliegt.[91] Dieser hat seine Recherchen zum Vermögen des Verstorbenen aktiv auch auf dessen digitale Nachlasswerte zu erstrecken und insbesondere im Falle des Vorhandenseins von **Kryptowährungen**[92] diese zu sichern und zu verwerten, vgl. § 159 InsO.[93]

Hinweis

Im Einzelfall kann es für den Nachlassinsolvenzverwalter geboten sein, durch Zugang zu den Social Media Accounts des Erblassers weitere Informationen zu dessen Vermögen (etwa im Ausland) zu erlangen.[94]

VI. Verwertungs- und Feststellungskostenbeiträge

Zur Insolvenzmasse gehören nach allgemeinen Grundsätzen auch die gesetzlichen Feststellungs- und Verwertungskostenpauschalen, die der Insolvenzverwalter im Falle der Feststellung und Verwertung von mit Absonderungsrechten, also Sicherungsrechten gemäß §§ 50 f. InsO, belasteten beweglichen Sachen oder Forderungen gemäß **§ 171 InsO** beanspruchen kann. Der Anwendungsbereich des § 171 InsO beschränkt sich auf die unter **§ 166 InsO** fallenden beweglichen Sachen und Forderungen.[95] Nach § 166 Abs. 1 InsO darf der Insolvenzverwalter eine bewegliche Sache, an der ein Absonderungsrecht besteht, freihändig verwerten, wenn er die Sache in seinem Besitz hat. Nach Abs. 2 der Vorschrift darf er eine Forderung, die der Schuldner zur Sicherung eines Anspruchs abgetreten hat, einziehen oder in anderer Weise verwerten. 102

91 *Herzog/Pruns*, § 10 Rn 10.
92 Hierzu *dAvoine/Hamacher*, ZRI 2024, 49.
93 *Thien*, ErbR 2022, 771.
94 *Thien*, ErbR 2022, 771.
95 Braun/*Dithmar/Miglietti*, InsO, § 171 Rn 3.

Das Verwertungsrecht des Insolvenzverwalters gemäß § 166 InsO bezieht sich nur auf bewegliche Sachen, an denen ein Absonderungsrecht besteht, und auf Forderungen. Eine direkte oder analoge Anwendung der Vorschrift auf sonstige Rechte, wie etwa Markenrechte, scheidet aus.[96]

103 Für die Verwertung beweglicher Sachen durch den Insolvenzverwalter sieht das Gesetz einen **Feststellungskostenbeitrag i.H.v. 4 % des Verwertungserlöses** (§ 171 Abs. 1 S. 2 InsO) sowie einen **Verwertungskostenbeitrag i.H.v. 5 %** (§ 171 Abs. 2 S. 1 InsO für die freie Insolvenzmasse vor. Zusätzlich zu der Verwertungskostenpauschale fällt die Umsatzsteuer an, sofern die Masse mit Umsatzsteuer belastet wird, § 171 Abs. 2 S. 3 InsO. Demgegenüber versteht sich die Feststellungskostenpauschale als Bruttobetrag, die auch die etwaige Umsatzsteuer umfasst.[97]

104 Die Vorschrift des § 171 InsO ist dispositiv. Bei komplexen Sachlagen, etwa wenn der Insolvenzverwalter im Rahmen einer Betriebsfortführung vor einem Verkauf wertsteigernde Veredelungsleistungen vornimmt oder schwierige Abgrenzungsfragen mit konkurrierenden Sicherungsgläubigern (z.B. unterschiedlichen Lieferanten und einer Bank als Raumsicherungszessionarin, die sich in einem Sicherheitenpool zusammengeschlossen haben) erforderlich sind, werden zuweilen auch deutlich höhere Verwertungskostenpauschalen vereinbart.

105 Will der Gläubiger geltend machen, dass die Kosten für die Verwertung eines mit einem Absonderungsrecht belasteten Gegenstandes erheblich niedriger als die gesetzliche Pauschale seien, dann müssen hierfür konkrete Anhaltspunkte vorgetragen werden. Die bloße Behauptung, dass keine oder erheblich niedrigere Kosten angefallen seien, löst keine sekundäre Darlegungslast des Insolvenzverwalters hinsichtlich der tatsächlich entstandenen Verwertungskosten aus, da dieser sonst praktisch gezwungen wäre, in jedem Einzelfall die Kosten konkret zu ermitteln und dadurch die Vermutung des § 171 Abs. 2 S. 1 InsO faktisch entwertet würde.[98]

---

96 BGH NZI 2023, 74.

97 MüKo-InsO/*Kern*, § 171 Rn 28.

98 OLG Düsseldorf ZInsO 2018, 34; vgl. auch AG Göttingen ZInsO 2014, 106.

In Nachlassinsolvenzen ist überproportional häufig Immobilieneigentum vorhanden. Auch soweit massezugehörige **Immobilien mit Grundpfandrechten belastet** sind, kommt häufig eine freihändige Verwertung derselben in Betracht, selbst dann, wenn das fragliche Objekt wertausschöpfend belastet ist. Erfahrungsgemäß lassen sich mittels freihändiger Verwertung deutlich bessere wirtschaftliche Ergebnisse erzielen als im Wege der Zwangsversteigerung. Eine freihändige Verwertung ist allerdings nur mit Zustimmung aller beteiligten Grundpfandrechtsinhaber möglich, da diese im Zuge der Kaufvertragsabwicklung der Löschung ihrer Grundpfandrechte zustimmen müssen. 106

Dies gilt auch für solche **Inhaber nachrangiger Rechte**, die in einer gedachten Zwangsversteigerung keine Chance auf eine auch nur teilweise Befriedigung hätten, da die Valuten vorrangiger Gläubiger den Verkehrswert der Immobilie deutlich übersteigen. Gegen die Gläubiger sog. Schornsteinhypotheken besteht kein Anspruch des Insolvenzverwalters auf Löschungsbewilligung bei vorrangig wertausschöpfender Belastung des Grundstücks.[99] Solche Gläubiger können oftmals nur durch Vereinbarung einer **„Lästigkeitsprämie"** dazu bewegt werden, einer freihändigen Verwertung zuzustimmen. Solche Lästigkeitsprämien dürfen nicht zulasten der freien Insolvenzmasse gehen, sondern sind so zu vereinbaren, dass sie wirtschaftlich aus dem zugunsten der vorrangigen Rechte abzusondernden Erlösanteil geleistet werden.[100] 107

Hinweis 108

Für den Insolvenzverwalter macht eine freihändige Verwertung wertausschöpfend mit Absonderungsrechten belasteter Gegenstände nur Sinn, wenn die freie Masse in irgendeiner Form an dem Verwertungsergebnis beteiligt wird. § 171 InsO ist auf Immobilien weder direkt noch entsprechend anwendbar. Feststellungs- bzw. Verwertungskostenbeiträge sind daher im Bereich der Immobiliarverwertung frei verhandelbar. Üblich sind prozentuale Beteiligungen im einstelligen Prozentbereich. Möglich ist aber auch die Vereinbarung vorab festgelegter Pauschalen.

---

99 BGH NZI 2015, 550.
100 BGH NZI 2015, 550; BGH NJW-RR 2014, 935; *Lieder*, NZI 2016, 105.

Gelegentlich kommt es vor, dass abgesehen von einer wertausschöpfend belasteten Immobilie keinerlei lohnend verwertbares Vermögen im Nachlass vorhanden ist, der beteiligte Grundpfandrechtsinhaber aber gleichwohl eine freihändige Verwertung durch den Insolvenzverwalter einer Verwertung im Zwangsversteigerungsverfahren vorzieht. Dann muss – durch entsprechende Verhandlungen mit dem beteiligten Grundpfandgläubiger – bereits vor Verfahrenseröffnung gewährleistet werden, dass allein aus dem späteren Verwertungsbeitrag sämtliche Verfahrenskosten i.S.d. § 54 InsO beglichen werden können.

109 Soweit der Verwalter nicht zur Verwertung einer beweglichen Sache oder einer Forderung berechtigt ist, an denen ein Absonderungsrecht besteht, bleibt gemäß **§ 173 Abs. 1 InsO** das **Recht des Gläubigers zur Verwertung** unberührt.

VII. Zusammenfassende Übersicht

110 **Zur Insolvenzmasse gehören** nach alldem im Grundsatz alle vom Erblasser hinterlassenen Vermögensgegenstände (Sachen, Forderungen und Rechte), die zur Zeit der Eröffnung noch unterscheidbar im Vermögen der Erben vorhanden sind, insbesondere, soweit vorhanden

- Grundstücke
- Fahrzeuge
- Hausrat
- Finanzanlagen
- Bankguthaben, Kasse
- Guthaben aus Bausparverträgen
- Forderungen
- Sachanlagen
- einzelkaufmännisches Handelsgeschäft inklusive Firma
- Gesellschaftsanteile
- Betriebs-/Geschäftsausstattung
- Vorräte, (halbefertige) Produkte und Erzeugnisse
- immaterielle Rechte
- Erstattungsansprüche wegen fortlaufender Abbuchungen vom Konto des Erblassers, sofern durch den Tod die Rechtsgrundlage entfallen ist, z.B. Versicherungsbeiträge

- Steuererstattungsansprüche
- Ansprüche auf Versicherungsleistungen, sofern nicht bereits schuldbefreiend an die namentlich bezugsberechtigte Person geleistet wurde (nicht an „den/die Erben")
- Ansprüche aus dem Arbeitsverhältnis auf rückständigen Lohn und Urlaubsabgeltung
- Surrogate aufgrund von Beschädigung oder Zerstörung von Nachlassgegenständen versicherungsvertraglicher oder deliktischer Grundlage ohne Zutun des Erben
- bei Erbschaftsbesitz i.S.v. § 2018 BGB, Erbengemeinschaft oder Vor- und Nacherbschaft: Surrogate aus der Veräußerung von Nachlassgegenständen aus Nachlassmitteln
- Herausgabe-, Nutzungs- und Wertersatzansprüche gegen nichterbende Dritte und Erbschaftsbesitzer gemäß §§ 985 ff. BGB bzw. §§ 2018 ff. BGB
- Schadensersatzansprüche, die dem Erben als solchen gegen frühere Betreuer oder einen Nachlasspfleger gemäß § 1813 Abs. 1 BGB i.V.m. § 1794 BGB zustehen (bis zum 31.12.2022 § 1915 Abs. 1 S. 1 BGB i.V.m. § 1833 BGB)
- Schadensersatzansprüche, die dem Erben als solchen gegen einen Testamentsvollstrecker gemäß § 2219 BGB zustehen
- Ansprüche, die dem Erben als solchen gegen einen Nachlassverwalter in Bezug auf dessen Verwaltungsmaßnahmen nach §§ 1978 Abs. 2, 1979, 1980, 1985 Abs. 2 BGB zustehen
- Ansprüche, die dem Erben als solchen gegen vorläufige Erben, d.h. solche, die die Erbschaft ausgeschlagen haben, gemäß §§ 1959 Abs. 1 BGB i.V.m. §§ 681, 666 ff. BGB analog zustehen
- Forderungen und Rechte des Erblassers gegen den Erben, die gemäß § 1976 BGB wiederaufleben
- Forderungen des Erblassers gegen einen Eigengläubiger des Erben, der nach dem Erbfall die Aufrechnung mit seiner gegen den Erben gerichteten Forderung erklärt hat gemäß § 1977 BGB
- Herausgabe-/Wertersatzansprüche gegen Erben, die geldwerte Vorteile aus dem Nachlass erlangt haben, gemäß §§ 1978 Abs. 1, 677, 681, 667 BGB
- etwaige Verzinsungsansprüche gemäß §§ 1978 Abs. 1, 677, 681, 668 BGB

- Schadensersatzansprüche gegen Erben wegen fehlerhafter Verwaltung gemäß §§ 1978 Abs. 1 BGB i.V.m. §§ 677, 662 ff., 280 Abs. 1 BGB, insbesondere bei Verstoß gegen das Auszahlungsverbot des § 1979 BGB
- Schadensersatzansprüche gegen Erben wegen Insolvenzverschleppung gemäß § 1980 Abs. 1 S. 2 BGB
- Insolvenzanfechtungsansprüche, insbesondere gemäß §§ 130 f., § 133 und § 134 InsO ggf. i.V.m. § 322 InsO
- Ansprüche auf Freigabe eines Pfändungspfandrechtes bzw. auf Erteilung einer Löschungsbewilligung bei einer Zwangssicherungshypothek, sofern die Zwangsvollstreckung nach dem Erbfall ausgebracht wurde, gemäß § 321 InsO
- Zuflüsse aus der Nutzung von Massegegenständen nach Eröffnung des Insolvenzverfahrens über den Nachlass gemäß § 35 Abs. 1 Alt. 2 InsO
- gesetzliche (oder auch individuell ausgehandelte) Verwertungs- und Feststellungskostenbeiträge i.S.v. § 171 InsO
- Gegenstände, die einem Absonderungsrecht nach §§ 49 ff. InsO unterliegen, soweit der Wert des Gegenstandes die Höhe der gesicherten Forderung übersteigt.

111 **Nicht zur Insolvenzmasse** gehören jedoch:

- Höchstpersönliche Rechte des Erblassers wie der Nießbrauch (§§ 1030, 1061 BGB) oder ein Wohnungsrecht (§ 1093 BGB)
- alle vom Erblasser hinterlassenen Vermögensgegenstände (Sachen und Rechte), die zur Zeit der Eröffnung nicht mehr unterscheidbar im Vermögen der Erben vorhanden sind
- Surrogate für von Erben veräußerte Nachlassgegenstände außerhalb des Anwendungsbereichs der §§ 2019, 2041, 2111 BGB, d.h. insbesondere bei Alleinerbschaft, sofern die betreffenden Gegenstände nicht ausnahmsweise von dem Erben erkennbar dem Nachlass zugeführt worden sind
- Gegenstände, die per Schenkung auf den Todesfall (§ 2301 BGB) in der juristischen Sekunde des Todes ohne Durchgangserwerb des Nachlasses aus dem Vermögen des Erblassers ausgeschieden sind
- Gegenstände, die aus der Person des Erben heraus betrachtet unpfändbar sind, § 36 InsO i.V.m. §§ 811, 850 ff. ZPO
- Arbeitseinkommen und sonstiger Erwerb des Erben in der Zeit nach der Eröffnung des Insolvenzverfahrens über den Nachlass

- Gegenstände, die einem Absonderungsrecht nach §§ 49 ff. InsO unterliegen, wenn die gesicherte Forderung den Wert des Gegenstandes erreicht oder übersteigt
- Gegenstände, die einem Aussonderungsrecht nach § 47 InsO unterliegen.

B. Masseverbindlichkeiten

I. Allgemeines

Vor den Insolvenzgläubigern müssen zunächst alle Ansprüche der Massegläubiger befriedigt werden. Wer Massegläubiger ist, bestimmen grundsätzlich die in allen Arten von Insolvenzverfahren gleichermaßen anwendbaren §§ 54, 55 InsO. **Masseverbindlichkeiten** sind die **Verfahrenskosten i.S.d. § 54 InsO** (hierzu siehe Rdn 208 ff.) und die **sonstigen Masseverbindlichkeiten** nach Maßgabe des **§ 55 InsO**. In Nachlassinsolvenzen erweitert sich der Kreis der sonstigen Masseverbindlichkeiten um die **Verbindlichkeiten des § 324 Abs. 1 InsO**. Die gesetzlichen Regelungen sind grundsätzlich abschließend. Weitere besondere Masseverbindlichkeiten können sich lediglich noch aus § 100 InsO (Unterhalt des Schuldners) und aus § 123 Abs. 2 InsO (Sozialplan) ergeben, welche in Nachlassinsolvenzverfahren praktisch so gut wie keine Rolle spielen. Nach § 40 InsO können familienrechtliche **Unterhaltsansprüche** gegen den Schuldner für die Zeit nach Verfahrenseröffnung geltend gemacht werden, soweit der Schuldner als Erbe des Verpflichteten haftet. Hierbei handelt es sich jedoch nicht um Masseverbindlichkeiten, sondern um Insolvenzforderungen.[101] 112

§ 324 Abs. 1 InsO privilegiert zum einen bestimmte **Erbfallschulden, deren Befriedigung im öffentlichen Interesse steht**, sowie **Verbindlichkeiten, die im Rahmen einer ordnungsgemäßen Verwaltung des Nachlasses in dem Zeitraum zwischen Erbfall und Verfahrenseröffnung begründet wurden**. Die letzteren Privilegierungen sind Ausfluss des nachlassinsolvenzrechtlichen Prinzips, die Wirkungen der Verfahrenseröffnung nach Möglichkeit auf den Todeszeitpunkt zu- 113

101 OLG Celle NZI 2023, 501.

rückzubeziehen, d.h. die Beteiligten wirtschaftlich so zu stellen, als wäre das Nachlassinsolvenzverfahren bereits unmittelbar mit dem Erbfall eröffnet worden bzw. als hätten sich Nachlass und Erbeneigenvermögen nie vereinigt.

114 **Massegläubiger** müssen ihre Forderungen nicht in einem formalisierten Verfahren anmelden bzw. feststellen lassen, sondern müssen diese in der im normalen Geschäftsverkehr üblichen Form (von sich aus) geltend machen. Für bestimmte Masseverbindlichkeiten, sog. **oktroyierte Masseverbindlichkeiten**, zu denen insbesondere die in § 324 Abs. 1 InsO genannten zählen, gilt gem. **§ 90 InsO** in den ersten sechs Monaten des Insolvenzverfahrens ein **besonderes Vollstreckungsverbot**. Die Norm soll dem Insolvenzverwalter zum einen eine hinreichende Überlegens- und Prüffrist im Hinblick auf eine ggf. nach § 208 InsO anzuzeigende (drohende) Masseunzulänglichkeit sowie zum anderen ausreichend Zeit für masse- bzw. liquiditätsbildende Verwertungsmaßnahmen geben.

115 Anders als Insolvenzforderungen sind **Masseverbindlichkeiten** grundsätzlich nicht quotal, sondern **vollumfänglich aus der Insolvenzmasse zu befriedigen**. Etwas anderes gilt aber dann, wenn die Masse nicht ausreicht, um sämtliche Masseverbindlichkeiten voll zu befriedigen. Diesen Umstand hat der Insolvenzverwalter dem Insolvenzgericht unverzüglich anzuzeigen, vgl. § 208 InsO. Dann gilt die Befriedigungsreihenfolge des § 209 Abs. 1 InsO. Hieraus ergibt sich, dass die Kosten des Insolvenzverfahrens i.S.d. § 54 InsO absoluten Vorrang genießen mit der Folge, dass sonstige Masseverbindlichkeiten ggf. nur bzw. erst dann (quotal) zu befriedigen sind, wenn die Verfahrenskosten zu 100 % befriedigt sind (zur Masseunzulänglichkeit ausführlich Rdn 166 ff.).

116 Stellt sich während des Verfahrens heraus, dass die Masse unzulänglich ist, ist die Vollstreckung einer Masseverbindlichkeit i.S.d. § 209 Abs. 1 Nr. 3 InsO ab dem Zeitpunkt der Anzeige der Masseunzulänglichkeit durch den Insolvenzverwalter unzulässig, **§ 210 InsO**.

II. Erstattungsansprüche des Erben

Nicht selten kommt es vor, dass ein (vorläufiger) Erbe, Testamentsvollstrecker oder Nachlasspfleger im Zeitraum zwischen Erbfall und Eröffnungsentscheidung **einzelne Nachlassverbindlichkeiten befriedigt**. Soweit er hierzu **Nachlassmittel eingesetzt** hat, handelt es sich um einen nachlassbilanziell neutralen Vorgang im Sinne einer Bilanzverkürzung, d.h. Nachlassaktiva und Nachlasspassiva schrumpfen in demselben Umfang, namentlich i.H.d. befriedigten Forderung. Folglich dürfen ggf. weder die zur Befriedigung eingesetzten Aktiva noch die befriedigte Verbindlichkeit bei der späteren Prüfung, ob in Ansehung des Nachlasses ein Insolvenzgrund vorliegt, berücksichtigt werden. Dies gilt selbst dann, wenn die nicht befriedigten Gläubiger die betreffende Einzelbefriedigung gem. § 1979 BGB nicht als für Rechnung des Nachlasses erfolgt gelten lassen müssen. Ein Verstoß gegen das bei erkennbarer Überschuldung greifende Auszahlungsverbot ändert nichts daran, dass die vorgenommene Befriedigung des betreffenden Einzelgläubigers – vorbehaltlich einer Insolvenzanfechtung nach Maßgabe der §§ 129 ff. InsO – **wirksam bleibt**. Zugunsten der (übrigen) Nachlassgläubiger entsteht ggf. zwar ein Schadensersatzanspruch gem. §§ 1978 Abs. 1 i.V.m. §§ 1979, 677, 280 Abs. 1 BGB. Dieser Anspruch entsteht aber erst durch die Eröffnung des Insolvenzverfahrens und darf deshalb i.R.d. Prüfung der Insolvenzgründe ebenfalls nicht berücksichtigt werden. 117

Sonstige Masseverbindlichkeiten sind nach **§ 324 Abs. 1 Nr. 1 InsO** Aufwendungen, die dem Erben nach den §§ 1978, 1979 BGB aus dem Nachlass zu ersetzen sind, insbesondere **Aufwendungsersatzansprüche des Erben gem. § 1978 Abs. 3 BGB**. Hierzu gehören auch solche, die durch die Befriedigung einzelner Nachlassverbindlichkeiten entstanden sind, allerdings nur unter der **Voraussetzung, dass die Nachlassgläubiger die Befriedigung gem. § 1979 BGB als für Rechnung des Nachlasses erfolgt gelten lassen müssen**. Lagen die Voraussetzungen des § 1979 BGB bei Vornahme der Erfüllungshandlung nicht vor, handelt es sich bei dem Aufwendungsersatzanspruch um eine Insolvenzforderung, vgl. § 326 Abs. 2 InsO. 118

119 § 324 Abs. 1 Nr. 1 InsO erfasst Aufwendungen des Alleinerben, von Miterben, Vorerben und Nacherben.[102] Die Norm gilt nicht in den Fällen des § 2013 BGB, d.h. wenn der Erbe bereits allen Nachlassgläubigern gegenüber unbeschränkbar haftet, etwa, weil er ein vorsätzlich falsches Inventar errichtet hat.

120 § 1978 Abs. 3 BGB erfasst Aufwendungen des Erben, soweit dieser nach den Vorschriften über den Auftrag oder über die Geschäftsführung ohne Auftrag Ersatz verlangen könnte. Ein **Entgelt für seine Tätigkeit kann der Erbe nicht fordern**, da der Auftrag gem. § 662 BGB unentgeltliches Geschäft ist. Etwas anderes gilt gem. **§ 1835 Abs. 3 BGB analog**, wenn der Erbe eine Tätigkeit verrichtet, die er sonst beruflich ausübt.[103]

Ist der **Fiskus** Erbe, sind seine Verwaltungskosten Aufwendungen i.S.d. § 324 Abs. 1 Nr. 1 InsO,[104] denn die Fiskalerbschaftssachbearbeiter wickeln die Fiskalerbschaft berufsmäßig ab.

121 Begründet der Erbe im Rahmen ordnungsgemäßer Nachlassverwaltung eine Verbindlichkeit, für deren Erfüllung er nach allgemeinen Grundsätzen auch persönlich haftet („**Nachlasserbenschuld**") und deren Eingehung im objektiven Interesse des Nachlasses lag, hat er einen **Freistellungsanspruch** gem. § 1978 Abs. 3 BGB i.V.m. §§ 670, 257 BGB, der aufgrund von § 324 Abs. 1 Nr. 1 InsO **ebenfalls eine Masseverbindlichkeit** ist.[105]

Keine Massegläubiger gem. § 324 Abs. 1 Nr. 1 InsO sind **Nichterben** sowie ehemalige **vorläufige Erben**, die die Erbschaft ausgeschlagen haben, auch wenn sie vor oder nach der Ausschlagung Aufwendungen auf den Nachlass getätigt haben.

122 **Praxistipp**

Mit Blick auf § 324 Abs. 1 Nr. 1 InsO ist es für den Erben in aller Regel wirtschaftlich besser, eine überschuldete Erbschaft anzunehmen und zur Haftungsvermeidung alsbald darauf Insolvenzantrag

102 MüKo-InsO/*Siegmann/Scheuing*, § 324 Rn 3.
103 BeckOGK/*Herzog*, BGB, § 1978 Rn 71 ff.
104 Ausführlich hierzu *Roth*, ZEV 2021, 7.
105 Roth/Pfeuffer/*Roth*, HdB NachlassInsVerf, S. 129.

zu stellen als diese auszuschlagen, jedenfalls dann, wenn bereits Aufwendungen auf den Nachlass aus dem Erbeneigenvermögen getätigt wurden.

Ebenso sind **keine** Nachlassverbindlichkeiten solche, die durch einen unrechtmäßigen **Erbschaftsbesitzer** begründet wurden. Befriedigt ein **vorläufiger Erbe** einzelne Nachlassverbindlichkeiten **aus Eigenmitteln**, erwächst ihm daraus gem. § 1959 Abs. 1 BGB i.V.m. §§ 677, 681, 670 BGB ein **Aufwendungsersatzanspruch** gegen den Nachlass. Bei der Prüfung von Insolvenzgründen ist in einem solchen Fall anstelle der befriedigten Nachlassverbindlichkeit dieser Aufwendungsersatzanspruch zu passivieren. 123

Soweit der (endgültige) **Erbe** eine Nachlassverbindlichkeit **aus Eigenmitteln** befriedigt oder in sonstiger Weise Eigenvermögen zur Sicherung, Erhaltung oder Verbesserung des Nachlasses bzw. einzelner Gegenstände einsetzt, begründet dies zwar gem. § 1978 Abs. 1 BGB i.V.m. §§ 677, 681, 670 BGB in entsprechender Weise **Aufwendungsersatzansprüche. Diese entstehen jedoch erst** mit der rechtlichen Separation des Nachlasses **durch Eröffnung des Insolvenzverfahrens** oder die Anordnung der Nachlassverwaltung. Soweit nicht bereits eine Nachlassverwaltung angeordnet wurde, haben diese Aufwendungsersatzansprüche i.R.d. insolvenzgerichtlichen Prüfung des Vorliegens von Insolvenzgründen daher außer Betracht zu bleiben.[106] 124

Die Befriedigung einer Nachlassverbindlichkeit aus Eigenmitteln des Erben führt nach hier vertretener Auffassung zu einer echten Bilanzaufhellung, da sie ausschließlich zu einer Verminderung der Passiva, bei unverändertem Bestand der Aktiva führt. Daher sind Fälle denkbar, in denen der Erbe durch eine solche Einzelbefriedigung aus Eigenmitteln eine zunächst gegebene Nachlassüberschuldung beseitigt mit der Folge, dass er anschließend nicht mehr ohne weiteres einen auf Überschuldung gestützten Insolvenzantrag stellen und auf diese Weise seine Haftung beschränken kann. Dies ist jedoch hinzunehmen, zumal 125

106 So auch Roth/Pfeuffer/*Roth*, HdB NachlassInsVerf, S. 66; *Roth*, ZInsO 2009, 2265; a.A. MüKo-InsO/*Siegmann/Scheuing*, § 320 Rn 6, der im Überschuldungsstatus jedwede Ansprüche der Insolvenzmasse aus §§ 1978 ff. BGB aktivieren möchte. Wenn man dem folgt, ist es konsequent, auch alle nach Maßgabe dieser Vorschriften entstehenden Verbindlichkeiten im Überschuldungsstatus zu passivieren.

es der Erbe in solchen Fällen regelmäßig in der Hand hat, sich die aufgewandten Eigenmittel – ohne Verletzung von Rechtsvorschriften (er ist ja zivilrechtlich verwaltungs- und verfügungsbefugter Rechtsträger) – eigenmächtig aus dem Nachlass zu entnehmen und seinem Eigenvermögen zuzuführen. Tut er dies, wird die durch die Einzelbefriedigung bewirkte bilanzielle Aufhellung nachträglich neutralisiert und der Erbe kann nunmehr die Eröffnung des Insolvenzverfahrens aufgrund Überschuldung beantragen. Ob dies zweckmäßig ist, wird er sich freilich gut überlegen müssen. Denn die Entnahme begründet mit Verfahrenseröffnung in jedem Fall einen Herausgabeanspruch des Insolvenzverwalters gem. § 1978 Abs. 1 BGB i.V.m. §§ 677, 681, 667 BGB.

126 Zugleich entsteht zwar mit Eröffnung des Insolvenzverfahrens auch ein Aufwendungsersatzanspruch gem. § 1978 Abs. 1 BGB i.V.m. §§ 677, 681, 670 BGB i.H.d. zur Einzelbefriedigung eingesetzten Eigenmittel und damit theoretisch in identischer Höhe. Diese Forderung berechtigt den Erben ggf. aber, da sie erst durch die Verfahrenseröffnung entsteht, weder nach allgemeinen Grundsätzen zur Aufrechnung noch gem. § 323 InsO zur Geltendmachung eines Zurückbehaltungsrechtes, wenn der Insolvenzverwalter Erstattung der Entnahme verlangt.

127 Ob der Erbe nachfolgend mit seinem Aufwendungsersatzanspruch als Massegläubiger gem. § 324 Abs. 1 Nr. 1 InsO zumindest Aussicht auf volle Befriedigung erhält oder als bloßer Insolvenzgläubiger auf die Quote zu verweisen ist, hängt nach § 326 Abs. 2 InsO davon ab, ob der Erbe bei Vornahme der Einzelbefriedigung ohne Fahrlässigkeit davon ausgehen durfte, der Nachlass reiche zur Befriedigung sämtlicher Nachlassgläubiger hin. Lag diese Voraussetzung vor, ist der Erbe mit seinem Aufwendungsersatzanspruch Massegläubiger gem. § 324 Abs. 1 InsO i.V.m. §§ 1978 Abs. 1, 677, 681, 670, 1979 BGB. Dann trägt er lediglich noch das Risiko einer Masseunzulänglichkeit. Lag die Voraussetzung des § 1979 BGB nicht vor, bleibt dem Erben lediglich die Stellung eines Insolvenzgläubigers. Gemäß § 326 Abs. 2 InsO tritt er in diesem Fall an die Stelle des befriedigten Insolvenzgläubigers und hat damit lediglich noch die Aussicht auf eine quotale Befriedigung.

Hinweis 128

Bei den zuletzt genannten Aufwendungsersatzansprüchen der (endgültigen) Erben ist zu beachten, dass diese – anders als die zuvor bezeichneten Aufwendungsersatzansprüche eines Fremdverwalters, vorläufigen Erben oder Vorerben – erst durch die Eröffnung des Insolvenzverfahrens entstehen und daher im Rahmen der Insolvenzgrundfeststellungen denklogisch im Eröffnungsgutachten nicht passiviert werden dürfen.

III. Mit dem Erbfall verbundene Kosten

Hat der Erbe die **Beerdigungskosten** verauslagt, kann er diese gem. 129
§ 324 Abs. 1 Nr. 2 InsO als Massegläubiger ersetzt verlangen. Auf die Voraussetzungen des § 324 Abs. 1 Nr. 1 InsO kommt es folglich nicht an. Unerheblich ist, ob die Beerdigung vor oder nach Eröffnung des Insolvenzverfahrens stattgefunden hat, wobei letzterer Fall praktisch kaum vorkommt.

Nichterbende Angehörige, die **ohne rechtliche Verpflichtung** die Bestattungskosten getragen haben, z.B. aus Annahme einer moralischen Verpflichtung oder aus bloßer Pietät, werden nicht Massegläubiger des Nachlassinsolvenzverfahrens.[107] Diese haben lediglich einen Anspruch gegen den/die Erben gem. § 1968 BGB auf Befreiung von den Verbindlichkeiten und Ersatz ihrer Aufwendungen.[108]

Hinsichtlich der nach § 324 Abs. 1 Nr. 2 InsO ersatzfähigen Beerdi- 130
gungskosten ist zu beachten, dass diese sich nach h.M. **in einem angemessenen, d.h. standesgemäßen Rahmen** halten müssen. Der Begriff der „Beerdigung" wird in **§ 1968 BGB** definiert, umfasst also **alle Arten der Bestattung** (Erdbestattung, Feuerbestattung, Bestattung im Friedwald, Seebestattung u.a.) und **die erstmalige Herstellung der Grabstätte.**[109]

---

107 LG Frankfurt a.M. NZI 2021, 152; MüKo-InsO/*Siegmann/Scheuing*, § 324 Rn 6; Roth/Pfeuffer/*Roth*, HdB NachlassInsVerf, S. 132.

108 LG Frankfurt a.M. NZI 2021, 152; Braun/*Bauch*, InsO, § 324 Rn 4.

109 Vertiefend *Kurze*, ErbR 2016, 299; *Floeth*, ZErb 2015, 269.

Der Umfang der Erstattungspflicht wird in erster Linie durch die **Lebensstellung des Verstorbenen** bestimmt; auf die Lebensstellung des Erben kommt es nicht an.[110] Dabei sind vornehmlich die wirtschaftlichen und sozialen Verhältnisse des Verstorbenen in Betracht zu ziehen, jedoch auch die in den Kreisen des Verstorbenen herrschenden örtlichen Auffassungen und Gebräuche zu berücksichtigen.[111]

131 Hat der Erblasser letztwillig einen besonderen Bestattungswunsch geäußert, ist dieser grundsätzlich zu respektieren, auch wenn hierdurch höhere Kosten entstehen. Erstattungsfähig sind – i.R.d. Angemessenheit – auch die Kosten eines **Grabsteins**, einer **Bewirtung i.R.d. Trauerfeier** sowie der Schaltung von **Todesanzeigen und Danksagungen**.

Bei einer Doppelgrabstelle sind die Mehrkosten gegenüber einem Einzelgrab aus den Kosten herauszurechnen.[112] Demgegenüber ist es unschädlich, wenn in einer Urnengrabstelle später auch noch andere Urnen beigesetzt werden können, wenn dadurch keine Mehrkosten ausgelöst werden.[113]

132 **Nicht** zu den Beerdigungskosten gehören die **Kosten der Grabpflege**, da es sich bei der Grabpflege nach h.M. nur um eine sittliche, aber keine rechtliche Pflicht der Angehörigen handelt.[114] Anders ist dies nur dann, wenn der Erblasser selbst zu Lebzeiten einen Grabpflegevertrag geschlossen hatte, der die Erben als dessen Rechtsnachfolger gem. § 1922 BGB bindet.[115]

Ebenso nicht ersatzfähig ist die Anschaffung von Trauerkleidung, Reisekosten der Angehörigen zum Besuch der Trauerfeier und der Ersatz von Verdienstausfall wegen Teilnahme an der Beerdigung.[116]

---

110 OLG Koblenz NJW-RR 2022, 374; OLG Saarbrücken ZEV 2020, 767; OLG Saarbrücken FamRZ 2010, 1192.
111 OLG Koblenz NJW-RR 2022, 374.
112 OLG Saarbrücken FamRZ 2010, 1192.
113 *Kurze*, ErbR 2016, 299.
114 BGH NJW 2021, 2115; OLG Düsseldorf ZErb 2018, 104; OLG Köln ZEV 2015, 355; OLG Schleswig ZEV 2010, 196; OLG München ErbR 2010, 59; a.A. LG Heidelberg ZEV 2011, 583; AG Neuruppin ZEV 2007, 597.
115 BGH NJW 2021, 2115; OLG Schleswig ZEV 2010, 196; BeckOGK/*Lohmann*, § 1968 Rn 6.
116 BeckOGK/*Lohmann*, § 1968 Rn 5.

Nach § **324 Abs. 1 Nr. 3 InsO** sind Masseverbindlichkeiten auch die im Falle der **Todeserklärung des Erblassers dem Nachlass auferlegten Kosten des Verfahrens**, vgl. § 34 Abs. 2 VerschG. 133

IV. Nachlasspfleger, Nachlassverwalter, Testamentsvollstrecker

§ 324 Abs. 1 Nr. 4 InsO erklärt alle Kosten, die üblicherweise in einem vor oder parallel zum Insolvenzverfahren stattfindenden **nachlassgerichtlichen Verfahren** anfallen (können), zu Masseverbindlichkeiten. Im Einzelnen sind dies die Kosten der Eröffnung einer letztwilligen Verfügung (§ 348 FamFG), der gerichtlichen Sicherung des Nachlasses (§ 1960 BGB), einer Nachlasspflegschaft – worunter auch eine Nachlassverwaltung zu verstehen ist[117] (§§ 1960, 1961, 1975, 1981 BGB), des Aufgebots der Nachlassgläubiger (§ 1970 BGB, §§ 454 ff. FamFG) sowie der Inventarerrichtung (§§ 1993 ff. BGB). Praktisch relevant ist insbesondere die **Vergütung des Nachlasspflegers.**[118] 134

§ 324 Abs. 1 Nr. 5 InsO betrifft die **Verbindlichkeiten aus den von einem Nachlasspfleger (einschließlich Nachlassverwalter) oder einem Testamentsvollstrecker vorgenommenen Rechtsgeschäften**. Der Begriff „Rechtsgeschäft" ist weit zu verstehen. Erfasst werden auch Steuerforderungen, die aus solchen Rechtsgeschäften resultieren, insbesondere Umsatzsteuerverbindlichkeiten. Zufolge BGH soll auch der Bereicherungsanspruch desjenigen, der ohne Rechtsgrund eine Leistung an den Nachlass erbracht hat, Masseverbindlichkeit sein.[119] Diese Auffassung ist abzulehnen, da sie den Begriff des Rechtsgeschäftes überdehnt.[120] Nach Ansicht des BGH werden nur solche Verbindlichkeiten von § 324 Abs. 1 Nr. 5 InsO erfasst, die im Rahmen einer ordnungsgemäßen Verwaltung begründet wurden. Diese Auffassung ist in der Literatur zu Recht kritisiert worden, da sie sich mit dem Gesetzeswortlaut nur schwer vereinbaren lässt und es für außenstehende Gläubiger oftmals nicht erkennbar ist, ob sich der Nachlasspfleger bei Vertragsschluss noch im Rahmen einer ordnungsgemäßen 135

117 MüKo-InsO/*Siegmann/Scheuing*, § 324 Rn 8.
118 Hierzu BGH FamRZ 2006, 411.
119 BGHZ 94, 312.
120 Roth/Pfeuffer/*Roth*, HdB NachlassInsVerf, S. 110.

Verwaltung bewegte oder nicht.[121] Soweit ein Nachlasspfleger oder Testamentsvollstrecker seine Kompetenzen allerdings offensichtlich überschritten hat, etwa indem er Verfügungen ohne die gem. §§ 1848 ff., 1888 Abs. 1 BGB (bis zum 31.12.2022 §§ 1821 f., 1915 Abs. 1 S. 1 BGB) erforderlichen Genehmigungen tätigte, kann sich der Vertragspartner i.R.d. Rückabwicklung nicht auf § 324 Abs. 1 Nr. 5 InsO berufen.[122]

136 Keine Masseverbindlichkeiten sind solche, die von einem Nachlasspfleger oder Testamentsvollstrecker erkennbar außerhalb ihres Wirkungskreises bzw. außerhalb ihrer Verpflichtungsbefugnis (§§ 2206 Abs. 1 S. 2 BGB) oder unter evidentem Missbrauch der Vertretungsmacht oder kollusiv zum Nachteil der Erben begründet wurden.

137 **Hinweis**

In Nachlassinsolvenzen besteht die Besonderheit, dass sämtliche Verbindlichkeiten aus Rechtshandlungen eines Nachlasspflegers oder Testamentsvollstreckers gem. § 324 Abs. 1 Nr. 5 InsO Masseverbindlichkeiten sind. Demgemäß sind auch die im Rahmen einer schwachen vorläufigen Verwaltung begründeten Verbindlichkeiten dann Masseverbindlichkeiten, wenn zur fraglichen Zeit die Nachlasspflegschaft oder Testamentsvollstreckung angeordnet war.

Eine weitere Ausnahme in Bezug auf Verbindlichkeiten, die im Rahmen einer schwachen vorläufigen Verwaltung begründet wurden, gilt für Steuerverbindlichkeiten, vgl. § 55 Abs. 4 InsO.

138 Da die Vergütungsansprüche des Nachlasspflegers und Nachlassverwalters bereits von § 324 Abs. 1 Ziff. 4 InsO erfasst werden, **hat § 324 Abs. 1 Ziff. 6 InsO** insbesondere Bedeutung für den **Vergütungsanspruch des Testamentsvollstreckers**. Den Rang einer Masseverbindlichkeit hat die Testamentsvollstreckervergütung allerdings nur, wenn und soweit sie angemessen ist. Im Übrigen kommt ihr nach h.M. lediglich der Rang eines Vermächtnisses (§ 327 InsO) zu. Anderenfalls könnte der Erblasser über den Umweg, einen oder auch mehrere Personen zu Testamentsvollstreckern zu berufen und mit unangemesse-

121 Roth/Pfeuffer/*Roth*, HdB NachlassInsVerf, S. 134; Andres/Leithaus/*Andres*, InsO, § 324 Rn 7; Braun/*Bauch*, InsO, § 324 Rn 7.

122 Roth/Pfeuffer/*Roth*, HdB NachlassInsVerf, S. 134.

nen Vergütungsansprüchen auszustatten, die von der InsO vorgesehene bestmögliche Gläubigerbefriedigung torpedieren.

Außerdem ist zu beachten, dass der Vergütungsanspruch des gewöhnlichen (Abwicklungs-)Testamentsvollstreckers grundsätzlich **erst am Ende der Testamentsvollstreckung fällig** wird. **Die Eröffnung des Insolvenzverfahrens beendet die Testamentsvollstreckung in der Regel jedoch nicht, sondern führt nur zu einem Ruhen des Amtes für die Dauer des Insolvenzverfahrens.**[123] Insbesondere in Fällen, in denen das Insolvenzverfahren nur wegen Zahlungsunfähigkeit eröffnet worden ist und dieser Insolvenzgrund durch Verwertungsmaßnahmen des Insolvenzverwalters beseitigt wird, kommt in Betracht, dass die Testamentsvollstreckung nach Abschluss des Insolvenzverfahrens normal weiterläuft. Der liquide (Masse-)Überschuss ist dann an den Testamentsvollstrecker und nicht an die Erben auszukehren. Die Auseinandersetzung des um die Verbindlichkeiten bereinigten Nachlasses obliegt in solchen Fällen nicht dem Insolvenzverwalter, sondern dem Testamentsvollstrecker, ebenso wie auch die schlussendliche Entnahme seiner Vergütung. 139

Im Fall des **Todes von Freiberuflern** sehen die verschiedenen Berufsordnungen der Apotheker, Ärzte, Anwälte usw. zum Schutz der Patienten bzw. Mandanten die Bestellung **besonderer Vertreter** bzw. **Abwickler** vor (hierzu siehe auch § 7 Rdn 140 ff.). Das Verhältnis solcher Abwicklungen zu einer parallel über den Nachlass angeordneten Nachlasspflegschaft, Nachlassverwaltung oder Nachlassinsolvenzverwaltung ist, soweit ersichtlich, noch nicht bis ins Letzte geklärt.[124] Indes spricht einiges dafür, dass solche Abwickler die betreffenden Amtsträger ggf. partiell, d.h. in Bezug auf die Praxis des Verstorbenen, komplett aus der Verwaltungs- und Verfügungsbefugnis verdrängen und damit einen wesentlichen Teil der Aufgaben erledigen, die normalerweise der Nachlasspfleger, Nachlassverwalter oder Nachlassinsolvenzverwalter wahrzunehmen hätten. 140

Oftmals bildet die freiberufliche Vermögenssphäre sogar den weitaus größeren und schwierigeren Teil des Nachlasses. Es wäre vor diesem 141

123 *Harder*, NJW-Spezial 2022, 469; Krätzschel/Falkner/Döbereiner/*Krätzschel*, Nachlassrecht, § 19 Rn 13; MüKo-InsO/*Siegmann/Scheuing*, § 324 Rn 12 m.w.N.
124 Offengelassen von BGH NZI 2005, 681.

Hintergrund sachlich mit nichts zu rechtfertigen, in solchen Fällen die Vergütungsansprüche der ausdrücklich in § 324 Abs. 1 Nr. 6 InsO Genannten als Masseverbindlichkeit anzuerkennen und die der Abwickler und besonderen Vertreter nicht. Nach h.M. werden die Letzteren daher **analog § 324 Abs. 1 Nr. 6 InsO** ebenfalls aus der Masse befriedigt.[125]

Praxistipp

Häufig wird im Laufe des Nachlassinsolvenzverfahrens absehbar, dass für die Aufrechterhaltung der Nachlasspflegschaft kein Bedürfnis mehr besteht, weil z.B. kein Übererlös für die unbekannten Erben verbleiben wird und deshalb keine Erben ermittelt werden müssen. In diesen Fällen sollte der Nachlassinsolvenzverwalter beim zuständigen Nachlassgericht **anregen, dass die Nachlasspflegschaft aufgehoben wird**, um die damit einhergehenden Kosten (vor allem die jährlich anfallende Gerichtsgebühr) der Masse zu ersparen. Kommt aber die Freigabe eines Gegenstandes aus der Masse in Betracht, wird der Nachlasspfleger weiterhin benötigt, um den freigegenebenen Gegenstand in Empfang zu nehmen und für die unbekannten Erben zu sichern und zu verwalten.

V. Sonstige Masseverbindlichkeiten, § 55 InsO

142 Neben den **Kosten des Insolvenzverfahrens gem. § 54 InsO**, die unter Rdn 208 ff. ausführlich dargestellt sind, stuft **§ 55 InsO** eine Reihe von weiteren Verbindlichkeiten als **sonstige Masseverbindlichkeiten** ein.

Die **Verbindlichkeiten des § 55 Abs. 1 InsO** sind solche, die **nach Verfahrenseröffnung durch den Insolvenzverwalter oder anderweit i.R.d. Verwaltung der Insolvenzmasse begründet** werden. Masseverbindlichkeiten sind nicht notwendig auf Geldzahlung gerichtet. Sie entstehen z.B. auch dadurch, dass der Insolvenzverwalter Massegegenstände verwertet. Die durch entsprechende Kaufverträge begründeten Eigentumsverschaffungsansprüche sind selbstredend aus der In-

125 Vgl. LG Hamburg NJW 1994, 1883; OLG Köln NZI 2009, 851; OLG Rostock ZIP 2004, 1857.

solvenzmasse zu erfüllen. Masseverbindlichkeiten gem. § 55 Abs. 1 InsO entstehen ferner i.R.v. Betriebsfortführungen durch den Insolvenzverwalter, indem dieser hierzu notwendige Leistungen Dritter weiter in Anspruch nimmt bzw. neu einkauft.

§ 55 InsO fördert die Bereitschaft des Rechtsverkehrs, überhaupt mit einem insolventen Rechtssubjekt respektive einem Insolvenzverwalter Verträge abzuschließen bzw. Leistungen an einen solchen zu erbringen. Ohne eine solche Bereitschaft wäre der Handlungsspielraum des Insolvenzverwalters erheblich eingeschränkt, was nicht nur dem Ziel einer bestmöglichen Gläubigerbefriedigung in hohem Maße abträglich wäre, sondern Betriebsfortführungen und Sanierungen insolventer Unternehmen von vornherein unmöglich machen würde. 143

§ 55 Abs. 1 InsO ordnet folgende Verbindlichkeiten als Masseverbindlichkeiten ein: 144
- nach Nr. 1: die durch Handlungen des Insolvenzverwalters oder in anderer Weise durch die Verwaltung, Verwertung und Verteilung der Insolvenzmasse begründet werden, ohne zu den Kosten des Insolvenzverfahrens zu gehören;
- nach Nr. 2: aus gegenseitigen Verträgen, soweit deren Erfüllung zur Insolvenzmasse verlangt wird oder für die Zeit nach der Eröffnung des Insolvenzverfahrens erfolgen muss;
- nach Nr. 3: aus einer ungerechtfertigten Bereicherung der Masse.

Bei **beiderseits noch nicht vollständig erfüllten gegenseitigen Verträgen** hat der Insolvenzverwalter nach Maßgabe der §§ 103 ff. InsO ein Wahlrecht, ob er den Vertrag – mit Wirkung für und gegen die Insolvenzmasse – weiter fortsetzt oder nicht. Wählt er die Nichterfüllung, können daraus keine Masseverbindlichkeiten entstehen, vgl. § 103 Abs. 2 InsO. Wird der Vertrag fortgesetzt, sind die ab Verfahrenseröffnung begründeten Leistungspflichten aus der Insolvenzmasse zu erfüllen. Zahlungsrückstände aus Dauerschuldverhältnissen, die auf die Zeit vor Eröffnung entfallen, sind – vorbehaltlich § 55 Abs. 2 InsO – keine Masseverbindlichkeiten, sondern Insolvenzforderungen. Gleiches gilt für Verträge, die auf Erbringung teilbarer Leistungen gerichtet sind und für Entgelte, die auf vorinsolvenzlich erbrachte Teilleistungen entfallen, vgl. § 105 InsO. 145

Für **Miet- und Pachtverträge** gelten die besonderen Reglungen der §§ 108–111 InsO. Für **Dienst- und Arbeitsverträge**, bei denen der 146

Schuldner der Dienstberechtigte ist, gilt § 113 InsO. Bis zum Auslaufen der danach maßgeblichen Sonderkündigungsfristen sind die sich aus den Verträgen ergebenden Verpflichtungen Masseverbindlichkeiten, auch wenn der Insolvenzverwalter unmittelbar nach Verfahrenseröffnung kündigt und die Gegenleistungen gar nicht in Anspruch nimmt.

147 Masseverbindlichkeiten entstehen auch durch die **Beauftragung externer Dienstleister**, z.B. von Steuerberatern, Rechtsanwälten, Immobilienmaklern und anderen Verwertungsunternehmen.

148 Ist im Nachlass **Wohnungseigentümergemeinschaftsvermögen** vorhanden, sind die **laufenden Hausgeldansprüche der Wohnungseigentümergemeinschaftsverwaltung für die Zeit ab Verfahrenseröffnung** automatisch Masseverbindlichkeiten, da sie als Bewirtschaftungskosten die Verwaltung der Masse betreffen. Gibt der Insolvenzverwalter die Immobilie aus der Masse frei, belasten die nach Freigabe begründeten Hausgeldansprüche die Insolvenzmasse nicht mehr. **Hausgeldrückstände aus der Zeit bis zur Eröffnung des Insolvenzverfahrens sind Insolvenzforderungen**. Allerdings berechtigen solche gem. § 49 InsO i.V.m. § 10 Abs. 1 Nr. 2 ZVG in der Zwangsversteigerung zur abgesonderten Befriedigung am Erlös mit dem durch § 10 Abs. 1 Nr. 2 ZVG zugewiesenen Rang. Das Vorrecht erfasst danach allerdings nur die laufenden und die rückständigen Beträge aus dem Jahr der Beschlagnahme und den letzten zwei Jahren. Das Vorrecht einschließlich aller Nebenleistungen ist begrenzt auf Beträge i.H.v. **maximal 5 % des Verkehrswertes**.

149 Masseverbindlichkeiten gem. **§ 55 Abs. 2 InsO** entstehen grundsätzlich nur durch **Rechtshandlungen eines „starken" vorläufigen Insolvenzverwalters**, d.h. eines solchen, auf den gem. § 22 Abs. 1 InsO die Verwaltungs- und Verfügungsbefugnis übergegangen ist. Ein schwacher vorläufiger Verwalter kann grundsätzlich nur dann einzelne Masseverbindlichkeiten begründen, wenn das Insolvenzgericht ihm Entsprechendes ausnahmsweise durch eine im Beschlusswege erteilte Einzelermächtigung ausdrücklich gestattet hat.

150 Masseverbindlichkeiten i.S.d. **§ 55 Abs. 1 Nr. 3 InsO** entstehen durch **ungerechtfertigte Bereicherungen der Insolvenzmasse**, sofern die fragliche **Bereicherung** erst **nach Verfahrenseröffnung** eintritt. Vor Verfahrenseröffnung, z.B. im Rahmen einer vorläufigen Verwaltung

eingetretene Bereicherungen begründen demgegenüber nur einfache Insolvenzforderungen.[126]

VI. Forderungen des Finanzamtes

Gemäß **§ 45 Abs. 1 S. 1 AO** gehen die Forderungen und Schulden aus dem Steuerschuldverhältnis des Erblassers im Wege der Gesamtrechtsnachfolge auf den Erben über. Nach Abs. 2 der Vorschrift haftet der Erbe für die aus dem Nachlass zu entrichtenden Schulden nach den Vorschriften des BGB über die Erbenhaftung.[127] Von praktischer Relevanz ist insbesondere die Frage, wie **Einkommen- und Umsatzsteuerverbindlichkeiten**, die **nach dem Erbfall aus der Nutzung oder Veräußerung nachlasszugehöriger Gegenstände durch den Erben** resultieren, zu behandeln sind. Klar ist, dass **Steuersubjekt jeweils der Erbe** und, mangels Rechtsfähigkeit, nicht der Nachlass als solcher ist. Damit ist jedoch nichts über die rechtliche Einordnung der Verbindlichkeiten als Nachlass- oder Erbeneigenverbindlichkeit gesagt.[128] 151

In Bezug auf Einkommen- und Umsatzsteuerverbindlichkeiten differenzierte der BFH in der Vergangenheit danach, ob diese durch Handlungen des Erben oder aber ohne dessen Zutun angefallen sind. War der jeweilige Steuerentstehungstatbestand bereits durch den Erblasser vollständig verwirklicht oder zumindest noch zu dessen Lebzeiten unvermeidlich in Gang gesetzt worden, so lag nach der Auffassung des BFH eine Nachlassverbindlichkeit vor. Anderenfalls handelte es sich um Eigenschulden des Erben bzw. Nachlasserbenschulden, also solche, für die neben dem Nachlass auch der Erbe mit seinem Eigenvermögen haftete mit der Folge, dass der Erbe solche Verbindlichkeiten nicht mittels der §§ 1975 ff. BGB auf den Nachlass beschränken konnte.[129] 152

126 BGH NZI 2015, 273; 2011, 143; Andres/Leithaus/*Leithaus*, InsO § 55 Rn 10; MüKo-InsO/*Hefermehl*, § 55 Rn 211 ff.

127 Zur Besteuerung in der Insolvenz siehe *Piekenbrock*, DStR 2023, 2095.

128 Vgl. BFH NJW 2016, 1839.

129 Etwa BFH NJW-FER 1999, 19.

153 Nach geänderter Rechtsauffassung des BFH im Jahr 2016[130] kommt es nun für die Anwendung des **§ 45 Abs. 2 AO i.V.m. § 1975 BGB** allein darauf an, ob **zivilrechtlich eine Nachlassforderung vorliegt**. Dass der Nachlass als solcher weder Einkommensteuer- noch Körperschaftsteuersubjekt ist, sondern allein der Erbe den steuerrechtlichen Tatbestand der Einkünfteerzielung verwirklichen kann, führt nicht zur Ablehnung einer Nachlassverbindlichkeit. Aus § 45 Abs. 2 S. 1 AO ergeben sich keine Anhaltspunkte für eine Besserstellung des Fiskus. Vielmehr folgt aus dieser Vorschrift, dass die für den Erben in § 1975 BGB geregelten Schutzmöglichkeiten in vollem Umfang auch gegenüber dem Fiskus gelten müssen. Danach haften Erben zwar auch für Nachlassverbindlichkeiten grundsätzlich unbeschränkt (§ 1967 Abs. 1 BGB). Im Fall der Anordnung der Nachlassverwaltung (Nachlasspflegschaft zum Zweck der Befriedigung der Nachlassgläubiger) ist ihre Haftung für Nachlassverbindlichkeiten allerdings auf den Nachlass beschränkbar (§ 1975 BGB).[131]

Somit sind sämtliche **Einkommens- und Umsatzsteuerschulden**, die **im Rahmen ordnungsgemäßer Nachlassverwaltung** entstehen, als Nachlassverbindlichkeiten zu qualifizieren.

Hinweis

Mit der Einordnung einer Verbindlichkeit als Nachlassschuld ist nur gesagt, dass sie dementsprechend bei der Prüfung des Vorliegens von Insolvenzgründen zu passivieren ist. Damit ist aber noch nichts über die insolvenzrechtliche Einordnung als Insolvenzforderung, nachrangige Insolvenzforderung oder Masseverbindlichkeit gesagt.

154 Ansprüche aus dem Steuerschuldverhältnis können **gegen den Insolvenzverwalter nur festgesetzt** werden, wenn sie **Masseverbindlichkeiten** und **keine Insolvenzforderungen** sind.[132]

Nach Eröffnung eines Insolvenzverfahrens dürfen Steuerbescheide, die Insolvenzforderungen betreffen, nicht mehr ergehen. Das folgt aus dem in **§ 251 Abs. 2 S. 1 AO** normierten Grundsatz, wonach Ansprü-

130 BFH NJW 2016, 1839.
131 BFH NJW 2016, 1839.
132 BFH NZI 2017, 769.

che aus dem Steuerschuldverhältnis, die **Insolvenzforderungen** sind, nach Insolvenzeröffnung nur **nach den Vorschriften der Insolvenzordnung** geltend gemacht werden dürfen. Diese Ansprüche aus dem Steuerschuldverhältnis sind zur Insolvenztabelle anzumelden.[133]

Insolvenzforderungen sind Forderungen, die **zur Zeit der Eröffnung des Insolvenzverfahrens begründet** waren (vgl. § 38 InsO). Die Abgrenzung zwischen Insolvenzforderungen und (sonstigen) Masseverbindlichkeiten richtet sich ausschließlich nach dem **Zeitpunkt der insolvenzrechtlichen Begründung. Auf die steuerliche Entstehung der Forderung und deren Fälligkeit kommt es dagegen nicht an.**[134] 155

Masseverbindlichkeiten sind Verbindlichkeiten, die durch Handlungen des Insolvenzverwalters oder in anderer Weise durch die Verwaltung, Verwertung und Verteilung der Insolvenzmasse begründet werden, ohne zu den Kosten des Insolvenzverfahrens zu gehören (§ 55 Abs. 1 Nr. 1 InsO); diese sind vom Verwalter vorweg aus der Insolvenzmasse zu befriedigen.[135]

> **Hinweis**
>
> Ergeht ein förmlicher Steuerbescheid über einen Steueranspruch, der eine Insolvenzforderung betrifft, ist dieser unwirksam. Hiergegen sollte der Insolvenzverwalter Einspruch einlegen und verlangen, dass die Forderung zur Insolvenztabelle angemeldet wird. Das Finanzamt sollte zudem aufgefordert werden, die Insolvenzforderungen anhand des Stichtages der Verfahrenseröffnung von den Masseverbindlichkeiten abzugrenzen.

Überlässt der Insolvenzverwalter dem absonderungsberechtigten 156
Gläubiger die der Masse zugehörigen sicherungsübereigneten beweglichen Wirtschaftsgüter des Betriebsvermögens zur Verwertung (§ 170 Abs. 2 InsO) und entsteht nachfolgend durch deren Verkauf – infolge der **Aufdeckung stiller Reserven** – ein einkommensteuerpflichtiger Gewinn, ist die darauf entfallende Einkommensteuer eine „in anderer

133 BFH NZI 2017, 769.
134 BFH NZI 2017, 769; BFH NZI 2017, 218; BFH DStRE 2016, 1204; BFH NZI 2013, 709.
135 BFH NZI 2017, 218; BFH NZI 2013, 709; BFH DStRE 2016, 109.

Weise“ durch die Verwertung der Insolvenzmasse begründete Masseverbindlichkeit.[136]

157 Nach Maßgabe des § 20 Abs. 1 S. 1 ErbStG ist Steuerschuldner der **Erbschaftsteuer** der Erwerber. Nachdem die rechtliche Einordnung der Erbschaftsteuer lange Zeit umstritten war,[137] hat der BFH in einem wegweisenden Urteil im Jahre 2016[138] entschieden, dass die vom Erben als Gesamtrechtsnachfolger aufgrund Erbfalls nach § 3 Abs. 1 Nr. 1 ErbStG i.V.m. § 1922 BGB geschuldete Erbschaftsteuer eine **Nachlassverbindlichkeit** (§ 325 InsO) ist, die vom Finanzamt als **Nachlassinsolvenzforderung** im Nachlassinsolvenzverfahren geltend gemacht werden kann.

Ist der Nachlass bereits vom ersten Tag an überschuldet, fällt von vornherein keine Erbschaftsteuer an.

158 **§ 55 Abs. 4 S. 1 InsO**[139] erklärt **Umsatzsteuerverbindlichkeiten** des Insolvenzschuldners, die u.a. von einem vorläufigen Insolvenzverwalter begründet worden sind, zu sonstigen Masseverbindlichkeiten (die anderen Fallgruppen betreffen Rechtshandlungen des Schuldners und kommen in Nachlassinsolvenzverfahren nicht in Betracht). § 55 Abs. 4 S. 2 InsO erstreckt diese Regelung auf Ein- und Ausfuhrabgaben, auf Verbrauchssteuern, auf die Luftverkehr- und Kraftfahrzeugsteuer und auf die Lohnsteuer. Bezüglich dieser Steuern setzt das Finanzamt nach Eröffnung des Insolvenzverfahrens für die Voranmeldungszeiträume des Eröffnungsverfahrens die Umsatzsteuerverbindlichkeiten mittels Steuerbescheides fest (Vorauszahlungsbescheid).[140]

§ 55 Abs. 4 InsO hat in Nachlassinsolvenzverfahren wenig Relevanz und kommt nur zur Geltung, wenn ein schwacher Insolvenzverwalter

---

136 BFH NZI 2023, 719.

137 Eine reine Erbeneigenverbindlichkeit nahmen u.a. an: OLG Frankfurt BeckRS 2003, 17951; OLG Düsseldorf FamRZ 1999, 1465; OLG Hamm MittBayNot 1990, 360; *Joachim/Janzen*, ZEV 2018, 74. Andere Gerichte zählten die Erbschaftsteuer zu den Erbfallschulden und qualifizierten sie demgemäß als Nachlassverbindlichkeit, u.a. OLG Naumburg ZEV 2007, 381; OLG Köln MDR 2001, 1320; BFH NJW 1993, 350.

138 BFH NZI 2016, 411.

139 § 55 Abs. 4 InsO wurde neu gefasst mit Wirkung ab 1.1.2021.

140 Braun/*Bäuerle/Miglietti*, InsO, § 55 Rn 104.

mit Zustimmungsvorbehalt im Antragsverfahren den schuldnerischen Geschäftsbetrieb des Erblassers fortführt.

Wird eine Steuer nicht bis zum Ablauf des Fälligkeitstages entrichtet, entstehen kraft Gesetzes – gem. **§ 240 AO** – Säumniszuschläge, und zwar auch nach Anzeige der Masseunzulänglichkeit.[141] 159

VII. Erstattungsforderungen des Sozialamtes

§ 55 Abs. 3 S. 1 InsO betrifft den Fall, dass ein vorläufiger Insolvenz- 160
verwalter die Arbeitnehmer des Schuldners – im Nachlassinsolvenzverfahren also des Erblassers – weiterbeschäftigt und diese von der Bundesagentur für Arbeit Insolvenzgeld nach §§ 165 ff. SGB III erhalten. Nach § 169 SGB III gehen die Ansprüche auf Arbeitsentgelt, die einen Anspruch auf Insolvenzgeld begründen, mit dem Antrag auf Insolvenzgeld auf die Bundesagentur über. Gemäß § 55 Abs. 3 S. 1 InsO können diese **übergegangenen Forderungen** durch die Bundesagentur für Arbeit nur als **Insolvenzforderungen** geltend gemacht werden und nicht als Masseverbindlichkeit. Eine analoge Anwendung dieser Norm auf nicht von dem gesetzlichen Forderungsübergang erfasste Entgeltansprüche kann mangels Regelungslücke nicht vorgenommen werden.[142]

Gleiches gilt für die Zahlung von Gesamtsozialversicherungsbeiträgen (§ 175 SGB III), § 55 Abs. 3 S. 2 InsO.

Soweit der Sozialhilfeträger **Kostenersatz für die dem Erblasser ge-** 161
währte Sozialhilfe nach § 102 SGB XII fordert, ist dieser Anspruch ebenfalls eine **Insolvenzforderung** und keine Masseverbindlichkeit. Hat das Sozialamt allerdings die Leistungen nur darlehensweise gewährt und an einer Immobilie des Erblassers zur Sicherung seiner Rückzahlungsansprüche etwa eine Grundschuld eintragen lassen, so besteht hieraus ggf. – vorbehaltlich einer in solchen Fällen stets sorgfältig zu prüfenden Anfechtbarkeit der Grundschuldbestellung gem. §§ 129 ff. InsO – ein Recht zur abgesonderten Befriedigung.

141 BFH NZI 2020, 526.
142 BAG NZA 2018, 811.

162 Sozialrechtliche Erstattungsansprüche kommen ferner in Betracht, wenn das Sozialamt die **Bestattungskosten des Erblassers gem. § 74 SBG XII übernommen** hat, was voraussetzt, dass dem hierzu Verpflichteten die Tragung der Bestattungskosten nicht zugemutet werden konnte. Dies sind zumeist Fälle, in denen der Erblasser mittellos verstarb und auch seine nächsten Angehörigen – die nach den öffentlich-rechtlichen Vorschriften trotz Ausschlagung zur Tragung der Bestattungskosten verpflichtet sind – diese Kosten nicht aufbringen können, etwa weil sie selbst Leistungen zur Sicherung des Lebensunterhalts nach dem SGB II erhalten oder weil die (volljährigen) Kinder des Erblassers sich noch in der Ausbildung befinden.

163 Wie der **Begriff des „Verpflichteten" in § 74 SGB XII** auszulegen ist, ist in Literatur und Rechtsprechung umstritten.[143] Nach einer Auffassung erfasst die Vorschrift nur den vorrangig verpflichteten Angehörigen des Erblassers.[144] Nach der Gegenauffassung kann auch ein nachrangig Verpflichteter Anspruch auf Kostenübernahme haben, so dass mehrere Anspruchsinhaber denkbar sind.[145] Die Prüfung vorrangiger Ansprüche erfolgt dann i.R.d. Prüfung des Tatbestandsmerkmals der „Zumutbarkeit". In jedem Fall muss es sich um eine rechtliche Verpflichtung des Antragstellers zur Tragung der Bestattungskosten des Erblassers handeln, wobei sich die Verpflichtung aus erbrechtlichen, unterhaltsrechtlichen oder landesrechtlichen Bestattungspflichten ergeben kann.[146]

164 Im Nachlassinsolvenzverfahren erfolgt die Geltendmachung der Erstattungsansprüche nach Kostenübernahme durch den Sozialhilfeträger als **Massegläubigerin**, da es sich um die **Kosten der Beerdigung des Erblassers handelt, § 324 Abs. 1 Nr. 2 InsO**.

143 *Süsskind*, NZS 2023, 197.

144 LSG Bayern BeckRS 2022, 6978; LSG Baden-Württemberg BeckRS 2013, 71015.

145 LSG Mecklenburg-Vorpommern FamRZ 2022, 1969; LSG Schleswig-Holstein BeckRS 2019, 36737.

146 LSG Mecklenburg-Vorpommern FamRZ 2022, 1969.

C. Masseunzulänglichkeit und Massearmut

Vor den Insolvenzgläubigern müssen zunächst alle Ansprüche der Massegläubiger befriedigt werden. Wer Massegläubiger ist, bestimmen grundsätzlich die §§ 54, 55 InsO. Masseverbindlichkeiten sind die **Verfahrenskosten i.S.d. § 54 InsO** (hierzu siehe Rdn 208 ff.) und die **sonstigen Masseverbindlichkeiten** nach Maßgabe des **§ 55 InsO**. In Nachlassinsolvenzen erweitert sich der Kreis der sonstigen Masseverbindlichkeiten um die **Verbindlichkeiten des § 324 Abs. 1 InsO**. Die gesetzlichen Regelungen sind grundsätzlich abschließend. Weitere besondere Masseverbindlichkeiten können sich lediglich noch aus § 100 InsO (Unterhalt des Schuldners) und aus § 123 Abs. 2 InsO (Sozialplan) ergeben, die in der nachlassinsolvenzrechtlichen Praxis typischerweise keine Rolle spielen. 165

I. Masseunzulänglichkeit

Masseunzulänglichkeit liegt vor, wenn die Insolvenzmasse zwar ausreicht, um die Verfahrenskosten zu decken, nicht jedoch die sonstigen Masseverbindlichkeiten. Zeigt sich im Laufe des Insolvenzverfahrens, dass die vorhandene Insolvenzmasse voraussichtlich nicht ausreichen wird, um neben den absolut vorrangigen Verfahrenskosten (§ 54 InsO) auch alle sonstigen Masseverbindlichkeiten zu decken, hat der Insolvenzverwalter dem Insolvenzgericht **gem. § 208 InsO die Masseunzulänglichkeit anzuzeigen**. Die Anzeigepflicht gilt nach § 208 Abs. 1 S. 1 InsO für bereits fällige Masseverbindlichkeiten, nach S. 2 aber auch dann, wenn die Masse voraussichtlich nicht ausreichen wird, um künftig fällig werdende Verbindlichkeiten zu erfüllen (sog. **drohende Masseunzulänglichkeit**). 166

Sinn und Zweck der §§ 208 ff. InsO ist es, die Handlungsfähigkeit des Insolvenzverwalters bei Masseunzulänglichkeit aufrecht zu erhalten. Mit Blick auf die persönliche Haftung nach § 61 InsO wäre er ohne die Privilegierung der Neumassegläubiger nach Eintritt der Masseunzulänglichkeit nicht mehr in der Lage, neue Masseverbindlichkeiten ohne (anteilige) persönliche Haftung zu begründen, mit der Folge, dass er der – der Ordnungsfunktion des Insolvenzverfahrens geschuldeten – gesetzlichen Pflicht zur Fortsetzung der Masseverwal- 167 tung und -verwertung gem. § 208 Abs. 3 InsO nicht mehr nachkommen könnte, ohne sich selbst persönlich haftbar zu machen. Letzteres wäre dem Insolvenzverwalter in der Regel nicht zumutbar und auch nicht angemessen, zumal der Eintritt der Masseunzulänglichkeit oftmals auf solche Masseverbindlichkeiten zurückzuführen ist, die außerhalb der Einfluss- und damit auch Verantwortungssphäre des Insolvenzverwalters liegen. § 90 InsO gewährt Vollstreckungsschutz nur bei sog. „oktroyierten" Masseverbindlichkeiten, die nicht durch eine Rechtshandlung des Insolvenzverwalters begründet worden sind und von ihm auch nicht verhindert werden konnten.[147]

168 Auch eine anfänglich bestehende (oder anfänglich drohende) Masseunzulänglichkeit hindert die Verfahrenseröffnung nicht, da es rechtspolitisch – namentlich im Interesse der Ordnungsfunktion des Insolvenzverfahrens – gewollt ist, auch (bereits anfänglich) masseunzulängliche Verfahren zu eröffnen und bis zur vollständigen Verwertung der Insolvenzmasse im Rahmen eines geordneten Verfahrens abzuwickeln. Demgemäß bleibt der Insolvenzverwalter auch nach Anzeige der Masseunzulänglichkeit verpflichtet, **die Insolvenzmasse weiter bestmöglich zu verwalten und zu verwerten**, was in **§ 208 Abs. 3 InsO** ausdrücklich normiert ist. Dies impliziert beispielsweise auch die Anhängigmachung neuer Aktivprozesse, wenn Anfechtungsansprüche zurückgewiesen werden oder andere streitige Masseforderungen nicht freiwillig erfüllt werden.

169 **Hinweis**

In Nachlassinsolvenzen sind die §§ 208 ff. InsO von erheblicher praktischer Relevanz, da oftmals in erheblichem Umfang vom ersten Tag an Masseverbindlichkeiten gem. § 324 Abs. 1 InsO vorhanden sind. Insbesondere in Fällen, in denen die voraussichtlich zu bildende freie Masse die Verfahrenskosten (§ 54 InsO) nur knapp deckt, ergibt sich daraus oftmals eine bereits anfänglich drohende oder auch bereits anfänglich feststehende Masseunzulänglichkeit. Da für oktroyierte Masseverbindlichkeiten gem. § 90 InsO, zu denen auch jene des § 324 Abs. 1 InsO gehören, in den ersten sechs Monaten ein Vollstreckungsverbot gilt, muss der Verwalter in solchen Fällen aber nicht zwingend bereits am ersten Tag die Masseun-

147 Braun/*Kroth*, InsO, § 90 Rn 3.

zulänglichkeit anzeigen, sollte dies aber spätestens mit Ablauf der sechs Monate tun.

Eine besondere **Form oder Frist** für die Anzeige ist nicht vorgesehen, mit der Folge, dass es im Ermessen des Insolvenzverwalters steht, wann und wie er das Insolvenzgericht informiert.[148] Wartet der Insolvenzverwalter mit der Anzeige der Masseunzulänglichkeit zu lange zu, kann er sich gegenüber Gläubigern, mit denen er im Zeitraum zwischen dem tatsächlichen Eintritt der Masseunzulänglichkeit und der Anzeige derselben kontrahiert hat, unter Umständen schadensersatzpflichtig nach § 60 InsO machen. Die Feststellung, ob die Voraussetzungen einer Masseunzulänglichkeit vorliegen, liegt allein in der Kompetenz des Insolvenzverwalters.[149] Allerdings kann in einem Haftungsprozess das dort zuständige Gericht umfassend überprüfen, ob der Insolvenzverwalter zu Recht von Masseunzulänglichkeit ausging.[150] 170

Es besteht keine insolvenzspezifische Pflicht des Verwalters, im Interesse einzelner Gläubiger die Masseunzulänglichkeit schnellstmöglich anzuzeigen, damit nachfolgende Ansprüche als Neumasseschuld bevorzugt befriedigt werden.[151] 171

Die Anzeigepflicht des Insolvenzverwalters besteht auch dann, wenn die Masseunzulänglich absehbar nur **vorübergehender** Natur sein wird, weil etwa Gegenstände noch nicht verwertet oder Anfechtungsansprüche noch nicht realisiert sind. § 208 Abs. 1 InsO stellt insoweit nur auf die Fälligkeit der Masseverbindlichkeiten und die fehlende Liquidität ab.[152]

Nach § 208 Abs. 2 InsO hat das Insolvenzgericht die Anzeige der Masseunzulänglichkeit **öffentlich bekannt zu machen**, vgl. § 9 InsO, und **den Massegläubigern besonders zuzustellen**. Die Aufgabe der 172

148 BGH NZI 2017, 753; OLG Düsseldorf NZI 2012, 675; Braun/*Ludwig*, InsO, § 208 Rn 23; MüKo-InsO/*Hefermehl*, § 208 Rn 30; Kübler/Prütting/Bork/Jacoby/*Pape*, InsO, § 208 Rn 15 a ff.; Uhlenbruck/*Ries*, InsO, § 208 Rn 10.

149 MüKo-InsO/*Haarmeyer*, § 208 Rn 34.

150 BGH NZI 2017, 753.

151 BGH NZM 2011, 783: das Urteil betraf Wohngeldansprüche einer Wohnungseigentümergemeinschaft.

152 *Klaas/Zimmer*, ZInsO 2011, 666.

Zustellung übertragen die Gerichte in der Praxis häufig dem Verwalter gem. § 8 Abs. 3 InsO.

173 Wichtigste materielle Wirkung der Anzeige der (drohenden) Masseunzulänglichkeit ist die **Privilegierung der Neumassegläubiger** gegenüber den Altmassegläubigern nach Maßgabe des **§ 209 InsO**. § 209 Abs. 1 InsO stellt eine Rangordnung auf, nach der der Insolvenzverwalter die Masseverbindlichkeiten in folgender Reihenfolge zu berichtigen hat, bei gleichem Rang nach dem Verhältnis ihrer Beträge:

1. Kosten des Insolvenzverfahrens; diese haben in jedem Fall absoluten Vorrang;[153]
2. Masseverbindlichkeiten, die nach der Anzeige der Masseunzulänglichkeit durch ein Handeln des Insolvenzverwalters begründet worden sind, ohne zu den Kosten des Verfahrens zu gehören, sog. **Neumasseverbindlichkeiten**;
3. die übrigen Masseverbindlichkeiten, unter diesen zuletzt der nach den §§ 100, 101 Abs. 1 S. 3 InsO bewilligte Unterhalt. Somit sind die **Altmasseverbindlichkeiten** drittrangig zu befriedigen.

Nach Abs. 2 der Vorschrift gelten als Masseverbindlichkeiten auch die Verbindlichkeiten

1. aus einem gegenseitigen Vertrag, dessen Erfüllung der Verwalter gewählt hat, nachdem er die Masseunzulänglichkeit angezeigt hatte;
2. aus einem Dauerschuldverhältnis für die Zeit nach dem ersten Termin, zu dem der Verwalter nach der Anzeige der Masseunzulänglichkeit kündigen konnte;
3. aus einem Dauerschuldverhältnis, soweit der Verwalter nach der Anzeige der Masseunzulänglichkeit für die Insolvenzmasse die Gegenleistung in Anspruch genommen hat.

174 Die Fallgruppen des § 209 Abs. 2 InsO sind mit denen des § 90 Abs. 2 InsO weitgehend identisch. § 90 Abs. 1 InsO normiert für Masseverbindlichkeiten, die nicht durch eine Rechtshandlung des Insolvenzverwalters begründet worden sind (sog. „oktroyierte“ Masseverbindlichkeiten), für die Dauer von sechs Monaten ein Vollstreckungsverbot. Das Vollstreckungsverbot gilt nach § 90 Abs. 2 InsO nicht für die in § 209 Abs. 2 InsO genannten Neumasseverbindlichkeiten.

---

153 BGH NZI 2006, 392.

Nach § **209 Abs. 2 Nr. 1 InsO** ist bei einem gegenseitigen, nicht erfüllten Vertrag, dessen Erfüllung der Insolvenzverwalter gem. § 103 InsO gewählt hat,[154] der Zeitpunkt der Ausübung des Wahlrechts maßgeblich. Hat der Verwalter vor der Anzeige der Masseunzulänglichkeit die Erfüllung gewählt, handelt es sich um eine Neumasseverbindlichkeit. Erfolgte die Ausübung des Wahlrechts vor der Anzeige, so sind die Ansprüche des Vertragspartners Altmasseverbindlichkeiten. Nach dem Wortlaut des § 103 Abs. 2 S. 1 InsO ist eine Forderung wegen Nichterfüllung des Vertrags, wenn der Verwalter die Erfüllung abgelehnt hat, stets eine Insolvenzforderung und keine Masseverbindlichkeit. 175

Verbindlichkeiten aus einem Dauerschuldverhältnis sind grundsätzlich Altmasseverbindlichkeiten, es sei denn, der Verwalter versäumt es, diese Verträge zum frühestmöglichen Termin zu kündigen. Die nach diesem Zeitpunkt aus dem Dauerschuldverhältnis entstandenen Ansprüche gelten nach § **209 Abs. 2 Nr. 2 InsO** als Neumasseverbindlichkeiten. Die Anzeige der Masseunzulänglichkeit begründet kein Recht des Verwalters zur außerordentlichen Kündigung von Dauerschuldverhältnissen.[155] 176

§ **209 Abs. 2 Nr. 3 InsO** erklärt schließlich Verbindlichkeiten aus einem Dauerschuldverhältnis zu Neumasseverbindlichkeiten, wenn der Insolvenzverwalter nach der Anzeige der Masseunzulänglichkeit eine Gegenleistung in Anspruch nimmt. Dies kann etwa bei fortbestehender Nutzung eines Mietobjektes der Fall sein oder bei Weiterbeschäftigung eines Arbeitnehmers im Betrieb des Erblassers. Befindet sich Wohnungseigentum in der Insolvenzmasse, sind Wohngeldverbindlichkeiten, die seit Eröffnung des Insolvenzverfahrens rückständig sind, zunächst einmal Altmasseverbindlichkeiten. Nach der Masseunzulänglichkeitsanzeige fällig gewordene Wohngeldschulden sind Neumasseverbindlichkeiten i.S.d. § 209 Abs. 2 Nr. 3 InsO, sofern der Insolvenzverwalter die Gegenleistung dadurch in Anspruch genommen 177

154 Zu den Auswirkungen der Masseunzulänglichkeit im fortlaufenden Arbeitsverhältnis *Zwanziger*, NZI 2015, 577.

155 Nerlich/Römermann/*Westphal*, InsO, § 209 Rn 8; Braun/*Ludwig*, InsO, § 209 Rn 25.

hat, dass er über einen längeren Zeitraum von der Möglichkeit der Freigabe der Eigentumswohnung keinen Gebrauch gemacht hat.[156]

Hinweis

Um zu verhindern, dass nach Anzeige der Masseunzulänglichkeit aus einem Mietverhältnis des Erblassers Neumasseverbindlichkeiten entstehen, muss der Insolvenzverwalter die Mietsache aus der Masse freigeben.[157]

178 Für die **Abgrenzung** von Altmasseverbindlichkeiten zu Neumasseverbindlichkeiten ist ausschließlich der Zeitpunkt maßgebend, in dem die Masseverbindlichkeit begründet worden ist; auf den Entstehungsgrund der Forderung kommt es nicht an.[158]

Zu den Altmassegläubigern gehören auch die **Gläubiger der Masseverbindlichkeiten des § 324 Abs. 1 InsO**, vgl. § 324 Abs. 2 InsO.

179 Aus § 208 Abs. 1 S. 2 InsO ergibt sich, dass die Rangfolge des § 209 Abs. 1 InsO vom Verwalter auch dann zu beachten ist, wenn die Masseunzulänglichkeit noch nicht eingetreten ist, aber ernstlich mit dem Eintritt zu rechnen ist.[159]

180 Flankiert wird die Privilegierung der Neumassegläubiger durch das **für die Altmassegläubiger** fortan **geltende Vollstreckungsverbot des § 210 InsO.** Danach ist nach Anzeige der Masseunzulänglichkeit durch den Verwalter die Zwangsvollstreckung wegen einer Masseverbindlichkeit i.S.d. § 209 Abs. 1 Nr. 3 InsO unzulässig.

Ab diesem Zeitpunkt ist eine **Leistungsklage eines Altmassegläubigers mangels Rechtsschutzbedürfnis unzulässig.**[160] Zulässig ist jedoch nach wie vor eine Feststellungsklage, auf die eine zuvor eingereichte Leistungsklage ggf. umzustellen ist.[161]

156 OLG Düsseldorf NZI 2007, 50: bejaht für einen Zeitraum von viereinhalb Jahren.
157 BGH BeckRS 2008, 14248.
158 BGH NZI 2006, 392.
159 OLG Düsseldorf NZI 2012, 675.
160 BGH NZI 2006, 392; BGH NZI 2004, 209; BGH NZI 2003, 369; BAG NZA 2006, 736; LAG Thüringen NZI 2023, 824; Andres/Leithaus/*Andres*, InsO, § 210 Rn 2.
161 BGH NZI 2019, 505.

Für Neumassegläubiger gilt § 210 InsO grundsätzlich nicht, außer in zwei Fällen, in denen die Rechtsprechung eine **analoge Anwendung** bejaht hat: 181

(1) Reicht die nach Anzeige der Masseunzulänglichkeit zu erwirtschaftende Insolvenzmasse nicht aus, um alle Neumassegläubiger vollständig zu befriedigen, ist auf den Einwand des Insolvenzverwalters hin auch für diese Gläubiger nur noch eine Feststellungsklage zulässig.[162]

(2) Der zweite Fall der analogen Anwendung des § 210 InsO betrifft massearme Verfahren i.S.d. § 207 InsO. Wenn die im ersten Rang zu berichtigenden Kosten des Insolvenzverfahrens mit den im zweiten Rang zu berichtigenden Neumasseverbindlichkeiten konkurrieren, ist § 210 InsO entsprechend anzuwenden, um der absoluten Vorrangstellung der gesamten Verfahrenskosten Geltung zu verschaffen.[163] Ist die Begleichung der Verfahrenskosten nicht gesichert, gilt das Vollstreckungsverbot auch für die Neumassegläubiger.

Entsprechend der Rechtsgrundsätze zu § 210 InsO fehlt einer Zahlungsklage der Neumassegläubiger in diesen Fällen das Rechtsschutzbedürfnis. Nur so lässt sich eine mit dem das Insolvenzrecht beherrschenden Grundsatz der Gleichbehandlung aller Gläubiger unvereinbare Bevorzugung „schnellerer" Neumassegläubiger vermeiden.[164] Eine Ausnahme dürfte dann gelten, wenn nur ein einziger Neumassegläubiger existiert, da dieser nicht mit anderen Gläubigern um die Masse konkurriert. Eine Leistungsklage ist hier möglich, allerdings muss sich der Gläubiger mit dem nach Begleichung der Verfahrenskosten verbleibenden Massebestand begnügen.[165] 182

Das Vollstreckungsverbot des § 210 InsO erstreckt sich auch auf einen **Kostenfestsetzungsbeschluss** aus einem Prozess gegen den Insolvenzverwalter, aus dem noch nicht vollstreckt wurde. Da hieraus künftig nicht mehr vollstreckt werden darf, besteht für Altmassegläubiger kein Rechtsschutzinteresse für den Fortbestand des Kostenfestset- 183

162 BGH NZI 2003, 369; BAG NJW 2023, 238; BAG NZA 2017, 1618.
163 BGH NZI 2006, 154.
164 BAG NJW 2023, 238.
165 OLG Stuttgart ZInsO 2011, 1355.

zungsbeschlusses.[166] Ist ein Kostenfestsetzungsbeschluss erwirkt worden und erfolgt danach die Anzeige der Masseunzulänglichkeit, ist jedenfalls ein Beschluss, auf dem im Wege der Zwangsvollstreckung noch kein Sicherungsrecht erwirkt wurde, auf eine sofortige Beschwerde des Insolvenzverwalters hin aufzuheben.[167]

184 Macht der Insolvenzverwalter nach Anzeige der Masseunzulänglichkeit eine Klage anhängig, die (zum Teil) abgewiesen wird, handelt es sich beim Kostenerstattungsanspruch der obsiegenden Partei um eine Neumasseverbindlichkeit. Macht der Insolvenzverwalter aber glaubhaft, dass die Kostenerstattungsforderung aus der Masse nicht befriedigt werden kann, darf gegen ihn ein Kostenfestsetzungsbeschluss nicht ergehen.[168]

185 Das Vollstreckungsverbot des § 210 InsO entfaltet allerdings keine Rückwirkung auf vor Anzeige der Masseunzulänglichkeit erwirkte **Pfändungspfandrechte**; diese bleiben bestehen.[169] Allenfalls solche Pfändungen, die innerhalb des letzten Monats vor der Masseunzulänglichkeitsanzeige erwirkt worden waren, entsprechend dem Rechtsgedanken des § 88 InsO als unwirksam zu erachten sind.[170]

186 **Gemäß § 208 Abs. 3 InsO** bleibt der Insolvenzverwalter auch nach Anzeige der Masseunzulänglichkeit zur **Verwaltung und Verwertung der Masse** verpflichtet. Sein Amt bleibt uneingeschränkt bestehen.[171] Nach der Anzeige dient die Masse vorrangig der Befriedigung der vom Insolvenzverwalter eingegangenen neuen Verbindlichkeiten.[172]

Erfolgversprechende Aktivprozesse, für die Prozesskostenhilfe beansprucht werden kann, hat der Insolvenzverwalter aufzunehmen, ohne dass dies als mutwillig einzustufen wäre.[173] Obsiegt der Beklagte, muss er es hinnehmen, dass etwaige Kostenerstattungsansprüche unbefrie-

---

166 BGH NZI 2019, 505; OLG Frankfurt a.M. InsO 2019, 1483; OLG Naumburg ZInsO 2014, 303.

167 BGH NZI 2019, 505.

168 BGH NZI 2008, 735.

169 BGH NZI 2019, 505; BGH NZI 2018, 353; OLG Frankfurt a.M. NZI 2017, 733.

170 BGH NZI 2019, 505.

171 BGH NJW 2013, 2345; BAG NJW 2018, 1563.

172 BAG NJW 2018, 1563; MüKo-InsO/*Hefermehl*, § 209 Rn 3.

173 BGH NJW 2013, 2345; BGH NZI 2008, 431; OLG Celle ZInsO 2004, 93.

digt bleiben, denn die Deckung der eigenen Prozesskosten durch den unterlegenen Gegner gehört zu den allgemeinen Prozessrisiken einer obsiegenden Partei.[174]

Im Gesetz ist nicht geregelt, wie vorzugehen ist, wenn der Insolvenz- 187
verwalter nach eingetretener Masseunzulänglichkeit neue Verbindlichkeiten begründet, für deren Begleichung die Masse wiederum nicht ausreicht, sog. **erneute Masseunzulänglichkeit oder Neumasseunzulänglichkeit.**[175] In diesem Fall der „Insolvenz in der Insolvenz"[176] zeigt der Verwalter gegenüber dem Insolvenzgericht erneut die Unzulänglichkeit der Masse an. Diese zweite Anzeige hat allerdings nicht die Bindungswirkung des § 208 InsO. Nach dem BGH werden Neumasseverbindlichkeiten nicht allein durch eine spätere Anzeige zu Altmasseverbindlichkeiten zurückgestuft.[177] Im Übrigen hat der BGH die Rechtsfolgen einer Neumasseunzulänglichkeitsanzeige bislang offengelassen.[178]

Jedoch hat sich das BAG hierzu im Jahr 2022 geäußert:[179] Demnach 188
führt der Eintritt der Neumasseunzulänglichkeit nicht zu einer Neuordnung der gesetzlich festgelegten Rangfolge der Masseverbindlichkeiten. Vielmehr befinden sich nach der Anzeige der Masseunzulänglichkeit alle Neumassegläubiger in einer zwingenden Quotengemeinschaft. Können in Folge der weiteren Entwicklung des Insolvenzverfahrens nicht alle Neumassegläubiger voll befriedigt werden, sind ihre Ansprüche quotal zu erfüllen.

Letztlich geht es nach Eintritt der Neumasseunzulänglichkeit nur noch um eine geordnete Abwicklung des Verfahrens. Reicht die Masse nicht einmal mehr zur Deckung der Verfahrenskosten aus, liegt eine **Massearmut** vor (siehe Rdn 197 ff.).

---

174 BGH NJW 2013, 2345; BGH NJW 2001, 3187.

175 Hierzu ausführlich *Thole*, ZIP 2018, 2241; *Ganter*, NZI 2019, 7.

176 *Ganter*, NZI 2019, 7.

177 BGH NJW-RR 2009, 59.

178 BGH NJW-RR 2009, 59; BGH NZI 2006, 392; BGH NZI 2003, 369.

179 BAG NJW 2023, 238: In dem Rechtsstreit ging es um den insolvenzrechtlichen Rang von Annahmeverzugsansprüchen von Arbeitnehmern.

189 **Wird die Insolvenzmasse** zu einem späteren Zeitpunkt nach der Anzeige der Masseunzulänglichkeit **wieder zulänglich**, kann das Verfahren regulär weitergeführt werden.[180] Mangels ausdrücklicher gesetzlicher Regelung hat der Insolvenzverwalter weder einen Beschluss des Insolvenzgerichts herbeizuführen noch die Rückkehr in das „normale“ Insolvenzverfahren öffentlich bekannt zu machen. Vielmehr genügt es, wenn der Verwalter dem Insolvenzgericht mitteilt, dass keine Masseunzulänglichkeit mehr vorliegt, weil voraussichtlich alle Masseverbindlichkeiten erfüllt werden können, und somit das reguläre Verfahren weitergeführt wird. Diese Mitteilung erfolgt spätestens mit dem nächsten halbjährlichen oder jährlichen Sachstandsbericht an das Gericht.

190 Bleibt es dabei, dass das Verfahren auch nach dem vollständigen Abschluss der Masseverwertung masseunzulänglich ist, hat der Insolvenzverwalter die vorhandene Masse unter Beachtung der Befriedigungsreihenfolge des § 209 InsO zu verteilen. Danach sind die Altmassegläubiger erst nach vollständiger Befriedigung der Verfahrenskosten sowie aller Neumasseverbindlichkeiten anteilig aus dem verbleibenden Rest zu befriedigen, wobei jeder dieselbe Quote erhält. Die Situation der Altmassegläubiger nach Anzeige der Masseunzulänglichkeit entspricht damit derjenigen der Insolvenzgläubiger in einem nicht masseunzulänglichen Insolvenzverfahren. In Fällen endgültiger Masseunzulänglichkeit erhalten Insolvenzgläubiger im Rang des § 38 InsO logischerweise nichts. Nach Verteilung der vorhandenen Masse wird das Verfahren gem. § 211 Abs. 1 InsO eingestellt (siehe Muster Rdn 196).

191 § 211 InsO bestimmt in Absatz 2 die Pflicht des Insolvenzverwalters, über seine Tätigkeit nach der Anzeige der Masseunzulänglichkeit gesondert Rechnung zu legen. Für den Fall, dass nach der Einstellung des Verfahrens weitere verwertbare Gegenstände der Insolvenzmasse ermittelt werden, ordnet Absatz 3 eine **Nachtragsverteilung** an, die entweder auf Antrag des Verwalters oder eines Gläubigers oder vom Amts wegen erfolgen kann.

---

180 *Schmidt*, NZI 1999, 442; Braun/*Ludwig*, InsO § 208 Rn 34 ff.; Uhlenbruck/*Ries*, § 208 Rn 22; OLG Rostock NZI 2008, 750; a.A. ArbG Hamburg NZI 2000, 140.

Im Jahr 2017 entschied der BGH die bis dahin streitige Frage, ob die Anzeige der Masseunzulänglichkeit für die Gläubiger von Altmasseverbindlichkeiten zu **einer Hemmung der Verjährung** führt.[181] Nach Ansicht des BGH bewirkt weder die Anzeige der Masseunzulänglichkeit durch den Verwalter eine Hemmung der Verjährung nach § 205 BGB noch die Aufnahme der Forderung in eine Masseschuldliste.[182] Auch eine entsprechende Anwendung des § 205 BGB scheidet aus. Entsprechend dem Wortlaut des § 205 BGB muss eine Vereinbarung zwischen Schuldner und Gläubiger vorliegen, wonach der Schuldner vorübergehend zur Verweigerung der Leistung berechtigt ist. Diese Voraussetzung liegt nur vor bei einer konkreten Vereinbarung zwischen dem Altmassegläubiger und dem Insolvenzverwalter. Die bloße Anzeige der Masseunzulänglichkeit durch den Insolvenzverwalter steht einer rechtsgeschäftlichen Erklärung nicht gleich, ebenso wenig wie die Eintragung der Masseverbindlichkeit in eine Liste oder die Tatsache, dass alle Altmassegläubiger stillgehalten haben.[183] 192

Nach § 204 Abs. 1 Nr. 10 BGB wird die Verjährung gehemmt durch die Anmeldung eines Anspruchs im Insolvenzverfahren. Mit „Anspruch im Insolvenzverfahren" sind ausschließlich Insolvenzforderungen im Rang des § 38 InsO gemeint, so dass diese Vorschrift weder direkt noch analog auf die Geltendmachung von Masseverbindlichkeiten anwendbar ist. 193

Hinweis

Aus Gläubigersicht ist bei Anzeige der Masseunzulänglichkeit durch den Insolvenzverwalter darauf zu achten, dass die Masseverbindlichkeit nicht verjährt. Um die Hemmung der Verjährung sicherzustellen, empfiehlt es sich, ein Anerkenntnis oder einen (wiederholten) Verjährungsverzicht durch den Insolvenzverwalter zu erlangen bzw. mit diesem schriftlich ein Stillhalteabkommen zu schließen. Ist der Verwalter zu keiner Mitwirkung bereit, kann er

181 Zur Verjährung von Masseverbindlichkeiten im Insolvenzverfahren bei Masseunzulänglichkeit siehe *Jauch/Wenner*, ZIP 2009, 1894.

182 BGH NZI 2018, 154 m. Anm. *Schädlich*; Entscheidungsbesprechung von *Spiekermann*, NZI 2019, 446.

183 BGH NZI 2018, 154; so auch *Hahn*, ZInsO 2016, 616.

zwar nicht auf Leistung, aber auf Feststellung des Bestehens der Altmasseverbindlichkeit verklagt werden; dies führt nach § 204 Abs. 1 Nr. 1 BGB zur Hemmung der Verjährung.

Eine Leistungsklage in Höhe der auf den Altmassegläubiger entfallenden Quote ist erst zulässig, wenn der Insolvenzverwalter Schlussrechnung gelegt hat (§§ 66, 211 Abs. 2 InsO) und die vorrangigen Masseverbindlichkeiten gem. § 209 Abs. 1 Nr. 1 und 2 InsO berichtigt sind.[184]

194 Die **Nichterfüllung von Masseverbindlichkeiten** kann nach **§ 61 InsO** eine **Haftung des Insolvenzverwalters** begründen (siehe § 3 Rdn 84 ff.).[185] Kann eine aus einer Rechtshandlung des Insolvenzverwalters resultierende Masseverbindlichkeit nicht erfüllt werden, ist der Verwalter zum Schadensersatz verpflichtet, es sei denn, er konnte bei Begründung der Verbindlichkeit nicht erkennen, dass die Masse voraussichtlich nicht zur Erfüllung ausreichen würde. § 61 InsO gewährt einen Anspruch auf das negative Interesse des geschädigten Massegläubigers.[186]

Den Entlastungsbeweis gem. § 61 S. 2 InsO kann der Verwalter in der Regel nur dadurch führen, dass er eine Liquiditätsplanung erstellt, die er laufend überprüft und aktualisiert, um erkennen zu können, ob er die begründeten Masseverbindlichkeiten bei Fälligkeit erfüllen kann.[187]

195 **Beispiel: Kostenberechnung bei Masseunzulänglichkeit**

Können die Verfahrenskosten aus der vorhandenen Insolvenzmasse in voller Höhe bestritten werden, nicht jedoch die sonstigen Masseverbindlichkeiten, so sind zunächst die Verfahrenskosten zu 100 % zu befriedigen und der restliche Massebestand quotal an die sonstigen Massegläubiger zu verteilen.

---

184 BGH NZI 2018, 154.

185 Vertiefend *Kaufmann*, NZI 2004, 117; *Adam*, DZWir 2008, 14; *Seidel/Hinderer*, NZI 2010, 745; *Thole/Pogoda* NZI 2018, 377.

186 BGH NZI 2004, 435.

187 BGH NZI 2004, 435.

Massebestand	6.000 EUR
Gerichtskosten inklusive Auslagen des Gerichts	1.500 EUR
Vergütung und Auslagen des Verwalters inkl. MwSt.	3.500 EUR
Verfahrenskosten insgesamt	5.000 EUR
Sonstige Masseverbindlichkeiten	4.000 EUR

Nach Begleichung der gesamten Verfahrenskosten von 5.000 EUR verbleibt ein Betrag von 1.000 EUR zur Deckung der sonstigen Masseverbindlichkeiten. Diese betragen insgesamt 4.000 EUR, so dass auf den oder die Massegläubiger eine Auszahlungsquote von 25 % entfällt. Sind mehrere Massegläubiger vorhanden, werden deren Forderungen untereinander ins Verhältnis gesetzt wie folgt:

zu verteilender Betrag	1.000 EUR
sonstige Masseverbindlichkeiten	4.000 EUR
bestehend aus Bestattungskosten	3.000 EUR
und Vergütungsanspruch des Nachlasspflegers	1.000 EUR

Entsprechend dem Verhältnis der Bestattungskosten zu der Forderung des Nachlasspflegers von 3:1 bzw. 75 % zu 25 % erhält die Person, die die Bestattung des Erblassers bezahlt hat, 75 % des zu verteilenden Betrags, also 750 EUR, und der Nachlasspfleger 25 % des zu verteilenden Betrags, also 250 EUR.

Der Nachlasspfleger hat bei einem derartigen Vergütungsausfall die Möglichkeit, einen Antrag auf Vergütung aus der Staatskasse wegen Mittellosigkeit des Nachlasses zu stellen. Der Angehörige, der die Bestattung bezahlt hat, fällt dagegen mit seiner Forderung in Höhe von 2.250 EUR aus.

▼

196 **Muster 4.1: Einstellung des Verfahrens nach Anzeige der Masseunzulänglichkeit gem. § 211 InsO**

Aktenzeichen: IN /24

Amtsgericht

Insolvenzgericht

Beschluss

In dem Insolvenzverfahren über den Nachlass

des Herrn/der Frau , geboren am , verstorben am , zuletzt wohnhaft ,

Insolvenzverwalter: Rechtsanwalt/Rechtsanwältin

wird das Verfahren gem. § 211 InsO nach Anhörung der Gläubigerversammlung und der Massegläubiger mangels einer die Masseverbindlichkeiten deckenden Masse eingestellt.

Der Beschluss wird wirksam, sobald nach dem Tag seiner Veröffentlichung im Internet (www.insolvenzbekanntmachungen.de) zwei weitere Tage verstrichen sind (§§ 9, 4 InsO, § 222 ZPO).

Gründe

Der Insolvenzverwalter hat die Masseunzulänglichkeit am angezeigt und die Einstellung des Verfahrens beantragt.

Die Veröffentlichung dieser Anzeige ist am erfolgt. Den Massegläubigern wurde die Anzeige des Verwalters am durch Aufgabe zur Post zugestellt.

Die Gläubigerversammlung wurde im schriftlichen Verfahren bis zum Stichtag gehört.

Nachdem der Insolvenzverwalter die Masseverbindlichkeiten nach § 209 InsO berichtigt hat, war das Insolvenzverfahren wegen Masseunzulänglichkeit gem. § 211 InsO einzustellen.

Rechtsbehelfsbelehrung

(siehe Rdn 229)

Unterschrift Rechtspfleger/in

▲

II. Massearmut

Stellt sich im eröffneten Insolvenzverfahren heraus, dass die Verfahrenskosten entgegen der Prognose im Eröffnungsgutachten höher ausfallen als die vorhandene Insolvenzmasse, spricht man von **Masse(kosten)armut**. Gemäß **§ 207 Abs. 1 S. 1 InsO** stellt das Insolvenzgericht in diesem Fall – zumeist nach einer vorangegangenen Anregung des Insolvenzverwalters – das Verfahren ein. 197

Nach § 207 Abs. 3 S. 1 InsO sind, soweit Barmittel vorhanden sind, die **Kosten des Verfahrens** und von diesen **zuerst die Auslagen nach dem Verhältnis ihrer Beträge** zu berichtigen; auf die Gerichtskosten und die festgesetzte Vergütung des Insolvenzverwalters ist dieselbe Quote zu zahlen.[188] 198

Auslagen fallen sowohl beim Gericht als auch beim Insolvenzverwalter an. Zu den Auslagen des Gerichtes zählt insbesondere die Vergütung des Sachverständigen, bei der es sich in Nachlassinsolvenzverfahren häufig um den größten Kostenfaktor innerhalb der Gerichtskosten handelt. In einem ersten Schritt ist zu prüfen, ob der Massebestand ausreicht, um alle Auslagen zu bestreiten. Ist dies der Fall, werden die Auslagen zu 100 % bedient. Der restliche Massebestand entfällt auf die Gerichtskosten und die Vergütung des Insolvenzverwalters, und zwar nach ihrem quotalen Verhältnis zueinander.

Reicht die Masse schon zur Deckung der Auslagen nicht aus, findet die Quotelung bereits innerhalb der Auslagen statt; auf die restlichen Verfahrenskosten verbleibt dann 0 EUR.

Beispiel: Kostenberechnung bei Massearmut (1) 199

Von den Kosten des Verfahrens sind gem. § 207 Abs. 3 S. 1 InsO vorrangig die Auslagen zu berichtigen. Reicht die Masse nicht aus, um die Auslagen vollständig zu decken, sind diese zu quoteln.

Massebestand	3.000 EUR
Auslagen des Gerichts	1.100 EUR

188 BGH NZI 2013, 350.

Auslagen des Insolvenzverwalters inkl. MwSt.	2.200 EUR
Summe Auslagen	3.300 EUR
Unterdeckung	300 EUR

Die Auslagen des Insolvenzgerichts und des Insolvenzverwalters betragen zusammen 3.300 EUR = 100 % der Auslagen.

Der Anteil der Auslagen des Gerichts an den Gesamtauslagen beträgt 1.100 : 3.300, somit 1/3 bzw. ca. 33,33 %.

Der Anteil der Auslagen des Verwalters an den Gesamtauslagen beträgt 2.200 : 3.300, somit 2/3 bzw. ca. 66,66 %.

Der Barbestand in Höhe von 3.000 EUR ist entsprechend der berechneten Quoten zu verteilen, so dass 1/3 = 1.000 EUR auf die Auslagen des Gerichts entfällt und 2/3 = 2.000 EUR auf die Auslagen des Insolvenzverwalters.

Damit ist der Massebestand restlos erschöpft; für die restlichen Verfahrenskosten, also die Gerichtskosten und die Vergütung des Verwalters, bleibt nichts übrig.

200 **Beispiel: Kostenberechnung bei Massearmut (2)**

Reicht die Masse aus, um alle Auslagen zu decken, nicht jedoch die übrigen Verfahrenskosten, so sind die Gerichtskosten und die Vergütung des Verwalters zu quoteln.

Massebestand	4.000 EUR
Auslagen des Gerichts	1.100 EUR
Auslagen des Insolvenzverwalters inkl. MwSt.	2.200 EUR
Summe Auslagen	3.300 EUR

Nach Begleichung aller Auslagen verbleibt eine freie Masse von 700 EUR, die auf die übrigen Verfahrenskosten zu verteilen ist.

Gerichtskosten (ohne Auslagen)	420 EUR
Vergütung des Verwalters inkl. MwSt. (ohne Auslagen)	1.900 EUR
Summe Verfahrenskosten (ohne Auslagen)	2.320 EUR

Die Gerichtskosten und die Vergütung des Insolvenzverwalters betragen zusammen 2.320 EUR = 100 % der übrigen Verfahrenskosten.

Der Anteil der Gerichtskosten an den Gesamtkosten beträgt 420 : 2.320, somit ca. 18,1 %.

Der Anteil der Vergütung des Verwalters an den Gesamtkosten beträgt 1.900 : 2.320, somit ca. 81,9 %.

Der Barbestand in Höhe von 700 EUR ist entsprechend der berechneten Quoten zu verteilen, so dass 18,1 % = 126,70 EUR auf die Gerichtskosten entfällt und 81,9 % = 573,30 EUR auf den Insolvenzverwalter.

Im Ergebnis ist die Schlussverteilung der Masse von 4.000 EUR wie folgt vorzunehmen:

Insolvenzgericht bzw. Justizkasse 1.100 EUR + 126,70 EUR = 1.226,70 EUR

Insolvenzverwalter 2.200 EUR + 573,30 EUR = 2.773,30 EUR

Kontrollsumme 4.000 EUR.

▼

Muster 4.2: Einstellung des Verfahrens mangels Masse gem. § 207 InsO 201

Aktenzeichen: IN /24

Amtsgericht

Insolvenzgericht

Beschluss

In dem Insolvenzverfahren über den Nachlass

des Herrn/der Frau , geboren am , verstorben am , zuletzt wohnhaft ,

Insolvenzverwalter: Rechtsanwalt/Rechtsanwältin

wird das Verfahren gem. § 207 InsO nach Anhörung der Gläubigerversammlung und der Massegläubiger mangels einer die Masseverbindlichkeiten deckenden Masse eingestellt.

Der Beschluss wird wirksam, sobald nach dem Tag seiner Veröffentlichung im Internet (www.insolvenzbekanntmachungen.de) zwei weitere Tage verstrichen sind (§§ 9, 4 InsO, § 222 ZPO).

Gründe

Die vorhandenen Massezuflüsse reichen nicht aus, um die Kosten des Verfahrens zu decken, der Insolvenzverwalter hat daher die Einstellung des Verfahrens beantragt.

Die Gläubigerversammlung wurde angehört, die Massegläubiger wurden schriftlich gehört.

Ein Massekostenvorschuss wurde nicht geleistet.

Der vorhandene Massebestand wurde ordnungsgemäß aufgeteilt (§ 207 Abs. 3 InsO).

Da ein Vorschuss auf die weiteren Kosten des Insolvenzverfahrens nicht geleistet wurde, war das am ______ eröffnete Verfahren nach Durchführung des Schlusstermins, der Anhörungen nach § 207 InsO und nach Verteilung der baren Masse (§ 207 Abs. 3 InsO) einzustellen.

Rechtsbehelfsbelehrung

(siehe Rdn 229)

Unterschrift Rechtspfleger/in

▲

D. Abweisung mangels Masse

I. Grundlagen

202 Gem. **§ 26 Abs. 1 S. 1 InsO** weist das Gericht den Antrag auf Eröffnung des Insolvenzverfahrens ab, „wenn das Vermögen des Schuldners voraussichtlich nicht ausreichen wird, um die Kosten des Verfahrens zu decken."

Hinweis

Die Formulierung ist missverständlich, da nicht etwa das im Moment der Eröffnungsentscheidung vorhandene Vermögen des Schuldners, sondern die **künftige Insolvenzmasse richtiger Be-**

zugspunkt der Kostendeckungsprüfung ist. Im Nachlassinsolvenzverfahren ist die künftige Insolvenzmasse nicht deckungsgleich mit dem Nachlassaktivvermögen, das Gegenstand der Prüfung des Vorliegens von Insolvenzgründen ist (zur Insolvenzmasse siehe ausführlich Rdn 1 ff.).

§ 26 InsO hat in Nachlassinsolvenzverfahren besondere praktische Bedeutung, da es häufig vorkommt, dass Erben nach Feststellung ihres Erbrechts (nahezu) kein haftendes Vermögen im Nachlass vorfinden. In dieser Situation hilft dem Erben die gesetzliche Regelung in § 1990 BGB, in der die Erhebung der sogen. „Dürftigkeitseinrede" geregelt ist. Mittels dieser Einrede kann der Erbe Nachlassforderungen (vermeintlich allein) mit dem Hinweis auf die „Untunlichkeit" der Eröffnung des Insolvenzverfahrens „mangels Masse" abwehren und so die gewünschte Haftungsbeschränkung auf den Nachlass in gleicher Weise realisieren wie durch die Eröffnung des Insolvenzverfahrens. In der Praxis wird § 1990 BGB häufig dahingehend fehlinterpretiert, als handele es sich bei der Dürftigkeitseinrede um ein selbstständiges Instrument zur Haftungsbeschränkung, das für den Erben gleichsam eine Alternative zur Stellung des Insolvenzantrags darstellt; namentlich jedenfalls immer dann, wenn im Nachlass „kein zur Deckung der Kosten des Insolvenzverfahrens ausreichendes Aktivvermögen vorhanden ist". Diese durch entsprechend unpräzise Kommentierungen in der erbrechtlichen Literatur[189] hervorgerufene Fehlvorstellung verkennt, dass es sich bei dem in § 1990 BGB enthaltenen Tatbestandsmerkmal der „Untunlichkeit der Eröffnung des Insolvenzverfahrens mangels Masse" um einen technischen Rechtsbegriff handelt, der in § 26 InsO legaldefiniert ist. § 1990 BGB verweist also auf § 26 InsO, der normiert, wann von einer solchen „Untunlichkeit mangels Masse" auszugehen ist. Bei § 26 InsO kommt es für die fragliche Beurteilung allerdings nicht auf die oftmals triviale Beurteilung an, wie wertig das aktuell im Nachlass vorhandene Aktivvermögen relativ zu den voraussichtlichen Kosten ist. Entscheidend ist vielmehr der voraussichtliche Wert der zukünftigen Insolvenzmasse in einem gedachten Insolvenzverfahren. Wie sich die Insolvenzmasse in Nachlassinsolvenzverfahren zusammensetzt, ist u.a. Gegenstand dieses ganzen Kapitels. Allein das zeigt, dass die Frage, wie sich im Falle einer mögli- 203

189 Vgl. Grüneberg/*Weidlich*, § 1990 Rn 2; BeckOK BGB/*Lohmann*, § 1990 Rn 1.

chen Verfahrenseröffnung die künftige Insolvenzmasse wohl zusammensetzen wird, niemals von juristischen Laien, sondern nur von insolvenzrechtlichen Sachverständigen im Rahmen eines gerichtlichen Verfahrens beurteilt werden kann. Somit ist klar, dass die Stellung eines Insolvenzantrags auch in Fällen völliger und offensichtlicher Mittellosigkeit des Nachlasses zum Beantragungszeitpunkt den Erben regelmäßig nicht davon entbindet, zur Erlangung der Haftungsbeschränkung zunächst den gem. § 1980 BGB gebotenen Insolvenzantrag zu stellen. Erst wenn den Erben ein gerichtlicher Beschluss über die Abweisung des Insolvenzantrags mangels Masse vorliegt, können sie sich Gläubigern gegenüber unter Bezugnahme hierauf zulässigerweise auf die Dürftigkeitseinrede berufen.

II. Verfahrenskostendeckung

204 Das Insolvenzgericht hat **von Amts wegen** zu ermitteln, ob die voraussichtliche Insolvenzmasse zur Deckung der Verfahrenskosten ausreichen wird.[190] Die hierzu notwendigen Ermittlungen kann das Gericht selbst durchführen oder aber nach § 5 Abs. 1 InsO einen Sachverständigen mit der Prüfung beauftragen. Regelmäßig ziehen die Gerichte zur Beurteilung dieser Frage – und daneben insbesondere der Frage, ob ein Insolvenzgrund vorliegt – einen Sachverständigen heran. Auf dessen Ausführungen darf sich das Gericht allerdings nur dann verlassen und diese zur Grundlage seiner Entscheidung gem. § 4 InsO i.V.m. § 286 ZPO machen, wenn es das Gutachten für nachvollziehbar und in sich widerspruchsfrei hält.[191]

205 Somit ist die Prüfung der Verfahrenskostendeckung wichtiger Bestandteil des Prüfungsauftrages des von dem Insolvenzgericht eingesetzten Sachverständigen. Für den vorläufigen Insolvenzverwalter ordnet § 22 Abs. 1 S. 2 Nr. 3 InsO eine entsprechende Prüfungspflicht sogar ausdrücklich an. Der Sachverständige bzw. der vorläufige Insolvenzverwalter ist in Zweifelsfällen zu umfassenden Sachverhaltsermittlungen verpflichtet.

190 BGH ZInsO 2009, 433; 2006, 597.
191 BGH ZInsO 2009, 433; BGH NZI 2004, 30.

In Nachlassinsolvenzverfahren kommt der Prüfung der Verfahrenskostendeckung regelmäßig besondere Bedeutung zu. Dies liegt zum einen daran, dass eine **Stundung gem. § 4a InsO in der Nachlassinsolvenz nicht in Betracht kommt** (siehe Rdn 219 und § 3 Rdn 58). Zum anderen ist die Prüfung deshalb bedeutsam, weil der Erbe unter der Voraussetzung, dass eine Verfahrenseröffnung mangels Masse untunlich ist, die Beschränkung seiner Haftung auf den Nachlass ohne weiteres durch die Erhebung der sog. Dürftigkeitseinrede gem. § 1990 BGB realisieren kann (siehe § 2 Rdn 62 ff.). Tatsächlich liefert nur ein rechtskräftiger Beschluss gem. § 26 InsO über die Abweisung des Insolvenzantrages mangels Masse **unwiderleglichen Beweis für die Dürftigkeit des Nachlasses.**[192] 206

Eine Abweisung des Eröffnungsantrags nach § 26 InsO darf nur dann erfolgen, wenn der Antrag zulässig und – von der fehlenden Massekostendeckung abgesehen – begründet ist.[193] 207

Hinweis

Kommt der Sachverständige zu der Erkenntnis, dass der Nachlass zwar materiell insolvenzreif ist, aber eine Eröffnung des Verfahrens mangels Masse untunlich ist, hat dies für beteiligte Nachlassgläubiger weitreichende Konsequenzen. Eine Abweisung mangels Masse hat regelmäßig zur Konsequenz, dass die Ordnungsfunktion der §§ 1978 ff. BGB, §§ 129 ff., 321 ff. InsO nicht zum Tragen kommt. Das heißt, dass gläubigerbenachteiligende Rechtshandlungen bzw. Vermögensverschiebungen des Erblassers, vorläufiger Erben oder nichterbender Angehöriger, die häufig gerade die Ursache einer von dem Gutachter anfänglich vorgefundenen Dürftigkeit des Nachlasses sind, dauerhaft Bestand haben. Für beteiligte Gläubiger führt die Abweisung mangels Masse daher fast immer zu einem Totalverlust. Hieraus ergibt sich für Gutachter und Insolvenzgerichte die Pflicht, auch und gerade dann, wenn der Nachlass nach den Angaben des Antragstellers im Insolvenzantrag völlig oder weitgehend mittellos ist, die Existenz nachlassinsolvenzrechtlicher Ansprüche gem. §§ 1978 ff. und anderer insolvenzspezifischer Son-

192 BGH NJW-RR 1989, 1226; BayObLG ZEV 2000, 151; AG Erfurt ErbR 2022, 751.

193 BGH ZInsO 2011, 931; BGH NZI 2006, 405.

deraktiva sowie deren Werthaltigkeit besonders sorgfältig und gründlich zu prüfen.

III. Kosten des Insolvenzverfahrens

208 Welche Kosten zur Eröffnung des Insolvenzverfahrens gedeckt sein müssen, bestimmt **§ 54 InsO**. Kosten des Insolvenzverfahrens sind die **Gerichtskosten** für das Insolvenzverfahren **(§ 54 Nr. 1 InsO)** sowie **Vergütungen und die Auslagen des vorläufigen Insolvenzverwalters, des Insolvenzverwalters und der Mitglieder eines ggf. eingesetzten Gläubigerausschusses (§ 54 Nr. 2 InsO).**

1. Gerichtskosten

209 Sowohl die Höhe der Gerichtskosten als auch die Vergütung des (vorläufigen) Insolvenzverwalters sind abhängig vom Umfang der voraussichtlichen Insolvenzmasse. Maßgeblich ist insoweit gem. § 1 InsVV bzw. § 58 GKG die **Masse, auf die sich die Schlussrechnung beziehen wird**. Das heißt, dass die Kosten des Verfahrens niemals isoliert bzw. unabhängig von der voraussichtlichen, d.h. künftigen Insolvenzmasse festgestellt werden können. Eine sinnvolle Prüfung der Frage der Kostendeckung ist daher immer erst dann möglich, wenn in einem ersten Schritt zunächst ermittelt wurde, wie hoch im Falle einer unterstellten Verfahrenseröffnung die **voraussichtliche Insolvenzmasse** sein wird.[194] Hierzu sind grundsätzlich sämtliche bis zur Schlussrechnung zu prognostizierende Massezuflüsse zu dem bereits bei Verfahrenseröffnung vorhandenen Vermögen gedanklich hinzuzuaddieren.

210 Die Gerichtskosten beinhalten primär die **Gerichtsgebühren** für das Insolvenzverfahren gem. §§ 34 ff., 3 Abs. 2 GKG i.V.m. Anlage 1 Teil 2, Hauptabschnitt 3 des Kostenverzeichnisses (KV).

Gemäß Nr. 2310, 2311 KV GKG fällt im Eröffnungsverfahren eine wertabhängige 0,5 Gerichtsgebühr an, und zwar sowohl bei einem Schuldnerantrag (Eigenantrag) als auch bei einem Gläubigerantrag (Fremdantrag). Bei Letzterem beträgt die Gebühr mindestens 198 EUR.

194 LG Hamburg NZI 2016, 772.

Für die Durchführung des Insolvenzverfahrens fallen nach Nr. 2320 KV GKG weitere 2,5 Gerichtsgebühren an, wenn die Eröffnung auf einen Eigenantrag des Erben, Nachlasspflegers oder Testamentsvollstreckers zurückgeht. Bei Fremdantrag eines Nachlassgläubigers fällt nach Nr. 2330 KV GKG eine 3,0 Gerichtsgebühr an.

Gemäß § 58 Abs. 1 S. 1 GKG richten sich sämtliche Gebühren nach 211
dem **Wert der Insolvenzmasse zur Zeit der Beendigung des Verfahrens**. Nach § 58 Abs. 1 S. 2 GKG werden Gegenstände, die einem Absonderungsrecht unterliegen, bei der Wertberechnung grundsätzlich außer Acht gelassen bzw. nur in Höhe des Betrags angesetzt, der nicht für die abgesonderte Befriedigung erforderlich ist. Sind Absonderungsrechte bereits bei Erstellung des Gutachtens der Höhe nach bekannt, so sind diese bei der Berechnung der zu erwartenden Kosten aus der voraussichtlichen Insolvenzmasse herauszurechnen. Ist nach der abgesonderten Befriedigung aus dem Wert des Gegenstandes keine freie Spitze zu erwarten, können jedoch die Feststellungs- und Verwertungskostenpauschalen der §§ 170, 171 InsO als Teil der voraussichtlichen Insolvenzmasse angesetzt werden (siehe Rdn 102 ff.).

Nach § 58 Abs. 2 GKG werden die Gebühren für das Verfahren über den Antrag im Falle eines Gläubigerantrags nach dem Betrag der Forderung erhoben, es sei denn, der Wert der Insolvenzmasse ist geringer; dann ist dieser maßgeblich.

Neben den Gerichtskosten fallen die **Auslagen des Gerichts** unter die 212
Kosten des Insolvenzverfahrens nach § 54 Nr. 1 InsO. Diese werden unter Nr. 9000 ff. KV GKG aufgeführt. Hierzu gehört auch die (Brutto-)Vergütung bzw. **„Entschädigung“ des Sachverständigen** gem. § 9 JVEG, die damit indirekt Bestandteil der Gerichtskosten i.S.d. § 54 InsO ist. Die Kosten des Sachverständigen setzen sich aus dessen Auslagen (z.B. Kosten für Akteneinsicht, Anforderung von Grundbuch- und Registerauszügen) sowie aus dessen Vergütung zusammen. In der Praxis fallen im Eröffnungsverfahren vor allem die Sachverständigenkosten ins Gewicht.

2. Auslagen des (vorläufigen) Insolvenzverwalters und der Mitglieder des Gläubigerausschusses

213 Nach § 54 Nr. 2 InsO zählen neben den Gerichtskosten die **Vergütungen und die Auslagen** des vorläufigen und des endgültigen Insolvenzverwalters sowie der Mitglieder eines ggf. eingesetzten Gläubigerausschusses zu den Kosten des Insolvenzverfahrens (zur Vergütung des Insolvenzverwalters ausführlich § 11 Rdn 12 ff.).

Die Vergütung der Mitglieder des vorläufigen bzw. des endgültigen Gläubigerausschusses einschließlich der Erstattung angemessener Auslagen richtet sich nach § 73 Abs. 1 i.V.m. §§ 17, 18 InsVV (zur Vergütung der Mitglieder des Gläubigerausschusses ausführlich § 11 Rdn 47 ff.).

214 Bei der Prüfung der Verfahrenskostendeckung bleiben Kosten, für die nicht die Insolvenzmasse Kostenschuldner ist, außen vor. Dies sind etwa Kosten für die Prüfung nachträglich angemeldeter Forderungen, die mit derzeit 22 EUR der jeweilige Gläubiger zu tragen hat (Nr. 2340 KV GKG).

215 **Sonstige Masseverbindlichkeiten i.S.d. §§ 55, 324 InsO** werden im Rahmen der Kostendeckungsprüfung nicht berücksichtigt, weil diese in § 54 InsO nicht explizit genannt sind und anderenfalls der Anwendungsbereich der Vorschrift unzulässigerweise überdehnt würde.[195]

3. Vorschuss

216 Die Abweisung mangels Masse unterbleibt, wenn der Antragsteller einen ausreichenden **Vorschuss** für die Durchführung des Verfahrens leistet, § 26 Abs. 1 S. 2 Hs. 1 InsO. Der Geldbetrag kann von jedermann vorgeschossen werden, wobei eine Aufforderung des Gerichts hierzu allenfalls an den Antragsteller ergehen wird. Dies wird von den Insolvenzgerichten unterschiedlich gehandhabt: Manche Gerichte setzen dem Antragsteller vor der Abweisung gem. § 26 InsO grundsätzlich eine Frist zur eventuellen Einzahlung eines Vorschusses, andere Gerichte erlassen sogleich den Abweisungsbeschluss.

---

195 MüKo-InsO/*Haarmeyer/Schildt*, § 26 Rn 23; *Kaufmann*, ZInsO 2006, 961.

Entsprechende Aufforderungen sollten in Nachlassinsolvenzverfahren, die auf einen Eigeninsolvenzantrag zurückgehen, richtigerweise unterbleiben. Jedenfalls in den typischen Fällen völliger oder weitgehender Mittellosigkeit, in denen offensichtlich ist, dass der Antragsteller mit seinem Antrag ausschließlich das Ziel verfolgt, seine Haftung für die Nachlassverbindlichkeiten auf den Nachlass zu beschränken, entspricht die Abweisung mangels Masse erkennbar seinem Rechtsschutzziel (vgl. hierzu Rdn 203). In dieser Situation führen Schreiben des Insolvenzgerichts an den Antragsteller, in denen die Abweisung mangels Masse gleichsam „angedroht" wird für den Fall, dass nicht alsbald ein Vorschuss eingezahlt wird, in der Praxis oftmals zu Irritationen. So kommt es immer wieder vor, dass Antragsteller nach Erhalt solcher Schreiben irrtümlicherweise den Vorschuss einzahlen, weil sie glauben, nur durch eine Eröffnung und Durchführung des Nachlassinsolvenzverfahrens in den Genuss der Haftungsbeschränkung zu kommen. 217

Eine Vorschusszahlung ist als treuhänderisches Sondervermögen zur Massekostendeckung dem Insolvenzverwalter zu überlassen und gehört nicht zur Insolvenzmasse.[196] Sofern der Betrag nicht aufgebraucht wird oder im Laufe des Verfahrens eine zur Kostendeckung ausreichende Insolvenzmasse generiert wird, hat der Insolvenzverwalter den Vorschuss an den Leistenden zurückzuzahlen.[197] 218

4. Verfahrenskostenstundung

Dagegen findet die Regelung der **Verfahrenskostenstundung** nach §§ 26 Abs. 1 S. 2 Hs. 2, 4a InsO in Nachlassinsolvenzverfahren grundsätzlich **keine Anwendung**, weil in diesen Verfahren eine Restschuldbefreiung nicht in Betracht kommt.[198] 219

196 MüKo-InsO/*Haarmeyer/Schildt*, § 26 Rn 29; OLG Frankfurt KTS 1986, 503.
197 Nerlich/Römermann/*Mönning/Zimmermann*, InsO, § 26 Rn 79.
198 LG Coburg NZI 2016, 1001; a.A. AG Göttingen NZI 2017, 575.

IV. Beschlussfassung

220 Die Abweisung des Insolvenzeröffnungsantrages mangels Masse erfolgt durch **Beschluss.** In dem Beschluss wird zugleich der **Verfahrenswert** festgesetzt und nach § 4 Abs. 1 InsO i.V.m. §§ 91 ff. ZPO entschieden, wer die **Kosten des Verfahrens** zu tragen hat.

1. Kostenschuldner

221 Im Schrifttum wird teilweise die Meinung vertreten, Kostenschuldner sei der Nachlass, unabhängig davon, wer den Antrag gestellt hat.[199] Begründet wird diese Ansicht damit, dass die Erben sowie die zur Antragstellung berechtigten Nachlasspfleger, Nachlassverwalter oder Testamentsvollstrecker im kostenrechtlichen Sinne nicht mit antragstellenden Gläubigern gleichgestellt werden dürften. Nur die Letztgenannten treffe die Zweitschuldnerhaftung bei Abweisung mangels Masse.[200] Andere werfen die Frage auf, ob der Erbe, der mit der Antragstellung eine Beschränkung seiner Haftung auf den Nachlass beabsichtigt, für die Kosten mit seinem Vermögen unbeschränkt hafte.[201] Nach einer dritten, vermittelnden Ansicht soll der antragstellende Erbe nur in Höhe des Nachlasses für die Verfahrenskosten einstehen.[202]

222 Gegen die Ansicht, die Kosten seien dem Nachlass aufzuerlegen, spricht die Systematik des Gesetzes, wonach Adressat der gerichtlichen Kostenentscheidung stets ein Rechtssubjekt sein muss.[203] Der Nachlass als solcher ist zwar gem. § 11 Abs. 2 Nr. 2 InsO als Sonderhaftungsmasse das Objekt des Nachlassinsolvenzverfahrens, er hat jedoch mangels Rechtsfähigkeit nicht die Qualität eines Rechtssubjekts.[204] Prozessrechtlich bestimmen §§ 91 ff. ZPO, dass Kostenträger

---

199 AG Göttingen NZI 2017, 575; Roth/Pfeuffer/*Roth*, HdB NachlassInsVerf, S. 116; *Staufenbiel/Brill*, ZinsO 2012, 1395.

200 AG Göttingen NZI 2017, 575.

201 *Greiner*, ZinsO 2020, 341; Erman/*Horn*, BGB 16. Aufl. § 1900 Rn 3

202 BeckOGK/*Herzog*, § 1975 Rn 192.1.

203 AG Hannover ZEV 2021, 472.

204 HK-InsO/*Marotzke*, Vor §§ 315–334 Rn 9; Uhlenbruck/*Lüer/Weidmüller*, InsO, § 315 Rn 11.

nur die beteiligten Parteien sein können,[205] was über § 4 InsO auch in Insolvenzverfahren gilt.

Ungeachtet dessen ist es gängige Praxis der Insolvenzgerichte, die Kosten des Verfahrens dem Nachlass aufzuerlegen (siehe Muster Rdn 229).

Die Kostenhaftung des Erben ist in der Regel auch nicht auf das Nachlassvermögen zu beschränken. Die Stellung eines Insolvenzantrags durch den Erben dient durch die Haftungsbeschränkung nach den §§ 1975 ff., 1990 BGB regelmäßig auch dem Eigeninteresse des Erben als Träger seines Erbeneigenvermögens, stellt aber zugleich eine Maßnahme der Verwaltung des Nachlasses dar. Deshalb handelt es sich bei den dadurch ausgelösten Kosten nach zutreffender Auffassung um sog. „Nachlasserbenschulden", für die sowohl der Nachlass als auch der Erbe mit seinem Eigenvermögen haftet.[206] Das auf der Wertungsebene entscheidende Argument ist, dass man dem Erben entgegenhalten kann, dass es ja seine freie Entscheidung war, die Erbschaft anzunehmen. Eine Einschränkung wird man daher für die praktisch bedeutsamen Fälle von **Fiskalerbschaften** machen müssen. Denn im Unterschied zu gewöhnlichen Erben hat der Fiskus die Möglichkeit zur Erbausschlagung nicht. Aus diesem Grund sollte bei Fiskalerbschaften davon abgesehen werden, nicht durch den Nachlass gedeckte Verfahrenskosten beim Antragsteller beizutreiben. Letztlich kann die Frage dahinstehen, da so oder so die öffentliche Hand und damit der Steuerzahler mit diesen Kosten belastet wird. 223

Gemäß § 23 Abs. 1 S. 1 GKG schuldet grundsätzlich der Antragsteller die Gebühr für das Verfahren über den Antrag auf Eröffnung des Insolvenzverfahrens.[207] Nach § 23 Abs. 1 S. 2 GKG gilt dies auch für die entstandenen Auslagen, wenn der Antrag abgewiesen wird. Hierbei ist nicht danach zu differenzieren, ob der Antrag auf Eröffnung des Insolvenzverfahrens mangels Masse gem. § 26 InsO oder aus einem anderen Grund abgewiesen wird.[208] 224

205 Zöller/*Herget*, ZPO, § 91 Rn 2 f.; Musielak/Voit/*Flockenhaus*, ZPO, § 91 Rn 5.
206 Roth/Pfeuffer/*Roth*, HdB NachlassInsVerf, S. 116.
207 AG Hannover ZEV 2021, 472.
208 LG Göttingen NZI 2009, 729.

Richtigerweise ist **Kostenschuldner** somit der **Antragsteller**, also zumeist der Erbe, der für die Kosten des Verfahrens uneingeschränkt mit seinem Eigenvermögen haftet.[209] Dies gilt nicht ohne weiteres für die nach § 317 InsO zur Antragstellung berechtigten Nachlassverwalter, Nachlasspfleger und Testamentsvollstrecker, da diese den Antrag nicht in eigenem Namen, sondern als Amtswalter bzw. gesetzliche Erbenvertreter stellen.

225 Bei einem dürftigen Nachlass fallen die Gerichtskosten gering aus; erheblich höher sind jedoch in der Regel die Kosten des Sachverständigen. Als Richtwert ist in der Regel eine Nachlassmasse von mindestens 3.000 EUR erforderlich, um die Kosten eines Nachlassinsolvenzverfahrens zu decken.[210]

2. Öffentliche Bekanntmachung

226 Gemäß § 26 Abs. 1 S. 3 InsO ist der Beschluss unverzüglich **öffentlich bekannt zu machen**. Zudem ist er dem Antragsteller und ggf. den anderen Beteiligten – dem Erben bzw. einem Testamentsvollstrecker, Nachlasspfleger oder Nachlassverwalter – förmlich zuzustellen.

3. Rechtsmittel

227 Gegen den Beschluss steht dem Antragsteller sowie dem Erben, dem Testamentsvollstrecker, dem Nachlasspfleger bzw. dem Nachlassverwalter das **Rechtsmittel der sofortigen Beschwerde** zu, §§ 6, 34 InsO. Die Kostenentscheidung ist nicht isoliert anfechtbar.[211]

V. Erneuter Eröffnungsantrag

228 Wurde ein Eröffnungsantrag mangels kostendeckender Masse abgewiesen, so ist ein erneuter Eröffnungsantrag zulässig, wenn der Antragsteller glaubhaft macht, dass zwischenzeitlich ein ausreichendes

209 AG Hannover ZEV 2021, 472.
210 So auch *Thien*, ErbR 2022, 771.
211 OLG Brandenburg NZI 2001, 483; OLG Zweibrücken ZInsO 2001, 87; OLG Zweibrücken NZI 2000, 271; OLG Köln NZI 2000, 374.

Nachlassvermögen ermittelt wurde.[212] Auch die Einzahlung eines Kostenvorschusses genügt für einen neuerlichen Antrag.

▼

Muster 4.3: Abweisung mangels Masse 229

Aktenzeichen: IN /24

Amtsgericht

Insolvenzgericht

Beschluss

In dem Verfahren über den Antrag

auf Eröffnung des Insolvenzverfahrens über den Nachlass des Herrn/der Frau , geboren am , verstorben am , zuletzt wohnhaft ,

– Erblasser/in –

– Erbe / Erbin –

hat das Amtsgericht am beschlossen:

1. Der Antrag auf Eröffnung des Insolvenzverfahrens über den Nachlass wird mangels Masse abgewiesen.
2. Der Nachlass hat die Kosten des Verfahrens zu tragen (§ 4 Abs. 1 InsO i.V.m. § 91 ZPO).
3. Der Verfahrenswert wird auf 500,00 EUR festgesetzt.

Gründe

Die Ermittlungen des Gerichts haben ergeben, dass kein die Kosten des Verfahrens deckendes Vermögen im Nachlass vorhanden ist.

Wegen der Einzelheiten wird auf die überzeugenden Ausführungen des Sachverständigen im Gutachten vom Bezug genommen.

Danach ist der Nachlass zahlungsunfähig und/oder überschuldet.

Nachdem ein Vorschuss zur Deckung der Verfahrenskosten nicht eingezahlt wurde bzw. die Erben erklärt haben, einen solchen nicht einzahlen zu wollen, ist der Insolvenzantrag gem. § 26 InsO abzuweisen.

Die Kostenentscheidung ergibt sich aus § 4 InsO i.V.m. § 91 ZPO.

Die Entscheidung über den Verfahrenswert beruht auf § 58 GKG.

212 BGH NZI 2002, 601.

Rechtsbehelfsbelehrung

Gegen die Entscheidung kann die sofortige Beschwerde (im Folgenden: Beschwerde) eingelegt werden.

Die Beschwerde ist binnen einer Notfrist von **zwei Wochen** bei dem

Amtsgericht , Adresse

einzulegen.

Die Frist beginnt mit der Verkündung der Entscheidung oder, wenn diese nicht verkündet wird, mit deren Zustellung bzw. mit der wirksamen öffentlichen Bekanntmachung gem. § 9 InsO im Internet (www.insolvenzbekanntmachungen.de). Die öffentliche Bekanntmachung genügt zum Nachweis der Zustellung an alle Beteiligten, auch wenn die InsO neben ihr eine besondere Zustellung vorschreibt, § 9 Abs. 3 InsO. Sie gilt als bewirkt, sobald nach dem Tag der Veröffentlichung zwei weitere Tage verstrichen sind, § 9 Abs. 1 S. 3 InsO. Für den Fristbeginn ist das zuerst eingetretene Ereignis (Verkündung, Zustellung oder wirksame öffentliche Bekanntmachung) maßgeblich.

Die Beschwerde ist schriftlich einzulegen oder durch Erklärung zu Protokoll der Geschäftsstelle des genannten Gerichts. Sie kann auch vor der Geschäftsstelle jedes Amtsgerichts zu Protokoll erklärt werden; die Frist ist jedoch nur gewahrt, wenn das Protokoll rechtzeitig bei dem oben genannten Gericht eingeht. Eine anwaltliche Mitwirkung ist nicht vorgeschrieben.

Die Beschwerde ist von dem Beschwerdeführer oder seinem Bevollmächtigten zu unterzeichnen.

Die Beschwerdeschrift muss die Bezeichnung der angefochtenen Entscheidung sowie die Erklärung enthalten, dass Beschwerde gegen diese Entscheidung eingelegt werde.

Gegen die Entscheidung, mit der der Streitwert festgesetzt worden ist, kann Beschwerde eingelegt werden, wenn der Wert des Beschwerdegegenstands 200 EUR übersteigt oder das Gericht die Beschwerde zugelassen hat.

Die Beschwerde ist binnen **sechs Monaten** bei dem

Amtsgericht , Adresse

einzulegen.

Die Frist beginnt mit Eintreten der Rechtskraft der Entscheidung in der Hauptsache oder der anderweitigen Erledigung des Verfahrens. Ist der Streitwert später als einen Monat vor Ablauf der sechsmonatigen Frist festgesetzt worden, kann die Beschwerde noch innerhalb eines Monats nach Zustellung oder formloser Mitteilung des Festsetzungsbeschlusses eingelegt werden. Im Fall der formlosen Mitteilung gilt der Beschluss mit dem dritten Tage nach Aufgabe zur Post als bekannt gemacht.

Die Beschwerde ist schriftlich einzulegen oder durch Erklärung zu Protokoll der Geschäftsstelle des genannten Gerichts. Sie kann auch vor der Geschäftsstelle jedes

Amtsgerichts zu Protokoll erklärt werden; die Frist ist jedoch nur gewahrt, wenn das Protokoll rechtzeitig bei dem oben genannten Gericht eingeht. Eine anwaltliche Mitwirkung ist nicht vorgeschrieben.

Rechtsbehelfe können auch als elektronisches Dokument eingelegt werden. Eine Einlegung per E-Mail ist nicht zulässig.

Schriftlich einzureichende Anträge und Erklärungen, die durch einen Rechtsanwalt, durch eine Behörde oder durch eine juristische Person des öffentlichen Rechts einschließlich der von ihr zu Erfüllung ihrer öffentlichen Aufgaben gebildeten Zusammenschlüsse eingereicht werden, sind als elektronisches Dokument zu übermitteln. Ist dies aus technischen Gründen vorübergehend nicht möglich, bleibt die Übermittlung nach den allgemeinen Vorschriften zulässig. Die vorübergehende Unmöglichkeit ist bei der Ersatzeinreichung oder unverzüglich danach glaubhaft zu machen; auf Anforderung ist ein elektronisches Dokument nachzureichen.

Unterschrift Richter/in AG

▲

§ 5 Insolvenzverfahren

Übersicht: Rdn

A. Eröffnung des gerichtlichen Insolvenzantragsverfahrens

I. Einleitung

Auf das Nachlassinsolvenzverfahren als Sonderinsolvenzverfahren nach den §§ 315 ff. InsO finden grundsätzlich die Vorschriften des Regelinsolvenzverfahrens Anwendung. Die Vorschriften über das Nachlassinsolvenzverfahren bestimmen nur den Rahmen, in dem verfahrensrechtliche Abweichungen zum regulären Verfahren bestehen. Bezüglich der Eröffnung des Insolvenzverfahrens beschränkt sich dies auf die §§ 315–320 InsO und im Wesentlichen auf die örtliche Zuständigkeit (§ 315 InsO) und die Eröffnungsgründe (§ 320 InsO). 1

2 Nach Eingang des Insolvenzantrages hat das Insolvenzgericht diesen nach den allgemeinen Vorschriften auf seine Zulässigkeit und Begründetheit, als Voraussetzung für eine spätere Eröffnung, gem. § 27 InsO zu prüfen.

In dem der Insolvenzeröffnung vorangehenden Antragsverfahren hat das Gericht gem. § 5 Abs. 1 InsO von Amts wegen alle Umstände zu ermitteln, die für das Insolvenzverfahren von Bedeutung sind. Während die Prüfung der Zulässigkeitsvoraussetzungen – mit Ausnahme von wenigen Fällen – für den Richter unproblematisch möglich sein sollte, ist die Prüfung der Begründetheit regelmäßig schwieriger und für das Gericht im Regelfall nicht allein aufgrund der Aktenlage zu erkennen.

II. Bestellung eines Sachverständigen

3 In der Praxis und im Regelfall macht das Insolvenzgericht von der in § 5 Abs. 1 S. 2 InsO vorgesehenen Möglichkeit Gebrauch, bei Vorliegen eines zulässigen Insolvenzantrags einen Sachverständigen mit den Ermittlungen zu beauftragen. Die Bestellung des Sachverständigen erfolgt durch richterlichen Beschluss, welcher als Ermittlungsmaßnahme mit Rechtsmitteln nicht anfechtbar ist.[1]

▼

4 **Muster 5.1: Sachverständigenbestellung**

(Aktenzeichen)

Amtsgericht

Beschluss

In dem Verfahren über den Antrag auf Eröffnung des Insolvenzverfahrens über den Nachlass des

, geb. , geboren am , verstorben am , zuletzt wohnhaft:

1 Uhlenbruck/*Pape*, InsO, § 5 Rn 12.

– Erblasser –

hat das Amtsgericht am durch den Richter am Amtsgericht beschlossen:

wird als Sachverständiger beauftragt, binnen

ein Gutachten darüber zu erstellen, ob der Nachlass die Kosten des Verfahrens decken wird, ein Eröffnungsgrund vorliegt und welche Aussichten für eine Fortführung des Unternehmens des Erblassers bestehen (§ 5 Abs. 1 S. 2 InsO).

Die Erben werden aufgefordert, zur Vermeidung weiterer Maßnahmen dem Gutachter Zutritt zu den Geschäftsräumen und zu allen Vermögenswerten zu gestatten sowie Einsicht in die Geschäftsunterlagen und sonstige Unterlagen zu gewähren.

Der Gutachter wird ermächtigt, Auskünfte über den Erblasser bei Dritten, insbesondere bei Finanzämtern, Banken, Gerichtsvollziehern und Behörden einzuholen (§ 5 Abs. 1 InsO).

Rechtsbehelfsbelehrung

Der Beschluss ist mit Rechtsmitteln nicht anfechtbar.

Richter am Amtsgericht

▲

1. Auswahl des Sachverständigen

Die Auswahl des Sachverständigen hat dabei bereits die Kriterien des 5
§ 56 InsO zu berücksichtigen. Denn der Sachverständige wird im Regelfall auch als vorläufiger Insolvenzverwalter bestellt, sofern er zu sicherndes Vermögen im Nachlass vorfindet und Sicherungsmaßnahmen anregt oder das Gericht aufgrund der Aktenlage und der im Insolvenzantrag beschriebenen Vermögensverhältnisse unmittelbar Sicherungsmaßnahmen gem. § 21 Abs. 1 InsO anordnet. Der vorläufige Insolvenzverwalter kann gleichzeitig als Sachverständiger bestellt werden, § 22 Abs. 1 Nr. 3 InsO.

An die Person des Sachverständigen sind hinsichtlich seiner Unabhän- 6
gigkeit, Qualifikation und Geeignetheit dieselben Anforderungen zu stellen wie an den endgültigen Insolvenzverwalter.[2] Zu bestellen ist

2 Uhlenbruck/*Pape*, InsO, § 5 Rn 11.

eine für das Verfahren im speziellen geeignete, geschäftskundige und unabhängige natürliche Person, § 56 Abs. 1 S. 1 InsO. Das Gesetz fordert dabei bewusst keine besondere berufliche und fachliche Qualifikation. Jedoch werden regelmäßig Rechtsanwälte, Wirtschaftsprüfer und Steuerberater, welche sich auf die Übernahme von Insolvenzverwaltungen spezialisiert haben, bestellt.[3] Allein das Führen eines Fachanwaltstitels für Insolvenz- und Sanierungsrecht ist für die Auswahl nach einhelliger Meinung nicht ausreichend,[4] gleichwohl in der Praxis aber die Anforderung der Insolvenzgerichte. Dieses Vorgehen ist mit Blick auf die vielfältigen Anforderungen eines durchschnittlichen Insolvenzverfahrens mit unterschiedlichen kaufmännischen und rechtlichen Fragestellungen sachgerecht. Zumeist ist für eine angemessene Bearbeitung eines Insolvenzverfahrens ein spezialisiertes Büro mit weiteren Mitarbeitern unterschiedlicher Qualifikation, wie Buchhalter, Wirtschaftsjuristen und Rechtsanwälte erforderlich. Insbesondere, wenn die Insolvenzmasse einen laufenden Geschäftsbetrieb umfasst. Die Geeignetheitsprüfung bezogen auf den Einzelfall hat deshalb auch die Kanzleistruktur und deren Ausstattung zu berücksichtigen.[5] Aufgrund der von den Insolvenzgerichten zur Bewerbung um die Aufnahme in die Vorauswahlliste vorab verwendeten Fragebögen sollte das Insolvenzgericht über die Büroorganisation unterrichtet sein.

7 Neben der fachlichen Qualifikation, welche durch eine besondere Spezialisierung im Insolvenzrecht belegt wird, muss die Unabhängigkeit der Person gegeben sein. Diese darf mit der Sache nicht vorbefasst sein, was eine Konfliktprüfung sowohl im Verhältnis zu den Nachlassgläubigern als auch zum Erblasser und Erben erforderlich macht. Gemäß § 56 Abs. 1 S. 3 InsO wird die Unabhängigkeit allerdings nicht schon dadurch ausgeschlossen, dass die Person vom Antragsteller oder von einem Gläubiger vorgeschlagen wird (Nr. 1) oder vor Antragstellung allgemein über den Ablauf eines Insolvenzverfahren und dessen Folgen beraten hat (Nr. 2).

3 MüKo-InsO/*Graeber*, § 56 Rn 56–61.
4 MüKo-InsO/*Graeber*, § 56 Rn 19.
5 MüKo-InsO/*Graeber*, § 56 Rn 62–64.

2. Gutachtenauftrag

Der nach § 5 Abs. 1 S. 2 InsO bestellte Sachverständige wird durch das Insolvenzgericht mit der Erstattung eines Gutachtens beauftragt. Formell umfasst der Gutachtenauftrag dabei i.d.R. die zur Feststellung der Begründetheit des Insolvenzantrags erforderlichen Fragen, welche allein in § 22 Abs. 1 S. 2 Nr. 3 InsO normiert sind. Im Standardfall umfasst der Gutachtenauftrag die folgenden Fragestellungen: 8

1. Liegt ein Eröffnungsgrund vor (§§ 17–19 InsO);
2. bestehen Aussichten für die Fortführung des Unternehmens des Erblassers;
3. deckt der Nachlass die Kosten des Verfahrens (§§ 26, 54 InsO).

Zur Beantwortung dieser Fragen hat der Sachverständige die tatsächlichen Vermögensverhältnisse zu ermitteln und festzustellen, welches Aktiv- und Passivvermögen zum Zeitpunkt des Todes bei dem Erblasser vorhanden war. Im Falle des Nachlassinsolvenzverfahrens ergibt sich dabei eine besondere Pflicht des Sachverständigen, retrograd zu ermitteln, welche Vermögensgegenstände tatsächlich vorhanden waren und was mit ihnen geschehen ist. 9

Sofern diese zum Zeitpunkt der Antragstellung im Nachlass nicht mehr vorhanden sind, muss der Sachverständige alle denkbaren Anfechtungs- und Ersatzansprüche gegen Dritte prüfen. Dies umfasst im Besonderen auch Ansprüche, die sich aus der Verwaltung des Nachlasses (§ 2013 und §§ 1978, 667 BGB) und wegen verspäteter Antragstellung (§ 1980 Abs. 1 S. 2 BGB) ergeben. 10

Zur Erfüllung des Auftrags sollte der Gutachter zudem gem. § 5 Abs. 1 InsO ermächtigt werden, Auskünfte über den Erblasser bei Dritten, insbesondere bei Finanzämtern, Banken, Gerichtsvollziehern und Behörden einholen zu dürfen. Außerdem sollte der Beschluss die Aufforderung an den Schuldner enthalten, dem Gutachter Zutritt zu den Geschäftsräumen zu allen Vermögenswerten zu gestatten sowie Einsicht in die Geschäftsunterlagen und sonstige Unterlagen zu gewähren. 11

In der Literatur ist umstritten, ob die Bestellung zum Sachverständigen allein ausreichend ist, ein Auskunftsrecht gegenüber Banken zu begründen. Im Ergebnis ist dies zu verneinen. Die Rechtsstellung als Sachverständiger begründet kein eigenes Auskunftsrecht gegenüber 12

Kreditinstituten, da der Sachverständige durch seine Bestellung nicht zum Träger des Bankgeheimnisses wird.[6]

Praxistipp

Da in der Praxis Kreditinstitute und Banken regelmäßig die Auskunft über die Geschäftsbeziehung mit dem Erblasser verweigern, ist es ratsam, den Erben eine Schweigepflichtentbindung unterzeichnen zu lassen. Diese sollte idealerweise weit gefasst werden, und neben Kontoauskünften bspw. auch den Steuerberater umfassen. Soweit Finanzämter in der Praxis regelmäßig die Einsicht in Steuerakten und auch Auskünfte über Verbindlichkeiten aus dem Steuerverhältnis unter Berufung auf das Steuergeheimnis gem. § 30 AO verweigern, ist durch den Sachverständigen oder vorläufigen Insolvenzverwalter ggf. eine Einzelermächtigung zur Einsicht von Steuerakten zu beantragen und durch das Insolvenzgericht anzuordnen.[7]

▼

13 **Muster 5.2: Entbindung von der Verschwiegenheitspflicht**

Insolvenzeröffnungsverfahren über den Nachlass des

Erklärung über die Entbindung von der Verschwiegenheitspflicht

Durch Beschluss des Amtsgerichts vom (Az.) wurde Rechtsanwalt zum vorläufigen Insolvenzverwalter bestellt und damit beauftragt, als Sachverständiger zu prüfen, ob ein nach der Rechtsform der Schuldnerin maßgeblicher Eröffnungsgrund vorliegt und inwieweit eine die Kosten des Verfahrens deckende Masse vorhanden ist.

Nach dem Beschluss ist dem Sachverständigen Einsicht in die Bücher und Geschäftspapiere zu gestatten und sie sind ihm auf Verlangen bis zur Entscheidung über die Eröffnung des Verfahrens herauszugeben. Es sind alle Auskünfte zu erteilen, die zur Aufklärung der schuldnerischen Einkommens- und Vermögensverhältnisse erforderlich sind.

6 Uhlenbruck/*Pape*, InsO, § 5 Rn 15.
7 LG Hamburg, Beschl. v. 9.12.2014 – 326 T 149/14, ZVI 2015, 95.

Aufgrund dessen entbinde ich,

Vorname Nachname,

Anschrift,

als Erbe des

sämtliche Kreditinstitute, Versicherungsgesellschaften, Finanzämter und sonstigen Behörden sowie auch alle Berufsträger, die mich oder den Erblasser beraten haben bzw. beraten werden, von der beruflichen Schweigepflicht der Rechtsanwälte, Rechtsbeistände, Steuerberater, Steuerbevollmächtigten, vereidigten Buchprüfer und Wirtschaftsprüfer oder Gesellschaften dieser Berufsstände gegenüber dem eingesetzten Sachverständigen sowie sämtlichen Rechtsanwälten und Mitarbeitern der Kanzlei unter der Bedingung, dass Stellungnahmen und Auskünfte nur in diesem Insolvenzverfahren und aller damit in Zusammenhang stehenden Verfahren verwendet werden dürfen.

, den

Unterschrift des Erben

14 Generell handelt es sich bei einem Insolvenzantragsverfahren um ein Eilverfahren.[8] Dies ergibt sich unmittelbar daraus, dass sich bei einem Zuwarten die Befriedigungsmöglichkeiten der Gläubiger durch eine Masseminderung nachteilig verändern könnten, was wiederum dem Ziel des Insolvenzverfahrens aus § 1 InsO, der gleichmäßigen Befriedigung der Insolvenzgläubiger, zuwiderlaufen würde. Dies gilt auch für das Nachlassinsolvenzverfahren.

15 Das Insolvenzgericht wird dem Sachverständigen daher eine Frist zur Abgabe des Gutachtens setzen. Diese Frist ist jedoch auf Antrag zu verlängern, insbesondere sofern die Begutachtung innerhalb der Frist nicht abgeschlossen werden konnte. Der Fristverlängerungsantrag ist durch den Sachverständigen zu begründen und sollte wegen des Eilcharakters des Antragsverfahrens auch eine Erklärung dazu enthalten, warum durch die Verzögerung keine nachteilige Entwicklung der Vermögenslage zu erwarten ist.

8 Uhlenbruck/*Vallender*, InsO, § 21 Rn 8.

3. Sachverständigengutachten

16 Der Sachverständige hat sein Gutachten dem Auftrag entsprechend zu erstatten. Die im Sachverständigenbeschluss gestellten Fragen schaffen den formellen Rahmen seiner Tätigkeit. Er ist an diese Beweisfragen jedoch nicht gebunden, sondern bestimmt im Rahmen seiner Ermittlungen selbst, welche Fragen zur Aufklärung des vollständigen Sachverhalts entscheidungserheblich sind.[9] Er kann selbstständig verschiedene Beteiligte anhören.

17 Die Gliederung des Gutachtens ist frei zu wählen. Inhaltlich sollten jedoch alle für die Feststellung der tatsächlichen Vermögensverhältnisse Punkte erfasst werden. Üblicherweise orientiert sich die Gliederung an den handelsrechtlichen Vorschriften über den Inhalt einer Handelsbilanz, § 247 HGB.

18 Folgende Mustergliederung kann für den Aufbau eines Gutachtens verwendet werden, wobei diese selbstverständlich auf den Einzelfall und die Besonderheiten des Verfahrens anzupassen ist:

▼

Muster 5.3: Eröffnungsgutachten

I. Durchführung/Angaben zum Insolvenzeröffnungsverfahren
II. Persönliche Verhältnisse des Erblassers
III. Betriebliche Verhältnisse
   1. Geschäftsgegenstand
   2. Arbeitnehmer
   3. Sozialversicherungsträger / Berufsgenossenschaft
   4. Mietverhältnisse
   5. Versicherungen
   6. Sonstige wesentliche Vertragsverhältnisse
   7. Rechnungswesen/Finanzamt
IV. Wirtschaftliche Verhältnisse
   1. Entwicklung
   2. Gründe der Insolvenz
V. Maßnahmen im Insolvenzeröffnungsverfahren
   1. Vermögenssicherung
   2. Betriebsfortführung/Sanierung
VI. Fortführungsaussichten

9 K. Schmidt/*Stephan*, InsO, § 5 Rn 17.

VII. Vermögensverhältnisse – Aktiva
1. Privatvermögen
2. Anlagevermögen
2.1 Immaterielle Vermögensgegenstände
2.2 Grundvermögen
2.3 Betriebs- und Geschäftsausstattung
2.4 Fuhrpark
3. Umlaufvermögen
3.1 Vorräte/Waren
3.2 Forderungen aus Lieferung und Leistung
3.3 Sonstige Forderungen
3.4. Beteiligungen
3.5 Kassenbestand
3.6 Bankguthaben
4. Sonderaktiva/Ansprüche gegen Erben
5. Ergebnis Aktiva
VIII. Vermögensverhältnisse – Passiva
IX. Eröffnungsgrund
X. Deckung der Verfahrenskosten
XI. Ergebnisse
XII. Anregungen
▲

B. Sicherungsmaßnahmen

I. Erforderlichkeit der Massesicherung

Nach § 21 Abs. 1 InsO hat das Insolvenzgericht alle Maßnahmen zu treffen, die erforderlich erscheinen, um bis zur eigentlichen Verfahrenseröffnung alle nachteiligen Veränderungen in der Vermögenslage des Schuldners zu vermeiden. Auch wenn das Nachlassinsolvenzverfahren ein Sonderinsolvenzverfahren ist, sind im Eröffnungsverfahren die gleichen Sicherungsmaßnahmen durch das Gericht anzuwenden wie im Regelinsolvenzverfahren, §§ 21, 22 InsO. 19

Das Gericht kann jede erdenkliche – und praktisch auch umsetzbare – Sicherungsmaßnahme anordnen. In § 21 Abs. 2 InsO ist aufgrund der Formulierung „insbesondere" eine Generalklausel zu sehen, welcher ein nicht abschließender Katalog von möglichen Sicherungsmaß- 20 nahmen folgt.[10] Neben den in den §§ 21, 22 InsO aufgeführten Maßnahmen kommen daher auch insbesondere **Einzelanordnungen** in Betracht. Solche können vor allem Verfügungsverbote hinsichtlich einzelner Bankkonten oder Grundstücke beinhalten und stellen i.d.R. das mildere Mittel dar.

21 Grundsätzlich und unabhängig von der Frage, ob ein Eigenantrag des Erben oder ein Fremdantrag eines Gläubigers vorliegt, sind Sicherungsmaßnahmen nur anzuordnen, wenn ein zulässiger Insolvenzantrag vorliegt. Das Gericht hat vor der Anordnung die allgemeinen Zulässigkeitsvoraussetzungen zu prüfen und den Eröffnungsantrag zuzulassen.[11]

22 Die Entscheidung und Anordnung der Sicherungsmaßnahmen sind immer bezogen auf den jeweiligen Einzelfall zu treffen. Die Maßnahmen haben stets den Grundsatz der Verhältnismäßigkeit zu berücksichtigen, müssen somit geeignet, erforderlich und zumutbar sein.[12] Das Gericht sollte sich bei der Anordnung darüber bewusst sein, welche mitunter tiefgreifenden Folgen die Anordnung von Sicherungsmaßnahmen haben kann, bspw. auf einen laufenden Geschäftsbetrieb, bei dem die Anordnung einer vorläufigen Insolvenzverwaltung der Regelfall ist.

23 Bei einem Fremdantrag sollte i.R.d. Abwägung auch beachtet werden, dass die Publizität einer vorläufigen Insolvenzverwaltung aufgrund deren öffentlichen Bekanntmachung im Gegensatz zu der nicht zu veröffentlichenden Bestellung eines Sachverständigen für den Erben als Schuldner weitreichende Folgen haben kann.

Grundsätzlich hat die Verhältnismäßigkeitsprüfung jedoch auch die stets gegebene Eilbedürftigkeit des Verfahrens zu beinhalten. Sicherungsmaßnahmen sind immer eilig anzuordnen. Die Anhörung zur Wahrung des rechtlichen Gehörs ist daher u.U. nachzuholen.[13]

24 Die Sicherungsmaßnahmen sind mit richterlichem Beschluss anzuordnen. Gegen den Beschluss steht dem Schuldner die sofortige Beschwerde als Rechtsmittel zu, § 21 Abs. 1 S. 2 InsO.

10 So auch MüKo-InsO/*Haarmeyer/Schildt*, § 21 Rn 44.
11 Uhlenbruck/*Vallender*, InsO, § 21 Rn 2, 2a.
12 Uhlenbruck/*Vallender*, InsO, § 21 Rn 3–5.
13 Uhlenbruck/*Vallender*, InsO, § 21 Rn 8.

II. Vorläufige Insolvenzverwaltung

1. Vorläufiger Insolvenzverwalter

Zur Sicherung des Nachlassvermögens kann das Gericht in erster Linie gem. § 21 Abs. 2 S. 1 Nr. 1 und 2 InsO einen vorläufigen Insolvenzverwalter bestellen. Zu unterscheiden ist dabei die Anordnung eines Zustimmungsvorbehalts (§ 21 Abs. 2 S. 1 Nr. 2 2. Alt. InsO, sog. schwache vorläufige Insolvenzverwaltung) und die Anordnung eines allgemeinen Verfügungsverbots (§ 21 Abs. 2 S. 1 Nr. 2 1. Alt. InsO, sog. starke vorläufige Insolvenzverwaltung). 25

Während die Insolvenzordnung in § 22 InsO die Bestellung eines sog. starken vorläufigen Insolvenzverwalters, auf welchen bereits im Antragsverfahren die Verwaltungs- und Verfügungsbefugnis (allgemeines Verfügungsverbot) übergeht, als Regelfall sieht, wird in der Praxis fast ausschließlich ein Zustimmungsvorbehalt nach § 21 Abs. 1 S. 1 Nr. 2 2. Alt. InsO angeordnet und ein sog. schwacher vorläufiger Insolvenzverwalter bestellt. 26

Die Auswahl des vorläufigen Insolvenzverwalters erfolgt – ebenso wie die des Sachverständigen – auf Grundlage des § 56 InsO. Die §§ 56–56b InsO finden entsprechende Anwendung.[14] Die Anforderungen sind dabei die gleichen wie an den Sachverständigen, da der vorläufige Insolvenzverwalter i.d.R. auch mit Eröffnung zum Insolvenzverwalter bestellt werden wird. Neben den als selbstverständlich vorauszusetzenden Kriterien der fachlichen Qualifikation und Bekanntheit bei Gericht sollte die Auswahl auch immer die Kanzleistruktur berücksichtigen, welche der Verfahrensgröße und dessen Umfang angemessen sein muss. Beispielsweise bedarf eine Betriebsfortführung nicht nur einer kaufmännischen Qualifikation, sondern auch einer gewissen personellen Ausstattung. 27

Der vorläufige Insolvenzverwalter steht wie der endgültige Insolvenzverwalter unter der Aufsicht des Insolvenzgerichts, § 58 InsO.[15] Auf den vorläufigen Insolvenzverwalter sind die §§ 58–66 InsO anzuwen- 28

---

14 Uhlenbruck/*Vallender*, InsO, § 21 Rn 13.

15 Nerlich/Römermann/*Mönning*, 46. EL November 2022, InsO, § 21 Rn 126–128.

den.[16] Insbesondere kann sich das Gericht nach § 58 Abs. 1 S. 2 InsO jederzeit Auskünfte oder Berichte erteilen lassen.

29 Gleichzeitig folgt hieraus, dass der vorläufige Insolvenzverwalter gem. § 21 Abs. 2 Nr. 1 i.V.m. § 60 InsO für die Verletzung insolvenzspezifischer Pflichten persönlich haftet. Von besonderer Relevanz ist dies im Falle einer Betriebsfortführung. Denn neben einem möglichen Schaden im Zuge der Verwertung der Insolvenzmasse oder aufgrund der Verletzung anderer Pflichten aufgrund insolvenzrechtlicher Bestimmungen, kommt insbesondere eine persönliche Haftung des vorläufigen Insolvenzverwalters dann in Betracht, wenn im Zuge einer Betriebsfortführung begründete Verbindlichkeiten nicht aus der Masse gezahlt werden können, § 55 Abs. 2 InsO.

2. Vorläufige Insolvenzverwaltung mit Zustimmungsvorbehalt

30 Sieht das Gericht nach eingehender Prüfung und Abwägung davon ab, ein allgemeines Verfügungsverbot anzuordnen, so hat es die Rechtsstellung des vorläufigen Insolvenzverwalters zu gestalten, § 22 Abs. 2 InsO. Die Abgrenzung zwischen den beiden Anordnungsgestaltungen nimmt das Gesetz selbst vor, indem gem. § 22 Abs. 2 S. 2 InsO die Rechte und Pflichten nicht über die in § 22 Abs. 1 S. 2 InsO normierten hinausgehen dürfen.

31 Wird ein vorläufiger Insolvenzverwalter mit Zustimmungsvorbehalt bestellt, so geht die Verwaltungs- und Verfügungsbefugnis nicht auf diesen über, sondern verbleibt bei dem Testamentsvollstrecker, Nachlassverwalter oder Erben. Dessen Handlungen sind nur noch mit Zustimmung des vorläufigen Insolvenzverwalters wirksam, jedoch nur dann, wenn die Handlung Massebezug hat.[17] Gleichermaßen umfasst die Sicherungsmaßnahme nur pfändbares Vermögen gem. § 35 InsO. Über Nachlassgegenstände, die nach § 36 InsO unpfändbar sind, kann der Erbe, Nachlassverwalter oder Testamentsvollstrecker frei verfügen.[18]

32 Verstößt der Schuldner gegen die angeordneten Verfügungsbeschränkungen, kommen über den Verweis in § 24 InsO die §§ 81, 82 InsO

16 Uhlenbruck/*Vallender*, InsO, § 21 Rn 14, 15.
17 Uhlenbruck/*Mock*, InsO, § 81 Rn 11.
18 Uhlenbruck/*Mock*, InsO, § 81 Rn 11.

zur Anwendung. Hiernach ist die vom Schuldner vorgenommene Verfügung absolut unwirksam (§ 81 InsO) und die Erfüllung einer Forderung an den Schuldner unmöglich (§ 82 InsO). Soweit Rechtsgeschäfte ohne Zustimmung des vorläufigen Verwalters vorgenommen wurden, sind diese nach § 134 BGB nichtig. So wird die Masse vor nachteiligen Veränderungen geschützt und etwaige bereits abgeflossene Vermögensgegenstände sind nach § 985 BGB oder Bereicherungsrecht gem. §§ 812 ff. BGB zurückgewähren.

Sollte durch den Erben, Testamentsvollstrecker oder Nachlasspfleger 33
eine für den Nachlass vorteilhafte Rechtshandlung vorgenommen worden sein, so besteht die Möglichkeit der Genehmigung durch den vorläufigen Insolvenzverwalter analog § 185 Abs. 2 BGB.[19]

Die Rechtsfolge des § 81 InsO erstreckt sich jedoch nur auf dingliche 34
Rechtsgeschäfte. Verpflichtungsgeschäfte können durch den Schuldner weiterhin wirksam für und gegen den Nachlass abgeschlossen werden. Der Gläubiger hat dann jedoch wenig Aussicht auf Erfüllung seines Gegenanspruchs, da erforderliche Mittel zur Erfüllung seines Anspruchs dem Zustimmungsvorbehalt unterliegen.

Im Beschluss über die Anordnung der vorläufigen Verwaltung wird 35
der vorläufige Insolvenzverwalter i.d.R. mittlerweile standardmäßig ermächtigt, Außenstände einzuziehen. Dies erfolgt vor dem Hintergrund der schwachen vorläufigen Insolvenzverwaltung klarstellend und dient einer frühzeitigen Sicherung der Masse, bspw. von Guthaben auf Bankkonten, auch von Testamentsvollstreckern und Nachlasspflegern.

3. Vorläufige Insolvenzverwaltung mit allgemeinem Verfügungsverbot

Ordnet das Gericht bereits mit Bestellung eines vorläufigen Insolvenz- 36
verwalters auch ein allgemeines Verfügungsverbot gem. § 21 Abs. 2 Nr. 2 1. Alt. InsO an, so geht bereits zu diesem Zeitpunkt – und nicht erst mit Verfahrenseröffnung – die Verwaltungs- und Verfügungsbefugnis auf den vorläufigen Insolvenzverwalter über, § 22 Abs. 1 S. 1 InsO.

Dem sog. starken vorläufigen Verwalter kommen damit bereits im 37
Antragsverfahren dieselben Befugnisse aber auch Pflichten wie dem

19 Uhlenbruck/*Mock*, InsO, § 81 Rn 30.

endgültigen Verwalter zu. Insbesondere hat er die Insolvenzmasse in Besitz zu nehmen. Außerdem könnte er bereits über die Gegenstände der Insolvenzmasse verfügen, hat sich vor Eröffnung des Verfahrens jedoch einer Verwertung zu enthalten.[20]

Vertragsverhältnisse können durch ihn bereits gekündigt werden. Gleichzeitig stellen von ihm begründete Verbindlichkeiten gem. § 55 Abs. 2 InsO bereits Masseverbindlichkeiten dar.

38 Im Übrigen sind die Aufgaben des starken vorläufigen Insolvenzverwalters deckungsgleich mit denen des schwachen vorläufigen Insolvenzverwalters, deren Aufgabengebiete einheitlich durch § 22 Abs. 1 S. 2 InsO bestimmt werden.

39 Die Anordnung einer starken vorläufigen Verwaltung erfolgt in der Praxis häufig dann, wenn der Schuldner abwesend ist. Insofern kommt diese Form der Sicherungsmaßnahme gerade auch in Nachlassinsolvenzverfahren in Betracht, stellt jedoch aufgrund des erhöhten persönlichen Haftungsrisikos des vorläufigen Verwalters, insbesondere mit Blick auf § 55 Abs. 2 InsO, die Ausnahme dar.

4. Einzelmaßnahmen als Sicherungsmaßnahmen

40 Neben der Anordnung einer vorläufigen Insolvenzverwaltung mit weitreichenden Eingriffen und der Bestellung eines vorläufigen Insolvenzverwalters kommt auch im Nachlassinsolvenzantragsverfahren stets die Anordnung einer Einzelmaßnahme in Betracht, welche als milderes Mittel stets zulässig ist. In der Praxis sind hier insbesondere Maßnahmen von Bedeutung:

- Anordnung eines Verfügungsverbots hinsichtlich einzelner Vermögensgegenstände: Von besonderer Relevanz sind hier Verfügungsverbote hinsichtlich Grundstücken und Bankkonten;
- Untersagung oder einstweilige Einstellung von Zwangsvollstreckungsmaßnahmen, wobei die Anordnung nur ein Ruhen des Verfahrens bewirkt, die das Pfändungspfandrecht und die öffentlichrechtliche Verstrickung jedoch nicht beseitigt;
- Anordnung einer vorläufigen Postsperre (§§ 99, 101 InsO).

20 Nerlich/Römermann/*Mönning*, 47. EL März 2023, InsO, § 22 Rn 38.

C. Entscheidung des Gerichts

I. Insolvenzgrund und Kostendeckung

Das Insolvenzgericht hat auf der Grundlage eigener Ermittlungen (Amtsermittlung § 5 Abs. 1 S. 1 InsO) oder des von ihm eingeholten Sachverständigengutachtens (§ 5 Abs. 1 S. 2 InsO) zu entscheiden, ob ein Insolvenzgrund nach § 320 InsO i.V.m. §§ 17, 19 InsO vorliegt und ob die Kosten des Verfahrens gedeckt sind (§ 26 InsO). Ist beides der Fall, eröffnet es das Nachlassinsolvenzverfahren durch Beschluss (§ 27 InsO) und bestellt den Insolvenzverwalter. 41

Das Gericht hat das Vorliegen eines Eröffnungsgrundes sowie die Deckung der Verfahrenskosten selbstständig zu beurteilen. Dabei kann und wird es sich regelmäßig auf das von ihm beauftragte Sachverständigengutachten (§ 5 Abs. 2 InsO) beziehen. 42

Bei der Frage, ob die Kosten des Verfahrens gedeckt sind, handelt es sich um eine Prognoseentscheidung. Diesen Entscheidungsrahmen gibt § 26 Abs. 1 S. 1 InsO mit dem Wortlaut „voraussichtlich" ausdrücklich vor. Erforderlich ist eine überwiegende Wahrscheinlichkeit, dass die Kosten des Verfahrens gedeckt sind, welche konkret im jeweiligen Einzelfall zu beurteilen ist.[21] Es ist damit nicht erforderlich, dass im Zeitpunkt der Entscheidung über den Antrag eine ausreichende Masse vorhanden ist. Diese kann sich auch später ergeben, bspw. aufgrund Neuerwerbs der Masse (§ 35 InsO) oder aus der Realisierung von Haftungsansprüchen oder Rückgewähransprüchen aufgrund Insolvenzanfechtung. Nach wie vor fraglich ist, welcher Zeitraum für die Masserealisierung anzunehmen ist. Als vertretbar erscheinen Zeiträume von 12 bis zu 24 Monaten, welche auch in der Rechtsprechung diskutiert werden.[22] Insbesondere in Nachlassinsolvenzverfahren, in denen pfändbare Lohnanteile als Neuerwerb nicht anfallen, erscheint ein Prognosezeitraum von bis zu zwei Jahren als nicht zu lang bemessen. In der Praxis kann die Verwertung von Immobilien oder auch 43

21 MüKo-InsO/*Haarmeyer/Schildt*, § 26 Rn 23.
22 Nerlich/Römermann/*Mönning/Zimmermann*, 47. EL März 2023, InsO, § 26 Rn 40–42; MüKo-InsO/*Haarmeyer/Schildt*, § 26 Rn 23 jeweils m.w.N.

(ausländischen) Depots erfahrungsgemäß mitunter mehr Zeit in Anspruch nehmen.

44 Durch das Gericht sind die Verfahrenskosten gem. § 54 InsO zu ermitteln und gegenüber dem Nachlassvermögen ins Verhältnis zu setzen. Etwaige Aus- und Absonderungsrechte nach den §§ 47 ff. InsO sind abzusetzen. Deren Wert bzw. Verwertungserlös steht mit Ausnahme möglicherweise nach den §§ 170, 171 InsO anfallender Feststellungs- und Verwertungspauschalen nicht zur Deckung der Kosten und zur Befriedigung der Insolvenzforderungen zur Verfügung.

45 Sind die Verfahrenskosten durch den ermittelten Nachlass nicht gedeckt, kommt zum einen ein Kostenvorschuss gem. § 26 Abs. 1 S. 2 InsO in Betracht. Der Vorschuss kann von Jedem erbracht werden, auch von Dritten.[23] Ansonsten wird der Insolvenzantrag mangels Masse abgewiesen, § 26 Abs. 1 InsO.

II. Eröffnungs-/Abweisungsbeschluss

▼

46 **Muster 5.4: Eröffnungsbeschluss**

[Aktenzeichen]

Amtsgericht

Beschluss

In dem Insolvenzverfahren über den Nachlass des

, geb. , geboren am , verstorben am , zuletzt wohnhaft:

\- Erblasser -

hat das Amtsgericht am durch den Richter am Amtsgericht beschlossen:

1. Das Insolvenzverfahren über den Nachlass des Erblassers wird wegen Zahlungsunfähigkeit am um Uhr eröffnet.
2. Zum Insolvenzverwalter wird bestellt:

23 Uhlenbruck/*Vallender*, InsO § 26 Rn 24, 25.

3. Die Insolvenzgläubiger werden aufgefordert, Insolvenzforderungen (§ 38 InsO) bis zum bei dem Insolvenzverwalter schriftlich anzumelden.
   Bei der Anmeldung sind Grund und Betrag der Forderung anzugeben.
4. Das Insolvenzverfahren wird bis auf Weiteres schriftlich (alternativ mündlich) durchgeführt, § 5 Abs. 2 InsO.
   Die Beteiligten erhalten Gelegenheit, bis zum den Forderungsanmeldungen schriftlich beim Insolvenzgericht zu widersprechen.
   (*Weitere Anordnungen*)
5. Sicherungsrechte an beweglichen Gegenständen oder an Rechten sind dem Insolvenzverwalter unverzüglich anzuzeigen (§ 28 Abs. 2 InsO).
   Der Gegenstand, an dem das Sicherungsrecht beansprucht wird, die Art und Entstehungsgrund des Sicherungsrechts sowie die gesicherte Forderung sind zu bezeichnen.
   Wer die Mitteilung schuldhaft unterlässt oder verzögert, haftet für den daraus entstehenden Schaden (§ 28 Abs. 2 InsO).
6. Personen, die Verpflichtungen gegenüber dem Nachlass haben, werden aufgefordert, nicht mehr an diesen, sondern an den Insolvenzverwalter zu leisten (§ 28 Abs. 3 InsO).
7. Der Insolvenzverwalter wird gem. § 8 Abs. 3 InsO beauftragt, die in dem Verfahren vorzunehmenden Zustellungen, beginnend mit der Zustellung des Eröffnungsbeschlusses nach § 30 InsO, durchzuführen.
   Die öffentlichen Bekanntmachungen obliegen weiterhin dem Insolvenzgericht.

Gründe

- Verweis auf Sachverständigengutachten
- Feststellung des Eröffnungsgrundes

Rechtsbehelfsbelehrung

Gegen die Entscheidung kann die sofortige Beschwerde einleget werden – Notfrist: 2 Wochen.

(*Belehrungstext*)

Richter am Amtsgericht

▲

▼

47 **Muster 5.5: Abweisungsbeschluss**

[Aktenzeichen]

Amtsgericht

Beschluss

In dem Insolvenzverfahren über den Nachlass des

, geb. , geboren am , verstorben am , zuletzt wohnhaft:
,

\- Erblasser -

hat das Amtsgericht am durch den Richter am Amtsgericht beschlossen:

1. Der Antrag auf Eröffnung des Nachlassinsolvenzverfahrens über das Vermögen des Erblassers wird mangels Masse abgewiesen.
2. Der Nachlass hat die Kosten des Verfahrens zu tragen (§ 4 Abs. 1 InsO i.V.m. § 91 ZPO).
3. Der Gegenstandswert wird auf EUR festgesetzt.

Gründe

- Verweis auf Sachverständigengutachten
- Feststellung der Massearmut und kein Kostenvorschuss

Rechtsbehelfsbelehrung

Gegen die Entscheidung kann die sofortige Beschwerde einleget werden – Notfrist: 2 Wochen.

(*Belehrungstext*)

Richter am Amtsgericht

▲

48 Funktionell ist der Richter gem. § 18 Abs. 1 Nr. 1 RPflG zuständig für die Verfahrenseröffnung und die Ernennung des Insolvenzverwalters. Erst hiernach übernimmt der Rechtspfleger die Verfahrensleitung, mit Ausnahme der in § 18 RPflG bestimmten Ausnahmen.

49 Statthaftes Rechtsmittel sowohl gegen die Abweisung des Verfahrens mangels Masse als auch gegen die Eröffnung ist die sofortige Beschwerde, § 34 InsO. Der Antragsteller, sofern dieser nicht personenidentisch mit dem Nachlassverwalter, Testamentsvollstrecker oder Er-

ben ist, wird allein durch die Abweisung des Verfahrens mangels Masse beschwert. Der Schuldner ist von beiden Entscheidungen betroffen, weshalb ihm auch in beiden Fällen ein Antragsrecht zusteht.

D. Rechtsfolgen der Verfahrenseröffnung

Der Eröffnung des Insolvenzverfahrens sind verschiedene rechtliche 50
Auswirkungen immanent:

I. Übergang der Verwaltungs- und Verfügungsbefugnis

Mit der Insolvenzeröffnung geht die Verwaltungs- und Verfügungsbe- 51
fugnis gem. § 80 Abs. 1 InsO i.V.m. § 1984 Abs. 1 BGB vom Erben, Nachlassverwalter oder Testamentsvollstrecker auf den Insolvenzverwalter über. Der Insolvenzverwalter hat die Insolvenzmasse umgehend in Besitz zu nehmen, § 148 InsO, zu sichern und bestmöglich zu verwerten. Dies betrifft die – i.d.R. von ihm – im Antragsverfahren ermittelte Soll- und Ist-Masse, also bereits in Besitz befindliche Gegenstände ebenso wie solche, die noch in Besitz zu nehmen oder Ansprüche, welche gegenüber Dritten geltend zu machen sind.

Zudem hat der Nachlassinsolvenzverwalter die Insolvenzmasse zu in- 52
ventarisieren und zu bewerten und ein **Verzeichnis über die Massegegenstände** zu erstellen, § 151 InsO.

Gehört zum Nachlass ein laufender Geschäftsbetrieb, so ist der Insol- 53
venzverwalter zur Fortführung verpflichtet. Die Pflicht zur Fortführung trifft den Verwalter mindestens bis zum Berichtstermin nach § 156 InsO, denn erst die Gläubigerversammlung im Berichtstermin bestimmt über die Frage, ob das zur Insolvenzmasse gehörige Unternehmen stillgelegt oder fortgeführt werden soll. Ausnahmen hiervon ergeben sich in der Praxis selbstverständlich dann, wenn eine Fortführung nicht möglich ist, bspw. mangels Liquidität, aufgrund Wegfalls rechtlicher Voraussetzungen wie Genehmigungen oder wenn nur die Masse aufzehrende Verluste erwirtschaftet werden. Will der Verwalter das Unternehmen bereits vor dem Berichtstermin stilllegen oder veräußern, benötigt er nach § 158 Abs. 1 InsO die Zustimmung des Gläubigerausschusses. Ist ein solcher nicht bestellt, entscheidet der Verwal-

ter nach eigenem, pflichtgemäßem Ermessen und setzt sich hierdurch ggf. der persönlichen Haftung aus. Das im Zweifel höhere persönliche Haftungsrisiko aus § 61 InsO besteht jedoch im Falle der Fortführung des Unternehmens aufgrund der fortlaufenden Begründung von Masseverbindlichkeiten durch den Insolvenzverwalter nach § 55 Abs. 2 InsO, welche womöglich aus der Masse nicht mehr bedient werden können.[24]

54 Gemäß § 32 Abs. 2 S. 1 InsO ist das Insolvenzgericht von Amts wegen verpflichtet, das jeweils zuständige Registergericht zu ersuchen, die Insolvenzeröffnung in das Grundbuch einzutragen. Auch dem Insolvenzverwalter steht ein Antragsrecht zu, § 32 Abs. 2 S. 2 InsO. Unterbleibt die Eintragung, ist ein gutgläubiger Erwerb an Grundstücksrechten nach §§ 892 f. BGB weiterhin möglich.

55 Hat ein Drittschuldner nach Eröffnung des Verfahrens zur Erfüllung seiner Schuld an den Erben geleistet, wird er von der Verbindlichkeit nur dann frei, wenn er zum Zeitpunkt der Leistung die Verfahrenseröffnung nicht kannte, § 82 InsO. Erforderlich ist positive Unkenntnis der Tatsache der Verfahrenseröffnung. Fahrlässige und sogar grob fahrlässige Unkenntnis lassen den Gutglaubensschutz aus § 82 Abs. 1 InsO nicht entfallen. Es besteht keine Pflicht des Leistenden, sich über die Verfahrenseröffnung laufend in den öffentlichen Bekanntmachungen und im Internet (www.insolvenzbekanntmachungen.de) zu informieren.[25]

II. Unwirksamkeit von Verfügungen des Erben

56 Nach der Verfahrenseröffnung durch den Erben, Testamentsvollstrecker oder Nachlassverwalter getroffene Verfügungen über Gegenstände der Insolvenzmasse sind nach § 81 InsO absolut unwirksam. Dies betrifft nicht nur sachenrechtliche Verfügungen, sondern gilt auch für Prozesshandlungen. Aufgrund dieser universellen Wirkung ist eine Feststellungs- oder Anfechtungsklage zur Herbeiführung der Unwirksamkeit nicht erforderlich.[26] Der Insolvenzverwalter kann un-

24 MüKo-InsO/*Janssen*, § 158 Rn 13–19.
25 MüKo-InsO/*Vuia*, § 82 Rn 13.
26 Uhlenbruck/*Mock*, InsO, § 81 Rn 25.

mittelbar die Herausgabe des Eigentums nach § 985 BGB oder des Erlangten nach §§ 818, 812 ff. BGB verlangen.

Erfasst werden im Gegensatz zu dem zu Zeiten der Konkursordnung (dort § 7 Abs. 1 KO), verwendeten, sehr weiten Begriff der Rechtshandlung nur Verfügungen im materiell-rechtlichen Sinne. Also die Aufhebung, Übertragung, Belastung oder inhaltliche Veränderung von Rechten. Die Verfügung muss Massegegenstände mindestens mittelbar betreffen. Über das insolvenzfreie Vermögen kann der Erbe frei verfügen.[27] 57

Der Insolvenzverwalter kann diese Geschäfte nach § 185 BGB analog genehmigen, sofern dies für die Masse vorteilhaft ist. In der Folge werden diese rückwirkend wirksam. Dies gilt jedoch nur für zweiseitige Rechtsgeschäfte. Einseitige Willenserklärungen, zum Beispiel die Kündigung, werden nicht erfasst.[28] 58

Trotz der strengen Rechtsfolge des § 81 InsO bleibt ein gutgläubiger Erwerb in engen Grenzen möglich, jedoch nur an Grundstücken, § 892 Abs. 1 BGB. Denn geschützt wird nur der gute Glaube an die Verfügungsberechtigung des Eigentümers, welche im Grundbuch durch eine entsprechende Eintragung der Verfügungsbeschränkung (§ 32 InsO) negativ ausgewiesen sein kann. Ein gutgläubiger Erwerb an Sachen nach den §§ 932 ff. BGB ist nicht möglich, da diese den guten Glauben an die Eigentümerstellung schützen, § 81 InsO jedoch nur die Verfügungsberechtigung betrifft.[29] 59

III. Rückschlagsperre und Vollstreckungsverbot

Das Insolvenzverfahren ist ein Gesamtvollstreckungsverfahren. Nach der Verfahrenseröffnung gilt daher der Grundsatz der Einzelzwangsvollstreckung nicht mehr.[30] Gemäß § 89 InsO sind Zwangsvollstreckungsmaßnahmen von Einzelgläubigern während der gesamten Dauer des Verfahrens grundsätzlich unzulässig (Vollstreckungsverbot). Dies betrifft nach dem Wortlaut der Norm bestehende For- 60

27 MüKo-InsO/*Vuia*, § 81 Rn 3–6.
28 Uhlenbruck/*Mock*, InsO, § 81 Rn 30.
29 Uhlenbruck/*Mock*, InsO, § 81 Rn 32–38.
30 Uhlenbruck/*Pape*, InsO, § 1 Rn 2.

derungen ebenso wie zukünftige. Anhängige Aufträge an den Gerichtsvollzieher sind daher unverzüglich einzustellen und nicht mehr auszuführen. Das Vollstreckungsverbot hat der Gerichtsvollzieher von Amts wegen zu beachten. Sofern dieser Zweifel an der Eröffnung hat, trifft ihn zusätzlich die Pflicht, bei dem zuständigen Insolvenzgericht nachzufragen.[31]

61 Sollte die öffentlich-rechtliche Verstrickung bereits teilweise eingetreten sein, so ist diese materiell-rechtlich unwirksam. Während der Dauer des Insolvenzverfahrens kann kein wirksames Pfändungspfandrecht entstehen.[32]

62 Sofern entgegen des Vollstreckungsverbots Zwangsvollstreckungsmaßnahmen erfolgen, sind diese bereits qua Gesetz unwirksam, da unzulässig. Sollte hierüber Streit entstehen, ist die Erinnerung nach § 766 Abs. 1 ZPO der statthafte Rechtsbehelf.

63 Hinsichtlich bereits vor Eröffnung erfolgter Vollstreckungsmaßnahmen greift die in § 88 InsO normierte Rückschlagsperre. Im Nachlassinsolvenzverfahren schließt die Sonderregelung in § 321 InsO die Anwendung des § 88 InsO nicht aus, da sie unterschiedliche Zeiträume abdecken.[33] Vor dem Erbfall erfolgte Vollstreckungsmaßnahmen sind allein nach § 88 InsO unwirksam. Nach dem Erbfall kommen sowohl § 88 InsO als auch § 321 InsO zur Anwendung, wobei die Wirkung des § 321 InsO einen bestimmten Zeitraum erfasst, aber keine konkrete (Monats-)Frist wie § 88 InsO.

64 Nach § 88 Abs. 1 InsO sind Zwangsvollstreckungsmaßnahmen, die innerhalb des letzten Monats vor Antragsstellung – maßgeblicher Zeitpunkt ist der Eingang bei Gericht (§ 139 Abs. 1 InsO) – erfolgt sind, unwirksam. Dies betrifft die Sicherung selbst, also i.d.R. das Pfändungspfandrecht. Hat der betreibende Gläubiger bereits Befriedigung aus der Zwangsvollstreckung erfahren, bleibt nur die Insolvenzanfechtung nach den §§ 129 ff. InsO.

65 Der Rückschlagsperre unterfallende Vollstreckungshandlungen sind absolut dinglich unwirksam. Kenntnis des Vollstreckungsgläubigers

---

31 Uhlenbruck/*Mock*, InsO, § 89 Rn 47.
32 Uhlenbruck/*Mock*, InsO, § 89 Rn 42–43.
33 Uhlenbruck/*Mock*, InsO, § 88 Rn 13.

von dem Insolvenzantrag ist nicht erforderlich. Das Gesetz gewährt an dieser Stelle keinen Gutglaubensschutz.[34] Als Rechtsfolge ist die Sicherung, die nach der Rückschlagsperre unwirksam sind, aufzuheben. Weigert sich der Gläubiger oder das Vollstreckungsorgan, die Pfändung aufzuheben, hat der Insolvenzverwalter Erinnerung nach § 766 Abs. 1 ZPO einzulegen.

Der Systematik der Rückschlagsperre ähnlich ist die spezielle Vorschrift des § 321 InsO. Hiernach gewähren Pfändungspfandrechte, welche nach Eintritt des Erbfalls aufgrund Zwangsvollstreckung in den Nachlass erlangt wurden, im Verfahren kein Absonderungsrecht nach §§ 49, 50 InsO. Erfasst werden Vollstreckungsmaßnahmen, welche gegen den Erben ergriffen wurden; dies gilt auch für private Gläubiger des Erben. Nicht erfasst werden Zwangsvollstreckungen, die noch gegen den Erblasser gerichtet waren, diese sind weiterhin wirksam, jedoch ggf. anfechtbar nach §§ 129 ff. InsO.[35] Der zeitliche Anwendungsbereich kann damit deutlich weiter als der des § 88 InsO sein. Die Rechtsfolge ist gleich, auch hier ist die absolute dingliche Unwirksamkeit der Maßnahme anzunehmen.[36] 66

IV. Auswirkungen auf Vertrags- und Auftragsverhältnisse

Auch im Nachlassinsolvenzverfahren finden die allgemeinen Vorschriften der §§ 103 ff. InsO Anwendung. Nach § 103 InsO steht dem Insolvenzverwalter bei gegenseitigen Verträgen ein Erfüllungswahlrecht zu. Sein Wahlrecht hat er nach Eröffnung auszuüben. Erklärt der Verwalter nicht von sich aus, ob er Erfüllung wählt, hat der Vertragspartner die Möglichkeit den Insolvenzverwalter gem. § 103 Abs. 2 S. 2 InsO zur Ausübungseines Wahlrechts aufzufordern. Schweigt der Insolvenzverwalter auf diese Aufforderung, so kann ihm dies nicht als Erfüllungswahl ausgelegt werden.[37] In Betracht kommt in engen Grenzen jedoch eine Erfüllungswahl durch konkludentes Verhalten.[38] 67

34 MüKo-InsO/*Breuer/Flöther*, § 88 Rn 33, 35.
35 Uhlenbruck/*Lüer/Weidmüller*, InsO, § 321 Rn 2, 4.
36 MüKo-InsO/*Breuer/Flöther*, § 88 Rn 44.
37 MüKo-InsO/*Huber*, § 103 Rn 158.
38 Hierzu mit Beispielen: MüKo-InsO/*Huber*, § 103 Rn 156, 157.

Der Insolvenzverwalter ist dann gesetzlich verpflichtet, unmittelbar zu erklären, ob er die Vertragserfüllung wählt oder diese ablehnt.

68 Wählt der Verwalter die Erfüllung, hat er die Gegenleistung aus der Masse zu erbringen, § 55 Abs. 2 InsO. Lehnt er diese ab, so kann der andere Teil einen möglichen Schaden nur als Insolvenzforderung geltend machen. Wurde die vertraglich vereinbarte Leistung seitens des Gläubigers bereits vor Insolvenzeröffnung erbracht, die Gegenleistung des Schuldners steht aber noch aus, so kann auch diese nur als Insolvenzforderung zur Tabelle angemeldet werden. Das Vertragsverhältnis ist so abzurechnen, als wäre es erfüllt worden. Die Differenz bildet den Schaden.[39]

69 Bei Mietverhältnissen steht dem Insolvenzverwalter grundsätzlich ein Sonderungskündigungsrecht nach § 109 Abs. 1 S. 1 InsO mit einer maximalen Kündigungsfrist von drei Monaten zu. Ist die Wohnung des Schuldners Gegenstand des Mietverhältnisses, so tritt an die Stelle der Kündigung die in § 109 Abs. 1 S. 2 InsO vorgesehene Enthaftungserklärung für Verbindlichkeiten aus dem Verhältnis. Im Nachlassinsolvenzverfahren kann der Insolvenzverwalter jedoch anstelle des Erben die Kündigung wegen Todes dies Mieters nach §§ 564 S. 2, 580 BGB oder des Pächters nach §§ 584a Abs. 2, 594d BGB aussprechen. Das Eintrittsrecht des Ehegatten, Lebenspartners oder weiterer Familienangehörigen nach § 563 BGB gilt uneingeschränkt fort.[40]

70 Fallen Arbeitsverhältnisse in den Nachlass, bspw. bei einer Betriebsfortführung, so kann der Insolvenzverwalter diese gem. § 113 S. 1 und 2 InsO mit einer Maximalfrist von drei Monaten kündigen. Der sog. Verfrühungsschaden kann dann ebenfalls nur zur Insolvenztabelle angemeldet werden, § 113 S. 3 InsO.

71 Vor der Verfahrenseröffnung durch den Erblasser oder den Erben erteilte Aufträge, Geschäftsbesorgungsverträge und Vollmachten erlöschen mit Eröffnung des Insolvenzverfahrens, §§ 115–117 InsO. Regelmäßig wichtigster Anwendungsfall sind hier die Bank- und Giroverträge, welche rechtlich als Geschäftsbesorgungsverträge einzuordnen sind.[41]

39 MüKo-InsO/*Huber*, § 103 Rn 185.
40 MüKo-InsO/*Eckert/J. F. Hoffmann*, § 109 Rn 47.
41 MüKo-InsO/*Vuia*, § 116 Rn 33 ff.

V. Auswirkungen auf Rechtsstreitigkeiten

Sofern gegen den Nachlass Rechtsstreite anhängig sind, werden diese mit Eröffnung des Insolvenzverfahrens gem. § 240 ZPO unterbrochen. Dieselbe Wirkung tritt mit der Bestellung eines vorläufigen Insolvenzverwalters ein, jedoch ausschließlich nur dann, wenn auch ein allgemeines Verfügungsverbot angeordnet wird und die Verwaltungs- und Verfügungsbefugnis somit nach § 22 Abs. 1 InsO bereits im vorläufigen Verfahren auf den vorläufigen Verwalter übergeht. 72

Die Unterbrechung des Rechtsstreits tritt kraft Gesetzes ein. Die Kenntnis der Parteien oder des Gerichts von der Insolvenzeröffnung ist nicht erforderlich und muss von diesen auch nicht angezeigt werden, da das Gericht diese von Amts wegen zu beachten hat.[42] Einzige Voraussetzung ist, dass ein Rechtsstreit anhängig ist, welcher die Insolvenzmasse betrifft und in dessen Verlauf über das Vermögen einer der Parteien das Insolvenzverfahren eröffnet wird. Die Insolvenzmasse ist i.d.R. dann betroffen, wenn in dem Verfahren Rechte zugunsten oder zulasten des gem. §§ 35, 36 InsO massezugehörigen Vermögens geltend gemacht werden.[43] Dies ist insbesondere der Fall, wenn eine Insolvenzforderung oder ein Aus- bzw. Absonderungsrecht Gegenstand des Verfahrens ist. 73

Die Unterbrechung beginnt unmittelbar mit dem Zeitpunkt der Eröffnung des Nachlassinsolvenzverfahrens, § 27 Abs. 2 Nr. 3 InsO, bzw. der Anordnung der starken vorläufigen Insolvenzverwaltung. Eine Rückwirkung findet nicht statt.[44] Sie endet mit der Aufnahme des Rechtsstreits durch den Insolvenzverwalter nach §§ 85, 86 InsO oder mit Aufhebung des Insolvenzverfahrens, auch durch Insolvenzplan. Allerdings wird in diesem Fall der Anspruch gegen den Nachlass nicht mehr durchsetzbar sein, da dieser abgewickelt ist. 74

Die Wirkung der Unterbrechung ist in § 249 ZPO geregelt. Grundsätzlich endet der Fristenlauf, jedoch nur von prozessualen Fristen. 75

42 MüKo-ZPO/*Stackmann*, § 240 Rn 7.
43 Uhlenbruck/*Mock*, InsO, § 85 Rn 21 m.w.N.
44 Uhlenbruck/*Mock*, InsO, § 85 Rn 131, 132.

Materielles Recht findet weiterhin uneingeschränkte Anwendung, sodass die Verjährung bspw. weiterhin eintreten kann.[45]

76 Sollte nach der Unterbrechung in Unkenntnis der Eröffnung ein Urteil ergehen, so ist dieses nicht unmittelbar nichtig und muss mit den zulässigen Rechtsmitteln angegriffen werden.[46] In diesem Zusammenhang ist durch den Insolvenzverwalter insbesondere zu beachten, an wen die Entscheidung zugestellt wurde und ob er hiervon Kenntnis erlangt hat. Gegebenenfalls hat er die Zustellung an den Schuldner zu rügen und darüber hinaus einen Antrag auf Wiedereinsetzung in den vorherigen Stand gem. § 234 Abs. 1 ZPO zu stellen.

77 Darüber hinaus kann der Insolvenzverwalter nach freiem Ermessen entscheiden, ob er bestimmte Aktiv- oder Passivprozesse aufnimmt. Ihm steht hierbei gem. §§ 85, 86 InsO ein Wahlrecht zu.[47] Die angemessene Überlegungsfrist ergibt sich durch die Unterbrechung nach § 240 ZPO. Lehnt er die Aufnahme ab, so kann der Prozess sowohl vom Schuldner als auch vom Gegner aufgenommen werden.

78 Bei der Aufnahme eines Passivprozesses gegen die Masse durch den Gegner gem. § 86 Abs. 1 InsO ist zu beachten, dass i.d.R. nur ein Feststellungsanspruch besteht, da Leistungsansprüche gem. § 87 InsO von Insolvenzgläubigern allein nach den Vorschriften des Insolvenzverfahrens verfolgt werden können, also durch Forderungsanmeldung nach § 174 InsO zur Insolvenztabelle.

79 Unterbleibt eine Erklärung des Verwalters und besteht kein Interesse des Gegners an der Aufnahme, bleibt als Handlungsoption regelmäßig nur die Klagerücknahme gem. § 269 ZPO, ggf. verbunden mit einer Einigung mit dem Nachlassinsolvenzverwalter, dass dieser keine Kosten geltend macht. Hierdurch wird die Rechtshängigkeit beendet und es besteht zumindest die Möglichkeit, eingezahlte Gerichtskosten teilweise erstattet zu erhalten. Prozesshandlungen sind nach Insolvenzeröffnung gem. § 80 InsO allein vom Insolvenzverwalter in zulässiger Weise möglich. Dies gilt auch für den Kostenantrag.

80 Der Erbe oder Erblasser ist nicht verpflichtet, seine Gläubiger über die Gefahr und möglicherweise kurzfristig bevorstehende Eröffnung

45 Allgemein hierzu: MüKo-ZPO/*Stackmann*, § 249 Rn 5 ff.

46 MüKo-ZPO/*Stackmann*, § 240 Rn 7.

47 Uhlenbruck/*Mock*, InsO, § 85 Rn 1.

eines Insolvenzverfahrens zu benachrichtigen, um unzulässige oder aussichtslose Klage zu vermeiden. Ein hierauf gestützter Antrag des Klägers nach § 269 Abs. 3 ZPO hat daher regelmäßig keine Erfolgsaussichten.[48]

Nicht abweichend vom Regelverfahren steht dem Nachlassinsolvenz- 81
verwalter die Befugnis zu, bestimmte Aktiv- oder Passivrechtsstreite nach den §§ 85, 86 InsO aufzunehmen oder abzulehnen. Dabei hat er im Blick zu behalten, dass der Nachlass und damit die Insolvenzmasse im Fall der beschränkten Erbenhaftung für die Kosten des Rechtsstreits nach § 1975 BGB i.V.m. § 324 InsO haftet, weshalb eine Freigabe des Rechtsstreits durch Ablehnung der Aufnahme weitreichende Folgen haben kann.[49]

E. Eigenverwaltung

I. Antrag auf Anordnung der Eigenverwaltung

Grundsätzlich ist der Antrag des Erben auf Eigenverwaltung nach den 82
Sondervorschriften der §§ 270 ff. InsO zulässig und möglich. Sowohl der Antrag selbst als auch die Anordnung dürfte nur in einer überschaubaren Zahl von Einzelfällen eintreten. Denkbar sind nur wenige Konstellationen, in denen die Eigenverwaltung sachgerecht erscheinen könnte. Grundsätzlich bleiben die jeweiligen Umstände des Einzelfalls maßgeblich.[50]

Als Beispiel denkbar ist, dass ein Einzelunternehmen – ggf. auch als 83
Teil einer größeren Unternehmensgruppe – zum Nachlass gehört, welches sanierungsfähig und sanierungswürdig ist oder die Gesellschaftsanteile an weiteren insolventen Gesellschaften Teil des Nachlasses sind.

Soweit im Regelinsolvenzverfahren zur Insolvenzmasse sowohl das 84
Privat- als auch das Betriebsvermögen zählt, gilt dieser Grundsatz in

48 OLG Karlsruhe, Beschl. v. 18.6.2020 – 9 W 19/20.
49 Uhlenbruck/*Mock*, InsO, § 85 Rn 176, 185.
50 Uhlenbruck/*Zipperer*, InsO, § 270 Rn 5.

der Nachlassinsolvenz selbstverständlich fort. Jedoch sind noch weitere rechtliche Faktoren erforderlich, um die Massezugehörigkeit des Einzelunternehmens oder einer Beteiligung zu begründen. So ist bspw. das Handelsgeschäft des Erblassers nur im Fall der Alleinerbfolge unmittelbarer Bestandteil des Nachlasses.[51]

II. Eigenverwaltender Schuldner

85 Im Falle der Anordnung der Eigenverwaltung besteht die Verwaltungs- und Verfügungsbefugnis des Erben über den Nachlass gem. § 270 Abs. 1 InsO fort. Die Aufsicht über den Schuldner führt der Sachwalter. Zwingend erforderlich ist daher, dass der Erbe dem Gericht darstellt, wie er die Einhaltung insolvenzrechtlicher Pflichten gewährleistet (§ 270a Abs. 1 Nr. 4 InsO). Ungeschriebene Anforderung muss daher sein, dass der Erbe sich insolvenzrechtlich beraten lässt, und der Berater über einschlägige Qualifikationen verfügt, wobei auf die Anforderungen aus § 56 InsO abzustellen sein kann.

86 Weitere Anforderung ist die Geeignetheit des Schuldners, also des Erben. Maßgeblich ist hier insbesondere die Kompetenz, Zuverlässigkeit und Vertrauenswürdigkeit im Hinblick auf dessen unternehmerische Fähigkeiten.[52] Diese Fähigkeiten und vor allem Kenntnisse über das zum Nachlass gehörende Unternehmen dürften im Regelfall nur vorliegen, wenn der Erbe zuvor bereits in die Führung des Handelsgeschäftes eng eingebunden war, z.B. wenn ihm bereits vor dem Erbfall Prokura erteilt worden war. In anderen Fällen dürfte zweifelhaft sein, weshalb der Erbe, welcher erst mit dem Erbfall neu in das Unternehmen eintritt, geeignet sein sollte, die Geschäfte während eines Insolvenzverfahrens zu führen.

87 Regelmäßig wird sich zudem ein Konflikt aus wechselseitigen Ansprüchen des Nachlasses und des Erben aus §§ 1978, 1979 BGB bestehen. Erst recht kommt die Anordnung der Eigenverwaltung nicht in Be-

51 MüKo-InsO/*Siegmann/Scheuing*, Anhang § 315 Rn 15.
52 So auch: Uhlenbruck/*Zipperer*, InsO, § 270 Rn 5.

tracht, wenn Ansprüche gegen den Erben aus § 1980 BGB bestehen oder er wegen Inventaruntreue unbeschränkt persönlich haftet.[53]

Masseverbindlichkeiten gem. § 324 Abs. 1 Nr. 2–4 InsO gegenüber dem Erben stehen einer Anordnung jedoch nicht entgegen.[54]

III. Eigenverwaltungsplanung – Zielsetzung des Verfahrens

In der Praxis wird die höchste Hürde für den Antrag jedoch die nach § 270a Abs. 1 InsO erforderliche Eigenverwaltungsplanung sein. Der Antragsteller, der Erbe, hat einen Finanzplan für eine Periode von sechs Monaten ab Antragstellung vorzulegen (§ 270 Abs. 1 Nr. 1 InsO), nach welchem die Fortführung des Unternehmens und/oder die Deckung der Verfahrenskosten sichergestellt ist. Zudem hat er ein Konzept für die Durchführung des Insolvenzverfahrens vorzulegen (§ 270a Abs. 1 Nr. 2 InsO). Dieses muss neben den Krisenursachen insbesondere die Sanierungsperspektive für das Unternehmen darstellen. Sollte kein Unternehmen Bestandteil des Nachlasses sein, so ergeben sich im Nachlassverfahren keine Sanierungsperspektiven. 88

Im Falle eines einzelunternehmerisch betriebenen Handelsgeschäfts sind hier wohl nur wenige Beispiele denkbar, in denen dies möglich erscheint. Denn regelmäßig steht der Erfolg der Unternehmung in Abhängigkeit zum Arbeitseinsatz des Unternehmers, welchem schließlich auch die gesamte Administration oblag. Aufgrund dieser Personenbindung finden sich in der Praxis regelmäßig nur selten externe Erwerber für Einzelunternehmen, sodass fraglich erscheint, ob die im Eigenverwaltungsverfahren angestrebte Durchführung eines Investorenprozesses (M&A) als Perspektive ausreichend erscheinen kann. Eine ernsthafte Perspektive kann daher wohl nur dann bestehen, wenn der Erbe bereits in das Unternehmen als potentieller Nachfolger eingebunden war. 89

Sollte die materielle Insolvenz außerdem gerade aufgrund des Todes des Unternehmers eingetreten sein, da Kundenabgänge und Umsatz- 90

53 So auch: MüKo-InsO/*Siegmann*/*Scheuing*, Vor § 315–331 Rn 9; Gottwald/Haas/*Döbereiner*, InsR-HdB, § 111 Rn 23.

54 Gottwald/Haas/*Döbereiner*, InsR-HdB, § 111 Rn 23.

rückgänge aus Gründen des Vertrauensverlustes oder anderen Gründen zu verzeichnen sind, ist ebenfalls fraglich, wie detailliert eine Beschreibung des Sanierungsziels erfolgen muss, um Bedenken hinsichtlich der Fortführungsfähigkeit auszuräumen.

91 Häufiger wird der Fall sein, bei dem bereits vor dem – möglicherweise unerwarteten – Tod des Erblassers wirtschaftliche Schwierigkeiten und ebenso häufig eine ungeklärte Unternehmensnachfolge bestanden, woraus in der Praxis nicht zuletzt oft auch eine Zurückhaltung der Finanzierungsgeber und Banken folgt, welche das Unternehmen in die Krise drängen.

IV. Insolvenzplanverfahren – Prepackaged-Plan

92 Das Insolvenzplanverfahren ist kein eigenständiges Insolvenzverfahren, sondern bietet lediglich die Möglichkeit, die Abwicklung des Verfahrens zu modifizieren und den Gläubigern ein abweichendes Ergebnis als Vertragsangebot zu unterbreiten.[55] Das Insolvenzplanverfahren weicht dabei von den allgemeinen Regelungen der §§ 217 ff. InsO auch im Nachlassinsolvenzverfahren nicht ab (vgl. § 9 Rdn 1 ff.– Insolvenzplanverfahren).

93 Nach § 218 Abs. 1 S. 1 InsO steht das Recht zur Planvorlage sowohl dem Insolvenzverwalter als auch dem Schuldner zu. Während der Schuldner nach § 218 Abs. 1 S. 2 InsO den Plan bereits mit dem Insolvenzantrag bei Gericht einreichen kann, besteht das Vorlagerecht des Insolvenzverwalters erst mit Verfahrenseröffnung. Den Insolvenzgläubigern steht kein eigenes Planvorlagerecht zu. Sie können entsprechend § 218 Abs. 2 InsO jedoch in der Gläubigerversammlung den Verwalter beauftragen, einen Plan auszuarbeiten. In der Eigenverwaltung kann bereits der vorläufige Gläubigerausschuss den vorläufigen Sachwalter mit der Planerstellung beauftragen, § 284 Abs. 1 S. 2 InsO. Alternativ kann nach Insolvenzeröffnung und Anordnung der Eigenverwaltung nach § 284 Abs. 1 S. 1 InsO, gleichermaßen wie in § 218 Abs. 2 InsO, der Sachwalter mit der Planerstellung beauftragt werden.

55 MüKo-InsO/*Eidenmüller*, § 217 Rn 14 ff.; Gottwald/Haas/*Koch/de Bra*, InsR-HdB, 5. Auflage 2015, § 68 Rn 6.

Ihm steht nach wohl herrschender Meinung jedoch kein eigenes Initiativrecht zu.[56]

In der Praxis gehen dem Antrag auf Eigenverwaltung regelmäßig außergerichtliche Vergleichsverhandlungen mit den Gläubigern über einen Schuldenschnitt voraus, welche an der fehlenden Zustimmung einzelner Gläubiger scheitern. Zumeist wird deshalb der vorinsolvenzlich präsentierte Sanierungsplan sodann in das Eigenverwaltungsverfahren als Insolvenzplan (sog. prepackaged-plan) eingebracht, wo dann nur noch die Zustimmung der wesentlichen Gläubiger erforderlich ist.[57] Weiterer Vorteil des vor Antragstellung erstellten Plans ist zudem die Möglichkeit, das Insolvenzverfahren schnell abwickeln zu können. Denn der vorbereitete Plan kann nach § 218 Abs. 1 S. 2 InsO unmittelbar mit dem Insolvenzantrag bei Gericht eingereicht werden. 94

Diese Konstellation ist auch im Nachlassinsolvenzverfahren denkbar. Denn zum einen kann der Erbe nach Annahme der Erbschaft die Sanierungsbedürftigkeit des Unternehmens erkannt haben oder der Erblasser hatte noch zu Lebzeiten mit der Sanierung des Unternehmens begonnen. 95

V. Keine Fortsetzung des Eigenverwaltungsverfahrens nach Tod des Schuldners

Verstirbt der Schuldner während oder kurz vor Eröffnung des Regelinsolvenzverfahrens, ist das Verfahren in ein Nachlassinsolvenzverfahren überzuleiten.[58] War zusätzlich die Eigenverwaltung angeordnet, ist nicht automatisch im Nachlassinsolvenzverfahren ebenfalls Eigenverwaltung anzuordnen, sondern ein Insolvenzverwalter zu bestellen. Denn zumeist werden die Voraussetzungen der Anordnung der Eigenverwaltung entfallen oder zwischenzeitlich andere sein, sodass der Erbe die Anordnung neu beantragen und die Voraussetzungen darlegen muss.[59] 96

56 Uhlenbruck/*Zipperer*, InsO, § 284 Rn 1.
57 Uhlenbruck/*Zipperer*, InsO, § 270 Rn 9.
58 MüKo-InsO/*Siegmann/Scheuing*, Vor § 315–331 Rn 3 f.
59 MüKo-InsO/*Siegmann/Scheuing*, Vor § 315–331 Rn 9; Gottwald/Haas/*Döbereiner*, InsR-HdB, § 111 Rn 23.

§ 6 Rechte im Insolvenzverfahren

Übersicht:

A. Allgemeines und Zielsetzung

Das Nachlassinsolvenzverfahren ist in den §§ 11 Abs. 2 Nr. 2, 315 ff. InsO, §§ 1975 ff. BGB geregelt. Grundsätzlich finden die Vorschriften des Regelinsolvenzverfahrens Anwendung, soweit nicht die §§ 315–331 InsO Sonderregelungen enthalten. Es handelt sich um ein Sonderinsolvenzverfahren, welches nur den Nachlass als abgegrenztes Sondervermögen und nicht das Eigenvermögen des Erben erfasst. Das Nachlassinsolvenzverfahren wird in der Insolvenzpraxis als Regelinsolvenzverfahren geführt, wenngleich es verfahrenstechnisch als Sonderinsolvenzverfahren gilt. Es trägt wie ein herkömmliches Unternehmensinsolvenzverfahren das Aktenzeichen „IN". Während es in der 1 regulären Unternehmensinsolvenz, aber auch in der Verbraucherinsolvenz um die Sanierung, den Unternehmenserhalt, notfalls aber auch die Liquidierung – bei natürlichen Personen ergänzt um den Wunsch nach Erhalt der Restschuldbefreiung – geht, stellt sich die Zielsetzung im Nachlassinsolvenzverfahren anders dar.

2 Verstirbt ein Schuldner und hinterlässt er „nichts als Schulden“, stehen Gläubiger häufig vor großen Fragen. An wen sollen sie sich wenden? Was ist mit der Forderung? Ist diese mit dem Tod des Schuldners erloschen? § 1922 BGB regelt die sog. Universalsukzession, die Gesamtrechtsnachfolge im Falle eines Todesfalles. Mit dem Tod einer Person (dem sog. Erbfall) geht deren Vermögen (Erbschaft) als Ganzes auf eine oder mehrere andere Personen (Erben) über (§ 1922 BGB). Der Begriff „Vermögen“ ist dabei irreführend, denn die Universalsukzession umfasst nicht nur Aktiva, sondern auch Passiva.[1] Unter dem Begriff „Vermögen“ versteht das Gesetz folglich alle geldwerten Güter einer Person.[2] Hierzu gehören die Sachen und Rechte, aber auch die „unfertigen“, noch werdenden oder schwebenden Rechtsbeziehungen, bedingte und künftige Rechte, Rechts- und Bindungslagen oder andere vermögenswerte Positionen, wie der Goodwill, der Organisations- oder Geschäfts- oder Firmenwert sowie ganze Vertragsverhältnisse.[3] Schulden gehen also genauso über wie Guthaben. Folglich können einen Erben nicht nur Rechte, sondern auch Pflichten treffen.

3 Grundsätzlich haften Erben dabei erst einmal „unbeschränkt“, wenn sie die Erbschaft angenommen haben. Der Erbfall als solcher führt zu einer Verbindung der Vermögensmassen des Erblassers und des Erben. Der Erbe haftet für alle Verbindlichkeiten, und zwar voll und mit eigenem Vermögen unbeschränkt.[4] Hier setzt das Nachlassinsolvenzverfahren an, indem es in seiner Konzeption, anders als im herkömmlichen Insolvenzverfahren, keine primäre Sanierung, Liquidation oder Restschuldbefreiung zur Zielsetzung hat, sondern Hauptaugenmerk auf der Haftungsbeschränkung der Erben liegt.

---

1 BGH 104, 369, 371; 32, 367.
2 Erman/*Lieder*, § 1922 Rn 1 ff.
3 *Herzog*, NJW 2013, 3745 ff.; Erman/*Lieder*, § 1922 Rn 1 ff.
4 Prütting/Wegen/Weinreich/*Zimmer*, § 1967 Rn 1.

I. Haftungsbeschränkungsmöglichkeiten im Falle vermögensloser Erbmassen

Evident für die Beantwortung der Frage, ob eine Haftungsbeschränkung denkbar ist, bleibt der Zeitfaktor. Demjenigen, der rechtzeitig agiert, bietet das Gesetz diverse Möglichkeiten. 4

1. Ausschlagung

Erkennt der Erbe rechtzeitig – bspw. weil er sich unverzüglich rechtlichen Rat eingeholt hat – die drohende Gefahr einer Haftung, besteht die Möglichkeit der Erbausschlagung. Nach den Bestimmungen der §§ 1943 ff. BGB besteht nämlich für den Erben die Möglichkeit, die Erbschaft anzunehmen. Aktiv ist dabei zwar eine Äußerung möglich, tatsächlich fällt ihm die Erbschaft jedoch erstmal vorläufig „automatisch“ an. Nach § 1942 Abs. 1 BGB gilt das Prinzip des Vonselbsterwerbs. Reagiert der Erbe daher nicht oder nicht rechtzeitig, droht ernsthafte Gefahr. Der Erbfall führt dann zu einer Verbindung der Vermögensmassen des Erblassers und des Erben.[5] Der Erbe haftet dann für die Nachlassverbindlichkeiten, zu denen nicht nur die Erblasserschulden, also Verbindlichkeiten, die noch zu Lebzeiten des Erblassers entstanden sind, sondern auch die Verbindlichkeiten gehören, die erst mit dem Erbfall entstanden sind und mit ihm im Zusammenhang stehen.[6] Der Erbe haftet für diese Verbindlichkeiten voll und mit eigenem Vermögen unbeschränkt.[7] 5

Diese Berufung von Gesetzes wegen ist dabei erst einmal nur vorläufig zu verstehen. Reagiert der Erbe rechtzeitig, kann er noch etwas „retten.“ So bietet das Gesetz dem Erben an, die Erbschaft innerhalb von sechs Wochen auszuschlagen und den Anfall damit rückgängig zu machen. Dann entgeht er grundsätzlich einer Haftung. Ebenso kann der Erbe innerhalb der Frist von sechs Wochen den Schwebezustand des „vorläufigen Erbfalls“ vorzeitig beendigen, indem er die Erbschaft annimmt. Mit Ablauf der Ausschlagungsfrist wird spätestens die An- 6

5 Andres/Leithaus/*Andres*, InsO, § 326 Rn 1.
6 Prütting/Wegen/Weinreich/*Zimmer*, § 1967 Rn 1.
7 Prütting/Wegen/Weinreich/*Zimmer*, § 1967 Rn 1.

nahme der Erbschaft fingiert, sofern zuvor keine Ausschlagung wirksam erklärt wurde.

2. Anfechtung

7 Wurde die Erbschaft angenommen und stellt sich heraus, dass der Nachlass überschuldet ist, bleibt für den Erben noch die Möglichkeit der Anfechtung der Annahme. Die Bestimmungen hierzu finden sich in den Regelungen ab §§ 1943 ff. BGB. Auch hier bestehen aber Hürden in Form von Anfechtungsgründen und -fristen.

3. Nachlassinsolvenzverfahren und Nachlassverwaltung

8 Wurde die Erbschaft erst angenommen – im Zweifel aber auch für den stets zuletzt haftenden Staat, § 1936 BGB –, bleibt mit der Durchführung des Nachlassinsolvenzverfahrens eine weitere Möglichkeit, die Haftung zumindest zu beschränken. Die Folgen der Nachlassinsolvenz ergeben sich aus § 1975 BGB. Die Haftung des Erben für die Nachlassverbindlichkeiten beschränkt sich nämlich nach dieser Bestimmung (nur) auf den Nachlass, wenn eine Nachlasspflegschaft zum Zwecke der Befriedigung der Nachlassgläubiger (Nachlassverwaltung) angeordnet oder das Nachlassinsolvenzverfahren eröffnet ist. Folglich bietet das Nachlassinsolvenzverfahren einen weiteren wichtigen Grund für die Beschränkung der Haftung, die auch dann (später) noch eintritt, wenn zuvor bereits eine unbeschränkte Erbenhaftung eingetreten war.

Hinweis für den Fall der Haftungsbeschränkung

Das den Nachlassgläubigern haftungsrechtlich zugewiesene Sondervermögen bleibt von dem persönlichen Vermögen des Erben getrennt. Ein Zugriff auf das Erbenvermögen ist den Nachlassgläubigern auch nach Beendigung des Nachlassinsolvenzverfahrens trotz einer möglicherweise nicht ausreichenden Befriedigung im Insolvenzverfahren verwehrt.[8] § 1989 i.V.m. § 1973 BGB schützt den Erben vor der Inanspruchnahme seines Vermögens durch nicht befriedigte Insolvenzgläubiger. Die Nachlassinsolvenz ist daher auch ein Mittel zur Haftungsbeschränkung des Erben. Nach

8 Graf-Schlicker/*Busch*, InsO, Vor §§ 315–331.

§§ 1990, 1992 BGB gilt dies auch bei der Ablehnung der Eröffnung eines Insolvenzverfahrens mangelseiner die Kosten des Verfahrens deckenden Masse (§ 26 InsO); der Erbe kann sich gegenüber dem Gläubiger auf die Dürftigkeit des Nachlasses berufen. Gleiches gilt bei der Einstellung eines Insolvenzverfahrens mangels Masse (§ 1990 BGB, § 207 InsO). Die unbeschränkte Erbenhaftung tritt jedoch dann ein, wenn der Erbe gemäß § 1994 Abs. 1 S. 2 BGB eine durch das Nachlassgericht gesetzte Inventarfrist nicht eingehalten hat, absichtlich ein unrichtiges Inventarverzeichnis erstellt (§ 2205 Abs. 1 S. 1 BGB) oder sich weigert, die eidesstattliche Versicherung über die Richtigkeit des aufgestellten Inventars abzugeben (§ 2006 Abs. 3 S. 1 BGB). Der Erbe kann zwar auch in diesen Fällen gemäß § 316 Abs. 1 InsO noch einen Antrag auf Eröffnung des Nachlassinsolvenzverfahrens stellen; jedoch hat dieses nur noch den Zweck, dass der Nachlass isoliert den Nachlassgläubigern und nicht den persönlichen Gläubigern zur Verfügung steht. Der Eintritt der unbeschränkten Erbenhaftung hat nach § 2013 Abs. 1 S. 1 BGB zur Folge, dass sich der Erbe nicht auf die Haftungsbeschränkungen der §§ 1975, 1989 BGB berufen kann und deswegen den Nachlassgläubigern persönlich haftet (§ 784 Abs. 1 ZPO).

II. Folgen der Beschränkung

Grundsätzlich haften Erben erst einmal „unbeschränkt", wenn sie die Erbschaft angenommen haben. Der Erbfall als solcher führt zu einer Verbindung der Vermögensmassen des Erblassers und des Erben.[9] Der Erbe haftet für alle Verbindlichkeiten,[10] und zwar voll und mit eigenem Vermögen unbeschränkt.[11] Schuldner im Nachlassinsolvenzverfahren ist dann nicht mehr der Erblasser, sondern der Erbe. Sind mehrere Erben vorhanden, sind diese zusammen als Schuldner anzusehen. Allerdings können Erbengemeinschaften, da sie weder rechts- noch parteifähig sind, keine Schuldner i.S.d. InsO sein.[12] 9

9 Andres/Leithaus/*Andres*, InsO, § 326, Rn 1.
10 Prütting/Wegen/Weinreich/*Zimmer*, § 1967, Rn 1.
11 Prütting/Wegen/Weinreich/*Zimmer*, § 1967, Rn 1.
12 Vgl. *Moderegger*, InsbürO 2014, 259, 260 m.w.N.

10 Durch die Beschränkung der Haftung im Falle eines Nachlassinsolvenzverfahrens kann der Erbe die weitere Befriedigung der Nachlassgläubiger nach Beendigung des Insolvenzverfahrens durch die Erhebung der Erschöpfungseinrede gem. §§ 1989, 1973 BGB verweigern. Durch die Eröffnung des Verfahrens tritt gem. § 1975 BGB eine Beschränkung der Erbenhaftung (§ 1967 BGB) auf den Nachlass und gleichzeitig eine rückwirkende Trennung der Vermögensmassen ein.[13] Der Erbe hat also dadurch die Möglichkeit, die Haftung für die Nachlassverbindlichkeiten auf das ererbte Vermögen zu beschränken. Die Wirkung der Haftungsbeschränkung tritt mit der Eröffnung des Nachlassinsolvenzverfahrens ein, sofern der Erbe nicht bereits unbeschränkt haftet. Wird das Verfahren mangels Masse nicht eröffnet (§ 26 InsO) oder nach § 207 InsO eingestellt, steht dem Erben die Dürftigkeitseinrede nach § 1990 BGB zu.

B. Verfahrenseröffnung

I. Eröffnungsgründe

11 Gründe für die Eröffnung des Insolvenzverfahrens über einen Nachlass sind die **Zahlungsunfähigkeit** und die **Überschuldung**. Beantragt der Erbe, der Nachlassverwalter oder ein anderer Nachlasspfleger oder ein Testamentsvollstrecker die Eröffnung des Verfahrens, so ist auch die **drohende Zahlungsunfähigkeit** Eröffnungsgrund.

1. Zahlungsunfähigkeit

12 Bei dem Eröffnungsgrund der Zahlungsunfähigkeit handelt es sich um den allgemeinen Insolvenzgrund. Der Schuldner bzw. der Nachlass ist danach zahlungsunfähig, wenn er nicht in der Lage ist, die fälligen Zahlungspflichten zu erfüllen. Zahlungsunfähigkeit ist i.d.R. anzunehmen, wenn der Schuldner seine Zahlungen eingestellt hat. Das Gesetz normiert in § 17 InsO damit zum einen Definition der Zahlungsunfähigkeit, zum anderen eine gesetzliche Vermutung. Der Schuldner muss

13 Andres/Leithaus/*Andres*, InsO, § 326 Rn 1.

demnach nicht mehr in der Lage sein, seine fälligen Verbindlichkeiten zu erfüllen. Der BGH[14] sieht beim Schuldner regelmäßig dann eine Zahlungsunfähigkeit als gegeben an, wenn der Schuldner 10 % oder mehr seiner fälligen Gesamtverbindlichkeiten länger als drei Wochen nicht erfüllen kann. Zu betrachten ist hierbei das liquide Barvermögen des Schuldners, welches in Relation zu seinen Zahlungspflichten zu setzen ist. Gebundene, schwer verwertbare Vermögenswerte bleiben bei dieser Betrachtung außen vor.[15] Der Schuldner muss also de facto „aktuell“ nicht zahlungsfähig sein, obwohl er zahlungswillig ist.

Zeichnet sich hingegen mit hoher Wahrscheinlichkeit ab, dass die Liquiditätslücke alsbald ganz oder nahezu ganz beseitigt werden wird, liegt keine Zahlungsunfähigkeit (sondern „Stockung“) vor, soweit den Gläubigern ein Zuwarten zuzumuten ist.[16] Fälligkeit i.S.d. § 17 InsO liegt dann vor, wenn die Forderung gem. § 271 BGB fällig und frei von Einwendungen und Einreden ist, also zum einen durchsetzbar ist und zum anderen vom Gläubiger auch eingefordert wird.[17] Bei der in § 17 Abs. 2 InsO normierten gesetzlichen Vermutung handelt es sich um eine widerlegbare Vermutung. Durch eine Wiederaufnahme der Zahlungen etwa lässt sich die Zahlungseinstellung als Vermutung der Zahlungsunfähigkeit widerlegen.[18] Auch ist die Zahlungseinstellung zu unterscheiden von einer – ggf. sogar nachvollziehbaren oder begründeten – Zahlungsunwilligkeit. Der Insolvenzgrund der Zahlungsunfähigkeit kann daher i.R.d. gesetzlichen Vermutung auch in der Praxis häufig für insolvenzwidrige Zwecke („Druck ausüben eines Gläubigers“) seinen Missbrauch finden. 13

2. Drohende Zahlungsunfähigkeit

Die **drohende Zahlungsunfähigkeit** ist in § 18 InsO geregelt. Beantragt der Erbe, der Nachlassverwalter oder ein anderer Nachlasspfleger oder ein Testamentsvollstrecker die Eröffnung des Verfahrens, so ist auch die drohende Zahlungsunfähigkeit hier ein Eröffnungsgrund. Der Schuldner bzw. der Nachlass droht zahlungsunfähig zu werden, 14

---

14 BGH, Urt. v. 24.5.2005 – IX ZR 123/0.

15 *Reischl*, Insolvenzrecht, Rn 91.

16 HambKomm-InsR/*Schröder*, § 17 Rn 4.

17 BGH, Beschl. v. 19.7.2007 – IX ZB 36/07; HambKomm-InsR/*Schröder*, § 17 Rn 7.

18 *Reischl*, Insolvenzrecht, Rn 112.

wenn er voraussichtlich nicht in der Lage sein wird, die bestehenden Zahlungspflichten zum Zeitpunkt der Fälligkeit zu erfüllen. Zahlungsunfähigkeit droht also, wenn bei der Finanzkalkulation absehbar ist, dass die Zahlungsmittel zur Erfüllung der fällig werdenden Verbindlichkeiten nicht mehr ausreichen werden.[19] Drohende Zahlungsunfähigkeit stellt damit auf künftige Engpässe ab, während die Zahlungsunfähigkeit auf den Akutzustand abstellt.

3. Überschuldung

15 Die Überschuldung ist ebenfalls im Nachlassinsolvenzverfahren regelmäßiger Eröffnungsgrund. Eine Überschuldung liegt allgemein im Unternehmensrecht danach vor, wenn das Vermögen des Schuldners die bestehenden Verbindlichkeiten nicht mehr deckt, es sei denn, die Fortführung des Unternehmens ist nach den Umständen überwiegend wahrscheinlich. Zu betrachten sind hier alle Vermögenswerte, einschließlich Reserven und Ansprüche.[20] Wird danach eine positive Fortführungsprognose ersichtlich, liegt der Eröffnungsgrund nicht vor. Der Fortführungsprognose kommt also maßgebliche Bedeutung zu.[21] Gesellschafterdarlehen werden bei der Erstellung der Liquiditätsprognose ausgeklammert, da sie nach § 39 Abs. 1 Nr. 5 InsO ohnehin nachrangige Insolvenzforderungen sind, § 19 Abs. 4 InsO. Die Überschuldung lässt sich im Endeffekt aus der Bilanz eines Unternehmens herauslesen.[22] Für den Nachlass hingegen wird man rein auf die rechnerische Überschuldung abzustellen haben, da es generell an einer günstigen Fortführungsprognose fehlen wird.

---

19 HambKomm-InsR/*Schröder*, § 18, Rn 5.

20 *Reischl*, Insolvenzrecht, Rn 119.

21 *Hirte/Knof/Mock*, ZInsO 2008, 1217 ff.; ausführl. zur Fortführungsprognose i.R.d. Überschuldungsprüfung: *Aleth/Harflinger*, NZI 2011, 166 ff.; *Ehlers*, NZI 2011, 161 ff.; *Frystatzki*, NZI 2011, 173 ff.; *Greil/Herden*, ZInsO 2011, 109 ff.; *Sikora*, ZInsO 2010, 1761 ff.; *Wackerbarth*, NZI 2009, 145 ff.; *Weller*, DStR 2010, 1046 ff.; *Wolf*, DStR, 2009, 2682 ff.

22 *Reischl*, Insolvenzrecht, Rn 137.

II. Wer kann das Verfahren beantragen?

Das Nachlassinsolvenzverfahren ist beschränkt auf „Erben", d.h. auf natürliche Personen.[23] Juristische Personen können kein Erblasser sein, also auch nicht beerbt werden.[24] Bei ihnen kommt nach registerrechtlichen und handelsrechtlichen Bestimmungen i.d.R. stattdessen die Auflösung und Abwicklung (mit späterer registerrechtlicher Löschung) in Betracht, natürlich aber auch eine sonstige „Beendigung" wie bspw. die Verschmelzung oder Umwandlung. Auch mehrere Erben können das Verfahren – nur gemeinschaftlich – in Anspruch nehmen. Die Pflichten des Verfahrens treffen sie dann gemeinschaftlich. Ein Nachlassinsolvenzverfahren (nur) hinsichtlich eines Erbteils ist dagegen nicht zulässig, § 316 Abs. 3 InsO, ebenso wenig ein Nachlassinsolvenzverfahren nur hinsichtlich einzelner Nachlassgegenstände.[25] Ein Nachlassinsolvenzverfahren kann nur über das (ehemalige) Vermögen einer natürlichen Person eröffnet werden. Gleichwohl kommt – anders als ansonsten bei natürlichen Personen – eine Verfahrenskostenstundung, ebenso wie in Insolvenzverfahren juristischer Personen, nicht in Betracht, da eine Restschuldbefreiung im Nachlass ja gerade nicht erreicht werden kann.[26] 16

Wird der Antrag dabei nicht von allen Erben gestellt, so ist er zulässig, wenn der Eröffnungsgrund glaubhaft gemacht wird. Das Insolvenzgericht hat dann allerdings die übrigen Erben zu hören. Steht die Verwaltung des Nachlasses einem Testamentsvollstrecker zu, so ist, wenn der Erbe die Eröffnung beantragt, der Testamentsvollstrecker, wenn der Testamentsvollstrecker den Antrag stellt, der Erbe zu hören. Im Fall der Erbeninsolvenz ist auch der Insolvenzverwalter des Erben antragsberechtigt.[27] Die Antragsbefugnis steht nach dem Wortlaut des § 317 InsO also jedem (potenziellen) Erben zu. Damit sind der vorläufige Erbe, der beschränkt oder wieder unbeschränkt haftende Erbe, der Vorerbe, solange der Nacherbfolgefall nicht eingetreten ist, danach der 17

23 Erman/*Lieder*, § 1922 Rn 1.
24 Erman/*Lieder*, § 1922 Rn 1.
25 Vgl. *K. Schmidt*, InsO, § 316 Rn 8.
26 Siehe *Lissner*, ZVI 2012, 441 ff.
27 BGH, Urt. v. 11.5.2006 – IX ZR 42/05, NZI 2006, 461.

Nacherbe, aber auch der Ersatzerbe ebenfalls antragsberechtigt.[28] Im Falle eines Antrages des/der Erben ist durch den Antragsteller der Nachweis der Erbenstellung als Zulässigkeitsvoraussetzung darzulegen. Dies kann z.B. durch Vorlage des Erbscheins geschehen.[29]

18 Eine Amtsermittlungspflicht besteht nicht.[30] In Eilfällen reicht auch die Vorlage der nach § 2356 Abs. 2 BGB zur Erteilung des Erbscheins erforderlichen eidesstattlichen Versicherung.[31] In der Regel wird allerdings ein Nachlassinsolvenzverfahren erst vom „letzten Erben" – dem Fiskus – beantragt. Dieser ist antragsberechtigt als Erbe, wenn vom Nachlassgericht festgestellt worden ist, dass ein anderer Erbe nicht vorhanden ist (§ 1966 BGB).

19 Neben dem Erben ist auch jeder Nachlassgläubiger, folglich auch der Miterbengläubiger, der Pflichtteilsberechtigte, der Vermächtnisnehmer, der Vollzugsberechtigte aus Auflagen sowie auch der Gläubiger, dessen Nachlassverbindlichkeit nicht auf Zahlung einer Geldsumme gerichtet ist, sondern z.B. auf Handlung, Duldung oder Unterlassung, antragsberechtigt.[32] Wie bei jedem „Fremdantrag" ist auch bei einem Gläubigerantrag das Rechtsschutzbedürfnis nach § 14 InsO zu prüfen. Auch hier gilt, dass der Gläubiger seine Forderung, Nachlass und den Eröffnungsgrund glaubhaft und sein rechtliches Interesse darzulegen hat.[33] In einem solchen Falle ist dem Schuldner (dem Erben) rechtliches Gehör zu gewähren. Nicht antragsberechtigt sind:

- der die Erbschaft ausschlagende Erbe[34]
- ein die Versäumung der Ausschlagungsfrist anfechtender Erbe, selbst dann, wenn die Wirksamkeit der Anfechtung noch nicht feststeht.[35] Dies gilt allerdings nur, solange das Verfahren noch nicht eröffnet wurde. Wird die Versäumung erst nach Eröffnung des Verfahrens ausgeschlagen, bleibt die vormalige Antragsberechtigung erhalten.[36]

28 HambKomm-InsR/*Böhm*, § 317 Rn 2.
29 LG Köln ZInsO 2003, 720.
30 LG Köln ZInsO 2003, 720.
31 *Greiner*, ZInsO 2016, 1570; HambKomm-InsR/*Böhm*, § 317 Rn 2 ff.
32 HambKomm-InsR/*Böhm*, § 317 Rn 5.
33 BGH NZI 2011, 653.
34 OLG Koblenz Rpfleger 1989, 510; HambKomm-InsR/*Böhm*, § 317 Rn 2.
35 BGH ZInsO 2011, 1352.
36 HambKomm-InsR/*Böhm*, § 317 Rn 2.

III. Wer muss den Antrag stellen?

Neben dem „Recht“ auf Antragstellung und damit der Chance auf Haftungsbeschränkung sieht das Gesetz auch eine Verpflichtung zur Antragstellung vor. Der Erbe, auch jeder Vor- und Miterbe, im Fall einer Erbengemeinschaft jeder einzelne Miterbe, hat bei Kenntnis der Zahlungsunfähigkeit oder der Überschuldung (nicht der drohenden Zahlungsunfähigkeit) – sofern er das Erbe angenommen hat[37] – nach § 1980 BGB unverzüglich einen Insolvenzantrag zu stellen.[38] Über § 1985 Abs. 2 BGB gilt dies auch für den Nachlassverwalter, wobei hier bei angeordneter Nachlassverwaltung die Antragspflicht des Erben endet. Besteht keine Kenntnis der Erbenstellung, besteht keine Antragspflicht.[39] 20

Nach Ablauf der Ausschlagungsfrist und selbstverständlich nach Annahme der Erbschaft ist der Erbe verpflichtet, einen Insolvenzantrag zu stellen, § 1980 Abs. 1 S. 1 BGB,[40] ansonsten droht eine Schadensersatzpflicht, den der Nachlassinsolvenzverwalter für die Masse geltend zu machen hätte. Miterben haften dabei gesamtschuldnerisch, § 840 BGB, wobei jeder Erbe nur nach Maßgabe seines eigenen Verschuldens haftet. Nachlasspfleger und Testamentsvollstrecker sind zwar zur Insolvenzantragstellung berechtigt, aber nicht verpflichtet.[41] 21

IV. Welche Fristen gilt es zu beachten?

Beantragt ein Gläubiger das Nachlassinsolvenzverfahren, beträgt die Frist nach § 319 InsO zwei Jahre ab Annahme der Erbschaft durch den Erben, § 319 InsO.[42] Die Frist ist also als absolute Ausschlussfrist anzusehen.[43] Für den Erben (Schuldner) kann wegen der drohenden Haftung nach § 1980 Abs. 2 S. 2 BGB diese Frist nicht gelten. Stattdes- 22

37 *Marotzke*, ZInsO 2011, 2105 ff.; BGH, Urt. v. 8.12.2004 – IV ZR 199/03, NZI 2005, 162.
38 HambKomm-InsR/*Böhm*, § 317 Rn 7.
39 *Marotzke*, ZInsO 2011, 2105 f.
40 BGH ZInsO 2005, 375.
41 BGH, Urt. v. 8.12.2004 – IV ZR 199/03, NZI 2005, 162.
42 Vgl. BT-Drucks 12/2443, S. 230.
43 Ahrens/Gehrlein/Ringstmeier/*Ringstmeier*, InsO, § 319 Rn 4.

sen kann er stets einen Insolvenzantrag stellen.[44] Der Ablauf etwaiger Fristen ist von Amts wegen zu beachten. Die Frist beginnt mit der Annahme der Erbschaft, mit dem Ende der Ausschlagungsfrist gem. § 1943 BGB oder durch erfolgreiche Anfechtung einer zuvor fristgerecht erklärten Ausschlagung.

V. Zuständigkeit

23 Für das Insolvenzverfahren ist das Amtsgericht, in dessen Bezirk ein Landgericht seinen Sitz hat, als Insolvenzgericht für den Bezirk dieses Landgerichts ausschließlich zuständig, § 2 InsO. Diese Bestimmung konzentriert daher die Verfahren grundsätzlich bei dem Amtsgericht am Sitz des Landgerichtes, falls nicht gem. § 2 Abs. 2 InsO durch Rechtsverordnung etwas Abweichendes bestimmt ist. Örtlich zuständig ist ausschließlich das Insolvenzgericht, in dessen Bezirk der Schuldner bei Antragseingang[45] seinen allgemeinen Gerichtsstand hat. Dieser richtet sich über § 4 InsO (allgemeiner Verweis auf die ZPO) nach §§ 12–17 ZPO. Letztlich ist damit der Wohnort des Schuldners bzw. der Sitz bei juristischen Personen maßgebend.

24 Liegt der Mittelpunkt einer selbstständigen wirtschaftlichen Tätigkeit des Schuldners bei Antragseingang[46] allerdings an einem anderen Ort, so ist vorrangig ausschließlich das Insolvenzgericht zuständig, in dessen Bezirk dieser Ort liegt.[47] Für das Insolvenzverfahren über einen Nachlass ist ausschließlich das Insolvenzgericht örtlich zuständig, in dessen Bezirk der Erblasser zur Zeit seines Todes seinen allgemeinen Gerichtsstand hatte. Lag der Mittelpunkt einer selbstständigen wirtschaftlichen Tätigkeit des Erblassers an einem anderen Ort, so ist ausschließlich das Insolvenzgericht zuständig, in dessen Bezirk dieser Ort liegt.

25 Die Regelungen der funktionellen Zuständigkeiten im Insolvenzverfahren finden sich in §§ 3 Abs. 2e, 18, 19a RPflG. Danach ist für weite Teile des Insolvenzverfahrens – wenn es sich der Richter nicht nach

---

44 Ahrens/Gehrlein/Ringstmeier/*Ringstmeier*, InsO, § 319 Rn 2.
45 BGH v. 13.11.2008 – IX ZB 201/07, ZInsO 2008, 1382.
46 BGH v. 13.11.2008 – IX ZB 201/07, ZInsO 2008, 1382.
47 *Haarmeyer/Frind*, Insolvenzrecht, Rn 43.

§ 18 Abs. 2 S. 1 RPflG vorbehält – der Rechtspfleger zuständig. Seine Zuständigkeit beginnt ab der Verfahrenseröffnung. Der Richter – ausgehend von einem fehlenden Vorbehalt – ist danach für das vorhergehende Eröffnungsverfahren einschließlich dem Verfahren über den gerichtlichen Schuldenbereinigungsplan (§ 18 Abs. 1 Nr. 1 RPflG) zuständig.

C. Auskunfts- und Mitwirkungsrechte

I. Mitwirkungspflichten des Schuldners/der Erben

Auskunfts- und Mitwirkungsrechte aber auch -pflichten bestehen im Nachlassinsolvenzverfahren ebenso wie im „regulären" Verfahren. Der/die Erbe(n) treten in die Funktion des Schuldners ein, insbesondere treffen ihn/sie alle Pflichten, die einem Schuldner ansonsten im Insolvenzverfahren obliegen, wie z.B. die Auskunfts- und Mitwirkungspflichten nach § 97 InsO. Der/die Erben haben daher uneingeschränkt mitzuwirken und dem Insolvenzverwalter wie ein herkömmlicher Schuldner Rede und Antwort zu stehen, insbesondere ihn bestmöglich in die Lage zu versetzen, dass dieser sein Amt auch erfüllen kann. Im Nachlassinsolvenzverfahren ist der Erbe als Schuldner anzusehen.[48] Er hat alle Rechte und Pflichten eines Schuldners.[49] 26

§ 20 InsO enthält daneben die allgemeine Auskunftspflicht des Schuldners (dann der Erben) gegenüber dem Insolvenzgericht. Liegt ein zulässiger Insolvenzantrag vor, hat der Schuldner dem Insolvenzgericht die Auskünfte zu erteilen, die zur Entscheidung über den Antrag erforderlich sind und es auch sonst bei der Erfüllung seiner Aufgaben zu unterstützen (§ 20 Abs. 1 S. 1 InsO). Diese Pflicht ist gem. § 20 Abs. 1 S. 2 InsO durch den Verweis auf § 98 InsO vom Insolvenzgericht erzwingbar. 27

§§ 20, 97 Abs. 3 InsO begründen eine Bereitschaftspflicht des Schuldners/Erben, jederzeit zur Erfüllung seiner Auskunfts- und Mitwirkungspflichten zur Verfügung zu stehen. Aus dieser Verpflichtung 28

48 Uhlenbruck/*Lüer*, InsO, § 315 Rn 10.
49 Uhlenbruck/*Lüer*, InsO, § 315 Rn 11.

fließt die Verpflichtung des Schuldners dafür Sorge zu tragen, dass das Gericht, der Sachverständige oder der (vorläufige) Insolvenzverwalter ihn jederzeit zumindest postalisch erreichen können.[50]

II. Rechte der Gläubiger

29 Die Rechte der Gläubiger im Nachlassinsolvenzverfahren sind mit denen in einem „herkömmlichen“ Insolvenzverfahren identisch. Zu nennen ist dabei insbesondere das Recht zur aktiven Teilnahme, das Recht zur Ausübung von Stimmrechten und das Recht zur Stellung von Anträgen. Die Ausübung solcher Rechte ist dabei – wie z.B. § 290 InsO im Falle des normalen Insolvenzverfahrens zeigt – i.d.R. aber von einer Verfahrensteilnahme abhängig. Nur derjenige Gläubiger, der seine Forderung anmeldet und daher am Verfahren teilnimmt, soll auch Rechte geltend machen. Dabei ist klar: Hier geht es nicht um eine Restschuldbefreiung. Aber Einflussnahme auf das tatsächliche Handeln des Verwalters, die Entscheidungen nach § 160 InsO (besonders bedeutsame Handlungen) usw. obliegen nun mal nur den sich beteiligenden Gläubigern. Weitere Rechte sind natürlich die Selbstorganschaft, das Recht auf Prüfung und Konstitution in Gremien wie etwa dem Gläubigerausschuss. Im Folgenden werden einige Gläubigermöglichkeiten beschrieben.

1. Teilhabe an der Wahl des Verwalters

30 Grundsätzlich werden seit dem Gesetz zur weiteren Erleichterung der Sanierung von Unternehmen (ESUG)[51] Gläubiger noch stärker in ein Verfahren einbezogen. So bestehen bereits im Eröffnungsverfahren Möglichkeiten, auf die Wahl des Insolvenzverwalters Einfluss zu nehmen. Im Nachlassinsolvenzverfahren besteht i.d.R. kein vorläufiges Insolvenzverfahren. Die Regelungen des ESUG sind hier nicht von Belang. Die Ausführungen beschränken sich daher speziell auf das Nachlassinsolvenzverfahren.

50 *Braun/Riggert/Herzig*, Schwerpunkte des Insolvenzverfahrens, S. 96.
51 Gesetz v. 7.12.2011, BGBl. I 2011, 2582.

In der ersten Gläubigerversammlung, die auf die Bestellung des Insolvenzverwalters folgt (= der Berichtstermin), können die Gläubiger grundsätzlich an dessen Stelle eine andere Person als Verwalter wählen. Das Gesetz setzt an dieser Stelle also auf die Gläubigerautonomie und gibt der Gesamtgläubigerschaft – nicht einzelnen Gläubigern – das Recht, über die Person des Verwalters neu zu beschließen. Die Wahl eines neuen Verwalters bedarf der Mehrheit der an der Gläubigerversammlung teilnehmenden stimmberechtigten und abstimmenden Gläubiger und der Mehrheit der durch diese repräsentierten Forderungen. Stimmenthaltungen zählen nicht mit. 31

Die Gläubigerversammlung muss ihre Wahl nicht begründen. Erst mit der bestätigenden Entscheidung durch das Gericht ist der Wechsel in dem Verwalteramt bewirkt. Das Gericht kann die Bestellung des Gewählten grundsätzlich nur versagen, wenn dieser für die Übernahme des Amtes nicht geeignet ist. 32

2. Ausübung von Stimmrechten

Gegenstand des Insolvenzeröffnungsbeschlusses ist u.a. die Aufforderung an die Gläubiger, ihre Forderungen beim Verwalter innerhalb der im Eröffnungsbeschluss genannten Frist schriftlich anzumelden, § 28 Abs. 1 InsO. Der Beschluss wird den bekannten Gläubigern regelmäßig schriftlich übermittelt. Für unbekannte Gläubiger tritt das Petitum der Forderungsanmeldung lediglich durch die öffentliche Bekanntmachung des Eröffnungsbeschlusses und dieser Aufforderung in den (deren) Kenntniskreis. Die Forderungsanmeldung als Basis der weiteren Partizipation am Verfahren muss dann „aktiv" durch den Gläubiger erfolgen. 33

Nach erfolgter Anmeldung beim Insolvenzverwalter trägt dieser die Forderung in die Insolvenztabelle ein. Durch die Eintragung in die Tabelle ist allerdings noch nicht sichergestellt, dass der betroffene Gläubiger auch sein Stimmrecht wirksam ausüben kann. Dies geschieht vielmehr erst in der Gläubigerversammlung nach erfolgter Prüfung der angemeldeten Forderung. In der Gläubigerversammlung gewähren dann nur die Forderungen, die entsprechend der Aufforderung im Eröffnungsbeschluss folgend ordnungsgemäß angemeldet und weder vom Verwalter noch von einem stimmberechtigten Gläubi- 34 ger bestritten wurden, ein Stimmrecht.[52] Voraussetzung für ein uneingeschränktes Stimmrecht ist daher eine ordnungsgemäß angemeldete Forderung, die nicht bestritten und bereits geprüft ist.[53]

35 Wurde Widerspruch erhoben (durch den Verwalter oder einen stimmberechtigten Gläubiger, also einen Gläubiger, der selbst über eine unbestrittene Forderung verfügt), ist das Stimmrecht anderweitig zu prüfen und festzustellen. Für die Ausübung des Stimmrechts ist dann zu prüfen, ob sich die Beteiligten auf ein Stimmrecht einigen können. Eine solche Einigung wäre zu Protokoll zu nehmen, also schriftlich festzuhalten. Ist eine Forderung von einem stimmberechtigten Gläubiger oder dem Verwalter bestritten worden, kann deren Inhaber dennoch an den Abstimmungen innerhalb der Gläubigerversammlung teilnehmen, wenn sich der Insolvenzverwalter und die anwesenden stimmberechtigten Gläubiger dahingehend einigen, dass er trotz des Bestreitens seiner Forderung (ggf. in einem abweichenden Umfang) stimmberechtigt sein soll. Eine Stimmberechtigung folgt danach einer eventuell vorangegangenen Stimmrechtseinigung zwischen Verwalter und den übrigen erschienenen stimmberechtigten Gläubigern. Diese wäre durch den Rechtspfleger bzw. den Sitzungsleiter zu protokollieren, § 76 Abs 1 i.V.m. § 160 ZPO.[54] Liegt keine Einigung vor, muss eine Stimmrechtsentscheidung getroffen werden.

36 Die Entscheidung des Gerichts erfolgt nach pflichtgemäßem Ermessen anhand einer Sachverhaltsprüfung, einer Prüfung der Unterlagen und einer Wahrscheinlichkeitsbetrachtung dahingehend, inwieweit „die Forderung überwiegend wahrscheinlich ist."[55] Die Entscheidung ergeht durch zu begründenden Beschluss.[56] Dieser muss zwar nicht gutachterlich ausfallen, er sollte aber jedenfalls auf den wesentlichen Kern des Vortrags eines Beteiligten zu einer zentralen Frage eingehen.[57] Die Stimmrechtsentscheidung fordert vom Sitzungsleiter dane-

52 HambKomm-InsR/*Preß*, § 77 Rn 6.

53 HambKomm-InsR/*Preß*, § 77 Rn 6; *Lissner*, InsBüro 2011, 127 ff.; *Lissner*, InsBüro 2012, 296 ff.

54 Uhlenbruck/*Uhlenbruck*, InsO, § 77 Rn 17; *Lissner*, InsBüro 2011, 127 f.

55 HambKomm-InsR/*Preß*, § 77, Rn. 8; Uhlenbruck/*Uhlenbruck*, § 77 Rn 21 ff. mit Hilfskriterien; *Lissner*, InsBüro 2011, 127 f.

56 BVerfG, Beschl. v. 4.8.2004 – 1 BvR 698/03; *Lissner*, InsBüro 2011, 127 f.; *Lissner*, InsBüro 2012, 296 ff.

57 BVerfG ZInsO 2004, 1027.

ben eine zumindest kursorische materielle Prüfung anhand der vorliegenden Unterlagen.[58] Dabei handelt es sich zwar um eine Ermessensentscheidung des Gerichts, aber dieses hat dennoch alle Faktoren, die für und gegen das Bestehen der Forderung und deren Höhe sprechen, abzuwägen.[59] Die Zulassung des Stimmrechts hat keinerlei Auswirkung auf die Frage des Bestehens der Forderung selbst und ebenso keine Auswirkung auf das Ergebnis des Prüfungstermins.

▼

Muster 6.1: Tenor einer Stimmrechtsentscheidung 37

Beschluss

In dem Insolvenzverfahren über das Vermögen des/der

Schuldner:

GmbH, (*Adresse*), HRB Registergericht , vertreten durch den Geschäftsführer , (*Adresse*).

Insolvenzverwalter/in: Rechtsanwalt , (*Adresse*)

Nachdem eine Einigung zwischen dem Insolvenzverwalter und den erschienenen stimmberechtigten Gläubigern über die Höhe des Stimmrechts des

Gläubigers (*Adresse*)

nicht zu erzielen war, war insoweit das Stimmrecht für die heutige Gläubigerversammlung festzusetzen auf

500 EUR,

§ 77 Abs. 2 S. 2 InsO.

Gründe:

(Begründung)[60]

Unterschrift Rechtspfleger

▲

Für die Stimmrechtsentscheidung ist der Rechtspfleger zuständig, §§ 3 Nr. 2e, 18 RPflG, soweit sich der Richter das Verfahren nicht vorbe- 38

58 Uhlenbruck/*Uhlenbruck*, InsO, § 77 Rn 18 f.

59 FK-InsO/*Schmidt*, § 77 Rn 13.

60 Beschl. v. 4.8.2004 – 1 BvR 698/03.

halten hat. Die Stimmrechtsentscheidung selbst muss noch im Termin erfolgen und hindert zuvor die weitere Abstimmung. Grundsätzlich ist gegen eine Stimmrechtsentscheidung mangels Nennung (siehe § 6 Abs. 1 InsO) kein Rechtsmittel gegeben.[61] Auch die ansonsten im Falle einer Rechtspflegerentscheidung stets denkbare Erinnerung nach § 11 Abs. 2 RPflG ist gem. § 11 Abs. 3 InsO ausgeschlossen.[62] Denkbar bleibt hier nur § 18 Abs. 3 S. 2 RPflG. Hat der Rechtspfleger danach eine Stimmrechtsentscheidung getroffen und hat sich diese Entscheidung auf das Ergebnis der Abstimmung ausgewirkt, besteht die Möglichkeit der abschließenden[63] richterlichen Überprüfung. Hier bedarf es eines Antrags eines Gläubigers oder des Insolvenzverwalters bis zum Ende der Gläubigerversammlung.[64]

39 Ein Schuldnerwiderspruch (= also der Erben) ist hingegen für die Ausübung des Stimmrechts belanglos. Auch für die „Forderungsfeststellung" und die Berücksichtigung der Forderung im weiteren Verfahrensablauf ist der Schuldnerwiderspruch zunächst belanglos. Ein Widerspruch des Schuldners steht der Feststellung der Forderung und damit einer anschließenden Partizipierung an der Verteilung nach dem Gesetz nämlich nicht entgegen (Ausnahme: In der Eigenverwaltung, § 283 Abs. 1 InsO, ist der Schuldnerwiderspruch ebenfalls feststellungshindernd). Durch einen Widerspruch kann der Schuldner grundsätzlich nur eine spätere, potenzielle Zwangsvollstreckung aus dem Tabelleneintrag (§§ 201, 215 Abs. 2 S. 2 InsO) verhindern oder verzögern, bis der Widerspruch beseitigt ist.[65] Im Nachlassinsolvenzverfahren spielt dies aber keine Rolle.

40 Stimmrechtsausschlüsse und Stimmrechtsverbote sind stets bei Abstimmungen denkbar und erfordern ein hohes Maß an Darlegung. So könnten Fälle von taktischer Einflussnahme im Einzelfall zu einem Stimmrechtsausschluss führen, der dann aber durch den Rechtspfleger

61 HambKomm-InsR/*Preß*, § 77 Rn 8; BGH, Beschl. v. 23.10.2008 – IX ZB 235/06; *Lissner*, InsBüro 2011, 127 ff.

62 HambKomm-InsR/*Preß*, § 77 Rn 8; BGH, Beschl. v. 23.10.200, – IX ZB 235/06; BGH ZInsO 2007, 271 f.; BVerfG ZInsO 2010, 34.

63 BVerfG NZI 2010, 57 ff.

64 OLG Celle ZIP 2001, 658 = NZI 2001, 317.

65 BGH, Beschl. v. 18.9.2003 – IX ZB 44/03, WM 2003, 2342, 2343; BGH, Urt. v. 18.1.2007 – IX ZR 176/05, WM 2007, 659 Rn 8; Uhlenbruck/*Vallender*, InsO, § 302 Rn 23 f.

mittels begründeten Beschlusses darzulegen ist. Stimmrechtsverbote einzelner Gläubiger sind bei Interessenkollision – wie etwa Abstimmung in eigener Sache – denkbar.[66]

3. Beschlussfassung

Mit dem so gewährten Stimmrecht können Gläubiger im Verfahren mit über den weiteren Werdegang des Verfahrens entscheiden. Das Insolvenzverfahren ist gläubigerautonom – die Gläubiger stellen die Herren des Verfahrens dar. Der Insolvenzverwalter hat wichtige Entscheidungen in der Gläubigerversammlung zu debattieren und ist – gem. §§ 160, 64 InsO allerdings nur im Innenverhältnis – an das Votum der Gläubiger gebunden. Trifft die Gläubigerversammlung mehrheitlich eine Entscheidung, so ist diese bindend, also nicht i.R.d. § 34 InsO anfechtbar.[67] Die so durch die Gläubigerversammlung getroffenen Entscheidungen sind dann ebenfalls bindend für die Gesamtgemeinschaft der Gläubiger, also unabhängig davon, ob mitgestimmt wurde. 41

Die Gläubigerversammlung entscheidet mit einfacher Summenmehrheit (Ausnahme: Wahl des Verwalters, hier bedarf es einer Kopf- und Summenmehrheit). Lediglich i.R.d. § 78 InsO kann noch eine Aufhebung der Beschlüsse erfolgen. Widerspricht ein mehrheitlich getroffener Beschluss der Gläubigerversammlung dem gemeinsamen Interesse der Insolvenzgläubiger, so hat das Insolvenzgericht den Beschluss aufzuheben, wenn ein absonderungsberechtigter Gläubiger, ein nicht nachrangiger Insolvenzgläubiger oder der Insolvenzverwalter dies in der Gläubigerversammlung beantragt, § 78 InsO.[68] Ein solches Procedere wird nur auf Antrag, der zwingend in der Gläubigerversammlung gestellt werden muss,[69] eingeleitet. Ein solcher Antrag kommt praktisch „nie“ vor und ist zudem wenig bekannt. 42

Antragsberechtigt ist der Insolvenzverwalter, dessen Antragsrecht aus der Interessenvertretung evtl. nicht anwesender Gläubiger und deren 43

66 HambKomm-InsR/*Preß*, § 77 Rn 11; BGH, Urt. v. 22.1.1985 – VI ZR 131/83; *Lissner*, InsBüro 2012, 296 ff.
67 LG Göttingen, Beschl. v. 29.6.2000 – 10 T 70/00.
68 HambKomm-InsR/*Preß*, § 78 Rn 2 ff.
69 HambKomm-InsR/*Preß*, § 78 Rn 4.

Rechtswahrung hergeleitet wird.[70] Im Umkehrschluss besteht für den Verwalter dann kein solches Antragsrecht, wenn alle Insolvenzgläubiger eines Verfahrens anwesend sind.[71] Weiter antragsberechtigt sind die absonderungsberechtigten Gläubiger, die Insolvenzgläubiger (alle, d.h. unabhängig davon, ob deren Forderung geprüft/ungeprüft, festgestellt oder bestritten ist oder Stimmrecht versagt wurde). Nicht antragsberechtigt sind hingegen nachrangige Insolvenzgläubiger, die Mitglieder des Gläubigerausschusses, soweit sie nicht gleichzeitig Insolvenzgläubiger sind, reine Aussonderungsberechtigte, der Schuldner sowie evtl. Massegläubiger.[72] Ein solcher Antrag ist zwingend noch in derselben Versammlung zu stellen und nur zulässig, wenn ein Rechtschutzbedürfnis gegeben ist, also bspw. dann, wenn der Antragsteller im Abstimmungsverfahren über den Beschlussgegenstand überstimmt worden ist oder mangels Stimmrecht an der Beschlussfassung nicht beteiligt war[73] und der getroffene Beschluss im Widerspruch zu den gemeinsamen Interessen der Insolvenzgläubiger, z.B. gegen die bestmögliche Befriedigung aller, steht. Für die Wahl des Insolvenzverwalters besteht die Möglichkeit nach § 78 InsO nicht.[74]

44 Ist die Gläubigerversammlung nicht beschlussfähig, entweder weil bspw. kein Gläubiger anwesend ist, weil kein Stimmrecht gewährt wurde oder weil lediglich Enthaltungen bei der Abstimmung erfolgten, so können die nach der Tagesordnung zu treffenden Entscheidungen nicht getroffen werden. Eine „Ersetzung" durch das Gericht erfolgt nicht. Allerdings kann – bei besonders bedeutsamen Abstimmungspunkten – die Zustimmungsfiktion des § 160 Abs. 1 S. 3 InsO eintreten. In allen anderen Punkten trifft ansonsten der Insolvenzverwalter die Entscheidungen nach seinem eigenen Ermessen.

45 Stimmrechtsausschlüsse und Stimmrechtsverbote sind stets bei Abstimmungen denkbar und erfordern ein hohes Maß an Darlegung. So könnten Fälle von taktischer Einflussnahme im Einzelfall zu einem

70 HambKomm-InsR/*Preß*, § 78 Rn 8.

71 HambKomm-InsR/*Preß*, § 78 Rn 3; Uhlenbruck/*Uhlenbruck*, InsO, § 78 Rn 17; begründet wird dies aufgrund der Gläubigerautonomie; der Verwalter vertritt ansonsten i.d.R. nur die nicht anwesenden Gläubigerinteressen.

72 Uhlenbruck/*Uhlenbruck*, InsO, § 78 Rn 4.

73 *Lissner*, InsBüro 2011, 127 ff.

74 Uhlenbruck/*Uhlenbruck*, InsO, § 78 Rn 5 m.w.N.

Stimmrechtsausschluss führen, der dann aber durch den Rechtspfleger mittels begründetem Beschluss darzulegen ist. Stimmrechtsverbote einzelner Gläubiger sind bei Interessenkollision – wie etwa Abstimmung in eigener Sache – denkbar.[75]

Ist ein Beschluss der Gläubigerversammlung korrekt zustande gekommen, so entfaltet er für den Verwalter bindende Wirkung. Allerdings steht dem Verwalter auf der Gegenseite bei seinem Handeln regelmäßig ein weiter Ermessensspielraum zu. Danach handelt der Verwalter zunächst einmal „eigenverantwortlich". In Konsequenz bleiben nach § 164 InsO Handlungen, die der Verwalter entgegen der Beschlussfassung der Gläubigerversammlung vornimmt, im Außenverhältnis wirksam. Die Beschlüsse der Gläubigerversammlung binden den Verwalter daher nur im Innenverhältnis. Gleichwohl kann sich der Verwalter bei Abweichen von einer Beschlussfassung schadensersatzpflichtig machen. Auch kann das Gericht ggf. im Wege der Aufsicht einschreiten. 46

4. Recht auf Akteneinsicht

Nach § 299 Abs. 1 ZPO können die Parteien die Prozessakten einsehen und sich aus ihnen durch die Geschäftsstelle Ausfertigungen, Auszüge und Abschriften erteilen lassen. Dabei besteht kein Zweifel, dass § 299 ZPO auch im Insolvenzverfahren über § 4 InsO entsprechend anzuwenden ist.[76] Gläubiger werden mit der Eröffnung des Verfahrens kraft Gesetzes in das Verfahren einbezogen und sind somit als Partei i.S.d. § 299 Abs. 1 ZPO anzugehen.[77] Allerdings findet im Insolvenzverfahren regelmäßig keine Versendung der Akten statt. 47

Grundsätzlich sind Insolvenzakten stets präsent bei Gericht zu halten, denn „allen" Verfahrensbeteiligten ist immer das Recht zu Einsicht gegeben, sodass im laufenden Verfahren eine Übersendung regelmäßig unterbleibt, um die Akten auch „vor Ort" zu haben und eine dauerhafte „Einsichtnahme" ermöglichen zu können. In aller Regel erfolgt Akteneinsicht der Beteiligten daher auf der Geschäftsstelle bei Gericht 48

75 HambKomm-InsR/*Preß*, § 77 Rn 11; BGH, Urt. v. 22.1.1985 – VI ZR 131/83; *Lissner*, InsBüro 2012, 296 ff.
76 OLG Celle, Beschl. v. 5.1.2004 – 2 W 113/03.
77 LG Karlsruhe, Beschl. v. 8.3.2004 – 11 T 90/04.

selbst. Lediglich hierauf besteht auch Anspruch.[78] Ein Anspruch auf Versendung an einen auswärtigen Ort besteht nicht,[79] denn insbesondere bei umfangreichen Akten bestünde nicht nur die Gefahr des Verlustes von Akten oder Aktenteilen, sondern auch die Gefahr sonstiger Unzuträglichkeiten, Hemmnissen und Erschwerungen.[80]

49 Während der Akteneinsicht können auch Ausfertigungen, Auszüge aus der Akte sowie Abschriften gefertigt bzw. durch die Geschäftsstelle erteilt werden.[81] Ein Recht auf Akteneinsicht dergestalt, dass ein Anspruch auf Fertigung einer Abschrift der gesamten Verfahrensakte durch die Geschäftsstelle (ohne Akteneinsicht vor Ort) und Übersendung zu erfolgen hat, besteht nicht und lässt sich aus der gesetzlichen Regelung auch nicht ableiten. Das Worte „Auszüge" deutet bereits darauf hin, dass ein Beteiligter grundsätzlich keinen Anspruch auf Ablichtung der gesamten Akten hat.[82]

50 Das Recht auf Akteneinsicht findet nach der Rechtsprechung auch dort seine Grenze, wo es rechtsmissbräuchlich ausgeübt wird. Ein solcher Fall wird etwa angenommen, wenn ohne jede Konkretisierung und vorherige Prüfung auf Erheblichkeit der Aktenbestandteile für die Rechtsverfolgung gleichsam „ins Blaue" oder „auf Verdacht" die Ablichtung einer gesamten, umfänglichen Akte verlangt wird.[83]

51 Akteneinsicht kann grundsätzlich beschränkt werden, wenn sie rechtsmissbräuchlich ist oder wenn sonstige Interessenkollisionen ersichtlich sind. Im Unternehmensinsolvenzrecht wäre bspw. eine Konkurrentensituation ein solcher Fall. Im Nachlassinsolvenzverfahren wird man eine solche Beschränkung aber kaum vertreten können. Das Recht auf Erteilung von Kopien und Abschriften kann auch dann eingeschränkt werden, wenn die personellen und sachlichen Möglichkeiten des Insolvenzgerichts überfordert werden bzw. sonstige Grün-

---

78 BGH NJW 61, 559.
79 BFH NJW 1968, 864.
80 BGH NJW 61, 559.
81 LG Karlsruhe, Beschl. v. 8.3.2004 – 11 T 90/04, juris; Uhlenbruck/*Pape*, InsO, § 4 Rn 33.
82 Zur selben Frage in ständiger Rechtsprechung: BFH BFH/NV 2007, 1919; BFH BFH/NV 2004, 351; BFH BFH/NV 2003, 800.
83 Vgl. BFH, Beschl. v. 17.10.2007 – VI B 138/06; Hamburgisches Oberverwaltungsgericht NVwZ-RR 1996, 304.

den bestehen, die dann aber konkret darzulegen sind.[84] Abschriften können dann abgelehnt werden, wenn das Insolvenzgericht konkret darlegen kann, dass es durch eine nicht zu bewältigende Vielzahl von Akteneinsichtsgesuchen derart überlastet ist, dass ausschließlich die Einsicht auf der Geschäftsstelle in Betracht kommt.[85]

Die Akteneinsicht oder ggf. einer Versendung ist Ermessensentschei- 52
dung.[86] Zuständig für die Akteneinsicht ist im Eröffnungsverfahren die Geschäftsstelle der Insolvenzabteilung, soweit nicht nach § 299 Abs. 2 InsO die Zuständigkeit des Behördenvorstandes gegeben ist.[87] Bestehen Zweifel, entscheidet der Richter.[88] Im eröffneten Verfahren entscheidet ebenso der Urkundsbeamte der Geschäftsstelle,[89] in Zweifelsfällen hier aber der Rechtspfleger. Alle Befugten treffen ihre Entscheidung nach pflichtgemäßem Ermessen.[90] Sofern unbeteiligten Dritten Akteneinsicht gewährt werden soll, entscheidet hierüber der Vorstand des Gerichts (Gerichtsvorstand) bzw. – wenn diese Aufgabe delegiert wurde – die dann zuständige Person.

Eine Akteneinsicht kann nur i.R.d. § 4 InsO i.V.m. § 299 Abs. 2 ZPO 53
gewährt werden. Dritte haben ein rechtliches Interesse glaubhaft zu machen.[91] Rein wirtschaftliches Interesse genügt nicht.[92]

Ist das Verfahren (regulär) beendet, entscheidet der Richter oder der 54
Rechtspfleger, der zuletzt mit dem Verfahren befasst war über die Akteneinsicht, wenn ein Gesuch eines Verfahrensbeteiligten vorliegt,[93] bei „Dritten" i.S.d. § 299 Abs. 2 ZPO der Gerichtsvorstand. Wird das Verfahren nach §§ 207, 211 Abs. 1, 212, 213 InsO nach Eröffnung

84 LG Göttingen Rpfleger 2002, 478; AG Göttingen Nds. RPfl. 2002, 194; MüKo-InsO/*Ganter*, § 4 Rn 70 f. z.B. Missbrauchsgefahr; FK-InsO/*Schmerbach*, § 4 Rn 73 f.; *Pape*, ZIP 1997, 1367, 1368.

85 LG Göttingen Rpfleger 2002, 478; AG Göttingen Nds. RPfl. 2002, 194; MüKo-InsO/Ganter, § 4 Rn 70 f.; FK-InsO/Schmerbach, § 4 Rn 73 f.; *Pape*, ZIP 1997, 1367, 1368.

86 BGH NJW 61,559.

87 Uhlenbruck/*Pape*, InsO, § 4 Rn 26.

88 Uhlenbruck/*Pape*, InsO, § 4 Rn 26.

89 HambKomm-InsR/*Rüther*, InsO, § 4 Rn 42.

90 BGH NJW 61,559.

91 Zöller/*Greger*, ZPO, § 299 Rn 6a.

92 Zöller/*Greger*, ZPO, § 299 Rn 6a; BGHZ 4, 323/5.

93 Uhlenbruck/*Pape*, InsO, § 4 Rn 35.

eingestellt, gilt § 299 ZPO ebenso.[94] Für die Fälle §§ 207, 211 Abs. 1 InsO gilt nach der Kommentierung § 299 Abs. 1 ZPO, während in den Fällen §§ 212, 213 InsO nur der § 299 Abs. 2 ZPO Anwendung finden soll, da nach Verfahrensbeendigung nicht automatisch von einer weiteren Gläubigerstellung ausgegangen werden muss.[95]

55 Das Rechtsmittel gegen eine abgelehnte Einsicht ist unterschiedlich zu bewerten. Zum einen ist das Rechtsmittel davon abhängig, in welchem Stadium des Verfahrens die Ablehnung stattfand, zum anderen durch welche Person sie erfolgte und letztlich, ob es sich um ein Gesuch eines Verfahrensbeteiligten oder eines Dritten handelte. Wird die Akteneinsicht eines Beteiligten (§ 299 Abs. 1 ZPO) durch den Beamten der Geschäftsstelle versagt, so hat der Antragsteller im Insolvenzeröffnungsverfahren und in vorbehaltenen Verfahren die Möglichkeit, eine Entscheidung des Insolvenzrichters herbeizuführen.[96] Im eröffneten, nicht vorbehaltenen Verfahren kann der Antragsteller die Entscheidung durch den Rechtspfleger herbeiführen.[97]

56 Erfolgte die nicht antragsgemäße Entscheidung auf Akteneinsicht durch den Richter oder durch einen Rechtspfleger, ist die Sofortige Beschwerde (§§ 567 ff. ZPO, im Falle des Rechtspflegers § 11 Abs. 1 RPflG) statthaft.[98] Es ist hier einhellige Auffassung, dass das Verfahren auf dem normalen Rechtsweg und nicht nach den §§ 23 ff. EGGVG zu entscheiden ist.[99] Die Akteneinsicht im eröffneten Verfahren stellt keinen Justizverwaltungsakt dar, über den im Verfahren nach §§ 23 ff. EGGVG zu entscheiden ist, sondern ist eine Entscheidung des Insolvenzgerichts, die nach § 567 ZPO (§ 11 Abs. 2 RPflG) anfechtbar ist. Wird die Akteneinsicht eines „Dritten“ (§ 299 Abs. 2 ZPO) durch den Gerichtsvorstand versagt, ist nach § 23 EGGVG der Weg an das OLG gegeben.

---

94 Uhlenbruck/*Pape*, InsO, § 4 Rn 21.
95 Uhlenbruck/*Pape*, InsO, § 4 Rn 21.
96 Jaeger/*Gerhard*, InsO, § 4 Rn 37.
97 Jaeger/*Gerhard*, InsO, § 4 Rn 37.
98 Jaeger/*Gerhard*, InsO, § 4 Rn 37; HambKomm-InsR/*Rüther*, InsO, § 4 Rn 43; a.A.: Uhlenbruck/*Pape*, InsO, § 4 Rn 36: bei Entscheidung des Rechtspflegers die Rechtspflegererinnerung nach § 11 Abs. 2 RPfIG und bei Entscheidungen des Richters kein Rechtsmittel gegeben.
99 Vgl. MüKo-InsO/Ganter, § 4 Rn 69; *Pape*, ZIP 1997, 1367, 1368.

Hinweis

Zurückweisungen müssen in der Praxis nicht notwendigerweise nur durch Beschluss erfolgen. Eine Zwischenverfügung kann ebenfalls als eine Entscheidung zu betrachten sein, die z.B. mittels § 11 RPflG anfechtbar ist.

5. Gläubigerausschuss

a) Allgemeines

Der Gläubigerausschuss ist neben der Gläubigerversammlung das wichtigste Gremium der Gläubigermitbestimmung. Wird ein Ausschuss bestellt, nimmt dieser häufig Aufgaben wahr, die ansonsten die Gläubigerversammlung wahrzunehmen hätte. Nach dem Gesetz haben die Mitglieder des Gläubigerausschusses den Insolvenzverwalter bei seiner Geschäftsführung zu unterstützen und zu überwachen. Der Ausschuss ist daher kraft Gesetz nicht nur ein Kontrollkorrektiv, sondern auch „aktiv" an der Gestaltung und Mitwirkung beteiligt. Beide Mechanismen erfordern daher Sachkenntnis, Ressourcen, Zeitaufwand. Durch den Ausschuss soll letztlich der ständige Einfluss der beteiligten Gläubiger auf den Ablauf des Insolvenzverfahrens sichergestellt und so deren Interessen zur Geltung gebracht werden.[100] 57

Der Ausschuss ist ein unabhängiges Organ der Gläubigermitbestimmung, „gewählt und legitimiert" durch die Gesamtgläubigerschaft. Er ist nicht weisungsgebunden. Gegenüber dem Insolvenzverwalter hat der Ausschuss ein „internes" Weisungsrecht, bspw. § 160 InsO. Nach außen bleiben Handlungen des Verwalters entgegen der Gläubigervorgabe gleichwohl wirksam, § 164 InsO, können jedoch gerichtliche Aufsichtsmaßnahmen oder Schadensersatzsanktionen nach sich ziehen. Der Ausschuss hat 58

- Informations-, Einsichts- und Mitwirkungsrechte, §§ 69, 274, 160 InsO (beachte aber § 164 InsO)
- Einberufungsrecht Gläubigerversammlung, § 75 Abs. 1 Nr. 2 InsO
- Recht auf Beantragung Sonderinsolvenzverwalter (Ausnahme: i.R.d. Aufsicht)
- Recht zum Antrag auf Entlassung des Verwalters, § 59 Abs. 1 InsO

100 BGH ZInsO 2007, 444 ff.

- Beteiligungsrecht bei Auswahl des vorläufigen Insolvenzverwalters, § 56a InsO, und Anhörungsrecht bei Eigenverwaltung, § 270 Abs. 3 InsO
- Versicherungsrecht
- Recht auf angemessene Vergütung und Erstattung von Auslagen
- Recht auf Versammlung
- „interne" Rechte, geregelt in der Geschäftsordnung (kann, muss aber nicht schriftlich erfolgen)
- Weisungsfreiheit gegenüber dem Gericht.

59 Im Gläubigerausschuss sollen die absonderungsberechtigten Gläubiger, die Insolvenzgläubiger mit den höchsten Forderungen und die Kleingläubiger vertreten sein. Dem Ausschuss soll ein Vertreter der Arbeitnehmer angehören. Der Ausschuss stellt durch seine repräsentative Zusammensetzung eine Ausgewogenheit der Verfahrensinteressen her, in dem auch kleinere Gläubiger dieselben Rechte wie Großgläubiger geltend machen können.

60 Grundsätzlich kommt auch im Nachlassinsolvenzverfahren ein Gläubigerausschuss potenziell in Betracht, auch wenn dies eher eine Seltenheit darstellen dürfte. Auch ein sog. vorläufiger Ausschuss im Eröffnungsverfahren dürfte schwerlich denkbar sein. Daher sollen an dieser Stelle nur wenige Worte zum vorläufigen Ausschuss gesagt, stattdessen der Fokus auf dem – tendenziell eher denkbaren – endgültigen Ausschuss gelegt werden.

b) Ausschuss im Eröffnungsverfahren

61 Die InsO regelt verschiedene Ausschussarten in den jeweiligen Verfahrensabschnitten (Eröffnungsverfahren und eröffnetes Verfahren), namentlich den endgültigen Ausschuss im eröffneten Verfahren, dessen Einsetzung fakultativ in der Gläubigerversammlung (§ 67 InsO) erfolgen kann, sowie den sog. vorläufigen Gläubigerausschuss ab Verfahrenseröffnung bis zur Gläubigerversammlung (auch „Interimsausschuss" genannt). Ferner kommt nach § 21 Abs. 2 Nr. 1a InsO als (weitere) Sicherungsmaßnahme im Eröffnungsverfahren die Bestellung eines vorläufigen Gläubigerausschusses (in der Literatur und hier zur besseren Unterscheidbarkeit mit dem vorläufigen Gläubigerausschuss im eröffneten Verfahren teilw. auch als vor-vorläufiger Gläubigerausschuss bezeichnet) in Betracht. Hierdurch soll die aktive

Gläubigerbeteiligung und deren Einbindung bereits im Vorfeld stark gefördert werden.

Neben diesem vor-vorläufigen Ausschuss als Sicherungsmaßnahme sind weitere vor-vorläufige Ausschussarten im Eröffnungsverfahren denkbar. Zu nennen ist hier zunächst der sog. Antragsausschuss nach § 22a Abs. 2 InsO. Das Gericht soll auf Antrag des Schuldners, des vorläufigen Insolvenzverwalters oder eines Gläubigers einen (vor-)vorläufigen Gläubigerausschuss nach § 22a Abs. 2 InsO einsetzen, wenn Personen benannt werden, die als Mitglieder des vorläufigen Gläubigerausschusses in Betracht kommen und dem Antrag Einverständniserklärungen der benannten Personen beigefügt werden. Auf Aufforderung des Gerichts haben der Schuldner oder der vorläufige Insolvenzverwalter zudem Personen zu benennen, die als Mitglieder des vorläufigen Gläubigerausschusses in Betracht kommen. 62

Daneben kann im Eröffnungsverfahren noch der sog. Pflichtausschuss infrage kommen. Dieser wurde durch das Gesetz zur weiteren Erleichterung der Sanierung von Unternehmen vom 7.12.2011[101] (ESUG) mit Wirkung ab 1.3.2012 geschaffen. Dieser obligatorische vor-vorläufige Ausschuss ist dann einzusetzen, wenn zwei der in § 22a Abs. 1 InsO aufgelisteten Merkmale beim Schuldner erfüllt sind, er also 63

- mindestens 6.000.000 EUR Bilanzsumme nach Abzug eines auf der Aktivseite ausgewiesenen Fehlbetrags i.S.d. § 268 Abs. 3 HGB,
- mindestens 12.000.000 EUR Umsatzerlöse in den zwölf Monaten vor dem Abschlussstichtag oder
- im Jahresdurchschnitt mindestens fünfzig Arbeitnehmer

nachweisen kann.

Dieser vor-vorläufige Gläubigerausschuss kann bei allen wichtigen Aufgaben und Entscheidungen im Eröffnungsverfahren mitwirken und mitbestimmen. Ist er konstituiert, ist er auch bei der Frage der Verwalterauswahl anzuhören. Ist ein vor-vorläufiger Gläubigerausschuss bestellt, ist diesem nämlich nach § 56a Abs. 1 InsO die Möglichkeit zu geben, zur Person des beabsichtigten Insolvenzverwalters und zu dessen Anforderungsprofil Stellung zu nehmen. Hierdurch sollen seit dem ESUG die Rechte der Gläubiger bereits im Vorfeld gestärkt und diese eingebunden werden, da sich in der Praxis gezeigt hat, dass 64

101 BGBl I S. 2582.

eine Abwahl des Verwalters erst in der ersten Gläubigerversammlung kaum eine praktische Rolle spielte. Aus der Vorschrift folgt aber nicht, dass der (vor-)vorläufige Gläubigerausschuss auch ein solches Votum abgeben muss. Es ist fakultativ.

65 Entschließt sich der (vor-)vorläufige Gläubigerausschuss zu einem einstimmigen Votum an Profil und Person eines Insolvenzverwalters, ist das Gericht hieran zunächst gebunden. Eine solche „feste“ Regelung bestand vor dem ESUG nicht und wurde angesichts der richterlichen Unabhängigkeit durchaus kritisch betrachtet. Gerade hier zeigt sich die neue „Macht“ der Gläubiger, die stark an Einfluss gewonnen haben. Das Gericht darf in einem solchen Fall nur vom einstimmigen Vorschlag des (vor-)vorläufigen Gläubigerausschusses abweichen, wenn die vorgeschlagene Person für die Übernahme des Amtes nicht geeignet erscheint. Hier bedarf es dann einer expliziten Begründung (vgl. § 56a Abs. 2 InsO). Trifft das Gericht eine andere Entscheidung, muss es aber zwingend zumindest die gestellten Anforderungsprofile zugrunde legen.

66 Ein (vor-)vorläufiger Gläubigerausschuss ist grundsätzlich dann nicht einzusetzen, wenn der Geschäftsbetrieb des Schuldners eingestellt ist, die Einsetzung des vorläufigen Gläubigerausschusses im Hinblick auf die zu erwartende Insolvenzmasse unverhältnismäßig ist oder die mit der Einsetzung verbundene Verzögerung zu einer nachteiligen Veränderung der Vermögenslage des Schuldners führt. Gerade im Nachlassinsolvenzverfahren spielt der vorl. Ausschuss daher selten eine Rolle.

c) Ausschuss im eröffneten Verfahren

67 Der Ausschuss im eröffneten Insolvenzverfahren ist im Nachlassverfahren denkbar, aber sicherlich ebenfalls eher seltener Natur. Gleichwohl sollen Ausführungen zum Ausschuss im Sinne eines Gesamtverständnisses getroffen werden. Grundsätzlich beschließt die Gläubigerversammlung, ob ein (endgültiger) Gläubigerausschuss eingesetzt werden soll. Hat das Insolvenzgericht mit Eröffnung bereits einen Gläubigerausschuss eingesetzt, so beschließt sie auch, ob dieser beibehalten werden soll.

68 Der Gläubigerausschuss hat die Aufgabe, den Insolvenzverwalter zu unterstützen und zu überwachen. Die Mitglieder des Ausschusses haben sich über den Gang der Geschäfte zu unterrichten sowie die

Bücher und Geschäftspapiere einzusehen und den Geldverkehr und -bestand prüfen zu lassen. Daraus ergibt sich, dass die Übernahme eines entsprechenden Amtes auch mit einer erheblichen Verantwortung und Haftungsfrage verbunden ist.[102] An vielen Stellen des Gesetzes wird eine unmittelbare Mitwirkung des Ausschusses bei Entscheidungen des Verfahrens und des Verwalters vorausgesetzt, die wiederum häufig an die Stelle der Entscheidungen der Gläubigerversammlung tritt. Als Mitglied eines Gläubigerausschusses sollen möglichst natürliche Personen gewählt werden. Auch können juristische Personen des öffentlichen Rechts oder Anstalten oder Körperschaften des öffentlichen Rechts in den Gläubigerausschuss berufen werden.[103]

Bei Behörden besteht grundsätzlich das sog. Behördenverbot. Eine 69
Behörde selbst kann daher nicht Mitglied des Gläubigerausschusses sein.[104] An ihrer Stelle werden meist Mitarbeiter (Beamte/Angestellte) im Ausschuss tätig. Der Ausschuss soll sich repräsentativ zusammensetzen.[105] Im Gläubigerausschuss sollen die absonderungsberechtigten Gläubiger, die Insolvenzgläubiger mit den höchsten Forderungen und die Kleingläubiger vertreten sein. Dem Ausschuss soll daneben ein Vertreter der Arbeitnehmer angehören. Überwiegend geht man im Falle der Bestellung eines Ausschusses von einer Mindestgröße von fünf Mitgliedern aus,[106] wobei kleinere Ausschüsse bis zu zwei Mitgliedern als zulässig angesehen werden.[107] Ein solcher Ausschuss dürfte hingegen wenig zweckdienlich sein, da es hierdurch im Falle einer Abstimmung zu einer Patt-Situation kommen kann, also keine mehrheitliche Abstimmung möglich ist.

Während die Teilhabe an der Gläubigerversammlung im eigenen Inte- 70
resse erfolgt, begründet das Amt als Ausschussmitglied einen Anspruch gegen die Insolvenzmasse. Die Mitglieder des Gläubigerausschusses haben danach Anspruch auf Vergütung für ihre Tätigkeit und

102 BGH, Urt. v. 9.10.2014 – IX ZR 140/11.
103 LG Duisburg, Beschl. v. 29.9.2003 – 7 T 203/03.
104 BGH, Urt. v. 11.11.1993 – IX ZR 35/93.
105 *Lissner*, InsBüro 2011, 127 ff.
106 HambKomm-InsR/*Frind*, § 67 Rn 4.
107 So BGH, Beschl. v. 5.3.2009 – IX ZB 148/08: Mindestzahl zwei Mitglieder, hier aber Sonderfall mit ganz geringer Gläubigerzahl; anders hingegen bei einem vorvorläufigen Ausschuss, wo ein Ausschuss aus zwei Mitgliedern nicht denkbar ist, siehe *Frind*, ZIP 2013, 2244 ff.

auf Erstattung angemessener Auslagen. Die Vergütung der Mitglieder des Gläubigerausschusses beträgt nach § 17 InsVV gegenwärtig regelmäßig zwischen 50 und 300 EUR je Stunde, kann im Einzelfall aber auch darüber hinausgehen, wenn mit den vorgegebenen Sätzen keine angemessene Vergütung sichergestellt werden kann. Die Vergütung der Mitglieder des vorläufigen Gläubigerausschusses für die Erfüllung der ihm nach §§ 56a und 270b Abs. 3 InsO zugewiesenen Aufgaben beträgt zusätzlich einmalig 500 EUR.

6. Gläubigerversammlung

71 Eine Gläubigerbeteiligung ist in der Praxis leider zunehmend die Ausnahme. Hinzuweisen ist jedoch darauf, dass nur durch eine aktive Beteiligung spätere Verfahrensrechte geltend gemacht werden können. Die Beteiligung der Gläubiger erfolgt im Wesentlichen durch Anmeldung einer Insolvenzforderung als Basis und der darauffolgenden Teilnahme an den Gläubigerversammlungen und durch den (ggf. vorläufigen) Gläubigerausschuss. Gerade im Nachlassinsolvenzverfahren spielt die Gläubigerversammlung eine besondere Rolle, da regelmäßig ein Ausschuss nicht eingesetzt werden wird.

72 Erst die aktive Teilnahme am Verfahren durch Anmeldung der Forderung sichert die Teilnahme und die Ausübung der Verfahrensrechte sowie natürlich die Teilhabe an einer Insolvenzquote für den Gläubiger. Ohne Anmeldung können Rechte nicht ausgeübt werden. Die Gläubigerversammlung ist dabei das wichtigste Organ innerhalb eines Insolvenzverfahrens. Geregelt ist sie in §§ 74 ff. InsO.

73 Die Gläubigerversammlung ist Repräsentant der Gläubigergemeinschaft und „Herr des Verfahrens“. Das gläubigerautonom ausgestaltete Insolvenzverfahren bewirkt, dass die Gläubiger durch ihr Abstimmungsverhalten maßgeblich über den weiteren Fortgang des Verfahrens entscheiden können. Die Gläubiger erhalten in den Gläubigerversammlungen alle wichtigen Informationen über das Verfahren und können hier auch Berichtspflichten des Verwalters festlegen. In der Gläubigerversammlung werden – insbesondere dann, wenn kein Gläubigerausschuss bestellt ist – alle verfahrenswichtigen, grundlegenden Entscheidungen getroffen, da solche stets unter dem Zustimmungs-

vorbehalt der Gläubigerversammlung stehen.[108] Umgekehrt wird der Insolvenzverwalter regelmäßig alle grundlegenden Entscheidungen in der Gläubigerversammlung zur Sprache und Abstimmung kommen lassen.[109]

Die erste Gläubigerversammlung – der sog. Berichtstermin – wird von Amts wegen im Eröffnungsbeschluss bestimmt. Dieser Termin soll nach den gesetzlichen Bestimmungen nicht über sechs Wochen und darf nicht über drei Monate seit der Eröffnung angesetzt werden. Die Zeit, der Ort und die Tagesordnung jeder Gläubigerversammlung sind öffentlich bekanntzumachen. Weitere Gläubigerversammlungen können im Laufe eines Insolvenzverfahrens notwendig werden. Für die Gläubiger ergibt sich zudem ein Antragsrecht auf Einberufung, wenn das in § 75 InsO normierte Quorum erreicht wird. 74

7. Auskunftsrechte

Die Gläubigerversammlung ist berechtigt, vom Insolvenzverwalter einzelne Auskünfte und einen Bericht über den Sachstand und die Geschäftsführung zu verlangen. Ist ein Gläubigerausschuss nicht bestellt, so kann die Gläubigerversammlung den Geldverkehr und -bestand des Verwalters prüfen lassen, § 79 InsO. Das Gesetz spricht sich dabei nur für eine Auskunftsmöglichkeit der Gläubigerversammlung oder des Gläubigerausschusses aus. Einzelnen Gläubigern wird dieses Recht nicht gegenüber dem Insolvenzverwalter eingeräumt. 75

8. Mitwirkungsrechte – Prüfung der Schlussrechnung

Das Gesetz sieht vor, dass die Schlussverteilung gem. § 196 Abs. 2 InsO nur mit Zustimmung des Insolvenzgerichts durchgeführt werden darf, was zum einen unmittelbaren Kontroll- und Mitwirkungsmechanismus des Insolvenzgerichts belegt, zum anderen aber auch die besondere Bedeutung der gerichtlichen Kontrolle wiederspiegelt. Nach dem Gesetz ist aber (auch) der „Gläubigerversammlung" Rechnung zu legen. Der Verwalter ist danach grundsätzlich zur Rechnungslegung verpflichtet. Die Verpflichtung trifft den Verwalter **bei Beendi-** 76

108 *Haarmeyer/Frind*, Insolvenzrecht, Rn 205.
109 *Reischl*, Insolvenzrecht, Rn 725.

gung seines Amtes, also auch den vorläufigen Verwalter mit Verfahrenseröffnung, den abgewählten bzw. entlassenen Verwalter[110] mit seiner Entlassung oder einen Sonderverwalter, wenn sein Amt nach Erfüllung der Aufgaben beendet ist.

77 Im Eigenverwaltungsverfahren trifft die Pflicht zur Schlussrechnungslegung den Schuldner (§ 281 Abs. 3 InsO), für den die gleichen Maßstäbe wie für den Verwalter gelten. Der Sachwalter hat die Unterlagen zu prüfen und evtl. Einwendungen mitzuteilen (§ 281 Abs. 1 S. 2 InsO). Durch einen bestätigten Insolvenzplan kann der Verzicht auf die Schlussrechnungslegung vereinbart werden, § 66 Abs. 1 S. 2 InsO.

78 Nach § 66 Abs. 2 S. 1 InsO hat das Gericht hiernach die Schlussrechnung des Verwalters zu prüfen. Hierzu ist zunächst eine ordentliche Schlussrechnung bestehend aus Schlussbericht, Tätigkeitsbericht insbesondere über die Entwicklung vom Anfangsvermögen bis zum Schluss des Verfahrens, einer Insolvenzschlussbilanz, mindestens einer Einnahmen-Überschussrechnung und dem Schlussverzeichnis erforderlich. Der Schlussbericht enthält i.d.R. daneben Angaben über die Verwertung der Massegegenstände, die Vertragsabwicklungen sowie die schwebenden Prozesse.

79 Diese Rechnungslegung muss so beschaffen sein, dass ein sachverständiger Dritter die Buchführung ohne Schwierigkeiten übersehen und nachprüfen kann und dass sämtliche Geschäftsvorfälle richtig und vollständig bezeichnet worden sind. Die Unterlagen müssen ein vollständiges Bild der Tätigkeit des Insolvenzverwalters abgeben und dem Insolvenzgericht die Möglichkeit geben, die ordnungsgemäße Verfahrensabwicklung zu prüfen. Damit finden die Grundsätze ordnungsgemäßer Buchführung der Richtigkeit, Klarheit, Vollständigkeit und Stetigkeit entsprechende Anwendung auf die vom Verwalter vorgelegte Schlussrechnung. Gläubigern muss so die Möglichkeit eröffnet werden, die Schlussrechnung prüfen und ggf. Beanstandungen im Schlusstermin vorbringen zu können. Nach dem Willen des Gesetzgebers ist dabei die Schlussrechnungsprüfung eher eine Gläubigeraufgabe, d.h. in einem gläubigerbestimmten Verfahren haben vor allem diese die Schlussrechnung zu prüfen und ggf. entsprechend dagegen

110 BGH, Urt. v. 23.9.2010 – IX ZR 243/09.

vorzugehen. Dies ergibt sich schon aus § 66 InsO, wonach der Gläubigerversammlung gegenüber Rechnung zu legen ist.

Im Schlusstermin selbst haben die Gläubiger zusätzlich Gelegenheit, 80
sich vom Insolvenzverwalter einzelne Punkte der Schlussrechnung (Zusammensetzung und Verwertung der Masse, Höhe der Masseansprüche, die vollzogenen Ausschüttungen an die Insolvenzgläubiger, erwartetes und eingetretenes Gesamtergebnis des Insolvenzverfahrens) erläutern zu lassen, und die Schlussrechnung des Insolvenzverwalters zu erörtern (§ 197 Abs. 1 S. 2 Nr. 1 InsO).[111] Materielle Einwände werden zu diesem Zeitpunkt und an dieser Stelle aber nicht entschieden. Die Erörterung der Schlussrechnung ebenso wie ihre Prüfung durch Gericht und Gläubigerausschuss dienen nämlich nicht dazu, Maßnahmen des Insolvenzverwalters daraufhin zu überprüfen, ob sie richtig und zweckmäßig waren oder ob den Gläubigern durch eine (behauptete) Pflichtverletzung des Verwalters ein Schaden entstanden ist.

Behauptet ein Gläubiger, ihm sei durch pflichtwidriges Verhalten des 81
Insolvenzverwalters ein Schaden entstanden, muss er dies außerhalb des Insolvenzverfahrens durch eine Schadenersatzklage geltend machen.[112]

Die Literatur[113] unterscheidet regelmäßig zwischen formeller und ma- 82
terieller Schlussrechnungsprüfung. Die formelle Schlussrechnungsprüfung besteht dabei vordringlich in einer rechnerischen Prüfung und dem Abgleich der Belege.[114] Das Ergebnis dieser Prüfung beinhaltet die Feststellung, dass die Voraussetzungen der Schlussrechnung vorliegen und dass die Schlussrechnung den äußeren Rahmen einhält, also alle Geschäftsvorfälle erfasst sind, die Buchhaltung in Ordnung ist und auch ansonsten die Ordnungsprinzipien der insolvenzrechtlichen Buchführung eingehalten sind. Diese „formelle" Prüfung ist ureigene Aufgabe des Gerichts.

---

111 FK-InsO/*Kießner*, § 197 Rn 10 ff.

112 FK-InsO/*Kießner*, § 197 Rn 10 ff.

113 Siehe hierzu die einschlägige Kommentierung zu § 66 InsO.

114 Uhlenbruck/*Uhlenbruck*, InsO, § 66 Rn 59 ff.; HambKomm-InsR/*Weitzmann*, § 66 Rn 11.

83 Hinsichtlich einer materieller Prüfung besteht der Prüfungsauftrag in der Feststellung inhaltlicher Richtigkeit der Schlussrechnung.[115] Zum Teil wird hier eine gerichtliche Prüfung zur Gänze abgelehnt und der Auftrag zur Prüfung bei der Gläubigergesamtheit gesehen. Zum Teil wird keine Prüfungspflicht,[116] jedoch ein Prüfungsrecht gesehen.[117] Letztlich wird aber überwiegend ein Prüfungsauftrag der Gerichte gesehen, der sich allerdings auf eine reine Prüfung der Rechtmäßigkeit beschränkt, also keine Zweckmäßigkeitserwägungen verlangt.[118] Diese bleibt Aufgabe der Gläubigerschaft.[119]

9. Vollstreckungsverbote

84 Nach Eröffnung des Insolvenzverfahrens besteht ein Verbot der Einzelzwangsvollstreckung, §§ 87, 89 InsO. Für Insolvenzgläubiger ist die Beteiligung am Insolvenzverfahren mit der Aussicht auf quotale Befriedigung die einzige Möglichkeit, ihre Forderung geltend zu machen (§ 87 InsO).

D. Forderungsanmeldung

I. Allgemeines

85 Wird das Nachlassinsolvenzverfahren eröffnet, enthält der Eröffnungsbeschluss[120] den Hinweis, Forderungen nicht mehr isoliert vollstrecken, stattdessen Rechte nur noch im Insolvenzverfahren geltend machen zu können. Im Eröffnungsbeschluss ist zudem der Hinweis enthalten, die Forderungen beim Insolvenzverwalter anzumelden. Die Anmeldung ist dabei fakultativ. Will ein Gläubiger am Verfahren nicht

115 Uhlenbruck/*Uhlenbruck*, InsO, § 66 Rn 59 ff.; HambKomm-InsR/*Weitzmann*, § 66 Rn 11 ff.

116 Siehe insoweit Uhlenbruck/*Uhlenbruck*, InsO, § 66 Rn 52 unter Verweis auf AG Duisburg ZIP 2005, 2335 ff.; *Frege/Riedel*, Schlussbericht und Schlussrechnung, Rn 275; *Weitzmann*, ZINsO 2007, 449 ff.; MüKo-InsO/*Riedel*, § 66 Rn 26.

117 *Weitzmann*, ZINsO 2007, 449 ff.

118 HambKomm-InsR/*Weitzmann*, § 66 Rn 12.

119 *Lissner*, ZInsO 2012, 957 ff.

120 Zum Eröffnungsbeschluss samt Muster siehe auch § 5 Rdn 46.

aktiv teilnehmen, so ist eine Anmeldung nicht erforderlich. Rechte am Verfahren oder aus dem Verfahren können dann jedoch ebenfalls nicht geltend gemacht werden.

Die Anmeldung der Forderung ist erst nach Eröffnung möglich. Die 86
Anmeldungen, die gem. § 174 InsO schriftlich erfolgen müssen, sind an den Verwalter zu übersenden, der sie in die Tabelle einträgt. Wird eine Forderungsanmeldung versehentlich oder in Verkennung der mit Inkrafttreten der Insolvenzordnung geänderten Rechtslage dem Gericht übersandt, hat dieses sie umgehend dem Verwalter zuzuleiten. Führt eine verspätete Weiterleitung dazu, dass die Forderung im ersten Prüfungstermin nicht geprüft werden kann, kann eine Gebühr für den besonderen Prüfungstermin nicht erhoben werden.

▼

Muster 6.2: Eröffnungsbeschlusses (Auszug) 87

(...) hat das Amtsgericht Konstanz am beschlossen:

1. Das am bei Gericht eingegangene Insolvenzverfahren über das Vermögen des Schuldners wird wegen Zahlungsunfähigkeit am um Uhr eröffnet.

2. Es wird festgestellt, dass der Schuldner Restschuldbefreiung erlangt, wenn er den Obliegenheiten des § 295 InsO nachkommt und die Voraussetzungen für eine Versagung nach den §§ 290, 297–298 InsO nicht vorliegen.

3. Zum Insolvenzverwalter wird bestellt:

Rechtsanwalt

 (*Adresse*)

Telefon:

Telefax:

E-Mail:

4. Die Insolvenzgläubiger werden aufgefordert, Insolvenzforderungen (§ 38 InsO) bis zum **19.11.2018** bei dem Insolvenzverwalter schriftlich anzumelden.

Bei der Anmeldung sind Grund und Betrag der Forderung anzugeben.

Ergibt sich nach Einschätzung des Gläubigers, dass der Forderung eine vorsätzlich begangene unerlaubte Handlung, eine vorsätzliche pflichtwidrige Verletzung einer gesetzlichen Unterhaltspflicht oder eine Steuerstraftat des Schuldners nach § 370 (Steuerhinterziehung), § 373 (gewerbsmäßiger, gewaltsamer und bandenmäßiger

Schmuggel) oder § 374 (Steuerhehlerei) der Abgabenordnung zugrunde liegt, sind diese Tatsachen anzugeben.

5. Das Insolvenzverfahren wird bis auf Weiteres schriftlich durchgeführt, § 5 Abs. 2 InsO.

Sollten Beschlussfassungen über die eventuelle Wahl eines anderen Insolvenzverwalters, über die Einsetzung eines Gläubigerausschusses sowie über die in §§ 66 (Rechnungslegung Insolvenzverwalter), 100 f. (Unterhaltszahlungen aus der Insolvenzmasse), 149 (Anlage von Wertgegenständen), 160 (Zustimmung zu besonders bedeutsamen Rechtshandlungen des Insolvenzverwalters), 233 (Zustimmung Fortsetzung Verwertung und Verteilung bei Insolvenzplan) InsO bezeichneten Angelegenheiten erforderlich sein, bedarf es der Antragstellung bis , damit die Anordnung des schriftlichen Verfahrens widerrufen werden kann.

Die Prüfung der angemeldeten Forderungen erfolgt gem. § 5 Abs. 2 InsO im schriftlichen Verfahren. Prüfungsstichtag, der dem Prüfungstermin entspricht (§ 176 InsO), ist der **21.12.2018**. Spätestens an diesem Tag muss der schriftliche Widerspruch, mit dem ein Beteiligter eine Forderung bestreitet, bei Gericht eingehen. Im Widerspruch ist anzugeben, ob die Forderung nach ihrem Grund, ihrem Betrag oder ihrem Rang bestritten wird.

Die Tabelle mit den Forderungen und die Anmeldeunterlagen werden spätestens am 30.11.2018 zur Einsicht der Beteiligten auf der Geschäftsstelle des Insolvenzgerichts niedergelegt.

Nach Ablauf der Widerspruchsfrist werden die Forderungen geprüft.

Hinweise:
- Gläubiger, deren Forderungen festgestellt werden, erhalten keine Benachrichtigung.
- Hat der Schuldner eine titulierte Forderung bestritten, so obliegt es dem Schuldner binnen einer Frist von einem Monat, die im schriftlichen Verfahren mit dem Bestreiten der Forderung beginnt, den Widerspruch zu verfolgen. Nach fruchtlosem Ablauf dieser Frist gilt ein Widerspruch als nicht erhoben.
- Der Schuldner hat dem Gericht die Verfolgung dieses Anspruchs nachzuweisen.

6. Sicherungsrechte an beweglichen Gegenständen oder an Rechten sind dem Insolvenzverwalter unverzüglich anzuzeigen (§ 28 Abs. 2 InsO).

Der Gegenstand, an dem das Sicherungsrecht beansprucht wird, die Art und der Entstehungsgrund des Sicherungsrechts sowie die gesicherte Forderung sind zu bezeichnen. Wer die Mitteilung schuldhaft unterlässt oder verzögert, haftet für den daraus entstehenden Schaden (§ 28 Abs. 2 InsO).

7. Personen, die Verpflichtungen gegenüber dem Schuldner haben, werden aufgefordert, nicht mehr an diesen, sondern an den Insolvenzverwalter zu leisten (§ 28 Abs. 3 InsO).

8. Der Insolvenzverwalter wird gem. § 8 Abs. 3 InsO beauftragt, die in dem Verfahren vorzunehmenden Zustellungen, beginnend mit der Zustellung des Eröffnungsbeschlusses nach § 30 InsO, durchzuführen.

Ausgenommen ist die Zustellung des Eröffnungsbeschlusses an den Schuldner; diese erfolgt durch das Insolvenzgericht.

Die öffentlichen Bekanntmachungen obliegen weiterhin dem Insolvenzgericht.

9. Hinweis

Die in einem elektronischen Informations- und Kommunikationssystem erfolgte Veröffentlichung von Daten aus einem Insolvenzverfahren einschließlich des Eröffnungsverfahrens wird spätestens sechs Monate nach der Aufhebung oder der Rechtskraft der Einstellung des Insolvenzverfahrens gelöscht, § 3 Abs. 1 S. 1 InsOBekV.

Für die Veröffentlichungen im Restschuldbefreiungsverfahren einschließlich des Beschlusses nach § 289 InsO gilt § 3 Abs. 1 S. 1 InsOBekV mit der Maßgabe, dass die Frist mit Rechtskraft der Entscheidung über die Restschuldbefreiung zu laufen beginnt. Sonstige Veröffentlichungen nach der Insolvenzordnung werden einen Monat nach dem ersten Tag der Veröffentlichung gelöscht.

▲

II. Forderungsfeststellung

Gegenstand des Eröffnungsbeschlusses ist auch die Aufforderung an die Gläubiger, ihre Forderungen beim Verwalter innerhalb der im Eröffnungsbeschluss genannten Frist schriftlich anzumelden, § 28 Abs. 1 InsO. Der Anmeldung sollen die Urkunden, aus denen sich die Forderung ergibt, in Abdruck beigefügt werden. Ebenfalls anzugeben sind der Grund und der Betrag der Forderung sowie ggf. die Tatsachen, aus denen sich nach Einschätzung des Gläubigers ergibt, dass der Forderung eine vorsätzlich begangene unerlaubte Handlung, eine vorsätzliche pflichtwidrige Verletzung einer gesetzlichen Unterhaltspflicht oder eine Steuerstraftat des Schuldners nach den §§ 370, 373 oder § 374 AO zugrunde liegt. Die Anmeldung muss – als Basis eines späteren Titels – zumindest hinreichend bestimmt sein[121] und mit einem schlüssigen Lebenssachverhalt versehen werden.[122] 88

121 BGH, Urt. v. 27.9.2001 – IX ZR 71/00, NZI 2002, 37.

122 BGH, Urt. v. 22.1.2009 – IX ZR 3/08, ZInsO 2009, 381.

89 Die Aufforderung im Eröffnungsbeschluss zur Forderungsanmeldung dient auch der Ermittlung der tatsächlichen Schuldenmasse. Darum haben Gläubiger unverzüglich gem. § 28 Abs. 2 InsO eventuelle Sicherungsrechte gegenüber dem Insolvenzverwalter anzuzeigen. Auch diesbezüglich erfolgt im Eröffnungsbeschluss ein entsprechender Hinweis. Der Gegenstand, an dem das Sicherungsrecht beansprucht wird, die Art und der Entstehungsgrund des Sicherungsrechts sowie die gesicherte Forderung sind dabei zu bezeichnen. § 28 Abs. 2 InsO spricht lediglich von Sicherungsrechten an beweglichem Vermögen und Forderungen wie z.B.:

- Eigentumsvorbehalte, auch verlängerter Eigentumsvorbehalt
- Sicherungsübereignungen, auch Raumsicherungsverträge
- Globalzessionen
- Vertragliche oder gesetzliche Pfandrechte an Mobilien
- Zurückbehaltungsrechte.

90 Die Anmeldungen sind an den Verwalter zu übersenden, der sie in die Tabelle einträgt. Die Anmeldefrist ist in § 28 Abs. 1 S. 2 InsO legaldefiniert. Sie beträgt mindestens zwei Wochen und höchstens drei Monate. Der Fristbeginn berechnet sich ab dem Zeitpunkt, zu dem die Veröffentlichung der Insolvenzeröffnung nach § 9 Abs. 1 S. 3 InsO wirksam wird. Dies ist nach Ablauf zweier weiterer Tage nach dem Tag der Veröffentlichung der Fall.

91 Eine Forderungsanmeldung ist erst nach dem Zeitpunkt der Verfahrenseröffnung vorzunehmen. Eine vorherige Forderungsanmeldung ist nach überwiegender Ansicht[123] unwirksam. Die Anmeldefrist wird gem. § 28 Abs. 1 InsO im Eröffnungsbeschluss festgelegt. Nachmeldungen können aber auch noch nach Ablauf der im Eröffnungsbeschluss gesetzten Frist – längstens jedoch bis zum Schlusstermin[124] – erfolgen. Erfolgt die Anmeldung allerdings erst nach der Niederlegung und der öffentlichen Bekanntmachung des Schlussverzeichnisses gem. § 188 InsO, kann die Forderung grundsätzlich nicht mehr in das Verteilungsverzeichnis aufgenommen werden.[125] Im eigentlichen Prüfungstermin sind nach dem Gesetz auch solche Forderungen zu

123 LSG Baden-Württemberg KTS 1985, 566; FK-InsO/*Kießner*, § 174 Rn 4; a.A. Uhlenbruck/*Sinz*, InsO, § 174 Rn 14.

124 FK-InsO/*Kießner*, § 174 Rn 5.

125 FK-InsO/*Kießner*, § 174 Rn 5.

prüfen, die erst nach dem Ablauf der Anmeldefrist angemeldet worden sind.

Widerspricht jedoch der Insolvenzverwalter oder ein Insolvenzgläubi- 92
ger dieser Prüfung oder wird eine Forderung erst nach dem Prüfungstermin angemeldet, so hat das Insolvenzgericht auf Kosten des Säumigen entweder einen besonderen Prüfungstermin zu bestimmen oder die Prüfung im schriftlichen Verfahren anzuordnen, § 177 Abs. 1 InsO. In der Praxis stellt die Prüfung im schriftlichen Verfahren nach § 177 Abs. 1 S. 2 2. Alt. InsO den Regelfall dar. Die Entscheidung ergeht i.R.d. § 177 Abs. 1 S. 2 2. Alt. InsO durch Beschluss, i.R.d. besonderen mündlichen Termins nach § 177 Abs. 1 S. 2 1. Alt. InsO mittels Terminbestimmung (ebenfalls in Beschlussform). Der besondere Prüfungstermin ist öffentlich bekanntzumachen. Zu dem Termin sind die Insolvenzgläubiger, die eine Forderung angemeldet haben, der Verwalter und der Schuldner besonders zu laden.

Hinweis 93

Das Formular zur Forderungsanmeldungen im Insolvenzverfahren ist zu finden unter

www.bmj.de/DE/service/formulare/form_insolvenz/form_insolvenzverfahren_artikel.html

III. Forderungsanmeldung beim Insolvenzverwalter

Der Verwalter prüft die Anmeldungen und trägt sie zusammen mit 94
seinem Prüfungsergebnis in die dem Gericht zu übersendende Tabelle ein. Neben der in § 174 Abs. 1 InsO normierten Schriftform bestehen keine weiteren Formerfordernisse. Telegrafie, Fernschreiben, Telefax o.Ä., aber auch die elektronische Datenübertragung wird daher als ausreichend angesehen. Die notwendigen beizufügenden Urkunden (§ 174 Abs. 1 InsO) – etwa Rechnungen, Verträge oder Quittungen – können auch nachgereicht werden. Voraussetzung ist lediglich, dass die Anmeldung in deutscher Sprache erfolgt (§ 184 GVG).[126] Die Auf-

126 Für Anmeldungen aus EU-Mitgliedstaaten siehe Art. 42 Abs. 2 der Verordnung (EG) Nr. 1346/2000 des Rates über Insolvenzverfahren vom 29.5.2000 (abgedr. in ABlEG Nr. L 160/1 vom 30.6.2000).

forderung zur Forderungsanmeldung erfasst ohne besondere Regelung per Gesetz zunächst lediglich die Insolvenzgläubiger.[127] Nachrangige Insolvenzgläubiger sind am Verfahren lediglich nach vorheriger Zulassung und Aufforderung durch das Insolvenzgericht beteiligt, § 174 Abs. 3 InsO.

95 Anmeldefähig sind nur vermögensrechtliche Ansprüche, d.h. Geldforderungen oder Forderungen in Geldeswert, errechnet oder geschätzt in Euro, nicht in Fremdwährung. Nicht anmeldepflichtig sind Masseverbindlichkeiten, die gem. § 53 InsO aus der Insolvenzmasse vorweg befriedigt werden, sowie Aussonderungsrechte. Reine Absonderungsrechte als solche (wohl aber die dazugehörige Forderung) sind ebenfalls, soweit nicht parallel auch eine persönliche Haftung als Insolvenzforderung vorliegt, nicht anmeldepflichtig. Auf Titeln oder sonstigen Vollstreckungsurkunden wird eine Zuteilung von Masse im Insolvenzverfahren vermerkt (§ 178 Abs. 2 S. 3 InsO). Sie sind daher regelmäßig im Original vorzulegen und können nach erfolgtem Vermerk zurückgegeben werden. Durch die Forderungsanmeldung beim Insolvenzverwalter tritt gem. § 204 Abs. 1 Nr. 10 BGB eine Hemmung der Verjährung ein. Die Forderung ist – im Übrigen auch ohne Anmeldung – nicht mehr individuell durchsetzbar, sondern nimmt am Gesamtvollstreckungsverfahren mit einer – bei Feststellung – quotalen Befriedigung teil.

96 Nach erfolgter Anmeldung beim Insolvenzverwalter trägt dieser die Forderung in die Insolvenztabelle ein. Der Insolvenzverwalter hat dabei jede angemeldete Forderung mit den in § 174 Abs. 2 und 3 InsO genannten Angaben in eine Tabelle einzutragen. Dies bedeutet, dass der Insolvenzverwalter grundsätzlich nicht berechtigt ist, von sich aus Anmeldungen – etwa unschlüssige – zurückzuweisen.[128] Vielmehr hat er sie dennoch aufzunehmen, kann aber im späteren Verlauf von seinem Widerspruchsrecht Gebrauch machen. Zum Teil wird aber auch die Ansicht vertreten, der Insolvenzverwalter könne formell mangelhafte Anmeldungen von sich aus zurückweisen.[129]

---

127 FK-InsO/*Kießner*, § 174 Rn 7.

128 *Reischl*, Insolvenzrecht, Rn 744.

129 K. Schmidt/*Jungmann*, InsO, § 174 Rn 39; MüKo-InsO/Riedel, § 175 Rn 14.

Die Prüfung der Forderung erfolgt im Prüfungstermin, § 176 InsO. Hier werden die angemeldeten Forderungen ihrem Betrag und ihrem Rang nach geprüft. Zuständig für die materielle Prüfung ist hier ausschließlich der Insolvenzverwalter. Dem Insolvenzgericht kommt hingegen keine solche materiell-rechtliche Prüfungspflicht zu. 97

Geprüft werden dabei alle im Prüfungstermin angemeldeten Insolvenzforderungen. Es sind auch die Forderungen zu prüfen, die erst nach dem Ablauf der Anmeldefrist angemeldet worden sind. Widerspricht jedoch der Insolvenzverwalter oder ein Insolvenzgläubiger dieser Prüfung oder wird eine Forderung erst nach dem Prüfungstermin angemeldet, so hat das Insolvenzgericht auf Kosten des Säumigen entweder einen besonderen Prüfungstermin zu bestimmen oder die Prüfung im schriftlichen Verfahren anzuordnen.

Im Prüfungstermin selbst werden die einzelnen Forderungen erörtert. 98
Insbesondere werden diejenigen Forderungen, die vom Insolvenzverwalter, vom Schuldner (= Erben) oder von einem Insolvenzgläubiger bestritten werden, einzeln erörtert. Der Prüfungstermin kann nach § 5 InsO auch im schriftlichen Verfahren stattfinden. Kein Widerspruchsrecht haben nach der gesetzlichen Formulierung

- nicht stimmberechtigte Gläubiger
- Massegläubiger.

Der Widerspruch des Schuldners (= Erben) ist zwar berechtigt, ein Widerspruch des Schuldners steht der Feststellung der Forderung aber grundsätzlich nicht entgegen.

IV. Mögliche Prüfungsergebnisse

In einem Insolvenzverfahren können folgende Prüfungsergebnisse 99
vorkommen:

1. Die Forderung wird bestritten 100

Durch das Verwalterbestreiten gibt der Verwalter gegenüber einem Gläubiger zu erkennen, dass er dessen Forderungsanmeldung nach Prüfung nicht anerkennt. Die entsprechende Forderung gilt damit nicht als „festgestellt“, § 178 Abs. 1 InsO. Ein Insolvenzgläubiger, dessen Forderung wiederum nicht festgestellt ist und für dessen Forderung ein vollstreckbarer Titel oder ein Endurteil nicht vorliegt, hat spätestens innerhalb einer Ausschlussfrist von zwei Wochen nach der öffentlichen Bekanntmachung des Verteilungsverzeichnisses dem Insolvenzverwalter nachzuweisen, dass und für welchen Betrag die Feststellungsklage erhoben oder das Verfahren in dem früher anhängigen Rechtsstreit aufgenommen ist, § 189 Abs. 1 InsO. Wird der Nachweis rechtzeitig geführt, so wird der auf die Forderung entfallende Anteil bei der Verteilung zurückbehalten, solange der Rechtsstreit anhängig ist. Wird der Nachweis nicht rechtzeitig geführt, so wird die Forderung bei der Verteilung nicht berücksichtigt.

Bei einem Insolvenzgläubiger, dessen Forderung nicht festgestellt ist, für dessen Forderung ein vollstreckbarer Titel oder ein Endurteil jedoch vorliegt, hat der nach § 179 Abs. 2 InsO Bestreitende den Widerspruch mittels Feststellungsklage zu verfolgen.[130] Das Insolvenzgericht erteilt dem Gläubiger, dessen Forderung bestritten worden ist, einen beglaubigten Auszug aus der Tabelle. Hierdurch erhält dieser „Kenntnis" davon, dass er den Widerspruch verfolgen muss. Liegt ein vollstreckbarer Titel oder ein Endurteil vor, so erhält wiederum der Bestreitende nach § 179 Abs. 2 InsO einen beglaubigten Auszug aus der Tabelle und damit die Kenntnis, ggf. aktiv werden zu müssen.

101 2. Die Forderung wird festgestellt („Feststellung")

Erkennt der Insolvenzverwalter die Forderung an, wird sie in das Verteilungsverzeichnis aufgenommen und partizipiert an einer späteren Verteilung. Die Gläubiger, deren Forderungen festgestellt worden sind, werden nicht benachrichtigt.

102 3. Die Forderung wird vorläufig bestritten („vorläufiges Bestreiten")

Das sog. vorläufige Bestreiten findet sich in der Praxis recht häufig.[131] Dieses ist in seiner Grundlage dem Gesetz unbekannt.[132] Die InsO sieht nur ein Anerkenntnis der Forderung oder ein Bestreiten vor.[133] Gleichwohl hat sich das vorläufige Bestreiten eingebürgert und wird daher eher als „Momentaufnahme" verstanden. Es bedeutet oftmals

130 BGH, Urt. v. 29.6.1994 -VIII ZR 28/94, ZIP 1994, 1193 ff.
131 *Lissner*, InsbürO 2012, 296 ff.
132 HambKomm-InsR/*Preß/Henningsmeier*, § 184 Rn 9.
133 *Lissner*, InsbürO 2012, 296 ff.

lediglich, dass der Verwalter noch keine abschließende Prognose zur Forderung geben kann. Zeitgleich signalisiert der Verwalter mit dem vorläufige Bestreiten auch, dass das Ergebnis noch abänderbar ist. „Rein rechtlich" bedeutet ein vorläufiges Bestreiten hingegen bereits ein absolutes Bestreiten.[134]

Über den Prüfungstermin ist ein Protokoll zu führen. Das Ergebnis 103
der Forderungserörterung wird vom Rechtspfleger in die Tabelle eingetragen.

V. Zusätzliche Anmeldeattribute

Nach § 174 Abs. 2 InsO sind bei der Anmeldung der Grund und 104
der Betrag der Forderung anzugeben. Der Begriff des Grundes der Forderung entspricht demjenigen in § 253 Abs. 2 Nr. 2 ZPO und meint damit den Sachverhalt, aus dem die Forderung resultiert.[135] Welchen Anforderungen der in § 174 Abs. 2 InsO verlangte Tatsachenvortrag genügen muss, ergibt sich dabei aber nicht unmittelbar aus dem Gesetz. Soweit die Anmeldung Grundlage der Teilnahme am Insolvenzverfahren ist, hat der Gläubiger nach gefestigter Rechtsprechung des BGH einen Lebenssachverhalt darzulegen, der die geltend gemachte Forderung als begründet erscheinen lässt. Forderungen müssen so schlüssig dargelegt werden, dass der Verwalter und die anderen Gläubiger in die Lage versetzt werden können, zu prüfen, ob die Forderung bestritten werden soll oder nicht (§§ 178 Abs. 1 S. 1, 179 Abs. 1 InsO).

Zusätzlich sind nach dem Gesetz weitere Anmeldeattribute darzule- 105
gen. Das Gesetz zielt dabei auf die sog. Anmeldeattribute nach § 302 Nr. 1 InsO ab. Solche sind aber in der Nachlassinsolvenz nicht denkbar, da – anders als bei natürlichen Personen – eine Restschuldbefreiung nicht denkbar ist. Ziel eines Insolvenzverfahrens einer natürlichen Person ist es, dass am Ende die sog. Restschuldbefreiung erreicht werden kann. Von der Erteilung der Restschuldbefreiung sind Verbindlichkeiten des Schuldners aus einer vorsätzlich begangenen unerlaubten Handlung, aus rückständigem gesetzlichen Unterhalt, den der Schuldner vorsätzlich pflichtwidrig nicht gewährt hat, oder aus einem

134 BGH, Beschl. v. 9.2.2006 – IX ZB 160/04, ZInsO 2006, 320.
135 BGH, Urt. v. 9.1.2014 – IX ZR 103/13, NZI 2014, 127 ff.

Steuerschuldverhältnis, sofern der Schuldner im Zusammenhang damit wegen einer Steuerstraftat nach den §§ 370, 373 oder 374 der Abgabenordnung rechtskräftig verurteilt worden ist, ausgenommen. Sinn ergeben solche zusätzlichen Anmeldeattribute also folglich nur dann, wenn eine Restschuldbefreiung am Ende des Tages zu erwarten ist, d.h. in einem Verfahren überhaupt die Restschuldbefreiung beantragt wurde. Wird also in einem Nachlassverfahren eine unerlaubte Handlung oder eine vergleichbare Forderung nach § 302 InsO angemeldet, kann diese nicht zugelassen werden. Einerseits, weil eine Restschuldbefreiung im Nachlassverfahren nicht denkbar ist, andererseits, weil auch eine spätere Nachhaftung regelmäßig ausscheidet, also gegen den Erben nicht vollstreckt werden kann und folglich auch ein späterer „privilegierter“ Titel (als einziges Ziel einer solchen Anmeldung) nach § 850f Abs. 2 ZPO ebenfalls nicht erreicht werden kann.

VI. Wirkung von Feststellung und von Widersprüchen

106 Eine Forderung gilt als festgestellt, soweit gegen sie im Prüfungstermin oder im schriftlichen Verfahren (§ 177 InsO) ein Widerspruch weder vom Insolvenzverwalter noch von einem Insolvenzgläubiger erhoben wird oder soweit ein erhobener Widerspruch beseitigt ist. Eine so festgestellte Forderung nimmt zum einen an der Schlussverteilung teil (sie kommt uneingeschränkt ins Verteilungsverzeichnis), zum anderen gewährt sie in der Gläubigerversammlung ein entsprechendes Stimmrecht. Ein Widerspruch des Schuldners (= Erben) steht der Feststellung der Forderung nach dem Gesetz nicht entgegen. Der Insolvenzverwalter ist nach § 178 Abs. 1 InsO zum Widerspruch berechtigt. Wird vom Verwalter ein Widerspruch eingelegt, so gilt die Forderung als nicht festgestellt. Bleibt es beim Widerspruch, so nimmt die Forderung nicht an der Verteilung teil und wird nicht im Verteilungsverzeichnis geführt, §§ 188, 189 InsO. Nach § 178 Abs. 1 S. 1 InsO tritt eine Feststellungswirkung auch dann ein, wenn ein (bzw. alle) erhobener Widerspruch beseitigt ist.

107 Die Beseitigung kann zunächst auf freiwilliger Basis erfolgen, nämlich dann, wenn der Verwalter seinen Widerspruch zurücknimmt. Ebenfalls kann der Widerspruch durch Feststellungsrechtsstreit beseitigt werden. Hierfür gelten die Bestimmungen des Feststellungsverfahren,

§§ 179–183 InsO. Für diese Form der Beseitigung des Widerspruches (Feststellungsklage[136]) kommt es darauf an, ob die widersprochene Forderung tituliert oder nicht tituliert ist.

1. Nicht titulierte Forderungen

Ist eine Forderung vom Insolvenzverwalter bestritten worden, so bleibt es grundsätzlich nach § 179 Abs. 1 InsO dem Gläubiger überlassen, die Feststellung gegen den Bestreitenden zu betreiben. Voraussetzung ist, dass es sich um eine angemeldete Forderung handelt, die im Prüfungstermin geprüft wurde. Nicht angemeldeten oder bislang ungeprüften Forderungen ist diese Möglichkeit nicht eröffnet.[137] Eine Zuständigkeit des Insolvenzgerichts für dieses Feststellungsverfahren besteht nicht. Vielmehr ist in § 180 InsO eine Zuständigkeit der ordentlichen Gerichte geregelt. 108

Nach § 189 Abs. 2 InsO wird in einem solchen Falle der auf die Forderung entfallende Anteil bei einer evtl. anstehenden Verteilung zurückbehalten, solange der Rechtsstreit anhängig ist. Wird die Forderung dann festgestellt, erhält sie ihre quotale Zuteilung. Wird sie nicht festgestellt, fließt der zurückbehaltene Anteil den übrigen Gläubigern zu. Für die Feststellungsklage besteht nach § 189 Abs. 1 InsO eine Ausschlussregelung. Ein Insolvenzgläubiger, dessen Forderung nicht festgestellt ist und für dessen Forderung ein vollstreckbarer Titel oder ein Endurteil nicht vorliegt, hat spätestens innerhalb einer Ausschlussfrist von zwei Wochen nach der öffentlichen Bekanntmachung dem Insolvenzverwalter nachzuweisen, dass und für welchen Betrag die Feststellungsklage erhoben oder das Verfahren in dem früher anhängigen Rechtsstreit aufgenommen ist. Wird ein Widerspruch vom Gläubiger nicht oder nicht rechtzeitig verfolgt, so wird die Forderung bei Erstellung des Verteilungsverzeichnisses nicht berücksichtigt. 109

136 Uhlenbruck/*Sinz*, InsO, § 179 Rn 10.
137 FK-InsO/*Kießner*, § 179 Rn 5.

2. Titulierte Forderungen

110 Anders verhält es sich, wenn die vom Insolvenzverwalter bestrittene Forderung tituliert ist. Liegt für eine bestrittene Forderung ein vollstreckbarer Schuldtitel oder ein Endurteil vor, so obliegt es dem Bestreitenden – hier also dem Insolvenzverwalter –, den Widerspruch zu verfolgen.

111 Hinsichtlich des Gläubigerwiderspruches gilt das zum Verwalter Gesagte. Auch hier gelten die Bestimmungen des Feststellungsverfahren, §§ 179–183 InsO. Ebenso wie beim Verwalter wird hier zwischen titulierter und nicht titulierter Forderung unterschieden und auf die entsprechende Initiativlast abgestellt. Ist die bestrittene Forderung nicht tituliert, bleibt es dem Gläubiger, dessen Forderung bestritten wurde, überlassen, sich hiergegen rechtzeitig (es gilt ebenfalls die Frist des § 189 Abs. 1 InsO) zur Wehr zu setzen. Ist die bestrittene Forderung dagegen tituliert, hat der Bestreitende die Initiativlast.

112 Während § 179 InsO für den Verwalter und die Gläubigerwidersprüche Anwendung findet, greift für den Schuldnerwiderspruch (sinngemäß dann für den Erben) die Bestimmung § 184 InsO. Auch der Schuldner ist grundsätzlich zur Widerspruchseinlegung berechtigt. Ein Widerspruch des Schuldners steht der Feststellung der Forderung und damit einer anschließenden Partizipierung an der Verteilung allerdings nach dem Gesetz nicht entgegen. Nachdem im Nachlassverfahren eine Beschränkung der Haftung eintritt, eine Nachhaftung ausgeschlossen wird und am Ende auch keine Restschuldbefreiung möglich ist, macht ein Widerspruch des Erben jedoch kaum Sinn. Im „regulären" Verfahren einer natürlichen Person etwa kann durch den Schuldnerwiderspruch die Titulierungsfiktion des § 201 Abs. 2 InsO und die Wirkungen des § 302 InsO gehemmt werden. Dies ist im Nachlassinsolvenzverfahren jedoch nicht von Relevanz.

113 Schuldnerwidersprüche, Gläubigerwidersprüche, aber auch Widersprüche des Insolvenzverwalters sind zu protokollieren und in die Tabelle aufzunehmen. Sie sind als Prozesserklärung bedingungs- und befristungsfeindlich (Ausnahme: Verwalterwiderspruch „für den Ausfall"), können aber noch im Termin wie auch später gegenüber den Beteiligten zurückgenommen werden. Eine Rücknahme wäre ebenfalls in die Tabelle einzutragen. Erlischt die Forderung als solche oder

wird die Forderungsanmeldung zurückgenommen, verliert der hierzu eingelegte Widerspruch ebenfalls an Bedeutung.

E. Gläubigerarten

Das Insolvenzrecht regelt verschiedene Gläubigergruppierungen, die dann am Verfahren in unterschiedlichster Weise beteiligt sind. Hauptgruppe sind die sog. Insolvenzgläubiger, im Nachlassinsolvenzverfahren die Nachlassgläubiger. 114

I. Insolvenzgläubiger

Der Begriff „Insolvenzgläubiger" wird im Gesetz in § 38 InsO definiert. Insolvenzgläubiger ist danach ein persönlicher Gläubiger, der zur Zeit der Eröffnung des Insolvenzverfahrens einen begründeten Vermögensanspruch gegen den Schuldner – hier den Erblasser – hat. Begründet meint dabei, dass das dem Anspruch zugrunde liegende Schuldverhältnis bereits vor der Verfahrenseröffnung bestanden haben muss.[138] 115

II. Vertragsgläubiger

Ist ein gegenseitiger Vertrag zur Zeit der Eröffnung des Insolvenzverfahrens vom Schuldner und vom anderen Teil nicht oder nicht vollständig erfüllt, so kann der Insolvenzverwalter anstelle des Schuldners gem. § 103 InsO den Vertrag erfüllen und die Erfüllung vom anderen Teil verlangen. In einem solchen Falle wandelt sich der Anspruch des Gläubigers in eine Masseforderung nach § 55 Abs. 1 Nr. 2 InsO[139] (z.B. Weiterbezug von Strom[140]) und ist als solche bevorrechtigt zu befriedigen. Lehnt der Verwalter die Erfüllung ab, so kann der Gläubi- 116

138 *Haarmeyer/Frind*, Insolvenzrecht, Rn 178; OVG Weimar, Beschl. v. 27.9.2006 – 4 EO 1283/04, ZIP 2007, 880.

139 BGH ZInsO 2002, 577; BGH ZInsO 2003, 607.

140 OLG Naumburg ZInsO 2004, 1145.

ger eine Forderung wegen der Nichterfüllung nur als Insolvenzgläubiger geltend machen.

III. Massegläubiger

117 Massegläubiger sind Gläubiger, deren Ansprüche erst vom Insolvenzverwalter begründet bzw. durch das Verfahren selbst veranlasst worden sind. Die Massegläubiger erhalten den vollen Betrag ihrer Forderung aus der Insolvenzmasse im Grundsatz. Kann dies nicht erfüllt werden, tritt Masseunzulänglichkeit nach § 208 InsO ein. Zu den Masseverbindlichkeiten zählen nach § 53 InsO die Kosten des Verfahrens, also die Gerichtskosten sowie die Vergütungen und die Auslagen des vorläufigen Insolvenzverwalters, des Insolvenzverwalters und der Mitglieder des Gläubigerausschusses sowie die in § 55 InsO weiter geregelten sonstigen Masseverbindlichkeiten. Bei diesen handelt es sich um die Verbindlichkeiten, die durch Handlungen des Insolvenzverwalters oder in anderer Weise durch die Verwaltung, Verwertung und Verteilung der Insolvenzmasse begründet werden, ohne zu den Kosten des Insolvenzverfahrens zu gehören, um die Verbindlichkeiten aus gegenseitigen Verträgen, soweit deren Erfüllung zur Insolvenzmasse verlangt wird oder für die Zeit nach der Eröffnung des Insolvenzverfahrens erfolgen muss, oder um Verbindlichkeiten aus einer ungerechtfertigten Bereicherung der Masse.

IV. Aus- und absonderungsberechtige Gläubiger

118 Wer aufgrund eines dinglichen oder persönlichen Rechts geltend machen kann, dass ein Gegenstand nicht zur Insolvenzmasse gehört, ist kein Insolvenzgläubiger, § 47 InsO. Es handelt sich bei sog. Aussonderungsgläubigern also um solche, die Eigentumsrechte oder einen Eigentumsvorbehalt an Gegenständen haben, die nicht der Insolvenzmasse zuzurechnen sind. Aussonderungsberechtigte Gläubiger haben danach einen Anspruch auf Herausgabe eines Gegenstandes aus der Insolvenzmasse. Ist ein Gegenstand, dessen Aussonderung hätte verlangt werden können, vor der Eröffnung des Insolvenzverfahrens vom Schuldner oder nach der Eröffnung vom Insolvenzverwalter unbe-

rechtigt veräußert worden, so kann der Aussonderungsberechtigte die Abtretung des Rechts auf die Gegenleistung verlangen, soweit diese noch aussteht. Er kann die Gegenleistung aus der Insolvenzmasse verlangen, soweit sie in der Masse unterscheidbar vorhanden ist.

Bei absonderungsberechtigten Gläubigern handelt es sich um solche, 119
die neben einer ggf. persönlichen Forderung auch ein Recht auf Befriedigung aus unbeweglichen Gegenständen haben.[141] Als „Klassiker" sind hier die Grundpfandrechtsgläubiger zu nennen, die einen entsprechenden Kredit durch persönliche wie dingliche Unterwerfung des Kreditnehmers gesichert haben. Absonderungsgläubiger haben sich vorrangig aus dem dinglichen Sicherungsrecht zu befriedigen.[142] Sie können die Zwangsversteigerung und die Zwangsverwaltung betreiben. Bei absonderungsberechtigten Gläubigern handelt es sich lediglich um „bedingte" Insolvenzgläubiger. Soweit sie abgesondert befriedigt werden können (also durch ihr Sicherungsrecht), sind sie keine Insolvenzgläubiger.[143] Nur „für den Ausfall", wenn sie daneben eine persönliche Forderung gegen den Schuldner vorweisen, sind sie Insolvenzgläubiger.

V. Nachrangige Insolvenzforderungen

Die nachrangigen Forderungen sind in § 39 Abs. 1 Nr. 1–5 InsO gere- 120
gelt. Sie nehmen am Insolvenzverfahren nur dann teil, wenn das Gericht sie zur Teilnahme zulässt,[144] also i.d.R. erst dann, wenn die vorrangigen Insolvenzforderungen vollständig bedient werden können. Die nachrangigen Insolvenzforderungen sind in Rangklassen eingeteilt. Nachrangige Insolvenzforderungen umfassen die seit der Eröffnung des Insolvenzverfahrens laufenden Zinsen und Säumniszuschläge auf Forderungen der Insolvenzgläubiger, die Kosten, die den einzelnen Insolvenzgläubigern durch ihre Teilnahme am Verfahren erwachsen, Geldstrafen, Geldbußen, Ordnungsgelder und Zwangsgelder sowie solche Nebenfolgen einer Straftat oder Ordnungswidrigkeit,

141 *Haarmeyer/Frind*, Insolvenzrecht, Rn 190.
142 *Haarmeyer/Frind*, Insolvenzrecht, Rn 190.
143 BGH, Urt. v. 6.4.2006 – IX ZR 185/04, ZInsO 2006, 544.
144 *Reischl*, Insolvenzrecht, Rn 91.

die zu einer Geldzahlung verpflichten (beachte hierzu aber § 302 InsO), Forderungen auf eine unentgeltliche Leistung des Schuldners, Forderungen auf Rückgewähr eines Gesellschafterdarlehens oder Forderungen aus Rechtshandlungen, die einem solchen Darlehen wirtschaftlich entsprechen (Kapitalersetzendes Darlehen). Nachrangige Forderungen werden in einer eigenen Tabelle geführt.

§ 7 Anfechtung, Verwaltung und Verwertung

Übersicht: Rdn

A. Einführung

1 Durch die Eröffnung des Insolvenzverfahrens geht das Recht des Schuldners, das zur Insolvenzmasse gehörende Vermögen zu verwalten und über es zu verfügen, auf den Insolvenzverwalter über, **§ 80 Abs. 1 InsO**. Im Nachlassinsolvenzverfahren bewirkt der Eröffnungsbeschluss dementsprechend, dass das Recht des Erben oder eines an dessen Stelle handelnden Nachlasspflegers, Nachlassverwalters oder Testamentsvollstreckers, über den Nachlass zu verfügen, auf den Insolvenzverwalter übergeht.

2 Der Insolvenzverwalter muss das gesamte zur Insolvenzmasse gehörende Vermögen nach **§ 148 Abs. 1 InsO** sofort in Besitz und Verwaltung nehmen. Nach Abs. 2 S. 1 der Vorschrift kann er aufgrund einer vollstreckbaren Ausfertigung des Eröffnungsbeschlusses die Herausgabe der Sachen, die sich im Gewahrsam des Schuldners befinden, im Wege der Zwangsvollstreckung durchsetzen. Im Nachlassinsolvenzverfahren ist hier auf den Gewahrsam des/der Erben abzustellen.

3 Wie in § 4 dargestellt, gehört zur Insolvenzmasse nicht nur der Nachlass in seinem Bestand zum Zeitpunkt der Verfahrenseröffnung, sondern auch die **nachlassinsolvenzspezifischen Ansprüche nach den §§ 1978 ff. BGB i.V.m. §§ 662 ff. BGB** sowie etwaige **Anfechtungsansprüche gem. §§ 129 ff. InsO**. Die Anfechtungsansprüche und die Ansprüche gem. §§ 1978 ff. BGB bilden in Nachlassinsolvenzen oftmals den wesentlichen Teil der Insolvenzmasse. Somit wird im Laufe des Insolvenzverfahrens aus der **„Ist-Masse"**, die der Insolvenzverwalter vorfindet, durch dessen Tätigkeit – durch Zufluss nach Geltendmachung der insolvenzspezifischen Ansprüche und der Anfechtungsansprüche und durch Abfluss berechtigter Aus- und Absonderungsrechte – die sog. **Soll-Masse** gebildet.[1] Diese dient zum Schluss der Befriedigung der Insolvenzgläubiger. Sämtliche Kosten im Rahmen der Bereinigung der „Ist-Masse" zur „Soll-Masse" sind Massekosten.[2]

B. Insolvenzanfechtung

I. Allgemeines

4 Das in den **§§ 129–147 InsO** normierte Anfechtungsrecht dient dazu, Vermögensverschiebungen aus dem Zeitraum vor der Eröffnung des Insolvenzverfahrens, die die Insolvenzgläubiger benachteiligen, wirtschaftlich zu revidieren. Das Anfechtungsrecht dient der Verwirklichung des Grundsatzes der **Gläubigergleichbehandlung** (*par conditio creditorum*).

5 Demgegenüber schützt das **Anfechtungsgesetz** die **Interessen von einzelnen Gläubigern außerhalb eines Insolvenzverfahrens**; zur Anfechtung berechtigt ist hiernach der einzelne Gläubiger einer befriedigungsbedürftigen Forderung.[3] Wurde der Anfechtungsgegner bereits vorinsolvenzlich nach dem AnfG in Anspruch genommen,

1 *Bork*, Einführung in das Insolvenzrecht, Rn 226 ff.; Andres/Leithaus/*Leithaus*, InsO § 35 Rn 2.
2 OLG Rostock BeckRS 2013, 07809.
3 *Huber*, AnfG Einf. Rn 21.

scheidet ein Anspruch auf Rückgewähr zur Insolvenzmasse im Umfang der Erfüllung des Anfechtungsanspruchs aus.[4]

Erfahrungsgemäß neigen Schuldner in Krisenzeiten dazu, haftendes Vermögen dem Gläubigerzugriff zu entziehen, indem sie es auf nahestehende Personen übertragen. Gläubigerbenachteiligende Rechtshandlungen können aber auch von Gläubigern ausgehen, die bereits frühzeitig Kenntnis von der finanziellen Schieflage des Schuldners haben und diesen Wissensvorsprung zum Nachteil der sonstigen Gläubiger ausnutzen, etwa indem sie den Zahlungs- bzw. Vollstreckungsdruck erhöhen, weitere Lieferungen von Vorkassezahlungen abhängig machen, mit Insolvenzantragstellung oder Liefersperre drohen, Kreditlinien kürzen oder sicherungsübereignete Gegenstände, die dem Schuldner zur Nutzung überlassen wurden, vorzeitig beschlagnahmen. 6

Die wirtschaftliche Bedeutung des Anfechtungsrechtes hat in den letzten Jahren immer mehr zugenommen. Viele Verfahren, die anderenfalls gem. § 26 InsO mangels Masse abgewiesen werden müssten, werden nur auf der Basis von Anfechtungsansprüchen eröffnet. Dem Insolvenzanfechtungsrecht kommt vor diesem Hintergrund eine erhebliche praktische Bedeutung und wichtige Ordnungsfunktion zu. 7

Durch das Insolvenzanfechtungsrecht wird der an sich erst mit Verfahrenseröffnung zur Geltung kommende Grundsatz der gleichmäßigen Gläubigerbefriedigung zeitlich nach vorne verlegt. Diesem Ziel dient auch die **Rückschlagsperre des § 88 InsO**, der zufolge Zwangsvollstreckungsmaßnahmen einzelner Gläubiger, die in dem Monat vor Insolvenzantragstellung oder danach ausgebracht worden sind, mit Verfahrenseröffnung automatisch, also ohne dass es insoweit noch einer Anfechtung bedürfte, rückwirkend (relativ) unwirksam werden. 8

Potentiell anfechtbar sind Rechtshandlungen, die einzelnen Gläubigern Sicherung oder Befriedigung gewährt haben, insbesondere, wenn sie innerhalb eines Zeitraums von drei Monaten vor Insolvenzantragstellung oder danach vorgenommen wurden, vgl. §§ 130 f. InsO. 9

4 BGH NJW-RR 2013, 419; a.A. Roth/Pfeuffer/*Roth*, HdB NachlassInsVerf, S. 212 f.: danach soll der Insolvenzverwalter die Durchsetzung eines Anfechtungsanspruchs nach dem AnfG als inkongruente Deckung gem. § 131 InsO anfechten können.

Rechtshandlungen, die mit dem Vorsatz getätigt werden, (andere) Gläubiger zu benachteiligen, sowie unentgeltliche Leistungen des Schuldners sind nach Maßgabe der §§ 133 f. InsO in deutlich erweitertem zeitlichem Umfang von bis zu zehn bzw. vier Jahren anfechtbar.

Im Bereich der Nachlassinsolvenzen kommt insbesondere der **Schenkungsanfechtung** (§ 134 InsO) erhebliche praktische Bedeutung zu.

10 Alle Anfechtungstatbestände setzen das Vorliegen einer **Rechtshandlung i.S.d. § 129 InsO**, die vor der Eröffnung des Insolvenzverfahrens vorgenommen worden ist, voraus. Anders als bei der Anfechtung gem. §§ 119 ff. BGB **können bei der Insolvenzanfechtung nicht nur Willenserklärungen angefochten werden, sondern auch Realakte**. Anfechtbar sind insbesondere Verfügungen des Schuldners, wie die Übereignung von Sachen, die Abtretung von Forderungen oder anderen Rechten, die Verpfändung von Sachen oder Rechten oder die Belastung von Grundstücken. Auch die Zahlung einer Geldstrafe unterliegt der Insolvenzanfechtung, da die Strafvollstreckung keinen Vorrang vor dem Insolvenzrecht hat.[5]

11 Als Rechtshandlung anfechtbar können des Weiteren **Maßnahmen von Gläubigern oder Dritten** sein, insbesondere Zwangsvollstreckungen. Angefochten werden können schließlich auch Rechtshandlungen eines vorläufigen Insolvenzverwalters oder solche des Schuldners, die mit Zustimmung eines schwachen vorläufigen Verwalters getätigt wurden, auch wenn der anfechtende Insolvenzverwalter personenidentisch mit dem vorläufigen Verwalter ist.[6] Im Einzelfall kann die Anfechtung ausgeschlossen sein, wenn der Insolvenzverwalter zuvor einen schutzwürdigen Vertrauenstatbestand geschaffen hat und der Empfänger der Leistung nach Treu und Glauben (§ 242 BGB) damit rechnen durfte, ein auch nach Eröffnung des Insolvenzverfahrens nicht mehr entziehbares Recht erhalten zu haben.[7]

12 Nicht anfechtbar sind hingegen **Rechtshandlungen des Rechtsvorgängers des Schuldners**. Bei einer Gesamtrechtsnachfolge im Wege der Erbschaft ist eine Anfechtung von Rechtshandlungen des Erblas-

5 BGH NZI 2011, 189.
6 BGH NZI 2013, 298; BGH NZI 2005, 218; BGH ZInsO 2003, 417; OLG Stuttgart ZIP 2002, 1900.
7 Braun/*de Bra*, InsO § 129 Rn 21; BGH NZI 2013, 298.

sers durch den Insolvenzverwalter in dem Insolvenzverfahren über das Vermögen des Erben nicht möglich, da diese allenfalls zu einer Benachteiligung der Gläubiger des Erblassers, nicht jedoch der Gläubiger des Erben geführt haben können.[8]

Theoretisch können auch **Unterlassungen** des Schuldners angefochten werden (§ 129 Abs. 2, § 132 Abs. 2 InsO). Hierzu zählt etwa die Ablehnung eines für die Masse günstigen Geschäftes, das (bewusste) Verjährenlassen eines Anspruches, die (bewusste) Nichteinlegung eines Rechtsmittels oder die Unterlassung des Widerspruchs gegen einen Mahnbescheid (§ 694 Abs. 1 ZPO). Die Rechtskraft der Entscheidung steht in diesen Fällen der insolvenzrechtlichen Anfechtung nicht entgegen, § 141 InsO. Fahrlässige oder unbewusste Unterlassungen sind aber nicht anfechtbar. 13

Ferner ist allen Anfechtungstatbeständen gemein, dass sie zu einer **objektiven Gläubigerbenachteiligung** geführt haben. Auch dieses Tatbestandsmerkmal ergibt sich aus § 129 InsO. Gläubigerbenachteiligend sind **Rechtshandlungen, durch die sich die zu erwartende Befriedigungsquote der Insolvenzgläubiger im Rang des § 38 InsO vermindert hat**. Die Gläubigerbenachteiligung kann somit entweder in einer **Verkürzung der Aktivmasse** oder in einer **Erweiterung der Passivmasse** bestehen.[9] 14

Wurde die Sicherheit oder Befriedigung unmittelbar aus Vermögen gewährt, das nicht zur Insolvenzmasse gehört, liegt grundsätzlich keine Gläubigerbenachteiligung vor. Wird fremdes Vermögen – etwa eines Angehörigen – bestimmungsgemäß zur Schuldentilgung eingesetzt, kommt es darauf an, ob die Leistung an den Gläubiger direkt aus dem Vermögen des Dritten an den Empfänger gelangt ist. Bei Durchgangserwerb des Schuldners liegt in der Weitergabe regelmäßig eine Gläubigerbenachteiligung. 15

Vermögensgegenstände, die (wertausschöpfend) mit Sicherungsrechten zugunsten Dritter belastet sind, gehören nicht zu dem von §§ 129 ff. InsO geschützten Vermögen, soweit die Entstehung des Sicherungsrechtes nicht seinerseits anfechtbar war. Das heißt, dass z.B. 16

8 BGH NZI 2024, 465.
9 Ständige Rspr. des BGH: BGH NJW 2022, 1465; BGH NZI 2019, 333; BGH NJW 2016, 2115; BGH NJW 2016, 2412; BGH NJW-RR 2012, 1513.

die Einziehung sicherungsabgetretener Forderungen auf ein debitorisches Konto nicht zu einer gläubigerbenachteiligenden Befriedigung der Bank führt. Veräußerungen von Vermögensgegenständen, die gem. § 36 InsO nicht in die Masse fallen würden, sind nicht gläubigerbenachteiligend.

17 Eine unmittelbare Benachteiligung ist nicht erforderlich. So genügt es bspw., wenn nachträgliche Umstände hinzukommen, die eine bis dato nicht benachteiligende Handlung in einem anderen Licht erscheinen lassen, z.B. eine nachträgliche erhebliche Wertsteigerung eines veräußerten Grundstückes.[10]

18 Eine Gläubigerbenachteiligung liegt ausnahmsweise nicht vor, wenn die Insolvenzmasse zur Befriedigung sämtlicher Insolvenzforderungen, einschließlich solcher etwaiger nachrangiger Insolvenzgläubiger gem. §§ 39, 327 InsO ausreicht.[11] Dabei sind alle angemeldeten Forderungen einzubeziehen und nicht nur diejenigen, die der Insolvenzverwalter zur Tabelle festgestellt hat.[12] Es spricht ein **Anscheinsbeweis** dafür, dass in dem eröffneten Verfahren die Insolvenzmasse nicht ausreicht, um alle Gläubigeransprüche zu befriedigen.[13] Greift dieser ein, muss der Anfechtungsgegner nachweisen, dass die angemeldeten Forderungen nicht bestehen oder nicht durchsetzbar sind und eine Feststellung zur Tabelle unter jedem Gesichtspunkt ausscheidet.[14]

19 Die Anfechtung wird nicht dadurch ausgeschlossen, dass der Anfechtungsgegner nach Eröffnung des Insolvenzverfahrens alle Insolvenzforderungen, nicht aber die (vorrangigen) Masseverbindlichkeiten begleicht.[15]

20 Nicht anfechtbar sind **höchstpersönliche Rechtsgeschäfte** wie z.B. die Entscheidung über die Annahme oder Ausschlagung einer Erbschaft.[16] Auch die Arbeitskraft des Schuldners unterliegt nicht dem Insolvenzbeschlag. Deshalb ist die Aufgabe einer gut bezahlten Arbeit

---

10 Roth/Pfeuffer/*Roth*, HdB NachlassInsVerf, S. 216.
11 BGH NZI 2020, 420; Braun/*de Bra*, InsO § 129 Rn 30.
12 BGH NZI 2020, 420; BGH NZI 2014, 321.
13 BGH NZI 2020, 420; BGH NZI 2014, 321; OLG Köln ZInsO 2015, 204; LG Hamburg NZI 2015, 226.
14 BGH NZI 2020, 420.
15 BGH NZI 2019, 392.
16 BGH NJW 2013, 692.

ebenso wenig anfechtbar wie die Nichtaufnahme einer zumutbaren Tätigkeit unter dem Aspekt des § 129 Abs. 2 InsO, selbst wenn beides mit dem Vorsatz geschieht, Gläubiger zu benachteiligen.[17] Setzt der Schuldner jedoch seine Arbeitsleistung tatsächlich ein, ohne hierfür eine angemessene Vergütung zu erhalten, kann die tatsächlich erbrachte Arbeits- oder Dienstleistung angefochten werden. Denn das Entgelt für eine tatsächlich geleistete Arbeit ist grundsätzlich massezugehörig (soweit nicht gem. § 36 Abs. 1 InsO unpfändbar), der Verzicht darauf daher gläubigerbenachteiligend. Anfechtbar ist auch die Wertschöpfung, die der schuldnerische Unternehmer durch Einsatz seiner Arbeitsleistung erbringt, etwa indem er hierdurch sicherungsabgetretene Forderungen oder Halbfertigprodukte werthaltig(er) macht.

Die Gläubigerbenachteiligung kann auch in einer nicht unerheblichen 21
Erschwerung oder Verzögerung der Befriedigung liegen, bspw. in einer bloßen Besitzübertragung oder in der langfristigen Vermietung eines Gegenstandes. Die **unentgeltliche Nutzungsüberlassung eines Gegenstandes** an einen Dritten verkürzt hingegen nicht notwendig das Aktivvermögen des Schuldners, nur wenn dies dessen geschäftlicher Tätigkeit zuzuordnen ist.[18]

Die Besicherung oder Bezahlung von Masseschulden i.S.d. §§ 53– 22
55 InsO bzw. § 324 Abs. 1 InsO führt nicht zu einer Benachteiligung der Insolvenzgläubiger, weil diese immer erst nach den Massegläubigern zu befriedigen sind und der Insolvenzverwalter die betreffende Verbindlichkeit daher in entsprechender Weise hätte vornehmen müssen.

Aus diesem Grund ist bspw. die unmittelbar vor Stellung des Nach- 23
lassinsolvenzantrages erfolgte Entnahme der Vergütung durch einen Nachlasspfleger (§ 324 Abs. 1 Nr. 4 InsO) grundsätzlich nicht anfechtbar.[19] Gleiches gilt für eine vorinsolvenzliche Bezahlung der Beerdigungskosten (§ 324 Abs. 1 Nr. 2 InsO) durch den Erben trotz materieller Insolvenzreife.

17 MüKo-InsO/*Kayser/Freudenberg*, § 129 Rn 91.
18 OLG Düsseldorf ZInsO 2024, 1670.
19 BGH FamRZ 2006, 411; a.A. Roth/Pfeuffer/*Roth*, HdB NachlassInsVerf, S. 225 f.

24 Wann eine Handlung als vorgenommen gilt, bestimmt sich nach **§ 140 InsO**. Maßgeblich ist danach der **Zeitpunkt, in dem die rechtlichen Wirkungen einer Handlung eintreten**. Bei mehraktigen Rechtshandlungen ist der letzte Teilakt maßgeblich. Die Verpfändung oder Pfändung einer künftigen Forderung wird ebenso wie eine Globalzession erst mit dem (jeweiligen) Entstehen der hiervon erfassten Forderung wirksam. Ein Pfandrecht aus den AGB eines Kreditinstitutes an einem Anspruch auf Erteilung einer Gutschrift entsteht erst mit dem Eingang der Zahlung auf dem Konto des Kunden.

25 **Hinweis**

Bei der **widerruflichen Einräumung eines Bezugsrechtes aus einer Lebensversicherung** treten die rechtlichen Wirkungen erst mit dem Versicherungsfall, d.h. mit dem Erbfall ein, unabhängig davon, wie lange der Versicherungsvertrag bereits lief und wann das namentliche Bezugsrecht eingetragen wurde (siehe hierzu Rdn 85 ff.).

26 Die objektive Gläubigerbenachteiligung nach § 129 Abs. 1 InsO ist nur Voraussetzung einer jeden Anfechtung, bestimmt aber nicht deren Reichweite. Benachteiligende Rechtshandlungen sind grundsätzlich **insgesamt anfechtbar** und nicht nur soweit sie tatsächlich zu einer Beeinträchtigung geführt haben.

27 Die **Geltendmachung** der Anfechtungsansprüche erfolgt **durch den Insolvenzverwalter**. Anfechtungsgegner ist derjenige, der als Empfänger die anfechtbare Leistung des Erblassers erlangt hat.[20]

28 Die **Rechtsfolgen der Anfechtung** sind in **§ 143 InsO** geregelt. Nach Absatz 1 besteht gegen den Anfechtungsgegner ein **Rückgewähranspruch** in Bezug auf den vom Schuldner veräußerten oder weggegebenen Gegenstand in Form eines schuldrechtlichen Verschaffungsanspruchs.[21] Der Rückgewähranspruch ist ein bürgerlich-rechtlicher Anspruch, der die materiellen Ordnungsvorstellungen des Insolvenzrechts gegenüber sämtlichen Gläubigern nach Maßgabe der §§ 129 ff. InsO durchsetzt. Er verdrängt grundsätzlich die außerhalb der Insolvenz geltenden allgemeinen Regelungen etwa im Sozialversicherungs-, Steuer- oder Abgabenrecht, sodass für seine gerichtliche Durchset-

20 BGH NJW 2018, 706; BGH NJW 2004, 2163.
21 BGH NZI 2007, 42.

zung die **Zivilgerichte zuständig** sind (§ 13 GVG).[22] Der Rückgewähranspruch ist abtretbar.[23]

Angefochten und im Interesse der Gläubigergesamtheit rückgängig gemacht wird nicht die Rechtshandlung selbst, sondern ihre gläubigerbenachteiligende Wirkung.[24]

§ 143 Abs. 1 S. 2 InsO verweist auf die Vorschriften über die **Rechtsfolgen einer ungerechtfertigten Bereicherung (§§ 812 ff. BGB)**, bei der dem Empfänger der Mangel des rechtlichen Grundes bekannt ist, und somit auch auf den **Wertersatzanspruch** nach § 818 Abs. 2 BGB, wenn eine Herausgabe des Erlangten nicht möglich ist. Nach §§ 819 Abs. 1, 818 Abs. 4 BGB haftet der Empfänger der Leistung wie ein bösgläubiger Bereicherungsschuldner verschärft und kann sich nicht auf die Entreicherung berufen.[25] 29

(Nur) bei einer Anfechtung nach § 134 Abs. 1 InsO[26] gilt: Gemäß § 143 Abs. 2 S. 1 InsO muss der Empfänger einer unentgeltlichen Leistung diese nur zurückgewähren, soweit er durch diese bereichert ist. Dies gilt nach Satz 2 nicht, wenn der Empfänger zum Zeitpunkt der Leistung (§ 140 InsO) weiß oder den Umständen nach wissen muss, dass die unentgeltliche Leistung die Gläubiger benachteiligt. Der **gutgläubige Empfänger einer unentgeltlichen Leistung** kann demnach die **Einrede der Entreicherung gem. § 818 Abs. 3 BGB** erheben. Eine Entreicherung kommt in Betracht, wenn der Anfechtungsgegner nachvollziehbar darlegt, dass er den empfangenen Gegenstand nicht herausgeben kann, weil dieser etwa untergegangen oder verschenkt wurde. Hat der Beschenkte für den weggegebenen Gegenstand eine Surrogation erlangt, so ist diese als Ersatzwert herauszugeben, sofern noch vorhanden.[27] 30

---

22 BGH NZI 2011, 323; BGH NZI 2009, 313; BGH NZI 2007, 103; OLG Bremen ZInsO 2015, 16981; *Froehner*, NZI 2016, 1.

23 BGH NZI 2011, 486.

24 BGH NJW 2022, 1465; BGH NZI 2017, 352; BGH NZI 2014, 397.

25 Dies gilt auch bei der Anfechtung von gezahltem Arbeitsentgelt einschließlich des gesetzlichen Mindestlohns, BAG ZRI 2022, 689.

26 MüKo-InsO/*Kirchhof/Piekenbrock*, § 143 Rn 135; Andres/Leithaus/*Leithaus*, InsO § 143 Rn 6.

27 MüKo-InsO/*Kirchhof/Piekenbrock*, § 143 Rn 137.

31 Eine Entreicherung wird etwa bejaht, wenn der Beschenkte die erhaltene Leistung für Luxusaufwendungen verwendet hat, die er ohne die Schenkung nicht getätigt hätte,[28] oder wenn sein gesamtes Aktivvermögen die Rückforderung nicht mehr deckt.[29] Dagegen wird die Entreicherung verneint, wenn der Beschenkte mit der Leistung eigene Schulden getilgt[30] oder notwendige Ausgaben aus seinem eigenen Vermögen erspart hat.[31] Soweit jedoch die Leistung des Erblassers in Natur noch vorhanden ist, hat der Anfechtungsgegner sie unabhängig von gutem oder bösem Glauben zurückzugewähren.[32]

32 Die **Beweislast** für den Erhalt der Leistung und die Bösgläubigkeit des Empfängers liegt beim Insolvenzverwalter. Dem Anfechtungsgegner obliegt der Nachweis, dass Rückgewähr in Natur unmöglich ist und für behauptete Aufwendungen. Beruft er sich auf eine Entreicherung, muss er darlegen und beweisen, dass er nicht mehr bereichert ist.[33]

33 Gegen einen auf eine Geldleistung gerichteten Rückgewähranspruch kann der Anfechtungsgegner ggf. mit eigenen Forderungen **aufrechnen**, allerdings nur, wenn es sich hierbei um Masseforderungen handelt.[34] Eine Aufrechnung mit Insolvenzforderungen ist wegen § 96 Abs. 1 Nr. 3 InsO ausgeschlossen.

34 Soweit der Anfechtungsgegner **Aufwendungen** auf die anfechtbar erworbene Sache getätigt hat, die ansonsten zu Lasten der Insolvenzmasse angefallen wären, kann er diese erstattet verlangen[35] und ein Zurückbehaltungsrecht ausüben, § 144 Abs. 2 S. 1 InsO. Gemäß § 144 Abs. 1 InsO lebt die Forderung des Empfängers nach Herausgabe der erhaltenen Leistung wieder auf und kann zur Insolvenztabelle angemeldet werden.

35 **§ 145 InsO** statuiert die **Anfechtbarkeit gegen Rechtsnachfolger** des Anfechtungsgegners. Im Nachlassinsolvenzverfahren sind die Fälle von besonderer praktischer Bedeutung, in denen der Beschenkte das

28 BGH NZI 2010, 605.
29 BGH NZI 2019, 333.
30 BGH NZI 2010, 295.
31 MüKo-InsO/*Kirchhof/Piekenbrock*, § 143 Rn 138.
32 BGH NZI 2010, 295.
33 BGH NZI 2010, 295.
34 Braun/*Riggert*, InsO § 143 Rn 22.
35 BGH NJW 1991, 2144.

vom Erblasser Erhaltene weiterschenkt, etwa wenn der längerlebende Ehegatte eine Todesfallleistung aus einer Versicherung des Erblassers erhalten und diese Leistung ganz oder zum Teil an die eigenen Kinder weitergegeben hat. Dann kann sich zwar der Beschenkte auf die Entreicherung berufen, die Anfechtung kann aber gegenüber den letztendlich Beschenkten weiterverfolgt werden.

Nach § 146 InsO unterliegen Anfechtungsansprüche der Regelverjährung gem. § 195 BGB mit der Folge, dass diese spätestens am 31.12. des dritten Jahres nach dem Jahr der Verfahrenseröffnung gerichtlich geltend gemacht werden müssen (§ 204 BGB). Auch nach eingetretener Verjährung kann der Insolvenzverwalter die Erfüllung einer Leistungspflicht verweigern, die auf einer anfechtbaren Handlung beruht, § 146 Abs. 2 InsO. 36

Das Anfechtungsrecht des Insolvenzverwalters **erlischt** mit der vorbehaltlosen **Aufhebung oder Einstellung des Insolvenzverfahrens** (§§ 200, 207 ff., 258 ff. InsO).[36] 37

II. Anfechtungsansprüche gem. §§ 130, 131 InsO

Die §§ 130, 131 InsO lauten: 38

§ 130 InsO Kongruente Deckung

(1) [1]Anfechtbar ist eine Rechtshandlung, die einem Insolvenzgläubiger eine Sicherung oder Befriedigung gewährt oder ermöglicht hat,

1. *wenn sie in den letzten drei Monaten vor dem Antrag auf Eröffnung des Insolvenzverfahrens vorgenommen worden ist, wenn zur Zeit der Handlung der Schuldner zahlungsunfähig war und wenn der Gläubiger zu dieser Zeit die Zahlungsunfähigkeit kannte oder*
2. *wenn sie nach dem Eröffnungsantrag vorgenommen worden ist und wenn der Gläubiger zur Zeit der Handlung die Zahlungsunfähigkeit oder den Eröffnungsantrag kannte.*

36 BGH NZI 2011, 486; BGH NZI 2009, 313.

²Dies gilt nicht, soweit die Rechtshandlung auf einer Sicherungsvereinbarung beruht, die die Verpflichtung enthält, eine Finanzsicherheit, eine andere oder eine zusätzliche Finanzsicherheit i.S.d. § 1 Abs. 17 des Kreditwesengesetzes zu bestellen, um das in der Sicherungsvereinbarung festgelegte Verhältnis zwischen dem Wert der gesicherten Verbindlichkeiten und dem Wert der geleisteten Sicherheiten wiederherzustellen (Margensicherheit).

(2) Der Kenntnis der Zahlungsunfähigkeit oder des Eröffnungsantrags steht die Kenntnis von Umständen gleich, die zwingend auf die Zahlungsunfähigkeit oder den Eröffnungsantrag schließen lassen.

(3) Gegenüber einer Person, die dem Schuldner zur Zeit der Handlung nahestand (§ 138), wird vermutet, dass sie die Zahlungsunfähigkeit oder den Eröffnungsantrag kannte.

§ 131 InsO Inkongruente Deckung

(1) Anfechtbar ist eine Rechtshandlung, die einem Insolvenzgläubiger eine Sicherung oder Befriedigung gewährt oder ermöglicht hat, die er nicht oder nicht in der Art oder nicht zu der Zeit zu beanspruchen hatte,

1. *wenn die Handlung im letzten Monat vor dem Antrag auf Eröffnung des Insolvenzverfahrens oder nach diesem Antrag vorgenommen worden ist,*
2. *wenn die Handlung innerhalb des zweiten oder dritten Monats vor dem Eröffnungsantrag vorgenommen worden ist und der Schuldner zur Zeit der Handlung zahlungsunfähig war oder*
3. *wenn die Handlung innerhalb des zweiten oder dritten Monats vor dem Eröffnungsantrag vorgenommen worden ist und dem Gläubiger zur Zeit der Handlung bekannt war, dass sie die Insolvenzgläubiger benachteiligte.*

(2) ¹Für die Anwendung des Absatzes 1 Nr. 3 steht der Kenntnis der Benachteiligung der Insolvenzgläubiger die Kenntnis von Umständen gleich, die zwingend auf die Benachteiligung schließen lassen. ²Gegenüber einer Person, die dem Schuldner zur Zeit der Handlung nahestand (§ 138), wird vermutet, dass sie die Benachteiligung der Insolvenzgläubiger kannte.

Die §§ 130, 131 InsO führen zu einer grundsätzlichen Vorverlagerung des Grundsatzes der *par conditio creditorum* um drei Monate (zzgl. der Dauer des Insolvenzantragsverfahrens). Sicherungen und Befriedigungen aus dem **Zeitraum ab drei Monate vor** dem Datum des **Eingangs des Insolvenzantrages** bei Gericht sind daher stets einer kritischen Würdigung zu unterziehen. 39

Die tatbestandlichen Unterschiede zwischen § 130 InsO und § 131 InsO, insbesondere in Bezug auf die subjektiven Merkmale, an die in § 130 Abs. 2 InsO bzw. § 131 Abs. 2 InsO angeknüpft wird, sind graduell, in der Rechtsprechung verwischen sie zuweilen vollends, da auf ihr Vorliegen aus den stets gleichen Beweisanzeichen geschlossen wird. 40

§ 130 InsO erfasst Fälle, in denen der Gläubiger die erhaltene Sicherung oder Befriedigung in genau der Art und Weise erhalten hat wie sie geschuldet war. Dann spricht man von einer **kongruenten Deckung**. **§ 131 InsO** erfasst Fälle, in denen die erhaltene Sicherung oder Befriedigung nicht oder nach Art, Umständen oder Zeitpunkt nicht so geschuldet war. **Inkongruent** i.S.v. § 131 InsO ist z.B. 41

- eine Leistung auf eine nichtige bzw. einwendungsbehaftete Forderung,
- eine Leistung auf eine nicht fällige Forderung,
- eine Leistung auf einen im Zeitpunkt der Rechtshandlung anfechtbaren Vertrag, sofern dem Schuldner selbst ein Anfechtungsrecht nach §§ 119, 123 BGB zusteht,[37]
- die Hingabe eines Erfüllungssurrogates (z.B. einer Armbanduhr anstelle von geschuldetem Geld),
- die Hingabe eines notariellen Schuldanerkenntnisses mit sofortiger Zwangsvollstreckungsunterwerfung,
- die nachträgliche Sicherung einer ungesicherten Forderung,
- die Nachbesicherung eines bestehenden Kredits ohne entsprechende vertragliche Grundlage,
- eine Sicherung oder Befriedigung, die auf Druck eines Insolvenzantrags erbracht wird, um den Gläubiger zur Rücknahme des Antrags zu veranlassen,
- eine Sicherung oder Befriedigung, die im Wege der Zwangsvollstreckung erwirkt wird,

37 BGH NJW 2019, 1446.

- eine Leistung, die zur Abwendung einer angedrohten, unmittelbar bevorstehenden Zwangsvollstreckung erbracht wird,
- die Herstellung einer Aufrechnungslage, soweit die Aufrechnungsbefugnis sich nicht aus dem zwischen dem Schuldner und dem Gläubiger zuerst entstandenen Rechtsverhältnis ergibt.[38]

42 Die Anfechtungstatbestände des § 130 InsO sind dem Wortlaut nach nicht auf kongruente Deckungen beschränkt, sondern erfassen auch inkongruente Deckungen. § 131 InsO gewährt nur eine Erleichterung der Voraussetzungen der Anfechtung für inkongruente Deckungen. Sofern also (sogar) die Voraussetzungen des (tatbestandlich engeren) § 130 InsO vorliegen, kann offenbleiben, ob eine Sicherung oder Befriedigung kongruent oder inkongruent war. Sofern also ein Gläubiger innerhalb von drei Monaten vor dem Insolvenzantrag eine wie auch immer geartete Deckung erhalten hat, der Schuldner zur fraglichen Zeit zahlungsunfähig war und dem Gläubiger dies bekannt war, ist die Zahlung immer nach § 130 Abs. 1 S. 1 Nr. 1 InsO anfechtbar.

43 Der Begriff der **Zahlungsunfähigkeit** beurteilt sich auch im Rahmen des Insolvenzanfechtungsrechts nach **§ 17 Abs. 2 InsO** (hierzu siehe § 3 Rdn 28 ff.).

Die Frage, ob Zahlungseinstellung bzw. Zahlungsunfähigkeit vorliegt, ist grundsätzlich anhand einer Gesamtabwägung der festgestellten Indizien zu beurteilen. Bestanden in dem fraglichen Zeitpunkt bereits fällige Verbindlichkeiten i.H.v. mindestens 10 % der Gesamtverbindlichkeiten, die bis zur Eröffnung unerfüllt geblieben sind, spricht eine tatsächliche Vermutung dafür, dass Zahlungsunfähigkeit vorlag. Ist Zahlungsunfähigkeit oder auch eine Zahlungseinstellung zu einem bestimmten Zeitpunkt nachweisbar, spricht eine tatsächliche Vermutung dafür, dass sie nachfolgend durchgängig bestanden hat.[39]

44 Außerhalb einer nachweislichen Zahlungseinstellung nach § 17 Abs. 2 S. 2 InsO ist zur Feststellung der Zahlungsunfähigkeit in einem Anfechtungsprozess die Aufstellung einer auf den Zeitpunkt der fraglichen Rechtshandlung bezogenen **Liquiditätsbilanz** ratsam.[40] Stützt sich der Insolvenzverwalter zum Nachweis der Zahlungsunfähigkeit

38 BGH NZI 2023, 211; BGH NZI 2006, 345.
39 BGH ZIP 2001, 2238.
40 BGH NZI 2024, 537; 2015, 511.

nur auf ein oder mehrere Beweisanzeichen bzw. auf die im Falle einer Zahlungseinstellung bestehende gesetzliche Vermutung, ist auf Antrag des Anfechtungsgegners zur Entkräftung der Beweisanzeichen bzw. zur Widerlegung der Vermutung durch einen Sachverständigen eine Liquiditätsbilanz zu erstellen.[41]

Nicht ausreichend für die §§ 130, 131 InsO ist die bloß drohende Zahlungsunfähigkeit. Auch auf das Vorliegen einer Überschuldung i.S.d. § 19 Abs. 2 InsO kommt es nicht an.

Kenntnis i.S.v. § 130 Abs. 1 S. 1 Nr. 1 und 2 InsO bzw. § 131 Abs. 1 45
Nr. 3 InsO bedeutet **positives Wissen**. Zahlungsunfähigkeit und die Kenntnis hiervon müssen zur Zeit der angefochtenen Rechtshandlung vorliegen.[42] Eine Rechtshandlung gilt nach § 140 Abs. 1 InsO als in dem Zeitpunkt vorgenommen, in dem ihre rechtlichen Wirkungen eintreten.

Hinweis

Kommt es in Reaktion auf Erbausschlagungen naher Angehöriger zur Anordnung einer **Nachlasspflegschaft** oder zur **Feststellung des Fiskuserbrechts**, werden die Gläubiger hierüber in der Regel zeitnah in Kenntnis gesetzt. In den zumeist standardisierten Rundschreiben findet sich ein Hinweis auf eine bestehende Nachlassüberschuldung mit dem Zusatz, dass eine Befriedigung daher bis auf weiteres nicht in Betracht kommt. Aufgrund von § 1979 BGB sind Nachlässe, die offensichtlich überschuldet sind, auch automatisch zahlungsunfähig. Gläubiger, die entsprechende Schreiben erhalten haben, haben daher in der Regel auch Kenntnis von der Zahlungsunfähigkeit.

Da es sich bei der Zahlungsunfähigkeit, Zahlungseinstellung bzw. 46
Gläubigerbenachteiligung um komplexe Rechtsbegriffe handelt, um deren von der Rechtsprechung sukzessive konturierte Voraussetzungen sich ein durchschnittlicher, nicht insolvenzrechtlich vorbelasteter Gläubiger regelmäßig keine Gedanken macht, ist der Nachweis dieses Tatbestandsmerkmals oft nur schwer möglich. In der Praxis kommt es daher zumeist auf die gem. § 130 Abs. 2 InsO bzw. § 131 Abs. 2

41 BGH NZI 2015, 511; Braun/*de Bra*, InsO § 130 Rn 17.
42 BGH NZI 2013, 182.

InsO maßgeblichen **Umstände** an, **die zwingend auf das Vorliegen der betreffenden Tatbestandsmerkmale schließen lassen**.

47 Der Begriff der **Gläubigerbenachteiligung** des § 131 Abs. 1 Nr. 3 InsO entspricht demjenigen des § 129 InsO. Für die Gläubigerbenachteiligung genügt eine mittelbare, durch später hinzutretende Umstände mitverursachte Benachteiligung der Insolvenzgläubiger.[43]

48 Nach der neueren Rechtsprechung des BGH kann im Falle der Gewährung einer kongruenten Deckung nicht mehr allein von der erkannten Zahlungsunfähigkeit auf den Gläubigerbenachteiligungsvorsatz geschlossen werden.[44] Ist der Schuldner im Zeitpunkt der angefochtenen Rechtshandlung erkanntermaßen zahlungsunfähig, kommt es vielmehr zusätzlich darauf an, ob er wusste oder jedenfalls billigend in Kauf nahm, seine anderen Gläubiger auch zu einem späteren Zeitpunkt nicht vollständig befriedigen zu können.

49 **Praxistipp**

Der Nachweis der subjektiven Voraussetzungen wird in der Praxis i.d.R. dadurch geführt, dass der Insolvenzverwalter Korrespondenz bzw. Schriftstücke vorlegt, in denen der Schuldner dem Gläubiger seine finanziellen Verhältnisse detailliert offenlegt oder seine finanziellen Probleme unumwunden einräumt (z.B. „Wenn Du mir keine Ratenzahlung gewährst, bin ich pleite.", „Ich kann im Moment nicht zahlen, da die Bank mein Konto gepfändet hat." etc.). Lässt sich ein Gläubiger daraufhin auf Ratenzahlungen ein, kommt es darauf an, ob der Schuldner diese in der Folge einhält. Kommt er auch mit den Ratenzahlungen nicht unerheblich ins Stocken und weiß der Gläubiger positiv von der Existenz weiterer Gläubiger, muss er daraus i.d.R. den Schluss auf Zahlungsunfähigkeit und auch auf den gläubigerbenachteiligenden Charakter weiterer Zahlungen ziehen.

50 Sind im Prinzip alle Voraussetzungen einer Anfechtbarkeit nach den §§ 130, 131 InsO gegeben, scheidet eine Anfechtung gleichwohl aus,

---

43 BGH NZI 2017, 352; BGH NZI 2012, 135; zur mittelbaren und unmittelbaren Gläubigerbenachteiligung *Brinkmann*, ZRI 2022, 805.

44 BGH NZI 2024, 537; 2021, 720.

wenn die fragliche Rechtshandlung Teil eines **Bargeschäftes**[45] **i.S.d. § 142 InsO** gewesen ist.[46] Nach Absatz 1 ist eine Leistung des Schuldners, für die unmittelbar eine gleichwertige Gegenleistung in sein Vermögen gelangt, nur anfechtbar, wenn die Voraussetzungen des § 133 Abs. 1 bis 3 InsO gegeben sind und der andere Teil erkannt hat, dass der Schuldner unlauter handelte.[47] § 142 Abs. 1 InsO setzt eine Leistung des Schuldners aus seinem haftenden Vermögen und eine diese vollumfänglich ausgleichende, zeitnah erbrachte Gegenleistung des Anfechtungsgegners voraus. Hierunter fallen grundsätzlich alle gewöhnlichen Arten von Austauschgeschäften gem. §§ 320 ff. BGB wie Kauf-, Miet-, Werk- und auch Dienst- oder Arbeitsverträge. Bei Darlehensverträgen ist zu differenzieren. Die Rückzahlung eines zuvor empfangenen Darlehens ist keine taugliche Gegenleistung, wohl aber die Bestellung einer Sicherheit gegen Valutierung bzw. Rückzahlung eines Darlehens gegen Freigabe bzw. Rückgabe zuvor bestellter wertäquivalenter Sicherheiten.[48]

Ein **Anfechtungsausschluss gem. § 142 InsO** setzt stets einen **engen** 51
zeitlichen Zusammenhang zwischen Leistung und Gegenleistung voraus, wobei für die Beurteilung neben der Art der ausgetauschten Leistungen auch die Gepflogenheiten des Geschäftsverkehrs zu berücksichtigen sind, vgl. § 142 Abs. 2 S. 1 InsO. Keinesfalls darf die Zeitspanne so lang sein, dass der Leistungsaustausch unter Berücksichtigung der üblichen Zahlungsbräuche den Charakter eines Kreditgeschäfts annimmt.[49] Nach Ansicht des OLG Düsseldorf[50] soll eine geringfügige Zahlungsverzögerung von weniger als einer Woche unschädlich sein.

Bei einem Kauf beweglicher Sachen wird man einen Leistungsaus- 52
tausch innerhalb von spätestens vierzehn Tagen verlangen müssen.[51] Bei Werk- oder Dienstverträgen dürfen zwischen Lieferung bzw. Leis-

45 Zum Bargeschäft siehe *Sodemann*, NZI 2024, 393; *Maier*, ZInsO 2024, 234; *Taras/Suchan*, NJW-Spezial 2020, 405; *Ganter*, ZIP 2019, 1141; zum Begriff der Unlauterkeit *Hiebert*, ZInsO 2018, 1657.

46 BGH NJW 2016, 1012.

47 § 142 InsO wurde m.W.v. 5.4.2017 neu gefasst.

48 MüKo-InsO/*Kirchhof/Piekenbrock*, § 142 Rn 6, 20 f.

49 OLG Düsseldorf NZI 2020, 631.

50 OLG Düsseldorf NZI 2020, 631.

51 MüKo-InsO/*Kirchhof/Piekenbrock*, § 142 Rn 28.

tung und Zahlung nach h.M. **nicht mehr als 30 Tage** liegen.[52] Bei Grundstücksgeschäften sind unter Umständen auch längere Zeiträume unschädlich.[53] Zum Schutz von Arbeitnehmern erfuhr das Unmittelbarkeitsprinzip im Zuge der Anfechtungsreform 2017 eine Lockerung dahingehend, dass der Ausgleich eines bis zu dreimonatigen Lohnrückstandes noch unter das Bargeschäftsprivileg fällt.

Das Bargeschäftsprivileg gilt nicht bei der Anfechtung der Besicherung eines Gesellschafterdarlehens (§ 135 InsO)[54] sowie bei Tilgung hoheitlicher Forderungen.[55]

III. Anfechtungsansprüche gem. § 132 InsO

53 Die Vorschrift des § 132 InsO lautet:

§ 132 InsO Unmittelbar nachteilige Rechtshandlungen

(1) Anfechtbar ist ein Rechtsgeschäft des Schuldners, das die Insolvenzgläubiger unmittelbar benachteiligt,

1. wenn es in den letzten drei Monaten vor dem Antrag auf Eröffnung des Insolvenzverfahrens vorgenommen worden ist, wenn zur Zeit des Rechtsgeschäfts der Schuldner zahlungsunfähig war und wenn der andere Teil zu dieser Zeit die Zahlungsunfähigkeit kannte oder

2. wenn es nach dem Eröffnungsantrag vorgenommen worden ist und wenn der andere Teil zur Zeit des Rechtsgeschäfts die Zahlungsunfähigkeit oder den Eröffnungsantrag kannte.

(2) Einem Rechtsgeschäft, das die Insolvenzgläubiger unmittelbar benachteiligt, steht eine andere Rechtshandlung des Schuldners gleich, durch die der Schuldner ein Recht verliert oder nicht mehr geltend machen kann oder durch die ein vermögensrechtlicher Anspruch gegen ihn erhalten oder durchsetzbar wird.

(3) § 130 Abs. 2 und 3 gilt entsprechend.

52 BGH ZInsO 2007, 816; *Taras/Suchan*, NJW-Spezial 2020, 405; *Ganter*, ZIP 2012, 2037.

53 MüKo-InsO/*Kirchhof/Piekenbrock*, § 142 Rn 35.

54 BGH NZI 2019, 460; a.A. OLG Karlsruhe NZI 2018, 938.

55 *Gehrlein*, ZInsO 2020, 1505.

Während nach §§ 130, 131 InsO nur solche Rechtshandlungen angefochten werden können, die zu einer Sicherung oder Befriedigung eines Gläubigers geführt haben, erweitert § 132 InsO die Anfechtbarkeit auf **alle sonstigen Rechtshandlungen, die sich unmittelbar nachteilig auf das wirtschaftliche Ergebnis des Insolvenzverfahrens auswirken.** § 132 Abs. 1 InsO ermöglicht insbesondere die **Anfechtung einseitiger Rechtsgeschäfte** wie z.B. die Kündigung eines für die Masse günstigen Vertrages. § 132 Abs. 2 InsO ermöglicht insbesondere die **Anfechtung gläubigerbenachteiligender Unterlassungen**, wie z.B. das Unterlassen der Erhebung von Einreden oder der rechtzeitigen Geltendmachung von Mängelgewährleistungs- oder Anfechtungsrechten nach §§ 119 ff. BGB. Während eine Anfechtung nach Abs. 1 eine unmittelbare Benachteiligung voraussetzt, genügt in den Fällen des Abs. 2 auch eine mittelbare Benachteiligung.[56] 54

Ist eine Anfechtung nach §§ 130, 131 InsO möglich, scheidet die Anwendung von § 132 InsO aus.[57]

IV. Vorsatzanfechtung gem. § 133 InsO

Nach **§ 133 Abs. 1 S. 1 InsO** sind **Rechtshandlungen**, die der Schuldner **in den letzten zehn Jahren** vor dem Antrag auf Eröffnung des Insolvenzverfahrens oder nach diesem Antrag mit dem Vorsatz, seine Gläubiger zu benachteiligen, vorgenommen hat, anfechtbar, wenn der andere Teil zur Zeit der Handlung den Vorsatz des Schuldners kannte. Diese Kenntnis wird nach S. 2 vermutet, wenn der andere Teil wusste, dass die Zahlungsunfähigkeit des Schuldners drohte und dass die Handlung die Gläubiger benachteiligte. 55

Die Absätze 2 und 3 des § 133 InsO wurden im Zuge der sog. Anfechtungsreform 2017 neu eingefügt mit Wirkung vom 5.4.2017.[58] In **Absatz 2** wurde die Anfechtungsfrist auf **vier Jahre** verkürzt für eine 56

56 Zur mittelbaren und unmittelbaren Gläubigerbenachteiligung *Brinkmann*, ZRI 2022, 805.

57 Andres/Leithaus/*Leithaus*, InsO § 132 Rn 1; BGH NZI 2012, 506.

58 Gesetz zur Verbesserung der Rechtssicherheit bei Anfechtungen nach der InsO und dem AnfG; die Vorsatzanfechtung nach § 3 AnfG erfuhr eine wortgleiche Veränderung durch die neu eingefügten Absätze 2 und 3.

Rechtshandlung des Schuldners, die dem anderen Teil eine Sicherung oder Befriedigung gewährt oder ermöglicht hat (Deckungshandlung i.S.d. §§ 130, 131 InsO).

Nach **§ 133 Abs. 3 S. 1 InsO** greift die Vermutungswirkung des Abs. 1 S. 2 in Fällen kongruenter Deckungen (§ 130 InsO) nur noch bei Kenntnis des anderen Teils von der **eingetretenen Zahlungsunfähigkeit** des Schuldners (anstelle der drohenden Zahlungsunfähigkeit).

Gemäß **§ 133 Abs. 3 S. 2 InsO** bewirkt der Abschluss von **Ratenzahlungsvereinbarungen, Stundungen und anderen Zahlungserleichterungen**, dass zugunsten des Gläubigers vermutet wird, dass er die Zahlungsunfähigkeit des Schuldners nicht kannte.[59] Hierbei handelt es sich um eine **widerlegbare gesetzliche Vermutung.**[60]

57 **§ 133 Abs. 4 InsO** erfasst **entgeltliche Verträge, die der Schuldner mit einer nahestehenden Person (§ 138 InsO) geschlossen hat** und durch die die Gläubiger unmittelbar benachteiligt wurden. Die Anfechtung ist ausgeschlossen für einen Vertrag, der früher als **zwei Jahre** vor dem Eröffnungsantrag geschlossen wurde oder wenn dem Vertragspartner der Gläubigerbenachteiligungsvorsatz des Schuldners nicht bekannt war.

58 **§ 133 Abs. 1 bis 3 InsO** ermöglicht ausschließlich die Anfechtung von **Rechtshandlungen des Schuldners**. Darunter sind in der Nachlassinsolvenz sowohl Rechtshandlungen des oder der Erben bzw. eines Nachlasspflegers oder Testamentsvollstreckers als auch solche des Erblassers zu verstehen.

59 Die Anfechtung setzt ein willensgeleitetes, verantwortungsgesteuertes Handeln des Schuldners voraus. Dieser muss darüber entscheiden können, ob er eine Leistung erbringt oder verweigert. Grundsätzlich fehlt es an einer solchen Rechtshandlung des Schuldners, wenn der Gläubiger eine Befriedigung im Wege der **Zwangsvollstreckung** erlangt.[61] Mangels Rechtshandlung des Schuldners sind somit Deckungen, die im Wege der Zwangsvollstreckung erwirkt wurden, i.d.R. nicht anfechtbar nach § 133 InsO, wohl aber freiwillige tatsächliche

59 Nach der früheren Rechtsprechung des BGH.
60 BGH NJW 2020, 2404.
61 BGH NZI 2017, 926; BGH NZI 2017, 715.

Handlungen des Schuldners, die eine erfolgreiche Zwangsvollstreckung überhaupt erst ermöglicht haben, wie der Hinweis an einen Gläubiger auf die Existenz bislang unbekannten Vermögens oder die bewusste Einziehung von Forderungen auf ein bereits gepfändetes Konto.

Der **Benachteiligungsvorsatz des Schuldners** gem. Abs. 1 knüpft an 60
die von ihm vorgenommene, eine Gläubigerbenachteiligung hervorrufende Rechtshandlung an. Spiegelbildlich muss der Anfechtungsgegner erkannt haben, dass die Rechtshandlung des Schuldners dessen Gläubiger benachteiligt und dass der Schuldner dies auch wollte. Der Benachteiligungsvorsatz des Schuldners und seine **Kenntnis bei dem Anfechtungsgegner** sind mithin auf die gläubigerbenachteiligende Rechtshandlung des Schuldners bezogen.[62] Die Anforderungen an die subjektiven Voraussetzungen dürfen dabei nicht überspannt werden, weshalb es nicht erforderlich ist, dass der Anfechtungsgegner alle Umstände, aus denen sich der Benachteiligungsvorsatz des Schuldners ergibt, im Einzelnen kennt. Vielmehr reicht es aus, wenn er im Allgemeinen von dem Benachteiligungsvorsatz gewusst hat.[63]

Kennt der Anfechtungsgegner die Zahlungsunfähigkeit des Schuldners, so weiß er auch, dass Leistungen aus dessen Vermögen die Befriedigungsmöglichkeit anderer Gläubiger vereiteln oder zumindest erschweren und verzögern. Mithin kennt ein solcher Gläubiger zugleich die Gläubigerbenachteiligung.[64] Kennt der Gläubiger allerdings nur das Zahlungsverhalten des Schuldners ihm gegenüber, fehlt ihm i.d.R. der für die Beurteilung einer drohenden Zahlungsunfähigkeit erforderliche Überblick über die wirtschaftlichen Verhältnisse des Schuldners.[65] 61

In Bezug auf den Gläubigerbenachteiligungsvorsatz gem. Abs. 1 ist zu 62
beachten, dass nach allgemeiner Auffassung ein lediglich **bedingter Vorsatz genügt.**[66] Ein solcher ist regelmäßig gegeben, wenn der

62 BGH NZI 2018, 562; BGH NJW-RR 2014, 231.
63 BGH NZI 2018, 562; BGH NJW-RR 2014, 231.
64 BGH NZI 2017, 926; BGH NZI 2005, 215.
65 BGH NZI 2022, 397.
66 BGH NZI 2022, 425; BGH NZI 2018, 34; BGH NZI 2017, 718.

Schuldner bei Vornahme der Rechtshandlung die Benachteiligung der Gläubiger im Allgemeinen als mutmaßliche Folge in Kauf genommen hat.[67]

63 Mit Urteil vom 6.5.2021[68] setzte sich der BGH eingehend mit den subjektiven Voraussetzungen der Vorsatzanfechtung auseinander und leitete eine teilweise Änderung seiner früheren Rechtsprechung ein. Die Leitsätze des Urteils lauten:

1. *„Die Annahme der subjektiven Voraussetzungen der Vorsatzanfechtung kann nicht allein darauf gestützt werden, dass der Schuldner im Zeitpunkt der angefochtenen Rechtshandlung erkanntermaßen zahlungsunfähig ist.*
2. *Der Gläubigerbenachteiligungsvorsatz des Schuldners setzt im Falle der erkannten Zahlungsunfähigkeit zusätzlich voraus, dass der Schuldner im maßgeblichen Zeitpunkt wusste oder jedenfalls billigend in Kauf nahm, seine übrigen Gläubiger auch künftig nicht vollständig befriedigen zu können; dies richtet sich nach den ihm bekannten objektiven Umständen.*
3. *Für den Vollbeweis der Kenntnis vom Gläubigerbenachteiligungsvorsatz des Schuldners muss der Anfechtungsgegner im Falle der erkannten Zahlungsunfähigkeit des Schuldners im maßgeblichen Zeitpunkt zusätzlich wissen, dass der Schuldner seine übrigen Gläubiger auch künftig nicht wird befriedigen können; dies richtet sich nach den ihm bekannten objektiven Umständen.*
4. *Auf eine im Zeitpunkt der angefochtenen Rechtshandlung nur drohende Zahlungsunfähigkeit kann der Gläubigerbenachteiligungsvorsatz des Schuldners i.d.R. nicht gestützt werden.*
5. *Eine besonders aussagekräftige Grundlage für die Feststellung der Zahlungseinstellung ist die Erklärung des Schuldners, aus Mangel an liquiden Mitteln nicht zahlen zu können; fehlt es an einer solchen Erklärung, müssen die für eine Zahlungseinstellung sprechenden sonstigen Umstände ein der Erklärung entsprechendes Gewicht erreichen.*

67 BGH NJW 2014, 2956; BGH NZI 2013, 249.

68 BGH NZI 2021, 720, besprochen von *Schubert*, NZI 2021, 761; *Gehrlein*, WuB 2021, 362.

6. *Stärke und Dauer der Vermutung für die Fortdauer der festgestellten Zahlungseinstellung hängen davon ab, in welchem Ausmaß die Zahlungsunfähigkeit zutage getreten ist; dies gilt insbesondere für den Erkenntnishorizont des Anfechtungsgegners.*"

Der BGH wich von seiner früheren Rechtsprechung insbesondere in dem Punkt ab, als **darlegungs- und beweisbelastet** für die tatsächlichen Umstände, die über die erkannte Zahlungsunfähigkeit hinaus für den Gläubigerbenachteiligungsvorsatz und die Kenntnis von diesem erforderlich sind, nun der **Insolvenzverwalter** sei. Damit gab der BGH die bis dahin vorgenommene Beweislastumkehr auf.[69] 64

Zudem gab der BGH seinen Standpunkt auf, wonach die vom Schuldner erkannte nur drohende Zahlungsunfähigkeit ein Beweisanzeichen für seinen Gläubigerbenachteiligungsvorsatz sei,[70] vgl. Leitsatz Nr. 4 des Urteils. Die drohende Zahlungsunfähigkeit ist gem. § 18 Abs. 1 InsO nur dann Eröffnungsgrund, wenn der Schuldner den Insolvenzantrag stellt. Gegen seinen Willen kann also kein Insolvenzverfahren über sein Vermögen eröffnet werden, wenn er nur drohend zahlungsunfähig ist. Diese gesetzgeberische Wertung wird nach den Ausführungen des BGH im Urteil vom 6.5.2021 beeinträchtigt, wenn die drohende Zahlungsunfähigkeit der bereits eingetretenen vorsatzanfechtungsrechtlich gleichgestellt wird. 65

Die Zahlungsunfähigkeit stellt nur dann ein Indiz für den Benachteiligungsvorsatz dar, wenn der Schuldner seine Zahlungsunfähigkeit erkannt hat. Hält der Schuldner eine Forderung, welche die Zahlungsunfähigkeit begründet, aus Rechtsgründen für nicht durchsetzbar oder nicht fällig, steht dies einer Kenntnis entgegen, sofern bei einer Gesamtwürdigung der Schluss auf die Zahlungsunfähigkeit nicht zwingend naheliegt.[71] 66

Die Voraussetzungen des Gläubigerbenachteiligungsvorsatzes konkretisierte der BGH weiter in einem Urteil vom 18.4.2024.[72] Danach kann eine **Deckungslücke**, die mit hinreichender Gewissheit darauf schließen ließe, für den Schuldner habe keine begründete Aussicht 67

69 *Schubert*, NZI 2021, 761; *Ganter*, NZI 2021, 725 f.
70 Vgl. BGH NZI 2021, 387; BGH NZI 2016, 355; BGH NZI 2014, 259.
71 BGH NZI 2022, 425.
72 BGH NZI 2024, 537.

bestanden, seine übrigen Gläubiger zukünftig vollständig befriedigen zu können, in der Regel nicht allein aus den zur Begründung einer Zahlungseinstellung herangezogenen Verbindlichkeiten des Schuldners abgeleitet werden. Erst wenn die Deckungslücke ein Ausmaß erreicht hatte, das selbst bei optimistischer Einschätzung der zukünftigen Entwicklung in absehbarer Zeit keine vollständige Befriedigung der bereits vorhandenen und der absehbar hinzutretenden Gläubiger erwarten ließ, musste dem Schuldner klar sein, dass er nicht einzelne Gläubiger befriedigen konnte, ohne andere zu benachteiligen. Befriedigt er in dieser Lage einzelne Gläubiger, handelt er deshalb mit Gläubigerbenachteiligungsvorsatz.[73]

68 Da der Vorsatz als innere Tatsache einem Vollbeweis nur schwer zugänglich ist, behilft sich die Praxis mit dem Vorliegen bestimmter **Beweisanzeichen**, aus deren Vorliegen dann auf einen bestehenden Benachteiligungsvorsatz geschlossen werden kann. Dabei dürfen die einzelnen Beweisanzeichen nicht schematisch angewandt werden.[74] Indizien für einen Benachteiligungsvorsatz sind z.B. das Vorliegen einer inkongruenten Deckung i.S.d. § 131 InsO, unentgeltliche Leistungen i.S.d. § 134 InsO oder wenn der Schuldner selbst gegenüber Dritten seine Zahlungsunfähigkeit eingeräumt hatte.[75] Eigenständige Bedeutung kommt § 133 InsO in solchen Fällen immer dann zu, wenn die fragliche Rechtshandlung außerhalb der in § 131 InsO bzw. § 134 InsO genannten Zeiträume liegt.

69 Nach der neueren Rechtsprechung des BGH[76] soll dem Insolvenzverwalter die **sekundäre Darlegungslast für die Fortdauer der Zahlungseinstellung** auferlegt werden, wenn die Verbindlichkeit, welche die Annahme einer Zahlungseinstellung des Schuldners trägt, erfüllt oder gestundet wurde. Dem Anfechtungsgegner sei es zumeist unmöglich, die allgemeine Wiederaufnahme der Zahlungen des Schuldners darzulegen, weshalb es dem Insolvenzverwalter obliege, zu dem Zahlungsverhalten des Schuldners im Übrigen, insbesondere zu weiterhin nicht bedienten Verbindlichkeiten, vorzutragen.

---

73 BGH NZI 2024, 537; 2022, 385; 2021, 720.

74 BGH NZI 2024, 537; 2021, 720; OLG Karlsruhe ZRI 2024, 708.

75 OLG Karlsruhe ZRI 2024, 708.

76 BGH NZI 2022, 397 unter Hinweis auf eine Beschränkung des Anwendungsbereichs der Fortdauervermutung im Urt. v. 6.5.2021, NZI 2021, 720.

Fraglich ist, ob der subjektive Tatbestand entfallen kann, wenn im unmittelbaren Zusammenhang mit den potenziell anfechtbaren Rechtshandlungen eine gleichwertige Gegenleistung in das Vermögen des Schuldners gelangt, also ein Leistungsaustausch ähnlich einem Bargeschäft (§ 140 InsO) stattfindet.[77] Nach einem Urteil des OLG Düsseldorf[78] kommt der früheren Rechtsprechung zur sog. bargeschäftsähnlichen Lage nach der am 5.4.2017 in Kraft getretenen Neuregelung des § 142 InsO keine Bedeutung mehr zu. 70

§ 133 Abs. 4 InsO erleichtert die **Anfechtung von entgeltlichen Verträgen**, die der Schuldner mit einer ihm **nahestehenden Person i.S.d. § 138 InsO** in den letzten **zwei Jahren** vor dem Insolvenzantrag abgeschlossen hat. Voraussetzung ist, dass der Vertrag trotz Entgeltlichkeit zu einer **unmittelbaren Benachteiligung** der Insolvenzgläubiger (§§ 38 f. InsO) geführt hat. Der **Vertragsbegriff ist weit auszulegen**[79] und kann daher neben schuldrechtlichen Verträgen auch güterrechtliche Vereinbarungen[80] oder sachenrechtliche Abkommen wie Grundstücksübertragungen oder die Gewährung von Hypothekenbestellungen erfassen.[81] 71

Liegen die Voraussetzungen des § 133 Abs. 4 S. 1 InsO vor, werden der gem. § 133 Abs. 1 InsO erforderliche Gläubigerbenachteiligungsvorsatz sowie die Kenntnis des anderen Teils hiervon **widerleglich vermutet**. 72

V. Schenkungsanfechtung gem. § 134 InsO

Gemäß § 134 Abs. 1 InsO ist eine **unentgeltliche Leistung** des Schuldners anfechtbar, es sei denn, sie ist früher als **vier Jahre** vor dem Insolvenzeröffnungsantrag vorgenommen worden. Der Begriff der **Leistung** ist denkbar **weit auszulegen.**[82] Darunter ist grundsätzlich jede wie auch immer bewirkte Mehrung des Vermögens des An- 73

77 So BGH NJW 2014, 2956 betr. § 133 a.F.
78 OLG Düsseldorf NZI 2020, 631.
79 Braun/*de Bra*, InsO § 133 Rn 45; BGH NZI 2016, 773; BGH NZI 2010, 738.
80 BGH NZI 2010, 738.
81 BGH NZI 2016, 773.
82 BGH NZI 2016, 359; BGH NZI 2012, 562.

fechtungsgegners aus dem Vermögen des Schuldners bzw. auf Kosten der späteren Insolvenzmasse zu verstehen.

74 Eine Leistung ist unentgeltlich, wenn diese **objektiv gegenleistungsfrei** erfolgt ist oder jedenfalls nach dem Willen der Beteiligten sein sollte.[83] Maßgebend ist die objektive Wertrelation zwischen der Leistung des Schuldners und der Gegenleistung des Empfängers, anderenfalls könnten die Beteiligten allein dadurch, dass sie einer für den Schuldner objektiv wertlosen Leistung in ihren rechtsgeschäftlichen Erklärungen einen subjektiven Wert beimessen, den Zweck des Gesetzes vereiteln.[84]

Es ist **nach objektiven Maßstäben aus der Sicht des Empfängers** zu beurteilen, ob er eine Leistung des Schuldners erhalten hat.[85]

75 Eine Vereinbarung über die Unentgeltlichkeit i.S.v. § 516 Abs. 1 BGB ist nicht erforderlich. Verfolgt der Schuldner mit der Leistung mittelbar wirtschaftliche Interessen oder Vorteile, bleibt eine Zuwendung gleichwohl unentgeltlich, wenn der angestrebte Vorteil nicht in einer den Empfänger rechtsverbindlich verpflichtenden Weise vereinbart wurde. Die Erfüllung bestehender Unterhaltspflichten ist stets entgeltlich, ebenso wie sonstige Ansprüche aus gesetzlichen Schuldverhältnissen.[86] **Zuwendungen im familiären Bereich**, die über gesetzlich bestehende Unterhaltspflichten hinausgehen, sind aber unentgeltlich. Dies gilt auch dann, wenn sie ausdrücklich als „Entgelt für die Führung des Haushaltes oder die Kinderbetreuung“ durch den nicht erwerbstätigen Ehegatten bezeichnet werden.[87]

76 Zum Teil unentgeltliche Leistungen, sog. **gemischte Schenkungen**, können in einen unentgeltlichen, d.h. nach § 134 InsO anfechtbaren, und einen entgeltlichen Teil zerlegt werden.[88] Allerdings ist nicht jede Veräußerung unter dem objektiven Verkehrs- oder Marktwert eine gemischte Schenkung. Erforderlich ist ein erhebliches Missverhältnis.

83 BGH NZI 2021, 883; BGH NZI 2021, 26.
84 BGH NZI 2021, 883; BGH NZI 2021, 26.
85 BGH NZI 2018, 699.
86 BGH NZI 2016, 359.
87 MüKo-InsO/*Kayser/Freudenberg*, § 134 Rn 36.
88 Roth/Pfeuffer/*Roth*, HdB NachlassInsVerf, S. 227; hierzu vertiefend *Hain*, NZI 2021, 309.

Im Zwei-Personen-Verhältnis[89] ist eine Leistung unentgeltlich, wenn ein Vermögenswert des Verfügenden zugunsten einer anderen Person aufgegeben wird, ohne dass dem Verfügenden ein entsprechender Vermögenswert vereinbarungsgemäß zufließen soll.[90]

Nimmt der Schuldner irrtümlich an, zu einer Leistung verpflichtet zu sein, so steht ihm bzw. später dem Insolvenzverwalter ein Bereicherungsanspruch nach § 812 Abs. 1 BGB zu. Der Empfänger ist von vornherein diesem Bereicherungsanspruch ausgesetzt. Insoweit fehlt es an einem freigiebigen Vermögensverlust des Schuldners, sodass § 134 InsO nicht einschlägig ist.[91] 77

Die Nachbesicherung einer entgeltlichen Verbindlichkeit ist stets entgeltlich, auch wenn kein Anspruch auf die Nachbesicherung bestand. Eine Anfechtung ist daher ggf. nur nach Maßgabe der §§ 130, 131, 133 InsO möglich. Die Sicherung einer unentgeltlichen Verpflichtung ist ihrerseits auch stets als unentgeltlich zu qualifizieren. Gleiches gilt im Grundsatz für die Sicherung einer fremden Schuld (etwa durch Bürgschaft), auch wenn die gesicherte Schuld im Verhältnis zum Primärschuldner entgeltlich begründet wurde. Die Bestellung einer Sicherheit für eigene, entgeltlich begründete, künftig entstehende Verbindlichkeiten ist ebenso entgeltlich wie die Abtretung einer Forderung erfüllungshalber zur Erfüllung entgeltlich begründeter, künftig entstehender Verbindlichkeiten.[92] 78

Zahlungen des späteren Insolvenzschuldners **auf eine fremde Schuld** sind im Verhältnis zum Gläubiger grundsätzlich nicht unentgeltlich, da Letzterer durch die Erfüllungswirkung der Zahlung eine Forderung verloren hat. Etwas anderes gilt aber, wenn die getilgte Forderung bereits objektiv wertlos war, weil der Dritte zur fraglichen Zeit bereits selbst materiell insolvenzreif war. Denn in solchen Fällen verliert der befriedigte Gläubiger bei wirtschaftlicher Betrachtung nichts, erbringt also objektiv keine Gegenleistung. In Nachlassinsolvenzen tritt diese Problematik relativ häufig in Konstellationen auf, in denen der **Erblas-** 79

89 Zur Anfechtung im Mehrpersonenverhältnis siehe MüKo-InsO/*Kayser/Freudenberg*, § 134 Rn 17a; BGH NZI 2013, 1017 m. Anm. *Leithaus*; *Seelinger*, NZI 2016, 81.

90 BGH NZI 2021, 883; BGH NZI 2019, 509; BGH NZI 2017, 669.

91 BGH NZI 2019, 509; BGH NZI 2017, 669.

92 BGH NZI 2018, 746.

ser zugleich Gesellschafter/Geschäftsführer einer insolvenzreifen GmbH/UG war und vor seinem Tod Verbindlichkeiten des Unternehmens – etwa zur Abwendung von Zwangsvollstreckungsmaßnahmen – aus seinem Privatvermögen beglichen hat. In solchen Fällen kann der spätere Nachlassinsolvenzverwalter gegenüber dem befriedigten Unternehmensgläubiger die Zahlung im Wege der Schenkungsanfechtung zurückfordern.[93]

80 Für den Gläubiger muss aber erkennbar sein, dass die erhaltene Leistung auch tatsächlich aus dem Eigenvermögen des Erblassers stammte, da aus seiner Perspektive (**objektiver Empfängerhorizont**) ansonsten auch eine Leistung der GmbH vorliegen könnte. An einer solchen Erkennbarkeit kann es z.B. fehlen, wenn die Leistung aus dem Privatvermögen im Rahmen eines von dem Gläubiger gegen die GmbH/UG betriebenen Zwangsvollstreckungsverfahrens an einen Gerichtsvollzieher als Leistungsmittler erfolgte und der Gerichtsvollzieher dem Gläubiger gegenüber nicht zu erkennen gab, dass er die Zahlung aus dem Privatvermögen des Gesellschafters bzw. Geschäftsführers erhalten hat.[94]

81 **§ 134 Abs. 2 InsO** normiert einen **Ausnahmetatbestand**, wonach die Leistung nicht anfechtbar ist, wenn ihr Gegenstand ein **gebräuchliches Gelegenheitsgeschenk von geringem Wert** war. Gebräuchliche Gelegenheitsgeschenke werden zu bestimmten Anlässen erbracht, etwa zum Geburtstag, zu Weihnachten, Ostern, zur Taufe, Kommunion oder Konfirmation sowie anlässlich der Eheschließung oder der Geburt eines Kindes. Diese müssen nach der Verkehrsanschauung **üblich und angemessen** sein, wobei die wirtschaftlichen Verhältnisse des Schenkers mit zu berücksichtigen sind.[95] Auch unregelmäßig vorgenommene Spenden an gemeinnützige, mildtätige oder kirchliche Organisationen sowie an Parteien können unter § 134 Abs. 2 InsO fallen.[96]

82 Einen geringen Wert i.S.d. § 134 Abs. 2 InsO nimmt die Rechtsprechung an, wenn die Geschenke der einzelnen Gelegenheit den Wert

93 Vgl. zum Ganzen MüKo-InsO/*Kayser/Freudenberg*, § 134 Rn 31 ff.
94 Vgl. BGH NZI 2018, 699.
95 Braun/*de Bra*, InsO § 134 Rn 47; Jaeger/*Henckel*, InsO § 134 Rn 59.
96 MüKo-InsO/*Kayser/Freudenberg*, § 134 Rn 46; BGH NZI 2016, 359.

von 200 EUR und im Kalenderjahr den Wert von 500 EUR nicht übersteigen.[97] Hatte die Leistung des Erblassers einen höheren Wert, kann der Insolvenzverwalter diese anfechten und die Schenkung, soweit sie über die genannten Werte hinausging, zurückfordern.

Gemäß **§ 143 Abs. 2 InsO** muss der Empfänger einer unentgeltlichen Leistung diese nur insoweit zurückgewähren, als er durch sie im Zeitpunkt des Zugangs der Anfechtungserklärung **noch bereichert** ist. Auf eine **Entreicherung** kann sich der Empfänger aber nur berufen, wenn die Entreicherung zu einer Zeit eingetreten ist, zu der er nicht hätte wissen müssen, dass die unentgeltliche Leistung die Insolvenzgläubiger benachteiligt. Kennt der Empfänger beim Empfang der Leistung die Insolvenzreife des Schuldners, kann er sich regelmäßig nicht auf eine Entreicherung berufen (zur Entreicherung siehe oben Rdn 30 f.). 83

Ein **Angehöriger, der die ihm angefallene Erbschaft zuvor ausgeschlagen hat**, kann sich i.d.R. nicht darauf berufen, von einer tatsächlichen Überschuldung nichts gewusst zu haben, wenn keine anderen als wirtschaftliche Motive für die Ausschlagung nachgewiesen werden können. Wer eine mutmaßlich überschuldete Erbschaft ausschlägt, muss grundsätzlich damit rechnen, dass er unentgeltliche Leistungen, die er aus dem Erblasservermögen – etwa im Wege von Schenkungen auf den Todesfall – erhalten hat, an den Nachlassinsolvenzverwalter zurückgeben muss. In solchen Fällen spricht jedenfalls eine tatsächliche Vermutung dafür, dass die Ausschlagung im Hinblick auf die prekäre wirtschaftliche Situation erfolgte. 84

In Nachlassinsolvenzen ist die Schenkungsanfechtung in mehrerlei Hinsicht praxisrelevant. Dies gilt zum einen im Hinblick darauf, dass **Lebens- und Rentenversicherungen** ebenso wie betriebliche Pensionszusagen und andere Finanzanlageprodukte für den Todesfall in aller Regel, oftmals formularmäßig, Drittbezugsrechte vorsehen. Hierbei handelt es sich rechtsdogmatisch um **Schenkungen auf den Todesfall i.S.v. § 2301 BGB**. Charakteristisch für solche ist, dass sich der Erwerb der Leistung beim Dritten in der juristischen Sekunde des Erbfalls außerhalb des Nachlasses, d.h. ohne Durchgangserwerb des Erben, vollzieht. Der Anspruch auf die Todesfallleistung wird folglich 85

97 BGH NZI 2016, 359.

nie Nachlassbestandteil. Folge davon ist, dass ein solcher Erwerb auch dann zivilrechtlich wirksam bleibt, wenn dem Begünstigten zugleich die Erbschaft anfiel, diese jedoch nachfolgend wirksam von ihm ausgeschlagen wird. Ein in Reaktion auf die Erbausschlagung bestellter Nachlasspfleger hat daher i.d.R. keine Handhabe, die Todesfallleistung für den Nachlass zu realisieren. Gleiches gilt für einen erbenden Fiskus.

86 **Praxistipp**

Bei der **Anfechtung eines widerruflichen Bezugsrechtes einer Unfall- oder Lebensversicherung** ist für die Frage, ob die anfechtbare Rechtshandlung im Vierjahreszeitraum vor Antragstellung erbracht wurde, **das Datum des Erbfalls** und nicht dasjenige des Vertragsschlusses oder der Einräumung des Bezugsrechtes **maßgeblich**,[98] vgl. § 159 Abs. 2 VVG. Die ggf. zurückzugewährende Leistung liegt in der **ausgezahlten Versicherungssumme**, nicht in den von dem Versicherungsnehmer in den letzten vier Jahren eingezahlten Prämien.[99] War das Bezugsrecht ausnahmsweise **unwiderruflich** ausgestaltet, kommt es auf den **Zeitpunkt der Einräumung des Bezugsrechtes** an,[100] vgl. § 159 Abs. 3 VVG. Dies ist i.d.R. der Tag des Vertragsschlusses. Liegt dieser außerhalb des Vierjahreszeitraumes, kann der Insolvenzverwalter nur bzw. immerhin noch die innerhalb der letzten vier Jahre eingezahlten Versicherungsprämien von dem Begünstigten zurückfordern.

87 Bedeutsam ist die Schenkungsanfechtung in der Nachlassinsolvenz ferner unter dem Gesichtspunkt **vorweggenommener Erbfolgen**. Insbesondere dort, wo Vermögen oberhalb der Erbschaftsteuerfreibeträge vorhanden ist, ist häufig zu beobachten, dass Teile des Vermögens unter Ausschöpfung der auf einen Zeitraum von zehn Jahren bezogenen Freigrenzen bereits frühzeitig im Wege von Schenkungen auf die nachfolgende Generation übertragen wurden.

88 Darüber hinaus ist an Fälle zu denken, in denen der Erblasser lebzeitig von mit **Bank- oder Generalvollmacht** ausgestatten Angehörigen (faktisch) betreut wurde. In solchen Fällen kommt es nicht selten zu

98 BGH NZI 2016, 35; BGH BeckRS 208, 13181; *Jünemann*, ErbR 2017, 550.
99 BGH NJW 2004, 214; Braun/*de Bra*, InsO § 134 Rn 24.
100 BGH NJW 2013, 232.

missbräuchlichen privatnützigen Entnahmen bzw. Mittelverwendungen seitens des (faktischen) Betreuers. Wenn amtliche Berufsbetreuer Gleiches tun, erfüllt dies regelmäßig den Tatbestand der Untreue und löst Schadensersatzansprüche gem. § 823 Abs. 1 und 2 BGB i.V.m. § 266 StGB bzw. gem. § 1813 Abs. 1 BGB i.V.m. § 1794 BGB (bis zum 31.12.2022 §§ 1915 Abs. 1 S. 1 BGB i.V.m. § 1833 BGB) gegen den Betreuer aus. Im privaten Bereich können sich Bevollmächtigte leichter darauf berufen, dass der Vertretene mit der Entnahme einverstanden gewesen sei. Dann lassen sich deliktische Schadensersatzforderungen oftmals nicht gerichtsfest aufbereiten. Allerdings können die dem Vermögen des Erblassers innerhalb der letzten vier Jahre entzogenen Vorteile dann im Wege der Schenkungsanfechtung zurückgefordert werden.

Die **Erfüllung von Pflichtteilsansprüchen, Vermächtnissen und Auflagen** durch den Erben ist nicht unentgeltlich, da der Erbe hiermit ja gerade einer entsprechenden erbrechtlichen Verpflichtung nachkommt. **§ 322 InsO** stellt solche Leistungen des Erben jedoch den unentgeltlichen Leistungen i.S.v. § 134 InsO gleich und ermöglicht damit deren Anfechtung, soweit diese sich innerhalb des danach maßgeblichen **Vierjahreszeitraums** ereignet haben. 89

Da eine unentgeltliche Leistung eine Bardeckung ausschließt, findet das Bargeschäftsprivileg nach § 142 InsO bei der Schenkungsanfechtung nach § 134 InsO keine Anwendung. 90

Die **Beweislast** für den Erhalt der Leistung liegt beim Insolvenzverwalter (siehe auch Rdn 32). Beruft sich der Anfechtungsgegner einer Schenkungsanfechtung darauf, die Vertragsparteien seien von einem gleichwertigen Leistungsaustausch ausgegangen, muss der Insolvenzverwalter beweisen, dass die Fehlvorstellung keine Grundlage in den objektiven Umständen des Vertragsschlusses hatte. Nach den Grundsätzen der **sekundären Darlegungslast** muss jedoch der Anfechtungsgegner solche Umstände substanziiert darlegen.[101] 91

101 BGH NZI 2021, 26.

92 **Muster 7.1: Insolvenzanfechtung**

Betreff: Nachlassinsolvenzverfahren der Frau / des Herrn , verstorben am , zuletzt wohnhaft

hier: Anfechtung Todesfallleistung der Versicherung

Sehr geehrte/r Frau/Herr ,

hiermit zeige ich Ihnen an, dass das Amtsgericht – Insolvenzgericht – mit Beschluss vom das Insolvenzverfahren über den Nachlass der Frau / des Herrn eröffnet und den/die Unterzeichner(in) zur/zum Insolvenzverwalter(in) bestellt hat. Eine Kopie des Eröffnungsbeschlusses ist diesem Schreiben als Anlage beigefügt.

In meiner Eigenschaft als Insolvenzverwalter(in) fechte ich hiermit die vom Erblasser/ von der Erblasserin zu Ihren Gunsten eingeräumte Bezugsberechtigung betreffend die Lebensversicherung bei der Versicherung an.

Nach Auskunft der Versicherung erhielten Sie am nach dem Erbfall die Todesfallleistung aus dieser Versicherung in Höhe eines Betrags von EUR auf Basis einer Ihnen vom Erblasser/von der Erblasserin eingeräumten widerruflichen Bezugsberechtigung.

Die Zuwendungen solcher Todesfallleistungen an Familienangehörige über entsprechende Bezugsrechte werden von der Rechtsprechung regelmäßig als Schenkungen auf den Todesfall (§ 2301 BGB) qualifiziert. Sie unterliegen als solche der Schenkungsanfechtung nach § 134 InsO, sofern das Bezugsrecht bis zum Erbfall frei abänderlich war und der Erbfall bei Insolvenzantragstellung noch nicht länger als vier Jahre zurücklag.

Diese Voraussetzungen sind vorliegend erfüllt, weshalb ich Sie hiermit auffordere, die erhaltene Leistung i.H.v. EUR bis zum auf das nachfolgend benannte, von mir eingerichtete Masse-Sonderkonto zu überweisen:

Sollte die Zahlung nicht fristgerecht erfolgen, müssen Sie mit gerichtlichen Schritten rechnen.

Mit freundlichen Grüßen

Rechtsanwalt/Rechtsanwältin

Insolvenzverwalter(in)

C. Verwaltung und Verwertung

Der Insolvenzverwalter hat sämtliche Vermögenswerte des Erblassers nach Maßgabe des **§ 148 InsO in Besitz und Verwaltung zu nehmen** und gem. **§ 159 InsO zu verwerten.** 93

I. Allgemeines

Gemäß §§ 1, 159 InsO gehört die Verwertung der Insolvenzmasse zu den vordringlichen Aufgaben des Insolvenzverwalters. Unter Verwertung ist die **Umsetzung sämtlicher Vermögensgegenstände in Geld** zu verstehen. Bei Forderungen genügt hierzu der Einzug, vgl. § 166 Abs. 2 InsO. 94

Während Nachlasspfleger aufgrund ihrer bloßen Sicherungsfunktion nur in Ausnahmefällen zur Verwertung befugt sind und in Nachlassverwaltungen eine Liquidation nur insoweit zu erfolgen hat, wie dies erforderlich ist, um die bestehenden Verbindlichkeiten zu befriedigen, ist der Nachlass im Nachlassinsolvenzverfahren grundsätzlich vollumfänglich zu „versilbern". 95

Gemäß **§ 159 InsO** soll der Insolvenzverwalter mit der Verwertung grundsätzlich **erst nach dem Berichtstermin** beginnen, diese dann aber zügig durchführen. In der Theorie benötigt der Verwalter die Zeit bis zum Berichtstermin dazu, alle Massegegenstände in Besitz zu nehmen, zu inventarisieren und zu bewerten. In der Praxis erfolgt all dies typischerweise schon im Insolvenzantragsverfahren durch den Sachverständigen oder vorläufigen Verwalter. Gerade in Nachlassinsolvenzen spricht nichts dagegen, bereits unmittelbar nach Verfahrenseröffnung mit der Verwertung einzelner Gegenstände, insbesondere der Einziehung offener Forderungen, zu beginnen und im Übrigen bereits Makler oder spezialisierte Verwertungsdienstleister mit der Vermarktung oder Vorbereitung einer Versteigerung zu beauftragen. Idealerweise kann dann in der ersten Gläubigerversammlung schon gleich über konkret geplante Transaktionen und Vertragsentwürfe beschlossen werden, vgl. §§ 160 ff. InsO, und können diese unmittelbar danach zum Abschluss gebracht werden. 96

Hinweis

Die Vornahme von Rechtsgeschäften im Rahmen von Betriebsfortführungen, die zur gewöhnlichen Geschäftstätigkeit gehören, wie z.B. der Verkauf von Handelsware in der Insolvenz eines Handelsunternehmens, sind begrifflich keine Verwertungsmaßnahmen. Gemäß §§ 22 Abs. 1 S. 1 Nr. 2, 158 Abs. 1 InsO ist es die Pflicht des (vorläufigen) Insolvenzverwalters, ein zur Masse gehörendes Unternehmen bis zum Berichtstermin fortzuführen, was die Durchführung solcher Geschäfte einschließt. Bei einem Räumungsverkauf nach einem Stilllegungsbeschluss handelt es sich aber begrifflich um Verwertung, die gem. § 159 InsO grundsätzlich erst nach dem Berichtstermin beginnen darf.

97 In welcher **Art und Weise** Gegenstände verwertet werden, entscheidet der Insolvenzverwalter grundsätzlich **nach pflichtgemäßem Ermessen**. Möglich und üblich sind sowohl Verkäufe aus freier Hand als auch (private oder öffentliche) Versteigerungen. Hierbei hat der Insolvenzverwalter mit Blick auf § 1 InsO stets die Verwertungsform zu wählen, die den größtmöglichen wirtschaftlichen Erfolg für die (freie) Insolvenzmasse verspricht.

98 Der Insolvenzverwalter kann bestimmte Teile der Insolvenzmasse auch zusammenhängend als **Sachgesamtheiten** verkaufen, wenn dies bessere Verwertungsergebnisse verspricht. Dies wird insbesondere der Fall sein, wenn Interesse am Erwerb eines massezugehörigen lebenden **Unternehmens** im Ganzen oder einzelner betrieblich-organisatorisch zusammenhängender Einheiten (Warenlager, einzelne Filialen oder Betriebsstätten) besteht.

99 Soweit zur Insolvenzmasse Gegenstände gehören, die aufgrund ihrer Beschaffenheit oder aufgrund bestehender dinglicher Belastungen **nicht lohnend verwertbar** sind, kann der Insolvenzverwalter diese durch **Freigabe aus der Insolvenzmasse** herauslösen. Freigabe von Vermögen aus der Masse hat immer dann zu erfolgen, **wenn das Halten von Gegenständen Kosten verursacht und eine gedachte künftige Verwertung voraussichtlich nicht zu einem diese Kosten überschießenden Erlösanteil für die freie Masse führen wird** (zur Freigabe siehe auch Rdn 190 ff.).

Gelegentlich lassen sich Gegenstände nicht ohne weiteres sofort veräußern, sondern erst nach weiterer Verarbeitung, Veredelung oder Reparatur. Hin und wieder empfiehlt es sich auch, vor einer Veräußerung zunächst auf Massekosten **wertsteigernde Investitionen** (z.B. Räumung und Renovierung einer Immobilie vor Verkauf) zu tätigen. All dies ist selbstverständlich zulässig und mit § 159 InsO ohne weiteres vereinbar, auch wenn sich die Verwertung dadurch nicht unerheblich verzögern sollte. 100

Ausnahmsweise können Gegenstände auch schon während des Insolvenzantragsverfahrens durch einen **vorläufigen Verwalter** veräußert werden. Dies gilt insbesondere bei Vorhandensein verderblicher Ware oder Saisonartikeln, bei denen mit einem Zuwarten erhebliche Wertverluste einhergingen, vgl. § 158 Abs. 1 InsO. 101

II. Verwertung von unbeweglichen Gegenständen

Zu den unbeweglichen Gegenständen, die in § 49 InsO definiert sind, gehören neben **Immobilien** auch eingetragene **Schiffe und Luftfahrzeuge**. Auch **Bruchteilseigentum** an einem solchen Gegenstand gehört dazu. 102

Gemäß **§ 165 InsO** kann der Insolvenzverwalter beim zuständigen Gericht die Zwangsversteigerung oder die Zwangsverwaltung eines unbeweglichen Gegenstands der Insolvenzmasse betreiben, auch wenn an dem Gegenstand ein Absonderungsrecht besteht. § 165 InsO gestattet dem Verwalter, massezugehöriges Immobilienvermögen nach Maßgabe des ZVG zwangsversteigern oder zwangsverwalten zu lassen, und zwar **unabhängig davon, ob die betreffende Immobilie lastenfrei ist oder nicht**. Die nähere Ausgestaltung des Verfahrens ist in §§ 30d–30f ZVG geregelt.

Eine vorinsolvenzlich zwischen Schuldner und Grundpfandgläubiger getroffene vollstreckungsbeschränkende Vereinbarung hat keine Bindungswirkung für den Insolvenzverwalter, und zwar auch dann nicht, wenn das Grundstück zugunsten dieses Gläubigers wertausschöpfend belastet ist.[102] 103

102 BGH NZI 2011, 138.

104 Fällt nur ein **Miteigentumsanteil** in die Insolvenzmasse, kann der Insolvenzverwalter aus seinem Verwertungsrecht nach § 165 InsO nicht die Zwangsversteigerung des gesamten Grundstücks betreiben, sondern nur die Versteigerung des Miteigentumsanteils.[103] In diesem Zusammenhang ist **§ 84 Abs. 1 S. 1 InsO** zu beachten, wonach die Teilung oder Auseinandersetzung einer Bruchteilsgemeinschaft nach §§ 741 ff. BGB außerhalb des Insolvenzverfahrens erfolgt.

105 Ferner kann der Insolvenzverwalter in Ausübung des dem Schuldner zustehenden Anspruchs auf Aufhebung der Gemeinschaft nach § 749 Abs. 1 BGB gem. § 753 Abs. 1 BGB i.V.m. §§ 180 f. ZVG die **Teilungsversteigerung** durchführen.[104]

106 Alternativ zur Zwangsversteigerung und Zwangsverwaltung kann der Insolvenzverwalter massezugehörige Immobilien aber auch **freihändig verkaufen**. Sofern (partiell) unbelastetes Immobilienvermögen aus freier Hand verkauft werden soll, handelt es sich hierbei jedoch stets um eine **besonders bedeutsame Rechtshandlung gem. § 160 Abs. 2 Nr. 1 InsO**, zu deren Vornahme grundsätzlich die **Zustimmung der Gläubigerversammlung einzuholen** ist (näher Rdn 110 ff.). Die Zustimmung oder Versagungsentscheidung der Gläubigerversammlung hat keine konstitutive Wirkung, d.h. dass auch ein ohne die nach § 160 InsO erforderliche Zustimmung getätigtes Rechtsgeschäft zivilrechtlich wirksam ist, vgl. § 164 InsO.

107 Soweit Immobilien mit **Grundpfandrechten** belastet sind, kommt eine Veräußerung i.d.R. nur mit Zustimmung der betreffenden Grundpfandgläubiger in Betracht, da potentielle Käufer zumeist nur an einem lastenfreien Erwerb interessiert sind. Übersteigt der voraussichtlich zu realisierende Wert der Immobilie die Valuten der auf ihr lastenden Grundpfandrechte, können diese im Zuge der Verwertung vollumfänglich aus dem Kaufpreis befriedigt und zur Löschung gebracht werden. In solchen Fällen sind die Grundpfandrechtsinhaber regelmäßig verpflichtet, einer freihändigen Verwertung zuzustimmen.

103 BGH NZI 2012, 575.
104 BGH NZI 2012, 575.

Bei **wertausschöpfender Belastung** macht eine freihändige Verwertung durch den Insolvenzverwalter nur dann Sinn, wenn die beteiligten Gläubiger sich vorab bereit erklären, die Insolvenzmasse durch eine (geringe) prozentuale Beteiligung am Verwertungserlös zu beteiligen. Anderenfalls empfiehlt es sich, solche Gegenstände zur Vermeidung einer Belastung der Insolvenzmasse mit Grundsteuer und anderen Verwaltungskosten aus der Insolvenzmasse freizugeben. Grundpfandrechtsinhaber können keinesfalls zu einem freihändigen Verkauf unter prozentualer Verwertungskostenbeteiligung der Insolvenzmasse gezwungen werden. 108

Praxistipp

Da freihändige Veräußerungen i.d.R. höhere und vor allem schnellere Verwertungserlöse erwarten lassen als Zwangsversteigerungen, stehen die meisten Kreditinstitute solchen Freihandverkäufen unter Massekostenbeteiligungen aufgeschlossen gegenüber. Üblich sind prozentuale Beteiligungen zwischen 3 und 5 %, in Einzelfällen können diese auch darunter oder darüber liegen.

Kommt es zwischen Insolvenzverwalter und Grundpfandgläubigern nicht zu einer Einigung über die Modalitäten einer abgestimmten freihändigen Verwertung, kann sowohl der Insolvenzverwalter als auch jeder Grundpfandgläubiger die **Zwangsverwaltung oder Zwangsversteigerung nach dem ZVG** beantragen. Letzterenfalls kann der Insolvenzverwalter gem. § 30d bzw. § 153b ZVG unter den dort genannten Voraussetzungen zum Schutz der Masse die **Zwangsversteigerung einstweilen einstellen lassen**, etwa um eine für die Masse nachteilige Verwertung zu verhindern oder den Gegenstand noch längere Zeit im Rahmen einer Betriebsfortführung nutzen zu können. 109

Der freihändige Verkauf einer massezugehörigen Immobilie stellt i.d.R. eine **besonders bedeutsame Rechtshandlung** für das Insolvenzverfahren dar, für die der Insolvenzverwalter gem. **§ 160 Abs. 1 InsO** die **Zustimmung der Gläubigerversammlung einzuholen** hat. 110

Nach § 160 Abs. 2 InsO ist die Zustimmung insbesondere erforderlich

- wenn das Unternehmen oder ein Betrieb, das Warenlager im Ganzen, ein unbeweglicher Gegenstand aus freier Hand, die Beteiligung des Schuldners an einem anderen Unternehmen, die der Herstellung einer dauernden Verbindung zu diesem Unternehmen dienen soll, oder das Recht auf den Bezug wiederkehrender Einkünfte veräußert werden soll;
- wenn ein Darlehen aufgenommen werden soll, das die Insolvenzmasse erheblich belasten würde;
- wenn ein Rechtsstreit mit erheblichem Streitwert anhängig gemacht oder aufgenommen, die Aufnahme eines solchen Rechtsstreits abgelehnt oder zur Beilegung oder zur Vermeidung eines solchen Rechtsstreits ein Vergleich oder ein Schiedsvertrag geschlossen werden soll.

111 Auf Grundlage des Berichtes und der Verzeichnisse obliegt es sodann in dem Termin der Gläubigerversammlung bzw. – wenn ein solcher bestellt ist – dem Gläubigerausschuss (vgl. §§ 67 ff. InsO), über zentrale Verfahrensfragen zu beschließen. Der Gläubigerversammlung obliegt insbesondere die Entscheidung darüber, ob und auf welche Weise bestimmte Massegegenstände wie etwa ein zur Masse gehöriges Unternehmen verwertet werden sollen und ob der gerichtlich eingesetzte Insolvenzverwalter im Amt bleibt oder nach Maßgabe des § 57 InsO ein neuer Verwalter ins Amt gewählt wird.

112 Zu beachten ist, dass danach **zustimmungsbedürftige Rechtshandlungen, die der Insolvenzverwalter ohne die erforderliche Zustimmung tätigt, rechtlich gleichwohl wirksam sind**. Die Zustimmung hat lediglich Bedeutung für die Haftung des Insolvenzverwalters gem. §§ 60 f. InsO. Insoweit gilt, dass der Insolvenzverwalter für Handlungen, denen die Gläubigerversammlung zugestimmt hat und die sich im Nachhinein als masseschädigend erwiesen haben, eine Haftung grundsätzlich nicht in Betracht kommt[105] (zur Haftung des Insolvenzverwalters siehe § 3 Rdn 84 ff.).

105 Nach Braun/*Baumert*, InsO, § 60 Rn 28 f. führt die Zustimmung nicht zwingend zu einer Entlastung des Verwalters unter Verweis auf BGH ZIP 1985, 423, wo jedoch für eine Haftung des Konkursverwalters das Vorliegen „besonderer Umstände“ gefordert wurde.

Praxistipp 113

In Nachlassinsolvenzverfahren hält sich die Mitwirkung der Gläubiger zumeist in überschaubaren Grenzen. In der Regel erscheint kein einziger Gläubiger zu den Gläubigerversammlungen. In solchen Fällen **gilt die Zustimmung** zu allen Rechtshandlungen, die der Insolvenzverwalter der Gläubigerversammlung zur Beschlussfassung vorlegt **als erteilt, vgl. § 160 Abs. 1 S. 3 InsO**. Vor diesem Hintergrund empfiehlt es sich, gleich in der ersten Gläubigerversammlung alle möglichen bzw. bereits absehbaren Verwertungsmaßnahmen, insbesondere Entscheidungen über die gerichtliche Verfolgung streitiger Masseforderungen, zum Beschlussgegenstand zu machen.

Zu beachten ist, dass die Beschlussgegenstände nach der Rechtsprechung hinreichend konkret sein müssen. Jedenfalls eine bloße Wiederholung des Gesetzeswortlautes (etwa: „Der Insolvenzverwalter wird ermächtigt, Rechtsstreite mit erheblicher Bedeutung anhängig zu machen bzw. nach seinem Ermessen durch Vergleich zu erledigen.“) hat nach h.M. keine exkulpierende Wirkung. Es empfiehlt sich daher, bei Verwertungsmaßnahmen stets den betreffenden Massegegenstand sowie die beabsichtigte Art und Weise der Verwertung in einer Weise zu bezeichnen, die es den Gläubigern erlaubt, die wirtschaftliche Tragweite der Handlung einzuschätzen. 114

Bei Immobilien, die in Nachlassinsolvenzen häufig vorkommen, könnte ein wirksamer Beschluss bspw. wie folgt formuliert werden: 115

Formulierungsbeispiel

Dem Insolvenzverwalter wird gestattet, die massezugehörige Eigentumswohnung, eingetragen im Grundbuch von, Blatt-Nr. (…), zu einem Kaufpreis von mindestens (…) EUR freihändig zu verkaufen.

Gläubigerversammlungen können theoretisch so oft einberufen werden, wie hierzu aufgrund der vorbezeichneten Vorschriften ein Bedürfnis besteht. Da mit der Vorbereitung, Durchführung und Nachbereitung der Versammlungen regelmäßig ein erheblicher Arbeitsaufwand für das Insolvenzgericht verbunden ist, empfiehlt es sich, nach Möglichkeit alle besonders bedeutsamen Verfahrensfragen bereits vor der ersten Gläubigerversammlung gedanklich zu antizipieren und 116

– soweit erforderlich – Beschlussfassungen so rechtzeitig vorzubereiten, dass hierüber gleich in der ersten Gläubigerversammlung umfassend beschlossen werden kann, womit sich idealerweise weitere Termine erübrigen.

III. Verwertung von beweglichen Sachen und Forderungen

117 Die Verwertung von beweglichen Gegenständen und Forderungen regelt § 166 InsO. Gemäß **§ 166 Abs. 1 InsO** liegt das Verwertungsrecht an einer **beweglichen Sache** nur dann beim Insolvenzverwalter, wenn sich die fragliche Sache im **Besitz des Insolvenzverwalters** befindet, was regelmäßig nur dann der Fall sein wird, wenn sie auch schon zuvor im Besitz des Schuldners stand. Bei rechtsgeschäftlich **verpfändeten Sachen** liegt das Verwertungsrecht daher regelmäßig beim Gläubiger, vgl. §§ 1205, 1253 BGB. Ist der absonderungsberechtigte Gläubiger unmittelbarer Besitzer der Sache, hat der Insolvenzverwalter trotz mittelbaren Besitzes kein Recht zur Verwertung[106] (zur Verwertung von Gegenständen, die mit Absonderungsrechten belastet sind, siehe unten Rdn 123 ff.).

Mittelbarer Besitz genügt, solange der mittelbare Besitz nicht von dem besser besitzenden Gläubiger selbst vermittelt wird.

118 Bewegliche Sachen, die in den Haftungsverband einer Grundschuld oder Hypothek fallen (vgl. §§ 1120, 1192 BGB), unterliegen nicht § 166 InsO, sondern werden regelmäßig zusammen mit der Immobilie verwertet.

Sachen, die unter einem **einfachen Eigentumsvorbehalt** geliefert wurden, unterfallen nicht § 166 Abs. 1 InsO, da an ihnen ggf. ein **Aussonderungsrecht** besteht, vgl. § 47 InsO.

119 Fälle von **erweitertem Eigentumsvorbehalt** stehen aber dem **Sicherungseigentum** i.S.d. § 51 Nr. 1 InsO gleich und werden demgemäß von § 166 Abs. 1 InsO erfasst. Weitere wichtige Anwendungsfälle sind das **Vermieterpfandrecht** und das durch Pfändung erlangte Pfandrecht. Gegenstände, die Pfändungsschutz gem. § 811 Abs. 1 ZPO genießen, gehören nicht zur Insolvenzmasse und können damit auch

---

106 BGH NZI 2016, 633; BGH NZI 2016, 21; BGH NZI 2011, 602.

nicht von § 166 Abs. 1 InsO erfasst werden, selbst dann nicht, wenn sie der Schuldner vorinsolvenzlich zur Sicherung eines Kredites eingesetzt hat.

120 Zuweilen werden an einer Sache oder einer Sachgesamtheit mehrere, miteinander konkurrierende Sicherheiten bestellt, z.B. wenn hinsichtlich halbfertiger Produkte Rechte aus verlängerten Eigentumsvorbehalten diverser Lieferanten mit dem Raumsicherungsvertrag einer Bank zusammentreffen. In solchen Fällen schließen sich betroffene Gläubiger nicht selten zu sog. **Sicherheitenpools** zusammen, um ihre Rechte gemeinsam geltend zu machen.

121 **Bewegliche Gegenstände** werden i.d.R. **freihändig verkauft**. Hierzu bedient sich der Insolvenzverwalter üblicherweise auf Insolvenzverkäufe und Auktionen spezialisierter (privater) Verwertungsdienstleister. Idealerweise geht einem Verkauf eine **sachverständige Bewertung** durch einen öffentlich-bestellten und vereidigten Sachverständigen für Gegenstände der konkret zur Veräußerung stehenden Art voraus. Im Zweifel bieten nur entsprechend sachverständige Werteinschätzungen Gewähr dafür, dass der Verkauf zum bestmöglichen Preis erfolgt. Der Sinn der Beauftragung eines solchen Spezialdienstleisters für den Verwalter liegt darin, dass sich der Insolvenzverwalter hierdurch i.d.R. wirksam exkulpieren kann, wenn sich nachträglich herausstellen sollte, dass ein Gegenstand unter Wert veräußert wurde. Kann der Insolvenzverwalter Gegenstände aufgrund eigener Sachkunde selbst zuverlässig be- und verwerten, spricht nichts dagegen, auf die Hinzuziehung entsprechender Dienstleister zu verzichten, wodurch der Insolvenzmasse Verwertungsaufgelder erspart werden. Für den Verwalter ist dies allerdings mit nicht zu unterschätzenden Haftungsrisiken verbunden. Von Verkäufen an sich selbst, verbundene Unternehmen oder anderweit nahestehende Personen sollten Insolvenzverwalter tunlichst absehen. Wenn überhaupt, sollten solche Geschäfte stets gegenüber dem Insolvenzgericht und der Gläubigerversammlung vorab offengelegt werden und ungeachtet des § 160 InsO stets nur mit Zustimmung der Gläubigerversammlung getätigt werden.

122 Die **Verwertung von Forderungen** erfolgt durch **Einzug**. Gemäß **§ 166 Abs. 2 InsO** liegt die Befugnis zur Einziehung sicherungshalber abgetretener Forderungen bei dem Insolvenzverwalter. Erfasst werden

neben klassischen Sicherungszessionen (Globalzessionen etc.) auch Fälle des **verlängerten Eigentumsvorbehaltes.**

Rechtsgeschäftlich **verpfändete Forderungen** wurden vom Gesetzgeber des § 166 Abs. 2 InsO bewusst ausgeklammert. Das Verwertungsrecht liegt insoweit beim Pfändungsgläubiger. Eine analoge Anwendung auf verpfändete Forderungen scheidet aus.[107]

IV. Verwertung von Gegenständen, die mit Absonderungsrechten belastet sind

123 Anders als im früheren Konkursrecht gehören zur Insolvenzmasse, die von dem Insolvenzverwalter zu verwerten ist, grundsätzlich auch Gegenstände, die mit Absonderungsrechten belastet sind. Die **Verwertung von beweglichen Sachen und Forderungen, die mit Absonderungsrechten belastet sind**, ist in **§§ 166 ff. InsO** ausführlich geregelt. Die Regelung des § 166 InsO, die im Antragsverfahren durch § 21 Abs. 2 S. 1 Nr. 5 InsO flankiert wird, soll ein frühzeitiges Auseinanderreißen funktionsfähiger betrieblich-organisatorischer Einheiten und die damit regelmäßig verbundene Wertevernichtung durch gesicherte Gläubiger verhindern. Unter Geltung der Konkursordnung haben die gesicherten Gläubiger nach Konkursantragstellung häufig die ihnen als Sicherheit dienenden Gegenständen von den Betriebsgeländen der Schuldner abgezogen, mit der Folge, dass eine geordnete Betriebsfortführung oder gar Sanierung anschließend oftmals nicht mehr möglich war. Diese „Zerschlagungsautomatik" ist durch die §§ 166 ff. InsO wirksam beendet worden.

124 Zur **abgesonderten Befriedigung aus unbeweglichem Vermögen** berechtigen Grundschulden und Hypotheken, einschließlich Zwangssicherungshypotheken. Insoweit gilt **§ 49 InsO**, der die Inhaber entsprechender Grundpfandrechte zur Realisierung der abgesonderten Befriedigung auf das **ZVG** verweist. Die betreffenden Grundpfandgläubiger können ungeachtet eines beantragten oder bereits eröffneten Insolvenzverfahrens die Zwangsverwaltung oder Zwangsversteigerung beantragen. In einem solchen Fall kann der Insolvenzverwalter

107 BGH NZI 2013, 596.

nach § 30d ZVG die von einem Gläubiger betriebene Zwangsvollstreckung einstweilen einstellen lassen, wenn die fragliche Immobilie zur Betriebsfortführung oder zur Realisierung eines Insolvenzplans oder eines wirtschaftlich vorteilhafteren Verwertungskonzeptes des Insolvenzverwalters benötigt wird.

Immobilien, die mit Absonderungsrechten belastet sind, lassen sich 125
i.d.R. besser freihändig verwerten. Denkbar ist zum einen ein freihändiger Verkauf und zum anderen auch eine freihändige Vermietung. Für Letztere hat sich der Begriff der **„kalten Zwangsverwaltung“** eingebürgert.[108]

Zur freihändigen Verwertung ist nur der Insolvenzverwalter berechtigt. Die gesicherten Gläubiger müssen einer freihändigen Verwertung zustimmen. In der Regel einigen sich Verwalter und Grundpfandgläubiger vorab über die Art und Weise und Konditionen sowie die Höhe eines angemessenen Erlösanteils für die freie Insolvenzmasse (sog. Verwertungskostenbeitrag oder Verwertungspauschale).

Zur **abgesonderten Befriedigung an sonstigem Vermögen** berechti- 126
gen gem. **§§ 50, 51 InsO** gesetzliche oder vertragliche Pfandrechte sowie Pfändungspfandrechte, Sicherungseigentum, Sicherungszessionen, einschließlich der Rechte aus einem verlängerten oder erweiterten Eigentumsvorbehalt sowie Zurückbehaltungsrechte wegen getätigter Verwendungen oder solche nach dem HGB.

Die **Verwertung beweglicher Sachen, Forderungen und Rechte**, die 127
mit Absonderungsrechten der in §§ 50, 51 InsO genannten Arten belastet sind, richtet sich nach **§§ 166–173 InsO**. Danach ist grundsätzlich der Insolvenzverwalter zur Verwertung berechtigt, bei beweglichen Sachen allerdings nur, soweit er sich im Besitz der Gegenstände befindet.

Ein besonderes gesetzliches Absonderungsrecht begründet **§ 110** 128
VVG, soweit **Haftpflichtversicherungsansprüche** bestehen. Danach besteht zugunsten des Geschädigten ein Absonderungsrecht an dem Freistellungsanspruch des insolventen Versicherungsnehmers gegen die Versicherung. Handelt es sich um eine Pflichtversicherung, besteht

108 BGH NZI 2016, 824; OLG Köln ZInsO 2016, 108; *Keller*, NZI 2013, 265; *Bork*, ZIP 2013, 2129.

gem. § 115 Abs. 1 S. 1 Nr. 2 VVG sogar ein Direktanspruch, den der Geschädigte selbstständig außerhalb des Insolvenzverfahrens gegen die Versicherung verfolgen kann. Auf Krankenversicherungen sind diese Vorschriften aber nicht anwendbar, da es sich hierbei nicht um Haftpflichtversicherungen handelt und § 110 VVG in der Verweisung nach § 194 VVG nicht enthalten ist.

Praxistipp

Im Normalfall, d.h. soweit der Schuldner/Erblasser zugleich persönlicher Schuldner der gesicherten Forderung ist und nicht ausnahmsweise als Drittsicherungsgeber fungiert, gilt für Absonderungsberechtigte **§ 52 InsO**. Danach sind sie als Insolvenzgläubiger zur anteilsmäßigen Befriedigung, d.h. zur **Teilnahme am Tabellenverfahren gem. §§ 174 ff. InsO**, berechtigt, soweit sie auf abgesonderte Befriedigung verzichten oder bei ihr ausgefallen sind. Soweit absonderungsberechtigte Gläubiger ihre (gesicherten) Forderungen zur Insolvenztabelle anmelden, dürfen sie ihre Forderung daher nur **„für den Ausfall“** anmelden. Dementsprechend dürfen solche Forderungen im Prüftermin auch nur „für den Ausfall“ festgestellt werden. Vor Verteilungen müssen die absonderungsberechtigten Insolvenzgläubiger dem Insolvenzverwalter dann nach Maßgabe des § 190 InsO innerhalb einer Ausschlussfrist von 14 Tagen ihren Ausfall nachweisen und die danach offene Restforderung konkret beziffern.

129 Gemäß **§ 321 InsO** gewähren **Zwangssicherungshypotheken und Pfändungspfandrechte, die nach dem Erbfall erwirkt wurden**, kein Recht zur abgesonderten Befriedigung. Hierdurch wird die allgemeine „Rückschlagsperre“ des § 88 InsO, der zufolge Zwangsvollstreckungen, die im letzten Monat vor Insolvenzantragstellung oder danach ausgebracht werden, mit Verfahrenseröffnung unwirksam werden, für den Bereich der Nachlassinsolvenzen auf den gesamten, oftmals deutlich längeren Zeitraum zwischen Erbfall und Verfahrenseröffnung ausgeweitet.

130 Liegt das Verwertungsrecht beim Verwalter, ist dieser befugt und in der Lage, Dritten durch Übereignung lastenfreies Eigentum zu verschaffen. **Vor der Verwertung hat der Insolvenzverwalter den Gläubigern nach Maßgabe der §§ 167, 168 InsO Gelegenheit zu**

geben, auf eine für ihn günstigere Verwertungsmöglichkeit hinzuweisen.[109]

Nimmt der Verwalter eine ihm angezeigte günstige Verwertungsmöglichkeit nicht wahr, hat er den absonderungsberechtigten Gläubiger gem. § 168 Abs. 2 Hs. 2 InsO so zu stellen, wie wenn er sie wahrgenommen hätte. Diese Verpflichtung gilt auch dann, wenn der Verwalter die Veräußerung einer Gesamtheit von Vermögensgegenständen beabsichtigt, der Gläubiger jedoch eine günstigere Verwertungsmöglichkeit nur für einen einzelnen Gegenstand nachweist, an dem sein Absonderungsrecht besteht.[110] Der Ersatzanspruch aus § 168 Abs. 2 InsO besteht i.H.d. Differenzbetrags zwischen dem tatsächlichen Erlös und der aufgezeigten günstigeren Verwertungsmöglichkeit bzw. des Selbsteintrittsangebots des absonderungsberechtigten Gläubigers, nicht jedoch in dessen Gewinninteresse durch Weiterveräußerung des Gegenstandes.[111] 131

Die Beweislast dafür, dass eine von dem Gläubiger benannte bessere Verwertungsmöglichkeit tatsächlich bestand, liegt beim Gläubiger. Bei einem Notverkauf verderblicher Ware kann der Verwalter von §§ 167, 168 InsO abweichen. 132

Soweit der Insolvenzverwalter Absonderungsgut, zu dessen Verwertung er berechtigt ist, nicht alsbald nach dem Berichtstermin veräußert, hat der Gläubiger gegen die Insolvenzmasse einen Anspruch auf **Verzinsung** des voraussichtlichen Verwertungserlöses nach Maßgabe des **§ 169 InsO**, es sei denn, die Verwertung verzögert sich aus Gründen, die nicht insolvenzspezifischer Natur sind.[112] Die Zinszahlungspflicht endet erst mit der Befriedigung der gesicherten Forderung.[113] 133

Nach erfolgreicher Verwertung durch den Insolvenzverwalter ist der **Erlös** nach Maßgabe der **§§ 170, 171 InsO zu verteilen**: 134

Unter normalen Umständen gebühren der Insolvenzmasse mithin insgesamt 9 % des Verwertungserlöses (ggf. zzgl. Umsatzsteuer, sofern

109 Vertiefend *Haas/Scholl*, NZI 2002, 642.
110 BGH ZInsO 2013, 1690.
111 OLG Karlsruhe NZI 2008, 747.
112 BGH NZI 2006, 342.
113 BGH NZI 2006, 342; OLG Frankfurt a.M. BeckRS 2015, 13596.

es sich bei dem verkauften Absonderungsgut um Firmenvermögen handelt, das mit Vorsteuerabzug erworben wurde).

Mit den Kostenbeiträgen wird gewährleistet, dass die Kosten der Feststellung und Verwertung von Absonderungsgut einschließlich der ggf. entstehenden Umsatzsteuer nicht zum Nachteil der ungesicherten Gläubigerschaft die freie Masse belasten.

> **Praxistipp**
>
> Für den Insolvenzverwalter kann die Bearbeitung von Absonderungsrechten gem. § 3 Abs. 1 lit. a InsVV einen Zuschlag auf die Vergütung rechtfertigen.

135 Werden verschiedene Gegenstände, an denen unterschiedliche Sicherungsrechte bestehen, als Sachgesamtheit veräußert, hat der Insolvenzverwalter – notfalls mithilfe eines Sachverständigen – auf Grundlage der Verkehrswerte der einzelnen Sachen die jeweiligen Erlösanteile zu berechnen.

Der Anspruch auf die vollen Kostenbeiträge der §§ 170, 171 InsO entsteht auch in Fällen des § 168 Abs. 3 S. 1 InsO, wenn der Gläubiger den Gegenstand selbst übernimmt.

> **Hinweis**
>
> Von den gesetzlichen Regelungen der §§ 170, 171 InsO kann individualvertraglich abgewichen werden. Insbesondere wenn die Verwertung schwierig ist und die Voraussetzungen für einen bestmöglichen Verkauf erst z.B. durch den Einsatz von Arbeitskräften auf Kosten der Insolvenzmasse geschaffen werden müssen, etwa weil halbfertige Produkte zunächst fertiggestellt werden müssen, sind zuweilen deutlich höhere pauschale Kostenbeiträge zugunsten der freien Masse verhandelbar.

V. Fortführung und Verwertung von Unternehmen

136 Unternehmen oder Unternehmensbeteiligungen sind wie jeder andere Massebestandteil auch bestmöglich zu verwerten. In Nachlassinsolvenzen macht eine Sanierung des Rechtsträgers etwa mittels Insolvenzplanes i.d.R. keinen Sinn, da sich die Haftung der Erben ja ohnehin auf den Nachlass beschränkt. Ob eine klassische **Verwertung**

– ein Verkauf im Rahmen eines *asset deals* oder share deals oder eine Verpachtung – in Betracht kommt oder eine **Liquidation** zu erfolgen hat, hängt wesentlich von der Rechtsform des Unternehmens bzw. der Unternehmensbeteiligung und den für diese maßgeblichen erbrechtlichen Bestimmungen sowie von dem Inhalt des Gesellschaftsvertrages ab.

Soweit bei Insolvenzantragstellung noch ein **laufender Geschäftsbetrieb** und/oder noch nicht wirksam gekündigte und ausgelaufene **Arbeitsverhältnisse** vorhanden sind, besteht i.d.R. ein Bedürfnis für eine **vorläufige Insolvenzverwaltung**. Der vorläufige Insolvenzverwalter ist dann gem. **§ 22 Abs. 1 S. 2 Nr. 2 InsO** verpflichtet, das **Unternehmen bis zur Entscheidung über die Eröffnung des Insolvenzverfahrens fortzuführen**. Kommt es zur Verfahrenseröffnung, verlängert sich diese Pflicht mindestens bis zu dem Berichtstermin, vgl. §§ 156 f. InsO. Anschließend ist das Unternehmen oder sind einzelne Bestandteile desselben (bestmöglich) zu veräußern oder der Betrieb stillzulegen (§ 158 InsO). 137

Ist eine Veräußerung möglich, hat diese nach allgemeinen Grundsätzen bestmöglich zu erfolgen. Den größten Erfolg verspricht zumeist die Durchführung eines strukturierten Investorenprozesses unter Einschaltung einer auf Unternehmensverkäufe aus Insolvenzmassen spezialisierten M&A Beratungsfirma. Entsprechende Prozesse laufen i.d.R. so ab, dass Jahresabschlüsse, Handelsbücher und alle sonstigen für die Bewertung maßgeblichen Unterlagen in einem (virtuellen) Datenraum zusammengestellt und potentiellen Investoren nach Abgabe von Vertraulichkeitserklärungen für einen gewissen Zeitraum zur Einsicht zur Verfügung gestellt werden. Nachfolgend können dann innerhalb einer bestimmten Frist Gebote für das Unternehmen im Ganzen oder einzelne Betriebsteile abgegeben werden. Die Ansprache potentieller Investoren erfolgt zum Teil direkt durch den Insolvenzverwalter oder eine ggf. eingeschaltete Agentur. Oftmals kommen interessierte Investoren aber auch von sich aus auf den Insolvenzverwalter zu. Nach Ablauf der Gebotsfrist legt der Insolvenzverwalter die annahmefähigen Gebote dann in gesammelter Form der **Gläubigerversammlung** zur Entscheidung vor, vgl. **§ 160 Abs. 2 Nr. 1 InsO**. 138

Die Vorschriften der §§ 157 f. InsO haben ausschließlich Bedeutung für Fälle, in denen sich ein Unternehmen mit laufendem Geschäfts- 139 betrieb in der Insolvenzmasse befindet. In solchen Fällen, die in Nachlassinsolvenzen eine seltene Ausnahme bilden, obliegt danach die Entscheidung, ob das Unternehmen über den Berichtstermin hinaus fortgeführt oder ganz oder in Teilen stillgelegt werden soll, der Gläubigerversammlung. Die Gläubigerversammlung kann den Insolvenzverwalter auch beauftragen, einen Insolvenzplan zur Sanierung des Unternehmens auszuarbeiten. Diese Vorschriften sind allesamt Ausfluss des im Insolvenzverfahren geltenden Grundsatzes der **Gläubigerautonomie**. Hierzu gehört auch, dass sich der Insolvenzverwalter besonders bedeutsame Rechtshandlungen gem. § 160 InsO vorab von der Gläubigerversammlung genehmigen lassen muss.

VI. Freiberuflerpraxis

140 Im Fall des Todes eines **Freiberuflers** bestehen i.d.R. besondere **berufsständische Regelungen** zum Schutz der Patienten bzw. Mandanten, die eine nahtlose Versorgung durch einen kompetenten Berufsträger sicherstellen sollen.[114] So ist bspw. im Falle des Todes eines **Rechtsanwalts** kammerseitig ein **Kanzleiabwickler** zu bestellen, soweit zur Sicherstellung der weiteren Betreuung schwebender Mandate ein Bedürfnis besteht, vgl. § 55 BRAO. Entsprechende Regelungen finden sich in § 70 StBerG für **Steuerberater** und in § 55c WPO für **Wirtschaftsprüfer**.

141 Der **Abwickler** ist rechtlich ein **besonderer Vertreter der Erben**. Die Verwaltungs- und Verfügungsbefugnis beschränkt sich dabei auf die Kanzlei, ist insoweit aber umfassend. Soweit es um die schwebenden Mandatsverhältnisse einschließlich etwaiger Anderkonten geht, ist der Abwickler sogar ausschließlich verwaltungs- und verfügungsbefugt. Hieran ändert auch die Anordnung einer vorläufigen Nachlassinsolvenzverwaltung oder Eröffnung des Insolvenzverfahrens nichts. Zuständig für die Fortführung der Mandatsverhältnisse einschließlich der Einziehung und Auskehrung von Fremdgeldern ist und bleibt allein der Abwickler. Darüber hinaus ist der Abwickler neben dem Erben oder einem für diesen bestellten Nachlasspfleger bzw. auch neben

114 Vertiefend *Kruth*, DStR 2023, 2302; *Joachim*, ZEV 2014, 236; *Dahns*, NJW-Spezial 2013, 190; *Kluth*, NJW 2002, 186.

einem späteren (vorläufigen) Insolvenzverwalter befugt, über Gegenstände des Kanzleivermögens zu verfügen, insbesondere Honorarforderungen zu stellen und einzuziehen.[115] Allerdings ist für die **gerichtlichen Geltendmachung von Honoraransprüchen** nur der **Insolvenzverwalter** und nicht der Abwickler aktivlegitimiert.[116]

Soweit Erben, Nachlasspfleger oder ein Insolvenzverwalter solche Forderungen einziehen, sind sie verpflichtet, die Einnahmen an den Abwickler auszukehren, sofern und soweit dieser die Mittel für die Fortführung der Kanzlei benötigt. Der Insolvenzverwalter kann lediglich **Herausgabe eines etwaig im Rahmen der Kanzleiabwicklung erwirtschafteten Überschusses** beanspruchen[117] (bei einer Anwaltskanzlei nach § 667 BGB i.V.m. §§ 55 Abs. 3 S. 1, 54 Abs. 1 S. 3 BRAO[118]). 142

Im Übrigen ist die **Rechtslage bei Zusammentreffen von Abwicklung und Nachlassinsolvenz** noch wenig ausgeleuchtet.[119] Bislang nicht obergerichtlich geklärt ist insbesondere die Frage, inwieweit der Abwickler ab Verfahrenseröffnung materiell-rechtliche Bestimmungen des Insolvenzrechtes beachten muss, etwa, wenn es darum geht, Arbeitnehmer und Lieferanten zu befriedigen und ob und wie der Abwickler Masseverbindlichkeiten begründen darf. Nach wohl h.M. in der Literatur sowie einer Entscheidung des LG Aachen muss der Abwickler insolvenzrechtliche Vorgaben nicht beachten.[120] Das heißt, dass er Insolvenzgläubiger (§ 38 InsO) befriedigen und auch ohne Mitwirkung des Insolvenzverwalters (de facto) Masseverbindlichkeiten begründen darf. Dies erscheint zweifelhaft. Jedenfalls empfiehlt sich eine stets **enge Abstimmung zwischen Insolvenzverwalter und Abwickler.** 143

Weitgehend anerkannt ist, dass der **Vergütungsanspruch des Abwicklers in einem Nachlassinsolvenzverfahren analog § 324 Abs. 1** 144

115 OLG Köln NZI 2009, 851; OLG Köln BeckRS 2007, 4456.
116 OLG Brandenburg NZI 2023, 527; OLG Naumburg DStRE 2015, 1023.
117 BGH NZI 2005, 681; OLG Rostock ZIP 2004, 1857; *Ueberfeldt*, DStR 2008, 2386.
118 § 54 BRAO neu gefasst m.W.v. 1.8.2021, davor § 53 Abs. 9 S. 2 BRAO.
119 Hierzu *Kruth*, DStR 2023, 2302.
120 Roth/Pfeuffer/*Roth*, HdB NachlassInsVerf, S. 169 ff.; Weyland/*Nöker*, BRAO § 55 Rn 2; LG Aachen ZInsO 2009, 875.

Nr. 6 InsO als **Masseverbindlichkeit** zu befriedigen ist.[121] Demgegenüber lehnt der BGH eine analoge Anwendung des § 324 Abs. 1 InsO auf die Vergütungsansprüche eines Abwicklers im Regelinsolvenzverfahren ab.[122]

145 Die für den Abwickler aufgestellten Grundsätze gelten entsprechend für kammerseitig bestellte **Abwickler von Arztpraxen (sog. Praxisverweser)** im Falle des Todes eines niedergelassenen **Arztes** oder **Zahnarztes** und anderer besonderer berufsständischer Vertreter.

146 Zu beachten ist, dass die **freiberufliche Praxis als solche** unabhängig davon, dass sie der Verwaltungs- und Verfügungsbefugnis des Insolvenzverwalters entzogen ist, in die Insolvenzmasse fällt und von dem Insolvenzverwalter in Abstimmung mit dem Abwickler für Rechnung der Insolvenzmasse **verkauft werden kann**. Der Zustimmung der Erben bedarf es hierzu nach h.M. nicht.[123]

Dagegen ist die Zulassung zu den besonderen Berufsständen sowie eine kassenärztliche Zulassung höchstpersönlich und nicht veräußerbar.[124]

147 **Praxistipp**

Zur Veräußerung von Arztpraxen mit Kassenarztzulassung empfiehlt sich eine von Anfang an enge Abstimmung mit der jeweiligen Zulassungsbehörde. In dem Zusammenhang ist besonderes Verhandlungsgeschick erforderlich, wenn es darum geht, die Praxis unter Übernahme des Patientenstammes an einen interessierten Erwerber zu verkaufen. Dies kann nur gelingen, wenn der betreffende Interessent auch von der Zulassungsbehörde eine dementsprechende Kassenarztzulassung erhält. Dies kann problematisch sein, da es zuweilen Bewerber gibt, die zwar an einer Übernahme der Patienten interessiert sind und sich daher um eine entsprechende Kassenarztzulassung bemühen, zugleich aber kein Interesse an einer Übernahme der Praxis als solcher haben. Erhält ein solcher

121 OLG Köln NZI 2009, 851; MüKo-InsO/*Siegmann/Scheuing*, § 324 Rn 12; *Ueberfeldt*, DStR 2008, 2386.

122 BGH NZI 2020, 470.

123 MüKo-InsO/*Siegmann/Scheuing*, Anh § 315 Rn 28; Gottwald/Haas/*Döbereiner*, InsR-HdB, § 114 Rn 15

124 BVerfG NZI 2013, 717; BSG NZI 2018, 616.

Bewerber im kassenärztlichen Zulassungsverfahren den Vorzug vor Bewerbern, mit denen der Insolvenzverwalter sich bereits über eine Praxisübernahme prinzipiell geeinigt hat, führt dies häufig dazu, dass die Praxis als solche entweder gar nicht oder nur erheblich unter dem objektiven Wert des Kundenstammes veräußert werden kann. In solchen Fällen verbleibt oftmals nur eine Zerschlagung unter Verwertung des Inventars zum Nachteil der Gläubigerschaft.

Solche Szenarien zu vermeiden obliegt hier dem Verhandlungs- und Verwertungsgeschick des Nachlassinsolvenzverwalters, weshalb in entsprechenden Nachlassinsolvenzen über das Vermögen von Ärzten/Zahnärzten/Apothekern mit ortsgebundener Zulassung ausschließlich mit entsprechenden Verfahren erfahrene Nachlassinsolvenzverwalter beauftragt werden sollten.

VII. Auswirkungen auf gegenseitige Verträge

Die **§§ 103–118 InsO** regeln die materiellen Wirkungen der Verfahrenseröffnung auf laufende Verträge des Schuldners. Während diese Normen, die **gem. § 119 InsO nicht vertraglich abdingbar** sind, in Unternehmensinsolvenzen zuweilen als das „Herzstück" des materiellen Insolvenzrechtes bezeichnet werden, spielen diese Vorschriften in der Mehrzahl der Nachlassinsolvenzen eine eher untergeordnete Rolle, jedenfalls in den typischen Fällen, in denen kein Unternehmen mit laufendem Geschäftsbetrieb zum Nachlass gehört und der Nachlass eine weitgehend statische Struktur aufweist. Letzteres ist insbesondere in Fällen zu beobachten, in denen der Erbfall bei Verfahrenseröffnung schon längere Zeit zurückliegt. Dann finden sich in Nachlassinsolvenzen typischerweise allenfalls noch vereinzelt laufende Verträge, für die dann die §§ 103 ff. InsO zu beachten sind. Aus diesem Grund werden die gesetzlichen Regelungen nachfolgend jeweils nur in Grundzügen erläutert und wird im Übrigen auf die ausführlichen Gesetzeskommentierungen verwiesen. 148

1. Erfüllungs-/Nichterfüllungs-Wahlrecht des Insolvenzverwalters

§ 103 InsO gewährt dem Insolvenzverwalter ein **Wahlrecht**, ob er einen gegenseitigen Vertrag, der zum Zeitpunkt der Verfahrenseröff- 149 nung nicht oder nicht vollständig erfüllt ist, erfüllen oder ablehnen will. § 103 InsO hemmt – ggf. vorübergehend – die Durchsetzbarkeit gegenseitiger Verträge.[125] Die Norm betrifft **gegenseitige Verträge i.S.d. §§ 320 ff. BGB, die zur Zeit der Verfahrenseröffnung auf beiden Seiten noch nicht vollständig erfüllt sind.** Während der BGH früher davon ausging, dass auch nur ausstehende Nebenleistungen die Annahme einer vollständigen Erfüllung hindern können,[126] muss es sich nach der neueren BGH-Rechtsprechung bei den ausstehenden Leistungen um **im Synallagma stehende Hauptleistungspflichten** handeln.[127]

150 § 103 InsO schafft mit Verfahrenseröffnung eine Schwebephase, in der der Gläubiger weder insolvenzbedingt kündigen noch seine Ansprüche gegen die Insolvenzmasse durchsetzen kann.[128] Die Norm ermöglicht es dem Verwalter, einen von keiner Seite bereits vollständig erfüllten gegenseitigen Vertrag, ggf. nach einer gewissen Bedenkzeit, zum Vorteil der Masse und damit der Gläubigergesamtheit auszuführen. Die **Erfüllungswahl** des Insolvenzverwalters hat die **Wirkung**, dass den Ansprüchen des anderen Teils auf Leistungen des Schuldners sowie den Ansprüchen des Schuldners auf die entsprechende Gegenleistung die **Rechtsqualität von originären Masseverbindlichkeiten und Masseforderungen beigelegt wird.**[129]

Hinweis

Ausschlaggebendes Kriterium für die Erfüllungswahl ist regelmäßig die Frage, ob der Wert der noch ausstehenden Leistung des Gläubigers höher ist als der Aufwand, den der Insolvenzverwalter ggfls. zur Erfüllung der restlichen Leistungspflicht des Schuldners betreiben müsste. Ist der Wert der Leistung des Gläubigers für die Masse höher, kann der Insolvenzverwalter die Wertdifferenz zwischen Leistung und Gegenleistung für die Insolvenzmasse realisieren.

125 BGH NZI 2017, 60; BGH NZI 2016, 128; BGH NZI 2013, 296.
126 BGH NZI 2017, 60; BGH NJW 1972, 875.
127 BGH NZI 2019, 587.
128 BGH NZI 2018, 111.
129 BGH NZI 2002, 375; MüKo-InsO/*Huber*, § 103 Rn 39.

Lehnt der Verwalter die Erfüllung ab, hat der Vertragspartner endgültig keinen durchsetzbaren Anspruch gegen die Insolvenzmasse. Ihm bleibt dann nur, seine Forderung einschließlich etwaiger Sekundäransprüche auf Schadensersatz wegen Nichterfüllung als **Insolvenzgläubiger** gem. § 38 InsO zur Insolvenztabelle anzumelden, vgl. § 103 Abs. 2 S. 1 InsO. 151

Wurde die Forderung des anderen Teils bereits vorinsolvenzlich vollständig (vom Erben oder Erblasser) befriedigt, ist also lediglich der Anspruch der Insolvenzmasse noch nicht vollständig erfüllt, steht der Insolvenzmasse selbstverständlich der vertragliche Erfüllungsanspruch zu. Hatte der Vertragspartner vor Eröffnung schon voll geleistet, steht also lediglich der Anspruch des Gläubigers offen, handelt es sich in jedem Fall nur um eine normale Insolvenzforderung. 152

Eine Frist, innerhalb der der Verwalter sein Erfüllungswahlrecht auszuüben hat, gibt es nicht. Will der Gläubiger schnellstmöglich Klarheit, muss er den Verwalter gem. § 103 Abs. 2 S. 2 InsO explizit auffordern, sich unverzüglich, d.h. spätestens nach einer kurzen Bedenkzeit von maximal ein paar Tagen, zu erklären. 153

Das Wahlrecht kann **formlos** und **konkludent** ausgeübt werden.[130] Es handelt sich um eine einseitige, empfangsbedürftige Willenserklärung, die mit Zugang (§ 130 Abs. 1 BGB) wirksam wird, nicht unter eine Bedingung gestellt werden kann und im Irrtumsfall nach allgemeinen Grundsätzen gem. §§ 119 ff., 142 ff. BGB angefochten werden kann.[131] 154

Auf den vorläufigen Insolvenzverwalter ist § 103 InsO nicht entsprechend anwendbar, auch nicht auf den „starken" vorläufigen Insolvenzverwalter.[132] 155

2. Termingeschäfte

Gemäß **§ 104 InsO** gilt § 103 InsO nicht für bestimmte **Fix- oder Termingeschäfte**, insbesondere nicht für solche über die Lieferung von Waren, die einen Markt- oder Börsenpreis haben,[133] sofern diese 156

130 BGH NZI 2014, 400.

131 Braun/*Fehl-Weileder*, InsO § 103 Rn 43.

132 BGH NZI 2018, 111.

133 BGH NZI 2016, 627; *Karrasch*, ZInsO 2020, 1975; *Marotzke*, KTS 2018, 413.

nach dem Vertrag zu einem bestimmten Datum nach Verfahrenseröffnung geliefert werden müssen. Solche Warentermingeschäfte wandeln sich durch die Verfahrenseröffnung in reine Wertdifferenzausgleichsgeschäfte um. Maßgeblicher Bewertungsstichtag ist der Tag der Verfahrenseröffnung. Günstige Wert- bzw. Preisentwicklungen können auf diese Weise für die Insolvenzmasse realisiert werden. Negative Wertentwicklungen führen zu Insolvenzforderungen. Gemäß § 104 Abs. 1 S. 2 InsO gilt Entsprechendes für Verträge über **Finanzleistungen**, insbesondere solcher der dort in S. 3 Nr. 1–6 genannten Art, die einen Markt- oder Börsenpreis haben und zu einem nach Verfahrenseröffnung liegenden Zeitpunkt fällig werden.

Der andere Teil kann die Forderung wegen Nichterfüllung nur als Insolvenzgläubiger geltend machen, § 104 Abs. 5 InsO.

3. Verträge über teilbare Leistungen

157 Sind die geschuldeten Leistungen teilbar und hat der andere Teil die ihm obliegende Leistung zur Zeit der Verfahrenseröffnung bereits zum Teil erbracht, so bestimmt **§ 105 S. 1 InsO**, dass sein Anspruch auf die der Teilleistung entsprechende Gegenleistung eine Insolvenzforderung darstellt, auch wenn der Insolvenzverwalter wegen der noch ausstehenden Leistung Erfüllung verlangt.[134] **§ 105 S. 2 InsO, der für alle Rechtsverhältnisse gilt,**[135] **schließt eine Rückforderung des Gläubigers in Bezug auf die bereits erbrachte Leistung aus.**

158 Unter § 105 InsO fallen insbesondere mengenmäßig vergütete Sukzessivlieferungen über Waren oder Energie sowie zeitabschnittsweise vergütete Gebrauchs- bzw. Nutzungsüberlassungsverträge. Bei den Letzteren genügt, dass diese in zeitlicher Hinsicht teilbar sind. In solchen Fällen soll der Insolvenzverwalter für die Zukunft Erfüllung verlangen können, ohne die Rückstände der Vergangenheit als Masseverbindlichkeiten ausgleichen zu müssen. Darüber hinaus hat die Norm auch den Effekt, der Insolvenzmasse Vorteile in Form von im Hinblick auf

---

134 Zur Teilbarkeit von (Bau-)Leistungen siehe BGH NZI 2002, 375; *Meyer*, NZI 2001, 294; *Krull*, NZI 1998, 66.

135 Braun/*Fehl-Weileder*, InsO § 105 Rn 3; MüKo-InsO/*Huber*, § 105 Rn 38.

bestimmte Annahmemengen bzw. Laufzeiten gewährten Sonderkonditionen zu erhalten.[136]

4. Durch Vormerkung gesicherte Ansprüche

Auch Grundstückskaufverträge unterliegen grundsätzlich § 103 InsO. 159
Ist allerdings bereits eine **Vormerkung** (§ 883 BGB) eingetragen, kann der Gläubiger gem. **§ 106 Abs. 1 InsO** in jedem Fall auf Erfüllung des vorgemerkten Anspruches aus der Insolvenzmasse bestehen. Sofern weitere Verpflichtungen bestehen (§ 106 Abs. 1 S. 2 InsO), führt dies allerdings nicht dazu, dass auch diese weiteren Verpflichtungen aus der Insolvenzmasse zu erfüllen sind. Hinsichtlich dieser sonstigen Verpflichtungen bleibt es bei § 103 InsO.

Gemäß § 91 Abs. 2 InsO i.V.m. § 878 BGB kann eine Vormerkung 160
auch noch nach Verfahrenseröffnung eingetragen werden, wenn der Eintragungsantrag bereits vor Eröffnung gestellt wurde.[137]

Der Erwerb der Vormerkung kann der Insolvenzanfechtung nach 161
§§ 129 ff. InsO oder auch der sog. Rückschlagsperre nach § 88 InsO oder § 321 InsO unterliegen.[138] Dann entfällt auch die Schutzwirkung des § 106 InsO.

Praxistipp

Hat der Erblasser zu Lebzeiten ein Grundstück schenkweise erhalten – etwa im Wege der vorweggenommenen Erbfolge – und hat sich der Schenker ein Rückforderungsrecht für den Fall des Vorversterbens des Beschenkten oder auch für den Fall einer späteren Insolvenz des Beschenkten oder seines Nachlasses vorbehalten und diesen **Rückübereignungsanspruch durch eine Vormerkung gesichert**, so ist der Schenker zur **Aussonderung** des Grundstücks nach den §§ 47, 106 Abs. 1 InsO berechtigt. Ein solches Grundstück gehört von vornherein nicht zur Insolvenzmasse.[139]

---

136 Die Insolvenzeröffnung rechtfertigt keine Vertragsanpassung; LG Rostock ZVI 2008, 219.

137 Vgl. BGH NZI 2010, 190.

138 BayObLG NZI 2000, 427; *Keller*, ZIP 2000, 1324.

139 BVerfG ZInsO 2020, 2639; BGH NZI 2018, 22; OLG Düsseldorf ZInsO 2021, 337.

5. Kaufverträge unter Eigentumsvorbehalt

162 **§ 107 Abs. 1 InsO** normiert in der **Insolvenz des Vorbehaltsverkäufers** eine weitere Ausnahme vom Grundsatz des § 103 InsO. Die Norm schützt das Anwartschaftsrecht desjenigen, der eine Sache vom nunmehr insolventen Schuldner unter Eigentumsvorbehalt erworben hat, sofern er sich bereits im Besitz der Sache befindet.[140] Die Vorschrift gibt dem Vorbehaltskäufer das Recht, durch vollständige Zahlung des (Rest-) Kaufpreises den Bedingungseintritt herbeizuführen und auf diese Weise den Eigentumserwerb ohne Beteiligung des (insolventen) Verkäufers zu realisieren. Unter § 107 InsO fällt auch der erweiterte Eigentumsvorbehalt. Bzgl. § 107 Abs. 1 S. 2 InsO gilt das oben zu § 106 Abs. 1 S. 2 InsO Gesagte entsprechend (siehe Rdn 159).

163 In der **Insolvenz des Vorbehaltskäufers** bleibt es grundsätzlich bei dem Wahlrecht des Insolvenzverwalters nach § 103 Abs. 1 InsO. Gemäß **§ 107 Abs. 2 InsO** muss sich der Insolvenzverwalter dann, wenn er von dem anderen Teil zur Erfüllungswahl aufgefordert wird, allerdings abweichend von § 103 Abs. 2 InsO erst nach dem Berichtstermin (§ 156 InsO) entscheiden. Wählt der Insolvenzverwalter dann allerdings die Nichterfüllung, wird der andere Teil mit seinem Rückabwicklungsanspruch nicht Insolvenzgläubiger, sondern kann sein Eigentum gem. § 47 InsO aussondern. § 107 Abs. 2 S. 1 InsO soll insbesondere in Unternehmensinsolvenzen eine frühzeitige Entziehung wichtiger Betriebsmittel verhindern und dem Verwalter jedenfalls bis zum Berichtstermin eine sinnvolle Fortführung ermöglichen. Im Eröffnungsverfahren wird demselben Gesichtspunkt durch § 21 Abs. 2 S. 1 Nr. 5 InsO Rechnung getragen.

164 Beim **erweiterten Eigentumsvorbehalt** ist danach zu differenzieren, ob der Erweiterungsfall bei Verfahrenseröffnung bereits eingetreten war oder nicht. War der konkrete Kaufgegenstand bereits bezahlt und waren lediglich Rechnungen aus anderen Lieferungen offen, besteht kein Aussonderungsanspruch, sondern ein Recht auf abgesonderte Befriedigung nach Maßgabe der §§ 166 ff. InsO. Damit wird der Vorbehaltseigentümer wirtschaftlich so gestellt wie ein Sicherungseigentümer. § 107 InsO gilt auch bei **verlängertem Eigentumsvorbehalt** (in Fällen der Verarbeitung, Verbindung etc.). Nach Eintritt des Verlänge-

140 Zum erforderlichen „Besitz“ siehe OLG Düsseldorf NZI 2013, 303.

rungsfalles besteht aber lediglich ein Absonderungsrecht (§§ 166 ff. InsO) am Surrogat.[141]

Hinweis

Hinter §§ 106, 107 InsO steckt der allgemeine Rechtsgedanke, dass derjenige, der bereits eine Anwartschaft hat, wirtschaftlich so gestellt wird, als hätte er bereits das Vollrecht. Dann wäre der Vertrag nämlich nicht mehr beiderseits unerfüllt und § 103 InsO wäre von vornherein nicht anwendbar. Alternativ hätte man auch in § 103 Abs. 1 InsO formulieren können, dass eine Leistung bereits dann als vollständig erbracht gilt, wenn der Schuldner alles zur Erfüllung seiner Leistungspflicht Erforderliche getan hat und die vollständige Erfüllung nicht mehr einseitig verhindern kann.

6. Miet- und Pachtverträge über unbewegliches Vermögen

Für Miet- und Pachtverträge über unbewegliches Vermögen gelten 165
die Sondervorschriften der §§ 108 ff. InsO. Gemäß § 108 Abs. 1 InsO bestehen Miet- und Pachtverhältnisse des Schuldners über unbewegliche Gegenstände oder Räume mit Wirkung für die Insolvenzmasse fort. § 109 InsO betrifft die Insolvenz des Mieters bzw. Pächters, § 110 InsO die des Vermieters bzw. Verpächters.

§ 108 InsO nimmt Miet- und Pachtverträge über unbewegliches Ver- 166
mögen aus dem Anwendungsbereich des § 103 InsO heraus.[142] Die Vorschrift ist im Zusammenhang mit § 55 Abs. 1 Nr. 2 Var. 2 InsO zu sehen, der **die nach Verfahrenseröffnung fällig werdenden Ansprüche des anderen Teils** zu **Masseverbindlichkeiten** erklärt, unabhängig davon, ob der Insolvenzverwalter die Gegenleistung tatsächlich in Anspruch nimmt.[143] An die Stelle des Wahlrechtes nach § 103 InsO treten besondere Kündigungs- bzw. Rücktrittsrechte, vgl. § 109 InsO.

In der Insolvenz des Vermieters besteht das Mietverhältnis nur dann 167
mit Wirkung für die Insolvenzmasse fort, wenn die Mietsache im Zeitpunkt der Eröffnung des Insolvenzverfahrens dem Mieter bereits

---

141 Hierzu *Klose*, ZInsO 2009, 1792.

142 BGH NZI 2015, 331.

143 BGH NZI 2021, 431; BGH NZI 2015, 331; BGH NZI 2014, 1044; BGH NZI 2013, 158.

überlassen worden ist.[144] Hatte der Mieter oder Pächter im Zeitpunkt der Eröffnung des Insolvenzverfahrens über das Vermögen des Vermieters den Besitz an der Mietsache aufgegeben, besteht ein bereits vollzogenes Mietverhältnis ebenfalls nicht mehr mit Massewirkung fort.[145]

168 In der **Insolvenz des Schuldners als Mieter oder Pächter** hat der Vermieter im Falle der Kündigung durch den Insolvenzverwalter keinen (als Masseverbindlichkeit zu befriedigenden) Anspruch darauf, dass der Insolvenzverwalter die Mietsache **geräumt zurückgibt** oder gar mietvertraglich vereinbarte **Schönheitsreparaturen** durchführt. Mit solchen Ansprüchen ist der Vermieter vielmehr als Insolvenzgläubiger auf die Quote zu verweisen. Etwas anderes gilt nur, wenn der Insolvenzverwalter selbst nach Verfahrenseröffnung Gegenstände in die gemieteten Räume verbracht hat oder diese für einen längeren Zeitraum – etwa im Rahmen einer Betriebsfortführung – für die Insolvenzmasse tatsächlich genutzt hat und hierbei Abnutzungen und Schädigungen der Mietsache entstanden sind. Hieraus erwachsen ggfls. nach allgemeinen Grundsätzen Masseverbindlichkeiten (§ 55 Abs. 1 Nr. 1 InsO).

169 **Rückständige Miet- und Pachtzahlungen** sowie sonstige Ansprüche aus der Zeit vor Eröffnung des Insolvenzverfahrens stellen einfache **Insolvenzforderungen** dar, vgl. § 108 Abs. 3 InsO.[146]

Praxistipp

In Nachlassinsolvenzverfahren ist zuweilen zu beobachten, dass Erben oder an deren Stelle handelnde Nachlasspfleger vom Vermieter geforderte Entrümpelungsmaßnahmen ungeachtet der materiellen Insolvenzreife auf Kosten des Nachlasses durchführen lassen, um die Wohnung in vertragsgemäßem Zustand zurückzugewähren. Bei solchen Maßnahmen handelt es sich rechtlich um die Befriedigung einer Insolvenzforderung des Vermieters, die – bei nachweislicher Kenntnis des Vermieters von der Insolvenzreife – der Insolvenzanfechtung unterliegen kann. Unabhängig davon verstoßen solche Maßnahmen auch regelmäßig gegen das Einzelbefriedi-

144 BGH NZI 2007, 713.
145 BGH NZI 2015, 123.
146 BGH NZI 2021, 431; BGH NZI 2015, 331; BGH NZI 2013, 158.

gungsverbot des § 1979 BGB und können dementsprechend Schadensersatzansprüche gegen die handelnden Personen auslösen, soweit die betreffende Leistung nicht im Wege der Insolvenzanfechtung vom Vermieter zurückgefordert werden kann.

In der Insolvenz des Vermieters kann der Mieter von Wohnraum 170
die von ihm geleistete **Mietkaution** nur dann aussondern, wenn der Vermieter sie von seinem Vermögen getrennt angelegt hat, anderenfalls ist der Anspruch auf vertragsgemäße Anlage der Mietsicherheit wie auch der Rückforderungsanspruch eine einfache Insolvenzforderung.[147] Dem Mieter steht wegen der vertragswidrig nicht insolvenzfest angelegten Kaution kein Zurückbehaltungsrecht an rückständigen Mieten zu, allenfalls an der laufenden Miete.[148]

Auf **Erbbaurechtsverträge** findet § 108 InsO keine Anwendung, so- 171
dass Ansprüche auf Erbbauzinsen für die Zeit ab Eröffnung des Insolvenzverfahrens keine Masseverbindlichkeiten begründen.[149]

Miet- und Pachtverhältnisse über bewegliche Sachen und Rechte 172
sind – mit Ausnahme der in § 108 Abs. 1 S. 2 InsO genannten finanzierten Leasingverträge – dem Erfüllungswahlrecht des Insolvenzverwalters nach **§ 103 InsO** unterworfen.[150]

§ 112 InsO enthält eine **Kündigungssperre für den Fall des Verzugs** 173
mit der Miet- bzw. Pachtzahlung und dient dazu, wirtschaftliche Einheiten nicht zur Unzeit auseinanderzureißen. Ein Verstoß gegen § 112 InsO führt zur Nichtigkeit der ausgesprochenen Kündigung.[151] Die Norm korrespondiert mit diversen anderen Vorschriften, die eine Zerschlagung organisatorisch-betrieblicher Einheiten verhindern und so eine Sanierung erhaltungswürdiger Betriebe oder Betriebsteile überhaupt erst ermöglichen. Mit Blick auf diesen Zweck ist § 112 InsO nach allgemeiner Auffassung **analog auf Leasingverträge, Mietkaufverträge und sonstige Nutzungsüberlassungsverhältnisse** – auch Verträge, die bewegliche Gegenstände betreffen – **anzuwenden.**[152] Sol-

147 BGH NZI 2013, 158; BGH NZI 2008, 235.
148 BGH NZI 2013, 158.
149 BGH NZI 2006, 97.
150 BGH NZI 2015, 331.
151 OLG Hamm NZI 2020, 322, auch zu den Rechtswirkungen einer „Bestätigung“ durch den Insolvenzverwalter.
152 OLG Düsseldorf BeckRS 2009, 5983; OLG Köln NZI 2003, 149.

che Verträge können wegen eines vor dem Eröffnungsantrag eingetretenen Verzugs des Schuldners von dem anderen Teil nicht wirksam beendet werden. Abweichende AGB oder individualvertragliche Gestaltungen sind als unzulässige Umgehungen unwirksam, vgl. § 119 InsO. Möglich bleibt aber eine Kündigung wegen Verzuges des Schuldners mit Zahlungspflichten, die vollständig auf die Zeit nach dem Insolvenzantrag entfallen.[153] Insbesondere, wenn der Insolvenzverwalter Räume noch längerfristig im Rahmen einer beabsichtigten Betriebsfortführung nach Verfahrenseröffnung weiter nutzen will, muss der vorläufige Insolvenzverwalter dafür Sorge tragen, dass entsprechende Verbindlichkeiten im Antragsverfahren bedient werden. Zahlungsrückstände, die vor Verfahrenseröffnung aufgelaufen sind, sind im eröffneten Insolvenzverfahren als Insolvenzforderungen zur Tabelle anzumelden.

174 § 109 Abs. 1 S. 2 InsO enthält eine Sonderregelung für von dem Schuldner selbst genutzten Wohnraum. In Nachlassinsolvenzen ist eine Wohnraumnutzung durch den Verstorbenen begriffslogisch ausgeschlossen. Die Norm spielt daher in Nachlassinsolvenzen keine Rolle. Stattdessen sind ggf. die §§ 563 ff. BGB zu beachten.

Hinweis

Treten Angehörige des Verstorbenen gem. § 563 BGB wirksam in das Mietverhältnis ein, hat dies für den Nachlass schuldbefreiende Wirkung mit der Folge, dass Ansprüche für die Zeit nach dem Erbfall weder als Insolvenz- noch als Masseverbindlichkeiten in dem Nachlassinsolvenzverfahren zu berücksichtigen sind. Andernfalls gilt § 564 BGB, der sowohl dem Erben als auch dem Vermieter ein Sonderkündigungsrecht gewährt, das allerdings nur binnen eines Monats ab Kenntnis vom Erbfall ausgeübt werden kann. Nach Ablauf der Frist bleibt dem (vorläufigen) Insolvenzverwalter nur mehr § 109 Abs. 1 S. 1 InsO.

7. Darlehens- und andere Finanzierungsverträge

175 Die Sonderregelung des **§ 108 Abs. 1 S. 2 InsO** betrifft finanzierte Miet- und Pachtverträge über Mobilien und bezieht sich damit vorran-

153 OLG Köln NZI 2003, 149.

gig auf **Leasingverträge in der Insolvenz des Leasinggebers.** Der Fortbestand solcher Verträge wird nicht generell ermöglicht, sondern nur unter der Voraussetzung, dass der betroffene Gegenstand einem Dritten, der seine Anschaffung finanziert hat, vor Verfahrenseröffnung rechtswirksam zur Sicherheit übertragen wurde. Tauglicher „sonstiger" Gegenstand sind Sachen, Rechte und Forderungen, sodass z.B. auch die Refinanzierung eines Software-Leasingvertrages durch Sicherungsübertragung der Rechte an der Software insolvenzfest ist.

§ 108 Abs. 2 InsO betrifft nur **die Insolvenz des Darlehensgebers.** 176
Das Darlehen muss bei Verfahrenseröffnung bereits an den Darlehensnehmer ausgereicht worden sein. Fehlt es zu diesem Zeitpunkt noch an der Valutierung, greift § 103 InsO. Nach dem Wortlaut zu den Rechtsfolgen („soweit") ist eine vollständige Valutierung des Darlehens nicht erforderlich, sodass bei nur teilweiser Valutierung für den nicht ausgereichten Teil § 103 InsO ggfls. mit § 105 InsO anwendbar ist. Kontokorrentkredite sollen nach der Gesetzesbegründung von Abs. 2 nicht erfasst werden, sondern dem Anwendungsbereich des § 116 InsO unterfallen.

Für den Normalfall der Insolvenz des Darlehensnehmers gelten die allgemeinen Vorschriften.

8. Dienstverträge und Arbeitsverhältnisse

Das Fortbestehen bestimmter Schuldverhältnisse nach § 108 Abs. 1 177
S. 1 InsO erfasst neben Miet- und Pachtverhältnissen des Schuldners auch dessen **Dienstverhältnisse.** Ausnahmsweise kann das Fortbestehen des Dienstverhältnisses zu verneinen sein, wenn die Dienstleistung nur durch Begründung erheblicher Masseschulden erbracht werden kann.[154]

Im Rahmen des § 108 InsO kommt es nicht darauf an, ob der Schuld- 178
ner Dienstberechtigter oder Dienstverpflichteter ist – im Gegensatz zu **§ 113 InsO**, der **verkürzte Kündigungsfristen** vorsieht, wenn der Schuldner der Dienstberechtigte ist. Ist der Schuldner Dienstverpflichteter (dies ist der Normalfall einer jeden Arbeitnehmerinsolvenz), hat die Insolvenz keine materiell-rechtlichen Auswirkungen auf den Be-

154 BGH NZI 2011, 936.

stand des Arbeitsverhältnisses. § 287 Abs. 2, 3 InsO regelt, in welchem (zeitlichen) Umfang Bezüge aus solchen Dienstverhältnissen in die Insolvenzmasse fallen und damit zur Befriedigung der Insolvenzgläubiger dienen.

Hinweis

Da Dienstpflichten im Zweifel persönlich zu erfüllen sind (§ 613 BGB), erlöschen diese mit dem Tod. Aus diesem Grund spielen Dienstverhältnisse mit dem Schuldner als Dienstverpflichtetem und damit auch die Vorschriften über die Restschuldbefreiung (einschließlich § 287 InsO) in Nachlassinsolvenzen regelmäßig keine Rolle.

179 War der Schuldner unternehmerisch tätig, können selbstverständlich auch in Nachlassinsolvenzen laufende Dienstverträge mit dem Schuldner als Dienstberechtigtem vorkommen. Für diese gilt dann § 113 InsO mit der Folge, dass diese vom Insolvenzverwalter frühestens mit einer Kündigungsfrist von drei Monaten beendet werden können. Auch diese Norm ist im Zusammenhang mit § 55 Abs. 1 Nr. 2 Var. 2 InsO zu sehen.[155] Danach muss der Insolvenzverwalter die Arbeitnehmer auf jeden Fall in den ersten drei Monaten des Insolvenzverfahrens vollumfänglich aus der Insolvenzmasse befriedigen, unabhängig davon, ob er überhaupt noch Verwendung für die betreffenden Arbeitnehmer hat.

180 Benötigt der Insolvenzverwalter die Dienste der Mitarbeiter längerfristig – etwa im Rahmen einer Betriebsfortführung –, kann er diese selbstverständlich über diesen Zeitraum hinaus weiterbeschäftigen, muss die Gehälter dann aber bis zur Beendigung des Arbeitsverhältnisses in voller Höhe aus der Insolvenzmasse befriedigen.

9. Auftragsverhältnisse und Geschäftsbesorgungsverträge

181 Die **§§ 115 ff. InsO** gewährleisten, dass die Verwaltung der Masse ab dem Zeitpunkt der Verfahrenseröffnung wirksam nur noch durch den Insolvenzverwalter erfolgt. Nachdem der Schuldner gem. § 80 InsO das Verwaltungs- und Verfügungsrecht über die Insolvenzmasse verlo-

---

155 Siehe auch BAG NZI 2014, 38; BAG NZI 2013, 360.

ren hat, soll auch ein Dritter, der sein Recht vom Schuldner ableitet, auf die Insolvenzmasse nicht mehr einwirken können.

Voraussetzung der §§ 115, 116 InsO ist, dass der **Schuldner Auftraggeber bzw. Geschäftsherr ist**, der Auftrag bzw. Geschäftsbesorgungsvertrag sich auf **Gegenstände der Insolvenzmasse** bezieht und bei Verfahrenseröffnung **noch nicht vollständig erledigt** ist.[156] §§ 115, 116 InsO gelten nicht für die Insolvenz des Beauftragten oder Geschäftsbesorgers.[157] 182

Der Beauftragte/Geschäftsbesorger ist verpflichtet, über seine bisherige Tätigkeit Rechenschaft abzulegen, vgl. § 666 BGB.[158] Gem. § 667 BGB muss er der Insolvenzmasse alles, was er zur Ausführung des Auftrags erhalten und was er aus der Geschäftsführung erlangt hat, herausgeben. Die Zulässigkeit einer Aufrechnung mit Aufwendungsersatzansprüchen gem. § 670 BGB bestimmt sich nach den §§ 94–96 InsO. Schadensersatzansprüche wegen Nichterfüllung stehen dem Beauftragten nicht zu, da es sich nicht um eine Leistungsstörung nach bürgerlichem Recht handelt und eine mit den §§ 103 Abs. 2 S. 1, 113 Abs. 1 S. 3 InsO vergleichbare Regelung in den §§ 115, 116 InsO fehlt. Wird der Beauftragte trotz Erlöschens des Auftragsverhältnisses weiter tätig, ist er gem. § 677 BGB als Geschäftsführer ohne Auftrag zu behandeln. 183

Nach § 115 Abs. 1 InsO erlischt ein vom Schuldner erteilter Auftrag, der sich auf das zur Insolvenzmasse gehörende Vermögen bezieht, durch die Eröffnung des Insolvenzverfahrens. 184

§ 115 Abs. 2 InsO enthält eine aus sich selbst heraus verständliche Regelung für (objektive) **Notgeschäfte.**[159] Unabhängig von einer Notlage gelten Aufträge als fortbestehend, wenn der Beauftragte unverschuldet (§ 276 BGB) keine Kenntnis von der Eröffnung des Insolvenzverfahrens hatte. Dann gilt der Auftrag gem. **§ 115 Abs. 3 InsO** zu seinen Gunsten als fortbestehend. Dritte können aus der Fiktion

156 Hierzu siehe BGH NZI 2017, 105; BGH NZI 2006, 637; OLG Düsseldorf NZI 2010, 105; zu Verjährungsfragen nach Beendigung des Auftragsverhältnisses aufgrund Insolvenzeröffnung BGH NJW 2020, 3725.

157 BGH NZI 2020, 470.

158 BGH NJW-RR 2018, 1328.

159 Siehe auch BGH NZI 2018, 62.

allerdings keine Rechte an der Insolvenzmasse herleiten. Mit etwaigen in Unkenntnis der Verfahrenseröffnung begründeten Aufwendungsersatzansprüchen ist der Auftragnehmer aber gleichwohl nur Insolvenzgläubiger.

185 **§ 116 InsO** betrifft **Dienst- oder Werkverträge, die eine Geschäftsbesorgung i.S.v. § 675 BGB,** mithin eine selbstständige Tätigkeit wirtschaftlicher Art in fremdem Interesse, **zum Gegenstand haben**. Für reine Dienst- oder Werkverträge gelten die allgemeinen Vorschriften, insbesondere die §§ 103, 108, 113 InsO.

186 Auch **Girokonten- und Kontokorrentverträge** unterfallen § 116 InsO und erlöschen demgemäß mit Verfahrenseröffnung.[160] Will der Insolvenzverwalter ein Girokonto des Erblassers fortführen, bedarf es – zumindest konkludent – eines neuen Vertragsabschlusses. Kontokorrentkonten sind auf den Stichtag der Verfahrenseröffnung zu saldieren. Verrechnungen nachträglich eingehender Gutschriften sind unwirksam.[161]

187 Auch fremdnützige **Treuhandverhältnisse** erlöschen in der Insolvenz des Treugebers; doppel- oder mehrnützige Treuhandverhältnisse bleiben hingegen bestehen, soweit sie Rechte eines Drittbegünstigten wahren.[162]

> **Hinweis**
>
> Zahlungsaufträge des Schuldners bestehen grundsätzlich mit Wirkung für die Masse fort. Daher ist der Insolvenzverwalter gehalten, diese durch eine vorsorgliche globale Kündigung zu beenden. In Fällen vorläufiger Insolvenzverwaltung wird i.d.R. bereits der vorläufige Insolvenzverwalter sämtliche Aufträge des Schuldners unmittelbar nach Amtsantritt widerrufen und ungenehmigten Lastschriftbuchungen widersprochen haben.

188 **§ 117 Abs. 1 InsO** bezieht sich auf **vom Schuldner erteilte Vollmachten,** die sich auf das zur Insolvenzmasse gehörende Vermögen bezie-

---

160 BGH NZI 2019, 374; BGH NZI 2009, 599; BGH NZI 2009, 307; BGH NZI NJW 2007, 914.

161 BGH NZI 2008, 551; OLG Düsseldorf ZInsO 2020, 2354.

162 Braun/*Hartwig*, InsO § 116 Rn 12; BGH NZI 2016, 21; BGH NZI 2012, 803; BAG NZI 2021, 127; BAG NZI 2014, 167.

hen und bewirkt, dass solche Vollmachten durch die Insolvenzeröffnung **erlöschen.**[163] Davon erfasst ist auch die Ermächtigung eines Dritten zur Prozessführung über einen zur Insolvenzmasse gehörenden Gegenstand.[164] Nach Abs. 2 gilt die Vollmacht ausnahmsweise als fortbestehend, soweit ein Auftrag oder Geschäftsbesorgungsvertrag nach § 115 Abs. 2 InsO fortbesteht.

Solange der Bevollmächtigte die Eröffnung des Verfahrens ohne Verschulden nicht kennt, haftet er nicht nach § 179 BGB, § 117 Abs. 3 InsO.[165]

Vereinbarungen, durch die im Voraus die Anwendung der §§ 103– 189
118 InsO ausgeschlossen oder beschränkt sind, sind gem. § 119 InsO **unwirksam.**[166]

VIII. Freigabe

Der Insolvenzverwalter kann einzelne Gegenstände aus der Insolvenz- 190
masse freigeben, wenn diese nicht oder nur mit unverhältnismäßig hohem Aufwand für die Masse verwertet werden können oder wenn diese die Masse fortlaufend mit Masseverbindlichkeiten belasten, z.B. eine vom Erblasser angemietete Wohnung, wertloser Hausrat, Fahrzeuge von geringem Wert, ein (landwirtschaftliches) Grundstück in zersplitterter Eigentümer- oder Erbengemeinschaft, von dem nur ein geringer Anteil in die Masse fällt usw.

Die Möglichkeit der Freigabe im Insolvenzverfahren ergibt sich aus- 191
drücklich aus § 32 Abs. 3 S. 1 InsO (Freigabe eines Grundstücks oder eines Rechtes, bei dem die Eröffnung des Verfahrens eingetragen worden ist) sowie aus § 35 Abs. 2 und 3 InsO (Freigabe bei einer selbstständigen Tätigkeit des Schuldners).

---

163 Vertiefend *Gehrlein*, ZInsO 2020, 325; *Kesseler*, NZI 2018, 680.

164 BGH ZInsO 2016, 1852.

165 Nach OLG München NZI 2009, 555 ist § 117 Abs. 3 InsO auch anwendbar, wenn bereits zum Zeitpunkt der Vollmachtserteilung das Insolvenzverfahren eröffnet war.

166 BGH NZI 2017, 105; BGH NZI 2016, 627; BGH NZI 2014, 25; BGH NZI 2013, 178; BAG NZI 2017, 577.

192 Es wird zwischen der echten Freigabe und der unechten Freigabe unterschieden. Die **echte Freigabe bewirkt die Aufhebung des Insolvenzbeschlags** (§ 148 InsO) an dem jeweiligen Gegenstand. An der **Zugehörigkeit zum Nachlass** ändert sich nichts, sodass bei einer etwaig bestehenden Nachlasspflegschaft oder Testamentsvollstreckung die Herausgabe nicht an den/die Erben, sondern an den Nachlasspfleger bzw. Testamentsvollstrecker zu erfolgen hat.

Unter einer **unechten Freigabe** wird die Herausgabe eines massefremden Gegenstandes aus der Masse an die aussonderungsberechtigte Person verstanden. Da Gegenstände, die der Aussonderung unterliegen, ohnehin nicht zur Insolvenzmasse zählen, ist die unechte Freigabe lediglich deklaratorischer Natur.

193 Mit dem Begriff der „erkauften Freigabe“[167] ist keine Freigabe i.e.S. gemeint, sondern ein voll entgeltlicher Erwerbsvorgang zwischen dem Erben und dem Insolvenzverwalter, bei dem der Erbe einen Gegenstand wie ein Dritter aus der Insolvenzmasse herauskauft. Der Erbe wird in diese Fall Eigentümer der Sache.

194 Bei der echten Freigabe unterliegt der freigegebene Gegenstand als sonstiges Vermögen des Schuldners dem **Vollstreckungsverbot des § 89 Abs. 1 InsO.**[168]

Freigegebene Gegenstände unterliegen nicht der Nachtragsverteilung gem. § 203 InsO, ebenso wenig der Veräußerungserlös für einen freigegebenen Gegenstand, der nach Aufhebung des Insolvenzverfahrens verkauft worden ist.[169]

195 Nach herrschender Meinung kann der Insolvenzverwalter auch ein mit Altlasten belastetes Grundstück aus der Masse freigeben und die Masse so der öffentlich-rechtlichen Haftung entziehen.[170]

196 Gibt der Verwalter ein Grundstück frei, folgt daraus jedoch nicht die Freigabe etwa bestehender **Ansprüche auf Rückgewähr nicht**

---

167 MüKo-InsO/*Siegmann/Scheuing*, Anh zu § 315 Rn 37.
168 BGH NZI 2009, 382.
169 BGH NZI 2014, 501; BGH NZI 2017, 608.
170 BVerwG NZI 2005, 51; MüKo-InsO/*Janssen*, § 159 Rn 16; *Küpper/Heinze*, ZInsO 2005, 409.

valutierter Grundschulden.[171][172] Ein Grundstückseigentümer, der Sicherungsgrundschulden bestellt, hat aus dem Sicherungsvertrag gegen den Sicherungsnehmer einen durch den Wegfall des Sicherungszwecks aufschiebend bedingten schuldrechtlichen Anspruch auf Abtretung, auf Verzicht oder auf Aufhebung des nicht valutierten Teils der Grundschulden.[173] Dieser schuldrechtliche Anspruch ist Teil der Insolvenzmasse. Der Rückgewähranspruch stellt neben dem Eigentumsrecht einen eigenständigen Vermögenswert dar, sodass eine Freigabe der Immobilie nicht automatisch auch die Rechte aus dem Rückgewähranspruch umfasst. Dies hat zur Folge, dass in einem Zwangsversteigerungsverfahren der Übererlös aus einer Sicherungsgrundschuld der Insolvenzmasse zusteht, jedenfalls dann, wenn weder ein Pfandrecht Dritter an dem Rückgewähranspruch noch ein Anspruch der nachrangigen Grundpfandgläubiger auf Löschung der Grundschuld nach § 1179a BGB besteht.

Der BGH führte hierzu aus:[174] 197

> „*Durch die Zuschlagserteilung ist der Versteigerungserlös im Wege gesetzlicher Surrogation an die Stelle des Grundstücks getreten; an ihm setzen sich die nach § 91 ZVG erloschenen Rechte und früheren Rechtsbeziehungen fort.*[175] *Deswegen haben die Grundpfandgläubiger anstelle des Grundpfandrechts ein Erlöspfandrecht an dem Versteigerungserlös erhalten. Durch den teilweisen Verzicht der Bank auf Zuteilung des Erlöses hat die Schuldnerin als Grundstückseigentümerin entsprechend §§ 1168, 1192 Abs. 1 BGB ein Eigentümererlöspfandrecht erworben. ... Das Erlöspfandrecht und der Anspruch auf Auszahlung des Erlösanteils sind keine Surrogate des Rückgewähranspruchs. Nach der Rechtsprechung des Senats wird durch die Pfändung des Rückgewähranspruchs kein Pfandrecht an der Grundschuld selbst begründet.*[176] *... Die Masse hat mit dem schuldrechtlichen Rückgewähranspruch kein dingliches Recht*

171 BGH NZI 2017, 608; siehe auch BGH NJW 2022, 2544; BGH NZI 2018, 90.

172 Zum Grundschuld-Rückgewähranspruch ausführlich *Ganter*, NZI 2024, 27.

173 BGH NZI 2017, 608 mit Anm. *Mitlehner*; BGH NJW 2022, 2544; BGH NZI 2016, 451; BGH NJW 2013, 2894.

174 BGH NZI 2017, 608.

175 BGH NZI 2012, 756.

176 BGH NZI 2016, 451.

an der Grundschuld erlangt. Vielmehr ist der schuldrechtliche Rückgewähranspruch der Masse aus der Sicherungsvereinbarung durch den teilweisen Verzicht der Grundpfandgläubigerin auf Erlöszuteilung erloschen (§ 362 Abs. 1BGB). Das Erlöspfandrecht ist nicht an die Stelle des Rückgewähranspruchs getreten. … Auch wenn das Erlöspfandrecht nicht im Wege der Surrogation an die Stelle des Rückgewähranspruchs getreten ist, sind das Eigentümererlöspfandrecht und der Anspruch der Schuldnerin auf Auszahlung des Erlösanteils wirtschaftlich als Massebestandteil anzusehen.“

198 Wurde zum Zeitpunkt der Versteigerung das Insolvenzverfahren bereits aufgehoben, kann der frühere Insolvenzverwalter aus diesem Sachverhalt einen Antrag auf Anordnung der Nachtragsverteilung gem. § 203 InsO stellen. Hierzu heißt es im Tenor des BGH-Beschlusses:[177]

„Verzichtet ein Grundpfandgläubiger einer im Insolvenzverfahren nicht mehr valutierten Sicherungsgrundschuld nach Aufhebung des Insolvenzverfahrens im Zwangsversteigerungsverfahren nach Zuschlag auf die Zuteilung, kann wegen des dann dem Schuldner zugeteilten Erlösanteils die Nachtragsverteilung angeordnet werden.“

199 Eine Freigabe bedarf nicht grundsätzlich der Zustimmung des Gläubigerausschusses bzw. der Gläubigerversammlung, da nicht in § 160 Abs. 2 InsO enthalten. Die Zustimmung kann ausnahmsweise einzuholen sein, wenn sich die Freigabe als besonders bedeutsame Rechtshandlung darstellt oder wenn sich der Insolvenzverwalter vor Haftungsrisiken schützen will.[178]

---

177 BGH NZI 2017, 608.

178 Nerlich/Römermann/*Wittkowski/Kruth*, § 80 Rn 97.

§ 8 Neuerwerb im Nachlassinsolvenzverfahren

Übersicht:

A. Allgemeines

Gemäß § 35 Abs. 1 InsO erfasst das Insolvenzverfahren einerseits das gesamte zum Zeitpunkt der Eröffnung des Insolvenzverfahrens vorhandene Vermögen des Schuldners und andererseits das Vermögen, das der Schuldner während des Verfahrens erwirbt. Letzteres bezeichnet man als „Neuerwerb". Insoweit ist der Begriff der Insolvenzmasse nicht statisch, sondern im Hinblick auf die Erfassung von Neuerwerb dynamisch.[1] 1

Durch § 36 InsO wird die Insolvenzmasse insoweit eingeschränkt, als Gegenstände, die nicht der Zwangsvollstreckung unterliegen, nicht zur Insolvenzmasse gehören. Eine Rückausnahme beinhaltet § 36 Abs. 2 InsO, der die Massezugehörigkeit von unpfändbaren Geschäftsbüchern, unpfändbaren Gegenständen eines landwirtschaftlichen Betriebes (§ 811 Abs. 1 Nr. 4 ZPO) sowie des Inventars einer Apotheke (§ 811 Abs. 1 Nr. 9 ZPO) anordnet. 2

1 Uhlenbruck/*Hirte*, InsO, § 35 Rn 12.

3 Im Nachlassinsolvenzverfahren fehlt es an einer wesentlichen Grundlage, die im herkömmlichen Insolvenzverfahren für eine Masseanreicherung sorgt – das pfändbare Arbeitseinkommen. Während im herkömmlichen Verfahren hier ein Füllhorn an Regelungen bestehen, etwa die Anwendbarkeit der Bestimmungen um §§ 850 ff. ZPO, scheidet dies im Insolvenzverfahren über einen Nachlass naturgemäß aus. Denkbare Möglichkeiten, die Masse anzureichern, bleiben damit im Wesentlichen bei

- Ansprüchen des Nachlasses gegen Dritte
- Ansprüche gegen den (Mit-)Erben
- Anfechtungen und geltend zu machende Vollstreckungshindernisse.

Dies schränkt die Möglichkeiten im Nachlassinsolvenzverfahren ein, ist eine „Sanierung“ also kaum denkbar. Folglich steht hier die sog. „Liquidation“ im Vordergrund.

B. Geltendmachung von Vollstreckungsbeschränkungen

4 Vollstreckungsverbote und Rückschlagsperre bilden die beiden Ergänzungen zum Anfechtungsrecht. Während Letzteres rechtsgeschäftliche Vermögensverschiebungen beseitigen soll, können Vollstreckungsverbote und die Rückschlagsperre vollstreckungsrechtlich erlangte Sicherungen (nicht Befriedigungen) für unwirksam bzw. unzulässig erklären und im Nachhinein beseitigen. Trotz Verstoß gegen die beiden Beschränkungen tritt eine Verstrickung ein, wie der BGH[2] bereits festgestellt hat. Letztlich ist es daher Aufgabe des Insolvenzverwalters, diese zu beseitigen. Dies kann mittels nachgesuchter „Außervollzugsetzung“[3] der Vollstreckungsmaßnahme erfolgen oder aber mittels Aufhebung.[4] Mit Eröffnung des Insolvenzverfahrens besteht die Pflicht, Sicherungsrechte anzugeben, Forderungen beim Insolvenzverwalter anzumelden, sofern man am Verfahren teilhaben möchte, keine Individualvollstreckung mehr vorzunehmen, sich statt-

2 BGH, Urt. v. 21.9.2017 – IX ZR 40/17 Rn 15, InsbürO 2017, 506 = ZInsO 2017, 2267 = ZIP 2017, 2016; Uhlenbruck/*Mock*, InsO, 14. Aufl., § 89 Rn 40.

3 BGH, Urt. v. 19.11.2020 – IX ZR 210/19.

4 Siehe hierzu: *Lissner*, ZInsO 2020, 645.

dessen in die Reihe der Gesamtgläubigerschaft einzureihen und sich der Gesamtvollstreckung anzuschließen.

I. Rückschlagsperre – hier § 88 InsO

Die Rückschlagsperre des § 88 InsO beseitigt vollstreckungsrechtliche 5
Sicherungen im Dunstkreis der Verfahrenseröffnung. Kein Gläubiger – auch im Nachlassinsolvenzverfahren – soll ein Vorteil zu Lasten der übrigen Gläubiger erhalten. Die Rückschlagsperre ist in § 88 InsO geregelt und verfolgt das Ziel, solche Sicherungen zu beseitigen, die vielleicht erst in Kenntnis des drohenden Verfahrens „in letzter Minute", jedenfalls bereits in der Krise, erlangt wurden und welche bei Bestand eine Befriedigung der Gläubigergesamtheit beinträchtigen würden. Durch das Insolvenzverfahren soll eine gemeinschaftliche und gleichmäßige Befriedigung der Insolvenzgläubiger erreicht werden. Durch die „Rückschlagsperre" werden solche zweckwidrigen Sicherungen mit Eröffnung unwirksam, sofern sie innerhalb eines gewissen Zeitraums erlangt wurden. § 88 InsO dient also dem Erhalt der Masse und trägt dem Grundsatz der gleichmäßigen und bestmöglichen Befriedigung aller Insolvenzgläubiger Rechnung.[5] § 88 InsO differenziert dabei zwischen einer Unternehmens- und einer Verbraucherinsolvenz. Während bei der Unternehmensinsolvenz der Zeitraum der Rückschlagsperre nur 1 Monat (gerechnet rückwirkend ab dem Zeitpunkt der Verfahrenseröffnung) beträgt, gestattet es die Vorschrift im Verbraucherinsolvenzverfahren Sicherungen bis zu drei Monate rückwirkend für unwirksam zu erklären.

Hinweis 6

§ 88 InsO ermöglicht jedoch nur die Beseitigung einer eingetretenen Verstrickung ohne Befriedigungserfolg. Es wird nämlich nur die Beseitigung einer Sicherung, die ein Insolvenzgläubiger im letzten Monat (bzw. in den letzten drei Monaten bei Verbraucherinsolvenz) vor dem Antrag auf Eröffnung des Insolvenzverfahrens oder danach durch Zwangsvollstreckung an einem Massegegenstand erlangt hat, mit Insolvenzeröffnung unwirksam.

5 *Lissner/Knauft*, HdB InsR, Rn 695.

7 Das Gesetz regelt zwar eine Unwirksamkeit, diese ist aber, wie die Formulierung aufzeigt, an verschiedene Voraussetzungen geknüpft. Zudem „muss" die Unwirksamkeit durchgesetzt werden, da die dennoch eingetretene Verstrickung bestehen bleibt.[6] Voraussetzung einer Unwirksamkeit ist, dass folgende Punkte kumulativ vorliegen:

- Es darf **nur eine Sicherung** erwirkt worden sein.
- Die Handlung muss im Rahmen der **Zwangsvollstreckung** erfolgt sein. Rechtsgeschäftliche Verfügungen sind also nicht von der Rückschlagsperre betroffen.
- Die Handlung muss durch einen **Insolvenzgläubiger** erfolgt sein.
- Die Handlung muss die **Insolvenzmasse** betreffen.
  Von der Rückschlagsperre sind nur Vollstreckungsmaßnahmen in Gegenstände der Insolvenzmasse (§§ 35, 36 InsO) erfasst. Besteht also ein Befriedigungsrecht an insolvenzfreiem Vermögen, bleiben die Wirkungen der Vollstreckungsmaßnahme von der Insolvenzeröffnung unberührt (§ 80 Abs. 2 S. 2 InsO).[7]
- Die Sicherung muss im maßgeblichen Zeitraum von der Rückschlagsperre (ein Monat bzw. drei Monate ab Antrag) erfolgt sein. Maßgeblich ist dabei stets der erste zulässige und begründete Antrag.[8]

8 Durch die Anwendung der Rückschlagsperre erfolgt kein Automatismus, wonach Gegenstände, die hiervon betroffen sind, wieder „automatisch" in die Masse zurückfallen. Stattdessen treten neben der „unwirksamen" Verstrickung – die laut BGH[9] bestehen bleibt – zusätzlich die Verstrickungsbeschränkungen des Nachlassinsolvenzverfahrens ein. Ein betroffener Drittschuldner hat bis zur Klärung ein **Zurückbehaltungsrecht.**[10] Die Rückschlagsperre hat keinen Einfluss auf die öffentlich-rechtliche Verstrickung. Nach Ansicht des BGH betreffe die Unzulässigkeit oder die Unwirksamkeit nur die vom Vollstreckungsgläubiger erlangte Sicherung, nicht aber das Vollstreckungsverfahren selbst. Dies folgt aus § 836 Abs. 2 ZPO.

6 BGH, Urt. v. 21.9.2017 – IX ZR 40/17 Rn 15, InsbürO 2017, 506 = ZInsO 2017, 2267 = ZIP 2017, 2016.
7 *Lissner/Knauft*, HdB InsR, Rn 703ff.
8 *Lissner/Knauft*, HdB InsR, Rn 703ff.
9 BGH, Urt. v. 21.9.2017 – IX ZR 40/17.
10 BGH, Urt. v. 21.9.2017 – IX ZR 40/17.

Die Frage, wie die Verstrickung beseitigt wird, beschäftigte zuletzt die Gerichte. Der BGH hat sich mit Entscheidung vom 21.9.2017[11] nicht eindeutig positioniert. Diese Positionierung hat er jedoch mit seinen Entscheidungen aus dem November 2020[12] und Dezember 2021[13] aufgegriffen und beseitigt. Danach kann und soll eine unwirksame Vollstreckung mittels Ruhendstellung beseitigt werden. Allerdings dürfte fraglich sein, ob diese Ansicht auch für das Nachlassinsolvenzverfahren Bestand haben wird. Während man im „regulären „Verfahren hierbei die Rechte der Gläubiger schützen möchte, die ein Pfandrecht erwirkt und im Falle einer fehlenden Restschuldbefreiung im Anschluss aus besserer Position heraus vollstrecken sollen dürfen, fehlt es an diesem „Sinn" im Nachlass. Hier kann nach Beendigung des Verfahrens der Erbe die Haftungsbeschränkung geltend machen. Folglich macht eine weitere potentielle Zwangsvollstreckung hier keinen rechten Sinn. 9

II. Rückschlagsperre – hier § 321 InsO

1. Anwendung

Die Bestimmung ähnelt in seinem Anwendungsbereich der Rückschlagsperre nach § 88 InsO. In einem Nachlassinsolvenzverfahren soll vermieden werden, dass die Masse nach Eintritt des Erbfalls durch den Zugriff der Gläubiger geschmälert wird. Außerdem greift auch hier der Grundsatz der gleichmäßigen Gläubigerbefriedigung (§ 1 InsO). In der Zeit zwischen Erbfall und Insolvenzeröffnung soll es für den Gläubiger nicht möglich sein, ein besseres Recht zur Befriedigung zu erlangen. Für die Zwecke des Nachlassinsolvenzverfahrens soll die Rechtslage, wie sie zum Zeitpunkt des Erbfalls bestand, (zumindest teilweise) wiederhergestellt werden. 10

Die „normale" Rückschlagsperre des § 88 InsO wird durch diese Regelung aber nicht ausgeschlossen. Vielmehr ist diese Norm neben § 321 InsO anwendbar. Gemäß § 321 InsO gewähren Maßnahmen der Zwangsvollstreckung in den Nachlass, die nach dem Eintritt des Erb- 11

11 BGH, Urt. v. 21.9.2017 – IX ZR 40/17.
12 BGH, Beschl. v. 19.11.2020 – IX ZB 14/20.
13 BGH, Beschl. v. 2.12.2021 – IX ZB 10/21.

falls erfolgt sind, im Insolvenzverfahren kein Recht zur abgesonderten Befriedigung. Betroffen sind von § 321 InsO nur durch Zwangsvollstreckung erlangte Absonderungsrechte. Hierbei sind sämtliche Vollstreckungsmaßnahmen nach der ZPO erfasst. Nicht betroffen sind demnach alle rechtsgeschäftlich oder gesetzlich erworbenen Absonderungsrechte.[14]

12 Betroffen sind nur die Vollstreckungsmaßnahmen, die zwischen Erbfall und Insolvenzeröffnung bewirkt wurden. Nach Insolvenzeröffnung greift auch in der Nachlassinsolvenz das Vollstreckungsverbot des § 89 InsO. Abzustellen ist auf die Entstehung des Pfändungspfandrechts, das Wirksamwerden der Beschlagnahme in der Zwangsversteigerung/Zwangsverwaltung bzw. die Eintragung der Zwangssicherungshypothek im Grundbuch. Nicht von § 321 InsO erfasst sind jedoch Vollstreckungsmaßnahmen, die zwar nach dem Erbfall vorgenommen wurden, aber auf einem schon vor dem Erbfall begründeten Absonderungsrecht beruhen.[15] Zulässig ist also die Zwangsvollstreckung aus einer Grundschuld, die der Erblasser bereits bestellt hatte.

13 Vollstreckungsmaßnahmen, die vor dem Erbfall gegen den Ersteher durchgeführt worden sind, fallen nicht unter § 321 InsO.[16] Diese Absonderungsrechte haben damit auch im eröffneten Verfahren Bestand, sofern sie nicht unter § 88 InsO fallen oder im Rahmen der Insolvenzanfechtung nach §§ 129, 131 InsO beseitigt werden.[17]

14 Im Nachlassinsolvenzverfahren soll der Nachlass zugunsten der Nachlassgläubiger verwertet werden. Folglich kann die Vollstreckungsbeschränkung nach § 321 InsO auch nur die Vollstreckungsmaßnahmen in den Nachlass erfassen. Mangels Einschränkung sind von der Vollstreckungsbeschränkung des § 321 InsO sowohl die Nachlassgläubiger als auch die Eigengläubiger des Erben betroffen.

15 Hat die Vollstreckungsmaßnahme bereits vor Insolvenzeröffnung zur Befriedigung des Gläubigers geführt, greift § 321 InsO nicht.[18] Die

14 Uhlenbruck/Lüer/*Weidmüller*, InsO, § 321 Rn 3.
15 Kayser/Thole/*Marotzke*, § 321 Rn 6.
16 MüKo-InsO/*Siegmann/Scheuing*, § 321 Rn 4.
17 Kayser/Thole/*Marotzke*, § 321 Rn 5.
18 Uhlenbruck/*Lüer/Weidmüller*, InsO, § 321 Rn 2; MüKo-InsO/*Siegmann/Scheuing*, § 321 Rn 5.

Möglichkeit der Anfechtung einer solchen Befriedigung nach §§ 129 ff. InsO wird jedoch nicht berührt.

2. Folgen

Der betroffene Gläubiger verliert mit Eröffnung des Nachlassinsolvenzverfahrens sein Recht auf abgesonderte Befriedigung. Folglich erlischt das vor Eröffnung erlangte Befriedigungsrecht/Pfändungspfandrecht. Da der Insolvenzverwalter zugleich das Recht haben soll, den betroffenen Gegenstand zugunsten der Masse zu verwerten, muss auch hier, wie bei § 88 InsO, mit Eröffnung des Verfahrens absolute Unwirksamkeit eintreten.[19] Auch beim § 321 InsO gilt, dass die Rechte wiederaufleben und die Fortsetzung der Zwangsvollstreckung ermöglichen, wenn der Verwalter den Gegenstand freigibt oder wenn bei der Beendigung des Verfahrens der Gegenstand mangels Verwertung noch dem Schuldner gehört.[20] 16

Ist eine Vollstreckungsmaßnahme von der Beschränkung des § 321 InsO betroffen, steht dem Insolvenzverwalter die Erinnerung nach § 766 ZPO zu, um die öffentlich-rechtliche Verstrickung zu beseitigen. Wurde eine Zwangssicherungshypothek in dem maßgeblichen Zeitraum im Grundbuch eingetragen, kann der Insolvenzverwalter von dem Gläubiger die Löschung verlangen, wenn er das Grundstück verwerten will.[21] 17

III. Vollstreckungsverbote

In der Insolvenzordnung sind diverse Vollstreckungsverbote geregelt. Während §§ 321 und 88 InsO jeweils Vollstreckungen „vor“ Eröffnung beseitigt, greifen die Vollstreckungsverbote ab Insolvenzantragstellung. 18

19 MüKo-InsO/*Siegmann/Scheuing*, § 321 Rn 3.
20 MüKo-InsO/*Siegmann/Scheuing*, § 321 Rn 3.
21 Uhlenbruck/*Lüer/Weidmüller*, InsO, § 321 Rn 5.

Übersicht der Vollstreckungsverbote:
- Vollstreckungsverbot nach § 89 Abs. 1 InsO
- Erweitertes Vollstreckungsverbot nach § 89 Abs. 2 InsO
- Vollstreckungsverbot nach § 90 Abs. 1 InsO
- Vollstreckungsverbot nach § 210 InsO
- Vollstreckungsverbot nach § 294 Abs. 1 InsO
- Vollstreckungsverbote im Nachlassinsolvenzverfahren.

19 Auch die Vollstreckungsverbote bezwecken die Sicherung der Masse zugunsten der Gesamtgläubigerschaft und gegen einzelne Gläubigerbevorteilung. Die Gleichbehandlung aller Insolvenzgläubiger steht im Vordergrund. Keinem Insolvenzgläubiger sollen Vorteile verschafft werden. Dieser Grundsatz verbietet es, dass sich einzelne Gläubiger im laufenden Insolvenzverfahren ein besseres Recht auf Befriedigung verschaffen.

1. Vollstreckungsverbot nach § 89 Abs. 1 InsO

20 Nach § 89 Abs. 1 InsO dürfen die Insolvenzgläubiger ihre Forderungen nur nach den Vorschriften über das Insolvenzverfahren verfolgen, indem sie bei Interesse zur Insolvenztabelle anmelden, § 174 InsO. Eine Individualvollstreckung für einzelne Insolvenzgläubiger ist hingegen während der Dauer des Insolvenzverfahrens weder in die Insolvenzmasse noch in das sonstige Vermögen des Schuldners zulässig.

21 Rein sprachlich umfasst das Vollstreckungsverbot nur Insolvenzgläubiger. Selbstverständlich sind dabei aber auch die sog. nachrangigen Insolvenzgläubiger umfasst.[22] Nicht umfasst sind Absonderungsgläubiger oder Neugläubiger. Letztere können aber über § 91 InsO begrenzt sein. Betroffen sind allerdings nur Zwangsvollstreckungsmaßnahmen. Rechtsgeschäftliche Verfügungen fallen nicht unter § 89 Abs. 1 InsO. Dabei ist aber der Vollstreckungstitel unerheblich. Erfasst sind auch der Vollzug von Arresten und einstweiligen Verfügungen sowie die Abnahme der Vermögensauskunft. Auch dazu zählen Maßnahmen nach dem Verwaltungsvollstreckungsrecht, z.B. bei der Zwangsvollstreckung durch das Finanzamt.[23] Auf die Art des Titels

---

22 *Lissner/Knauft*, HdB InsR, Rn 703 ff.
23 *Lissner/Knauft*, HdB InsR, Rn 576.

kommt es also nicht an.[24] Das Vollstreckungsverbot nach § 89 Abs. 1 InsO greift darüber hinaus nur während der Dauer des laufenden Insolvenzverfahrens und umfasst die Masse sowie sonstiges Vermögen, also letztlich auch den unpfändbaren Betrag oder aus der Masse freigegebenes Vermögen.

2. Erweitertes Vollstreckungsverbot nach § 89 Abs. 2 InsO

Dieses Vollstreckungsverbot erweitert das herkömmliche Vollstreckungsverbot des § 89 Abs. 1 InsO, in dem es auch das „zukünftige" Einkommen mit aufgreift. Unzulässig ist demnach für alle Gläubiger die Vollstreckung in die Einkommensbeträge des Schuldners, die nach Beendigung des Verfahrens entstehen. Es umfasst mithin alle Gläubigergruppen.[25] Dies dient der Sicherung der „zukünftigen" Masse, welche ggf. für ein anstehendes Restschuldbefreiungsverfahren benötigt wird. Dabei ist es unabhängig, ob eine Restschuldbefreiung vom Schuldner überhaupt beantragt worden ist. Mangels „zukünftigem Einkommen" wird es im Nachlassinsolvenzverfahren zu keiner potentiell denkbaren Anwendung kommen. 22

3. Vollstreckungsverbot nach § 90 Abs. 1 InsO

Ein Vollstreckungsverbot für Massegläubiger regelt § 90 Abs. 1 InsO für die Dauer von sechs Monaten ab Insolvenzeröffnung. Damit soll die Masse vor kurzfristiger Auszehrung gesichert und damit eine mögliche Sanierung denkbar bleiben. Hiervon sind jedoch nur Masseverbindlichkeiten betroffen, die nicht durch Rechtshandlung des Verwalters begründet wurden. Der Schutz besteht also nur vor „schuldlosen" aufoktroyierten" Verbindlichkeiten. Geht der Verwalter hingegen Masseverbindlichkeiten selbst ein, überwiegt der Gläubigerschutz der Massegläubiger auf bevorzugte Befriedigung. 23

Beispiel 1

Insolvenzeröffnung am 1.3.2021. Der Insolvenzverwalter der Firma XY GmbH findet bei erstmaliger Sichtung der Unterlagen diverse einzuhaltende Verbindlichkeiten vor, die er nicht zu vertreten hat.

24 MüKo-InsO/*Breuer*, § 89 Rn 31.
25 *Lissner/Knauft*, HdB InsR, Rn 623.

Folge: Sie stellen einzuhaltende Masseverbindlichkeiten dar, die ihm „auferlegt wurden“. Folglich besteht insoweit das zeitlich begrenzte Vollstreckungsverbot von sechs Monaten.

Beispiel 2

Insolvenzeröffnung am 1.3.2021. Der Insolvenzverwalter der Firma XY GmbH will den Betrieb fortsetzen und geht insoweit neue Betriebsverbindlichkeiten ein.

Folge: Vom zeitlichen Vollstreckungsverbot umfasst sind nur Masseverbindlichkeiten, die nicht durch Rechtshandlung des Insolvenzverwalters begründet wurden. Gewillkürte Verbindlichkeiten sind davon ausgenommen, so dass hier kein Verbot für die Gläubiger besteht, soweit die Vollstreckungsvoraussetzungen vorliegen. Vom Vollstreckungsverbot erfasst sind also nur die Masseverbindlichkeiten, die ohne Zutun des Insolvenzverwalters entstanden sind.

4. Vollstreckungsverbot nach § 210 InsO

24 Das Vollstreckungsverbot betrifft die Konstellation bei Eintritt der sog. Masseunzulänglichkeit. Üblicherweise sind Massegläubiger bevorrechtigt und werden noch vorab vor allen anderen Gläubigern im Verfahren befriedigt. Sie können bei Vorliegen der Vollstreckungsvoraussetzungen auch vollstrecken, denn das Vollstreckungsverbot des § 89 Abs. 1 InsO gilt nicht. Tritt aber Masseunzulänglichkeit im Verfahren ein – reicht das vorhandene Geld also nicht um alle Massegläubiger zu befriedigen – gilt etwas anderes. Die Zwangsvollstreckung ist gemäß § 210 InsO dann für Masseverbindlichkeiten nach § 209 Abs. 1 Nr. 3 InsO unzulässig, sobald durch den Insolvenzverwalter die Masseunzulänglichkeit angezeigt wurde. Mit notwendiger Anzeige tritt hinsichtlich der Massegläubiger eine Differenzierung ein. Die bestehenden Massegläubiger können über die Bestimmung also nicht mehr vollstrecken. Sie werden als sog. Altmassegläubiger bezeichnet. Nur wenn das Pfändungspfandrecht vor Anzeige der Masseunzulänglichkeit erworben wurde, bleibt dieses wirksam.[26] Neue (und gewillte) Masseverbindlichkeiten durch den Insolvenzverwalter werden dann

26 MüKo-InsO/*Hefermehl*, § 210 Rn 13; Uhlenbruck/*Ries*, InsO, § 210 Rn 6.

als sog. Neumasseverbindlichkeiten bezeichnet. Für diese gilt das Vollstreckungsverbot hingegen nicht. Zudem werden sie im Falle der Verteilung noch vor den Altmassegläubigern befriedigt.

5. Vollstreckungsverbot nach § 294 Abs. 1 InsO

Mangels einer sog. Wohlverhaltensperiode findet § 294 InsO keine Anwendung. 25

6. Beseitigung der Verstrickung

Über die Beseitigung der Verstrickung wurde bereits dargelegt, dass dies in der Praxis unterschiedlich bewertet wird. H.A. dürfte nach Ansicht des BGH nun die Ruhendstellung sein (siehe Rdn 9). Zulässiges Rechtsmittel sowohl gegen die unwirksame Vollstreckung (Rückschlagsperre) als auch gegen die unzulässige Vollstreckung (Verstoß gegen eines der Vollstreckungsverbote) ist die Erinnerung nach § 766 ZPO, welche auch für das Insolvenzverfahren gilt und über welches nur im laufenden Verfahren das Insolvenzgericht als besonderes Vollstreckungsgericht entscheidet. Dies gilt auch für eine Verwaltungsvollstreckung.[27] 26

C. Anfechtung

I. Zweck

Eine der grundlegenden Aufgaben des Insolvenzrechts und der Durchführung eines Insolvenzverfahrens ist es, eine gleichmäßige Gläubigerbefriedigung zu erreichen.[28] Dies wird im Insolvenzverfahren beispielsweise dadurch sichergestellt, dass Vollstreckungsmaßnahmen einzelner Gläubiger gemäß §§ 80–82, 89, 91 sowie 96 Abs. 1 Nr. 1 und 2 InsO unwirksam sind.[29] Die Regelungen der Insolvenzanfechtung (zur Insolvenzanfechtung siehe auch § 7 Rdn 4 ff.) bieten nach 27

27 *App*, NZI 1999, 138, 139.
28 *Lissner/Knauft*, HdB InsR, Rn 1049 ff.; MüKo-InsO/*Stürner*, Einleitung Rn 1.
29 MüKo-InsO/*Kirchhof*, Vor §§ 129 bis 147 Rn 2.

den §§ 129 ff. InsO die Möglichkeit, vor der Insolvenzeröffnung bzw. vor der Insolvenzantragstellung vorgenommene Vermögensverschiebungen zu Lasten des Schuldnervermögens rückgängig zu machen und somit den Bestand des der Gläubigergesamtheit als Haftungsmasse zur Verfügung stehenden Schuldnervermögens wiederherzustellen.[30] Was durch die anfechtbare Handlung aus dem Vermögen des Schuldners veräußert, weggegeben oder aufgegeben ist, muss zur Insolvenzmasse zurückgewährt werden – so sieht es das Gesetz in § 143 InsO. Die Vorschriften über die Rechtsfolgen einer ungerechtfertigten Bereicherung, bei der dem Empfänger der Mangel des rechtlichen Grundes bekannt ist, gelten entsprechend.

28 Die Insolvenzanfechtung dient dem Zweck, über die erst ab Insolvenzeröffnung eingreifenden Regelungen der §§ 80 ff. InsO hinaus, bereits im zeitlichen Vorfeld der Insolvenzeröffnung eine Verkürzung der Aktivmasse wie auch eine Vermehrung der Passivmasse zu verhindern. Dieser Rückgewähranspruch entsteht unabhängig von seiner Geltendmachung mit Vollendung des Anfechtungstatbestandes, jedoch nicht vor Eröffnung des Insolvenzverfahrens. Die Insolvenzanfechtung ist ein scharfes Schwert, welches der Gesetzgeber dem Insolvenzverwalter an die Hand gegeben hat. Hierdurch wird es dem Insolvenzverwalter ermöglicht, in eigentlich massearmen bzw. masselosen Verfahren beachtliche Massezuflüsse zu generieren.

29 Anfechtbar nach Maßgabe der §§ 129–146 InsO sind alle Rechtshandlungen, die vor Eröffnung des Insolvenzverfahrens vorgenommen worden sind und welche die Insolvenzgläubiger benachteiligen (§ 129 Abs. 1 InsO). Zu den anfechtbaren Rechtshandlungen gehören Rechtsgeschäfte (Verträge, Vergleiche, Abtretungen, Verpfändung, Belastung von Grundstücken etc.), Prozesshandlungen (Klageverzicht, Anerkenntnis, Prozessvergleich) sowie geschäftsähnliche Handlungen und Realakte. Anfechtbar sind sowohl das Grund- als auch das Verfügungsgeschäft. Das Unterlassen steht einer Rechtshandlung gleich (§ 129 Abs. 2 InsO). Denn das Unterlassen kann die gleichen gläubigerbenachteiligenden Wirkungen haben wie die Rechtshandlung.

Muster zur Insolvenzanfechtung siehe § 7 Rdn 92.

30 MüKo-InsO/*Kirchhof*, Vor §§ 129 bis 147 Rn 2.

II. Grundvoraussetzungen – § 129 InsO als Basis

1. Allgemeines

In § 129 Abs. 1 InsO werden zunächst allgemeine Voraussetzungen der Insolvenzanfechtung dargestellt, welche grundsätzlich bei allen Anfechtungstatbeständen vorliegen müssen. Eine Ausnahme hierzu kann nur dann gemacht werden, wenn im Gesetz ausdrücklich eine abweichende Regelung aufgeführt ist. Grundnorm der (gesamten) Anfechtung ist also § 129 InsO. Diese Bestimmung muss stets – also auch im Falle der weiteren Bestimmungen – als Grundsachverhalt gegeben sein. Die Bestimmung trägt daher auch die Überschrift „Grundsatz." Rechtshandlungen, die vor der Eröffnung des Insolvenzverfahrens vorgenommen worden sind und die Insolvenzgläubiger benachteiligen, kann der Insolvenzverwalter danach nach Maßgabe der §§ 130–146 anfechten. Dabei stellt der Gesetzgeber in § 129 Abs. 2 InsO klar, dass eine Unterlassung einer solchen Rechtshandlung gleichsteht. 30

In § 129 Abs. 1 InsO werden zunächst allgemeine Voraussetzungen der Insolvenzanfechtung dargestellt, welche grundsätzlich bei allen Anfechtungstatbeständen vorliegen müssen. Es muss eine Rechtshandlung sowie eine Gläubigerbenachteiligung vorliegen und die Gläubigerbenachteiligung muss gerade auf die Rechtshandlung zurückzuführen sein.[31] Daneben darf – als weitere Prüfung – keine Verjährung eingetreten sein, § 146 InsO, oder kein Ausnahmetatbestand des sog. Bargeschäftes vorliegt, § 142 InsO. Letzteres ist nur in den Fällen des § 133 InsO ausgeschlossen und kommt damit in allen anderen Konstellationen zur Anwendung. Voraussetzung für die Annahme eines Bargeschäftes ist, dass der eigentlich anfechtbaren Leistung des Schuldners, welche sowohl in der Befriedigung als auch Sicherung einer Gläubigerforderung bestehen kann, eine gleichwertige Gegenleistung des Anfechtungsgegners gegenübersteht und ferner der Leistungsaustausch nach der Parteivereinbarung in einem unmittelbaren zeitlichen Zusammenhang steht.[32] 31

Hintergrund der Regelung ist, dass dem Schuldner hierdurch ermöglicht werden soll, seine Geschäfte auch in der Krise fortzuführen und 32

31 MüKo-InsO/*Kirchhof*, Vor § 129 Rn 5.
32 BGH ZInsO 2008, 101 ff.: 30 Tage; *Lissner/Knauft*, HdB InsR, Rn 1124 ff.

insofern der Rechtsverkehr geschützt werden muss.[33] Die Beurteilung der Frage, ob ein unmittelbarer zeitlicher Zusammenhang besteht, richtet sich dabei nach den im Rechtsverkehr üblichen Zahlungsmodalitäten des jeweiligen Rechtsgeschäftes, ein sofortiger Leistungsaustausch ist nicht notwendig.[34] Liegen diese Voraussetzungen vor, kann dann (erst) eine der Aufbautatbestände ab §§ 130 ff. InsO geprüft werden.

2. Rechtshandlung oder Unterlassen

33 Der Begriff der Rechtshandlung ist nach allgemeiner Ansicht weit auszulegen,[35] so ist als Rechthandlung jede bewusste Willensbetätigung zu verstehen, die eine rechtliche Wirkung auslöst.[36] Dabei spielt es grundsätzlich keine Rolle, ob die rechtliche Wirkung beabsichtigt ist oder nicht.[37] In der Regel werden unter den Begriff Rechtshandlung Rechtsgeschäfte, Prozesshandlungen und geschäftsähnliche Handlungen und Realakte subsumiert.[38] Nach § 129 Abs. 2 InsO kann auch das Unterlassen einer Handlung eine anfechtbare Rechtshandlung darstellen.[39] Voraussetzung hierfür ist jedoch, dass das Unterlassen der Handlung wissentlich und willentlich geschieht, da es bei unbewussten oder fahrlässigen Unterlassungen an einer vom Begriff der Rechtshandlung umfassten notwendigen Willensbetätigung fehlt.[40] So „begeht“ der Schuldner, der wissentlich keine Einwände gegen eine unberechtigte Titulierung erhebt, eine anfechtbare Rechtshandlung.[41] Zusammenfassend versteht man unter „Rechtshandlung“ nach dem BGH[42] „alle Handlungen, die eine rechtliche Wirkung auslösen und damit das Vermögen zum Nachteil der Gläubiger verändern kann.“

33 FK-InsO/*Dauernheim*, § 142 InsO Rn 1.
34 *Lissner/Knauft*, HdB InsR, Rn 1124 ff.
35 Braun/*De Bra*, InsO, § 129 Rn 11.
36 *Ulmer*, ZIP 1984, 1163, 1169; MüKo-InsO/*Kirchhof*, Vor § 129 Rn 6.
37 BGH, Urt. v. 12.2.2004 – 3 StR 185/03.
38 FK-InsO/*Dauernheim*, § 129 Rn 20 ff.
39 BGH, ZInsO 2005, 260 ff.
40 BGH, Urt. v. 24.10.1996 – IX ZR 284/96.
41 FK-InsO/*Dauernheim*, § 129 Rn 26.
42 BGH DB 1976, 673; BGH ZInsO 20004, 499 ff.

3. Gläubigerbenachteiligung

Das Petitum der Gläubigerbenachteiligung ergibt sich aus dem Grundsatz in § 1 InsO, wonach „alle" Gläubiger gleich und gemeinschaftlich befriedigt werden sollen (zur Gläubigerbenachteiligung siehe auch § 7 Rdn 14 ff.). Heranzuziehen ist dabei insoweit eine wirtschaftliche Betrachtungsweise.[43] Eine solche Gläubigerbenachteiligung liegt folglich immer dann vor, wenn die Gläubiger ohne die Rechtshandlung „besser" dagestanden werden hätten.[44] Eine Gläubigerbenachteiligung liegt folglich nicht vor, wenn die Rechtshandlung keinerlei Auswirkungen auf die Masse hat, insbesondere dann, wenn die Leistung aus dem pfandfreien Vermögen erfolgte[45] oder der Masse eine gleichwertige Gegenleistung zufließt. 34

Wichtig

Die Darlegungs- und Beweislast dafür, dass die Zahlungen des Schuldners aus dem pfändungsfreien Einkommen stammen, liegt grundsätzlich beim Anfechtungsgegner.[46]

Eine Benachteiligung muss dabei nicht nur für einzelne, sondern für die Gesamtheit der Insolvenzgläubiger im Rang des § 38 InsO entstehen.[47] Die Gläubigerbenachteiligung kann dabei auf unterschiedliche Weise eintreten. Einerseits durch (aktive) Verminderung der Masse („Herausgeben" aus der Masse) oder durch eine Vergrößerung der Passivmasse (Beispiel: Die Familie des Schuldners „erwirkt" mit dessen Zutun Titel, um im Verfahren partizipieren zu können). Eine Gläubigerbenachteiligung liegt demnach vor, wenn entweder die Aktivmasse durch die Rechtshandlung verkleinert worden ist[48] und dadurch die Befriedigungsmöglichkeiten der Insolvenzgläubigergesamtheit verkürzt, vermindert, erschwert oder verzögert worden ist[49] oder wenn durch die Eingehung und Entstehung neuer Verbindlichkeiten 35

43 BGH ZIP 1980, 250 ff.
44 BGH ZIP 1983, 337; BGH ZIP 1984, 489.
45 BGH ZInsO 2013, 2274; BGH InsbürO 2013, 283; BGH ZIP 2014, 1887 ff.
46 AG Charlottenburg ZInsO 2015, 752 ff.
47 BGH, Urt. v. 24.1.2002 – IX ZR 180/99; BGH, Urt. v. 20.2.1980 – VIII ZR 48/78.
48 BGH, Urt. v. 19.2.2006 – IX ZR 154/03; BGH, Urt. v. 7.2.2002 – IX ZR 115/99; BGH, Urt. v. 19.3.1980 – VIII ZR 195/79.
49 BGH, Urt. v. 11.11.1993 – IX ZR 257/92; BGH, Urt. v. 11.5.1989 – IX ZR 222/88; BGH, Urt. v. 11.11.1992 – IX ZR 257/92.

die Schuldenmasse vergrößert wurde, so dass die vorhandene Aktivmasse auf höhere Schulden verteilt werden müsste,[50] mithin eine Erhöhung der Passivseite im Insolvenzverfahren eintritt.[51] Dabei muss die Benachteiligung nicht sofort, also unmittelbar, eintreten. Auch die sog. mittelbare Benachteiligung, wenn also die Rechtshandlung zwar selbst noch keinen Nachteil für die Gläubiger bedeutet, aber eine Grundlage für eine weitere die Gläubiger schädigende Handlung schafft (Beispiel: Verkauf von Gütern zwar marktgerecht, jedoch „Untergang" im weiteren Verlauf dieses Verkaufserlöses[52] oder die sog. Aufwertung einer InsO-Forderung zur Masseverbindlichkeit[53]), genügt hierfür aus.[54] Lediglich §§ 132 Abs. 1 und 133 Abs. 2 InsO setzen eine unmittelbare Gläubigerbenachteiligung voraus.

III. „Aufbaunormen" §§ 130 ff. InsO

1. Anfechtungstatbestände

36 Liegen die Grundvoraussetzungen des § 129 InsO vor, kann dann eine der Folgenormen ab § 130 ff. InsO als „Aufbautatbestand" hinzugezogen werden. Dabei bilden die Bestimmungen §§ 130–134 InsO die „wichtigsten Normen" der Anfechtung bei Privatpersonen und Regelinsolvenzen. Die Normen ab §§ 135 f. InsO beziehen sich hingehen auf Gesellschaften.

Im Folgenden werden nicht „alle" Anfechtungstatbestände, sondern nur die wichtigsten – gerade auch für natürliche Personen – thematisiert (zu den Anfechtungsansprüchen siehe ausführlich § 7 Rdn 38 ff., Rdn 53. ff).

Die „wichtigsten" Anfechtungstatbestände sind:

Kongruente Deckung	§ 130 InsO
Inkongruente Deckung	§ 131 InsO
Unmittelbar nachteilige Rechtshandlung	§ 132 InsO

50 BGH, Urt. v. 6.4.2006 – IX ZR 185/04; BGH, Urt. v. 27.5.2003 – IX ZR 169/02; BGH, Urt. v. 11.7.1991 – IX ZR 230/90.

51 *Lissner/Knauft*, HdB InsR, Rn 1068 ff.

52 BGH WM 1988, 799 ff.

53 BGH ZINsO 2012, 1127 ff.

54 RegE S. 157 zu § 144 InsO.

Vorsätzliche Benachteiligung	§ 133 InsO
Unentgeltliche Leistung	§ 134 InsO
Gesellschafterdarlehen	§ 135 InsO
Stille Gesellschaft	§ 136 InsO
Wechsel- und Scheckzahlungen	§ 137 InsO

2. Inkongruente Deckung

Eine inkongruente Sicherung oder Befriedigung ist immer dann anzunehmen, wenn die vorgenommene Leistung des Schuldners von der auf Grundlage des vereinbarten Schuldverhältnisses spezifizierten Leistung zum Nachteil des Schuldners abweicht.[55] Mit anderen Worten: Der Gläubiger erhält ein Recht oder eine Leistung gem. § 131 InsO, die er nicht, nicht in der Art oder nicht in der Zeit zu beanspruchen hatte. Anfechtbar ist nach § 131 InsO danach eine Rechtshandlung, die einem Insolvenzgläubiger eine Sicherung oder Befriedigung gewährt oder ermöglicht hat, die er nicht oder nicht in der Art (z.B. andere als geschuldete Leistung) oder nicht zu der Zeit (z.B. vorfällig) zu beanspruchen hatte, 37

1. wenn die Handlung im letzten Monat vor dem Antrag auf Eröffnung des Insolvenzverfahrens oder nach diesem Antrag vorgenommen worden ist,
2. wenn die Handlung innerhalb des zweiten oder dritten Monats vor dem Eröffnungsantrag vorgenommen worden ist und der Schuldner zur Zeit der Handlung zahlungsunfähig war oder
3. wenn die Handlung innerhalb des zweiten oder dritten Monats vor dem Eröffnungsantrag vorgenommen worden ist und dem Gläubiger zur Zeit der Handlung bekannt war, dass sie die Insolvenzgläubiger benachteiligte.

Die Kenntnis von Umständen, die zwingend auf die Benachteiligung schließen lassen, steht dabei der Kenntnis der Benachteiligung gleich. Gegenüber einer Person, die dem Schuldner zur Zeit der Handlung nahestand (§ 138 InsO), besteht eine gesetzliche Vermutungsfiktion, dass sie die Benachteiligung der Insolvenzgläubiger kannte. Das Gesetz nimmt damit verschiedene Zeit- und Sachverhaltsunterschiede bei 38

55 FK-InsO/*Dauernheim*, § 131 Rn 3.

einer inkongruenten Deckung an. Im Falle der **ersten Konstellation** ist eine erlangte Sicherung oder Befriedigung, die der Schuldner nicht oder nicht in der Art oder nicht zu der Zeit zu beanspruchen hatte anfechtbar, wenn die Handlung im letzten Monat vor dem Antrag auf Eröffnung des Insolvenzverfahrens oder nach diesem Antrag vorgenommen worden ist. Bei Befriedigungen im Wege der Zwangsvollstreckung wird bei bestehenden Krisenanzeichen nach gültiger Rechtslage regelmäßig von inkongruenten Deckungen ausgegangen.[56]

39 Im Falle der **zweiten Konstellation** ist eine erlangte Sicherung oder Befriedigung, die der Schuldner nicht oder nicht in der Art oder nicht zu der Zeit zu beanspruchen hatte, anfechtbar, wenn die Handlung innerhalb des zweiten oder dritten Monats vor dem Eröffnungsantrag vorgenommen worden ist und der Schuldner zur Zeit der Handlung zahlungsunfähig war. Der Gesetzgeber weitet den Anfechtungszeitraum daher aus, wenn eine Zahlungsunfähigkeit gegeben ist. Zahlungsunfähigkeit liegt regelmäßig dann vor, wenn der Schuldner 10 % oder mehr seiner fälligen Gesamtverbindlichkeiten länger als drei Wochen nicht erfüllen kann, sofern nicht ausnahmsweise mit an Sicherheit grenzender Wahrscheinlichkeit zu erwarten ist, dass die Liquiditätslücke demnächst vollständig oder fast vollständig beseitigt werden wird und den Gläubigern ein Zuwarten nach den besonderen Umständen des Einzelfalls zuzumuten ist. Beträgt die innerhalb von drei Wochen nicht zu beseitigende Liquiditätslücke weniger als 10 %, liegt Zahlungsunfähigkeit nur vor, wenn bereits absehbar ist, dass die Lücke demnächst mehr als 10 % erreichen wird.[57]

40 Im Falle der **dritten Konstellation** ist eine erlangte Sicherung oder Befriedigung, die der Schuldner nicht oder nicht in der Art oder nicht zu der Zeit zu beanspruchen hatte, anfechtbar, wenn die Handlung innerhalb des zweiten oder dritten Monats vor dem Eröffnungsantrag vorgenommen worden ist und dem Gläubiger zur Zeit der Handlung bekannt war, dass sie die Insolvenzgläubiger benachteiligte. § 131 Abs. 2 InsO liefert hier jedoch eine sog. Beweiserleichterung, wonach es für die Kenntnis der Benachteiligung der Gläubiger ausreichend ist, wenn der Gläubiger Tatsachen kennt, aus denen sich zweifelsfrei

56 BGH ZIP 1997, 1929; BGH ZInsO 2002, 125.
57 BGH ZInsO 2005, 807 ff.

ergibt, dass der Schuldner seine Zahlungspflichten nicht mehr vollständig erfüllen kann. Mit anderen Worten: Ergeben sich Indizien (Stundungen/Vollstreckungen etc.), ist der Gläubiger insoweit in der Bredouille.

3. Kongruente Deckung

§ 130 InsO ist die Parallelvorschrift zu § 131 InsO und regelt die 41
Anfechtbarkeit kongruenter Deckungen, mithin von Befriedigungen oder Sicherungen, auf die der Gläubiger einen im Zeitpunkt der Vornahme der Rechtshandlung bestehenden und unanfechtbaren Anspruch hatte.[58] Anfechtbar ist nach dieser Vorschrift eine Rechtshandlung, die einem Insolvenzgläubiger eine Sicherung oder Befriedigung gewährt oder ermöglicht hat,

1. wenn sie in den letzten drei Monaten vor dem Antrag auf Eröffnung des Insolvenzverfahrens vorgenommen worden ist, wenn zur Zeit der Handlung der Schuldner zahlungsunfähig war und wenn der Gläubiger zu dieser Zeit die Zahlungsunfähigkeit kannte oder
2. wenn sie nach dem Eröffnungsantrag vorgenommen worden ist und wenn der Gläubiger zur Zeit der Handlung die Zahlungsunfähigkeit oder den Eröffnungsantrag kannte.

Dies gilt nicht, soweit die Rechtshandlung auf einer Sicherungsvereinbarung beruht, die die Verpflichtung enthält, eine Finanzsicherheit, eine andere oder eine zusätzliche Finanzsicherheit im Sinne des § 1 Abs. 17 KWG zu bestellen, um das in der Sicherungsvereinbarung festgelegte Verhältnis zwischen dem Wert der gesicherten Verbindlichkeiten und dem Wert der geleisteten Sicherheiten wiederherzustellen (Margensicherheit).

Der Kenntnis der Zahlungsunfähigkeit oder des Eröffnungsantrags steht die Kenntnis von Umständen gleich, die zwingend auf die Zahlungsunfähigkeit oder den Eröffnungsantrag schließen lassen. Gegenüber einer Person, die dem Schuldner zur Zeit der Handlung nahestand (§ 138 InsO), wird vermutet, dass sie die Zahlungsunfähigkeit oder den Eröffnungsantrag kannte.

58 FK-InsO/*Dauernheim*, § 130 Rn 25.

42 Nach § 130 InsO sind also Rechtshandlungen anfechtbar, welche bis zu drei Monate (Anm.: Fristberechnung nach § 139 InsO) vor der Insolvenzantragstellung (Anm.: nicht der Eröffnung; Letztere ist irrelevant) vorgenommen wurden. Zur Erfüllung des Tatbestandes müssen neben den in § 130 InsO aufgeführten Merkmalen auch die allgemeinen Voraussetzungen des § 129 InsO erfüllt sein. Maßgeblich ist dabei grundsätzlich der erste zulässige und begründete Antrag, der zu der Insolvenzeröffnung führt, § 139 Abs. 2 InsO. Anfechtungsgegner sind die jeweiligen Insolvenzgläubiger (die das recht erlangt haben) oder daneben auch (zusätzlich) schuldrechtlich gesicherte Absonderungsgläubiger.

43 Zur Zahlungsunfähigkeit gilt die oben genannte Definition. Daneben enthält § 17 Abs. 2 auch eine gesetzliche Legaldefinition, wonach der Schuldner zahlungsunfähig ist, wenn er nicht in der Lage ist, die fälligen Zahlungspflichten zu erfüllen. Der Zeitpunkt der Fälligkeit ist i.d.R. dann anzunehmen, wenn eine Gläubigerhandlung feststeht, aus der sich der Wille, vom Schuldner Erfüllung zu verlangen, im Allgemeinen ergibt,[59] also dann, wenn die Forderung „ernstlich" (Anm.: und berechtigt) z.B. durch eine Rechnung eingefordert wird.[60] Gem. § 17 Abs. 2 S. 2 InsO wird die Zahlungsunfähigkeit bei einer (unberechtigten) Zahlungseinstellung des Schuldners vermutet. Neben der Zahlungsunfähigkeit und der Einhaltung der Fristen bedarf es zudem einer subjektiven Kenntnis des Anfechtungsgegners der Zahlungsunfähigkeit bzw. des Eröffnungsantrags. Dabei sind nicht nur „positive" Kenntnisse von Relevanz. Aufgrund der Beweiserleichterung in § 130 Abs. 2 InsO reicht auch die Kenntnis von Umständen, die zwingend Rückschluss auf Zahlungsunfähigkeit zulassen. Zudem besteht gem. §§ 130 Abs. 3, 138 InsO eine gesetzliche Fiktion bei nahestehenden Personen. Die „Kenntnis" von Umständen ist dabei „objektiv" zu bewerten. Eine falsche Interpretation durch den Gläubiger ist unerheblich.[61]

59 BGH ZIP 2007, 1666 ff.
60 BGH ZInsO 2011, 1742.
61 BGH ZIP 2013, 2015.

4. Unmittelbar nachteilige Rechtshandlung

Daneben – sozusagen als nachrangige „Auffangvorschrift“, wenn die Bestimmungen §§ 130,131 InsO nicht zur Anwendung kommen – gibt es noch die Vorschrift § 132 InsO, welche die sog. unmittelbare Benachteiligung regelt. § 132 InsO enthält in seinen Absätzen 1 und 2 zwei rechtlich unterschiedliche Anfechtungstatbestände, nach welchen im Drei-Monatszeitraum vor der Insolvenzantragsstellung und nach der Insolvenzantragsstellung bis zur Eröffnung des Insolvenzverfahrens vorgenommene Rechtsgeschäfte angefochten werden können, wenn diese entweder zu einer unmittelbaren Benachteiligung der Insolvenzgläubiger führen (§ 132 Abs. 1 InsO) oder eine gleichgestellte Handlung vorliegt (§ 132 Abs. 2 InsO) und die Norm § 129 InsO erfüllt ist. Insoweit müssen auch für den Anwendungsbereich des § 132 InsO zunächst die allgemeinen Voraussetzungen des § 129 InsO gegeben sein, welche dann durch die speziellen Voraussetzungen der Absätze 1 und 2 InsO konkretisiert werden. Zu beachten ist, dass inhaltlich § 132 InsO die insoweit spezielleren Vorschriften der §§ 131 und 130 InsO vorgehen und bei einer Anwendbarkeit die Anwendung des § 132 InsO ausschließen.[62] 44

5. Vorsatzanfechtung

§ 133 Abs. 1 InsO ermöglicht (theoretisch) eine Anfechtung von Rechtshandlungen, welche bis zu zehn Jahren vor dem Eröffnungsantrag vorgenommen wurden. Er ist untergliedert in zweierlei Punkte, nämlich zum einen den Regelfall einer Vorsatzanfechtung (Abs. 1), zum anderen den Sonderfall eines entgeltlichen Vertrags mit nahestehenden Personen (Abs. 2). Dabei regelt § 133 Abs. 2 InsO keinen eigenständigen Anfechtungstatbestand. Vielmehr stellt dieser „Sonderfall“ eine Erweiterung der Grundnorm in Abs. 1 der Vorschrift dar, der hier aber nicht weiter betrachtet werden soll.[63] 45

62 *Lissner/Knauft*, HdB InsR, Rn 1102 ff.

63 Nach § 133 Abs. 2 InsO sind entgeltliche Verträge des Schuldners mit nahestehenden Personen, welche die Insolvenzgläubiger unmittelbar benachteiligen, anfechtbar, sofern diese in einem Zeitraum von bis zu zwei Jahren vor der Insolvenzantragsstellung geschlossen wurden.

46 Nach § 133 Abs. 1 InsO sind Rechtshandlungen des Schuldners anfechtbar, wenn objektiv eine mittelbare oder unmittelbar eine Gläubigerbenachteiligung eingetreten ist und sowohl beim Schuldner als auch beim Gläubiger ein Benachteiligungsvorsatz und beim letzteren noch Kenntnis dieses Benachteiligungswillens vorlag.[64] Hierzu zählt nicht die Vollstreckungshandlung des Gläubigers.[65] Im Übrigen handelt ein Schuldner, der seine Zahlungsunfähigkeit kennt, in einer derartigen Konstellation in aller Regel mit Benachteiligungsvorsatz.[66] Ein bedingter Vorsatz ist insoweit ausreichend,[67] wenn der Schuldner also die Benachteiligung der Gläubiger als Erfolg seiner Rechtshandlung will oder als mutmaßliche Folge erkennt und billigt.[68]

47 Der Begriff der Rechtshandlung bestimmt sich dabei nach § 129 InsO, wobei die Rechtshandlung nach § 129 Abs. 2 InsO auch in der Form des Unterlassens gegeben sein kann.[69] Zu beachten ist, dass § 133 Abs. 1 InsO voraussetzt, dass die Rechtshandlung durch den Schuldner vorgenommen wird. Dies bedeutet, dass nur solche Rechtshandlungen anfechtbar sind, bei welchen der Schuldner mitwirkt. In objektiver Hinsicht setzt § 133 Abs. 1 InsO voraus, dass durch die Rechtshandlung des Schuldners eine Gläubigerbenachteiligung eintritt. Insbesondere im Falle einer inkongruenten Leistungsgewährung wird dies allg. angenommen.[70]

6. Unentgeltliche Leistungen

48 Anfechtbar ist eine unentgeltliche Leistung des Schuldners, es sei denn, sie ist früher als vier Jahre vor dem Antrag auf Eröffnung des Insolvenzverfahrens vorgenommen worden. Richtet sich die Leistung auf ein gebräuchliches Gelegenheitsgeschenk geringen Werts, so ist sie nicht anfechtbar. Unentgeltlich ist eine Leistung des Schuldners dann, wenn ein Vermögenswert herausgegeben wird, ohne dass dem Schuldnervermögen ein entsprechender Gegenwert zufließt, z.B. durch

64 Braun/*De-Bra*, InsO, § 133 Rn 4.
65 BGH InsBüro 2005, 238.
66 BGH NZI 2003, 533; BGH WM 2008, 452; BGH ZInsO 2012, 138.
67 BGH ZInsO 2003, 764 ff.
68 BGH, Urt. 5.3.2009 – IX ZR 85/07.
69 MüKo-InsO/*Kayser*, § 133 Rn 6.
70 BGH ZIP 2004, 319 ff.

Schenkungen oder nicht verpflichtenden Leistungen oder im Wege eines Scheingeschäftes. Sittlich moralische Geschenke, übliche Geschenke in angemessenen Rahmen etc. sind allerdings von der Bestimmung ausgenommen.

D. Haftung im Handelsgeschäft

Eine Haftung und damit Massemehrung kann auch dann eintreten, 49 wenn zum Nachlass ein Handelsgeschäft gehört. Wird ein Handelsgeschäft „unter Lebenden" fortgeführt, kann es zu einer Haftung für zuvor bestehende Verbindlichkeiten geben. § 25 Abs. 2 HGB ermöglicht hierbei eine Haftungsbeschränkung.

Dasselbe gilt, wenn ein Handelsgeschäft zum Nachlass gehört. Wird 50 ein zu einem Nachlass gehörendes Handelsgeschäft von dem Erben fortgeführt, so finden auf die Haftung des Erben für die früheren Geschäftsverbindlichkeiten die Vorschriften des § 25 HGB entsprechende Anwendung. Die unbeschränkte Haftung nach § 25 Abs. 1 HGB tritt nicht ein, wenn die Fortführung des Geschäfts vor dem Ablauf von drei Monaten nach dem Zeitpunkt, in welchem der Erbe von dem Anfall der Erbschaft Kenntnis erlangt hat, eingestellt wird. Auf den Lauf der Frist finden die für die Verjährung geltenden Vorschriften des § 210 BGB entsprechende Anwendung. Ist bei dem Ablaufe der drei Monate das Recht zur Ausschlagung der Erbschaft noch nicht verloren, so endigt die Frist nicht vor dem Ablauf der Ausschlagungsfrist.

E. Ansprüche gegen Dritte und Erben

Eine Masseanreicherung kann auch dadurch eintreten, dass Ansprüche 51 gegen Dritte entstehen, bspw. gegen den (Mit-)Erben. Solche Ansprüche können aus einer verspäteten Antragstellung resultieren. Dies kann z.B. der Fall sein, wenn ein Erbe zunächst Nachlassverbindlichkeiten erfüllt und dabei eine notwendige Sorgfaltspflicht außer Acht lässt (§ 1979 BGB). Auch kann sich eine Haftung ggf. aus unterlassener Antragspflicht geben (§ 19080 BGB). Darüber hinaus ist der (vorläufige) Erbe über § 1959 Abs. 1 BGB persönlich in der Verantwortlichkeit und kann hier aus diversen Gründen haften, z.B. bei

- schuldhafter Pflichtverletzung, § 280 BGB
- § 778 Abs. 2 ZPO: Vollstreckungen in den Nachlass wegen Eigenverbindlichkeiten werden nicht abgewehrt
- Gefahrenabwehr: nur Vorsatz oder grobe Fahrlässigkeit zu vertreten, § 680 BGB
- Übernahmeverschulden: § 678 BGB
- Herausgabe des Erlangten und noch vorhandener Nutzungen an den Insolvenzverwalter nur nach Bereicherungsrecht §§ 684 i.V.m. §§ 812 ff., 1978 Abs. 2 BGB
- Verstoß gegen die Erhaltungspflicht des Nachlasses.

§ 9 Insolvenzplanverfahren

Übersicht:

A. Zulässigkeit des Insolvenzplanverfahrens

1 Soweit die Anwendung der Vorschriften über das Insolvenzplanverfahren (§§ 217 ff. InsO) auf das Nachlassinsolvenzverfahren früher durch § 312 Abs. 2 InsO a.F. ausgeschlossen wurde, sind diese nach dessen Aufhebung in vollem Umfang anwendbar.[1] Die Zulässigkeit des Insolvenzplanverfahrens im Nachlassinsolvenzverfahren ergibt sich darüber hinaus aus § 1989 BGB. Es bestehen daher auch keine Bedenken, die Planvorlagerechte und Plangestaltungen im Nachlassinsolvenzverfahren genauso zu handhaben wie im Regelinsolvenzverfahren.

B. Ziel des Insolvenzplanverfahrens versus Nachlassinsolvenzverfahren

2 Das in den §§ 217 ff. InsO geregelte Insolvenzplanverfahren bildet kein eigenständiges Insolvenzverfahren innerhalb der Insolvenzordnung, sondern bietet den Verfahrensbeteiligten die Möglichkeit, die Abwicklung und das Ergebnis des Verfahrens zu gestalten. Letztlich haben die Gläubiger durch den Plan Einfluss auf die Gestaltung ihrer eigenen Befriedigung.[2]

3 Während der Insolvenzplan meist die Fortsetzung außergerichtlicher Sanierungsbemühungen ist, die bis dahin an der Blockade einzelner Gläubiger scheiterten, bietet das Insolvenzplanverfahren im Fall der

1 Uhlenbruck/*Lüer/Streit*, 15. Aufl. 2019, InsO, § 217 Rn 14.
2 MüKo-InsO/*Eidenmüller*, § 217 Rn 12.

Nachlassinsolvenz zusätzlich die Möglichkeit, zerstrittene Erbengemeinschaften abzuwickeln, sofern sich Mehrheiten generieren lassen. Zusätzlich bietet es dem Erben die Möglichkeit, seine Haftung gegenüber den Nachlassgläubigern gezielt zu beenden bzw. zu begrenzen. Sollte eine Regelung hierzu im Plan fehlen, bleibt dem Erben nach Aufhebung des Insolvenzverfahrens noch die Erhebung der Einrede nach § 1989 BGB.[3]

4 Ziel des Verfahrens ist die Reorganisation und Erhaltung des Rechtsträgers durch Sanierung. Die Zielerreichung erscheint im Nachlassinsolvenzverfahren zunächst unmöglich, doch sind auch mehrere Szenarien denkbar, in denen ein Plan möglich und sinnvoll erscheint. Durch einen Sanierungsplan[4] kann der Erbe das zum Nachlass gehörige Einzelunternehmen nach Feststellung des Insolvenzplans und Aufhebung des Verfahrens saniert fortführen. Denn eine darüber hinausgehende Schuldenbereinigung, ähnlich der Restschuldbefreiung im Regelverfahren, findet eben nicht statt.[5]

5 Dabei besteht einer der größten Vorteile des Insolvenzplanverfahrens darin, dass mit der Sanierung des Rechtsträgers auch gewollte Vertragsverhältnisse, insbesondere Dauerschuldverhältnisse, fortbestehen. So können bspw. in der Insolvenz eines Filialisten die Mietverträge über die Einheiten erhalten werden. Auch können Lizenzverträge erhalten bleiben, sofern diese nicht schon durch an die Insolvenzeröffnung geknüpfte Lösungsklauseln ihre Beendigung finden.

6 Durchführbar sind aber auch sog. Übertragungspläne, welche die übertragende Sanierung des Unternehmens oder von Teilen im Wege der Zerschlagung vorsehen, was für die Gläubiger gerade im Vergleich zu einer Einstellung und Liquidation im Vergleich vorteilhaft sein kann.[6]

7 Seit der Änderung des Wortlauts des § 217 Abs. 1 InsO im Zuge des ESUG sind zudem unzweifelhaft sog. Abwicklungspläne als „verfahrensleitende Pläne“ zulässig, in denen die reine Verfahrensabwicklung

3 Gottwald/Haas/*Döbereiner*, InsR-HdB, 5. Aufl. 2015, § 116 Rn 9.
4 Zu dem Begriff auch Uhlenbruck/*Lüer/Streit*, InsO, § 217 Rn 19.
5 MüKo-InsO/*Siegmann/Scheuing*, Vor § 315–331 Rn 5 ff.
6 Uhlenbruck/*Lüer/Streit*, InsO, § 217 Rn 18 ff.

geregelt wird.[7] Somit kann der Insolvenzplan auch zur Teilung einer Erbengemeinschaft genutzt werden, sofern durch die Bildung geeigneter Gruppen die Stimmenmehrheit außerhalb der beteiligten Erben, welche selbst Forderungen haben können, gefunden werden kann.

C. Planvorlagerecht und -inhalt

Das Planvorlagerecht besteht nach § 218 Abs. 1 S. 1 InsO sowohl für den Insolvenzverwalter als auch für den Schuldner. Im Nachlassinsolvenzverfahren besteht zusätzlich ein Planinitiativrecht des Nachlasspflegers als gesetzlichem Vertreter des Erben.[8] Der Schuldner hat die Möglichkeit, seinen Plan schon mit dem Insolvenzantrag einzureichen (§ 218 Abs. 1 S. 2 InsO). Das Vorlagerecht des Insolvenzverwalters entsteht dagegen erst mit Verfahrenseröffnung. Gläubigern steht kein eigenes Planvorlagerecht zu. Sie haben aber aus § 218 Abs. 2 InsO die Möglichkeit, den Insolvenzverwalter in der Gläubigerversammlung zu beauftragen, einen Plan auszuarbeiten. 8

In der Eigenverwaltung besteht diese Möglichkeit bereits für den vorläufigen Gläubigerausschuss, der den vorläufigen Sachwalter mit der Planerstellung beauftragen kann, § 284 Abs. 1 S. 2 InsO. Nach Insolvenzeröffnung und Anordnung der Eigenverwaltung kann nach § 284 Abs. 1 S. 1 InsO, gleichermaßen wie in § 218 Abs. 2 InsO, der Sachwalter mit der Planerstellung beauftragt werden. Ein eigenes Initiativrecht steht dem Sachwalter allerdings mangels Regelungslücke im Gesetz nicht zu.[9] 9

Im Grundsatz beschreibt § 217 InsO, welche Regelungen im Insolvenzplan in zulässiger Weise getroffen werden können. Denkbar ist dabei eine Vielzahl von gestaltenden Regelungen. Der Planinhalt ergibt sich im Wesentlichen aus den §§ 219–230 InsO. Gemäß § 219 InsO gliedert sich der Plan stets in einen darstellenden und einen gestaltenden Teil. 10

7 BT-Drucks 17/5712, 54; BT-Drucks 17/7511, 35; Uhlenbruck/*Lüer/Streit*, InsO, § 217 Rn 22.

8 Gottwald/Haas/*Döbereiner*, InsR-HdB, 5. Aufl. 2015, § 116 Rn 2.

9 Uhlenbruck/*Zipperer*, InsO, § 284 Rn 1.

11 Ein Insolvenzplan ist letztendlich immer individuell bezogen auf den Einzelfall und konkreten Sachverhalt auszuarbeiten und anzupassen. Die in jedem Fall zu behandelnden Gliederungspunkte[10] könnten jedoch wie folgt gefasst werden:

▼

12 **Muster 9.1: Insolvenzplan**

Darstellender Teil

I. Persönliche Verhältnisse
   1. Personenangaben (Geburtsjahr, Familienstand, berufliche Entwicklung, Erbfolge)
   2. Rechtliche Angaben/Beteiligungen (Eintragung Handelsregister, Gesellschaftsbeteiligungen, Abfindungsguthaben nach Ausscheiden aufgrund Todes/Fortsetzung der Gesellschaft mit den Erben)

II. Wirtschaftliche Verhältnisse
   1. Unternehmensgegenstand und -entwicklung
   2. Umsatz- und Ergebnisentwicklung der letzten Jahre
   3. Betriebswirtschaftliche Analyse
      a) Marktsituation (Kennzahlen)
      b) Wettbewerbssituation
   4. Steuerliche Verhältnisse (Stand Buchhaltung, Finanzamt: Stand Veranlagung)
   5. Vertragsverhältnisse
      a) Miete und Leasing
      b) Versicherungen
      c) Arbeitnehmer
   6. Anhängige Rechtsstreite (Aktiv- und Passivprozesse)
   7. Bestätigte und angearbeitete Aufträge
   8. Vermögen (Aktiva)
      a) Privatvermögen
      b) Grundstücke
      c) Fahrzeuge
      d) Bankguthaben
      (etc.)

III. Insolvenzursachen (Gründe und Analyse)

IV. Verfahrensstand/Entwicklung des Verfahrens seit Anordnung der vorläufigen Insolvenz- bzw. Sachwaltung

10 Mustergliederung entwickelt anhand Gottwald/Haas/*Koch/de Bra*, InsR-HdB, 5. Aufl. 2015, § 67 Rn 66 f.; *Gietl/Langheinrich*, in: Wimmer/Dauernheim/Wagner/Gietl, Handbuch des Fachanwalts Insolvenzrecht, Kapitel 12 Rn 50.

V. Verwertungs- und Abwicklungsalternativen
   1. Liquidation (Betriebseinstellung und Auslaufkosten/Zerschlagung)
   2. Sanierende Übertragung
   3. Fortführung (Sanierungsmöglichkeiten/Darstellung der Verlustsituation)
VI. Sanierungskonzept/Planmaßnahmen und Unternehmensziel (Leitbild) (Sanierungsmaßnahmen: leistungs- und finanzwirtschaftliche Maßnahmen, Neuausrichtung, Vorlage der Planrechnung, Branchenvergleich)
VII. Vergleichsrechnung (Gegenüberstellung der Verwertungsalternativen mit dem Planziel, Vergleichsrechnung; Darstellung der Entwicklung der Insolvenzquote bei Annahme und bei Ablehnung des Plans, ggf. Basis- und Besserungsquote)

Gestaltender Teil

I. Gruppenbildung
   1. Absonderungsgläubiger
   2. Insolvenzgläubiger
      a) Arbeitnehmer
      b) Öffentlich-rechtliche Gläubiger
      c) Sonstige Insolvenzgläubiger
   3. Nachrangige Insolvenzgläubiger
II. Rechtspositionen der Gläubiger (individuelle Planregelungen)
   1. Rechtsstellung der Absonderungsgläubiger (Absonderungsrechte am Immobiliarvermögen, am sonstigen Vermögen)
   2. Veränderung der Rechtsstellung der Insolvenzgläubiger (Arbeitnehmer, öffentlich-rechtliche Gläubiger, sonstige Insolvenzgläubiger)
III. Wirksamkeit und Allgemeine Regelungen
IV. Überwachung der Planerfüllung

Plananlagen

- Jahresabschlüsse, Sozialplan
- Planbilanz, Plan-Gewinn-und-Verlustrechnung, Plan-Liquiditätsrechnung
- Vermögensübersicht nach § 153 InsO
- Gläubigerverzeichnis Gruppen 1 bis 5

▲

Wichtigstes Gestaltungsinstrument des Insolvenzplans ist die Möglichkeit, von den Vorschriften der Insolvenzordnung abzuweichen, soweit diese plandispositiv sind.[11] Im Kern trifft der Insolvenzplan aber hauptsächlich Regelungen zur Verwertung der Insolvenzmasse und deren Verteilung an die Gläubiger. Mit einem Plan lassen sich in der Praxis regelmäßig maßgeschneiderte Lösungen erzielen, wo die 13

11 MüKo-InsO/*Eidenmüller*, § 217 Rn 95 ff.

Abwicklung des Regelinsolvenzverfahrens mit starren Verwertungsvorschriften deutlich länger und unflexibler wäre.

14 Die größten Vorteile des Planverfahrens sind daher zum einen die abweichend vom Regelinsolvenzverfahren zu gestaltende Befriedigung der Absonderungsgläubiger sowie zum anderen die Abwicklung des Verfahrens über die Blockadehaltung einzelner Gläubiger hinaus, auf Grundlage des Obstruktionsverbots gem. § 245 InsO.

15 Weiterer grundsätzlicher Vorteil für die Gläubiger ist die aufgrund des Plans stets verbesserte Befriedigungsaussicht, denn die Besserstellung der Gläubiger durch den Insolvenzplan gegenüber dem Regelverfahren ist in dem Plan darzustellen. Zudem profitieren die Gläubiger in der Praxis grundsätzlich von einer deutlich früheren und zugleich höheren Quotenausschüttung.[12] Diese Tatsache dürfte einen Insolvenzplan auch im Nachlassinsolvenzverfahren attraktiv erscheinen lassen, da dieser gerade im Vergleich zu einer Erbauseinandersetzungsklage eine kostengünstigere und deutlich schnellere Alternative sein kann, wenn Mehrheiten innerhalb der Erbengemeinschaft gefunden werden können.

16 In der Praxis sind hierfür verschiedene Optionen denkbar. Häufig wird die Besserstellung durch die Garantie eines Dritten, des sog. Plangaranten, erreicht. Dieser erklärt, einen bestimmten Betrag aufzubringen, durch welchen die im Regelverfahren zu erwartende Quote verbessert wird.

17 Üblich sind aber auch Pläne, welche eine Basis- und Besserungsquote vorsehen, wobei sich die Besserstellung aus den zukünftigen Erträgen des Unternehmens nach der Sanierung und Aufhebung des Verfahrens ergibt. Die Gläubiger erhalten damit die Chance, auch an zukünftigen Erträgen zu partizipieren, welche ihnen im Regelinsolvenzverfahren nicht zur Verfügung stünden. Zudem wird der Fortführungswert eines Unternehmens stets höher zu bewerten sein als sein Liquidationswert.[13]

12 Uhlenbruck/*Streit*, InsO, Vor §§ 217–269, Rn 1.

13 Zur „Ökonomischen Theorie des Insolvenzrechts" auch MüKo-InsO/*Eidenmüller*, Vor § 217–269 Rn 23 ff.; vgl. auch Uhlenbruck/*Streit*, InsO, Vor §§ 217–269 Rn 1.

D. Ablauf des Planverfahrens

Der Ablauf des Insolvenzplanverfahrens ist in den §§ 217– 269 InsO systematisch beschrieben. 18

I. Gerichtliche Vorprüfung

Nach der Vorlage ist der Insolvenzplan dem Insolvenzgericht zur Vorprüfung einzureichen. Diese dient der Beschleunigung des Verfahrens, damit untaugliche und aussichtslose Pläne gar nicht erst zur Abstimmung gelangen.[14] Dies ergibt sich auch aus der in § 231 Abs. 1 S. 2 InsO vorgesehenen Frist von zwei Wochen ab Planvorlage, innerhalb welcher das Gericht zu einer Entscheidung gelangen soll. 19

Nach dem Wortlaut des § 231 InsO entscheidet das Gericht nicht unmittelbar über die Zulassung des Plans, hat diesen aber von Amts wegen zurückzuweisen, wenn die Vorschriften über die Planvorlage, den Planinhalt und die Gruppenbildung nicht eingehalten sind und die Mängel nicht innerhalb einer angemessenen Frist beseitigt werden können (§ 231 Abs. 1 Nr. 1 InsO), der vorgelegte Plan offensichtlich aussichtslos ist (§ 231 Abs. 1 Nr. 2 InsO) oder absehbar ist, dass der Plan nicht erfüllbar ist (§ 231 Abs. 1 Nr. 3 InsO). Das Gericht hat dabei in erster Linie die Einhaltung der Vorschriften §§ 217 und 219–230 InsO zu prüfen. Das Prüfungsverfahren ist dabei vom Amtsermittlungsgrundsatz getragen.[15] 20

Gegen den Zurückweisungsbeschluss ist die sofortige Beschwerde als Rechtsmittel zulässig, § 231 Abs. 3 InsO. 21

II. Stellungnahmen und Abstimmungsverfahren

Wird der Plan nicht gem. § 231 Abs. 1 InsO zurückgewiesen, leitet das Insolvenzgericht diesen nach § 232 Abs. 1 InsO dem Gläubigerausschuss, sofern eingesetzt, dem Schuldner oder dem Insolvenzver- 22

14 MüKo-InsO/*Breuer*, § 231 Rn 1.
15 MüKo-InsO/*Breuer*, § 231 Rn 6.

walter, je nachdem wer den Plan eingereicht hat, zur Stellungnahme zu. Die Übersendung zur Stellungnahme ist nicht dispositiv, auch wenn die unterlassene Einholung der Stellungnahmen keinen Verfahrensmangel darstellt. Zudem können die Stellungnahmen in der Praxis auch bereits im Vorfeld eingeholt und mit dem Plan eingereicht werden.[16]

23 Im Zuge der Übersendung hat das Gericht eine Frist zur Stellungnahme zu bestimmen, welche zwei Wochen nicht überschreiten soll, § 232 Abs. 3 InsO.

24 Im Anschluss ist der Plan nach § 234 InsO zur Vorbereitung des Abstimmungs- und Erörterungstermins in der Geschäftsstelle des zuständigen Insolvenzgerichts niederzulegen. Dies hat grundsätzlich im direkten Anschluss an den Ablauf der Stellungnahmefristen zu erfolgen. Ein Einsichtsrecht besteht nach dem Wortlaut des § 234 InsO für die Beteiligten, womit nicht unmittelbar auf Stimmberechtigte zu schließen ist, sondern Einsichtsrechte für alle von dem Plan Betroffene anzunehmen sind.[17]

25 Gleichzeitig ist nach § 235 Abs. 1 InsO ein Erörterungs- und Abstimmungstermin anzuberaumen, welcher nach Abs. 2 öffentlich bekanntzumachen ist. Darüber hinaus sind nach § 235 Abs. 3 InsO die Gläubiger, welche Forderungen angemeldet haben, die Absonderungsgläubiger, der Insolvenzverwalter, der Schuldner und weitere unter Beifügung einer Abschrift des Plans besonders zu laden. Die Ladungsfrist soll einen Monat nicht überschreiten, § 235 Abs. 1 S. 2 InsO. Der Abstimmungstermin kann mit einem Prüfungstermin verbunden werden, § 236 InsO. Daneben ist auch ein von dem Erörterungstermin unabhängiger Abstimmungstermin im Ausnahmefall[18] zulässig, § 241 InsO.

26 Die Leitung des Termins obliegt gem. § 18 Abs. 1 Nr. 2 RPflG dem Richter und nicht dem ansonsten zuständigen Rechtspfleger. Das Gericht entscheidet auch über die Stimmrechte der Beteiligten nach den §§ 237 ff. InsO und hält diese in der Stimmliste (§ 239 InsO) fest.

16 MüKo-InsO/*Breuer*, § 232 Rn 7 ff.
17 Uhlenbruck/*Streit*, InsO, § 234 Rn 4.
18 Hierzu näher Uhlenbruck/*Hintzen*, InsO, § 241 Rn 3 f.

Die nachrangigen Insolvenzgläubiger i.S.v. § 39 InsO, aber vor allem auch i.S.v. § 327 Abs. 1 Nr. 1 und 2 InsO, sind am Plan ebenfalls beteiligt. Ihre Zustimmung kann aber dann fingiert werden, wenn sie keine größeren Einschränkungen hinnehmen müssen als die übrigen Gläubiger. In der Praxis wird der Plan jedoch selten eine Abweichung von dem in § 225 InsO normierten Grundsatz enthalten, dass die Forderungen der nachrangigen Gläubiger als erlassen gelten.[19] 27

Der Insolvenzplan bedarf zu seiner Annahme einer mehrheitlichen Entscheidung, aber eben keiner einheitlichen. Nach § 244 Abs. 1 InsO muss sowohl die Mehrheit der anwesenden Gläubiger nach Köpfen als auch die Mehrheit der abstimmenden Gläubiger nach Summe der angemeldeten Forderungen zustimmen, sog. doppeltes Mehrheitserfordernis.[20] 28

Die fehlende Zustimmung einer einzelnen Abstimmungsgruppe kann durch das Obstruktionsverbot aus § 245 InsO überwunden werden, sofern kumulativ 29

1. die Angehörigen dieser Gruppe durch den Plan voraussichtlich nicht schlechter gestellt werden als die übrigen Planbeteiligten,
2. die Angehörigen dieser Gruppe wirtschaftlich angemessen beteiligt werden, welcher den Beteiligten insgesamt zufließen soll,
3. im Übrigen die Mehrheit der abstimmenden Gruppen dem Plan zugestimmt hat.

Letztlich ist stets der Vergleich zu ziehen, was den Beteiligten im Falle der Abwicklung des Verfahrens im Regelinsolvenzverfahren zufließen würde und auszuschließen, dass ein Beteiligter mehr als seine volle Forderung erhält.[21] 30

III. Planbestätigung und Planwirkung

Der Insolvenzplan ist durch das Insolvenzgericht nach § 248 InsO zu bestätigen oder nach den §§ 248a ff. InsO zu versagen. Die Bestätigung der Planannahme durch die Beteiligten ist Wirksamkeitsvorausset- 31

19 Gottwald/Haas/*Döbereiner*, InsR-HdB, 5. Aufl. 2015, § 116 Rn 6.
20 Vgl. Uhlenbruck/*Lüer/Streit*, InsO, § 244 Rn 2.
21 Vgl. hierzu insgesamt Uhlenbruck/*Lüer/Streit*, InsO, § 245 Rn 4 ff.

zung. Zudem wird hierüber sichergestellt, dass kein zulässiger und begründeter Versagungsantrag (§§ 248a Abs. 3, 251 Abs. 1 InsO), eine etwaige Planbedingung eingetreten ist (§ 249 InsO) und kein Verstoß gegen Verfahrensvorschriften vorliegt (§ 250 InsO).

32 Der Beschluss über die Planbestätigung ist in einem gesonderten Termin zu verkünden, § 251 Abs. 1 InsO. Die Beteiligten können nach § 253 Abs. 1 InsO gegen den Beschluss als Rechtsmittel sofortige Beschwerde einlegen, wobei deren Zulässigkeit durch die in Abs. 2 normierten besonderen Zulässigkeitsvoraussetzungen eingeschränkt wird. Diese besonderen Zulässigkeitsvoraussetzungen tragen dem Beschleunigungsgedanken Rechnung und sollen einem Missbrauch der Beschwerde zur Verzögerung des Verfahrens vorbeugen, denn der Beschwerde kommt ein Suspensiveffekt zu.[22] Aus diesem Grund ist die Rechtskraft des Plans und damit dessen Wirksamkeit festzustellen.

33 Bereits mit der Bestätigung des Plans treten gem. § 254 InsO die im gestaltenden Teil festgelegten Wirkungen für und gegen alle Beteiligten ein, auch gegenüber Gläubigern, welche ihre Forderungen nicht angemeldet haben (§ 254b InsO). Dies gilt nach § 254a InsO auch für alle in dem Plan enthaltenen Willenserklärungen, bspw. sachenrechtliche Verfügungen, Genehmigungserklärungen oder Registeranmeldungen.

Die eindeutigen Regelungen der §§ 254–254b InsO zu den Wirkungen des Plans unterstreichen, dass dieser mit Rechtskraft endgültige Regelungen im Interesse der allseitigen Rechtssicherheit und -klarheit trifft.[23]

34 Mit der Rechtskraft des Bestätigungsbeschlusses nach § 248 InsO ist das Verfahren nach § 258 InsO durch das Gericht aufzuheben, wenn nicht der Plan eine andere Regelung vorsieht. All dies dient der Beschleunigung des Verfahrens, weshalb auch Quotenzahlungen grundsätzlich nachträglich, außerhalb des Verfahrens erfolgen.[24]

35 Nach der Aufhebung des Insolvenzverfahrens hat der Erbe, Testamentsvollstrecker oder Nachlassverwalter für die Erfüllung des Insolvenzplans zu sorgen. Gerät die Erfüllung in erheblichen Rückstand,

---

22 Uhlenbruck/*Lüer/Streit*, InsO, § 253 Rn 1.

23 So auch Uhlenbruck/*Lüer/Streit*, InsO, § 254 Rn 6.

24 Uhlenbruck/*Lüer/Streit*, InsO, § 258 Rn 5.

so leben die Ansprüche der Gläubiger nach § 255 InsO wieder auf und vereinbarte Stundungen und Erlasse sind hinfällig.

Mit der Aufhebung enden die Ämter des Insolvenzverwalters und ggf. 36
des Gläubigerausschusses. Dem Verwalter kommt die Aufgabe der Überwachung der Planerfüllung nach den §§ 260–263 InsO zu, wenn dies im Plan so vorgesehen war.

§ 10 Beendigung des Nachlassinsolvenzverfahrens

Übersicht: Rdn

A. Einführung

Grundsätzlich unterscheidet sich das Nachlassinsolvenzverfahren, was die Beendigung des Verfahrens angeht, nur unwesentlich vom „herkömmlichen“ Insolvenzverfahren. Einzig unterscheidet es sich im Grunde dadurch, dass sich einerseits keine Restschuldbefreiung anschließt, zum anderen ist auch die Beendigung durch eine Insolvenz- 1 plan eher „seltener" Natur. Vorliegend beschäftigt sich das Kapitel daher mit folgenden Themen:

- Voraussetzung der Beendigung des Verfahrens
- Schlusstermin, Schlussverzeichnis, bereinigte Tabelle, Erörterung der Schlussrechnung
- Schlussrechnungsprüfung
- Beendigung des Verfahrens:
  - Einstellungsarten
  - Aufhebungsarten

B. Voraussetzungen der Beendigung

I. Rechnungsprüfungspflicht

2 Die Pflicht zur Rechnungslegung ergibt sich aus § 66 Abs. 1 S. 1 InsO und besteht gegenüber der Gläubigerversammlung. Sie trifft den Verwalter bei Beendigung seines Amtes, also auch den vorläufigen Verwalter mit Verfahrenseröffnung, den abgewählten bzw. entlassenen Verwalter mit seiner Entlassung oder einen Sonderverwalter, wenn sein Amt nach Erfüllung der Aufgaben beendet ist. Sie trifft ihn auch, wenn das Verfahren nicht aufgehoben, sondern nach §§ 207 oder 211 InsO eingestellt wird.[1] Ist ein Gläubigerausschuss eingesetzt worden, muss die Schlussrechnung mit den Bemerkungen des Gläubigerausschusses versehen sein, § 66 Abs. 2 InsO. Fehlen sie, so setzt das Insolvenzgericht dem Gläubigerausschuss eine Frist für dessen Stellungnahme.

3 Das Gericht ist „Garant" einer ordnungsgemäßen Verfahrensabwicklung – diese Zielvorstellung haben viele Gläubiger im Rahmen eines laufenden Insolvenzverfahrens. Häufig wird dabei aber vergessen, dass das Insolvenzverfahren weitaus mehr vom Handeln und Interesse der Gläubiger geprägt ist. Dies zeigt sich auch im Bereich der Schlussrechnungsprüfung. Auch hier sieht das Gesetz – neben der formellen Prüfungsthematik des Insolvenzgerichts – eine Prüfung materieller Natur durch die Gläubiger vor.

1 *Frege/Keller/Riedel*, HdB InsR, Rn 1673.

Der Verwalter ist grundsätzlich bei der Beendigung seines Amtes zur Rechnungslegung verpflichtet. Die Bestimmung des § 66 InsO regelt die Rechnungslegungspflicht des Insolvenzverwalters gegenüber dem Gericht und der Gläubiger. Nach § 66 Abs. 2 S. 1 InsO hat das Gericht die Schlussrechnung des Verwalters zu prüfen. Hierzu ist zunächst eine ordentliche Schlussrechnung bestehend aus Schlussbericht, Tätigkeitsbericht insbesondere über die Entwicklung vom Anfangsvermögen bis zum Schluss des Verfahrens, einer Insolvenzschlussbilanz, mindestens einer Einnahmen-/Überschussrechnung und dem Schlussverzeichnis erforderlich. Diese Rechnungslegung muss so beschaffen sein, dass ein sachverständiger Dritter die Buchführung ohne Schwierigkeiten übersehen und nachprüfen kann und dass sämtliche Geschäftsvorfälle richtig und vollständig bezeichnet worden sind. Damit finden die Grundsätze ordnungsgemäßer Buchführung der Richtigkeit, Klarheit Vollständigkeit und Stetigkeit entsprechende Anwendung auf die vom Verwalter vorgelegte Schlussrechnung. Die Prüfung dieser Schlussrechnung gehört zu den wichtigsten Pflichten des Insolvenzgerichtes. Zwar ist nach dem Gesetz der „Gläubigerversammlung“ Rechnung zu legen. Dies entbindet jedoch das Gericht nicht von einer formellen und materiellen Prüfung. Dies ist „Ausfluss der Aufsichtspflicht des Gerichts.“ 4

II. Gerichtliche Prüfung vs. Prüfung der Gläubiger

Auch wenn zweifelsohne ein gerichtlicher Prüfungsauftrag besteht, bedeutet dies nicht, dass das Gesetz die Prüfung „einzig“ in die Hände des Gerichts legt. Die Aufsichtspflicht des Insolvenzgerichts bewegt sich im Spannungsfeld zwischen der Garantenstellung für eine rechtmäßige Verfahrensabwicklung einerseits und der Gläubigerbestimmtheit und dem freien Verwalteramt andererseits. 5

Die Aufsicht des Gerichts besteht zum einen lediglich in einer Rechtsaufsicht. Diese Aufsichtspflicht über den Verwalter beginnt mit dessen Amtsannahme und dauert bis zum Verfahrensende, ggf. bei Vorliegen von Sanktionsmaßnahmen und Pflichtverletzungen auch darüber hinaus.[2] Dabei ist jedoch darauf zu achten, dass die grundsätzliche freie 6

2 Jaeger/*Gerhardt*, InsO, § 58 Rn 22.

Amtsführung des Verwalters gewahrt bleibt. „*Das Gericht beaufsichtige und leite nicht*“.[3] Die Aufsichtspflicht des Insolvenzgerichtes beschränkt sich – im Übrigen während des gesamten Verfahrens – dabei grundsätzlich auf Rechtsaufsicht.[4]

7 Die Ausübung des Insolvenzverwalteramtes ist durch Art. 12 GG geschützt. Kontroverse – aber vertretbare – Ansichten über Maßnahmen des Verwalters zwischen diesem und dem Gericht bieten keine Grundlage, im Aufsichtswege einzuschreiten.[5] Demgegenüber besteht aber eben jede „Prüfungskompetenz“ materieller Natur bei den Gläubigern. § 66 InsO normiert die Pflicht des Verwalters, der Gläubigerversammlung gegenüber Rechnung zu legen. In seinem Abs. 2 wiederum regelt die Bestimmung des § 66 InsO die Verpflichtung „des Gerichts“, diese Schlussrechnung vor der Gläubigerversammlung zu prüfen. Aus dem Gesetz lässt sich demnach erkennen, dass die gerichtliche Prüfung lediglich eine Vorprüfung ist, die eigentliche Prüfung dann Sache der Gläubiger ist.

8 Literatur[6] und die Rechtsprechung[7] sprechen sich dabei für eine stichprobenartige Prüfung aus. Ebenfalls spricht sich die Literatur gerade gegen ein zu kleinliches Prüfungsverfahren aus.[8] Erforderlich ist keine Vollprüfung der Schlussrechnung. Ausreichend sind danach lediglich stichprobenartige Prüfungen, die dem Verfahren angemessen sind und sich über alle Verfahrensabschnitte erstrecken müssen.[9]

9 Ist ein Gläubigerausschuss gewählt worden, hat dieser ebenfalls Unterstützungs- und Kontrollpflichten, die denen des Gerichts ähneln. In erster Linie überwacht er jedoch den Geldverkehr des Verwalters.[10] Er soll den Verwalter bei der Arbeit unterstützen und überwachen. Dazu gehört ebenfalls die Prüfung der Schlussrechnung (oder der Zwischenrechnungen) sowie der Prüfung der Bücher, Geschäfts-

3 Jaeger/*Gerhardt*, InsO, § 58 Rn 7.
4 Uhlenbruck/*Vallender/Zipperer*, InsO, § 58 Rn 8; a.A. wohl Jaeger/*Gerhardt*, InsO, § 58 Rn 7.
5 Jaeger/*Gerhardt*, InsO, § 58 Rn 15.
6 Uhlenbruck/*Mock*, InsO, § 66 Rn 94.
7 LG München KTS 1965, 243; AG Duisburg ZIP 2005, 2335 ff.
8 Uhlenbruck/*Mock*, InsO, § 66 Rn 81 ff.
9 Uhlenbruck/*Mock*, InsO, § 66 Rn 81 ff.
10 Jaeger/*Gerhardt*, InsO, § 58 Rn 6.

papiere und Konten. Die Prüfung des Gläubigerausschusses besteht parallel zur Prüfungspflicht des Gerichts. Das Gericht kann sich nicht seiner Verpflichtung zur Kontrolle unter Berufung der Zuständigkeiten des Gläubigerausschusses entziehen.[11] Allerdings soll die Intensität gerichtlicher Kontrolle durch das Vorhandensein einer solchen Institution herabgestuft sein.

III. Prüfungsrechte der Gläubiger

Wie sich aus den obigen Ausführungen klar ergibt, besteht neben dem Prüfungsauftrag des Gerichts auch ein Prüfungsrecht der Gläubiger. Die Rechnungslegung erfolgt gegenüber „der Gläubigerversammlung" also gegenüber den Gläubigern, was eine vorrangige Prüfung dieser beinhaltet. 10

Tipp für Gläubiger

Der Insolvenzverwalter hat bei Beendigung seines Amtes primär gegenüber der Gläubigerversammlung schriftlich Rechnung zu legen. Hierzu legt das Insolvenzgericht nach Eingang der (zwingend schriftlichen) Schlussrechnung und eigener (Vor-)Prüfung die Schlussrechnung mit den Belegen, mit einem Vermerk über die Prüfung und, wenn ein Gläubigerausschuss bestellt ist, mit dessen Bemerkungen zur Einsicht der Beteiligten aus. So können Gläubiger die Schlussrechnung jederzeit im Rahmen der Akteneinsicht einsehen und selbst prüfen und bestehende Fragen im Rahmen des Schlussberichtes (aber auch davor) erörtern und ggf. innerhalb der Frist § 62 InsO ggf. gerichtlich dagegen vorgehen.

Die dazu erforderliche Akteneinsicht ist nach Rechtsprechung und Literatur den Beteiligten zu geben. Nach § 299 Abs. 1 ZPO können die Parteien die Prozessakten einsehen und sich aus ihnen durch die Geschäftsstelle Ausfertigungen, Auszüge und Abschriften erteilen lassen. Dabei bestehen keine Zweifel, dass § 299 ZPO auch im Insolvenzverfahren über § 4 InsO entsprechend anzuwenden ist.[12] Gläubiger werden mit der Eröffnung des Verfahrens kraft Gesetzes in das Ver- 11

11 Jaeger/*Gerhardt*, InsO, § 58 Rn 6.
12 OLG Celle v. 5.1.2004 – 2 W 113/03.

fahren einbezogen und sind somit als Partei i.S.d. § 299 Abs. 1 ZPO anzugehen.[13] Eine Ausnahme kann dann gegeben sein, wenn es um die Akteneinsicht eines unbeteiligten Dritten oder – oftmals im Firmenbereich – um die Akteneinsicht eines Gläubigers, der gleichzeitig „Mitkonkurrent" ist oder um Akteneinsicht eines Gläubigers, der bislang seine Forderung nicht angemeldet hat, geht. Grundsätzlich sind Insolvenzakten aber stets präsent bei Gericht zu halten, eine Akteneinsicht der Beteiligten erfolgt daher vor Ort bei Gericht selbst. Lediglich hierauf besteht auch Anspruch.[14] Ein Anspruch auf Versendung an einen auswärtigen Ort besteht nicht,[15] denn insbesondere bei umfangreichen Akten bestünde nicht nur die Gefahr des Verlustes von Akten oder Aktenteilen, sondern auch die Gefahr sonstiger Unzuträglichkeiten, Hemmnissen und Erschwerungen.[16] Nach § 4 InsO, § 299 ZPO können Kopien, Ausfertigungen und Auszüge durch die Geschäftsstelle erteilt werden.

12 Die Prüfung der Schlussrechnung nebst Anlagen und Belegen durch das Insolvenzgericht ist Bestandteil seiner Aufsichtspflicht (§ 58 InsO). Das Gericht prüft die Recht-, nicht die Zweckmäßigkeit des Verwalterhandelns. Dies schließt insb. die Prüfung ein, ob die Voraussetzungen für die Schlussverteilung vorliegen, d.h. die Verwertung der Insolvenzmasse beendet ist. Daneben sind aber vor allem die Gläubiger berechtigt und verpflichtet, die Schlussrechnung zu prüfen. Dies kann in unterschiedlichster Konstellation erfolgen:

13 Im Rahmen einer individuellen Prüfung.

Im Rahmen des Rechts zur Prüfung der ausgelegten Schlussrechnung kann ein einzelner Gläubiger ebenfalls die Schlussrechnung prüfen. Stellt er Unregelmäßigkeiten fest, hat er das Insolvenzgericht zu informieren, welches dann ggf. weitere Maßnahmen ergreifen kann. Daneben kann der entsprechende Punkt im Rahmen der abschließenden Gläubigerversammlung „erörtert" werden. Schadensersatzansprüche sind dann jedoch im Rahmen des § 60 InsO im Wege der Haftung gegenüber dem Insolvenzverwalter geltend zu machen. Werden die

13 LG Karlsruhe v. 8.3.2004 – 11 T 90/04.
14 BGH NJW 1961, 559.
15 BFH NJW 68, 864.
16 BGH NJW 61, 559.

Insolvenzgläubiger geschädigt, ist die Berechtigung zur Geltendmachung (Einziehungs- und Prozessführungsbefugnis) davon abhängig, ob ein Gesamt- oder Einzelschaden eingetreten ist. Ein Gesamtschaden liegt bei einem Schaden vor, den der Gläubiger aufgrund seiner Gläubigerstellung, also als Teil der Gesamtheit der Gläubiger, vor oder nach der Eröffnung des Insolvenzverfahrens erlitten hat und der gerade dadurch entstanden ist, dass das schädigende Verhalten – durch Verringerung der Aktiva und/oder Vermehrung der Passiva – zu einem Masseverkürzungsschaden geführt hat. Ein Individualschaden ist nur dann anzunehmen, wenn der Gläubiger nicht als Teil der Gläubigergesamtheit, sondern vielmehr individuell geschädigt wird. Solches ist insb. bei der Beeinträchtigung von Aus- und Absonderungsrechten i.d.R. anzunehmen. Einzelschäden können während und nach dem Insolvenzverfahren, auch bei einer Vielzahl von Fällen, nur von dem Betroffenen geltend gemacht werden. Gesamtschäden sind nach § 92 S. 1 InsO während der Dauer des Verfahrens nur vom Verwalter geltend zu machen. Dies kann, da sich die Ansprüche bei § 60 gegen den Verwalter richten, nur durch einen Sonderverwalter oder einen neu bestellten Insolvenzverwalter erfolgen (§ 92 S. 2 InsO).[17]

Im Rahmen der Prüfung durch die Gläubigerversammlung (ggf. unterstützt durch die Vergabe an einen externen Schlussrechnungsprüfer) 14

Seitens der Gläubigerschaft kann die Vergabe von solchen Schlussrechnungsprüfungen gegenüber dem Gericht auch angeregt werden. Ebenfalls können die Gläubiger in der Gläubigerversammlung sich bereits auf die Vergabe eines solchen Gutachtensauftrages verständigen, darüber beschließen und gar den Sachverständigen festlegen.

Im Rahmen der Mitbestimmung (Gläubigerausschuss) 15

Im Nachlassverfahren ist die Einsetzung eines Gläubigerausschusses selten. Die Einsetzung eines vorl. Ausschusses noch seltener. An dieser Stelle werden daher nur knappe allgemeine Ausführungen getätigt.

Der Gläubigerausschuss ist im Insolvenzverfahren neben der Gläubigerversammlung Aktivmittel zur Mitbestimmung im Verfahren, aber auch zur Unterstützung und Kontrolle des gerichtlich bestimmten

17 Ahrens/Gehrlein/Ringstmeier/*Lind*, Insolvenzrecht, § 60 Rn 42.

(und von den Gläubigern bestätigten) Insolvenzverwalters. Ein solcher wird in der gerichtlichen Praxis – auch aus Rücksicht auf die hierdurch für die Masse zusätzlich anfallenden Kosten – nicht immer bestellt. Stattdessen ist die Einsetzung eines Gläubigerausschusses – mit Ausnahme der durch das ESUG geschaffenen Bestimmung in § 22a Abs. 1 InsO – zunächst eine fakultative Frage. Danach kann – im Rahmen des § 22a Abs. 1 InsO „muss" – ein Gläubigerausschuss eingesetzt werden, wenn die Voraussetzungen vorliegen. Die zwingende Regelung der Bestellung eines Ausschusses wurde durch das Gesetz zur weiteren Erleichterung der Sanierung von Unternehmen eingeführt. Hierdurch soll die aktive Gläubigerbeteiligung bereits im Vorfeld stark gefördert werden. Die Bestellung eines solchen (vor) vorläufigen Gläubigerausschusses ist zunächst zwar fakultativ. Das Gericht soll aber auf Antrag des Schuldners, des vorläufigen Insolvenzverwalters oder eines Gläubigers einen vorläufigen Gläubigerausschuss nach § 21 Abs. 2 Nr. 1a InsO einsetzen, wenn Personen benannt werden, die als Mitglieder des vorläufigen Gläubigerausschusses in Betracht kommen und dem Antrag Einverständniserklärungen der benannten Personen beigefügt werden. Auf Aufforderung des Gerichts hat der Schuldner oder der vorläufige Insolvenzverwalter zudem Personen zu benennen, die als Mitglieder des vorläufigen Gläubigerausschusses in Betracht kommen. Ein vorläufiger Gläubigerausschuss ist aber dann nicht einzusetzen, wenn der Geschäftsbetrieb des Schuldners eingestellt ist, die Einsetzung des vorläufigen Gläubigerausschusses im Hinblick auf die zu erwartende Insolvenzmasse unverhältnismäßig ist oder die mit der Einsetzung verbundene Verzögerung zu einer nachteiligen Veränderung der Vermögenslage des Schuldners führt. Daneben hat das Insolvenzgericht aber obligatorisch (also auf jeden Fall zwingend) nach § 22a InsO einen vorläufigen Gläubigerausschuss nach § 21 Abs. 2 Nr. 1a InsO dann einzusetzen, wenn zwei der drei dort aufgeführten Merkmale erfüllt sind.

16 Gläubigerausschuss

Unabhängig von dieser Frage von Sicherungsmaßnahmen kann auch durch die Gläubigerversammlung fakultativ jederzeit ein Gläubigerausschuss eingesetzt werden. Dies kommt vor allem in großen Verfahren mit großer Tragweite in Betracht. In kleineren Verfahren ohne besondere Schwierigkeiten wird häufig von der Bildung eines Ausschusses abgesehen, da hier Kosten und Nutzen in keinem Verhältnis zueinander stehen. Der Gläubigerausschuss stellt ein Unterstützungs- und Kontrollorgan der Gläubigerschaft gegenüber dem Insolvenzverwalter dar. Der Gläubigerausschuss ist in §§ 21 Abs. 1 Nr. 1a, 22a, 67 InsO geregelt. Im Gläubigerausschuss sollen nach § 67 Abs. 2 InsO die absonderungsberechtigten Gläubiger, die Insolvenzgläubiger mit den höchsten Forderungen und die Kleingläubiger vertreten sein. Dem Ausschuss soll zudem ein Vertreter der Arbeitnehmer angehören. Auch Personen, die keine Gläubiger sind, können in einen Gläubigerausschuss gewählt werden. Grundsätzlich soll eine möglichst große repräsentative Ausgewogenheit der Verfahrensinteressen gelten.[18]

Die Mitglieder des Gläubigerausschusses haben den Insolvenzverwalter bei seiner Geschäftsführung zu unterstützen und zu überwachen. Sie haben sich über den Gang der Geschäfte zu unterrichten sowie die Bücher und Geschäftspapiere einsehen und den Geldverkehr und -bestand prüfen zu lassen. Teilweise fordert das Gesetz gegenüber dem Verwalterhandeln eine echte Mitbestimmung (z.B. § 160 InsO). Der Gläubigerausschuss hat zudem eigene Auskunftsrechte gegenüber dem Schuldner. Auch wenn der Gläubigerausschuss nicht als „verkürzte Gläubigerversammlung"[19] gilt, ermöglicht er doch eine zeitlich gestrafftere Auseinandersetzung des Verwalters mit den Gläubigern. 17

Der Ausschuss ist neben der Versammlung das zentrale Verfahrensorgan[20] und nimmt weitestgehend dann anstelle der Gläubigerversammlung deren Aufgaben wahr. Daneben stellt der Gläubigerausschuss ein Kontroll- und Unterstützungsgremium gegenüber dem Insolvenzverwalter dar. Das Gremium wird „von den Gläubigern"[21] „für die Gläubiger" gewählt, d.h. diese bestimmen letztlich über die Zusammensetzung, wobei das Gericht hierauf – mit Ausnahme des vorläufigen Ausschusses[22] und bei unrechtmäßiger Zusammensetzung – keinen Einfluss hat.[23] 18

---

18 *Lissner*, Insbüro 2011, 127 ff.

19 Siehe hierzu: Uhlenbruck/*Knof*, InsO, § 67 Rn 1.

20 Uhlenbruck/*Knof*, InsO, § 67 Rn 1.

21 *Pape*, ZInsO 1999, 675 ff.

22 HambKomm-InsR/*Frind*, § 67 Rn 4 f.

23 *Lissner*, DZWIR 2013, 323; *Pape*, ZInsO 1999, 675; Jaeger/*Gerhardt*, InsO, § 70 Rn 20 f.

19 Ist ein Gläubigerausschuss gewählt worden, hat dieser ebenfalls Unterstützungs- und Kontrollpflichten, die denen des Gerichts ähneln. In erster Linie überwacht er jedoch den Geldverkehr des Verwalters.[24] Er soll den Verwalter bei der Arbeit unterstützen und überwachen. Dazu gehört ebenfalls die Prüfung der Schlussrechnung (oder der Zwischenrechnungen) sowie der Prüfung der Bücher, Geschäftspapiere und Konten. Die Prüfung des Gläubigerausschusses besteht parallel zur Prüfungspflicht des Gerichts. Das Gericht kann sich nicht seiner Verpflichtung zur Kontrolle unter Berufung der Zuständigkeiten des Gläubigerausschusses entziehen.[25] Allerdings soll die Intensität gerichtlicher Kontrolle durch das Vorhandensein einer solchen Institution herabgestuft sein. Im Umkehrschluss soll eine erhöhte Aufmerksamkeit den Verfahren geschuldet sein, in denen kein Gläubigerausschuss bestellt worden ist.[26]

20 Die Mitglieder des (vorläufigen) Gläubigerausschusses trifft eine Haftungsgefahr bei Verstößen gegen ihre Pflichten in den Grenzen des § 71 InsO. Pflichtverstöße des Verwalters sind unverzüglich anzuzeigen.

21 Daneben können die Gläubiger gem. § 197 Abs. 1 InsO im Schlusstermin eine Erörterung der Schlussrechnung des Insolvenzverwalters vornehmen und Einwendungen gegen das Schlussverzeichnis vornehmen. Im Schlusstermin wird die Schlussrechnung erörtert. Hier besteht also lediglich die Möglichkeit für Gläubiger, einzelne Punkte der Schlussrechnung mit dem Insolvenzverwalter zu besprechen (§ 197 Abs. 1 S. 2 Nr. 1 InsO) und näheren Aufschluss darüber zu erlangen. Die Regelung stellt durch den Wortlaut „Erörterung“ in § 197 Abs. 1 S. 2 Nr. 1 InsO im Gegensatz zu § 197 Abs. 1 S. 2 Nr. 2 InsO („Erhebung von Einwendung“) klar, dass gegen die Schlussrechnung keine Einwendungen im Schlusstermin mehr vorgebracht werden können. Im Schlusstermin können allerdings stets Einwendungen gegen das Schlussverzeichnis erhoben werden. Der Schlusstermin dient nämlich gerade der Erhebung solcher Einwendungen gegen das Schlussverzeichnis durch die Insolvenzgläubiger (§ 197 Abs. 1 S. 2 Nr. 2 InsO). Einwendungen gegen das Schlussverzeichnis können sogar nach Maß-

24 Jaeger/*Gerhardt*, InsO, § 58 Rn 6.
25 Jaeger/*Gerhardt*, InsO, § 58 Rn 6.
26 *Frind*, ZInsO 2006, 182; Jaeger/*Gerhardt*, InsO, § 58 Rn 6.

gabe des § 197 InsO nur noch im Schlusstermin selbst erhoben werden. Die Insolvenzgläubiger haben also im Schlusstermin letztmalig die Gelegenheit, Einwendungen geltend zu machen.

§ 197 Abs. 1 S. 2 Nr. 2 InsO erfasst nur die Einwendungen, die sich gegen die Ordnungsmäßigkeit des Schlussverzeichnisses richten. Nicht erfasst werden hingegen inhaltliche Einwendungen gegen sonstige Teile der Schlussrechnung oder materiell-rechtliche Einwendungen gegen den Bestand der Forderung.[27] Zunächst ist allerdings zu prüfen, ob der Einwendende eine Einwendungsberechtigung hat. Diese haben alle anmeldenden Insolvenzgläubiger, auch wenn ihre Forderung bestritten ist und ein rechtliches Interesse an der Änderung des Verzeichnisses besteht. Keine Berechtigung haben der Schuldner, Masse- und Nachranggläubiger. Die Einwendungen können nur im Schlusstermin schriftlich oder mündlich durch den Gläubiger oder einen ordnungsgemäß Bevollmächtigten erhoben werden. 22

Versäumt der Gläubiger die Erhebung von Einwendungen, wirkt das Versäumnis nicht nur für die Schlussverteilung, sondern auch für nachfolgende Verteilungen in der Wohlverhaltensperiode[28] und für Nachtragsverteilungen (Präklusion), selbst dann, wenn die Forderung vom Verwalter irrtümlich nicht aufgenommen wurde. Die Einwendungen müssen substantiiert vorgetragen werden, ansonsten werden sie durch das Gericht zurückgewiesen. Sind die Fristen der §§ 189 Abs. 1 und 190 Abs. 1 abgelaufen, kann das Fristversäumnis nicht durch Erhebung von Einwendungen nach § 194 InsO umgangen werden. Wird also eine Forderung zu spät angemeldet – etwa nach bereits erfolgter Veröffentlichung nach § 188 InsO – nimmt eine solche nicht mehr an der Schlussverteilung teil und kommt auch nicht in das Verzeichnis.[29] 23

Die Entscheidung des Gerichts ergeht durch Beschluss im Termin (§ 197 Abs. 3 i.V.m. § 194 Abs. 2 und 3 InsO). Der Beschluss ist dem Gläubiger sowie dem Verwalter zuzustellen. Sollte die Entscheidung auf Aufnahme der Forderung in das Schlussverzeichnis lauten, ist sie 24

27 AG Duisburg NZI 2006, 112; *Hahn*, ZInsO 2010, 1056; Ahrens/Gehrlein/Ringstmeier/*Wagener*, Insolvenzrecht, § 197 Rn 6.
28 BGH v. 2.7.2009 – IX ZR 126/08.
29 BGH ZInsO 2007, 493; HambKomm-InsR/*Preß*/*Henningsmeier*, § 177 Rn 3.

zusätzlich auf der Geschäftsstelle zur Einsicht der Beteiligten niederzulegen. Das Beschwerderecht steht dem Gläubiger und dem Verwalter, nicht jedoch dem Schuldner, im Falle der Änderung allen Insolvenzgläubigern zu, da ihre Quote durch die Aufnahme eines weiteren Gläubigers verringert wird. Liegt aber eine offensichtliche Unrichtigkeit vor, z.B. weil das Schlussverzeichnis infolge eines offensichtlichen Schreibfehlers oder Zahlendrehers o.Ä. unrichtig ist, ist § 319 ZPO anzuwenden.[30] Die Einwendungen betreffen grundsätzlich also nur die Richtigkeit des Schlussverzeichnisses im Sinne einer „Vollständigkeit", also einer Einhaltung der Bestimmungen nach §§ 189–191 InsO. Das Gericht hat hier lediglich zu prüfen, ob das Schlussverzeichnis nach den formal verfahrensrechtlichen Vorschriften richtig erstellt wurde. Materiell-rechtliche Einwendungen (wie z.B. die Frage des Bestandes einer Forderung) hat das Gericht dabei nicht zu prüfen.

IV. Schlussrechnung

1. Rechnungslegung

25 Der Insolvenzverwalter beantragt beim Insolvenzgericht zunächst die Zustimmung zur Schlussverteilung.[31] § 196 Abs. 2 InsO enthält keine gesetzlichen Regelungen, welche Unterlagen der Insolvenzverwalter mit seinem Antrag auf Zustimmung zur Schlussverteilung einzureichen hat. In aller Regel wird der Antrag jedoch zusammen mit der Schlussrechnung eingereicht, welche gewisse Erfordernisse vorzuweisen hat. Das Insolvenzgericht entscheidet dann über die Zustimmung zur Schlussverteilung durch Beschluss. Dieser Beschluss ist dem Insolvenzverwalter zuzustellen (§§ 166 ff. ZPO i.V.m. § 4 InsO). Mit Erteilung der Zustimmung bestimmt danach das Insolvenzgericht den Schlusstermin für eine abschließende Gläubigerversammlung (§ 197 Abs. 1 S. 1 InsO).

Der Verwalter ist grundsätzlich zur Rechnungslegung verpflichtet. Der folgende Abschnitt gilt daher gleichermaßen für eine Zwischenrechnungslegung, die in größeren oder länger andauernden Verfahren angebracht sein kann, wie auch für die Schlussrechnungslegung.

30 LG Bonn v. 25.2.2014 – 6 T 48/14.

31 Ahrens/Gehrlein/Ringstmeier/*Wagner*, Insolvenzrecht, § 196 Rn 8.

Die Rechnungslegungspflicht trifft den Verwalter **bei Beendigung seines Amtes**, also auch den vorläufigen Verwalter mit Verfahrenseröffnung, den abgewählten bzw. entlassenen Verwalter[32] mit seiner Entlassung oder einen Sonderverwalter, wenn sein Amt nach Erfüllung der Aufgaben beendet ist. Sie trifft ihn auch, wenn das Verfahren nicht aufgehoben, sondern nach §§ 207 oder 211 InsO eingestellt wird.[33] 26

Im Eigenverwaltungsverfahren trifft die Pflicht zur Schlussrechnungslegung den Schuldner (§ 281Abs. 3 InsO), für den die gleichen Maßstäbe wie für den Verwalter gelten. Der Sachwalter hat die Unterlagen zu prüfen und evtl. Einwendungen mitzuteilen (§ 281 Abs. 1 S. 2). Durch einen bestätigten Insolvenzplan kann der **Verzicht auf die Schlussrechnungslegung** vereinbart werden, § 66 Abs. 1 S. 2 InsO. Die Bestimmung des § 66 InsO regelt die Rechnungslegungspflicht des Insolvenzverwalters gegenüber dem Gericht und der Gläubiger. 27

2. Inhalt der Schlussrechnung

Nach § 66 Abs. 2 S. 1 InsO hat das Gericht die Schlussrechnung des Verwalters zu prüfen. Hierzu ist zunächst eine ordentliche Schlussrechnung bestehend aus Schlussbericht, Tätigkeitsbericht insbesondere über die Entwicklung vom Anfangsvermögen bis zum Schluss des Verfahrens, einer Insolvenzschlussbilanz, mindestens einer Einnahmen-Überschussrechnung und dem Schlussverzeichnis erforderlich. Der Schlussbericht enthält i.d.R. daneben Angaben über die Verwertung der Massegegenstände, die Vertragsabwicklungen sowie die schwebenden Prozesse.[34] 28

Diese Rechnungslegung muss so beschaffen sein, dass ein sachverständiger Dritter die Buchführung ohne Schwierigkeiten übersehen und nachprüfen kann und dass sämtliche Geschäftsvorfälle richtig und vollständig bezeichnet worden sind. Die Unterlagen müssen ein vollständiges Bild der Tätigkeit des Insolvenzverwalters abgeben und dem Insolvenzgericht die Möglichkeit geben, die ordnungsgemäße Verfahrensabwicklung zu prüfen Damit finden die Grundsätze ordnungsgemäßer Buchführung der Richtigkeit, Klarheit, Vollständigkeit und Ste- 29

32 BGH v. 23.9.2010 – IX ZR 243/09.

33 *Frege/Keller/Riedel*, HdB InsR, Rn 1673.

34 Ahrens/Gehrlein/Ringstmeier/*Wagner*, Insolvenzrecht, § 196 Rn 6.

tigkeit entsprechende Anwendung auf die vom Verwalter vorgelegte Schlussrechnung. Die Schlussrechnung ist dabei ein vollständiger Tätigkeitsbericht, nicht dagegen ein Rechenschaftsbericht.[35]

30 Die Bestandteile der Schlussrechnungslegung, auch wenn der Gesetzgeber nur von Schlussrechnung spricht, sind regelmäßig

- Schlussbericht[36]
- Schlussrechnung als Einnahmen/Ausgabenüberschussrechnung
- Schlussbilanz, sofern eine Eröffnungsbilanz erstellt war
- Schlussverzeichnis
- Belege und Kontoauszüge mit chronologischem Buchungsjournal
- Kontenblätter für die einzelnen Buchungskonten, wie z.B. Aus- und Absonderungsrechte, Steuerberaterkosten, Anwaltskosten, Zinserträge
- Liste der delegierten Tätigkeiten
- Liste der Masseverbindlichkeiten
- im Falle einer Betriebsfortführung gesonderte Darstellung der Abwicklung und des sie betreffenden Belegwesens.

31 Der Umfang der gerichtlichen Schlussrechnungsprüfung ist dabei umstritten und in der Literatur uneinheitlich bestimmt. Gläubiger, aber auch der Schuldner identifizieren die gerichtliche Schlussrechnungsprüfung mit einer „Vollprüfung“ und verstehen damit meist neben der Rechtsaufsicht auch eine Fachaufsicht, im Rahmen der Schlussrechnungsprüfung also eine inhaltliche Vollkontrolle. Tatsächlich aber gilt auch im Rahmen der Schlussrechnungsprüfung tendenziell eher eine Gläubigerautonomie, d.h. in einem gläubigerbestimmten Verfahren haben vor allem diese die Schlussrechnung zu prüfen und ggf. entsprechend dagegen vorzugehen. Dies zeigt bereits die Bestimmung § 197 InsO, wonach eine Prüfung der Schlussunterlagen im Vorfeld zu geschehen hat, im Schlusstermin unter Beteiligung des Gerichts lediglich noch eine „Erörterung“ der Schlussrechnung stattzufinden hat, das Procedere bei Einwendungen hingegen vor dem Prozessgericht abläuft.

35 Ahrens/Gehrlein/Ringstmeier/*Wagner*, Insolvenzrecht, § 196 Rn 6.

36 Ausführliche Darstellung: *Frege/Keller/Riedel* HdB InsR, Rn 1681.

Praxistipp 32

Der Insolvenzverwalter hat bei Beendigung seines Amtes primär gegenüber der Gläubigerversammlung Rechnung zu legen. Hierzu legt das Insolvenzgericht nach Eingang der (zwingend schriftlichen) Schlussrechnung und eigener (Vor-)Prüfung die Schlussrechnung mit den Belegen, mit einem Vermerk über die Prüfung und, wenn ein Gläubigerausschuss bestellt ist, mit dessen Bemerkungen zur Einsicht der Beteiligten aus. So können Gläubiger die Schlussrechnung jederzeit einsehen und selbst prüfen und bestehende Fragen im Rahmen des Schlussberichts (aber auch davor) erörtern und ggf. innerhalb der Frist des § 62 InsO ggf. gerichtlich dagegen vorgehen. Bei der späteren Erörterung der Schlussrechnung im Termin braucht der Insolvenzverwalter nur sein tatsächliches Handeln darzulegen. Zu einer ausführlichen Begründung oder einer Rechtfertigung ist er nicht verpflichtet. Gleichwohl kann er zu einem streitigen Punkt ausführlicher Stellung nehmen, wenn ihm dies angezeigt erscheint, um mögliche Differenzen mit den Gläubigern zu klären und so einer Schadenersatzklage vorzubeugen.[37]

Im Schlusstermin selbst haben die Gläubiger zusätzlich Gelegenheit, 33
sich vom Insolvenzverwalter einzelne Punkte der Schlussrechnung (Zusammensetzung und Verwertung der Masse, Höhe der Masseansprüche, die vollzogenen Ausschüttungen an die Insolvenzgläubiger, erwartetes und eingetretenes Gesamtergebnis des Insolvenzverfahrens) erläutern zu lassen, und die Schlussrechnung des Insolvenzverwalters zu erörtern (§ 197 Abs. 1 S. 2 Nr. 1 InsO). Materielle Einwände werden zu diesem Zeitpunkt und an dieser Stelle aber nicht entschieden. Die Erörterung der Schlussrechnung ebenso wie ihre Prüfung durch Gericht und Gläubigerausschuss dienen nämlich nicht dazu, Maßnahmen des Insolvenzverwalters daraufhin zu überprüfen, ob sie richtig und zweckmäßig waren oder ob den Gläubigern durch eine (behauptete) Pflichtverletzung des Verwalters ein Schaden entstanden ist. Hierüber hätte das Insolvenzgericht auch nicht zu befinden.[38] Behauptet ein Gläubiger, ihm sei durch pflichtwidriges Verhalten des Insolvenzverwalters ein Schaden entstanden, muss er dies außerhalb

---

37 Ahrens/Gehrlein/Ringstmeier/*Wagner*, Insolvenzrecht, § 196 Rn 6.
38 FK-InsO/*Kießner*, § 197 Rn 10 ff.

des Insolvenzverfahrens durch eine Schadenersatzklage geltend machen.[39] Dies bedeutet aber auch, dass Einwendungen, die nicht im Schlusstermin erhoben werden, grundsätzlich danach noch weiter geltend gemacht werden können, dem Termin damit kein Ausschlusstatbestand oder eine präkludierende Funktion zukommt. Eine endgültige Entlastung des Insolvenzverwalters ist erst nach Ablauf der in § 62 InsO geregelten Frist gegeben.

34 Folgende risikobezogene **Verletzungen von Vermögensbetreuungspflichten** können dabei in der Praxis vorzufinden sein:

- Nichtanzeige von Interessenkollisionen im Rahmen der Amtsführung als Insolvenzverwalter;
- Verschweigen einer Vorbefasstheit mit dem Schuldner oder einem Insolvenzgläubiger;
- Führung nicht erfolgversprechender oder unwirtschaftlicher Prozesse;
- verzögerte oder unterlassene Freigabe nicht verwertbarer Massegegenstände;
- unsachgemäße Betriebsfortführung ohne begleitende Liquiditätsplanung;
- Fortsetzung einer verlustreichen Betriebsfortführung;
- Verletzung der unverzüglichen Masseverwertungspflicht nach dem Berichtstermin;
- Verletzung der Pflicht zur Verfolgung und Durchsetzung von Anfechtungsansprüchen nach §§ 129 ff. InsO und Gesamtschadensansprüchen aus §§ 92, 93 InsO;
- Befriedigung von unbegründeten Masseverbindlichkeiten;
- Verursachung nicht erforderlicher Abwicklungsausgaben;
- kein Bestreiten unbegründeter Forderungen im Prüfungstermin;
- nicht ordnungsgemäße Verteilung, Nichtvornahme von Abschlagsverteilungen bei ausreichender Liquidität;
- Verletzung der Pflicht zur Zurückbehaltung oder Hinterlegung nach §§ 189, 190 ff. InsO.

39 FK-InsO/*Kießner*, § 197 Rn 10 ff.

3. Prüfung der Schlussrechnung

Die Schlussrechnung wird sowohl durch das Gericht als auch – eigentlich – durch die Gläubiger geprüft. Vielfach wird jedoch die gerichtliche Prüfung als Vollprüfung auch in materiellen Fragen verstanden, so dass sich Gläubiger auf die Prüfung durch das Gericht „verlassen." Dies bedeutet im Endeffekt, dass letztlich niemand die materielle Prüfungseben der Schlussrechnungslegung wirklich näher beleuchtet. Daher sollten Gläubiger tunlichst von ihrem Recht zur Prüfung der Schlussrechnung Gebrauch machen. Die Prüfung der Schlussunterlagen erfolgt durch das Gericht, und zwar vor der abschließenden Gläubigerversammlung (§ 66 Abs. 2 S. 1 InsO). 35

Funktionell ist der Rechtspfleger zuständig, sofern das Verfahren eröffnet wurde, auch für Rechnungslegung des vorläufigen Verwalters. Über die Prüfungshandlung ist ein Prüfungsvermerk anzufertigen (§ 66 Abs. 2 S. 2 InsO) und gemeinsam mit den Schlussunterlegen zur Einsicht auf der Geschäftsstelle auszulegen. 36

a) Formelle Schlussrechnungsprüfung

Die Literatur unterscheidet bei der Prüfung regelmäßig zwischen formeller und materieller Schlussrechnungsprüfung. Die formelle Schlussrechnungsprüfung besteht dabei vordringlich in einer rechnerischen Prüfung und dem Abgleich der Belege. Das Ergebnis dieser Prüfung beinhaltet die Feststellung, dass die Voraussetzungen der Schlussrechnung vorliegen und dass die Schlussrechnung den äußeren Rahmen einhält, also alle Geschäftsvorfälle erfasst sind, die Buchhaltung in Ordnung ist und auch ansonsten die Ordnungsprinzipien der insolvenzrechtlichen Buchführung eingehalten sind. Die formelle Prüfung ist dabei klare Aufgabe des Insolvenzgerichts. 37

Die Rechnungslegung muss dabei so beschaffen sein, dass das Gericht ebenso wie ein sachverständiger Dritter die Buchführung ohne Schwierigkeiten übersehen und nachprüfen kann insbesondere danach, ob sämtliche Geschäftsvorfälle richtig und vollständig bezeichnet worden sind.[40] Damit finden die Grundsätze ordnungsgemäßer 38

40 *Lissner*, ZInsO 2012, 957.

Buchführung der Richtigkeit, Klarheit, Vollständigkeit und Stetigkeit entsprechende Anwendung.

b) Materielle Prüfung

39 Hinsichtlich der materiellen Schlussrechnungsprüfung besteht ein Meinungsstreit. Zum Teil wird eine materielle Prüfung zur Gänze abgelehnt und der Auftrag zur Prüfung bei der Gläubigergesamtheit gesehen.[41] Zum Teil wird aber auch keine Prüfungspflicht,[42] jedoch ein Prüfungsrecht gesehen.[43] Letztlich wird aber überwiegend ein Prüfungsauftrag der Gerichte gesehen, der sich allerdings auf eine reine Prüfung der Rechtmäßigkeit beschränkt, also keine Zweckmäßigkeitserwägungen verlangt.

40 § 197 Abs. 1 S. 2 Nr. 2 InsO erfasst nur die Einwendungen, die sich gegen die Ordnungsmäßigkeit des Schlussverzeichnisses richten. Nicht erfasst werden hingegen inhaltliche Einwendungen gegen sonstige Teile der Schlussrechnung oder materiell-rechtliche Einwendungen gegen den Bestand der Forderung.[44] Zunächst ist allerdings zu prüfen, ob der Einwendende eine Einwendungsberechtigung hat. Diese haben alle anmeldenden Insolvenzgläubiger, auch wenn ihre Forderung bestritten ist und ein rechtliches Interesse an der Änderung des Verzeichnisses besteht. Keine Berechtigung haben der Schuldner, Masse- und Nachranggläubiger.

41 Die Einwendungen können **nur im Schlusstermin** schriftlich oder mündlich durch den Gläubiger oder einen ordnungsgemäß Bevollmächtigten erhoben werden. Versäumt der Gläubiger die Erhebung von Einwendungen, wirkt das Versäumnis nicht nur für die Schlussverteilung, sondern auch für nachfolgende Verteilungen in der Wohlverhaltensperiode[45] und für Nachtragsverteilungen (Präklusion), selbst dann, wenn die Forderung vom Verwalter irrtümlich nicht aufgenommen wurde. Die Einwendungen müssen substantiiert vorgetra-

41 *Bernsen*, Kölner Schrift zur Insolvenzordnung, S. 1255, Rn 15.
42 Siehe insoweit AG Duisburg v. 4.10.2005 – 60 IN 136/02; *Weitzmann*, ZInsO 2007, 449.
43 *Weitzmann*, ZInsO 2007, 449.
44 AG Duisburg NZI 2006, 112; *Hahn*, ZInsO 2010, 1056; Ahrens/Gehrlein/Ringstmeier/*Wagener*, Insolvenzrecht, § 197 Rn 6.
45 BGH v. 2.7.2009 – IX ZR 126/08.

gen werden, ansonsten werden sie durch das Gericht zurückgewiesen. Sind die Fristen der §§ 189 Abs. 1 und 190 Abs. 1 abgelaufen, kann das Fristversäumnis nicht durch Erhebung von Einwendungen nach § 194 InsO umgangen werden. Wird also eine Forderung zu spät angemeldet – etwa nach bereits erfolgter Veröffentlichung nach § 188 InsO – nimmt eine solche nicht mehr an der Schlussverteilung teil und kommt auch nicht in das Verzeichnis.[46]

Die Entscheidung des Gerichts ergeht **durch Beschluss** im Termin 42
(§§ 197 Abs. 3 i.V.m. 194 Abs. 2 und 3 InsO). Der Beschluss ist dem Gläubiger sowie dem Verwalter zuzustellen. Sollte die Entscheidung auf Aufnahme der Forderung in das Schlussverzeichnis lauten, ist sie zusätzlich auf der Geschäftsstelle zur Einsicht der Beteiligten niederzulegen. Das Beschwerderecht steht dem Gläubiger und dem Verwalter, nicht jedoch dem Schuldner zu; im Falle der Änderung steht es allen Insolvenzgläubigern zu, da ihre Quote durch die Aufnahme eines weiteren Gläubigers verringert wird. Liegt aber eine offensichtliche Unrichtigkeit vor, z.B. weil das Schlussverzeichnis infolge eines offensichtlichen Schreibfehlers oder Zahlendrehers o.Ä. unrichtig ist, ist § 319 ZPO anzuwenden.[47]

Hinweis 43

Die Einwendungen betreffen grundsätzlich also nur die Richtigkeit des Schlussverzeichnisses im Sinne einer „Vollständigkeit“, also einer Einhaltung der Bestimmungen nach §§ 189–191 InsO. Das Gericht hat hier lediglich zu prüfen, ob das Schlussverzeichnis nach den formal verfahrensrechtlichen Vorschriften richtig erstellt wurde. Materiell-rechtliche Einwendungen (wie z.B. die Frage des Bestandes einer Forderung) hat das Gericht dabei nicht zu prüfen.

4. Prüfung durch einen Sachverständigen

Das Gericht kann sich auch der Hilfe eines Sachverständigen bedie- 44
nen.[48] Gerade in Großverfahren oder bei besonderer Sachkunde ist dies zweckdienlich und beinhaltet ein weiteres Aufsichtskriterium

46 BGH ZInsO 2007, 493; HambKomm-InsR/*Preß/Henningsmeier*, § 177 Rn 3.
47 LG Bonn v. 25.2.2014 – 6 T 48/14.
48 OLG Stuttgart Rpfleger 2010, 104.

über die Person, die treuhänderisch Gelder verwaltet. Dies entbindet das Gericht aber nicht von der eigenen Prüfungskompetenz. Vielmehr unterstützt der Sachverständige dabei nur die finale Entscheidung und Prüfung des Gerichts. Im Nachlassinsolvenzverfahren ist die Prüfung durch einen Sachverständigen allenfalls bei besonders großen und komplexen Nachlassvermögen denkbar.

a) Ist die Beauftragung eines Sachverständigen zulässig?

45 Die Beauftragung eines Sachverständigen ist zulässig. Nachdem die Bestellung des Sachverständigen als reine verfahrensleitende Maßnahme, die keine selbstständige Entscheidung darstellt, nicht isoliert anfechtbar ist, dürften ausschweifende Fragen zur Zulässigkeit entbehrlich sein. Zutreffend geht die h.M. in Literatur[49] und Rechtsprechung[50] davon aus, dass die Schlussrechnungsprüfung – vielmehr deren „Vorprüfung" – originäre Aufgabe der Gerichte sei. Das Ergebnis der Begutachtung oder einer Teilbegutachtung bildet nur einen Teilaspekt der späteren Prüfung durch das Gericht.[51] Die Bestellung eines Sachverständigen entspricht dem allgemeinen zivilprozessualen Instrumentarium (§§ 402 ff. ZPO i.V.m. § 4 InsO), welches im Übrigen in der Insolvenzordnung ausdrücklich im Rahmen der Verfahrensgrundsätze genannt ist (§ 5 Abs. 1 S. 2 InsO). Nicht zuletzt hat der Gesetzgeber selbst in der Begründung des Regierungsentwurfs zur Insolvenzordnung[52] ausdrücklich auf die Möglichkeit der Hinzuziehung eines Sachverständigen bei der Schlussrechnungsprüfung hingewiesen.

46 Bei der Bestellung eines Sachverständigen handelt es sich um eine Ermessensentscheidung der Gerichte, die als verfahrensleitende Maßnahme nicht isoliert anfechtbar ist.[53] Die Bestellung eines Sachverständigen kommt dabei aber nicht wegen fehlender Ressourcen, sondern – im Einzelfall – nur aus besonderen Gründen, aus besonderem Anlass[54]

49 Uhlenbruck/*Mock*, § 66 Rn 89; *Weitzmann*, ZInsO 2007, 449; *Graeber/Graeber*, NZI 2014, 298 u.v.a.

50 *Madaus*, NZI 2012, 119; *Graeber/Graeber*, NZI 2014, 298 u.v.a.

51 OLG Stuttgart NZI 2010, 191; *Graeber/Graeber*, NZI 2014, 298.

52 BT-Drucks 12/2443, S. 131.

53 HambKomm-InsR/*Weitzmann*, § 66 Rn 13.; Uhlenbruck/*Mock*, § 66 Rn 89; OLG Hamm ZIP 1986, 724.

54 BGH NJW 2004, 1163.

oder wegen fehlender Sachkunde des Gerichts in Betracht. Die Bestellung eines Sachverständigen ist nach bisheriger Rechtsansicht auch verfassungsrechtlich nicht bedenklich[55]

b) Sind Kosten des Sachverständigen von den allgemeinen Gerichtskosten umfasst?

Vielfach wurde in der Vergangenheit argumentiert, dass die durch die Beauftragung eines Sachverständigen entstehenden Kosten nicht der Masse auferlegt werden könnten, sondern von den Gerichtskosten abgedeckt sein müssten (da diese Pauschcharakter hätten) bzw. die mangelnde personelle oder sachliche Ausstattung nicht zu Lasten der Masse gehen dürfte.[56] Zunächst einmal sei auf die Entscheidung des LG Heilbronn vom 4.2.2009[57] hingewiesen. Die Entscheidung befasst sich zwar nicht mit der Frage, ob die Bestellung eines Sachverständigen verfassungsgemäß ist oder überhaupt in Betracht kommt. Indirekt aber scheint die Entscheidung zumindest davon auszugehen, da im Falle einer Unzulässigkeit das LG Heilbronn wohl kaum eine Aussage zum Kostenschuldner im Falle einer Sachverständigenbestellung getroffen hätte. Die Entscheidung geht davon aus, dass – sofern ein Sachverständiger durch das Gericht im Rahmen des § 66 InsO bestellt wurde – die dadurch veranlassten Kosten als Verfahrenskosten, die von der Insolvenzmasse zu tragen sind, anzusehen sind.[58] Es handle sich speziell um Gerichtskosten gem. § 54 Nr. 1 InsO, die sich aus Gerichtsgebühren und Auslagen zusammensetzen, zu welchen verauslagte Sachverständigenkosten gehörten. Damit bewegt sich die Entscheidung des LG Heilbronn auch im Fahrwasser der h.M.[59] 47

Zusammenfassend kann also zu diesem Punkt festgestellt werden, dass die durch einen Gutachterauftrag entstehenden Kosten Gerichtskosten darstellen und als Auslagen zu den Pauschgebühren hinzukom- 48

55 OLG Stuttgart NZI 2010, 191; *Graeber/Graeber*, NZI 2014, 298.

56 *Haertlein*, NZI 2009, 577; *Kahlert*, DStR 2011, 2439; *Hebenstreit*, ZInsO 2013, 276.

57 LG Heilbronn v. 4.2.2009 – 1 T 30/09, NZI 2009, 606.

58 Prütting/Bork/Jacoby/*Onusseit*, InsO, § 66 Rn 23; *Blersch/Goetsch/Haas*, InsO, § 66 Rn 11.

59 OLG Stuttgart NZI 2010, 191; *Zimmer*, ZInsO 2009, 1806; *Schirner*, DStR 2012, 733 u.v.a.

men. Natürlich sollen nur berechtigte Sachverständigenkosten hierunter fallen. Würde ein Sachverständiger nur wegen fehlender Ressourcen bestellt, sieht die Literatur die Kostenschuld differenzierter.[60]

C. Beendigung des Verfahrens

I. Bestimmung des Schlusstermins

49 Nach Prüfung der Schlussunterlagen terminiert das Gericht die letzte Gläubigerversammlung. Dieser Schlusstermin bildet die letzte im Verfahren durchzuführende Gläubigerversammlung. Diese kann mündlich oder schriftlich abgehalten werden. Von der Verfahrenseröffnung bis zu diesem Termin liegt meist eine vom jeweiligen Verfahren abhängige Zeitspanne von durchschnittlich 6–12 Monaten in Verbraucherinsolvenzverfahren und 3–5 Jahren in Regelinsolvenzverfahren.[61] Gem. § 197 Abs. 1 S. 1 InsO wird der Termin erst dann bestimmt, wenn das Gericht die Zustimmung zur Schlussverteilung erteilt.

50 Vor der Zustimmung zur Schlussverteilung bedarf es nach § 196 InsO wiederum der Verwertung der Masse, so dass die grundlegende Voraussetzung für die Bestimmung des Schlusstermins die Verwertung der Masse ist. Diese soll vollständig verwertet sein (§ 196 Abs. 1 InsO). In Fällen, in denen eine vollständige Verwertung nicht in angemessener Zeit gelingt, die Verwertung aber ansonsten abgeschlossen ist, kommt die Anordnung einer Nachtragsverteilung in Betracht.

II. Bereinigung der Tabelle

51 Vor Bestimmung des Schlusstermins müssen die angemeldeten Forderungen einer endgültigen Prüfung unterzogen sein. Nach § 189 InsO kommen lediglich geprüfte, unbestrittene Forderungen oder Forderungen, bei denen ein Bestreiten beseitigt wurde, in das Verteilungsverzeichnis. Vorläufig bestrittene Forderungen gelten bei fehlender

60 Siehe hierzu bspw. *Weitzmann*, ZInsO 2007, 449.

61 *Lissner/Bohlander*, HdB Insolvenz, Kap. XV, Rn 1334.

Berichtigung dabei als bestrittene Forderungen. Erfolgt insoweit keine Berichtigung der Insolvenztabelle, wird die Forderung nicht in das **Schlussverzeichnis** aufgenommen.

Auch absonderungsberechtigte Gläubiger haben rechtzeitig ihren 52
Ausfall nach § 190 InsO darzulegen. Wird ein Ausfall nicht (rechtzeitig) dargelegt, so geht man davon aus, dass Gläubiger keinen Ausfall erlitten haben.

Beispiel

Zum Nachlassvermögen gehört eine Immobilie, die durch Grundschulden besichert ist. Die Grundpfandrechtsgläubiger können sich abgesondert befriedigen. Beträgt die Grundschuld bspw. 300.000 EUR und erzielt die Immobilie nur einen Versteigerungserlös von 200.000 EUR könnte der entsprechend betreibende Grundpfandrechtsgläubiger seinen Ausfall i.H.v. 100.000 EUR beziffern und insoweit noch als Insolvenzgläubiger am Verfahren partizipieren.

III. Verteilungsverzeichnis

1. Allgemeines

In das Verteilungsverzeichnis dürfen lediglich Gläubiger aufgenom- 53
men sein, die auch festgestellte Forderungen haben. Folglich muss die Insolvenztabelle mit dem Verzeichnis abgeglichen werden und muss identische Angaben enthalten. Das Verzeichnis darf nur geprüfte Forderungen enthalten, die festgestellt wurden, keine bestrittenen, nicht titulierten oder nur für den Ausfall festgestellte Forderungen sowie keine verspätet angemeldeten und noch nicht geprüften Forderungen.[62]

Das Verteilungsverzeichnis stellt die Grundlage zur Quotenzahlung 54
dar. Das Schlussverzeichnis ist nach § 188 Abs. 1 S. 2 InsO auf der Geschäftsstelle zur Einsicht der Beteiligten niederzulegen.

Das Verteilungsverzeichnis stellt die Grundlage für die Verteilung dar. 55
Anhand dessen wird die Quote berechnet, die an die Insolvenzgläubi-

62 BGH v. 22.3.2005 – IX ZB 8/05; LG Krefeld v. 9.2.2011 – 7 T 23/11.

ger ausgeschüttet wird. Vor jeder Abschlags- und Schlussverteilung hat deshalb der Verwalter ein solches nach § 188 InsO zu erstellen. Sollte eine Nachtragsverteilung erforderlich werden, wird kein neues Verteilungsverzeichnis erstellt. Vielmehr wird hier die Verteilung anhand des Schlussverzeichnisses vollzogen (§ 205 InsO).

56 Das Verzeichnis hat alle Forderungen zu beinhalten, die bei einer Verteilung zu berücksichtigen sind.

2. Forderungen

a) Festgestellte Forderungen

57 Eine Forderung ist festgestellt und damit in das Verzeichnis aufzunehmen, wenn sie im Prüfungstermin gem. § 178 Abs. 1 S. 1 InsO nicht von dem Verwalter oder einem Insolvenzgläubiger bestritten wurde. Wurde die Forderung bestritten und der Widerspruch zurückgenommen oder im Klageweg beseitigt (§§ 179 ff. InsO), ist die Forderung ebenfalls festgestellt und in das Verzeichnis aufzunehmen. Hat der Schuldner der Forderung im Prüfungstermin widersprochen, ist dieser Widerspruch für die Feststellung der Forderung unbeachtlich (§ 178 Abs. 1 S. 2 InsO). Trotz des Schuldnerwiderspruchs handelt es sich also um eine festgestellte Forderung, die in das Verteilungsverzeichnis aufzunehmen ist.

b) Bestrittene Forderungen

58 Bestrittene Forderungen (§ 178 Abs. 1 S. 1 InsO) sind nur in das Verteilungsverzeichnis aufzunehmen, wenn der Forderung ein Titel zugrunde liegt. In diesen Fällen obliegt es nämlich dem Bestreitenden seinen Widerspruch zu verfolgen (§ 179 Abs. 2 InsO). Darauf hat der Gläubiger, dessen Forderung bestritten wurde, keinen Einfluss. Liegt der bestrittenen Forderung kein Titel zugrunde, ist die Forderung nicht in das vorläufige Verzeichnis aufzunehmen. Eine nachträgliche Aufnahme ist nur unter den Voraussetzungen des § 189 InsO möglich. Ein vorläufiges Bestreiten steht dabei einem Bestreiten gleich.

c) Aufschiebend bedingte Forderungen

Diese Forderungen sind grundsätzlich in voller Höhe in das Verteilungsverzeichnis aufzunehmen. 59

d) Auflösend bedingte Forderungen

Solange die Bedingung noch nicht eingetreten ist, werden auflösend bedingte Forderungen wie unbedingte behandelt (§ 42 InsO). Daher sind diese Forderungen grundsätzlich in das Verteilungsverzeichnis **aufzunehmen** und bei der Verteilung durch Auszahlung zu berücksichtigen.[63] Tritt die Bedingung nach Beendigung des Verfahrens ein, wäre ein durch den Gläubiger zurückzugewährender Betrag im Rahmen der Nachtragsverteilung zu verteilen (§ 203 Abs. 1 Nr. 2 InsO).[64] 60

e) Durch Absonderungsrechte gesicherte Forderungen

Hierbei handelt es sich um Insolvenzforderungen, die durch Absonderungsrechte (§§ 49–51 InsO) dinglich gesichert sind. Die Gläubiger nehmen im Insolvenzverfahren sowohl die Rolle des Insolvenzgläubigers als auch die des absonderungsberechtigten Gläubigers ein (§ 52 S. 1 InsO). Sie sind insoweit privilegiert, als dass sie vorrangig aus dem Verwertungserlös des Absonderungsgutes befriedigt werden. In der Regel ist das Absonderungsgut bis zum Prüfungstermin noch nicht verwertet, weshalb der Gläubiger seine Insolvenzforderung in voller Höhe anmeldet. 61

Wenn die Forderung besteht, wird sie im Prüfungstermin für den Ausfall festgestellt. Dieser Prüfungsvermerk rechtfertigt jedoch noch keine Aufnahme ins Verteilungsverzeichnis. Gemäß § 52 S. 2 InsO dürfen diese Gläubiger nämlich nur mit ihren Insolvenzforderungen an der Verteilung teilnehmen, soweit sie auf eine abgesonderte Befriedigung verzichten oder bei ihr ausgefallen sind (siehe Rdn 51 ff.). Zum einen hat der Gläubiger also nur einen Anspruch auf anteilsmäßige Befriedigung aus der Insolvenzmasse, soweit er ausgefallen ist. Dies ist dann der Fall, wenn der Erlös aus der Verwertung des Absonderungsgutes nicht ausgereicht hat, um die persönliche Forderung des Gläubigers vollständig zu befriedigen. In Höhe der restlichen offenen 62

63 MüKo-InsO/*Kebekus/Schwarzer*, § 188 Rn 11.
64 MüKo-InsO/*Bitter*, § 42 Rn 10.

Forderung (= Ausfall) nimmt er an der Verteilung teil, sofern der Ausfall rechtzeitig geltend gemacht wird.

IV. Nachtragsverteilung

63 Eine Nachtragsverteilung kommt gem. § 203 Abs. 1 InsO in Frage, wenn nach dem Schlusstermin
- zurückbehaltene Beträge für die Verteilung frei werden,
- Beträge, die aus der Insolvenzmasse gezahlt sind, zurückfließen oder
- Massegegenstände ermittelt werden.

Die Anordnung der Nachtragsverteilung ist bei oder nach Verfahrensaufhebung sowohl auf Antrag des Verwalters als auch eines Gläubigers als auch von Amts wegen möglich. Das Vorhandensein unverwertbarer Gegenstände in der Masse hindert die Schlussverteilung nicht. Die Gläubigerversammlung hat im Schlusstermin darüber zu befinden (§ 197 Abs. 1 Nr. 3 InsO).

D. Schlusstermin

64 Der Schlusstermin stellt die abschließende, letzte Gläubigerversammlung dar. Hier können Gläubiger ein letztes Mal Rede und Antwort vom Insolvenzverwalter verlangen. Zudem bildet der Schlusstermin eine Zäsur für die Beantragung der Versagung der Restschuldbefreiung nach § 290 InsO sowie zur Anmeldung von Forderungen (die dann aber nicht mehr ins Verteilungsverzeichnis kommen).

65 Das Gericht hat wegen § 196 Abs. 1 InsO zu prüfen, ob die vollständige Verwertung der Masse abgeschlossen ist. Dies geschieht auf der Grundlage des Masseverzeichnisses (§ 151 InsO) und der Vermögensübersicht (§ 153 InsO), die der Verwalter bereits nach Eröffnung eingereicht hatte. Nach Prüfung des Schlussberichtes und der Schlussrechnung erteilt das Insolvenzgericht die Zustimmung zur Schlussverteilung – oft auch noch Genehmigung der Schlussverteilung genannt – durch Beschluss. Der Schlussbericht und die Schlussrechnung sind mit den Bemerkungen des Gläubigerausschusses – sofern ein solcher

bestellt wurde – auf der Geschäftsstelle zur Einsicht der Beteiligten auszulegen (§ 66 Abs. 2 InsO).

Nach Prüfung der Schlussunterlagen und Klärung evtl. Beanstandungen kann der Schlusstermin bestimmt werden. Diese Entscheidung ist als verfahrensleitende Maßnahme nicht anfechtbar. Bei der Terminierung sind folgende Termine zu beachten: 66
- Niederlegungsfrist nach § 66 Abs. 2 S. 3 InsO: eine Woche;
- Frist nach § 197 Abs. 2 InsO: mindestens ein Monat, höchstens zwei Monate zwischen der öffentlichen Bekanntmachung des Termins und dem Termintag;
- zweiwöchige Ausschlussfrist nach § 189 Abs. 1 InsO;
- dreitägige Frist für den Verwalter, die nach Ablauf der Ausschlussfrist beginnt, zur Änderung des Verzeichnisses (§ 193 InsO).

Folgende Inhalte finden sich regelmäßig im Falle der Anberaumung einer Gläubigerversammlung und speziell im Falle der Terminierung des Schlusstermins: 67
- Genehmigung der Schlussverteilung (§ 196 Abs. 2 InsO);
- Entscheidung über Anordnung eines schriftlichen oder mündlichen Verfahrens;
- Bestimmung eines nachträglichen Prüfungstermins (fakultativ);
- Hinweis zur Stellung von Anträgen auf Versagung der Restschuldbefreiung;
- Tagesordnung (§§ 74 Abs. 2, 197 InsO), Terminstag, Terminszeit, Terminsort.

Im schriftlichen Verfahren tritt an deren Stelle der Stichtag für die Stellung der Anträge und Erhebung von Einwendungen. Zwingende Tagesordnungspunkte bilden dabei die Erörterung der Schlussrechnung durch die Gläubigerversammlung, die Möglichkeit zur Erhebung von Einwendungen gegen das Schlussverzeichnis sowie die Entscheidung der Gläubigerversammlung über nicht verwertete Massegegenstände.

▼

68 **Muster 10.1: Schlussterminsbestimmung**

Beschluss

In dem Insolvenzverfahren über den Nachlass des , zuletzt wohnhaft in

- Erblasser -

hat das Amtsgericht Konstanz am beschlossen:

1. Die Durchführung des Schlusstermins gem. § 197 InsO sowie die Prüfung nachträglich angemeldeter Forderungen einschließlich
- Erörterung der Schlussrechnung des Insolvenzverwalters
- Erhebung von Einwendungen gegen das Schlussverzeichnis durch die Insolvenzgläubiger
- - Entscheidung über eine abweichende Vergütungsregelung
- erfolgt im schriftlichen Verfahren gem. § 5 Abs. 2 InsO.
  Die Beteiligten erhalten Gelegenheit bis einschließlich
- den Forderungsanmeldungen schriftlich beim Insolvenzgericht zu widersprechen
- Einwendungen gegen das Schlussverzeichnis und die Schlussrechnung schriftlich bei dem Insolvenzgericht vorzulegen.

2. Der Vornahme der Schlussverteilung gem. § 196 Abs. 2 InsO wird zugestimmt.
In dem Verfahren sind derzeit Forderungen in einer Gesamthöhe von EUR zu berücksichtigen, denen ein Massebestand von EUR gegenübersteht.
Es wird festgestellt, dass für eine Schlussverteilung keine Masse zur Verfügung steht (§§ 196, 197 InsO).
Hiervon sind gemäß § 54 InsO vorrangig die Kosten des Insolvenzverfahrens zu begleichen.
Es wird auf die Ausschlussfristen gemäß §§ 189, 190 und 206 InsO hingewiesen.

Hinweise:

Gläubiger, deren Forderungen festgestellt werden, erhalten über das Ergebnis der Forderungsprüfung keine Benachrichtigung.

In der Geschäftsstelle des Insolvenzgerichts können die Unterlagen zur Rechnungslegung und die Forderungsanmeldungen eingesehen werden.

Rechtsbehelfsbelehrung:

Gegen die Entscheidung kann Erinnerung (§ 11 Abs. 2 RPflG) eingelegt werden.

Die Erinnerung ist binnen einer Notfrist von **zwei Wochen** beim

Amtsgericht Konstanz
Untere Laube 12
78462 Konstanz

einzulegen.

Die Frist beginnt mit der Verkündung der Entscheidung oder, wenn diese nicht verkündet wird, mit deren Zustellung beziehungsweise mit der wirksamen öffentlichen Bekanntmachung gemäß § 9 InsO im Internet (www.insolvenzbekanntmachungen.de). Die öffentliche Bekanntmachung genügt zum Nachweis der Zustellung an alle Beteiligten, auch wenn die InsO neben ihr eine besondere Zustellung vorschreibt, § 9 Abs. 3 InsO. Sie gilt als bewirkt, sobald nach dem Tag der Veröffentlichung zwei weitere Tage verstrichen sind, § 9 Abs. 1 S. 3 InsO.

Für den Fristbeginn ist das zuerst eingetretene Ereignis (Verkündung, Zustellung oder wirksame öffentliche Bekanntmachung) maßgeblich.

Die Erinnerung ist schriftlich einzulegen oder durch Erklärung zu Protokoll der Geschäftsstelle des genannten Gerichts. Sie kann auch vor der Geschäftsstelle jedes Amtsgerichts zu Protokoll erklärt werden; die Frist ist jedoch nur gewahrt, wenn das Protokoll rechtzeitig bei dem genannten Gericht eingeht. Eine anwaltliche Mitwirkung ist nicht vorgeschrieben.

Die Erinnerungsschrift muss die Bezeichnung der angefochtenen Entscheidung sowie die Erklärung enthalten, dass Erinnerung gegen diese Entscheidung eingelegt werde.

Die Erinnerung ist von dem Erinnerungsführer oder seinem Bevollmächtigten zu unterzeichnen.

Rechtsbehelfe können auch als elektronisches Dokument eingelegt werden. Eine Einlegung per E-Mail ist nicht zulässig. Wie Sie bei Gericht elektronisch einreichen können, wird auf www.ejustice-bw.de beschrieben.

Schriftlich einzureichende Anträge und Erklärungen, die durch einen Rechtsanwalt, durch eine Behörde oder durch eine juristische Person des öffentlichen Rechts einschließlich der von ihr zu Erfüllung ihrer öffentlichen Aufgaben gebildeten Zusammenschlüsse eingereicht werden, sind als elektronisches Dokument zu übermitteln. Ist dies aus technischen Gründen vorübergehend nicht möglich, bleibt die Übermittlung nach den allgemeinen Vorschriften zulässig. Die vorübergehende Unmöglichkeit ist bei der Ersatzeinreichung oder unverzüglich danach glaubhaft zu machen; auf Anforderung ist ein elektronisches Dokument nachzureichen.

Rechtspfleger

▲

E. Bekanntgabe des Verzeichnisses nach § 188 InsO

69 Der Verwalter hat dem Gericht die Summe der Forderungen und den für die Verteilung verfügbaren Geldbestandes aus der Masse **anzuzeigen** (§ 188 S. 3 InsO) und das Verteilungsverzeichnis auf der Geschäftsstelle zur Einsicht der Beteiligten niederzulegen. Das Gericht veröffentlicht die Summe der Forderungen und den verfügbaren Betrag (§ 188 S. 3 InsO) Die Veröffentlichung erfolgt im Internet unter www.insolvenzbekanntmachungen.de. Mit der Veröffentlichung des Schlussverzeichnisses stehen die Forderungen, die quotal befriedigt werden für die Schlussverteilung und alle weiteren Verteilungen fest, sofern keine Änderungen nach Einwendungen nach § 189 ff. InsO zu berücksichtigen sind. Nach Veröffentlichung und Niederlegung des Verzeichnisses angemeldete Forderungen werden zwar im Schlusstermin geprüft, jedoch nicht in das Schlussverzeichnis aufgenommen. Mit dem Wirksamwerden der Veröffentlichung (§ 9 Abs. 1 S. 3 InsO) beginnt die Ausschlussfrist des § 189 InsO. Mit dem Ablauf dieser Frist beginnt die Frist zur Änderung des Verteilungsverzeichnisses (§ 193 InsO).

F. Durchführung des Schlusstermins

I. Allgemeines

70 Das Gericht bestimmt bei der Zustimmung zur Schlussverteilung den Termin für eine abschließende Gläubigerversammlung (§ 197 InsO), den Schlusstermin. Gegen den Beschluss des Rechtspflegers zur Zustimmung zur Schlussverteilung ist der Rechtsbehelf der Erinnerung nach § 11 Abs. 2 RPflG gegeben. Das Insolvenzgericht hat die vom Verwalter angezeigte Summe der Forderungen und den für die Verteilung verfügbaren Betrag öffentlich bekannt zu machen (§§ 188 S. 3, 9 InsO).

71 Die Terminierung soll so erfolgen, dass die Fristen der §§ 189 Abs. 1 und 193 InsO abgelaufen sind. Zwischen der öffentlichen Bekanntmachung in dem elektronischen Informations- und Kommunikationssystem und dem Termin soll eine Frist von mindestens einem Monat und

höchstens zwei Monaten liegen. Das Verfahren kann dabei nach den allg. Bestimmungen (Größe des Verfahrens) schriftlich erfolgen.

Die Gläubigerversammlung muss die in § 197 InsO genannten Tagesordnungspunkte enthalten: 72
- Erörterung der Schlussrechnung des Insolvenzverwalters
- Erhebung von Einwendungen gegen das Schlussverzeichnis und deren Entscheidung
- Entscheidung über nicht verwertbare Gegenstände
- Optional: Prüfung der nachträglich angemeldeten Forderungen.

II. Erörterung der Schlussrechnung

Die Gläubiger können gem. § 197 Abs. 1 InsO im Schlusstermin eine 73 Erörterung der Schlussrechnung des Insolvenzverwalters vornehmen und Einwendungen gegen das Schlussverzeichnis vornehmen. Im Schlusstermin wird die **Schlussrechnung erörtert**. Hier besteht also lediglich die Möglichkeit für Gläubiger, einzelne Punkte der Schlussrechnung mit dem Insolvenzverwalter zu besprechen (Abs. 1 S. 2 Nr. 1) und näheren Aufschluss darüber zu erlangen. Die Regelung stellt durch den Wortlaut „Erörterung“ in Abs. 1 S. 2 Nr. 1 im Gegensatz zu Abs. 1 S. 2 Nr. 2 (Erhebung von Einwendung) klar, dass gegen die Schlussrechnung keine Einwendungen im Schlusstermin mehr vorgebracht werden können.

III. Erhebung von Einwendungen gegen das Schlussverzeichnis und deren Entscheidung

Im Schlusstermin können allerdings stets Einwendungen gegen das 74 Schlussverzeichnis erhoben werden. Der Schlusstermin dient nämlich gerade der Erhebung solcher Einwendungen gegen das Schlussverzeichnis durch die Insolvenzgläubiger (§ 197 Abs. 1 S. 2 Nr. 2). Einwendungen gegen das Schlussverzeichnis können sogar nach Maßgabe des § 197 InsO nur noch im Schlusstermin selbst erhoben werden. Die Insolvenzgläubiger haben also im Schlusstermin letztmalig die Gelegenheit, Einwendungen geltend zu machen. Einwendungen gegen die Schlussrechnung können nur mündlich im Termin erhoben werden.

Hinweis

Einwendungsberechtigt sind nur Insolvenzgläubiger. Massegläubiger, Aus- und Absonderungsberechtigte sind nicht einwendungsberechtigt.[65] Die Einwendungen sind zu Protokoll zu nehmen.

75 § 197 Abs. 1 S. 2 Nr. 2 InsO erfasst nur die Einwendungen, die sich gegen die Ordnungsmäßigkeit des Schlussverzeichnisses richten. Nicht erfasst werden hingegen inhaltliche Einwendungen gegen sonstige Teile der Schlussrechnung oder materiell-rechtliche Einwendungen gegen den Bestand der Forderung.[66] Zunächst ist allerdings zu prüfen, ob der Einwendende eine Einwendungsberechtigung hat. Diese haben alle anmeldenden Insolvenzgläubiger, auch wenn ihre Forderung bestritten ist und ein rechtliches Interesse an der Änderung des Verzeichnisses besteht. Keine Berechtigung haben der Schuldner, Masse- und Nachranggläubiger.

76 Die Einwendungen können **nur im Schlusstermin** schriftlich oder mündlich durch den Gläubiger oder einen ordnungsgemäß Bevollmächtigten erhoben werden. Versäumt der Gläubiger die Erhebung von Einwendungen, wirkt das Versäumnis nicht nur für die Schlussverteilung, sondern auch für nachfolgende Verteilungen, selbst dann, wenn die Forderung vom Verwalter irrtümlich nicht aufgenommen wurde. Die Einwendungen müssen substantiiert vorgetragen werden, ansonsten werden sie durch das Gericht zurückgewiesen. Sind die Fristen der §§ 189 Abs. 1 und 190 Abs. 1 abgelaufen, kann das Fristversäumnis nicht durch Erhebung von Einwendungen nach § 194 InsO umgangen werden.

77 Die Entscheidung des Gerichts ergeht **durch Beschluss** im Termin (§§ 197 Abs. 3 i.V.m. 194 Abs. 2 und 3 InsO). Der Beschluss ist dem Gläubiger sowie dem Verwalter zuzustellen. Sollte die Entscheidung auf Aufnahme der Forderung in das Schlussverzeichnis lauten, ist sie zusätzlich auf der Geschäftsstelle zur Einsicht der Beteiligten nieder-

65 *Frege/Keller/Riedel*, HdB InsR, Rn 1702.
66 AG Duisburg NZI 2006, 112; *Hahn*, ZInsO 2010, 1056; Ahrens/Gehrlein/Ringstmeier/*Wagner*, Insolvenzrecht, § 197 Rn 6.

zulegen. Das Beschwerderecht steht dem Gläubiger und dem Verwalter, nicht jedoch dem Schuldner, im Falle der Änderung allen Insolvenzgläubigern zu, da ihre Quote durch die Aufnahme eines weiteren Gläubigers verringert wird. Liegt aber eine offensichtliche Unrichtigkeit vor, z.B. weil das Schlussverzeichnis infolge eines offensichtlichen Schreibfehlers oder Zahlendrehers o.Ä. unrichtig ist, ist § 319 ZPO anzuwenden.[67] Die Einwendungen betreffen grundsätzlich also nur die Richtigkeit des Schlussverzeichnisses im Sinne einer „Vollständigkeit", also einer Einhaltung der Bestimmungen nach §§ 189–191 InsO. Das Gericht hat hier lediglich zu prüfen, ob das Schlussverzeichnis nach den formal verfahrensrechtlichen Vorschriften richtig erstellt wurde. Materiell-rechtliche Einwendungen hat das Gericht dabei nicht zu prüfen.

Sind die Einwendungen zulässig, ordnet das Insolvenzgericht die Be- 78
richtigung des Schlussverzeichnisses durch begründeten Beschluss an, §§ 197 Abs. 3, 194 Abs. 3 InsO. Der Verwalter hat die Berichtigung entsprechend vorzunehmen. Sind die Einwendungen unbegründet, weist das Insolvenzgericht gemäß § 197 Abs. 3 InsO i.V.m. § 194 Abs. 2 InsO die unzulässige und/oder unbegründete Einwendung durch begründeten Beschluss zurück.

IV. Verwertung von Gegenständen

Ebenfalls dient der Schlusstermin dazu, über eventuell nicht verwert- 79
bare Gegenstände zu entscheiden. Zwar kann der Verwalter Massegegenstände selbst freigeben und damit aus der Verstrickung durch den Insolvenzbeschlag entlassen. Allerdings unterliegt er dabei einem Haftungsrisiko. Dies kann er dadurch minimieren, dass er ein Votum der Gläubiger im Schlusstermin herbeiführt. In der Regel erfolgt aber auch ein sog. Nachtragsvorbehalt, um sich eine spätere Verwertungsmöglichkeit zu sichern.

67 LG Bonn v. 25.2.2014 – 6 T 48/14.

V. Nachträgliche Prüfung von Forderungen

80 Anmeldungen sind längstens bis zum Schlusstermin möglich. Dies gilt auch für das Attribut der unerlaubten Handlung.[68] Erfolgt die Anmeldung allerdings erst nach der Niederlegung und der öffentlichen Bekanntmachung des Schlussverzeichnisses gem. § 188 InsO, kann die Forderung grundsätzlich nicht mehr in das Verteilungsverzeichnis aufgenommen werden. Mit anderen Worten: Eine solche Forderung wird noch geprüft, kann unter Umständen bei später eintretender Nachhaftung der Titulierungsfiktion des § 201 InsO unterliegen, findet jedoch im Rahmen der Zuteilung im Verfahren keine Berücksichtigung. Der Gläubiger erlangt lediglich noch einen Titel über seine Forderung, § 178 Abs. 3 InsO.

VI. Weitere denkbare Topics

81 In der abschließenden Gläubigerversammlung kann auch die Vergütung des Verwalters sowie der Ausschussmitglieder Thema sein. Dazu darf hierüber noch nicht entschieden worden und somit die Festsetzung aufgeschoben sein. Nachdem die Festsetzung aber ureigenste Aufgabe des Gerichts ist, ein Gläubigervotum hier zu keinerlei Einfluss führt, bildet dieser Tagesordnungspunkt eine seltene Ausnahme.

G. Schlussverteilung

82 Die Schlussverteilung bildet die Vorstufe der Verfahrensbeendigung. Erst nach einer Schlussverteilung kann das Verfahren selbst beendet werden. Die Verteilung erfolgt im Anschluss an den Schlusstermin, § 187 Abs. 3 InsO. Dabei sind die Kosten des Insolvenzverfahrens und die sonstigen Masseverbindlichkeiten vorab zu berichtigen, § 53 InsO. Aus der verbleibenden Restmasse hat der Verwalter die Insolvenzgläubiger anteilmäßig zu befriedigen. Nach Vollzug der Schlussverteilung und diesbezüglicher Bekanntgabe an das Gericht kann sodann das Verfahren beendet werden.

---

68 BGH v. 19.12.2019 – IX ZR 53/18.

Der Verwalter hat dem Insolvenzgericht den Vollzug der Schlussverteilung anzuzeigen und dazu einen Ausschüttungsbericht vorzulegen, der an die Schlussrechnung anschließen muss. Dabei hat er anzugeben, welche Beträge in welcher Höhe noch zur Masse geflossen sind, z.B. eventuelle Steuererstattungen, oder noch als erst jetzt bekannte Masseverbindlichkeiten, z.B. Kontoführungsgebühren und Bekanntmachungskosten, befriedigt werden mussten. Des Weiteren hat er die Ausschüttung der Quote an jeden im Schlussverzeichnis genannten Gläubiger zu belegen. 83

H. Beendigungsarten

I. Aufhebung

Die Aufhebung des Verfahrens nach Verteilung (§ 200 InsO) ist der Regelfall. Maßgeblicher Zeitpunkt der Aufhebung ist der Vollzug der Verteilung. Danach beschließt das Gericht, funktionell der Rechtspfleger, die Aufhebung des Verfahrens. Aber auch ohne dass eine tatsächliche Verteilung stattgefunden hat, kommt es zur Verfahrensaufhebung. Dann nämlich, wenn nur die Kosten gedeckt sind, aber keine Masse zur Verteilung an die Gläubiger zur Verfügung steht oder im Verfahren keine oder keine kostendeckende Masse erwirtschaftet wurde, dem Schuldner aber Verfahrenskostenstundung gewährt wurde. 84

Die Aufhebung des Verfahrens erfolgt durch Beschluss. Der Beschluss und der Grund der Aufhebung sind öffentlich bekanntzumachen. Der Vollzug der Verteilung geschieht durch Zahlung an die im Schlussverzeichnis aufgeführten Gläubiger und ist vor der Aufhebung vom Verwalter nachzuweisen sowie vom Gericht zu prüfen. Die Prüfung umfasst folgende Punkte: 85

- Verteilung an die aufgeführten Gläubiger
- vollständige Verteilung der Masse mit gleichen Quoten.

86 Der Inhalt des Aufhebungsbeschluss sollte die folgenden Punkte umfassen:
- Tatsache der Aufhebung evtl. mit einem Zusatz, wie z.B. „nach erfolgter Schlussverteilung“;
- Hinweis an die Gläubiger, dass nach Ablauf der Wohlverhaltensperiode die Anhörung der Gläubiger und die Entscheidung über die Erteilung durch Bekanntmachung im Internet erfolgen werden;
- Bestellung eines Treuhänders in Verfahren, die nach dem 30.6.2014 beantragt wurden (§ 288 InsO). In den „Altverfahren“ wird die Bestellung im Ankündigungsbeschluss ausgesprochen.

▼

87 **Muster 10.2: Aufhebungsbeschluss**

Beschluss

In dem Insolvenzverfahren über den Nachlass des , wohnhaft ,

– Erblasser –

hat das Amtsgericht Konstanz am beschlossen:

Das Insolvenzverfahren wird nach Abhalten des Schlusstermins im schriftlichen Verfahren und Vollzug der Schlussverteilung

aufgehoben

Rechtsbehelfsbelehrung:

Gegen die Entscheidung kann Erinnerung (§ 11 Abs. 2 RPflG) eingelegt werden.

Die Erinnerung ist binnen einer Notfrist von **zwei Wochen** beim

Amtsgericht Konstanz
Untere Laube 12
78462 Konstanz

einzulegen.

Die Frist beginnt mit der Verkündung der Entscheidung oder, wenn diese nicht verkündet wird, mit deren Zustellung beziehungsweise mit der wirksamen öffentlichen Bekanntmachung gemäß § 9 InsO im Internet (www.insolvenzbekanntmachungen.de). Die öffentliche Bekanntmachung genügt zum Nachweis der Zustellung an alle Beteiligten, auch wenn die InsO neben ihr eine besondere Zustellung vorschreibt, § 9 Abs. 3 InsO. Sie gilt als bewirkt, sobald nach dem Tag der Veröffentlichung zwei weitere Tage verstrichen sind, § 9 Abs. 1 S. 3 InsO.

Für den Fristbeginn ist das zuerst eingetretene Ereignis (Verkündung, Zustellung oder wirksame öffentliche Bekanntmachung) maßgeblich.

Die Erinnerung ist schriftlich einzulegen oder durch Erklärung zu Protokoll der Geschäftsstelle des genannten Gerichts. Sie kann auch vor der Geschäftsstelle jedes Amtsgerichts zu Protokoll erklärt werden; die Frist ist jedoch nur gewahrt, wenn das Protokoll rechtzeitig bei dem genannten Gericht eingeht. Eine anwaltliche Mitwirkung ist nicht vorgeschrieben.

Die Erinnerungsschrift muss die Bezeichnung der angefochtenen Entscheidung sowie die Erklärung enthalten, dass Erinnerung gegen diese Entscheidung eingelegt werde.

Die Erinnerung ist von dem Erinnerungsführer oder seinem Bevollmächtigten zu unterzeichnen.

Rechtsbehelfe können auch als elektronisches Dokument eingelegt werden. Eine Einlegung per E-Mail ist nicht zulässig. Wie Sie bei Gericht elektronisch einreichen können, wird auf www.ejustice-bw.de beschrieben.

Schriftlich einzureichende Anträge und Erklärungen, die durch einen Rechtsanwalt, durch eine Behörde oder durch eine juristische Person des öffentlichen Rechts einschließlich der von ihr zu Erfüllung ihrer öffentlichen Aufgaben gebildeten Zusammenschlüsse eingereicht werden, sind als elektronisches Dokument zu übermitteln. Ist dies aus technischen Gründen vorübergehend nicht möglich, bleibt die Übermittlung nach den allgemeinen Vorschriften zulässig. Die vorübergehende Unmöglichkeit ist bei der Ersatzeinreichung oder unverzüglich danach glaubhaft zu machen; auf Anforderung ist ein elektronisches Dokument nachzureichen.

Rechtspfleger

▲

II. Einstellung mangels Masse

Eine Einstellung mangels Masse erfolgt dann, wen der Verwalter im laufenden Verfahren erkennt, dass das vorhandene Vermögen nicht ausreicht, um die laufenden Verfahrenskosten zu decken. Wäre dies „vor“ Eröffnung bekannt gewesen, so wäre das Verfahren gar nicht erst eröffnet, sondern mangels Masse abgewiesen worden. Erfolgt die Erkenntnis erst im Verfahren, wird es eingestellt (§ 207 InsO). Das Insolvenzgericht hat jedoch nicht die Pflicht, die Deckung der Verfahrenskosten zu überwachen. Es ist allein dem Verwalter möglich, aufgrund seiner Verwaltung der Insolvenzmasse festzustellen, ob die be- 88 reits verwertete oder noch zu verwertende Masse ausreicht, um die Kosten des Verfahrens (§ 54 InsO).

89 Während der Abwicklung des Insolvenzverfahrens hat der Insolvenzverwalter kontinuierlich die Kostendeckung zu beobachten und bei bestehenden Zweifeln zu überprüfen.[69] Sind die Verfahrenskosten nicht mehr gedeckt, so hat der Insolvenzverwalter dies dem Gericht anzuzeigen. Dem Gericht obliegt eine Prüfungspflicht der Anzeige der Massearmut, weswegen der Insolvenzverwalter nachvollziehbar darzulegen hat, dass die Verfahrenskosten durch die Aktivmasse nicht mehr gedeckt sind.

90 Bevor das Gericht von Amts wegen die Einstellung des Verfahrens beschließt, ist gemäß § 207 Abs. 2 InsO eine Gläubigerversammlung einzuberufen und diese, die Massegläubiger und den Insolvenzverwalter zur Einstellung anzuhören (§ 207 Abs. 2 InsO). Die Gläubigerversammlung kann im Berichtstermin auf eine Anhörung im Fall der Einstellung des Insolvenzverfahrens mangels Masse verzichten. Der Verwalter ist bei Massearmut nicht mehr zur Verwertung von Massegegenständen verpflichtet (§ 207 Abs. 3 S. 2 InsO). Er verliert jedoch nicht sein Verwertungsrecht und kann die verbliebenen Massegegenstände weiterhin verwerten, wenn sich der Insolvenzverwalter hierdurch eine höhere Verfahrenskostendeckung verspricht.[70]

91 Nach der Anzeige der Massearmut hat der Insolvenzverwalter Schlussbericht und Schlussrechnung einzureichen, damit die einzuberufende Gläubigerversammlung hierüber beschließen kann. Die Erstellung eines Schlussverzeichnisses ist nicht erforderlich. Es ist jedoch sinnvoll, die abschließende Forderungsprüfung durchzuführen, falls dies noch nicht erfolgt ist.[71] Die Einstellung des Verfahrens unterbleibt, wenn ein ausreichender Geldbetrag vorgeschossen wird (§ 207 Abs. 1 S. 2 1. Alt. InsO). Der Vorschuss ist eine zweckgebundene Sondermasse, die ausschließlich zur Deckung der Verfahrenskosten verwendet werden darf.[72] Wird durch die Fortführung des Insolvenz-

---

69 Kübler/Prütting/Bork/*Pape*, InsO, § 207 Rn 9.

70 Kübler/Prütting/Bork/*Pape*, InsO, § 207 Rn 25.

71 Braun/*Kießner*, InsO, § 207 Rn 44.

72 Nerlich/Römermann/*Westphal*, InsO, § 207 Rn 24.

verfahrens später eine ausreichende Masse erwirtschaftet, die die Verfahrenskosten vollständig deckt, ist der Vorschuss zurückzuerstatten.[73]

Vor der Einstellung des Verfahrens hat der Verwalter die Kosten des Verfahrens, also die Gerichtskosten und die Vergütung des Insolvenzverwalters gemäß § 54 InsO, von diesen zuerst die Auslagen, nach dem Verhältnis ihrer Beträge zu berichtigen (§ 207 Abs. 3 S. 1 InsO). Der Einstellungsbeschluss und der Einstellungsgrund sind nach § 215 InsO öffentlich bekannt zu geben. Die Verfahrenseinstellung wird wirksam, wenn nach dem Veröffentlichungstag zwei weitere Tage verstrichen sind (§ 9 Abs. 1 S. 3 InsO). Die rechtskräftige Einstellung des Verfahrens beendet die Verwaltungs- und Verfügungsbefugnis des Insolvenzverwalters.[74] 92

An Gerichtsgebühren entsteht nach Nr. 2332 KV GKG nur die zweifache Gebühr nach der Aktivmasse. Ein mit Zustimmung des Gerichts entnommener Vorschuss auf die Verwaltervergütung muss nicht zurückgeführt werden, sofern er nicht die insgesamt festgesetzte Vergütung überschreitet.[75] 93

III. Aufhebung nach Insolvenzplanbestätigung

Der Insolvenzplan spielt im Nachlassrecht eine zu vernachlässigende Rolle und kommt de facto nicht vor. Denkbar wäre er jedoch, daher soll auch der Plan als Verfahrensbeendigung der Vollständigkeit wegen aufgeführt werden. Die Aufhebung erfolgt gemäß § 258 InsO nach rechtskräftiger Planbestätigung, funktionell durch den Richter, dem das Planverfahren vorbehalten ist, § 18 Abs. 1 Nr. 2 RPflG (zum Insolvenzplanverfahren siehe § 9 Rdn 1 ff.). Vor der Aufhebung sind die unstreitigen und fälligen Masseverbindlichkeiten zu berichtigen, für die streitigen oder nicht fälligen Masseverbindlichkeiten Sicherheit zu leisten oder ein Finanzplan vorzulegen, was durch den Richter zu prüfen ist. Eine Besonderheit besteht darin, dass der Schuldner zwar die Verfügungsgewalt über die Masse zurückerhält, aber unter Um- 94

73 OLG Frankfurt, Urt. v. 6.2.1986 – 3 U 263/84.
74 BGH, Beschl. v. 23.4.2015 – IX ZB 76/12 m. w. N.
75 BGH ZIP 1992, 120.

ständen durch eine angeordnete Planüberwachung eingeschränkt ist. Außerdem darf der Verwalter anhängige Anfechtungsprozesse weiterführen (§ 259 Abs. 2 und 3 InsO).

IV. Einstellung nach Anzeige der Masseunzulänglichkeit

95 Die Verbindlichkeiten der Massegläubiger sind bei ihrer Fälligkeit vom Insolvenzverwalter vollständig zu befriedigen. Reicht die vorhandene Insolvenzmasse nicht aus, um die fälligen sonstigen Masseverbindlichkeiten (§ 55 InsO) zu erfüllen, so hat der Insolvenzverwalter dem Insolvenzgericht das Vorliegen der Masseunzulänglichkeit anzuzeigen (§ 208 Abs. 1 InsO). Das Gericht prüft nicht, ob die Masseunzulänglichkeit vorliegt. Diese Anzeige führt zu einem Vollstreckungsverbot (§ 210 InsO) für Masseverbindlichkeiten, die vor der Anzeige der Masseunzulänglichkeit bestanden (§ 209 Abs. 1 Nr. 3 InsO). Das Gericht hat die Anzeige der Masseunzulänglichkeit öffentlich bekannt zu machen und sie den Massegläubigern besonders zuzustellen, § 208 Abs. 2 InsO. Daher muss der Insolvenzverwalter mit seiner Anzeige dem Gericht zugleich eine vollständige Liste der Massegläubiger mit zustellfähigen Anschriften einreichen. Ist dem Verwalter die Zustellung nach § 8 InsO übertragen, so hat er den Massegläubigern zuzustellen und den Nachweis der Zustellung zugleich mit der Liste der Massegläubiger einzureichen.

Sind die Verfahrenskosten gemäß § 54 InsO zwar gedeckt, nicht aber die sonstigen Masseverbindlichkeiten gemäß § 55 InsO, ist das Verfahren gemäß § 211 InsO einzustellen.

V. Einstellung wegen Wegfalls des Insolvenzgrundes

96 Das Verfahren kann eingestellt werden, wenn alle möglichen Eröffnungsgründe entweder von vornherein nicht gegeben waren und kein Rechtsmittel gegen die Eröffnung eingelegt wurde[76] oder die Eröff-

76 Kayser/Thole/*Landfermann*, InsO, § 212 Rn 2.

nungsgründe im Verlauf des Verfahrens weggefallen sind. Der Wegfall des antragstellenden Gläubigers allein reicht nicht aus.[77]

Zwingend ist ein Antrag des Schuldners (**§ 212 S. 1 InsO, bei Nachlassinsolvenz von allen Miterben**[78]), der bei juristischen Personen durch jeden Vertretungsberechtigen gestellt werden kann, indem er den Wegfall der Gründe glaubhaft macht (§ 212 S. 2 InsO),[79] was vom Gericht zu prüfen ist. Beruft sich der Schuldner auf den Wegfall der Insolvenzgründe, ist darin zugleich die Rücknahme seines Antrags auf Erteilung der Restschuldbefreiung zu sehen. 97

Schon der Antrag ist öffentlich bekannt zu machen und auf der Geschäftsstelle zur Einsicht der Beteiligten niederzulegen. Binnen einer Woche nach der Bekanntmachung können die Insolvenzgläubiger der Einstellung schriftlich widersprechen (§ 214 Abs. 1 S. 3 InsO). Die Entscheidung ergeht durch Beschluss nach Anhörung des Verwalters, des Antragstellers, eines evtl. Gläubigerausschusses und der widersprechenden Gläubiger. Vor der Einstellung sind die unstreitigen Masseverbindlichkeiten zu zahlen, für die streitigen ist Sicherheit zu leisten. Anträge dieser Art sind äußerst selten. Nach Erteilung der Restschuldbefreiung kann eine Einstellung nicht erfolgen, auch wenn das Verfahren noch läuft.[80] 98

VI. Einstellung mit Zustimmung der Gläubiger

Wie im Falle der Einstellung nach § 212 InsO ist auch hier ein Antrag des Schuldners (**bei Nachlassinsolvenz von allen Miterben**[81]) erforderlich, der in jedem Verfahrensstadium gestellt werden kann. Wird er nach Ablauf der Anmeldefrist gestellt, sind dem Antrag die Zustimmungserklärungen aller Anmeldenden, auch derer, die nach Ablauf der Anmeldefrist angemeldet haben, beizufügen, wobei bei der Prüfung darauf zu achten ist, dass die Erklärungen als Prozesshandlungen bedingungsfeindlich und unwiderruflich sind. Wird der Antrag vor dem 99

77 BGH, Beschl. v. 7.10.2010 – IX ZB 1/10.
78 Uhlenbruck/*Ries*, InsO, § 202 Rn 5.
79 OLG Celle, Beschl. v. 7.9.2000 – 2 W 69/00.
80 BGH, Beschl. v. 23.1.2014 – IX ZB 33/13.
81 Uhlenbruck/*Ries*, InsO, § 213 Rn 3.

Ablauf der Anmeldfrist gestellt, erstreckt sich die Beibringungspflicht auf alle bekannten Gläubiger (§ 213 Abs. 2 InsO).

100 Der Antrag ist öffentlich bekannt zu machen und mit den Zustimmungserklärungen auf der Geschäftsstelle zur Einsicht niederzulegen (§ 214 Abs. 1 S. 2 InsO). Die Gläubiger können binnen einer Woche seit Bekanntmachung der Einstellung widersprechen (§ 214 Abs. 1 S. 3 InsO). Die Entscheidung ergeht durch Beschluss nach Anhörung des Verwalters, des Antragstellers, eines evtl. Gläubigerausschusses und der widersprechenden Gläubiger. Vor der Einstellung sind die unstreitigen Masseverbindlichkeiten zu zahlen, für die streitigen ist Sicherheit zu leisten.

VII. Öffentliche Bekanntmachung

101 Alle das Verfahren beendenden Beschlüsse sind öffentlich bekannt zu machen. Es ist jeweils die Tatsache der Aufhebung/Einstellung und der Grund der Aufhebung/Einstellung öffentlich bekannt zu machen (§§ 200 Abs. 2 S. 1, 215 Abs. 1 S. 1 InsO). Erfolgt eine Aufhebung nach rechtskräftiger Bestätigung eines Insolvenzplanes oder endet das Verfahren mit einer Einstellung, ist dem Schuldner (Miterben), dem Verwalter und eventuellen Mitgliedern des Gläubigerausschusses vorab der Zeitpunkt der Wirksamkeit der Aufhebung bekannt zu geben (§§ 258 Abs. 3 S. 2, 215 Abs. 1 S. 2 InsO). Wirksam wird die Aufhebung/Einstellung am dritten Tag nach der Veröffentlichung (§ 9 Abs. 1 S. 3 InsO). Die öffentliche Bekanntmachung setzt die Beschwerdefrist in Gang, auch wenn der Schuldner zu diesem Zeitpunkt unbekannten Aufenthalts war.[82]

82 LG Göttingen v. 3.9.2007 – 10 T 108/07.

§ 11 Vergütung des Insolvenzverwalters und des Gläubigerausschusses

Übersicht:

A. Einführung

I. Grundlagen

Vergütungsrecht wird am ehesten mit dem Rechtsanwaltsvergütungs- 1
gesetz gleichgesetzt. Doch die InsVV ist hiermit schwerlich vergleichbar. Während beim RVG einzelne „Geschäfte" mit einer entsprechenden Gebühr „honoriert" werden, wird durch die InsVV weitestgehend für alle in der Insolvenzordnung geregelten unterschiedlichen Verfahren eine angemessene Vergütung bestimmt, die sowohl den Verfahrensarten als auch den Aufgaben der innerhalb der Verfahren Tätigen gerecht wird. Was angemessen ist, entscheidet letztlich das Insolvenzgericht. Während das RVG den sog. „Streitwert" kennt – welcher variiert –, besteht im Insolvenzrecht eine einheitliche Berechnungsgrundlage und eine einheitliche Vergütungsstruktur. Anders als beispielsweise bei den Gebühren für Anwälte, Notare oder Ärzte ist das

Bestehen eines Anspruchs auf Insolvenzverwaltervergütung nach § 63 Abs. 1 S. 1 InsO nicht davon abhängig, dass der Leistende über einen bestimmten akademischen Abschluss verfügt.

2 Während „Berechnungsgrundlage" im RVG also regelmäßig der sog. Streitwert ist oder sich die Gebühren nach festen Sätzen oder Betragsrahmen orientieren, kennt das Insolvenzrecht solche Regelungen für die Vergütung des Insolvenzverwalters nicht. Dabei ist die Vergütung des Insolvenzverwalters als reine Tätigkeitsgebühr in erster Linie erfolgsunabhängig und tätigkeitsbezogen konstruiert. „In erster Linie" bedeutet ein indirektes Erfolgskorrektiv. Denn die Verwaltervergütung errechnet sich aus den (stark degressiven) Gebührensätzen des § 2 InsVV errechnet aus der Insolvenzmasse. Die Berechnungsgrundlage ist daher indirekt als Erfolgsmerkmal zu verstehen: je mehr Masse generiert wird, desto höher letztlich die Vergütung des Verwalters, die sich daraus errechnet. Der Insolvenzverwalter hat daher Anreize, möglichst einen hohen Wert der Insolvenzmasse zu erreichen. Je höher der Wert der Insolvenzmasse ist, umso höher fällt die auf der Basis dieses Berechnungswerts nach § 2 InsVV zu ermittelnde Vergütung aus.

3 Mit diesem Kapitel soll ein erster Überblick über das weite Gebiet des Vergütungsrechts geschaffen werden. Dabei wird – ausgehend vom Nachlassinsolvenzverfahren – nur die Vergütung des Insolvenzverwalters betrachtet. Mangels einer Wohlverhaltensperiode scheidet eine Betrachtung der Vergütung des Treuhänders aus. Auch eine Eigenverwaltung mit Sachwalter ist in der Nachlassinsolvenz praktisch nicht denkbar. Möglich – aber in der Praxis nicht vorkommend – bleibt die Bildung eines Gläubigerausschusses. Dessen Vergütung soll daher zumindest in Ansätzen ebenfalls dargelegt werden.

4 Die Verwaltervergütung ist hinsichtlich der Regelvergütung indirekt erfolgsbezogen (Erfolg = Höhe der realisierten Masse, siehe Rdn 2). Ansonsten ist sie als reine Tätigkeitsgebühr ausgestaltet. Dies bedeutet, dass nur der Aufwand honoriert wird, nicht der Erfolg an sich. Dies kann auch zu unbefriedigenden Ergebnissen führen. Die Insolvenzverwaltervergütung ist als reine Tätigkeitsvergütung ausgestaltet, so dass der Einwand mangelhafter oder erfolgloser Leistung etwa – von der Geltendmachung von Schadensersatzansprüchen abgesehen – die Höhe der Vergütung grundsätzlich nicht zu beeinflussen vermag.

Dies bedeutet auch, dass der „schlechtleistende“ Verwalter grundsätzlich einen Vergütungsanspruch durchsetzen kann. Entsprechendes hat erst recht dann zu gelten, wenn konkrete Fehler bei der Verwaltertätigkeit nicht festgestellt sind, sondern es lediglich um die mangelhafte fachliche und persönliche Eignung des Verwalters zur Ausübung des Amtes geht. Deshalb hat ein Verwalter, der gemäß § 59 Abs. 1 InsO vom Insolvenzgericht aus wichtigem Grund entlassen worden ist, grundsätzlich einen Anspruch auf Festsetzung der Vergütung für seine bisherige Tätigkeit.

Auch eine die persönliche Haftung nach §§ 60, 61 InsO begründende Pflichtverletzung des Insolvenzverwalters bietet nach überwiegender Rechtsansicht (im Grundsatz) keinen Anlass, eine geringere Vergütung festzusetzen.[1] Nur im Ausnahmefall sieht sowohl die Literatur[2] als auch die Rechtsprechung[3] die Möglichkeit vor, dem Verwalter die Vergütung abzuerkennen. Zum Teil wird dies aus § 242 BGB (Treu und Glauben) abgeleitet bzw. subsumiert.[4] Daraus folgt, dass eine im Grundsatz bestehende Vergütung wegen einer besonders schwerwiegenden Pflichtverletzung verwirkt sein kann. Die Pflichtverletzung muss dabei so schwer sein, dass der bisher erarbeitete Vergütungsanspruch im Nachhinein als wertlos oder erheblich entwertet betrachtet werden muss (z.B. bei strafbarem Verhalten). Etwaige bereits erhaltene Vorschüsse sind dann zurückzuzahlen. Die Entnahme des Vorschusses ist nur eine Abschlagszahlung.[5] Der Rückzahlung steht auch nicht entgegen, dass der Verwalter die Beträge, die im Rahmen eines Vorschusses gewährt wurden, später nicht im Rahmen einer eintretenden Masseunzulänglichkeit zurückzuzahlen hat. 5

II. Querfinanzierungsgedanke

Allgemein wird bei der Vergütung des Insolvenzverwalters von einem Querfinanzierungsgedanken ausgegangen. „Bessere“ Mandate bein- 6

1 *Rechel*, Die Aufsicht des Insolvenzgerichts über den Insolvenzverwalter, S. 343 ff.
2 *Rechel*, Die Aufsicht des Insolvenzgerichts über den Insolvenzverwalter, S. 343 ff.
3 BGH ZVI 2004, 367; BGH NJW 1976, 1154 ff.; AG Hamburg ZINsO 2001, 69 f.; LG Konstanz ZInsO 1999, 589.
4 *Rechel*, Die Aufsicht des Insolvenzgerichts über den Insolvenzverwalter, S. 343 ff.
5 LG Konstanz ZinsO 1999, 589 ff.

halten in Konsequenz auch die Verpflichtung weniger einträglicher Mandate zu übernehmen. Zu betrachten ist dabei nicht das jeweils konkrete Verfahren, sondern die Summe der durch den Insolvenzverwalter übernommenen Verfahren.[6] Dass sich auf diese Weise im Einzelfall eine nicht auskömmliche Vergütung ergeben kann, ist vom Insolvenzverwalter im Hinblick auf den Grundsatz der Querfinanzierung hinzunehmen. Dies bedeutet: Der Insolvenzverwalter verdient noch auskömmlich, wenn seine Verfahren in der Gesamtheit noch ein auskömmliches Einkommen sicherstellen. Die Vergütung nach der gesetzlichen Konzeption soll „ausreichend" für den Normalfall sein. Eine Abweichung davon – z.B. in Form von Zu- oder Abschlägen – bedürfen dann einer Darlegung. § 2 InsVV enthält ein sog. Angemessenheitsvermutung („in der Regel") wonach die Regelvergütung üblicherweise den normalen Aufwand des Verwalters abdecken soll und setzt damit eine widerlegbare Angemessenheitsvermutung voraus, bei deren Abweichung vom Regelsatz eine zwingende Argumentation zu erfolgen hat.

7 Es liegt in der Natur eines solchen betragsorientierten, pauschalierten Vergütungssystems, dass damit eine Vergütung verbunden ist, die nicht in jedem Einzelfall danach fragt, ob alle notwendigen und gesetzlich gebotenen Tätigkeiten im konkreten Fall auch tatsächlich und in welcher Weise erfüllt worden sind, da pauschalierte Vergütungssysteme solche Unschärfen schlicht bewusst in Kauf nehmen.[7] Dem pauschalierten Vergütungssystem der InsVV wohnt daher auch stets eine systemimmanente Querfinanzierung[8] inne, indem ein Verwalter für die Abwicklung eines Verfahrens eine pauschalierte, betragsbezogene Vergütung – die sog. Regel- oder Staffelvergütung – erhält, die in dem einen Anwendungsfall dem tatsächlichen Aufwand im konkreten Verfahren nahekommt, ihn in einem anderen Fall deutlich überschreitet und in anderen Fällen auch deutlich unterschreitet. Nicht gedeckte oder im Einzelfall damit unangemessene Kosten bei massearmen Verfahren können damit durch massereiche Verfahren kompensiert wer-

6 BGH, Beschl. v. 12.1.2012 – IX ZB 97/11; BGH, Beschl. v. 15.1.2004 – IX ZB 96/03; BGH, Beschl. v. 13.3.2008 – IX ZB 63/05; BGH, Beschl. v. 25.6.2009 – IX ZB 118/08.

7 *Lissner*, ZInsO 2016, 1618.

8 BGHZ 157, 282, 289 = ZInsO 2004, 257.

den.[9] Die massearmen Verfahren müssen also im Durchschnitt kostendeckend vergütet werden.[10]

III. Anhörung der Beteiligten

8 Regelmäßig werden die Gläubiger im Verfahren um die Vergütungsfestsetzung vorab nicht beteiligt. Eine Anhörung der Gläubiger kann im Rahmen des Berichtstermins für die Vergütung in einem vorläufigen Verfahren oder im Schlusstermin vor der finalen Festsetzung erfolgen – zwingend vorgeschrieben ist sie indes nicht. Gleichwohl erscheint die Anhörung aufgrund deren Auswirkungen für die Gläubiger zweckdienlich,[11] aber gerade in größeren Verfahren nicht immer durchführbar.[12] Letztlich genügt die öffentliche Bekanntmachung der Festsetzung dem Anspruch auf effektiven Rechtsschutz nach Art. 19 Abs. 4, Art. 2 GG.[13] Eine Anhörung des Schuldners erscheint hingegen erforderlich.[14]

IV. Gesetzliche Grundlagen

9 Die Vergütung und der Auslagenerstattungsanspruch des (vorläufigen) Insolvenzverwalters ist in den §§ 63–65 InsO geregelt. Es finden sich dort jedoch nur allgemeine Aussagen zu der Vergütung. Die Berechnung und Festsetzung der Vergütung und Auslagen erfolgt auf Grundlage der insolvenzrechtlichen Vergütungsverordnung (InsVV), welche am 19.8.1998 auf Grundlage der Ermächtigung nach § 65 InsO erlassen wurde.[15] § 73 InsO wiederum gibt die materiell-rechtliche Grundlage für den Anspruch der Mitglieder des Gläubigerausschusses auf Ent-

9 BGH, Beschl. v. 13.3.2008 – IX ZB 60/05, Rn 12.
10 BGH, Beschl. v. 15.1.2004 – IX ZB 96/03, Rn 38.
11 BGH, Beschl. v. 21.1.2010 – IX ZB 83/06; BGH, Beschl. v. 12.7.2012 – IX ZB 42/10.
12 *Leonhardt/Smid/Zeuner*, InsVV, § 8 Rn 30.
13 *Leonhardt/Smid/Zeuner*, InsVV, § 8 Rn 30; BGH, Beschl. v. 12.7.2012 – IX ZB 42/10.
14 BGH, Beschl. v. 21.1.2010 – IX ZB 83/06.
15 BGBl I S. 2205; für die Begründung zur insolvenzrechtlichen Vergütungsverordnung abgedr. in ZIP 1998, 1460 ff.

lohnung für ihre Tätigkeit sowie für den Ersatz ihrer Aufwendungen. Die Mitglieder des Gläubigerausschusses haben danach Anspruch auf Vergütung für ihre Tätigkeit und auf Erstattung angemessener Auslagen. Dabei ist dem Zeitaufwand und dem Umfang der Tätigkeit Rechnung zu tragen.

10 Wie bei der Verwaltervergütung auch, wird durch das Gesetz durch §§ 73 Abs. 2, 65 InsO die Möglichkeit eröffnet, die nähere Vergütung in einer entsprechenden Verordnung zu regeln, sodass auch hier die InsVV Anwendung findet. § 73 InsO wird damit letztlich durch die §§ 17, 18 InsVV konkretisiert. Zuletzt geändert wurde die InsVV durch das Gesetz zur Fortentwicklung des Sanierungs- und Insolvenzrechts (SanInsFoG)[16] vom 22.12.2020. Hier erfuhr die InsVV erstmals eine wirkliche vergütungsrechtliche (und nicht nur inhaltliche) Anpassung und Anhebung der Gebühren mit Wirkung ab 1.1.2021 für alle ab diesem Zeitpunkt beantragten Verfahren.

V. Zuständigkeit

11 Die Vergütung wird nach § 64 Abs. 1 InsO seitens des Insolvenzgerichts durch Beschluss festgesetzt. Zuständig für die Festsetzung der Vergütung ist der jeweils funktionell zuständige Rechtspfleger gem. §§ 3 Nr. 2 lit. e, 18 Abs. 1 Nr. 1 RPflG. Kommt es zu keiner Verfahrenseröffnung, z.B. wegen einer Abweisung mangels Masse, obliegt die Festsetzung dem Richter. Ebenfalls liegt eine Richterzuständigkeit im Insolvenzplanverfahren vor. Hier obliegt dem Insolvenzrichter sowohl die Vergütungsfestsetzung als auch die Prüfung eines Verwalterberichts. Letztlich ist dies auch sinngemäß, denn nachdem für den Insolvenzplan der Richter zuständig ist, kann auch nur dieser über den Arbeitsanfall und die Angemessenheit der Vergütung entscheiden.

16 BGBl I 2020 S. 3256.

B. Vergütung des Insolvenzverwalters

I. Allgemeines

Der Insolvenzverwalter hat Anspruch auf Vergütung für seine Geschäftsführung und auf Erstattung angemessener Auslagen, da er – als eigenständiger Beruf – mit seiner Tätigkeit öffentliche Interessen wahrnimmt, für die ihn der Staat aufgrund seiner beruflichen Qualifikationen und Leistungen in Anspruch nimmt. Die Verordnung sieht hier in § 2 InsVV prozentuale Staffelsätze errechnet aus der vorhandenen Masse als Regelvergütungsform an. Zu errechnen ist daher zunächst einmal die vergütungsrelevante Masse. Nach erfolgreicher Ermittlung dieser werden sodann die prozentualen Staffelsätze angewandt. Der Regelsatz der Vergütung wird nach dem Wert der Insolvenzmasse zur Zeit der Beendigung des Insolvenzverfahrens berechnet. 12

Der Anspruch des Insolvenzverwalters entsteht bereits mit der Aufnahme der Tätigkeit. Die regelmäßige Fälligkeit der Verwaltervergütung tritt hingegen erst mit dem Ende der Tätigkeit ein.[17] Das Verwalteramt endet mit dem Tod oder der Geschäftsunfähigkeit des Verwalters,[18] der Entlassung aus dem Amt, einer Bestellung eines neuen Verwalters/Treuhänders, mit der Aufhebung oder der Einstellung des Verfahrens (Ausnahme nur partiell im Falle einer Nachtragsverteilung oder Planüberwachung). Eine vorzeitige Beendigung des Verwalteramtes kommt regelmäßig bei Tod, Abwahl oder Entlassung des bisherigen Insolvenzverwalters in Betracht. Vergütungstechnisch führt dies meist zu einer finanziellen Mehrbelastung insgesamt, da neben dem bisherigen Verwalter – der seinen (bisherigen) Anspruch auf Vergütung behält – auch der neue Verwalter einen solchen Anspruch erwirkt.[19] Die Regelvergütung nach § 2 InsVV ist bei einem Verwalter, dessen Amt vorzeitig geendet hat, allerdings regelmäßig gem. § 3 Abs. 2 lit. c InsVV zu reduzieren. Dies geschieht dadurch, 13

17 HambKomm-InsR/*Büttner*, § 63 Rn 26; BGH v. 1.10.2002 – IX ZB 53/02, ZInsO 2002, 1133.

18 Uhlenbruck/*Zipperer*, InsO, § 56 Rn 63 ff.

19 *Keller*, DZWIR 2005, 291 ff.

dass „seine" Tätigkeit in Relation zur Tätigkeit eines Verwalters gestellt wird, der das gesamte Verfahren begleitet hätte, und daraus dann ein angemessener Prozentsatz ermittelt wird.

II. Berechnungsgrundlage

14 Das Insolvenzgericht hat bei der Festlegung kein freies Ermessen, sondern die Rechtspflicht zur Festsetzung einer angemessenen Vergütung.[20] Diese errechnet sich im Regelfall zunächst aus der sog. Regelvergütung, diese wiederum aus der als Berechnungsgrundlage dienenden Masse. Nach § 63 Abs. 1 S. 2 InsO errechnet sich dann wiederum die Insolvenzverwaltervergütung nach dem Wert der Insolvenzmasse zur Zeit der Beendigung des Insolvenzverfahrens. In Abweichung des „redaktionellen Versehens" des Gesetzgebers ist allerdings auf den in der Schlussrechnung des Verwalters errechneten Wert der Masse abzustellen, § 1 Abs. 1 InsVV.[21] § 1 InsVV liefert dann ergänzende „Eckpunkte", wie die entsprechende Berechnungsgrundlage ermittelt werden kann.

§ 1 InsVV Berechnungsgrundlage

(1) [1]Die Vergütung des Insolvenzverwalters wird nach dem Wert der Insolvenzmasse berechnet, auf die sich die Schlußrechnung bezieht. [2]Wird das Verfahren nach Bestätigung eines Insolvenzplans aufgehoben oder durch Einstellung vorzeitig beendet, so ist die Vergütung nach dem Schätzwert der Masse zur Zeit der Beendigung des Verfahrens zu berechnen.

(2) Die maßgebliche Masse ist im einzelnen wie folgt zu bestimmen:

1. [1]Massegegenstände, die mit Absonderungsrechten belastet sind, werden berücksichtigt, wenn sie durch den Verwalter verwertet werden. [2]Der Mehrbetrag der Vergütung, der auf diese Gegenstände entfällt, darf jedoch 50 vom Hundert des Betrages nicht übersteigen, der für die Kosten ihrer Feststellung in die Masse geflossen ist. [3]Im übrigen werden die mit Absonderungsrechten

20 BGH v. 16.6.2005 – IX ZB 264/03, ZInsO 2005, 804.
21 BGH, Beschl. v. 17.6.2003 – IX ZB 476/02, ZInsO 2003, 706.

belasteten Gegenstände nur insoweit berücksichtigt, als aus ihnen der Masse ein Überschuß zusteht.

2. *Werden Aus- und Absonderungsrechte abgefunden, so wird die aus der Masse hierfür gewährte Leistung vom Sachwert der Gegenstände abgezogen, auf die sich diese Rechte erstreckten.*
3. *Steht einer Forderung eine Gegenforderung gegenüber, so wird lediglich der Überschuß berücksichtigt, der sich bei einer Verrechnung ergibt.*
4. *[1]Die Kosten des Insolvenzverfahrens und die sonstigen Masseverbindlichkeiten werden nicht abgesetzt. [2]Es gelten jedoch folgende Ausnahmen:*
   a) *Beträge, die der Verwalter nach § 5 als Vergütung für den Einsatz besonderer Sachkunde erhält, werden abgezogen.*
   b) *Wird das Unternehmen des Schuldners fortgeführt, so ist nur der Überschuß zu berücksichtigen, der sich nach Abzug der Ausgaben von den Einnahmen ergibt.*
5. *Ein Vorschuß, der von einer anderen Person als dem Schuldner zur Durchführung des Verfahrens geleistet worden ist, und ein Zuschuß, den ein Dritter zur Erfüllung eines Insolvenzplans oder zum Zweck der Erteilung der Restschuldbefreiung vor Ablauf der Abtretungsfrist geleistet hat, bleiben außer Betracht.*

Für die Berechnung der Verwaltervergütung ist zunächst nach den 15
Vorgaben des § 1 InsVV die Berechnungsgrundlage zu ermitteln. Maßgebend ist dabei grundsätzlich die sich aus der Schlussrechnung des Insolvenzverwalters ergebende Insolvenzmasse. Da die Insolvenzmasse zum Zeitpunkt der Einreichung der Schlussrechnung im Regelfall verwertet wurde, bemisst sich die Insolvenzmasse nach den Einnahmen im eröffneten Insolvenzverfahren.[22] Masseverbindlichkeiten bzw. durch die Begleichung von Masseverbindlichkeiten entstandenen Ausgaben werden von der Insolvenzmasse im Rahmen der Ermittlung der Berechnungsgrundlage – mit Ausnahme der Regelungen in § 1 Abs. 2 Nr. 4 lit. a und lit. b nicht in Abzug gebracht.

22 MüKo-InsO/*Riedel*, Anh. zu § 65, InsVV, § 1 Rn 4–5.

16 Konkret berechnet sich die Masse danach wie folgt:

1. Massegegenstände, die mit Absonderungsrechten belastet sind, werden berücksichtigt, wenn sie durch den Verwalter verwertet werden. Der Mehrbetrag der Vergütung, der auf diese Gegenstände entfällt, darf jedoch 50 vom Hundert des Betrages nicht übersteigen, der für die Kosten ihrer Feststellung in die Masse geflossen ist. Im Übrigen werden die mit Absonderungsrechten belasteten Gegenstände nur insoweit berücksichtigt, als aus ihnen der Masse ein Überschuss zusteht.
2. Der Begriff der Verwertung ist dabei weit auszulegen und umfasst alle Formen der Verwertung, sei es durch freihändigen Verkauf, Versteigerung, Einziehung oder Verkauf von Forderungen, Betreiben der Zwangsvollstreckung, den Verkauf des Betriebes oder von Betriebsteilen, Regelungen in einem Insolvenzplanverfahren. Die Art der Verwertungshandlung (bspw. Einleitung oder Beitritt zum Versteigerungsverfahren oder Veräußerung) ist also weitestgehend unerheblich. Gefordert wird lediglich, dass der Insolvenzverwalter aktiv zur Verwertung des Absonderungsgegenstandes tätig wird.[23] Sofern aus der Verwertung des Absonderungsgegenstandes ein Überschuss zugunsten der Insolvenzmasse entsteht, kann dieser Überschuss in die Berechnungsgrundlage direkt einbezogen werden. Die Einbeziehung des an den Gläubiger auszukehrenden Betrages ist nach § 1 Abs. 2 Nr. 1 InsVV insoweit gedeckelt, als der Mehrbetrag der Regelvergütung, der sich aus ihrer Einbeziehung in die Berechnungsgrundlage ergibt, den Betrag von 50 % der für die Feststellung dieser Gegenstände in die Insolvenzmasse geflossenen Massebeiträge nicht übersteigt. Dies gilt mittlerweile durch den BGH entschieden auch für Immobilien.[24]
3. Werden Aus- und Absonderungsrechte abgefunden, so wird die aus der Masse hierfür gewährte Leistung vom Sachwert der Gegenstände abgezogen, auf die sich diese Rechte erstreckten.

   Werden Aus- und Absonderungsrechte abgefunden, so ist der Wert abgefundener Aus- und Absonderungsrechte durch den als Abfin-

23 BGH, Beschl. v. 2.2.2006 – IX ZB 167/04.
24 BGH, Beschl. v. 22.7.2021 – IX ZB 85/19.

dung gezahlten Betrag zu vermindern. Nur der sich so ergebende Betrag fließt dann in die Berechnungsgrundlage ein.[25]

4. Steht einer Forderung eine Gegenforderung gegenüber, so wird lediglich der Überschuss berücksichtigt, der sich bei einer Verrechnung ergibt.
   Auch bei aufrechenbaren Forderungen zählt nur ein nach Aufrechnung verbleibender Überschuss. Zu beachten ist aber das allg. Aufrechnungsverbot in § 96 InsO, welches nur wenige Aufrechnungen überhaupt zulässt. Ist die Aufrechnung ausgeschlossen, kann der volle Wert des Forderungsbestandes bei der Ermittlung der Berechnungsgrundlage in Ansatz gebracht werden.[26] Die Einschränkung gilt jedoch nur für Aufrechnungen, welche mit einer Insolvenzforderung erfolgen, keine Anwendung findet die Regelung für Aufrechnungen mit oder gegen eine Masseverbindlichkeit (§ 1 Abs. 2 Nr. 4 InsVV), diese sind für die Ermittlung der Berechnungsgrundlage unbeachtlich.[27]
5. Die Kosten des Insolvenzverfahrens und die sonstigen Masseverbindlichkeiten werden nicht abgesetzt. Es gelten jedoch folgende Ausnahmen:
   a) Beträge, die der Verwalter nach § 5 als Vergütung für den Einsatz besonderer Sachkunde erhält, werden abgezogen.
      § 5 InsVV regelt die Fälle, in denen der Verwalter die vorgenannten Aufgaben aufgrund eigener Sachkunde wahrnimmt und diese der Masse zur Verfügung stellt. Dies folgt dem Grundsatz, wonach ein Insolvenzverwalter, der nicht über diese Spezialkenntnisse verfügt, die anstehenden notwendigen Aufgaben bei fehlender besonderer Sachkunde an einen Dritten übertragen würde, welcher dann wiederum kostenpflichtig gegenüber der Masse abrechnen könnte. Der Insolvenzverwalter, der dies nicht tut und stattdessen seine eigene Sachkunde – und damit eine Tätigkeit über das Normalmaß hinaus erfüllt – einbringt, soll hierdurch aber nicht schlechter gestellt werden, kann folglich wie der sachkundige Dritte gegenüber der Masse abrechnen.[28] Solche Kosten besonderer Sachkunde, die der

25 Zur Berechnungsmethode siehe *Graeber*, InsbürO 2005, 126 f.
26 BGH, Beschl. v. 21.1.2010 – IX ZB 197/06.
27 *Haarmeyer/Mock*, InsVV, § 1 Rn 85.
28 BGH v. 29.9.2011 – IX ZB 112/09, ZInsO 2011, 2051.

Verwalter an sich selbst ausbezahlt hat, sind – zur Vermeidung einer Doppelvergütung (diese würde sich nochmals „werterhöhend“ auswirken) – von der Berechnungsgrundlage abzuziehen. Dies gilt jedoch nur dann, wenn die Beträge unmittelbar an ihn selbst geflossen sind. Wurde der Betrag an Kanzleien oder Unternehmen, mit denen der Insolvenzverwalter gesellschaftlich verbunden ist, geleistet, wird ein Abzug nur vereinzelt angenommen.[29] Nach h.A. erfolge dann kein Abzug.[30] Ein entsprechender Vergütungsantrag muss diese Beträge auch deutlich aufzeigen. Die Regelung ist verfassungsgemäß.[31]

b) Wird das Unternehmen des Schuldners fortgeführt, so ist nur der Überschuss zu berücksichtigen, der sich nach Abzug der Ausgaben von den Einnahmen ergibt. Ein Fortführungsverlust führt hingegen nicht zur Reduzierung der Berechnungsgrundlage (also minimal „0“). Der Verwalter muss den Überschuss transparent darlegen (in einer sog. eigenen Berechnung/Vergleichsberechnung). Masseverbindlichkeiten i.S.d. § 55 InsO, die durch die Unternehmensfortführung erstmalig entstehen oder die dadurch gekennzeichnet sind, dass der Verwalter die in der Masseverbindlichkeit verkörperte Leistung für die Unternehmensfortführung in Anspruch nimmt, insbesondere die Kündigungsfristlöhne gem. § 55 Abs. 1 Nr. 2 InsO, sind durch Abzug zu berücksichtigen.[32] Die Gewährung eines Zuschlags für die Fortführung ohne Vorlage einer entsprechenden Berechnung ist unzulässig, zudem kann es dadurch zu einer unzulässigen Doppelvergütung kommen.[33]

6. Ein Vorschuss, der von einer anderen Person als dem Schuldner zur Durchführung des Verfahrens geleistet worden ist, und ein Zuschuss, den ein Dritter zur Erfüllung eines Insolvenzplans oder zum Zweck der Erteilung der Restschuldbefreiung vor Ablauf der Abtretungsfrist geleistet hat, bleiben außer Betracht.

---

29 *Haarmeyer/Mock*, InsVV, § 1 Rn 86.

30 BGH, Beschl. v. 5.7.2007 – IX ZB 305/04.

31 BGH, Beschl. v. 29.9.2011 – IX ZB 112/09.

32 BGH v. 21.7.2011 – IX ZB 148/10, ZInsO 2011, 1615; krit. *Keller*, DZWIR 2009, 231.

33 BGH, Beschl. v. 19.12.2019 – IX ZB 72/18, ZInsO 2020, 321; LG Duisburg, Beschl. v. 17.4.2018 – 7 T 147/17, ZInsO 2019, 344.

7. Durchlaufende Posten
Bei der Ermittlung der Berechnungsgrundlage ferner unberücksichtigt bleiben durchlaufende Posten, mithin Einnahmen, welche nicht dauerhaft zugunsten der Insolvenzmasse verbleiben. Dies kann einmal vorliegen, indem von der Masse zunächst verauslagte Kosten später rückerstattet werden[34] oder im Fall von Zahlungseingängen, welche der Masse nur zufallen, um später an den wahren Empfangsberechtigten weitergeleitet zu werden.[35] Solche Vorgänge führen nicht zu einer Erhöhung der Teilungsmasse und können deshalb bei der Ermittlung der Berechnungsgrundlage keine Berücksichtigung finden.

Beispiel

Durch den Einbezug durchlaufender Kosten in die Berechnungsgrundlage erhöht sich die Vergütung. Dadurch tragen die Gläubiger durch eine geringere Quote den Schaden. Dies darf nicht sein: Differenzschaden ist als Entreicherung einzubehalten Zurückbehaltungsrecht bis zur Klärung.

III. Berechnung der Vergütung

1. Allgemeines

Die Festsetzung der Verwaltervergütung erfolgt nur „auf Antrag." 17
Von Amts wegen wird eine solche nicht zugesprochen. Notwendig hierzu ist ein qualifizierter, schriftlicher Antrag bei Fälligkeit – also regelmäßig bei Beendigung des Insolvenzverfahrens.[36] In diesem Antrag muss der Verwalter zum einen die maßgebliche Insolvenzmasse konkret darlegen, zum anderen transparent auch alle anderen vergütungsrelevanten Umstände – wie etwa auf Kosten der Masse erfolgte Delegationen – anzeigen. Ebenfalls sind Vergütung, Auslagen und Umsatzsteuer getrennt auszuweisen. Erforderlich ist eine Benennung konkreter Beträge. Der Antrag hat die „beantragten" und errechneten

34 MüKo-InsO/*Riedel*, Anh. zu § 65, InsVV, § 1 Rn 41.
35 MüKo-InsO/*Riedel*, Anh. zu § 65, InsVV, § 1 Rn 45.
36 BGH, Beschl. v. 7.12.2006 – IX ZB 1/04; OLG Köln, Beschl. v. 1.12.2005 – 2 U 76/05.

Beträge bzw. die Vergütung zu enthalten und ggf. auch Gründe, die einen Zuschlag rechtfertigen.

2. Regelvergütung

18 Anhand der so errechneten und dargelegten Berechnungsgrundlage ist sodann in einem ersten Schritt die sog. **Regelvergütung** zu ermitteln. Diese beziffert sich nach § 2 InsVv wie folgt: Der Insolvenzverwalter erhält danach in der Regel

1. von den ersten 35.000 EUR der Insolvenzmasse 40 Prozent,
2. von dem Mehrbetrag bis zu 70.000 EUR 26 Prozent,
3. von dem Mehrbetrag bis zu 350.000 EUR 7,5 Prozent,
4. von dem Mehrbetrag bis zu 700.000 EUR 3,3 Prozent,
5. von dem Mehrbetrag bis zu 35.000.000 EUR 2,2 Prozent,
6. von dem Mehrbetrag bis zu 70.000.000 EUR 1,1 Prozent,
7. von dem Mehrbetrag bis zu 350.000.000 EUR 0,5 Prozent,
8. von dem Mehrbetrag bis zu 700.000.000 EUR 0,4 Prozent.

Beispiel

Berechnungsgrundlage 70.000EUR. Der Insolvenzverwalter beantragt seine Vergütung

40,00 %	aus	35.000 EUR	14.000 EUR
26,00 %	aus	35.000 EUR	9.100 EUR
7,50 %	aus	0 EUR	0 EUR
3,30 %	aus	0 EUR	0 EUR
2,20 %	aus	0 EUR	0 EUR
1,10 %	aus	0 EUR	0 EUR
0,50 %	aus	0 EUR	0 EUR
0,40 %	aus	0 EUR	0 EUR
0,20 %	aus	0 EUR	0 EUR
	Zwischensumme		23.100 EUR
		Summe:	23.100 EUR
	19 %	Umsatzsteuer:	4.389 EUR
	gesamte Vergütung:		**27.489 EUR**

3. Mindestvergütung

§ 2 Abs. 2 InsVV regelt darüber hinaus die sog. Mindestvergütung für den Insolvenzverwalter. Diese beträgt 1.400 EUR. Von elf bis zu 30 Gläubigern erhöht sich die Vergütung für je angefangene fünf Gläubiger um 210 EUR. Ab 31 Gläubigern erhöht sich die Vergütung je angefangene fünf Gläubiger um 140 EUR. Sofern es sich allerdings um ein Verbraucherinsolvenzverfahren handelt, gilt es die Besonderheit des § 13 InsVV zu beachten. Diese beträgt danach 1.120 EUR. Diese „Reduzierung" wird dadurch begründet, dass im Falle einer Verbraucherinsolvenz die den außergerichtlichen Einigungsversuch durchführende Stelle bereits die Datenlage aufgearbeitet hat, wodurch die Arbeit eines späteren Verwalters erleichtert werde. 19

4. Zuschläge

Die Grundlage der Vergütung bildet § 63 Abs. 1 InsO. Der Regelsatz der Vergütung wird danach nach dem Wert der Insolvenzmasse zur Zeit der Beendigung des Insolvenzverfahrens berechnet. Weiter besagt Satz 3 der Vorschrift, dass dem Umfang und der Schwierigkeit der Geschäftsführung des Verwalters durch Abweichungen vom Regelsatz Rechnung getragen werden soll. Neben § 63 InsO bildet dabei die Regelangemessenheitsvermutung in § 2 InsVV eine weitere Säule der InsVV Grundstruktur. Diese Norm besagt, dass „in der Regel" mit der Standardvergütung auszukommen ist. Ausgehend von diesem Findungsprozess des Normalfalls muss dann in einem zweiten Schritt geprüft werden, ob der Insolvenzverwalter ausreichend honoriert wird. 20

Zuschläge können immer dann zugestanden werden, wenn eine Abweichung vom Normalfall stattgefunden hat. Dies kann sowohl bei Regel- als auch bei Sonderaufgaben der Fall sein. Voraussetzung sei lediglich, dass die Abweichung „nennenswert" ist, was erst ab einer Mehrbelastung von mind. 5 % (sog. Bagatellgrenze) als üblich angesehen wird. Als Korrektiv zu den starren, ausschließlich auf den Wert der Masse bezogenen Regelsätzen in § 2 InsVV sind konkret tätigkeitsbezogene Zu- und Abschläge im Grundsatz denkbar. Dem Umfang und der Schwierigkeit der Geschäftsführung des Verwalters ist in solchen Fällen durch Abweichungen vom Regelsatz Rechnung zu tragen. 21

Bei der Berechnung der Zu- und Abschläge ist dabei maßgebendes Bemessungskriterium der tatsächlich gestiegene oder geminderte Arbeitsaufwand des Insolvenzverwalters.[37] Sog. Faustregeltabellen sind strikt abzulehnen.[38] Nach Ansicht des BGH[39] sei zudem unausgesprochenes Korrektiv bei der Frage der Zuschläge und damit der Vergütung an sich, wie sich die Berechnungsgrundlage darstelle. Bei der Prüfung einer im Einzelfall gebotenen Erhöhung der Regelvergütung sei auch die Höhe der Berechnungsgrundlage in die Gesamtwürdigung einzubeziehen. Je größer die Insolvenzmasse sei, umso höher falle schon die Regelvergütung aus, sodass ein Mehraufwand von der Staffelvergütung bereits umfasst sein könne. Der BGH bleibt damit seiner Auffassung treu, dass in einem größeren Insolvenzverfahren der regelmäßig anfallende Mehraufwand des Insolvenzverwalters im Grundsatz bereits dadurch abgegolten ist, dass die größere Vermögensmasse zu einer höheren Vergütung führt. Zuschläge für einen quantitativ höheren Aufwand setzen daher die Darlegung voraus, dass der tatsächlich erforderliche Aufwand erheblich über dem bei vergleichbaren Massen Üblichen liegt.[40]

22 Folgende Zuschläge wurden in der Literatur bereits anerkannt:

Zuschlagsgrund	**Zuschlag möglich i.H.v.**	**Damit befasst haben sich**
Abschlagsverteilung	15 %	
Arbeitgeberfunktion	40 %	BGH ZInsO 2007,1272
Abwicklungsprobleme	25–100 %	Haarmeyer/Wutzke/Förster
Anfechtungen	10–60 %	BGH ZInsO 2004, 672
Auffanggesellschaft	25–50 %	LG Neubrandenburg ZInsO 2003, 26 ff.

37 Siehe auch *Lissner*, AGS 2013, 261 ff.

38 BGH, Beschl. v. 21.7.2016 – IX ZB 70/14; BGH ZInsO 2007, 370.

39 BGH, Beschl. v. 29.4.2021 – IX ZB 58/19.

40 BGH, Beschl. v. 21.9.2017 – IX ZB 28/14, ZIP 2017, 2063 Rn 24 zum vorläufigen Insolvenzverwalter.

Aus- und Absonderung	10–100 %	LG Bamberg ZInsO 2005, 477
Betriebsfortführung	25–100 %	BGH ZInsO 2007,438; BGH ZIP 2006, 197; LG Dresden ZIP 2005, 1745
Mehrere Betriebsstätten	25–75 %	LG Neubrandenburg ZInsO 2003, 26; OLG Celle ZInsO 2001,948
Betriebsveräußerung	25–150	LG München ZIP 2006,197; Haarmeyer/Wutzke/Förster
Buchhaltung	10–100 %	LG München ZIP 2006,197; LG Bonn ZInsO 2002,1030; BGH NZI 2004, 665; BGH DZWIR 2005, 32 f.
Delegation	Abschlag	BGH ZInsO 2004, 1348
Erhalt von Arbeitsplätzen	25–75 %	AG Göttingen ZInsO 1999,482; Haarmeyer/Wutzke/Förster
Überwiegende Befriedigung aller Gläubiger (ab 80 % Quote)	50 %	Haarmeyer/Wutzke/Förster
Gebäude/Grundbesitz	10 %	LG Leipzig ZInsO 2000, 240; BGH ZInsO 2004, 1350
Geschäftsführerüberwachung	10–25 %	LG Dresden ZIP 2005, 1745
Hohe Gläubigerzahl	10–75 %	AG Bonn ZInsO 2000, 55; LG Braunschweig ZInsO 2001, 552; AG Göttingen ZInsO 2001, 616
Grundstücksverwertung	25–100 %	BGH ZInsO 2007, 1269
Insolvenzplan	50–350 %	BGH ZInsO 2007, 436f; LG Traunstein, ZInsO 2000,519ff;
Umfangreiche Mietverhältnisse	10–100 %	AG Bamberg ZVI 2005, 391; LG Braunschweig ZInsO 2001, 552 f.

Poolvereinbarungen	50–75 %	LG Bielefeld ZInsO 2004, 1252
Erledigung v. Sonderaufgaben eigener Mitarbeiter	10–100 %	BGH ZInsO 2007, 1268
Rechtliche Probleme	5–100 %	BGH ZInsO 2007, 1269; BGH ZInsO 2004, 1351; LG Dresden ZIP 2005, 1745
Erfolgreiche Sanierung	50–100 %	BGH ZInsO 2001,165; BGH ZInsO 2007, 439
Unkooperativer Schuldner	5–25 %	LG Braunschweig ZInsO 2001, 552; LG München ZIP 2006, 197 f.
Sozialplan	25–50 %	BGH ZInsO 2007, 439
Lange Verfahrensdauer	10–25 %	LG Potsdam EWIR 2006,505; BGH ZIP 2006,1008
Verwertungsprobleme	10–100 %	BGH ZInsO 2007,1269; BGH ZInsO 2004, 1351; LG Bamberg, ZInsO 2005,477 ff.
Vorfinanzierung Insolvenzgeld	35–60 %	BHG ZInsO 2007, 438; LG Potsdam ZInsO 2005, 588; LG Dresden ZIP 2005,1745

23 **Hinweis**

Solche „Faustregeltabellen“ haben keinen normativen Charakter. Sie bilden immer nur Einzelfälle ab, die nicht vergleichbar mit anderen Sachverhalten sind. Folglich werden solche „Erfahrungstabellen“ in der Praxis auch kaum noch von den Gerichten akzeptiert. Zudem hat der BGH mehrfach betont, dass die Frage der Zuschläge dynamisch zu verstehen sei. D.h. größere Verfahren mit einer bereits hohen Basissumme an Vergütung decken dabei auch Mehrarbeit pauschal mit ab.

24 Zustellungen an besonders viele Gläubiger sind nicht mehr vuschlagsfähig. Zustellungen werden durch Bezugnahme auf Nr. 9002 KV GKG mit 3,50 EUR je Zustellung gesondert vergütet.

Mit der Regelvergütung soll die Tätigkeit des Insolvenzverwalters in einem vergleichbaren Normalverfahren abgedeckt werden. Dieses Normalverfahren ist gesetzlich nicht definiert. Folgende Kriterien wurden bislang für ein Normalverfahren im Einzelfall bereits angenommen: 25

- Umsatz bis zu 1,5 Mio. EUR jährlich;
- Prüfung von Fremdrechten auch in erheblichem Umfang ohne besondere rechtliche Schwierigkeiten;
- weniger als 20 Arbeitnehmer;
- keine Unternehmensfortführung;
- keine Sanierungshandlungen;
- eine Betriebsstätte;
- keine Auslandsberührungen;
- Forderungsanmeldungen von bis zu 100 Gläubigern;
- Einzug von bis zu 100 Forderungen;
- Anfechtungsansprüche von mittlerer rechtlicher Schwierigkeit oder von geringer Zahl;
- Befriedigungsquote von bis zu 30 Prozent.

Der BGH scheint dieser Definition aber nicht mehr zu folgen (s.o.), stattdessen scheint er einen sog. dynamischen Normalfallbegriff in Ansatz zu bringen. Die Regelaufgaben des Insolvenzverwalters sollen sich aus dem jeweiligen Verfahrenszuschnitt ergeben unter Zugrundelegung der Überlegung, dass bei einem größeren Verfahren die Regelvergütung höher ist und dadurch die dort typischerweise anfallenden Tätigkeiten bereits damit abgegolten wären.[41] 26

IV. Besondere Berechnungsgrundlage beim vorläufigen Insolvenzverwalter

Grundsätzlich ist im Nachlassinsolvenzverfahren nicht oder äußerst selten von einer vorläufigen Insolvenz auszugehen. Daher sollen Ausführungen zum vorläufien Insolvenzverwalter an dieser Stelle nur rudimentär erfolgen. Konkret werden sie für das Nachlassverfahren keine Rolle spielen. 27

41 *Lissner*, ZInsO 2022, 124 ff.

1. Andere Berechnungsgrundlage

28 Nach § 63 Abs. 3 InsO i.V.m. § 11 Abs. 1 InsVV ist Berechnungsgrundlage der Vergütung des vorläufigen Insolvenzverwalters grundsätzlich das gesamte der vorläufigen Verwaltung unterliegende Vermögen, einschließlich der mit Aus- oder Absonderungsrechten belasteten Gegenstände, sofern eine erhebliche Befassung stattgefunden hat.[42] Es ist dabei nicht nur das bei Beendigung der vorläufigen Verwaltung vorhandene Vermögen heranzuziehen, auch veräußerte oder verarbeitete Vermögenswerte können berücksichtigt werden, sofern für diese keine Gegenleistung in die Insolvenzmasse geflossen ist.[43] Die Berechnungsgrundlage weicht damit beim vorläufigen Insolvenzverwalter von derjenigen des endgültigen Insolvenzverwalters ab.

2. Vergütungshöhe

29 Die Regelvergütung des vorläufigen Insolvenzverwalters beträgt nach § 63 Abs. 3 InsO i.V.m. § 2 InsVV 25 Prozent der Vergütung des Insolvenzverwalters. Es ist damit zunächst ausgehend von der ermittelten Berechnungsgrundlage nach den Regelungen des § 2 InsVV eine fiktive Regelvergütung des Insolvenzverwalters zu ermitteln, um dann hieraus ein Viertel als Regelvergütung des vorläufigen Insolvenzverwalters anzusetzen. Die Mindestvergütung des vorläufigen Insolvenzverwalters beträgt, abhängig von der Zahl der Gläubiger im Insolvenzverfahren, in entsprechender Anwendung des § 2 Abs. 2 InsVV ebenfalls volle 1.000 EUR. Insoweit findet die 25 Prozent-Regel keine Anwendung.[44] Zu- und Abschläge sind ebenfalls denkbar.

V. Festsetzungsverfahren

1. Allgemeines

30 Der Insolvenzverwalter hat bei Beendigung seines Amtes Schlussrechnung zu legen. Diesen verbindet er mit seinem dann fälligen Vergü-

42 Gottwald/Haas/*Keller*, InsR-HdB, § 129 Rn 52c.
43 MüKo-Inso/*Stephan*, Anh. zu § 65, InsVV, § 11 Rn 27.
44 BGH, Beschl. v. 13.7.2006 – IX ZB 104/05; Gottwald/Haas/*Keller*, InsR-HdB, § 129 Rn 53.

tungsantrag. Dieser muss schriftlich und konkret erstellt sein. Aus dem Antrag selbst sollen sich alle wesentlichen Dinge über Vergütung, Zusammensetzung, Berechnungsgrundlage, aber auch vergeben Aufträge ergeben.

▼

Muster 11.1: Vergütungsantrag 31

Sehr geehrte Damen und Herren,

in vorbezeichneter Angelegenheit beantrage ich,

die Vergütung des Insolvenzverwalters auf 15.728,79 EUR zzgl. 19 % Umsatzsteuer	2.988,47 EUR
die zu erstattenden Auslagen auf 2.359,32 EUR zzgl. 19 % Umsatzsteuer	448,27 EUR
sowie die zu erstattenden Auslagen für Zustellungen auf 115,50 EUR zzgl. 19 % Umsatzsteuer	21,95 EUR
Gesamtbetrag Vergütung und Auslagen inkl. Umsatzsteuer	**21.662,30 EUR**

festzusetzen.

Vorbehaltlich der Festsetzung darf um Zustimmung zur Entnahme der Vergütung aus der vorhandenen Masse gebeten werden.

Begründung:

Nach § 1 Abs. 1 InsVV wird die Vergütung des Insolvenzverwalters nach dem Wert der Insolvenzmasse berechnet, auf die sich die Schlussrechnung bezieht.

1. Maßgebliche Insolvenzmasse

Nach der mit diesem Antrag vorgelegten Schlussrechnung per 7.5.2024 beträgt der Wert der während des Insolvenzverfahrens verwalteten Insolvenzmasse nach der Summe der vereinnahmten Erlöse.	**41.649,18 EUR**
An dem Verfahren haben acht Gläubiger teilgenommen.	

2. Regelvergütung gemäß § 2 InsVV

Aus der zuvor dargelegten maßgeblichen Masse errechnet sich nach § 2 InsVV unter Berücksichtigung der Zahl der anmeldenden Gläubiger eine Regelvergütung in Höhe von	**15.728,79 EUR**
Es ergibt sich damit die zur Festsetzung beantragte Nettovergütung in Höhe von	**15.728,79 EUR**

3. Zuschläge und Abschläge und Verträge nach § 4 Abs. 1 Satz 3 InsVV

3.1 Zuschläge nach § 3 Abs. 1 InsVV

Besondere Umstände, die einen Vergütungszuschlag im Sinne der o.g. Bestimmung rechtfertigen könnten, sind nicht ersichtlich.

3.2 Abschläge gemäß § 3 Abs. 2 InsVV

Besondere Umstände, die einen Vergütungsabschlag im Sinne der o.g. Bestimmung rechtfertigen könnten, sind nicht ersichtlich.

4. Auslagenerstattung

Die beantragte Auslagenpauschale ergibt sich aus § 8 Abs. 3 InsVV.

Es errechnet sich unter Berücksichtigung der oben bezifferten Regelvergütung des Insolvenzverwalters bei einer Verfahrensdauer von insgesamt neun Monaten bis zur Erstellung des vorliegenden Schlussberichts eine Auslagenpauschale in Höhe von **2.359,32 EUR**

Dem Insolvenzverwalter wurde gemäß § 8 Abs. 3 InsO die Vornahme notwendiger Zustellungen übertragen.

Für die Übertragung der Zustellungen i.S.d. § 8 Abs. 3 InsO gilt Nr. 9002 des Kostenverzeichnisses zum GKG entsprechend (Pauschale i.H.v. 3,50 EUR), § 4 Abs. 2 S. 2 InsVV

Es waren/sind folgende Zustellungen an die Gläubiger vorzunehmen:

Zustellungen	**Anzahl**
Eröffnungsbeschluss	27
Ladung Gläubigerversammlung	5
Besonderer Prüfungstermin	3
Schlusstermin	8
Zwischensumme	43
abzüglich der ersten zehn Zustellungen	- 10
Summe	**33**

Es ergeben sich daraus die zur Festsetzung beantragten Auslagen für Zustellungen in Höhe von **115,50 EUR.**

5. Umsatzsteuer

Vergütung und Auslagen des Insolvenzverwalters unterliegen nach § 7 InsVV der gesetzlichen Umsatzsteuer von derzeit 19 %, so dass sie um einen Betrag in Höhe von

2.988,47 EUR	(Vergütung)
448,27 EUR	(Auslagen)
21,95 EUR	(Zustellungsauslagen)

zu erhöhen sind, da der Insolvenzverwalter die Umsatzsteuer auf Vergütung und Auslagen abzuführen hat.

Die dargelegten Berechnungen ergeben sich aus dem als Anlage beigefügten Berechnungsblatt.

Mit freundlichen Grüßen

Insolvenzverwalter

▲

Wie aus dem Muster ersichtlich, beinhaltet der Antrag bereits alle 32
notwendigen Informationen, die für den späteren gerichtlichen Beschluss erforderlich sind. Wichtig sind dabei für das Gericht

- Höhe der Berechnungsgrundlage und deren Zusammensetzung
- Auslagen und Zeitraum ihres Ansatzes
- Delegationen: welche Aufträge wurden aus der Masse vergeben und handelt es sich um eine Sonder- oder eine Regelaufgabe, die vergeben wurde.

Das Festsetzungsverfahren basiert auf der Bestimmung § 64 InsO, welche durch § 8 InsVV – was Form, Inhalt und Zeit angeht – konkretisiert wird. Voraussetzung einer gerichtlichen Vergütungsfestsetzung ist dabei stets das Vorliegen eines Antrages, denn eine Festsetzung von Amts wegen ist gesetzlich nicht vorgesehen. Dieser Antrag muss „konkret“ und bezeichnend gestellt werden. Konkret“ bedeutet dabei, dass der „Antrag“ an sich bereits schlüssig und nachvollziehbar ist, also alle wesentlichen Angaben enthält. Die Vergütung muss sich dabei also letztlich aus dem Antrag selbst ergeben und sollte in ihrer Ausgestaltung transparent sein, so dass sie jeder nachvollziehen und ihre Zusammensetzung erkennen kann. Der Vergütungsantrag muss dabei so beschaffen sein, dass ein Dritter – etwa ein nicht professionalisierter Gläubiger – dies ebenfalls nachvollziehen kann. Nur so kann dem

Korrektiv der Gläubigerautonomie Genüge getan werden. Neben der Vergütung, der Berechnungsgrundlage, den Auslagen und der Umsatzsteuer müssen auch anderweitige Umstände transparent und nachvollziehbar offengelegt werden (siehe im Folgenden).

2. Fälligkeit

33 Der Anspruch des Insolvenzverwalters entsteht bereits mit der Aufnahme der Tätigkeit und wird mit der vollständigen Erbringung der vergütungspflichtigen Arbeitsleistung des Verwalters fällig.[45] Die regelmäßige Fälligkeit der Verwaltervergütung tritt daher erst mit dem Ende der gerichtlich zugewiesenen Tätigkeit ein.[46] Das Verwalteramt endet aber ansonsten auch mit dem Tod oder der Geschäftsunfähigkeit des Verwalters,[47] der Entlassung aus dem Amt, einer Bestellung eines neuen Verwalters/Treuhänders, mit der Aufhebung oder der Einstellung des Verfahrens (Ausnahme nur partiell im Falle einer Nachtragsverteilung oder Planüberwachung)[48] oder bei der Restschuldbefreiung mit der Rechtskraft des Versagungsbeschlusses.[49]

3. Prüfung durch das Gericht

34 Das Gericht hat sodann den Vergütungsantrag zu prüfen und zu würdigen. Sofern eine unangemessen hohe Vergütung beantragt wird, wird das Gericht diese zu kürzen haben. Festzusetzen ist nur eine angemessene Vergütung. Problematisch kann die Prüfung der Vergütung dann sein, wenn neben der Regelvergütung Zuschläge geltend gemacht werden oder Delegationen erfolgt sind. Ein Mehraufwand kann sowohl bei der Regeltätigkeit des Insolvenzverwalters anfallen als auch dann, wenn Sonderaufgaben zu tätigen sind. Gerade bei Letzteren kommt eine komplexe zu betrachtende und zu würdigende Auseinandersetzung dann in Betracht, wenn diese Tätigkeiten nicht selbst wahrgenommen, sondern durch den Insolvenzverwalter delegiert wurden.

45 BGH, Beschl. v. 29.3.2007 – IX ZB 153/06, Rn 5.
46 HambKomm-InsR/*Büttner*, § 63 Rn 26; BGH, Beschl. v. 1.10.2002 – IX ZB 53/02, ZInsO 2002, 1133.
47 Uhlenbruck/*Zipperer*, InsO, § 56 Rn 63 ff.
48 Ahrens/Gehrlein/Ringstmeier/*Lind*, InsO, § 56 Rn 29.
49 Ahrens/Gehrlein/Ringstmeier/*Lind*, InsO, § 56 Rn 29.

Delegationen sind zulässig und viele Insolvenzverfahren kommen ohne solche gar nicht aus. Bei der Delegation ist aber noch danach zu unterscheiden, ob es sich um höchstpersönliche Aufgaben, Regelaufgaben oder Sonderaufgaben handelt. Je nachdem welche dieser Aufgaben delegiert wurde, kann dies zu unterschiedlichen vergütungsrechtlichen Folgen für den Insolvenzverwalter führen.

a) Höchstpersönliche Aufgaben

Höchstpersönliche Aufgaben sind nicht delegationsfähig. Erfolgen 35
dennoch solche, wäre dies ein Fall der Aufsichtspflicht des Insolvenzgerichts. Das Gesetz legt an gewissen Stellen ein besonderes Augenmerk auf die Selbstbearbeitung durch den Insolvenzverwalter.

b) Regelaufgaben

Delegiert der Insolvenzverwalter Regelaufgaben, so ist ihm das auch 36
nicht verwehrt. Der Verwalter ist nicht gezwungen, alles selbst zu tätigen. Allerdings muss eine solche Delegation finanzielle Folgen haben, denn für diese Regeltätigkeiten wird der Insolvenzverwalter im Grunde im Rahmen der Regelvergütung honoriert. Da diese Regelaufgaben jedoch von der Regelvergütung des Insolvenzverwalters umfasst sind, führt eine solche Delegation dazu, dass die so verursachten Kosten von der Verwaltervergütung abzuziehen sind, nicht zulasten der Masse und damit letztlich der Gläubiger gehen dürfen. Nach Ansicht des BGH[50] sind solche Beträge also voll abzuziehen, sodass – im schlimmsten Fall – sogar die Regelvergütung wegen der Degression der Verwaltervergütung aufgezehrt werden kann.[51]

c) Sonderaufgaben

Eine Delegation von Sonderaufgaben kann (muss aber nicht) ebenfalls 37
zu einer Erleichterung der sonstigen Insolvenzverwaltervergütung führen. Dies hängt vom konkreten Einzelfall ab. Unabhängig davon können Sonderaufgaben delegiert oder auch im Rahmen eines Zuschlages gewürdigt werden. Grundsätzlich beachtenswert durch das Gericht ist die Kombination von Delegation und (zusätzlich) geltend

50 BGH, Beschl. v. 4.12.2014 – IX ZB 60/13, NZI 2015, 141 Rn 18.
51 Zum Beispiel BGH, Beschl. v. 12.9.2019 – IX ZB 2/19.

gemachten Zuschlägen. Werden für fremdvergebene Tätigkeiten Zuschläge geltend gemacht, kann dies ernsthafte Konsequenzen für die Verwaltervergütung – eine Verwirkung – und strafrechtliche Konsequenzen haben. Grundsätzlich – nicht immer – ist nach dem BGH nämlich davon auszugehen, dass bei Vergabe keine Zuschläge mehr für dieselbe Tätigkeit entstehen können.

4. Bearbeitungszeitraum

38 Das Festsetzungsverfahren soll „zeitnah" nach Einreichung des Vergütungsantrages erfolgen. Mithin ist dabei die monatelange bis jahrelange Vorfinanzierungslast des Insolvenzverwalters zu beachten. Dieser wird zu Beginn tätig – die entsprechende Vergütung für sich und seine Mitarbeiter erhält er oftmals erst Jahre später. Folglich ist die Vergütungsfestsetzung mit der gebotenen Beschleunigung vorzunehmen. Eine Verzinsung seines Gebührenanspruchs findet nicht statt.[52] Um diese Vorfinanzierungslast abzumildern, kann der Insolvenzverwalter einen Vorschuss auf seine Vergütung verlangen, sofern die Voraussetzungen vorliegen.

5. Vorschuss

39 Der Insolvenzverwalter kann nach § 9 InsVV aus der Insolvenzmasse einen Vorschuss auf die Vergütung und die Auslagen entnehmen, wenn das Insolvenzgericht zustimmt. Diese Zustimmung soll dabei erteilt werden, wenn das Insolvenzverfahren länger als sechs Monate dauert oder wenn besonders hohe Auslagen erforderlich werden. Der Verordnungsgeber sieht danach zwei Fallkonstellationen vor. Einerseits soll das Gericht eine Zustimmung dann erteilen, wenn das Verfahren länger als sechs Monate dauert. Trotz dieses vorgegebenen Regelfalls bedarf es durch den Verwalter im Antrag auch bei entsprechender Konstellation noch einer Darlegung.[53] Dies gilt insbesondere auch im Wiederholungsfalle, denn § 9 S. 2 InsVV in der Konstellation „sechs Monate" ist nicht als Intervallrechtfertigung anzusehen.[54] Das Regel-

52 BGH, ZInsO 2004, 268 ff.; so wohl auch *Holdt*, ZInsO 2002, 1122 f.; *Lissner*, AGS 2015, 1 ff.

53 Leonhardt/Smid/Zeuner/*Amberger*, InsVV, § 9 Rn 19 ff.

54 LG Stuttgart, Beschl. v. 15.8.2000 – 10 T 149/00, ZInsO 2000, 621.

beispiel stellt auch keinen Mindestzeitabstand dar. Vorschüsse können auch später, nach einem bereits erhaltenen Vorschuss, nochmals (also nach, aber auch vor[55]) diesem Zeitpunkt erneut beantragt werden.[56] Das Regelbeispiel schließt auch nicht aus, dass bereits vor Ablauf von sechs Monaten ein (erster) Vorschuss beantragt werden kann. Vielmehr liefert das Regelbeispiel nur ein Indiz, welches die gebundene „Ermessensentscheidung"[57] vereinfacht.

Aus dem genannten Zeitraum ergibt sich aber auch kein Automatismus, woraus „stets" in einem Intervall von sechs Monaten ein Vorschuss zu gewähren ist.[58] Daneben sieht § 9 S. 2 InsVV ein weiteres Regelbeispiel vor, nämlich dann, wenn besonders hoher Auslagen vorliegen. Der Verwalter geht grundsätzlich mit seiner Leistung in Vorschuss. Auch wenn sein Anspruch mit Leistung entsteht, wird er erst am Verfahrensende fällig. Hier geht der (jeder) Insolvenzverwalter ein erhebliches Risiko ein, nämlich das Risiko letztlich „leer" auszugehen, etwa aufgrund einer Massearmut (z.B. §§ 208 f. InsO) oder sonstigen Auseinandersetzungen. Durch die Gewährung von Vorschüssen soll sein Ausfallrisiko daher ausgeschaltet oder wenigstens verringert werden.[59] Ein Vorschuss kommt insbesondere dann in Betracht, wenn eine Gefährdung berechtigter Verwalterinteressen droht.[60] oder wenn der Verwaltung angesichts des einzelnen Verfahrens überdurchschnittlichen Belastungen ausgesetzt ist. Insoweit entsteht dann für den Verwalter ein Anspruch auf pflichtgemäße Entscheidung über die Gewährung eines angemessenen Vergütungsvorschusses, insbesondere wenn das Regelbeispiel hoher Auslagen zutrifft. Eine Regelung, ab welchem Betrag etwa von „besonders hohen Auslagen" gesprochen werden kann, sieht die Verordnung hingegen nicht vor. 40

Eine Vorschussfestsetzung von Amts wegen erfolgt nicht.[61] Der Antrag muss in seiner Ausgestaltung demjenigen des späteren, finalen 41

55 BGH, Urt. v. 17.11.2005 – IX ZR 179/04.
56 Graeber/*Graeber*, InsVV-Online, Rn 42 zu § 9.
57 Leonhardt/Smid/Zeuner/*Amberger*, InsVV, § 9 Rn 12.
58 LG Stuttgart, Beschl. v. 15.8.2000 – 10 T 149/00, ZInsO 2000, 621.
59 BGH, Urt. v. 5.12.1991 – IX ZR 275/90.
60 *Haarmeyer/Mock*, § 9 Rn 12.
61 BGH, Beschl. v. 30.3.2006 – IX ZB 282/04.

Vergütungsantrags entsprechen.[62] Dieser ist durch das Insolvenzgericht zu gewähren, sofern die Voraussetzungen des § 9 InsVV gegeben sind. Längstens kann der Antrag auf Vorschuss bis zur endgültigen Vergütungsantragstellung gestellt werden. Danach fehlt das Rechtschutzinteresse. Mit dem Ausscheiden aus dem Verwalteramt erlischt zudem das Antragsrecht auf Vorschuss.[63] Hinsichtlich der Vorschusshöhe schweigt das Gesetz, ein angemessener Vorschuss kann jedoch im Einzelfall bis zur max. Vergütung (die vollen zu erwartenden Beträge[64]) gewährt werden. Die Berechnungsgrundlage für den Vorschuss ergibt sich aus der gesamten zu erwarteten, also auch zukünftige, Masse,[65] die notfalls durch den Verwalter zu schätzen ist.[66]

6. Rechtsmittel

42 Gegen den Festsetzungsbeschluss stehen dem Verwalter, dem Schuldner und jedem Insolvenzgläubiger die sofortige Beschwerde zu (§ 64 Abs. 3 InsO). Die Beschwerdefrist beträgt zwei Wochen (§ 569 Abs. 1 S. 1 ZPO). Sie beginnt gem. § 6 Abs. 2 InsO gegen eine nicht verkündete Entscheidung mit deren Zustellung. Zum Nachweis der Zustellung genügt gem. § 9 Abs. 3 InsO aber auch die öffentliche Bekanntmachung, selbst dann, wenn die gesetzlich vorgeschriebene Rechtsbehelfsbelehrung fehlt oder fehlerhaft ist. Der Belehrungsmangel kann allenfalls eine Wiedereinsetzung in den vorigen Stand begründen.[67]

43 Der öffentlichen Bekanntmachung kommt die Wirkung einer Zustellung gem. § 9 Abs. 3 InsO nur dann zu, wenn die getroffene Entscheidung in der Veröffentlichung zutreffend bezeichnet ist. Eine Veröffentlichung, welche die getroffene Entscheidung fehlerhaft bezeichnet, begründet auch dann keine Zustellungswirkung, wenn mit dem Insolvenzverfahren vertraute Kreise aus dem Inhalt der Bekanntmachung

62 *Lorenz/Klanke*, InsVV, § 9 Rn 7.
63 OLG Zweibrücken, Beschl. v. 16.10.2001 – 3 W 177/01.
64 *Haarmeyer/Mock*, InsVV, § 9 Rn 9: die endgültige Verwaltervergütung soll mittels Vorschuss nicht überschritten werden; a. A.: BGH, Beschl. v. 4.12.2003 – IX ZB 69/03; *Lorenz/Klanke*, InsVV, § 9 Rn 7.
65 BGH, Beschl. v. 1.10.2002 – IX ZB 53/02.
66 *Lorenz/Klanke*, InsVV, § 9 Rn 3.
67 BGH, Beschl. v. 24.3.2016 – IX ZB 67/14.

hätten erschließen können, welche Entscheidung das Insolvenzgericht mutmaßlich getroffen habe.[68]

Die öffentliche Bekanntmachung erfolgt durch eine zentrale und länderübergreifende, auch auszugsweise Veröffentlichung im Internet. Die Bekanntmachung gilt als bewirkt, sobald nach dem Tag der Veröffentlichung zwei weitere Tage verstrichen sind (§ 9 Abs. 1 InsO).[69] Der frühere Zeitpunkt der Zustellung entscheidet. 44

7. Verjährung

Nach den §§ 53, 54 Nr. 2 InsO ist der Anspruch des Verwalters auf seine Vergütung eine Masseverbindlichkeit, welche vor den sonstigen Masseverbindlichkeiten und gleichrangig mit dem Anspruch des Staates auf Bezahlung der Gerichtskosten zu erfüllen ist. Wie bereits ausgeführt, wird der Anspruch auf die Verwaltervergütung auch ohne Antrag mit Beendigung der Tätigkeit des Insolvenzverwalters fällig. Solange der Antrag zu diesem Zeitpunkt noch nicht bestandskräftig festgesetzt ist, gilt die dreijährige Regelverjährung des § 195 BGB.[70] Die Verjährungsfrist wird gehemmt, sobald der Insolvenzverwalter seinen Vergütungsantrag bei dem zuständigen Insolvenzgericht einreicht.[71] Wird die Vergütung rechtskräftig festgesetzt, so gilt die dreißigjährige Verjährungsfrist des § 197 Abs. 1 Nr. 3 BGB.[72] 45

VI. Auslagen und Umsatzsteuer

Neben dem Anspruch auf Vergütung hat der Insolvenzverwalter nach § 8 InsVV einen gesonderten Anspruch auf Erstattung der Auslagen für das Insolvenzverfahren. Neben der Erfassung und Erstattung der tatsächlich entstandenen Auslagen sieht § 8 Abs. 3 InsVV auch die Möglichkeit vor, den Erstattungsanspruch im Wege einer pauschalierten Berechnung zu ermitteln.[73] In der Praxis erfolgt regelmäßig die 46

68 BGH, Beschl. v. 10.11.2011 – IX ZB 166/10.
69 MüKo-InsO/*Riedel*, § 64 Rn 17.
70 BGH, Beschl. v. 29.3.2007 – IX 153/06.
71 BGH, Beschl. v. 21.6.2007 – IX ZR 39/06.
72 MüKo-InsO/*Riedel*, § 63 Rn 19.
73 BGH, Beschl. v. 21.12.2006 – IX ZB 81/06.

Ermittlung der Auslagenerstattung anhand der in § 8 Abs. 3 InsVV vorgesehenen Pauschalsätze. Wird die Ermittlung der Auslagenerstattung über die pauschale Berechnung vorgenommen, so sind damit alle üblicherweise in einem Verfahren entstehenden Kosten abgegolten.[74] Nicht umfasst sind Kosten von Zustellungen, welche dem Verwalter durch das Gericht übertragen wurden. Seit dem 1.1.2021 gilt für die Übertragung der Zustellungen i.S.d. § 8 Abs. 3 InsO Nr. 9002 KV GKG, § 4 Abs. 2 InsVV. Damit ist der Ansatz von 3,50 EUR pro Zustellung klar. Durch die Bezugnahme auf Nr. 9002 KV GKG gibt es aber seither nur noch dann eine Zustellungspauschale, soweit mehr als zehn Zustellungen anfallen. Zudem erhält der Insolvenzverwalter natürlich gem. § 7 InsVV auch die auf Vergütung und Auslagen entfallende Umsatzsteuer.

C. Vergütung der Mitglieder des Gläubigerausschusses

I. Allgemeines

47 Wie bei der Vergütung des Insolvenzverwalters auch ergänzt die InsVV – konkret in §§ 17, 18 InsVV – die gesetzliche Anspruchsgrundlage in § 73 Abs. 1 S. 1 InsO. Das Gesetz eröffnet über §§ 73 Abs. 2, 65 InsO diese Möglichkeit der näheren Regelung der Vergütung in einer entsprechenden Verordnung. Nachdem in einem Nachlassinsolvenzverfahren aber eine Bestellung eines Gläubigerausschusses selten – bis gar nicht – vorkommt, soll die Vergütung mit der notwendigen, aber auch gebotenen Kürze dargelegt werden. Die Vergütungsregelung gilt ebenfalls für den vorläufigen Gläubigerausschuss sowie für den im Eröffnungsverfahren eingesetzten vorläufigen Gläubigerausschuss (vor-vorläufiger Ausschuss).[75] § 73 InsO gibt die materiellrechtliche Grundlage für den Anspruch der Mitglieder des Gläubigerausschusses auf Entlohnung für ihre Tätigkeit sowie für den Ersatz ihrer Aufwendungen. Die Mitglieder des Gläubigerausschusses haben

74 BGH, Beschl. v. 2.2.2006 – IX ZB 167/04.

75 Ahrens/Gehrlein/Ringstmeier/*Lissner*, InsO, § 73 Rn 1; AG Konstanz, Beschl. v. 11.8.2015 – 40 IN 408/14, ZInsO 2015, 1755.

danach Anspruch auf Vergütung für ihre Tätigkeit und auf Erstattung angemessener Auslagen. Dabei ist dem Zeitaufwand und dem Umfang der Tätigkeit Rechnung zu tragen, § 73 InsO. Die Vergütung des Gläubigerausschusses ist dabei Masseverbindlichkeit und gehört zu den Verfahrenskosten.[76]

II. Wirkungskreis der Festsetzung

Eine pauschale Festsetzung der Vergütung des Ausschusses ist nicht 48
möglich. Die Festsetzung erfolgt für jedes Mitglied des Ausschusses individuell gemessen an der jeweiligen Tätigkeit des einzelnen Mitglieds.[77] Dabei wird die Vergütung der Mitglieder des Gläubigerausschusses nicht anhand der Insolvenzmasse errechnet, sondern in Form eines Stundensatzes, für den ein Betragsrahmen vorgegeben ist. Lediglich was die Vergütung des vor-vorläufigen Ausschusses betrifft, geht der Verordnungsgeber von einem Festbetrag aus. Allerdings wurden in Literatur und Rechtsprechung auch bereits andere Formen der Vergütung anerkannt. Hierzu zählen bspw. die Zuerkennung von Pauschalen oder die vergleichsweise Orientierung an identisch verantwortungsvollen Berufsgruppen (Aufsichtsratsmitglieder).

III. Höhe der Vergütung

Die Vergütung der Mitglieder des Gläubigerausschusses ist nach § 17 49
Abs. 1 S. 1 InsVV als Vergütung nach Zeitaufwand ausgestaltet. Es ist von einem Stundenlohn zwischen 50 und 300 EUR, bei einem durchschnittlichen Verfahren von einem Mittel von 175 EUR auszugehen.[78] Bei der Bemessung des „Regelverfahrens" ist allerdings ein individueller Maßstab zu setzen, d.h. je nach Fallkonstellation und Verfahren kann auch ein höherer Aufwand als „Regelfall" angesehen werden. Für die Regelvergütungsform nach Zeitaufwand bedarf es eines ent-

76 HambKomm-InsR/*Frind*, § 73 Rn 1.

77 *Lorenz/Klanke*, InsVV, § 17 Rn 1 ff.; *Lissner*, KKZ 2016, 123 ff.; *Lissner*, KKZ 2016, 150 ff.

78 AG Konstanz, Beschl. v. 11.8.2015 – 40 IN 408/14; *Lissner*, KKZ 2016, 123 ff.; *Lissner*, KKZ 2016, 150 ff.

sprechenden Antrags und einer Darlegung der aufgewandten Zeit (Stundenprotokolle).[79] Liegen entsprechende Aufzeichnung nicht vor, etwa weil sie versäumt wurden, kann der Aufwand geschätzt werden.[80]

50 Vergütungsrelevant sind dabei nicht nur die geleisteten Arbeitsstunden während Gläubigerausschusssitzungen. Vielmehr sind alle im Zusammenhang mit der Ausübung des Amtes stehenden Tätigkeiten zu vergüten. Hierzu zählen insbesondere Vor- und Nachbereitungen von Sitzungen, Zeiten des Aktenstudiums und der An- und Abreise oder auch geführte Telefonate oder E-Mail-Verkehr, die im Zusammenhang mit der Tätigkeit stehen. Abweichend davon kann statt der Stundensätze auch eine pauschale Vergütung festgesetzt werden, wenn anders keine angemessene Vergütung bewerkstelligt werden kann.[81] Zu berücksichtigen sind dabei insbesondere die Schwierigkeit des Verfahrens und der individuelle Umfang der Mitarbeit des einzelnen Ausschussmitgliedes.[82] Eine Abweichung bedarf einer besonderen Begründung.[83]

IV. Festsetzung und Fälligkeit

51 Die Festsetzung der Vergütung erfolgt gemäß §§ 73 Abs. 2, 64 InsO durch das Insolvenzgericht. Erforderlich sind individuelle schriftliche[84] Anträge der einzelnen Ausschussmitglieder nebst Darlegung des Aufwandes (zeitlicher Aufwand) und evtl. Nebenkosten/Auslagen sowie einer Begründung,[85] insbesondere dann, wenn von der Regelvergütung abgewichen werden soll.[86] Wie die Vergütung des Insolvenzverwalters auch ist die Vergütung der Mitglieder des Gläubigerausschusses erst mit der Beendigung der Tätigkeit, also zumeist am Verfahrensende, fällig. Ein Vorschuss ist denkbar. Neben der Vergü-

79 LG Aurich, Beschl. v. 6.3.2013 – 4 T 204/10.
80 LG Aurich, Beschl. v. 6.3.2013 – 4 T 204/10.
81 Uhlenbruck/*Knof*, InsO, § 73 Rn 16.
82 *Lorenz/Klanke*, InsVV, § 17 Rn 9 ff.
83 LG Köln, Beschl. v. 13.2.2015 – 13 T 196/14; Graeber/*Graeber*, InsVV-Online, § 17 Rn 5.
84 Uhlenbruck/*Knof*, InsO, § 73 Rn 28.
85 *Lorenz/Klanke*, InsVV, § 17 Rn 18.
86 *Lorenz/Klanke*, InsVV, § 17 Rn 20.

tung kommt auch eine Erstattung der Auslagen in Betracht. Diese sind nach § 18 Abs. 1 InsVV einzeln aufzuführen, eine pauschale Zuerkennung ist nicht möglich. Zu den Auslagen gehören z.B. Reisekosten, Telefonkosten, Porto und Schreibmaterial, aber auch Kosten einer gesondert abgeschlossenen Haftpflichtversicherung.[87]

V. Entscheidung und Rechtsmittel

Die Entscheidung über die Festsetzung erfolgt durch Beschluss und 52
ist öffentlich bekannt zu machen.[88] Über §§ 73 Abs. 2, 64 InsO steht dem beschwerten Gläubigerausschussmitglied im Fall der nachteiligen Entscheidung die sofortige Beschwerde gegen die Entscheidung zur Verfügung, sofern der Beschwerdewert von 200 EUR erreicht wird. Weitere Beschwerdeberechtigte sind die Insolvenzgläubiger und der Insolvenzverwalter.[89] Erfolgte im Verfahren eine Kostenstundung, besteht ein subsidiärer Vergütungs- und Auslagenersatzanspruch gegen die Staatskasse.

87 Uhlenbruck/*Knof*, InsO, § 73 Rn 21.
88 Gemäß Verweisung auf § 64 Abs. 2.
89 HambKomm-InsR/*Büttner*, InsVV, § 17 Rn 24; MüKo-InsO/*Nowak*, InsVV, § 17 Rn 19; a. A. FK-InsO/*Lorenz*, InsVV, § 17 Rn 18.

§ 12 Sonderprobleme

Übersicht:

A. Vor- und Nacherbschaft

I. Allgemeines

Bis zum Eintritt der Nacherbschaft bestehen für den Vorerben die allgemeinen Regeln der Haftung gegenüber den Nachlassgläubigern. Folglich haftet der Vorerbe als endgültiger Erbe. Der Nacherbe haftet bis zum Eintritt des Nacherbfalls nicht.[1] Bei Eintritt des Nacherbfalls haftet sodann der Nacherbe für etwaige Nachlassverbindlichkeiten. Dabei ändert sich also die Schuldnerperson. 1

Eine Annahme der Nacherbschaft durch den Nacherben ist auch vor dem Eintritt des Nacherbfalls möglich. Nach h.M. untermauert § 2142 Abs. 1 BGB diese Möglichkeit, wodurch auch der Nacherbe mit Eintritt des Erbfalls die Erbschaft ausschlagen kann. Danach hat der 2

---

1 Grüneberg/*Weidlich*, § 2144, Rn 1; *Börner*, JuS 1968, 108; Jauernig/*Stürner*, § 2144 Rn 1.

Nacherbe ein besonderes Ausschlagungsrecht und müsste nach h.M. auch ein besonderes Annahmerecht haben.[2] Dabei gilt es jedoch zu beachten, dass die vorzeitige Annahmeerklärung der Nacherbschaft noch keine Nacherbenhaftung für etwaige Nachlassverbindlichkeiten vor Eintritt des Nacherbfalls begründet.[3]

Hinweis

Bei dem Nacherben handelt es sich nicht um einen Rechtsnachfolger des Vorerben. Der Nacherbe erlangt nicht den vollständigen Nachlass, sondern nur das, was er daraus noch erlangen kann nebst entsprechenden Ansprüchen gegen den Vorerben aus § 2144 Abs. 1 BGB.

3 Besteht für den Vorerben ein erstrittenes Urteil mit positiven Folgen, so hat dieses auch positive Folgen für den Nacherben gem. § 326 Abs. 1 ZPO. Bei einem negativen Urteil gegen den Vorerben bestehen jedoch keine Nachteile für den Nacherben. Hierbei ist allerdings zu beachten, dass ein Urteil, welches zwischen dem Vorerben und einem Dritten über einen in der Nacherbfolge enthaltenen Gegenstand angeordnet wird, auch für den Nacherben gilt. Dies gilt jedoch nur dann, wenn der Vorerbe Verfügungsbefugnisse über den Gegenstand hatte, bei denen der Vorerbe nicht auf eine Zustimmung des Nacherben angewiesen ist (siehe hierzu § 326 Abs. 2 ZPO).

II. Nachlassvollstreckung des Vorerben

4 Für die Eigengläubiger des Vorerben besteht die Möglichkeit, in den Nachlass gem. § 2115 S. 1 BGB zu vollstrecken. Jedoch kann der Nacherbe schon vor dem Eintritt des Nacherbfalls mit der Drittwiderspruchsklage gem. §§ 773 S. 2 und 771 ZPO die Verwertung der Vollstreckung verhindern. Eine Aufhebung der Vollstreckungsmaßnahme ist ab dem Eintritt des Nacherbfalls für den Nacherben möglich.[4]

---

2 Staudinger/*Avenarius*, § 2142 Rn 14.

3 Grüneberg/*Weidlich*, § 2142 Rn 6.

4 MüKo-BGB/*Grunsky*, § 2115 Rn 10; *Nieder/Kössinger*, Handbuch der Testamentsgestaltung, Rn 121; *Limmer*, in: Reimann/Bengel/Dietz/Sammet, Testament und Erbvertrag, Rn 390 ff., 8. Auflage 2023.

Eine Aufrechnung der Nachlassforderungen gegen den Vorerben durch die Eigengläubiger besteht auch nach analoger Anwendung des § 394 S. 1 BGB nicht.[5]

III. Haftungsbeschränkung

5 Auch der Nacherbe kann seine Haftung beschränken. Dabei ist es unerheblich, ob vorher der Vorerbe die Haftung beschränkt hat oder nicht.[6] Sollte der Vorerbe schon wirksam eine Haftungsbeschränkung bewirkt haben, so kann der Nacherbe diese Haftungsbeschränkung ebenfalls geltend machen.[7] Auch für Nachlassverbindlichkeiten, die von dem Vorerben stammen, haftet der Nacherbe. Solche Verbindlichkeiten finden sich z.B. in einer ordnungsgemäßen Nachlassverwaltung, die der Vorerbe herbeigeführt hat.[8] Sollte der Vorerbe dessen Haftung für etwaige Nachlassverbindlichkeiten bei deren Begründung nicht beschränkt haben, so haftet der Vorerbe für solche Nachlasserbenschulden neben dem Nacherben als Gesamtschuldner. Wurde der Vorerbe nach den §§ 2130 und 2136 BGB befreit, ist der Nacherbe für die Verwaltungshandlungen des Vorerben haftbar. Dabei ist es hinfällig, ob das Verwaltungshandeln ordnungsgemäß war oder nicht.[9]

IV. Inventarerrichtung und das Aufgebotsverfahren

6 Die Errichtung des Inventars durch den Vorerben hat auch positive Folgen für den Nacherben gem. § 2144 Abs. 2 BGB. Wurde das Inventar von dem Nacherben errichtet, so muss es sich auf den Zeitpunkt des Erbfalls beziehen.[10] Bestehen seit dem Erbfall Veränderungen, sind diese gem. §§ 1978 Abs. 1, 666, 1991 BGB zu nennen und zu berichten.

5 Grüneberg/*Weidlich*, § 2115, Rn 1; Jauernig/*Stürner*, § 2115, Rn 6.
6 *Graf*, ZEV 2000, 125; MüKo-BGB/*Lieder*, § 2144 Rn 7; *Brox/Walker*, Erbrecht, § 42 Rn 4.
7 *Joachim*, Die Haftung des Erben für Nachlassverbindlichkeiten, Rn 560.
8 BGHZ 32, 60, 64.
9 Damrau/Tanck/*Bothe*, § 2144 Rn 2; *Muscheler*, Erbrecht, Rn 2504; a.A.: *Küpper*, ZEV 2017, 61.
10 MüKo-BGB/*Grunsky*, § 2144 Rn 10.

Folglich hat der Nacherbe einen Auskunftsanspruch gegen den Vorerben gem. §§ 2121 Abs. 1, 2130 Abs. 2 BGB.

7 Außerdem tritt der Nacherbe von selbst in das Aufgebotsverfahren ein, sollte vorher der Vorerbe dieses eingeleitet haben. Ein erwirkter Ausschließungsbeschluss durch den Vorerben wirkt sich auch zugunsten des Nacherben aus gem. §§ 461, 460 Abs. 1 FamFG. Neben einem bereits erhobenen Aufgebotsverfahren durch den Vorerben kann auch der Nacherbe ein weiteres Aufgebotsverfahren durchführen lassen. Das betrifft jedoch nur die Forderungen, welche erst nach dem ersten Aufgebotsverfahren aufgeworfen werden.[11] Eine entsprechende Frist findet sich auch in § 1974 Abs. 1 BGB und beginnt somit mit dem Erbfall.[12]

V. Nachlassverwaltung

8 Hat der Nacherbe keinen Aufhebungsantrag gestellt, so wird die vom Vorerben beantragte Anordnung der Nachlassverwaltung fortgeführt.[13] Durch eine bereits abgeschlossene Nachlassverwaltung erhält der Nacherbe auch die Haftungsbeschränkungsvorteile. Wurde die Nachlassverwaltung von einem Nachlassgläubiger beantragt, ist diese aufzulösen, sobald die Voraussetzung in der Nacherbenperson nicht gegeben sind gem. § 1981 Abs. 2 S. 1 BGB.[14]

VI. Nachlassinsolvenz

9 Der Nacherbe kann sich auf die Einrede nach den §§ 1989 und 1973 BGB berufen, sobald ein Nachlassinsolvenzverfahren vor Eintritt des Nacherbfalls durch Separierung der Vermögensmassen oder wegen eines Insolvenzplans beendet wurde. Sollte der Nacherbfall während des laufenden Nachlassinsolvenzverfahrens eintreten, wird dies auch mit dem Nacherben fortgeführt. Grundsätzlich steht dem Nacherben

11 *Joachim*, Die Haftung des Erben für Nachlassverbindlichkeiten, Rn 563.
12 MüKo-BGB/*Grunsky*, § 2144, Rn 5.
13 Staudinger/*Dobler*, § 1988 Rn 14; a.A.: Erman/*Horn*, § 1975 Rn 4.
14 Staudinger/*Dobler*, § 1988 Rn 13.

die Einrede nach § 1990 Abs. 1 BGB zu, sollte die Verfahrenseröffnung mangels Vermögensmasse abgelehnt worden sein. Der Vorerbe hat nach dem Eintritt des Nacherbfalls nicht mehr die Möglichkeit, ein Nachlassinsolvenzverfahren zu beantragen.[15]

Hinweis

Für den Nacherben besteht die Möglichkeit, auch nach dem Eintritt des Nacherbfalls einen Antrag für die Eröffnung eines Nachlassinsolvenzverfahrens zu stellen.

VII. Haftung des Vorerben nach dem Nacherbfallseintritt

Hat der Vorerbe ein entsprechendes Haftungsbeschränkungsrecht vor dem Eintritt des Nacherbfalls verloren, so haftet dieser für die Nachlassverbindlichkeiten als Gesamtschuldner mit dem Nacherben.[16] Hierbei kann jedoch der Nacherbe seine Haftung auf den Nachlass nach den allgemeinen Grundsätzen beschränken. Der Nacherbe haftet auch nur gegenüber dem Vorerben beschränkt, wenn er gegenüber den Nachlassgläubigern unbeschränkt haftet (siehe hierzu § 2144 Abs. 3 BGB). Dabei sind die Ansprüche des Vorerben nach §§ 2121 Abs. 4, 2124 Abs. 2, 2125 Abs. 1, 2126 BGB und nach § 2143 BGB maßgeblich betroffen. Der Nacherbe hat die Pflicht, die Haftungsbeschränkung gem. § 780 Abs. 1 ZPO geltend zu machen.[17] 10

Durch den Eintritt des Nacherbfalls hat der Vorerbe keine Erbenstellung mehr gem. § 2139 BGB und seine persönliche Haftung für Nachlassverbindlichkeiten löst sich grundsätzlich auf.[18] Aus diesem Grund kann der Vorerbe dann auch grundsätzlich nicht mehr verklagt werden. Besteht ein gegen den Vorerben gerichtetes Urteil aufgrund einer Nachlassverbindlichkeit, so kann er mit der Vollstreckungsabwehrklage gem. § 767 ZPO dagegen vorgehen. Der Haftungsmaßstab des Vorerben nach dem Eintritt des Nacherbfalls für etwaige Nachlassverbindlichkeiten richtet sich nach § 2145 Abs. 1 S. 1 BGB. Deshalb bleibt 11

15 MüKo-BGB/*Siegmann/Scheuing*, § 329 Rn 3.
16 *Joachim*, Die Haftung des Erben für Nachlassverbindlichkeiten, Rn 430.
17 BeckOGK/*Grüner*, § 1967 Rn 57; BGH NJW-RR 2015, 521, Rn 30 f.; FamRZ 2015, 653.
18 Grüneberg/*Weidlich*, § 2145 Rn 1; MüKo-BGB/*Lieder*, § 2139 Rn 3.

auch die Haftung des Vorerben für Verbindlichkeiten bestehen, die ihm in der Beziehung zum Nacherben entgegenkommen (§ 2145 Abs. 1 S. 2 BGB).

Folglich entsteht für den Vorerben eine subsidiäre Haftungsgrundlage für Nachlassverbindlichkeiten nach dem Eintritt des Nacherbfalls. Dabei muss aber immer erst der Nacherbe in Anspruch genommen werden.[19]

12 Grundsätzlich beschränkt sich die Haftung des Vorerben auf das Fassungsvermögen des Nachlasses, sofern der Vorerbe nicht bereits unbeschränkt haftet gem. §§ 2145 Abs. 2 S. 1 f., 1990 und 1991 BGB. Somit haftet er mit den gezogenen Nutzungen aus dem Nachlass gem. § 2111 BGB. Hierbei bestehen jedoch auch noch Pflichten für den Vorerben gegenüber den Nachlassgläubigern nach den §§ 1978, 1979 und auch 1991 Abs. 1 BGB. Hat der Vorerbe einen Nachweis, dass aus der Erbschaft ihm nichts an Vermögenswerten verblieben ist, ist eine gegen ihn gerichtete Klage abzuweisen.[20]

Hinweis

Besteht ein solcher Nachweis nicht, kann der Vorerbe jedoch zumindest den Vorbehalt nach § 780 ZPO geltend machen.

13 Wurden von dem Vorerben schuldhafte Nutzungen nicht gezogen oder Nachlassgegenstände bzw. deren Vermögenswerte rücksichtslos und eigennützig benutzt (nach § 2134 BGB), so haftet der Vorerbe auch mit seinem Eigenvermögen.[21]

14 Hat der Vorerbe in der Nachlassverwaltung Verbindlichkeiten entstehen lassen und somit begründet, so entstehen daraus auch Nachlasserbenschulden. Für diese haftet der Vorerbe grundsätzlich auch mit seinem Eigenvermögen, außer es liegt eine andere Vereinbarung mit seinem Vertragspartner vor. Liegt in der Begründung der Verbindlichkeit eine ordnungsgemäße Nachlassverwaltung vor, wird diese Verbindlichkeit ebenfalls auf den Nacherben bei Eintritt des Nacherbfalls

---

19 *Joachim*, Die Haftung des Erben für Nachlassverbindlichkeiten, Rn 572; Burandt/Rojahn/*Lang*, § 2145 Rn 1–4.

20 Grüneberg/*Weidlich*, § 2145 Rn 2.

21 MüKo-BGB/*Grunsky*, § 2145 Rn 8; MAH Erbrecht/*Wachter*, § 17 Rn 113.

übergeben. Nach außen haften der Vor- und Nacherbe für Nachlassverbindlichkeiten als Gesamtschuldner.[22]

Handelte der Vorerbe bei der Begründung der Verbindlichkeit nicht nach den Maßstäben einer ordnungsgemäßen Verwaltung, ist nur er für die von ihm begründeten Nachlasserbenschulden haftbar: diese gelten dann für ihn als Eigenverbindlichkeiten. 15

B. Erbschaftskauf

I. Gesamtschuldnerische Haftung des Erben und des Käufers

Mit dem Abschluss eines Kaufvertrags haftet der Erbschaftskäufer neben dem Erben als Gesamtschuldner für entsprechende Nachlassverbindlichkeiten, siehe hierzu § 2382 Abs. 1 BGB.[23] Für den Erbschaftskäufer besteht eine Verpflichtung, den im Innenverhältnis bestehenden Verkäufer von allen Nachlassverbindlichkeiten zu befreien, außer der Verkäufer hat die Nachlassverbindlichkeiten selbst zu verantworten und dieses deswegen einzustehen gem. § 2378 Abs. 1 BGB. Eine Haftungsbeschränkungsvereinbarung zwischen dem Käufer und dem Verkäufer, dass der Käufer nicht gegenüber den Gläubigern haften muss, kann bestehen gem. § 2382 Abs. 2 BGB. Zudem hat der Verkäufer die Verpflichtung, den Erbschaftsverkauf und den Namen des Käufers unverzüglich den Nachlassgläubigern und dem Nachlassgericht zu melden gem. § 2384 Abs. 1 BGB. Auch bei einem Erbteilskauf liegt eine Anzeigepflicht vor.[24] 16

II. Haftungsbeschränkung

Durch den abgeschlossenen Kaufvertrag kann sich die Haftung des Erbschaftskäufers zugunsten oder zuungunsten entwickeln. Sollte be- 17

22 *Küpper*, ZEV 2017, 61, 65.

23 BGHZ 26, 91, 97; RNotZ 2009, 65.

24 Grüneberg/*Weidlich*, § 2384 Rn 1; Korintenberg/*Wilsch*, GNotKG, KV 12410 Rn 9; Burandt/Rojahn/*Gierl*, § 2384 Rn 1.

reits der Verkäufer unbeschränkt gehaftet haben gem. § 2013 BGB, so gilt die unbeschränkte Haftung auch für den Käufer gem. § 2382 Abs. 1 S. 2 BGB. Bestand beim Verkäufer schon vorher eine Haftungsbeschränkung, kann der Erbschaftskäufer auch eine Haftungsbeschränkung durchführen gem. § 2383 Abs. 1 S. 1 BGB. Somit haben beide, Verkäufer und Erbschaftskäufer, unabhängig voneinander ein Haftungsbeschränkungsrecht. Auch die Errichtung eines Inventars durch den Verkäufer oder den Erbschaftskäufer hat Vorteile. Diese Vorteile bestehen jedoch nicht bei einer unbeschränkten Haftung gem. § 2383 Abs. 2 BGB.

18 Einen Antrag des Aufgebotsverfahren können sowohl der Verkäufer als auch der Erbschaftskäufer stellen.[25] Diese Maßnahme kommt beiden zugute, ohne etwaige negative Folgen, wie solche der unbeschränkten Haftung nach § 463 Abs. 1 S. 1 f. FamFG.[26] Zudem ist die Haftungsentwicklung der beiden Vertragsparteien immer isoliert zu betrachten und demnach auch separat zu bewerten.[27]

III. Nachlassinsolvenz und Nachlassverwaltung

19 Gemäß § 330 Abs. 1 InsO gilt im Insolvenzverfahren nur der Erbschaftskäufer als der entsprechende Erbe. Der Verkäufer hingegen gilt durch das Verhältnis zwischen ihm und dem Erbschaftskäufer als Nachlassgläubiger. Aus diesem Grund kann dieser durch das Verhältnis und die Verbindlichkeit das Insolvenzverfahren gem. § 330 Abs. 2 S. 1 InsO beantragen. Auch bei einer analogen Anwendung des § 330 Abs. 2 InsO ist der Verkäufer durch den § 1981 Abs. 2 BGB dazu berechtigt, die Nachlassverwaltung zu beantragen.[28]

20 Wurde schon vor dem Vertragsschluss des Kaufvertrags das Nachlassinsolvenzverfahren eröffnet, führt sogleich der Erbschaftskäufer das

25 Jauernig/*Stürner*, § 2383 Rn 1.

26 Bumiller/Harders/Schwamb/*Harders*, FamFG, § 463 Rn 1.

27 MüKo-BGB/*Musielak*, § 2383 Rn 7.

28 Grüneberg/*Weidlich*, § 2383, Rn 1; Braun/*Bauch*, InsO, § 330 Rn 7 ff.; FK-InsO/*Schallenberg*/*Rafiqpoor*, InsO, § 330 Rn 9.

Verfahren weiter gem. § 330 Abs. 1 InsO. Dieses Prozedere gilt auch für eine bereits laufende Nachlassverwaltung.[29]

Eine Eröffnung des Nachlassinsolvenzverfahrens bezüglich des Nachlasses dient als Haftungsbeschränkung für den Erbschaftskäufer und den -verkäufer. Hierbei darf jedoch keiner der beiden Vertragsparteien die Haftungsbeschränkungsmöglichkeit verloren haben.[30] 21

IV. Vorbehalt der Erbenhaftung

Bei dem Erbschaftskäufer handelt es sich nicht um den Rechtsnachfolger des Erben. Aus diesem Grund sind die §§ 325 und 727 ZPO nicht anwendbar. Wurde gegen den Verkäufer vor dem abgeschlossenen Verkauf ein Titel erhoben, so besteht die Möglichkeit, dass dieser gem. § 729 ZPO auf den Käufer übergeleitet wird.[31] 22

Liegt eine Verurteilung des Erben ohne den Erbenhaftungsvorbehalt aus § 780 Abs. 1 ZPO vor, so hat dies keine Nachteile für den Erbschaftskäufer. Der Erbschaftskäufer hat trotzdem immer noch die Möglichkeit, seine Haftungsbeschränkung gegenüber den Gläubigern geltend zu machen.[32] 23

V. Haftung eines Erbteilskäufers

Bei einem Erbteilskäufer entspricht der Haftungsumfang ab Beendigung des Kaufvertrags dem eines Miterben.[33] 24

Grundsätzlich kann sich der Erbteilskäufer bis zur Nachlassteilung auf die Einrede nach § 2059 Abs. 1 S. 1 BGB berufen. Besteht schon 25

29 *Joachim*, Die Haftung des Erben für Nachlassverbindlichkeiten, Rn 590; Schmidt, InsO, § 330 Rn 3.

30 MüKo-BGB/*Musielak*, § 2383 Rn 7; Uhlenbruck/*Lüer/Weidmüller*, InsO, § 330 Rn 2; a.A. Burandt/Rojahn/*Gierl*, § 2383 Rn 13.

31 Zöller/*Seibel*, ZPO, § 729 Rn 13; KPB/*Brinkmann*, InsO, § 145 Rn 46; auf den Erbschaftskäufer wird die Norm analog angewendet, *Loritz*, ZZP 95 (1982), 310, 334; MüKo-BGB/*Musielak*, § 2382 Rn 9.

32 *Joachim*, Die Haftung des Erben für Nachlassverbindlichkeiten, Rn 590; Musielak/Voit/*Lackmann*, ZPO § 780 Rn 2.

33 *Joachim*, Die Haftung des Erben für Nachlassverbindlichkeiten, Rn 591.

eine vorherige unbeschränkte Haftung des Verkäufers, so hat der Erbteilskäufer nach der Erbteilübertragung gem. § 2059 Abs. 1 S. 2 BGB Eingriffe zu dulden. Die Nachlassgläubiger könnten sich dabei zum Beispiel i.H.d. gekauften Erbteils eine Befriedigung aus dem Eigenvermögen des Käufers holen. Der Nachlassverwaltungsantrag bedarf auch hier der Zustimmung aller Miterben und somit auch des Erbteilskäufers. Einer Zustimmung des veräußernden Miterben bedarf es nicht.[34]

26 Wurde der Nachlass geteilt, so haften der veräußernde Miterbe sowie die anderen Miterben und der entsprechende Erbteilskäufer als Gesamtschuldner. Hierbei kann der Erbteilskäufer eine mögliche Haftung beschränken gem. §§ 2060 und 2061 BGB, sofern er diese noch nicht bei Vertragsschluss verloren hat.

C. Analoge Anwendung der §§ 315 ff. InsO bei vollendeten Personengesellschaften

I. Personengesellschaft und die Universalsukzession

27 Durch die Universalsukzession nach § 1922 Abs. 1 BGB gehen das Vermögen sowie die Erblasserschulden auf den Erben über. Grundsätzlich haftet der Erbe gem. § 1967 Abs. 1 BGB unbeschränkt für etwaige Nachlassverbindlichkeiten und muss deswegen häufig sein eigenes Vermögen zur Verbindlichkeitsbegleichung einsetzen. Fraglich ist hierbei, wie das Prozedere bei einer vollendeten Personengesellschaft aussieht.

Hinweis

Eine Personengesellschaft ist ein Zusammenschluss mehrerer Personen zur Erreichung eines gemeinsamen unternehmerischen Ziels. Ihre Gesellschafter haften persönlich und unbeschränkt. Bei Kapitalgesellschaften liegt ein solcher Haftungsmaßstab nicht vor.[35]

---

34 Staudinger/*Marotzke* § 2062 Rn 8.

35 MüKo-AktG/*Bayer*, § 17 Rn 116–122; *Weber/Aichberger/Groh*, Rechtswörterbuch, Kapitalgesellschaft, 31. Edition 2023.

Eine solche unbeschränkte Haftung ist aber auch beschränkbar. Dabei bestehen für jeden Erben Einreden, wie z.B. die Dreimonatseinrede gem. § 2014 BGB oder das Aufgebotsverfahren nach § 2015 BGB.[36] Der Erbe kann aber auch die Haftung dauerhaft beschränken. Eine solche dauerhafte Haftungsbeschränkung findet sich in der Einleitung eines Nachlassverwaltungs- oder Nachlassinsolvenzverfahrens.[37] 28

In den §§ 11 Abs. 2 Nr. 2, 315 ff. InsO und §§ 1975 ff. BGB ist das Insolvenzverfahren geregelt. Allgemein finden die Vorschriften des Regelinsolvenzverfahrens Anwendung, außer es greifen die Sonderregelungen nach den §§ 315–331 InsO. Hierbei handelt es sich um ein Sonderinsolvenzverfahren, das den Nachlass als Sondervermögen vom Eigenvermögen des Erben trennt. Das Verfahren verfolgt das Ziel, die Aussonderung des Nachlasses aus dem Eigenvermögen des Erben zu gewährleisten und das vom Erblasser hinterlassene Vermögen an die Nachlassgläubiger gleichermaßen zu verteilen. Außerdem wird dadurch die Haftung des Erben für Nachlassverbindlichkeiten gem. § 1975 BGB auf den Nachlass beschränkt.[38] 29

Die in §§ 315 ff. InsO speziell geregelte Nachlassinsolvenzverfahrensvorgänge betreffen nur die Situation, in der bereits ein Nachlassfall vor Insolvenzantragstellung eingetreten ist.[39] 30

Für vollendete Personengesellschaften gelten spezifizierte Regelungen bezüglich der Anwendung der §§ 315 ff. InsO. Diese Regelungen werden nachfolgend anhand einer KG dargestellt.

II. Beispielhafte analoge Anwendung bei einer Kommanditgesellschaft (KG)

Beim **Ausscheiden des einzigen Kommanditisten aus einer GmbH & Co. KG** und wenn sich daraus die Gesamtrechtsnachfolge nach der einzigen Komplementärin richtet, ist ein Sonderinsolvenz- 31

36 In Verbindung mit §§ 1970 ff. BGB und §§ 433 ff. und 454 FamFG.

37 *Thien*, ErbR 2022, 771.

38 BGH NZI 2008, 382 = NJW-RR 2008. 873 = ZEV 2008, 350.

39 *Pollmächer*, VIA 2023, 9.

verfahren analog §§ 315 ff. InsO statthaft. Die Rechtsträgerin der Vermögensmasse der erloschenen KG ist hierbei die Komplementärin.[40]

32 Dies gilt auch beim **Ausscheiden des einzigen Komplementärs aus einer Kommanditgesellschaft**. Ein über das KG-Vermögen eröffnetes Insolvenzverfahren würde auch hier in jedem Fall fortgeführt. Im Fall der Gesamtrechtsnachfolge auf den einzigen verbleibenden Kommanditisten hat dann eine Fortführung als Partikularinsolvenzverfahren in analoger Anwendung der §§ 315 ff. InsO stattzufinden. Folglich ist ein Insolvenzverfahren über das Vermögen des Kommanditisten statthaft, welches auf das im Wege der Gesamtrechtsnachfolge übergegangene Vermögen der KG beschränkt ist.[41] Aus diesem Grund besteht die Gefahr der persönlichen Haftung des Kommanditisten nicht.[42]

33 In diesen Fällen bezieht sich das Insolvenzverfahren auf das Vermögen der insolventen KG, welches sich im Vermögen des letzten verbleibenden Gesellschafters befindet. Aufgrund der vergleichbaren Situation, in der ein Nachlass vom Privatvermögen des Erben abgesondert werden muss, ist auch hier zum Zwecke der Gesellschaftsvermögensabsonderung vom sonstigen Vermögen des Komplementärs die Durchführung eines Insolvenzverfahrens über dieses Sondervermögen gem. §§ 315 ff. InsO zulässig. Der entsprechende Verfahrensschuldner ist dabei der verbliebene Gesellschafter. Der Gesellschafter haftet dabei lediglich mit dem ihm angefallenen Vermögen[43] und kann sich mit § 780 Abs. 1 ZPO darauf beschränken.[44]

34 Beim Insolvenzverfahren einer zweigliedrigen GmbH & Co. KG und einem Ausscheiden des vorletzten Gesellschafters infolge einer Insolvenzeröffnung über dessen Vermögen gem. § 131 Abs. 3 Nr. 2 HGB muss daher auch das Insolvenzverfahren hierzu beantragt bzw. eröffnet werden.[45]

---

40 AG Hamburg ZIP 2006, 390.

41 LG Essen NZI 2019, 349; OLG Hamm NZI 2007, 584; LG Dresden ZIP 2005, 955.

42 *Albertus/Fischer*, ZInsO 2005, 246 (250); *Bork/Jacoby*, ZGR 2005, 611 (652); *Werner*, NZI 2014, 895.

43 BGH NZI 2005, 287.

44 OLG NZG 2021, 1505.

45 *Kaiser*, ZIP 2021, 1478.

Sollte jedoch ein etwaiger Rechtsschein bestehen (z.B. durch die Eintragung der KG im Handelsregister),[46] liegt keine Nichtigkeit des Eröffnungsbeschlusses vor. Die Beibehaltung der Parteibezeichnung ist dabei grundsätzlich falsch, aber unschädlich und kann berichtigt werden.[47] 35

III. Zusammenfassung

Sollte der vorletzte Gesellschafter einer Personengesellschaft infolge der Eröffnung des Insolvenzverfahrens über dessen Vermögen durch Kündigung, Tod etc.[48] ausscheiden und sollten sich dadurch unter Vollbeendigung der Gesellschaft und Übergang aller Aktiva und Passiva alle Gesellschaftsanteile in der Hand des verbleibenden Gesellschafters befinden, so haftet dieser. Hierbei ist es unerheblich, ob er bisher bereits unbeschränkt oder beschränkt als Kommanditist haftet. Er muss folglich in voller Höhe persönlich für sämtliche Gesellschaftsverbindlichkeiten haften.[49] 36

Wird über das Vermögen der Gesellschaft das Insolvenzverfahren durchgeführt, so wird die Meinung vertreten, dass die Anwachsung nicht automatisch zur Beendigung des Insolvenzverfahrens führt. Das Insolvenzverfahren soll eher über das Vermögen der Gesellschaft in Anwendung der §§ 315 ff. InsO analog als Partikularinsolvenzverfahren durchzuführen sein. Damit ist die Beschränkung auf das Vermögen der ehemaligen Gesellschaft gemeint, welche, ohne dass es eines Fortsetzungsantrags bedarf, fortgeführt werden kann.[50] 37

Der Zweck der analogen Anwendung der §§ 315 ff. InsO liegt darin, dass die für eine beschränkte Haftung des Gesamtrechtsnachfolgers erforderliche Vermögenstrennung gewahrt wird.[51] Der BGH scheint dieser Auffassung nicht zu folgen, da er in einer Entscheidung im 38

46 BGH NJW 1991, 922.
47 *Fridgen*, NZI 2019, 350; a.A. *Kaiser*, ZIP 2021, 1478.
48 Mögliche Konstellationen bei *Marotzke*, ZInsO 2009, 590 (591 f.).
49 Gottwald/Haas/*Döbereiner*, InsR-HdB, § 109 Rn 15.
50 AG Köln NZI 2009, 621.
51 KG ZIP 2012, 1817; Staub/*Schäfer*, § 313 Rn 114; MüKo-InsO/*Schmidt*, § 131 Rn 75; *Marotzke*, ZInsO 2009, S. 590 ff.; Gottwald/Haas/*Döbereiner*, InsR-HdB, § 105 Rn 5 und § 111 Rn 13.

Jahre 2008 nicht auf die Thematik eines Partikularverfahrens mit entsprechender Anwendung der §§ 315 ff. InsO eingeht.[52]

39 **Hinweis**

Es sollte daran gedacht werden, eine Prüfung vorzunehmen, ob die Gesamtrechtsnachfolge in den Komplementäranteil überhaupt eintritt. Durch vorrangige einschlägige Vertragsklauseln, welche den Anfall des Gesellschaftsvermögen beim einzigen Kommanditisten verhindern können, kann dies vermieden werden.[53]

D. Gesellschaftsrechtliche Problemstellungen

I. Einführung

40 Inwieweit sich gesellschaftsrechtliche Sonderfragen in der Nachlassinsolvenz ergeben, hängt zunächst davon ab, inwieweit das Einzelunternehmen des Erblassers oder dessen gesellschaftsrechtliche Mitgliedschaften dem Insolvenzbeschlag unterliegen.

41 Für den Erben entsteht aus dem Konflikt des Erbrechts und des Gesellschaftsrechts häufig die Situation, dass ihm durch die Universalsukzession gesellschaftsrechtlich eine unbeschränkte persönliche Haftung, auch für Altverbindlichkeiten, aufgezwungen wird. Denn im Grundsatz haftet er insbesondere im Falle der Fortführung des Handelsgeschäfts des Erblassers und des Eintritts in eine Personengesellschaft unbeschränkt persönlich für Altverbindlichkeiten, welche gleichzeitig Nachlassverbindlichkeiten nach den §§ 1967 ff. BGB darstellen. Gerade bezogen auf diese steht dem Erben daher durch das Nachlassinsolvenzverfahren die Möglichkeit offen, seine Haftung für diese vor dem Erbfall begründeten Verbindlichkeiten im Regelfall auf den Nachlass zu beschränken. Für nach seinem Eintritt in die Gesellschaft begründete Neuverbindlichkeiten haftet er daneben unbeschränkt mit seinem persönlichen Vermögen.[54]

52 BGH NZI 2008, 612.

53 MüKo-InsO/*Schmidt*, § 131 Rn 75; Schmidt, InsO, § 315 Rn 29 f.

54 MüKo-BGB/*Küpper*, § 1967 Rn 42 ff.

Grundsätzlich ist hinsichtlich der gesellschaftsrechtlichen Fragestellungen die Rechtsstellung des Nachlassverwalters und des Insolvenzverwalters vergleichbar.[55] 42

II. Kapitalgesellschaften

War der Erblasser an einer Gesellschaft mit beschränkter Haftung (§ 15 Abs. 1 GmbHG) oder Aktiengesellschaft beteiligt, fallen diese Anteile als vererbliche Rechte in den Nachlass.[56] 43

Der Nachlassverwalter ist zur uneingeschränkten Wahrnehmung der Mitgliedschaftsrechte gem. Satzung berechtigt.[57] Gleiches gilt daher für den Nachlassinsolvenzverwalter, nachdem die Verwaltungs- und Verfügungsbefugnis gem. § 80 InsO auf ihn übergegangen ist. 44

War der Erblasser Alleingesellschafter und zugleich Alleingeschäftsführer einer GmbH, kann zunächst den Erben, Nachlassverwalter oder Testamentsvollstrecker und später den Nachlassinsolvenzverwalter auch die Insolvenzantragspflicht wegen Führungslosigkeit nach § 15a Abs. 3 InsO treffen. Hiernach trifft die Gesellschafter einer GmbH eine Insolvenzantragspflicht, wenn Kenntnis von der Insolvenzreife vorliegt. 45

In der Praxis wird für diese Fälle gesellschaftsrechtlich durch im Gesellschaftsvertrag aufgenommene Nachfolgeklauseln vorgesorgt. Häufig sind in der Praxis insbesondere die Einziehung oder Abtretung der Anteile gegen Abfindung vorzufinden, weshalb selten aktive Rechte im Nachlass vorhanden sind. Soweit der Erbe als designierter Nachfolger des Erblassers im Unternehmen vorgesehen war, wird dies in der Praxis durch entsprechende einfache oder qualifizierte Nachfolgeklauseln geregelt. Hierdurch wird insbesondere vermieden, dass Erbengemeinschaften die Ausübung von Stimmrechten zufällt, was regelmäßig zu verzögerten und behäbigen Entscheidungen im Gesellschafterkreis führt. 46

---

55 MüKo-BGB/*Küpper*, § 1985 Rn 2.

56 MüKo-BGB/*Leipold*, § 1922 Rn 112 f.

57 MüKo-BGB/*Küpper*, § 1985 Rn 7.

III. Einzelunternehmen

47 Inwieweit das als Einzelunternehmen betriebene Handelsgewerbe des Erblassers in die Insolvenzmasse fällt, hängt von erbrechtlichen Besonderheiten ab.

Soweit Alleinerbfolge eintritt, fällt das Unternehmen unbeschränkt in den Nachlass.[58]

48 Führt der Erbe das Geschäft aktiv fort, so trifft ihn gem. §§ 27 Abs. 1 i.V.m. 25 Abs. 1 HGB die unbeschränkte Haftung mit seinem Eigenvermögen für alle Verbindlichkeiten. Die Haftung tritt jedoch nicht vor Ablauf von drei Monaten ein. Die Haftungsregelung des § 27 HGB dient damit dem Verkehrsschutz und schafft eine Gleichstellung von Alt- und Neuverbindlichkeiten.[59]

49 Führt der Nachlassinsolvenzverwalter das Unternehmen fort, wird keine Haftung des Erben nach den §§ 27 Abs. 1, 25 Abs. 1 HGB begründet.[60] Seine Haftung ist bereits durch den Antrag auf Eröffnung des Nachlassinsolvenzverfahrens beschränkt worden.

50 Auch hinsichtlich der Haftung nach § 27 HGB ergibt sich aus § 25 Abs. 1 S. 1 HGB das Erfordernis der Firmenkontinuität. Der Erbe muss das Handelsgeschäft unter der bisherigen Firma fortgeführt haben.[61] Dies gilt insbesondere auch im Hinblick auf die Frage der Massezugehörigkeit. Hat der Erbe die Identität des Unternehmens durch seine Art und Weise oder die Dauer der Fortführung verändert, ist nicht mehr von dem ursprünglichen Erblasser-, sondern von einem Erbenbetrieb[62] auszugehen, womit weder Erträge aus dem Unternehmen noch das Unternehmen selbst Teil der Nachlassinsolvenzmasse werden.[63]

51 Die Frage ist am jeweiligen Einzelfall zu entscheiden. Das maßgebliche Abgrenzungskriterium wird aber stets die Dauer der Fortführung durch den Erben bilden, also konkret die Fragem wie kurz nach dem

58 MüKo-InsO/*Siegmann/Scheuing*, Anh. § 315 Rn 15.
59 Oetker/*Vossler*, HGB, § 27 Rn 3 f.
60 Oetker/*Vossler*, HGB, § 27 Rn 12.
61 Oetker/*Vossler*, HGB, § 27 Rn 14.
62 MüKo-InsO/*Siegmann/Scheuing*, Anh. § 315 Rn 16.
63 Uhlenbruck/*Lüer/Weidmüller*, InsO, § 315 Rn 7.

Eintritt des Erbfalls die Nachlassinsolvenz beantragt wird. Allein der Ablauf der Frist aus § 27 Abs. 2 HGB oder eine Umfirmierung durch den Erben sind nicht ausreichend, können aber Indizien für eine Identitätsänderung sein.[64]

Ist davon auszugehen, dass sich die Identität aufgrund der Fortführung durch den Erben nachhaltig verändert hat und ein sog. Erbenbetrieb vorliegt, fallen Betriebsgrundstücke weiterhin in den Nachlass. Ebenso hat der Nachlassinsolvenzverwalter Anspruch auf Ersatz für die Betriebs- und Geschäftsausstattung, Waren und Forderungen sowie einen etwaigen Firmenwert, welche durch die aktive Fortführung dem Nachlass entnommen worden sind.[65] 52

Auch die Fortführung der Einzelunternehmung durch Miterben ändert die Massezugehörigkeit nicht. Aufgrund der in § 2041 BGB geregelten Surrogation gehören alle während und aus der Fortführung des Geschäfts erworbenen Gegenstände zum Nachlassvermögen. Im Führen der Geschäfte durch die Miterben liegt nicht automatisch eine Gesellschaftsgründung. Anders liegt dies jedoch dann, wenn die Miterben für den Gewerbebetrieb einen Gesellschaftsvertrag schließen und eine Gründung vornehmen.[66] In diesem Fall sind durch den Nachlassinsolvenzverwalter Ersatz- und Herausgabeansprüche nach § 1978 BGB zu prüfen.[67] 53

IV. Freiberufler

Unstreitig fällt die Praxis des freiberuflichen Schuldners nach heute herrschender Meinung in die Insolvenzmasse. Dies gilt uneingeschränkt auch für das Nachlassinsolvenzverfahren. In Frage stand dies früher aufgrund des allein durch den Schuldner geschaffenen Firmenwerts, des sog. Good-Wills, welcher auch in der Fortführung weiterhin von ihm abhängig ist – häufig aufgrund des besonderen Vertrauensverhältnisses zu seinen Klienten.[68] 54

64 MüKo-BGB/*Küpper*, § 1978 Rn 7.
65 Vgl. hierzu MüKo-BGB/*Küpper*, § 1985 Rn 5 sowie § 1978 Rn 7.
66 MüKo-InsO/*Siegmann/Scheuing*, Anh. § 315 Rn 16.
67 Siehe MüKo-BGB/*Küpper*, § 1985 Rn 5 sowie § 1978 Rn 7.
68 Uhlenbruck/*Hirte/Praß*, InsO, § 35 Rn 276.

55 Zur Nachlassinsolvenzmasse zählen daher insbesondere die noch ausstehenden Honorarforderungen, diese sind durch den Insolvenzverwalter einzuziehen.[69]

56 Innerhalb der Nachlassinsolvenz ist natürlich allenfalls die Verwertung der Praxis und hier vorrangig die Verwertung des Patientenstamms denkbar, denn eine Fortführung[70] ohne den Praxisinhaber scheitert i.d.R. an berufsrechtlichen Regelungen und Zulassungen.

57 Die Veräußerung der Praxis ist grundsätzlich zulässig. Sie unterliegt jedoch im Hinblick auf den Bestand an Patienten- oder Mandantenakten datenschutzrechtlichen Bedenken, da i.d.R. eine berufsrechtliche Schweigepflicht des Berufsträgers besteht. Diese Bedenken können insbesondere dadurch ausgeräumt werden, dass vor der dinglichen Übertragung der physischen Akten und der Kartei die Zustimmung der Klienten eingeholt wird.[71]

58 Während für das Regelinsolvenzverfahren neben einer für die Veräußerung erforderlichen Zustimmung der Gläubigerversammlung nach § 160 InsO ein Zustimmungserfordernis des Schuldners – überwiegend ablehnend[72] – diskutiert wird, ist ein solches auf jeden Fall im Nachlassinsolvenzverfahren nicht zu anzunehmen. Denn während der Schuldner die Zustimmung nicht mehr erteilen kann, haben die Erben keine Befugnis zuzustimmen.[73]

V. Personengesellschaften

1. Kommanditgesellschaft (KG)

59 Im Fall des Todes eines Komplementärs findet über § 161 Abs. 2 HGB zunächst § 130 Abs. 1 Nr. 1 HGB Anwendung. Der verstorbene Komplementär scheidet aus der Gesellschaft aus und die Gesellschaft wird mit dem weiteren Komplementär fortgesetzt. Ist ein solcher nicht

69 Uhlenbruck/*Hirte/Praß*, InsO, § 35 Rn 281.

70 Zu den Varianten der Fortführung ausführlich: Uhlenbruck/*Hirte/Praß*, InsO, § 35 Rn 282–287.

71 Hierzu auch Uhlenbruck/*Hirte/Praß*, InsO, § 35 Rn 280.

72 Zum Streitstand mit weiteren Nachweisen Uhlenbruck/*Zipperer*, InsO, § 159 Rn 32.

73 Klar auch MüKo-InsO/*Siegmann/Scheuing*, Anh. § 315 Rn 28 m.w.N.

vorhanden, führt dies zur Auflösung der Gesellschaft und deren liquidationslosem Erlöschen.[74] Dem Erben und damit dem Nachlass steht ein Abfindungsanspruch zu.[75]

Ist aufgrund einer Nachfolgeklausel ein Erbe als Nachfolger berufen, findet § 131 HGB Anwendung. Hiernach steht dem Erben, welcher die persönliche Haftung scheut, ein Wahlrecht zu, innerhalb von drei Monaten sein Recht geltend zu machen, ihm die Stellung eines Kommanditisten einzuräumen.[76] 60

Soweit gesellschaftsvertraglich nicht anders vorgesehen, wird die Kommanditgesellschaft nach dem Tod eines Kommanditisten gem. § 177 HGB mit dessen Erben fortgesetzt, die Gesellschaft also nicht aufgelöst. Den Parteien ist es jedoch freigestellt, diese gesetzliche Regelung durch Ausschließungs- oder Nachfolgeklauseln im Gesellschaftsvertrag zu modifizieren. 61

Aufgrund der Universalsukzession geht die Kommanditistenstellung auf den Erben über. Dieser haftet unmittelbar nach den §§ 171 und 172 HGB, soweit die Einlage nicht geleistet ist.

Die Verwaltungs- und Verfügungsbefugnis des Nachlassinsolvenzverwalters erstreckt sich allein auf vermögenswerte Positionen, insbesondere Gewinn- oder Abfindungsansprüche, aber auch die Kündigung.[77] Dem Erben verbleiben die persönlichen Mitgliedschaftsrechte, in welche er aufgrund der erbrechtlichen Gestaltung des Erblassers eingerückt ist.[78] 62

2. Offene Handelsgesellschaft (oHG)

Nach § 130 Abs. 1 Nr. 1 HGB scheidet ein Gesellschafter mit seinem Tod aus der Gesellschaft aus. Den Erben verbleibt nur ein Abfindungsanspruch.[79] Dieser ist im Fall der Nachlassinsolvenz durch den 63

74 Oetker/*Kamanabrou*, HGB, § 130 Rn 4.
75 Oetker/*Kamanabrou*, HGB, § 130 Rn 3.
76 Ausführlich Oetker/*Kamanabrou*, HGB, § 131 Rn 62 ff.
77 Oetker/*Kamanabrou*, HGB, § 131 Rn 60 und § 133 Rn 4.
78 MüKo-BGB/*Küpper*, § 1985 Rn 6.
79 Oetker/*Kamanabrou*, HGB, § 130 Rn 3.

Insolvenzverwalter geltend zu machen.[80] Diese gesetzliche Folge ist gesellschaftsvertraglich durch Nachfolgeklauseln abdingbar.

64 Sofern die Gesellschaft mit dem Erben fortgesetzt wird, beschränken sich die Befugnisse des Insolvenzverwalters auf vermögenswerte Positionen und die Kündigung nach § 133 HGB analog.[81]

65 Auch bei der oHG steht dem Erben ein Wahlrecht nach § 131 HGB zu, die Einräumung einer Kommanditistenstellung zu verlangen. Dieses steht ausschließlich dem Erben zu. Der Insolvenzverwalter ist zur Ausübung nicht befugt.[82]

3. Gesellschaft bürgerlichen Rechts (GbR)

66 Nach § 723 Abs. 1 Nr. 1 BGB scheidet ein Gesellschafter mit seinem Tod aus der Gesellschaft aus. Entgegen der früheren Regelung in § 727 BGB a.F. führt der Tod damit nicht mehr zur Auflösung der Gesellschaft. Mit dem Ausscheiden wächst das Gesellschaftsvermögen den übrigen Gesellschaftern an. Dem scheidenden Gesellschafter erwächst ein Abfindungsanspruch nach § 728 BGB. Dieser ist Bestandteil des Nachlasses und damit auch der Nachlassinsolvenzmasse und ggf. durch den Insolvenzverwalter geltend zu machen.[83]

67 In § 724 BGB ist auch für die GbR ein Wahlrecht des Erben, eine Kommanditistenstellung zu verlangen, für den Fall normiert, dass er aufgrund vertraglicher Regelungen in die Gesellschafterstellung einrückt. Im Gleichlauf mit § 131 HGB sieht das Gesetz auch hier eine Frist von drei Monaten vor.

68 Die Gesellschaft bürgerlichen Rechts wird nach § 730 Abs. 1 BGB mit dem Tod eines Gesellschafters aufgelöst, soweit die Gesellschafter vertraglich keine abweichende Regelung getroffen haben oder die weiteren Gesellschafter die Fortsetzung beschließen. Wird die Gesellschaft abgewickelt, fällt der Anteil an der Liquidationsgesellschaft in den Nachlass und die Insolvenzmasse. Nur in diesem Fall liegt auch die volle Verwaltungs- und Verfügungsbefugnis beim Insolvenzver-

80 MüKo-InsO/*Siegmann/Scheuing*, Anh. § 315 Rn 23.
81 Oetker/*Kamanabrou*, HGB, § 131 Rn 60 und § 133 Rn 4.
82 MüKo-InsO/*Siegmann/Scheuing*, Anh. § 315 Rn 24.
83 MüKo-InsO/*Siegmann/Scheuing*, Anh. § 315 Rn 20.

walter.[84] Beschließen die übrigen Gesellschafter die Fortsetzung der Gesellschaft treten die Erben im Wege der Nachlassteilung persönlich in die Gesellschafterstellung ein.[85]

---

84 MüKo-InsO/*Siegmann/Scheuing*, Anh. § 315 Rn 19.
85 MüKo-InsO/*Siegmann/Scheuing*, Anh. § 315 Rn 19.

Stichwortverzeichnis

Fette Zahlen = §§, magere Zahlen = Randnummern, M = Muster